Bergwärts.

Bergwärts beginnt der Wanderspaß. Die Wiesenspiele. Das Bergerlebnis. Tausend Routen und Varianten führen zum Abenteuer Berg. Doch am SPORTLER führt kaum ein Weg vorbei. SPORTLER unter den traditionsreichen Bozner Lauben, das führende Bergsport-Fachgeschäft im südlichen Alpenraum, ist in den letzten Jahren immer mehr zum Treffpunkt von Wanderern, Bergsteigern und Extremen geworden, die sich Südtirols großartige Berglandschaft, von den zerklüfteten Dolomiten bis zu den Eiswänden des Ortlers erwandern und ersteigen. Sie alle wissen, wo sie aus einem breiten Sortiment das Beste an Ausrüstung und Bekleidung bekommen. Denn SPORTLER legt Wert auf beste Beratung und Service: Mitarbeiter des SPORTLER-Teams treffen ihre Auswahl nach strengen Kriterien und überprüfen laufend Qualität und Leistung. Bergführer geben ihr Wissen und ihre Erfahrung weiter. Allen ist die Freude am Erlebnis Berg gemeinsam. So haben beim SPORTLER schon die interessantesten »Gipfelgespräche« stattgefunden. Also einfach mal vorbeischauen, an einem Regentag oder an einem Rasttag nach reichen Tourenerlebnissen: ein Bummel durch Bozens Altstadt, über den Waltherplatz, zum malerischen Obstmarkt und zum SPORTLER unter den malerischen Lauben. Da führt einfach kein Weg vorbei.

Da treffen sich die erfahrenen Alpinisten und solche, die es werden wollen. Denn SPORTLER bietet Gipfelleistungen bei Auswahl, Beratung und Service; nur die Preise bleiben auf der Talsohle. Ja, SPORTLER ist schon eine Fahrt wert. 6 Etagen Sport: das ist einzigartig in Südtirol. Stellen Sie Ihr in die neue Tiefgarage am Waltherp Parkgutschein bekommen Sie bei kauf. Also erst zum SPORTLER, da bergwärts.

SPORTLER

Der Bergsportspezialist.
I-39100 Bozen/Südtirol, L

Ausgeschieden

SÜDTIROL 1
Gebietsführer für Wanderer und Bergsteiger

Ausgeschieden

AV-Bücherei-Nr. 157 A

MICHAEL SCHNELLE

Reihe Südalpen, Band

Südtirol 1

**Gebietsführer für Wanderer und Bergsteiger
durch die Gebirgswelt von
Vinschgau, Ultental und Mendelkamm**

Mit 57 Abbildungen, 1 Übersichtsskizze
sowie 16 Freytag & Berndt-Detailkärtchen
im Maßstab 1:50000

BERGVERLAG RUDOLF ROTHER GMBH · MÜNCHEN

Umschlagbild:

Der Finailhof im Schnalstal

Foto: H. Dumler

Die Ausarbeitung aller in diesem Führer beschriebenen Anstiege und Routen erfolgte nach bestem Wissen und Gewissen des Autors. Die Benützung dieses Führers geschieht auf eigenes Risiko. Soweit gesetzlich zulässig, wird eine Haftung für etwaige Unfälle und Schäden jeder Art aus keinem Rechtsgrund übernommen.

Bergverlag Rudolf Rother GmbH, München
Alle Rechte vorbehalten
1. Auflage 1989
ISBN 3-7633-3304-5

Gesamtherstellung Rother Druck GmbH, München
(2187 / 7214)

Vorwort

Das vorliegende Buch erscheint im Rahmen der Südtiroler Gebietsführerreihe als Band 1 und löst die bisherigen Kleinen Führer „Oberer Vinschgau", „Unterer Vinschgau" (mit Ultental) und „Nonsberger Alpen" ab. Der Führer umfaßt somit den gesamten Vinschgau vom Reschenpaß bis zum Meraner Talkessel mit Ausnahme der Ortler-Seitentäler, ferner das Ultental und den Mendelkamm zwischen Gampenpaß und der Mündungsschlucht des Noce bei Mezzocorona.

Aufgrund der großen Höhenunterschiede erlaubt das Gebiet einerseits gemächliche Wanderungen auf Feld- und Wiesenwegen, durch Obst- und Weingärten in den Talböden, andererseits aber auch anspruchsvolle Bergtouren im Hochgebirge. Das vorliegende Buch soll dem Benützer die schöne Gebirgslandschaft näherbringen und wendet sich in erster Linie an den Bergwanderer, der nicht klettern will, sondern die Absicht hat, auf den vielen Bergwegen seine Eindrücke zu sammeln. Anspruchsvollere Bergsteiger sollten auf die im gleichen Verlag erschienenen Alpenvereinsführer zurückgreifen.

Grundlage der Gliederung bilden die Stützpunkte, also Talorte, Pässe und Hütten, von denen aus die wichtigsten Bergtouren beschrieben sind. Nur wenige Touren liegen im Bereich des I. Schwierigkeitsgrades oder erfordern Gletschererfahrung. Insbesondere Ungeübte sollten beachten, daß im Gebirge auch auf leichteren Wegen bei einem Wettersturz oder Unfall Gefahr für Leib und Leben droht. Ungeübte sollten sich deshalb vor Antritt einer Tour von einem erfahrenen Bergsteiger, Hüttenwirt usw. beraten lassen und im Tal das Ziel angeben.

Das gesamte Führergebiet wird von einem großen Wegenetz durchzogen; die Qualität der Markierungen ist jedoch sehr unterschiedlich. Die Größe des Führergebietes machte es erforderlich, sich bei der Beschreibung auf die Hauptwege zu konzentrieren; so wird auf Nebenwege vielfach nur kurz hingewiesen. Die angegebenen Wegzeiten verstehen sich ohne größere Pausen für einen gut eingelaufenen Wanderer. Ungeübte benötigen oftmals bedeutend längere Zeiten.

Autor und Verlag haben diesen Führer mit größter Sorgfalt zusammengestellt und bitten um Mitteilung, wenn Sie Veränderungen an Wegen und Steigen feststellen, damit diese bei der nächsten Auflage berücksichtigt werden können. Auch für Kritik und Anregungen sind wir dankbar.

Möge der vorliegende Führer dazu beitragen, dem Bergwanderer unvergeßliche Stunden zu bescheren.

Hannover, Herbst 1988　　　　　　　　　　　　　　　　　Michael Schnelle

Inhalt

Seite

Vorwort des Verfassers 5
Verzeichnis der Abbildungen 7
Bildnachweis 8

I. Allgemeines

1. Lage, Grenzen und Charakteristik des Führergebietes 9
2. Aus Vergangenheit und Gegenwart 16
3. Anreisewege, Entfernungen und örtliche Verkehrsverhältnisse 22
4. Geologie, Klima, Vegetation und Tierwelt 26
5. Praktische Ratschläge 29
6. Bergrettung 31
7. Auskünfte und Telefonvorwahl 35
8. Literatur und Karten 36
9. Zum Gebrauch des Führers 36
10. Abkürzungen 37
11. Einige italienische alpine Begriffe 38

II. Talorte und Pässe

1. Oberer Vinschgau mit Langtauferer Tal und Münstertal 39
2. Mittlerer Vinschgau 60
3. Unterer Vinschgau mit Schnalstal 67
4. Meraner Talkessel, Tisenser Mittelgebirgsterrasse und Ultental 77
5. Südtiroler Ostseite des Mendelkammes 88
6. Nonsberg 98

III. Hütten und andere wichtige Stützpunkte

1. Sesvennagruppe 106
2. Ötztaler Alpen (ohne Texelgruppe) 107
3. Texelgruppe 110
4. Ortlergruppe 112
5. Mendelkamm 114

IV. Wanderungen und Übergänge

1. Oberer Vinschgau 118
2. Mittlerer Vinschgau 165
3. Unterer Vinschgau 182
4. Großraum Meran, Tisenser Mittelgebirge und Ultental 224

5. Ostseite des Mendelkammes 263
6. Nonsberg 283

V. Gipfeltouren

1. Sesvennagruppe 290
2. Ötztaler Alpen mit Texelgruppe 299
3. Ortlergruppe 328
4. Mendelkamm 357

Register 374
Kartenteil 383

Verzeichnis der Abbildungen

Der Reschensee mit dem Kirchturm des alten Dorfes Graun. 41
Rückblick von der Melager Alm im inneren Langtauferer Tal. ... 43
Burgeis im oberen Vinschgau. 47
Matsch gegen die Ortlergruppe. 55
Aufstieg von Eyrs nach Tannas. 59
Panorama vom Höhenweg Tappein – St. Martin im Kofel. .. 62 / 63
Tiefblick vom Sonnenberg auf Latsch. 65
Im oberen Schnalstal: Aussicht auf Lagaunspitze. 69
Am Sonnenberg oberhalb von Rabland und Partschins. 75
Blick von den Sarntaler Alpen über den Talkessel von Meran 78 / 79
Einertaler Alm im Ultental. 84
Blick über St. Walburg, Hauptort des Ultentales. 87
Die Ortschaft Nals am Fuße des Mendelkammes. 89
Die Wallfahrtskirche von Unsere Liebe Frau im Walde. 100
Föllerkopf (2878 m) mit Spiegelung im kleinen Sesvennasee. .. 109
Die Sesvenna-Schutzhütte, 2256 m, im oberen Schliniger Tal. .. 111
Der Grünsee bei der Höchster Hütte. 115
Im oberen Rojental. 121
Blick über den Reschensee in den Langtauferer Taleingang ... 125
Im hinteren Langtauferer Tal. 127
Die Benediktinerabtei Marienberg über Burgeis. 136
Oberer Vinschgau. 143
Das Matscher Tal. 145
Schluderns. 155
Bei Lind oberhalb von Naturns am Sonnenberg. 166
Blick auf das Hochwart-Massiv. 169
Gratübergang vom Hinteren Eis. 171

Schlanders im mittleren Vinschgau. 175
Das Gehöft Vorberg, St. Martin im Kofel. 179
Typische Vinschgauer Landschaft. 186
Aussicht von Tabland. 205
Bergbauernhof im Matscher Tal gegen die Ortlergruppe. 217
Blick zum Naturnser Hochwart. 223
Baumblüte über Meran. 226
Obersirmian (oberhalb von Nals) gegen den Gantkofel. 237
Ultental. 243
Blick über den Weißbrunn-Stausee im hinteren Ultental. 249
Blick von der Zufrittspitze. 261
Blick in den Bozener Talkessel. 267
Margreider Klettersteig. 280
Blick von der Spitzigen Lun, 2320 m. 291
Höhenweg Watles – Sesvennahütte. 295
Aussicht von der St. Martinskapelle. 303
Blick über den Pfaffensee. 304
Auf dem Weg von Plantavillas zur Spitzigen Lun. 311
Das gewaltige Massiv des Hochalt, 3284 m. 315
Blick von der Goldrainer Alpe über das Etschtal 317
Der Kortscher Schafberg. 320
Aussicht von der Spitzigen Lun gegen die Ortlergruppe. ... 322 / 323
Von der Payerspitze bis zum Piz Umbrail. 331
Die Kirche von Schluderns vor der Tschenglser Hochwand. 333
Tartsch mit dem Tartscher Bühel und der Ortlergruppe. 337
Der Langsee im Ultental gegen das Hasenöhrl. 339
St. Martin im Kofel mit Laaser Spitze und Jennwand. .... 340 / 341
Bergbauernlandschaft hoch über dem Etschtal 347
Blick über den Zoggler-Stausee bei St. Walburg 351
Schloß Tirol mit Verdinser Plattenspitze und Gr. Ifinger. 359

Bildnachweis

Bernhart: S. 41, S. 65, S. 69, S. 155, S. 166, S. 175, S. 205, S. 217, S. 61.
Höfler: S. 280. Lindel: S. 47, S. 75, S. 109, S. 136, S. 145, S. 169, S. 171,
S. 179, S. 186, S. 226, S. 304, S. 315, S. 317, S. 320, S. 333, S. 337, S. 347,
S. 359. Rother: S. 62/63, S. 78/79, S. 322/323, S. 331, S. 340/341.
Schnelle: S. 43, S. 55, S. 59, S. 84, S. 87, S. 89, S. 100, S. 111, S. 115, S. 121,
S. 125, S. 127, S. 143, S. 223, S. 237, S. 243, S. 249, S. 267, S. 291, S. 295,
S. 303, S. 311, S. 339, S. 351.

I. Allgemeines

1. Lage, Grenzen und Charakteristik des Führergebietes

Der *Vinschgau* erstreckt sich vom Reschenpaß bis zum Meraner Talkessel und umfaßt den Oberlauf der Etsch. Von der Etschquelle unweit von Reschen verläuft das Tal erst in südl. Richtung, um sich dann am Fuß der Malser Haide zusammen mit dem Fluß in Richtung O zu wenden. Die Etsch trennt in ihrem obersten Lauf die westl. gelegene Sesvennagruppe von den Ötztaler Alpen im O. Von Glurns an begleiten im S die gewaltigen Ortlerberge das Tal, während die nördl. Talseite weiterhin von den Ötztaler Alpen begrenzt wird. Zwischen den genannten Gebirgsgruppen senkt sich das Tal von der Höhe des Reschenpasses, 1504 m, bis nach Töll, 520 m, am Beginn des Meraner Talkessels in vier Stufen:
1. Die oberste Stufe umfaßt das Vinschgauer Oberland mit dem großen Staubecken bei Reschen und dem Haider See bei St. Valentin.
2. Daran schließt sich das tiefer liegende Gebiet des Obervinschgaus an, das bis Laas reicht.
3. Östl. von Laas beginnt der Mittlere Vinschgau mit dem Bezirkshauptort Schlanders.
4. Zwischen Latsch und Kastelbell schließlich verläuft die Grenze zwischen dem Mittleren und Unteren Vinschgau, dessen Hauptort Naturns ist.

Bereits bei Reschen zweigt das erste Nebental ab, das Rojental. Es ist eines der kurzen Südtiroler Seitentäler, die ins Herz der Sesvennagruppe führen. Dazu zählen auch noch das Zerzer-, Schlinig- und Avignatal, letzteres ein Nebenarm des Münstertales, das Sesvenna- und Ortlergruppe trennt.

Auch in die Ötztaler Alpen führen Nebentäler, nämlich das Langtauferer Tal, das kurze Plawenntal, das Planeiltal, das Matscher Tal, das Schlandrauntal und schließlich das Schnalstal, das den südwestl. Teil der Ötztaler Alpen von seinem südöstl. Ausläufer, der Texelgruppe, trennt. Ins Herz der Texelgruppe führt von Partschins das Zieltal.

Mitten ins Reich der Gletscherberge ziehen die südl. abzweigenden Seitentäler, namentlich das Sulden-, Laaser und Martelltal. Touren in diesen ebenfalls zum Vinschgau gehörenden Seitentälern fehlen in diesem Gebietsführer (Ausnahme: Laaser Tal) bewußt; sie sind in den im gleichen Verlag erschienenen Spezialführern über die Ortlergruppe enthalten. Die hohen Berge beiderseits des Vinschgaus werden im N durch die

Gletscherfelder der Weißkugel und auf der südl. Talseite durch das glitzernde Reich „König Ortlers" gekrönt.
Der Vinschgau ist eine uralte Siedlungslandschaft, denn seine Niederungen sind sehr fruchtbar. So ist eine Vielzahl an südländischen Pflanzen bis hierher vorgedrungen. In höheren Lagen baut man Gerste, Mais, Weizen, Kartoffeln und verschiedene Gemüsearten an. Edelkastanien, Obst- und Weinbau spielen in den mittleren und unteren Lagen die Hauptrolle. Auch die Forst- und Almwirtschaft spielen noch eine bedeutende Rolle. Dichte Waldungen findet man im Vinschgauer Oberland und auf der S-Seite des Vinschgaus, dem sogenannten „Nörderberg", während die N-Flanke Steppencharakter hat. Diese Hänge, die in letzter Zeit wieder systematisch aufgeforstet werden, sind unter dem Namen „Vinschgauer Sonnenberg" bekannt. Eine weitere Besonderheit des Vinschgaus sind seine Waale (Bewässerungsgräben), mit deren Hilfe schon seit Urzeiten die Wasserverteilung für die Landwirtschaft erfolgt. Mit ihrer Hilfe wird Wasser aus Hochlagen oder aus Seitentälern, ursprünglich in Holzrinnen, heute auch in verdeckten Rohrleitungen, über viele Kilometer in den Vinschgau gebracht. Entlang mancher Waale sind heute angenehme Spaziergänge oder Wanderungen möglich.
Verkehrsmäßig ist der Vinschgau durch eine Staatsstraße zwischen Reschen und Meran erschlossen, die in naher Zukunft weiter ausgebaut und den heutigen Erfordernissen angepaßt werden soll. Eine andere Staatsstraße führt durch das Münstertal in die Schweiz, und von Spondinig führt über das Stilfser Joch eine der großartigsten Alpenstraßen in die Lombardei. Die Hauptseitentäler sind durch Nebenstraßen erschlossen, die aber noch ausbaubedürftig sind. Mals ist außerdem Endpunkt einer Eisenbahnlinie von Bozen und Meran.
Größere Ortschaften findet man nur im breiten Talboden, u.a. Mals, 1050 m, Hauptort des Oberen Vinschgaus, Schlanders, 721 m, Sitz der Bezirksgemeinschaft, und Naturns, 554 m, Hauptort des Unteren Vinschgaus, der jedoch verwaltungsmäßig zum Burggrafenamt gehört. Das Schnalstal bildet eine einzige Gemeinde mit dem Hauptort Karthaus, 1327 m.

Das *Ultental* zweigt bei Lana vom Meraner Talkessel ab und erstreckt sich in einer Länge von rund 30 km bis ins Zentrum der Ortlergruppe. Es ist waldreich, ein echtes Bergwanderparadies, gehört zum Burggrafenamt und wird vom Falschauer Bach entwässert, der durch die klammartige Gaulschlucht bei Lana das Tal verläßt und in die Etsch mündet. Den Talschluß bilden zahlreiche Dreitausender, unter ihnen das Hasenöhrl, 3256 m, die Zufrittspitze, 3438 m, und die Hintere Eggenspitze, 3442 m. Obwohl auch heute noch der größte Teil der Talbewohner von der Landwirtschaft lebt, ist das Ultental nach dem Bau von sechs Staubecken und fünf Kraftwerken wie der Vinschgau ein bedeutender Stromlieferant. Das Tal ist verkehrsmäßig durch eine erst teilweise ausgebaute Landesstraße erschlossen, die in St. Gertraud, 1501 m, dem letzten Talort, endet. Von hier führt eine gut ausgebaute, für den öffentlichen Verkehr freigegebene Privatstraße hinauf zum Weißbrunner See, 1872 m. Talhauptort ist St. Walburg, 1190 m, Sitz der Gemeinde Ulten, zu der alle Talorte mit Ausnahme von St. Pankraz, 736 m, gehören.

Über den Hofmahdsattel, 1813 m, gelangt man zu den im oberen Nonsberg gelegenen noch deutschsprachigen Dörfern Proveis, 1420 m, Laurein, 1148 m, Unsere Liebe Frau im Walde, 1351 m, und St. Felix, 1225 m. Ferner verläuft über den Hofmahdsattel auch die sogenannte „Judikarienlinie", welche die Grenze zwischen den Zentralalpen und den Südalpen darstellt. Im N trennt der Zufrittkamm das Ultental vom Vinschgau, im S der Ilmenkamm und das Massiv der Laugenspitzen vom Nonsberg.

Auf einer Länge von über 50 km bildet das *mittlere Etschtal* zwischen Meran, 320 m, und Mezzocorona, 219 m, die nordöstl. bzw. östl. Grenze des Führergebiets. Vom Meraner Talkessel aus verläuft das Tal zunächst in südöstl. Richtung und trennt den Mendelkamm im W von den Sarntaler Alpen im O. Bei Bozen biegt das Tal südw. ab und trennt dann den Mendelkamm von den zu den Fleimstaler Alpen gehörenden Eggentaler Bergen und der Hornspitzgruppe. Eine Besonderheit stellt das sogenannte „Überetsch" dar. Heute eine hügelige Hochfläche, die durch eiszeitliche Ablagerungen entstand, floß durch dieses Gebiet ursprünglich die Etsch und vereinigte sich erst bei Auer mit dem Eisack. Das Überetsch ist heute das berühmteste Weinanbaugebiet Südtirols. Überhaupt spielen Wein- und Obstanbau die dominierende Rolle in allen Tallagen des mittleren Etschtales.

Verkehrsmäßig ist es mit einer ständig überlasteten Staatsstraße zwischen Meran und Bozen bzw. von Bozen nach San Michele all'Adige (bei Mezzocorona) erschlossen. Während zwischen Meran und Bozen entlang der Etsch in den nächsten Jahren eine autobahnähnliche Schnellstraße gebaut werden soll, ist das Eschtal südl. von Bozen bereits über die Brenner-Autobahn zu erreichen. Von Meran führt die SS 238 über den Gampenpaß, 1518 m, und von Bozen aus die SS 42 über den Mendelpaß, 1363 m, in den Nonsberg. Die schon erwähnte Eisenbahnlinie von Bozen in den Vinschgau hat bis Meran Schnellzugverkehr. Die Linie von Bozen in Richtung Trient ist Teilstück der wichtigen Brenner-

Eisenbahn (München — Verona). Größere Ortschaften in den Tallagen sind neben den Städten Meran, 320 m, und der Südtiroler Landeshauptstadt Bozen, 262 m, noch Lana, 300 m, am Eingang zum Ultental, Eppan, 471 m, und Kaltern, 426 m, im Überetsch sowie Tramin, 276 m, im Südtiroler Unterland.

Zwischen dem am Rabbijoch beginnenden Ilmenkamm, der auch den Namen „Ultener Berge" bzw. „Maddalene" (italienische Bez.) trägt, und den Laugenspitzen im N, dem Mendelkamm im O und dem Noce mit dem Lago di San Giustina (St. Justiner See) im W dehnt sich eine Landschaft aus, die als *Nonsberg*, italienisch Val di Non, bez. wird. Es ist ein Gebiet, das man weder als Berg noch Tal bezeichnen kann, am besten als eine sanft ansteigende hügelige Fläche, in die mehrere Bäche tiefe, cañonartige Rinnen gegraben haben, die eine besondere Sehenswürdigkeit dieses Gebietes darstellen. Bedeutendste Nebenflüsse des Noce sind hier der Novellabach mit den Quellflüssen Urbaner- und Laugenbach sowie der Rio San Romedio. Zu erwähnen ist auch noch der Rio Pescara (Fischbach), in dessen Tal die schon erwähnten deutschsprachigen Bergdörfer Proveis und Laurein liegen. Mittelpunkt des Nonsberges ist Fondo, Verkehrsknotenpunkt und neben der Gegend um Coredo einziger Ort mit einer gewissen Bedeutung für den Fremdenverkehr.

In das Führergebiet teilen sich mehrere Gebirgsgruppen:
1. Im NW die Sesvennagruppe,
2. im N die Ötztaler Alpen mit der Texelgruppe,
3. im S die Ortleralpen mit Laugenspitzen und Mendelkamm als Untergruppe, wobei letztere auch seltener als Nonsberger Alpen bez. werden.

Freunde einer stillen, erst in jüngerer Zeit vor allem für den Wintersport erschlossenen Bergwelt finden ein reiches Betätigungsfeld in der *Sesvennagruppe*. Die unmittelbare Nachbarschaft zu der mächtigen Ortlergruppe und zu den Ötztaler Fernern ist sicher die Ursache dafür, daß dieses Gebiet immer etwas abseits steht, obwohl es reich an Schönheiten ist. Hier findet man noch viele Murmeltiere, Berghirsche und Gemsen, die in einer weitgehend ungestörten Umgebung leben. Die Sesvennagruppe erstreckt sich zwischen Nauders im N und dem Ofenpaß im S, zwischen dem Unterengadin im W und dem Oberen Vinschgau im O. Der weitaus größte Teil liegt in der Schweiz, während nur die östl. Ausläufer zu Südtirol gehören. Einige hochgelegene, zur Schweiz gehörende Teile weisen noch eine geringe Vergletscherung auf. Höchste Erhebung ist der Piz Sesvenna, 3205 m, an der schweizerisch-italienischen Grenze gelegen. Bedeutende Gipfel im Führergebiet sind weiterhin der Piz Lat,

2808 m, die Elferspitze, 2925 m, und die Rasasser Spitze, 2941 m. Die Berge sind größtenteils pyramidenförmig und auch für den Bergwanderer erreichbar. Uralt sind auch die Übergänge zwischen der Schweiz und Südtirol, namentlich die Rasasser Scharte, 2713 m, das Schlinigjoch, 2309 m, und das Scharljoch, 2296 m. Unterhalb des nördlichsten Gipfels, des Piz Lat, treffen an der sogenannten Dreiländerstrecke seit dem Ersten Weltkrieg die Grenzen der Schweiz, Österreichs und Italiens zusammen. Die Grenze folgt von dort meistens dem Kamm entlang der Wasserscheide bis zum Münstertal bei Taufers / Münster. Mit der neueren Sesvenna- (Pforzheimer) Hütte steht dem Bergsteiger wieder ein gemütlicher alpiner Stützpunkt zur Verfügung.

Die *Ötztaler Alpen* zählen zweifellos zu den bekannteren, viel besuchten Gebirgsgruppen. Dennoch steht gerade der südwestl., in diesem Führer behandelte Teil zu Unrecht etwas abseits. Dies liegt aber sicher auch daran, daß der österreichische, nördl. Teil durch etliche Schutzhütten und Wege bestens erschlossen ist, während die einstigen Schutzhütten in den Planeiler und Schlandrauner Bergen heute nicht mehr zur Verfügung stehen und auch ein Teil der alten Weganlagen nicht mehr eingehalten wird.
Die bergsteigerischen Stützpunkte sind schnell aufgezählt:
die Weißkugelhütte im oberen Langtauferer Tal als Ausgangspunkt für zahlreiche Gletscherberge sowie die Schöne-Aussicht-Hütte und die Similaunhütte, beide im oberen Schnalstal unweit der österreichisch-italienischen Grenze. Mit dem Planeil-, Matscher und Schlandrauner Tal bieten die südwestl. Ötztaler Alpen drei einsame Wandergebiete, die sich durch eine eigenartige Herbheit auszeichnen.
Der das Planeiltal hinabfließende Punibach ist einer der gefürchtetsten Wildbäche Südtirols. Er stürzt auf einer relativ kurzen Strecke über ein Gefälle von 1500 m ins Tal. Wahrzeichen des Tales ist der 3145 m hohe Danzebell. Das kleine Dorf Planeil am Taleingang bietet auch heute noch ein typisch rätoromanisches Dorfbild, bei dem Kirche und Bauernhöfe ineinander geschachtelt sind.
Das Matscher Tal zielt von Schluderns aus in nordöstl. Richtung in den Bereich der Gletscherberge und wird vom Saldurbach entwässert. Die im Hintergrund aufragenden Dreitausender zogen schon früher manchen Bergsteiger an; trotzdem ist es bis heute ein einsames Tal geblieben. Einzige größere Siedlung ist das Dorf Matsch.
Das Schlandrauner Tal mündet mit einer Schlucht bei Schlanders in das Etschtal und erstreckt sich vom Tascheljöchl, 2769 m, bis zum Vinschgau in gerader N-S-Richtung. Durch das Tal und über das Tascheljöchl erfolgte einst die Besiedlung des oberen Schnalstales.

Im Gegensatz zu den drei genannten Nebentälern ist das Langtauferer Tal, das von Graun ostw. zieht, schon mehr erschlossen. Im Bereich von Melag, dem letzten Weiler im Tal, hat auch der Wintersport Fuß fassen können, und auf der nördl. Talseite erschließt ein langer Höhenweg den Grenzkamm zwischen Österreich und Italien, der dabei einige schöne Bergseen berührt. Von der Weißkugelhütte im Talhintergrund erreicht man u.a. die Weißkugel, mit 3736 m Höhe die zweithöchste Erhebung der Ötztaler Alpen, die 1861 erstmals bestiegen wurde.

Größtes nördl. Seitental des Vinschgaus ist das Schnalstal. Es zieht vom Hochjoch, 2875 m, in einer Länge von 24 km in südöstl. Richtung und mündet zwischen Kompatsch und Staben in den Vinschgau. Im Oberteil ist es hochalpin, im Mittelteil wald- und wiesenreich und im unteren Teil schluchtartig. Überragt wird das Tal vom mächtigen Similaun, 3606 m, der von gletschererfahrenen Bergsteigern leicht erstiegen werden kann. Die enge Mündungsschlucht, Überschwemmungen und Murbrüche des Schnalser Baches machten die Besiedlung schwierig. So wurde die Fahrstraße durch die Mündungsschlucht erst 1880 eröffnet. Das Schnalstal gilt als sonnigstes Seitental und ist wie der übrige Vinschgau sehr niederschlagsarm. Bekannt wurde das Tal durch den Bau der Schnalser Gletscherbahn, die 1975 ihrer Bestimmung übergeben wurde. Sie hat ihre Talstation in der häßlichen Hotelsiedlung Kurzras, 2011 m, führt in 3200 m Höhe und erschließt dort ein Sommerskigebiet.

Die *Texelgruppe,* früher auch „Tirolis Alpen" genannt, gehört zu den Ötztaler Alpen, ist aber mit dem Hauptkamm nur durch das Eisjöchl, 2908 m, verbunden. Sie wird im W durch das Schnalstal, im NW durch das Pfossental und im S durch den Unteren Vinschgau bzw. Meraner Talkessel begrenzt. Das bei Partschins in den Vinschgau mündende Zieltal wird von mehreren vergletscherten Dreitausendern umschlossen. Im östl. Teil der Texelgruppe liegt die größte hochalpine Seengruppe Südtirols, nämlich die Spronser Seen. Als alpine Stützpunkte dienen die Lodner Hütte im Zieltal, das Hochganghaus und die Stettiner Hütte. Daneben gibt es viele weitere bewirtschaftete Stützpunkte. Ganz im Gegensatz zum südwestl. Teil der Ötztaler Alpen ist die Texelgruppe sehr gut erschlossen und wird von einem dichten Wegenetz durchzogen. Man kann die gesamte Gebirgsgruppe auf dem Meraner Höhenweg umrunden, der in Teilstrecken in diesem Führer beschrieben wird. 1976 wurde die gesamte Texelgruppe mit dem nordw. anschließenden Ötztaler Hauptkamm zum Naturpark erklärt. Am in diesem Führer behandelten Gebiet hat die Texelgruppe jedoch nur beschränkt Anteil, da lediglich die vom Schnalstal und von den Talorten des Unteren Vinschgaus ausgehenden Touren beschrieben sind. Weitere Informationen enthält der

Gebietsführer Sarntaler Alpen — Passeiertal — Texelgruppe, der im gleichen Verlag erschienen ist.

Durch ihre Gipfelaufbauten und Gletscherfelder steht die *Ortlergruppe* den mächtigen Westalpen kaum nach. Fünfzehn Gipfel erreichen 3500 m, während der größte Teil über 2500 m hoch aufragt. Der höchste Berg Tirols, der 3902 m hohe Ortler, wurde am 27. 9. 1804 erstmals bestiegen. Ein Großteil der Ortlergruppe gehört zum Nationalpark Stilfser Joch. In diesem Gebietsführer sind nur Touren beschrieben, die ihren Ausgangspunkt in den Talorten des Vinschgaus und des Ultentals haben. Speziell das Ultental zieht weit in das Herz der Ortlergruppe hinein. Dort liegen auch die alpinen Stützpunkte, die Höchster Hütte am Grünsee, 2504 m, und die Haselgruber Hütte am Rabbijoch. Das Gebiet um die Tarscher Alm und das Almengebiet von Breiteben im Ultental wurden auch für den Wintersport erschlossen. Charakteristisch für die Bergwelt um den Ortler herum sind einerseits die schroffen, teilweise eisbedeckten Wände, die glitzernden Gletscherfelder und andererseits das Grün der Wälder und Almböden sowie der Reichtum an Blumen und Tieren. Die den Nonsberg begrenzenden Ultener Berge laufen am Gampenpaß mit dem Massiv der Laugenspitzen zusammen. Kleine und Große Laugenspitze sind einzigartige Aussichtswarten im Raum Meran, die trotz ihrer leichten Zugänglichkeit relativ selten besucht werden.

Der *Mendelkamm* setzt im N am Gampenpaß, 1518 m, an, erstreckt sich über rund 40 km bis zum Durchbruch des Noce in das Etschtal bei Mezzocorona und bildet einerseits die westl. Begrenzung des Etschtales, andererseits die östl. Einrahmung des Nonsberges. Auf seiner ganzen Länge weist der Höhenzug keine größeren Höhenunterschied auf. Seinen tiefsten Punkt erreicht er mit dem Mendelpaß, 1353 m, den höchsten mit dem Roèn, 2116 m. Die Gipfel sind oftmals wenig ausgeprägt, aber ausgesprochen lohnende Aussichtspunkte, namentlich Gantkofel, 1860 m, Penegal, 1737 m, Roèn, 2116 m, Treser Kopf (Corno di Tres), 1812 m, und Roccapiana (Große Wetterspitze), 1873 m. Man kann alle Gipfel vom Gantkofel im N bis zum Treser Kopf im S in einer lohnenden Kammwanderung überschreiten. Nur der südl. Teil des Höhenzuges nimmt noch einmal wildere Formen an und ist auch unter den Namen „Cime di Vigo" (Wiggerspitzen) bekannt. Ins Etschtal bricht der Mendelkamm in steilen, teilweise senkrechten Felswänden ab, während seine westl. Hänge sanft zum Nonsberg auslaufen. Unter den steilen Felsabstürzen dehnen sich auf der Etschtalseite verschiedene Hochflächen aus. Erwähnenswert ist im N jene von Völlan, Tisens und Prissian, bekannt als „Tisener Mittelgebirge", weiterhin die viel kleineren Terrassen von Gaid (oberhalb von Andrian), Altenburg (westl. vom Kalterer See), Graun (oberhalb von Tramin und Kurtatsch) sowie im S der Fennberg (an der Salurner Klause) und schließlich der Monte (oberhalb von Mezzocorona). Die natürliche Grenze zur Brenta- und Paganellagruppe bildet der Fluß Noce, deutsch auch als Ulzbach bekannt. Er wurde bei Cles, 658 m, dem größten Ort des Nonstales zum Stausee Lago di San Giustina (St. Justiner See) aufgestaut. Größere Seen liegen nur am Rande des Mendelkamms, namentlich der berühmte Kalterer See sowie die Montiggler Seen im Überetsch sowie der schon erwähnte St. Justiner See im Nonstal. Erwähnenswert sind aber auch einige kleine, teils wenig bekannte Bergseen, z.B. der Felixer Weiher (östl. von St. Felix), der Smeraldosee (bei Fondo), zwei Waldseen bei Coredo und der Fenner See auf der Fennberger Hochebene. Freunde von Blumen finden im Gebiet des Mendelkamms einen ungewöhnlichen Reichtum. Die zahlreichen Burgen in Südtirol, aber auch im Trentiner Nonsberg zeugen von der früheren Bedeutung und dem Reichtum dieses Gebiets. Abgesehen von der Umgebung des Mendelpasses ist der Mendelkamm noch ein stilles, weithin unbekanntes Wandergebiet, denn den größten Anteil der Gäste in den Orten des Etschtales stellen Erholungssuchende, die nicht wandern. Aufgrund der steilen Anstiege an der O-Seite des Mendelkamms wird der Wanderer durchaus gefordert, weil aufgrund der niedrigen Ausgangslage beachtliche Höhenunterschiede zu überwinden sind. Der Geübte kann sogar unter drei Klettersteigen wählen, die ebenfalls beschrieben sind. So ist der Roèn ein lohnendes winterliches Tourenziel, und an den Hängen des Penegals gibt es sogar mehrere Skilifte. Einziger echter alpiner Stützpunkt ist die Überetscher Hütte unterhalb des Roèn.

2. Aus Vergangenheit und Gegenwart

Über die frühgeschichtliche Besiedlung kann man heute nur Vermutungen anstellen. Durch entsprechende Funde weiß man, daß der Vinschgau seit etwa 2000 v. Chr. besiedelt gewesen sein muß, und die Steinkistengräber von Eppan stammen vermutlich aus der Zeit um 2500 bis 1800 v. Chr. Die ersten ständigen Bewohner sind heute als Räter bekannt und waren vermutlich Volksstämme unterschiedlicher Herkunft.
Im Jahre 15 v. Chr. eroberten die Römer den Alpenraum und unterwarfen auch die Räter. Sie gründeten mehrere Zoll- und Militärstationen, darunter das „Castrum Maiense" bei Meran, und die römische Militärstation „Ponte Drusi" wird als eine der Keimzellen Bozens angesehen.

Die Bewohner des Vinschgaus wurden Venoster genannt. Trotzdem dürften die Römer Südtirol und das heutige Trentino hauptsächlich nur als Durchzugsgebiet benutzt haben. Um 50 v. Chr. wurde die römische Militärstraße „Via Claudia Augusta" durch den Vinschgau und über den Reschenpaß gebaut, die die kürzeste Verbindung nach Augsburg herstellte und erst durch den Bau des Kuntersweges in der Eisackschlucht (1314 bis 1317) in den Hintergrund trat. Berühmt ist aus dieser Zeit die Bronzetafel „Tavola Clesiana", mit der der römische Kaiser Claudius den Anaunen, d.h. den Nonsbergern, 46 n. Chr. die römische Staatsbürgerschaft verlieh. Die Römer regierten rund 600 Jahre. In die letzten anderthalb Jahrhunderte ihrer Herrschaft fiel auch die allmähliche Christianisierung.

Nach den Römern folgten die Franken. So gehörte der Vinschgau zum fränkischen Churrätien und wurde etwa 590 Teil des Bistums Chur. Später wurde der heutige Vinschgau mit dem Münstertal und dem Unterengadin zur „Grafschaft Vinschgau" zusammengeführt, die seit 916 Teil des Herzogtums Schwaben war. Die eigentliche Besiedlung Südtirols setzte erst mit dem Vordringen der Bajuwaren im 7. Jh. ein. Um 680 wurde erstmals ein bajuwarischer Grenzgraf in Bozen genannt. Die bajuwarische Besiedlung Tirols dürfte um 1000 abgeschlossen gewesen sein. Interessant ist dabei, daß die rätische Urbevölkerung nicht verdrängt wurde; vielmehr lebte man friedlich miteinander. Besonders im Obervinschgau lebte das Rätoromanische lange in Sprache und Ortsnamen weiter. Die Zugehörigkeit zur Grafschaft Vinschgau wird für Schlanders, den heutigen Bezirkshauptort, erstmals 1077 ausgewiesen, für das benachbarte Kortsch aber bereits 931. Im Jahre 1027 verlieh Kaiser Konrad II. dem Bischof von Trient die Grafschaft Bozen und Vinschgau. Damit überschnitten sich kirchliche Grenzen mit weltlichen Einflußbereichen. Die Bischöfe von Trient überließen die Verwaltung den von ihnen eingesetzten Vögten, die in den späteren Jahrhunderten die weltliche Macht ganz an sich rissen. Im Nonsberg setzte die deutsche Besiedlung erst im 10./11. Jh. von Ulten her ein, umfaßte aber nur die höhergelegenen Gebiete, während der größte Teil von Rätern besiedelt blieb. 1095 wurde erstmals die Ortschaft Laurein urkundlich genannt, und 1184 tauchte Unsere Liebe Frau in Walde als „Senale" auf. Bereits früher wurden z.B. Nals (830) und Eppan (845) erwähnt. Noch um 1000 war die Umgangssprache in Teilen des in diesem Buch beschriebenen Gebietes größtenteils rätoromanisch. So begann die Eindeutschung im Gebiet von Kaltern erst um 1200 und war im 14./15. Jh. abgeschlossen. Im Jahre 1150 wurde das Kloster Marienberg bei Burgeis gegründet. Dies war für den gesamten Vinschgau von Bedeutung, da das Kloster nicht mit rätischen, sondern mit schwäbischen Mönchen besetzt wurde, was einen starken Zustrom alemannischer Siedler zur Folge hatte. So tauchte 1094 Mals erstmals als Malles auf oder 1160 Glurns als Glurnes. Der Bischof von Trient besaß auch die Hoheit über den Nonsberg. Das gesamte rechte Etschtal zwischen Lana und Mezzocorona wurde unter seiner Regie von den Grafen von Eppan verwaltet. Seit dem 12. Jh. besaßen die Grafen von Tirol dagegen die Herrschaft über den Vinschgau. Im 13. Jh. geriet der Bischof als eigentlicher Lehnherr der Grafen in immer stärkere Abhängigkeit von diesen. Das Deutschtum hatte inzwischen im Etschtal das Übergewicht gewonnen und das Rätoromanische immer weiter zurückgedrängt. Mitte des 13. Jh. starben die Grafen von Eppan aus, und das Südtiroler Etschtal kam an die Grafen von Tirol, vorher die größten Rivalen der Grafen von Eppan. Das Lehensverhältnis zu den Bischöfen in Trient blieb zunächst erhalten, aber bereits um 1270 brachte Meinhard II. verschiedene Gebiete unter Tiroler Landesherrschaft. Eine Glanzzeit erlebte Meran, das 1317 Stadtrecht erhielt, zwischen dem 13. und 15. Jh. als Tiroler Landeshauptstadt. Schon vorher, nämlich 1304, wurde Glurns zur Stadt erklärt. Die enge Mündungsschlucht des Schnalstales stellte lange eine unüberwindbare Barriere für seine Besiedlung dar. So fanden die kontaktfeindlichen Karthäusermönche hier jene Weltabgeschiedenheit, die sie zur Erfüllung ihrer strengen Ordensregeln brauchten. Die geschichtliche und kulturelle Entwicklung des Tales ist stark auf das Kloster abgestimmt, das sich in den 456 Jahren seines Bestandes (1326 — 1782) zum reichsten Grundherrn im Tal entwickelte. Das 14. Jh. brachte viel Unheil. So fraßen während mehrerer Jahre Heuschreckenschwärme alles kahl, es ereignete sich ein Erdbeben, und die Pest wütete. So ging die Bevölkerung wieder zurück. 1363 übergab die Gräfin von Tirol, Margarete Maultasch, mangels eines Erben dieses Land an die Habsburger, so daß Tirol über 550 Jahre, bis zum Ende des Ersten Weltkrieges mit einer kurzen Unterbrechung zur Zeit Napoleons, zu Österreich gehörte. Das Trentino wurde ebenfalls 1363 durch einen Vertrag der Grafschaft Tirol untergeordnet, wodurch die Bischöfe von Trient Statthalter der Grafen von Tirol wurden, obwohl sie nominell reichsunmittelbare Fürstbischöfe blieben. 1407 und 1477 erstürmten wütende Nonsberger Bauern verschiedene Burgen, und 1446 wurde Kaltern als stadtähnliche Siedlung erwähnt. Das Jahr 1499 war durch den Engadiner Krieg zwischen den Bündnern einerseits und dem Landesfürsten von Tirol, Maximilian I., gekennzeichnet. Bekannt ist die Schlacht bei der Calvenbrücke, die mit einem Sieg der Bündner endete, die anschließend die Ortschaften des Oberen Vinschgaus verwüsteten. Am 22. 9. 1499 wurde der Friede zu Basel geschlossen, der für Maximilian jedoch günstig ausging. Um 1500 reichte das deutsche Sprachgebiet bis Lavis.

Schlechte Ernten, Pestepidemien, Überschwemmungen, Erdbeben und immer drückendere Steuerlasten führten zur Verbitterung der Bauern über die Adeligen und den Bischof von Trient. So kam es 1525 zum Bauernaufstand, der nicht nur im heutigen Südtirol, sondern auch im Nonsberg wütete und blutig niedergeschlagen wurde. Während der Religionskriege im 16. Jh. festigte sich zwischen Taufers und Münster (Müstair) die Trennlinie zwischen Graubünden und Tirol in sprachlicher als auch in konfessioneller Hinsicht. Aus dem Jahre 1552 ist die erste Damenbegehung der Laugenspitze bekannt. 1552, 1629 und 1636 wütete wieder die Pest, und auch die Etsch trat zwischenzeitlich mehrmals über die Ufer. Noch 1614 fand in Coredo ein Hexenprozeß statt, bei dem zehn Frauen vor dem Palazzo Nero bei lebendigem Leibe verbrannt wurden. 1642 wird Mals zum Markt erhoben; auch Tramin und Kaltern werden nunmehr als Marktgemeinden genannt. Um 1780 sprach die Mehrheit der Bevölkerung des ursprünglich deutschsprachigen Mezzocorona (Kronmetz oder Deutschmetz) italienisch; ein halbes Jahrhundert später auch die Bevölkerung von Roverè della Luna (Aichholz). Erst Ende des 18. Jh. wurde das Traminer Moos zwischen dem Kalterer See und Kurtinig trockengelegt und damit wertvolles Kulturland gewonnen. Während des zweiten Koalitionskrieges fielen 1799 französische Truppen in den Oberen Vinschgau ein und hausten dort furchtbar. Wenngleich das in diesem Führer behandelte Gebiet von den Freiheitskämpfen der Tiroler um 1800 nur gering berührt wurde, war die Region vorübergehend durch unsinnige Grenzen geteilt. So gehörte das Gebiet südl. von Lana zum Königreich Italien und das restliche Tirol zu Bayern. Unvergessen sind die Freiheitskämpfe unter Andreas Hofer. 1816 kam der Vinschgau vom Bistum Chur zur Diözese Brixen. Mit den Etschregulierungen 1869 und 1880 war auch ein wirtschaftlicher Aufschwung verbunden. In die zweite Hälfte des 19. Jh. fiel auch die Erschließung der Berge und die Gründung der ersten Alpenvereinssektionen des DÖAV. So wurde 1869 die Sektion Bozen ins Leben gerufen, 1870 die Sektion Meran. Letztere erbaute 1875 als zweite alpine Unterkunft in Südtirol überhaupt die heute nicht mehr vorhandene Laugenhütte. 1887 wurde die Sektion Nonsberg gegründet. Mit der Verbesserung der Verkehrsverhältnisse zogen auch die ersten Feriengäste ein. 1859 wurde die Eisenbahnlinie Bozen — Verona eröffnet, 1867 die Brennerbahn, 1881 die Bahnlinie zwischen Bozen und Meran und 1906 schließlich die Verlängerung nach Mals. Von 1880 bis 1885 wurde die Mendelstraße erbaut, und 1898 nahm die Überetscher Schmalspurbahn ihren Betrieb auf, die heute durch Busse ersetzt ist. 1903 wurde die Standseilbahn von Kaltern auf den Mendelpaß eröffnet, 1910 die Alpenvereinssektion Überetsch gegründet und 1912 die Überetscher Hütte in Betrieb genommen.

Das Ende des Ersten Weltkrieges brachte die Teilung Tirols. Das überwiegend deutschsprachige Südtirol kam mit dem Trentino an Italien. Die nachfolgende faschistische Zeit war durch Unterdrückung des Deutschtums gekennzeichnet. Bereits 1935 wurde der Stilfser-Joch-Nationalpark gegründet, dessen Ausdehnung 1966 etwas eingeschränkt wurde, da man die Grenze von der Talsohle auf die 1500-m-Linie zurücknahm. Eine weitere Verkehrsverbesserung brachte der Bau der Gampenpaßstraße, die 1939 eröffnet wurde.
Nach dem Zweiten Weltkrieg wurden mit dem Pariser Vertrag verschiedene Härten der vorherigen italienischen Unterdrückungszeit gemildert. 1949 wurden Reschen- und Mittersee zu einem künstlichen See aufgestaut, und es entstanden Großkraftwerke zur Stromerzeugung. Im Schnalstal wurde von 1949 bis 1965 der Stausee von Vernagt erbaut, der sich aber relativ harmonisch in die Landschaft einfügt und ebenfalls ein großes Elektrizitätswerk versorgt. Weitere Stauseen und Kraftwerke entstanden im Ultental, so daß man das in diesem Führer behandelte Gebiet heute als wichtigen Stromlieferanten ansehen kann. Anfang der sechziger Jahre kam es zu neuen Unruhen zwischen Südtirolern und Italienern. Das daraufhin ausgehandelte „Südtirolpaket" führte zu einer Beruhigung der Lage, brachte für Südtirol die Autonomie und ist ein erster Grundstein für das Überleben der Südtiroler Volksgruppe in Italien. Ein Meilenstein in der touristischen Erschließung des Schnalstales stellte der Bau der Schnalser Gletscherbahn dar, die 1975 ihrer Bestimmung übergeben wurde und heute von vielen Sommerskianhängern genutzt wird. Ein Jahr später wurde der Naturpark Texelgruppe ins Leben gerufen. Die jüngste Zeit ist von neuen Spannungen geprägt, da sich unter dem jetzt geltenden Autonomiestatut nunmehr die italienische Volksgruppe in Südtirol als Minderheit schlecht behandelt fühlt. In diesem Zusammenhang sei erwähnt, daß 80 Prozent der italienischen Minderheit in den Gemeinden Bozen, Meran und Leifers leben und ihr Bevölkerungsanteil in den anderen Orten sehr gering ist.
Das in diesem Buch beschriebene Gebiet erstreckt sich über die Provinzen Bozen / Südtirol und Trentino. Im N und W endet es an der Staatsgrenze. Die Provinz- und Sprachgrenze zwischen Südtirol und dem Trentino verläuft über den Ilmenkamm der Ortlergruppe, stößt von den Ilmenspitze aber weit gegen S vor, da die Nonsberger Dörfer Proveis und Laurein noch zu Südtirol gehören. Dann verläuft die Grenze nordw. zur Hofmahd, folgt dem Kamm zur Laugenspitze, knickt dann zum Urbaner Bach ab, um südl. von St. Felix in Richtung O abzubiegen. Sie verläuft dann unweit vom Felixer Weiher (Tretsee) über den Gaider Berg und folgt nun dem Mendelkamm bis zum Fenner Höllental, um an dessen N-Seite zum Etschtal hinabzuführen.

Die Zusammensetzung der Bevölkerung ist sehr unterschiedlich. Während die großen Städte Bozen mit 74 Prozent und Meran mit 50 Prozent einen hohen Anteil italienisch sprechender Bewohner haben, wird in den ländlichen Gemeinden Südtirols überwiegend deutsch gesprochen. Der Anteil der italienischen Sprachgruppe liegt durchweg unter fünf Prozent und erreicht höhere Werte nur in sehr wenigen Gemeinden. Im Trentiner Gebiet dagegen wird ausschließlich italienisch gesprochen, wobei die Nonsberger einen eigenen Trentiner Dialekt mit rätoromanischen Sprachresten verwenden. In Südtirol erfolgt der Schulunterricht in der Muttersprache der Kinder; im Trentino wird Deutsch dagegen nur in beschränktem Umfang als Wahlfach angeboten.

Land- und Forstwirtschaft, kleinere Handwerksbetriebe, Fremdenverkehr und Stromerzeugung bilden das Rückgrat der Wirtschaft. Berühmt sind insbesondere die Kalterer und Traminer Weine. Kaltern und Eppan stellen das größte geschlossene Weinbaugebiet Südtirols dar. Von Bedeutung ist aber auch der Obstanbau. Zentrum des Südtiroler Obstanbaus ist Lana; er ist aber auch in großen Teilen des Vinschgaus und im übrigen Etschtal verbreitet. Der Nonsberg gilt als das führende Obstanbaugebiet des Trentino. Forst- und Weidewirtschaft haben in

Der unentbehrliche Begleiter für Bergsteiger und Bergwanderer:

Die Alpenvereinshütten

Beschreibung sämtlicher Schutzhütten des DAV, OeAV und AVS; Kurzinformationen über mehr als 500 Hütten anderer Vereinigungen.
Mehr als 500 Fotos und Lageskizzen; übersichtliche, mehrfarbige Ostalpenkarte 1:500000.

Erhältlich in allen Buchhandlungen

Bergverlag Rudolf Rother GmbH München

höher gelegenen Regionen ihre Domänen. Noch heute haben Schnalser Bauern Weiderechte im österreichischen Nordtirol. So werden jedes Jahr im Frühsommer die wegen ihrer guten Wolle bekannten Schafe über die Gletscher ins hintere Ötztal getrieben. Handel und Gewerbe sind in den kleineren Orten auf die Bedürfnisse der einheimischen Bevölkerung abgestimmt. Die gar nicht dazu passende Bozener Industriezone hat ihren Ursprung in der faschistischen Zeit und führte damals zu starkem Zuzug von Italienern und Veränderung des Stadtbildes. Für viele Orte Südtirols hat der Fremdenverkehr Bedeutung, während dieser im Nonsberg noch untergeordneten Rang hat. Aus früheren Zeiten haben sich teilweise schöne Bräuche erhalten, die nicht nur von den Südtirolern, sondern auch von den Nonsbergern gepflegt werden, und jede größere Südtiroler Ortschaft hat ihre eigene Musikkapelle. Die Tracht ist jedoch nicht mehr die Alltagskleidung und wird heute in der Regel nur noch bei festlichen Anlässen am Sonntag und bei folkloristischen Veranstaltungen getragen.

3. Anreisewege, Entfernungen und örtliche Verkehrsverhältnisse

3.1. Anreise mit dem Auto

Durch die günstige Lage an der großen Verkehrsader, die das Etschtal bildet, kann das Führergebiet leicht erreicht werden. Für den von N kommenden Besucher ist der wichtigste Zufahrtsweg die über den Brennerpaß, 1375 m, führende Straße und mautpflichtige Autobahn. Einen weiteren Zufahrtsweg aus Richtung N bietet die Timmelsjochstraße, die allerdings auf der Südtiroler Seite sehr schmal und kurvenreich ist. Gleiches gilt für die Bergstraßen, die über den Jaufenpaß oder über das Penser Joch das Gebiet erreichen. Von Südwestdeutschland und der Schweiz aus kann man auch die bei Landeck in Oberinntal abzweigende Straße über den Reschenpaß, 1504 m, benutzen und gelangt so in den Vinschgau. In Schluderns mündet außerdem die aus der Schweiz kommende Ofenpaßstraße in die den Vinschgau erschließende Staatsstraße ein. Wer von O anreist, folgt von Spittal am Millstätter See dem Lauf der Drau, kommt bei Lienz ins Pustertal, durchfährt dieses und erreicht bei Brixen das südw. nach Bozen führende Eisacktal. Vom S her empfiehlt sich die Anfahrt durch das Etschtal; weitere Zufahrtswege führen

jedoch auch über den Tonalepaß, 1884 m, den Campo-Carlo-Paß, 1682 m, und das Stilfser Joch, 2757 m.
Da die bedeutende Fremdenverkehrsstadt Meran für das gesamte Gebiet ein zentraler Verkehrsknotenpunkt ist, nachfolgend hierzu einige Entfernungsangaben:

München — Kuftstein — Brennerpaß — Bozen — Meran   293 km
München — Landeck — Reschenpaß — Meran   352 km

ab Meran nach

Mals (Oberer Vinschgau)   60 km
Schlanders (Mittlerer Vinschgau)   36 km
Karthaus (Schnalstal)   27 km
St. Walburg (Ultental)   28 km
Fondo (Nonsberg)   41 km
Bozen (Südtiroler Landeshauptstadt)   28 km
Kaltern (Überetsch)   34 km
Tramin (Südtiroler Unterland)   44 km

3.2. Anreise mit der Eisenbahn

Der mit der Eisenbahn anreisende Besucher kann an der wichtigen N-S-Strecke München — Innsbruck — Bozen — Verona unter drei Schnellzugstationen wählen, nämlich Bozen, Auer (für Tramin) und Mezzocorona (für den Nonsberg). Eine wichtige Stichstrecke mit Schnellzugverkehr führt nach Meran, während die daran anschließende Lokalbahn durch den Vinschgau nach Mals seit Jahren von der Stillegung bedroht ist. In Mezzocorona zweigt außerdem eine von Trient kommende Schmalspurbahn ins Nonstal ab. Wichtigste Bahnhöfe des Gebietes sind Mollaro, Taio, Dermulo und Cles.

3.3. Straßennetz

Der Vinschgau ist in seiner ganzen Länge (Reschenpaß — Meran) durch eine Hauptstraße, SS 40 (Reschenpaß — Spondinig) bzw. SS 38 (Spondinig — Meran), verkehrsmäßig erschlossen. Die SS 38 erschließt auch das Etschtal zwischen Meran und Bozen. Diese Straße ist heute oft nicht mehr dem Verkehr gewachsen. Im Vinschgau selbst ist eine großzügige Neutrassierung mit Ortsumfahrungen vorgesehen, und zwischen Meran und Bozen soll entlang der Etsch eine autobahnähnliche Schnellstraße gebaut werden. Weitere wichtige Straßen sind die Mendelpaßstraße, SS 42 (Bozen — Mendelpaß — Fondo), die SS 238 über den Gampenpaß (Meran — Gampenpaß — Fondo) und die SS 43 / 43 D (Mezzocorona — Fondo). Alle größeren Ortschaften und Nebentäler, die nicht an diesen Hauptrouten liegen, sind heute durch überwiegend gute Landesstraßen erschlossen.

3.4. Lokaler Busverkehr

Mehrere Busgesellschaften unterhalten größtenteils ganzjährig und mehrmals täglich verkehrende Linien, die für das Führergebiet von Interesse sind. Nachfolgend eine Übersicht der wichtigsten Strecken:

1. SAD (Südtiroler Autobusdienst) Bozen
a) Mals — Graun — Reschenpaß — Nauders (mit Anschluß nach Landeck)
b) Mals — Graun — Melag im Langtauferer Tal
c) Mals — Schluderns oder Glurns — Prad (— Stilfs, teilweise nach Sulden)
d) Mals — Prad — Stilfser Joch (nur im Sommer)
e) Mals — Schlanders — Naturns — Meran
f) Schlanders — Goldrain — Morter (— Martelltal)
g) Meran — Naturns — Karthaus — Vernagt (teilweise bis Kurzras)
h) Meran — Lana — St. Walburg — St. Gertraud
i) Meran — Lana — Tisens — Prissian — Gampenpaß — Fondo
j) Bozen — St. Michael — Eppan — Kaltern — Tramin (teilweise weiter bis Kurtatsch — Margreid und Neumarkt)

2. Rittnerbahn AG, Bozen
a) Bozen — Eppan — Kaltern — St. Anton (Stand-Seilbahn), einige Fahrten bis Altenburg
b) Bozen — Girlan — Eppan — St. Pauls, einige Fahrten bis Missian und Unterrain
c) Eppan (St. Michael) — Montiggler See (nur im Sommer)
d) Eppan (St. Michael) — Kalterer See (nur im Sommer)

3. Autolinien Lana — Meran GmbH, Lana
a) Oberlana — Meran — Forst
b) Oberlana — Völlan
c) Meran — Algund — Partschins
d) Marling — Meran (— Gratsch)

4. VVB Stadtverkehr Bozen
a) Bozen — Andrian — Nals — Vilpian (nur werktags)

5. Ferrovia Trento — Malè
a) Bozen — Mendelpaß — Cles (nur im Sommer)
b) Mendelpaß — Fondo — Dermulo Bahnhof (— Trient)
c) Cles — Dermulo — Coredo — Sfruz

d) Cles — Cloz — Fondo
e) Mezzolombardo — Vigo — Ton
f) Mezzocorona — Roverè della Luna
g) Mollaro Bahnhof — Vervo
h) Fondo — Unsere Liebe Frau im Walde (nur an Markttagen)

Genaue Fahrpläne sind von den Busgesellschaften auf Anforderung zu erhalten.

3.5. Bergbahnen

Ein Teil der Bergbahnen dient nur dem Wintersport, andere Kleinkabinen-Seilbahnen sind nicht für den öffentlichen Personenverkehr zugelassen. Neben den nachfolgend aufgeführten Bergbahnen, die vom Bergwanderer in der Regel benutzt werden können, gibt es im Raum Partschins noch einige weitere Kleinkabinen-Bahnen zu Bergbauernhöfen.

Talstation	*Bergstation*	*Art der Anlage*
St. Valentin, 1470 m	Haider Alm, 2120 m	Gondellift
Prämajur, 1718 m	Höferalm, 2143 m	Sessellift
Latsch, 639 m	St. Martin, 1736 m	Kabinenbahn
Tarsch, 1200 m	Tarscher Alm, 1940 m	Sessellift
Kurzras, 2011 m	Grawand, 3251 m	Kabinenbahn
Kurzras, 2011 m	Lazaunalm, 2451 m	Sessellift
Altratheis, 844 m	Kopfronhof, 1436 m	Kleinkabinenbahn
Kompatsch, 534 m	Unterstell, 1407 m	Kleinkabinenbahn
Plaus, 519 m	Hochforchhof, 1555 m	Kleinkabinenbahn
Rabland-Saring, 518 m	Aschbach, 1340 m	Kabinenbahn
Lana, 300 m	Vigiljochhotel, 1486 m	Kabinenbahn
Vigiljochhotel, 1486 m	Vigiljoch, 1750 m	Sessellift
Kuppelwieser Tal, 1500 m	Breiteben, 1950 m	Sessellift
Kaltern-St. Anton, 513 m	Mendelpaß, 1363 m	Stand-Seilbahn
Mezzocorona, 266 m	Monte di Mezzocorona, 855 m	Kabinen-Seilbahn

4. Geologie, Klima, Vegetation und Tierwelt

4.1. Der Ötztaler Kristallin

Größtenteils aus Paragneis bestehend, beherrscht der Ötztaler Kristallin das ganze Gebiet der Ötztaler Alpen samt Texelgruppe, aber auch das ganze Vinschgauer Oberland und Teile der Malser Haide. An der Mündung des Schlinigtales beginnt die mächtige Vinschgauer Schieferzone, die sich zu beiden Seiten des Tales hinzieht und zu der die Marmorvorkommen von Laas und Göflan zu rechnen sind. In diesem Gesteinsbereich mit Phyllit- und Granitgneis sowie Glimmerschiefer liegen sowohl der Vinschgauer Sonnenberg wie auch die Berge beiderseits des Münstertales. Südw. schließt sich der Mittlertrias an, der die zentrale Ortlergruppe bildet, aber auch den Höhenzug, der das Ultental vom Vinschgau trennt. Dieses Triasgestein, das sich auf der dunklen, dicken Schicht der Vinschgauer Schieferzone aufbaut, besteht aus mächtig geschichtetem dolomitischen Kalk, der hier auch den Namen Ortlerdolomit trägt. Die südl. Talbegrenzung des Ultentales wird wieder von Gneisen beherrscht. Schließlich sind die Laugenspitzen und der Mendelkamm, bekannt auch als Nonsberger Alpen, von der Ortlergruppe durch die sogenannte Judikarienlinie getrennt, die u.a. über den Hofmahdsattel verläuft. Dieser langgestreckte Bruch, der vom Gardasee bis ins Pustertal reicht, trennt die Südlichen Kalkalpen vom Kristallingestein der Zentralalpen. Den Sockel des Mendelkammes bildet überwiegend Quarzporphyr, ein vulkanisches Gestein, das die Umgebung von Bozen beherrscht. Mit einer Ausdehnung von 4000 km² ist dies die größte Ergußgesteinsmasse Mitteleuropas, deren Mächtigkeit meist 800 bis 1500 m erreicht und in deren Bereich auch das gesamte Überetsch liegt. Über dem Porphyrsockel folgt der sogenannte Grödner Sandstein, und der gesamte obere Teil des Mendelkammes besteht aus Dolomit, der aber anders zusammengesetzt ist als in den eigentlichen Dolomiten. Erwähnenswert ist auch die Fenner Bruchlinie, in deren Bereich der gesamte Gebirgskamm vom Roèn bis zum Treser Kopf Hunderte von Metern emporgehoben wurde, wobei der ursprüngliche Gesteinsaufbau teilweise gestört wurde. Ein besonderes Merkmal der Landschaft im Vinschgau dagegen sind die mächtigen Murkegel, die für die Besiedlung und den Ackerbau in diesem Gebiet eine sehr bedeutende Rolle gespielt haben. Die Malser Haide mit einer Fläche von 13 m² und die Gadriamure zwischen Laas und Allitz sind die größten Murkegel der Alpen überhaupt. Ihre Herausbildung begann, als nach dem Rückzug der Gletscher vor rund 7000 Jahren das Haupttal immer wieder verschüttet wurde.

4.2. Mediterranes Klima und Hochgebirgsklima

Zwei verschiedene Klimatypen treffen auf engstem Raum aufeinander. Mit einer durchschnittlichen Niederschlagsmenge von nur 550 mm ist der Vinschgau das regenärmste Tal der Ostalpen. Die Regenarmut ist vornehmlich auf die hohe Bergumrahmung und die hauptsächlich von W nach O verlaufende Talrichtung zurückzuführen. Der NW-Wind, der vor allem die Malser Haide beherrscht, bewirkt starke Regenfälle auf der Alpen-N-Seite, im Vinschgau dagegen blauen Himmel und Regenarmut. Die S- und SO-Winde, die vom Mittelmeer Feuchtigkeit bringen könnten, werden von der hohen Ortlergruppe aufgefangen. Auf die Trockenheit des Tales ist auch das weitverzweigte Netz von Wasserkanälen, Waale genannt, zurückzuführen, die schon seit frühester Zeit zur Bewässerung eingeführt wurden. Im kurzen Sommer werden im Vinschgau nicht selten Temperaturen bis zu 30°C erreicht, und im mittleren Etschtal von Meran abwärts verzeichnet man schon rund 100 Sommertage mit Temperaturen über 25°C. Vor der Hitze des Sommers flüchtete man seit altersher auf die Höhen der Berge. Dennoch gibt es selten eine drückende Sommerhitze (ausgenommen im Meraner Talkessel), denn an heiteren Tagen weht in der Zeit von April bis September fast immer der sogenannte „Untere Wind", auch Ora genannt, vom Gardasee in Richtung N. Er kommt mittags auf und vertreibt die größte Schwüle. Recht angenehm ist der Frühling, der schon überraschend warme Tage bringen kann. Während man in den unteren Lagen des Etschtales nur wenige Tage verzeichnet, an denen das Thermometer unter 0°C sinkt, kann der Winter im Vinschgau mit seinen Seitentälern sehr rauh sein. Die durchschnittlichen Temperaturwerte von —5°C sind eigentlich nicht übermäßig niedrig, doch werden Spitzenwerte von —30°C gemessen. Hinzu kommt der N-Wind, der sich in den Nebentälern allerdings nicht so stark bemerkbar macht. Insgesamt kann man jedoch sagen, daß im Vinschgau das Klima milder ist als in anderen Alpentälern mit vergleichbarer Höhenlage.

4.3. Vegetation

Für die besonderen Verhältnisse am Vinschgauer Sonnenberg sind vor allem die geologischen und klimatischen Verhältnisse maßgebend, aber auch das Fehlen von Wäldern, zurückzuführen auf Raubbau und gewollte oder ungewollte Waldbrände. Diese steppenartig kahlen, gegen S ausgerichteten Berglehnen ziehen sich von Mals bis nach Naturns auf der N-Seite des Tales hin und bilden einen interessanten Kontrast zu den reich bewaldeten Hängen auf der gegenüberliegenden Talseite. Dieser Steppengürtel ist 500 bis 700 m breit und stellenweise aufgeforstet. In einer Höhe von 1400 bis 2000 m schließt sich daran lichter Lärchenwald an. Die ausgeprägte Steppenvegetation ist eine floristische Besonderheit in einem eigentlichen zentralalpinen Bereich. Die Wälder des Nörderberges auf der Tal-S-Seite bestehen hauptsächlich aus Föhren, Fichten und Lärchen; hoch oben kommen auch noch Zirbenbestände hinzu. Die Wälder nehmen rund ein Drittel der Gesamtfläche des Vinschgaus ein. Für die Rinderzucht bieten die zahlreichen Hochweiden im Vinschgau beste Voraussetzungen. Im Tal selbst dominiert ab Glurns abwärts der Obstanbau. Die Weinrebe hat ihre nördl. Verbreitungsgrenze bei Vezzan und erreicht auf der Fennberger Hochebene (Mendelkamm) sogar die 1000-m-Grenze. Wie im mittleren Etschtal, so herrscht auch im Nonsberg Obstanbau vor. In der untersten Vegetationsstufe, insbesondere im Bereich des Mendelkammes, findet man vor allem Buschwald. Charakteristische Gehölze dieses Waldes sind z.B. Flaumeiche, Hopfenbuche und Kornelkirsche. Vertreten sind auch Edelkastanie und Robinie (Akazie). In der mittleren Höhenstufe des Mendelkamms von etwa 700 bis 1200 m findet man vor allem Mischwald, teilweise sehr artenreich, z.B. am Fennberg. Darüber dehnen sich große Nadelwälder aus, besonders an den Hängen des Nonsberges, teilweise durchsetzt von prächtigen Lärchenwiesen, die man hier wie auch auf der Tal-S-Seite des Vinschgaus findet. Auch das Ultental ist ein ausgesprochenes Waldtal. Über der Baumgrenze findet man im Hochgebirge alpine Flora. Da das Gebiet des Mendelkammes auch heute noch wenig besucht wird, findet man gerade hier ein reichhaltiges Blumengebiet, das seine Pracht vor allem im Juni und Juli entfaltet. Erwähnenswert sind u.a. die seltene, herrliche Paradieslilie im Bereich der Laugenspitzen und Edelweiß am Gantkofel.

4.4. Tierwelt

Während der Wildbestand im Vinschgau außerordentlich reich ist, verhält es sich im Gebiet des Mendelkammes genau umgekehrt. Im Vinschgau findet man viele Rehe, Hirsche, Gemsen, Murmeltiere und sogar Steinböcke. So verfügt das Jagdgebiet Vinschgau über den größten Hirschbestand Südtirols. Die seltenen Steinböcke findet man vor allem im Grenzgebiet zur Schweiz, in der Ortlergruppe und auch in der Texelgruppe, wo sie vor einigen Jahren neu angesiedelt wurden. Das abgelegene Pfossental gilt als wildreichstes Tal Südtirols überhaupt. Murmeltiere sind in den Höhen über 2000 m stark verbreitet, und die dichten Wälder sind Heimat zahlreicher Rehe. Es gibt auch kleinere Reviere mit Gemsen. Unter den Raub- und Greifvögeln sind insbesondere Habicht, Sperber und Mäusebussard zahlreich vertreten. Hauptsächlich in der

Texelgruppe findet man das Alpenschneehuhn. Eine der bemerkenswertesten Vogelarten, das Steinhuhn, ist an den Steppenhängen des Vinschgauer Sonnenberges beheimatet. Der Sonnenberg des Vinschgaus, aber auch die Hänge des Mendelkammes sind außerdem die Heimat zahlreicher Eidechsenarten, u.a. der Smaragdeidechse. Erwähnenswert sind auch die vielen bunten Schmetterlinge, von denen verschiedene südl. Arten hier ihre nördl. Verbreitungsgrenze haben.

5. Praktische Ratschläge

5.1. Ausrüstung

Zur zweckmäßigen Bekleidung sollten zumindest gutes Schuhwerk (Bergwanderschuhe mit Profilgummisohle) sowie Regen- und Wärmeschutz gehören. Auf einen Mundvorrat wird man bei kürzeren Touren gelegentlich verzichten können, sollte diesen jedoch bei langen Aufstiegen und Gipfelbesteigungen einplanen. Gegen die intensive Sonnenbestrahlung im Gebirge schützt man sich durch entsprechendes Sonnenschutzmittel und Kopfbedeckung.

5.2. Schutzhütten

In den in diesem Führer genannten Schutzhütten des CAI (SAT) und AVS genießen Mitglieder des AVS, DAV und ÖAV mit Ausweis Gleichberechtigung im Preis. Im Führergebiet überwiegen jedoch private bewirtschaftete Stützpunkte. Die angegebenen Öffnungszeiten sind unverbindlich. Im Frühsommer und Herbst sollte man sich deshalb hinsichtlich der Bewirtschaftung vor Antritt einer Bergtour erkundigen. Auch die sogenannten ganzjährig geöffneten Stützpunkte haben meist außerhalb der Saison für kurze Zeit geschlossen.

5.3 Wegmarkierung

Überwiegend nehmen AVS und CAI (SAT) ehrenamtlich die Wegmarkierung vor. Das Gebiet verfügt über ein großes, markiertes Wegenetz, das qualitativ jedoch recht unterschiedlich ist. Deshalb sollte man unbedingt die in diesem Führer enthaltenen Wegbeschreibungen und eine Karte hinzuziehen. Die Numerierung der Wege, wie sie von den Alpenvereinen festgelegt wurde und auf den Karten angegeben ist, fehlt in Wirklichkeit manchmal. Teilweise sind auch Wege, die man in Karten als markiert findet, in Wirklichkeit nicht markiert, und es wird nur an

Abzweigungen auf die Wegnummer hingewiesen. In den letzten Jahren wurden etliche Forst- und Zufahrtsstraßen angelegt. Dabei sind verschiedentlich die ursprünglich markierten Wege ganz verschüttet worden, so daß man heute nur noch die unbezeichneten Fahrwege vorfindet, oder die bezeichneten Wege dienen nur noch als Abkürzung.

5.4. Schwierigkeiten

Die in diesem Führer aufgenommenen Touren sind überwiegend leichte bis schwere Bergwanderungen. Dazu kommen einige Klettersteige sowie leichtere Kletter- und Gletschertouren. Keine Tour übersteigt bei guten Wetter- und Wegverhältnissen den I. Schwierigkeitsgrad. Die Begriffe „leicht" oder „unschwierig" sind aber bei Touren im Gebirge relativ zu verstehen; so wird der Ungeübte bereits manchen Wanderweg nicht begehen können, wenn dieser absolute Trittsicherheit und Schwindelfreiheit erfordert.

5.5. Naturschutz

Bitte tragen Sie dazu bei, daß die Bergwelt in ihrer jetzigen Form erhalten bleibt. Dazu gehört, daß Sie keine Blumen pflücken, sondern sie wachsen lassen, wo sie stehen. Dann können sich auch diejenigen darüber freuen, die nach Ihnen kommen. Abfall und sonstigen Unrat sollten sie nicht wegwerfen, sondern ins Tal zurücknehmen. Tragen Sie dazu bei, die Berge sauber zu halten und unsere bedrohte Natur zu erhalten. Ein Teil der Ortlergruppe gehört zum Stilfser-Joch-Nationalpark, für den besonders strenge Naturschutzbestimmungen gelten. Auch die Texelgruppe mit einigen angrenzenden Gebieten wurde zum Naturpark erklärt. Darüber hinaus hat die Südtiroler Landesregierung ein Gesetz zum Schutz der Alpenflora erlassen. Danach gelten alle kraut- und staudenartigen Pflanzen, die wild wachsen, als charakteristisch für den Alpenraum und sind geschützt. Von diesen einheimischen Arten dürfen je Person und Tag nicht mehr als zehn Blütenstände gepflückt werden. 15 Blumenarten sind vollkommen geschützt und dürfen überhaupt nicht gepflückt werden:

— Schwefelgelbes Windröschen oder Schwefelanemone
— Gemeiner Frauenschuh
— Kahles Steinröserl bzw. Zwergsteinröserl
— Feuerlilie
— Türkenbundlilie
— Großes Schneeglöckchen, Frühlingsknotenblume oder Märzenbecher

- Weiße (Dichter-)Narzisse
- Weiße Seerose
- Gelbe Teichrose
- Rohrkolben
- Spechtwurz
- Pfingstrose
- Aurikel (Platenigl)
- Schopfteufelskralle (Rapunzel)
- Edelweiß

Die Strafe bei Nichtbeachtung des Gesetzes liegt zwischen 10 und 60 neuen Lire (entspricht 10 000 bis 60 000 alten Lire). Pilzsammler sollten die einschlägigen gesetzlichen Bestimmungen beachten. Ebenso sind verschiedene charakteristische Alpentiere geschützt.

5.6. Jahreszeit

Die für den Besucher günstige Jahreszeit läßt sich nicht genau festlegen. Angenehm ist das spätere Frühjahr bzw. der Frühsommer ab Mitte Juni mit seinen langen Tagen. Dann ist die Blütenpracht am schönsten. Der Hochsommer bringt südl. Temperaturen und im August große Besucherzahlen. Empfehlenswert ist wieder die Zeit von Ende August bis Ende Oktober, da man dann meist ideales Wanderwetter mit klarer Luft und guter Fernsicht hat.

5.7. Staatsgrenze

Ein Teil der Bergtouren verläuft in unmittelbarer Nähe der italienischen Staatsgrenze. Derzeit wird der gelegentliche Grenzüberschritt bei Bergtouren geduldet. Bei Touren im Grenzbereich trage man jedoch immer seine Ausweispapiere bei sich, auch wenn kein Grenzüberschritt geplant ist. Kontrollen durch die Grenzwachen sind möglich.

6. Bergrettung

AVS und CAI (SAT) unterhalten ehrenamtlich den Bergrettungsdienst. Falls Sie Zeuge eines alpinen Unfalls werden, sind Sie verpflichtet, selbst Hilfe zu leisten oder, falls das unmöglich ist, zumindest die nächste Unfallstation zu benachrichtigen. Dies sind u.a. die Berghütten, Feuerwehr, Weißes oder Rotes Kreuz bzw. die AVS-Ortsstellen.

Alpine Auskunft

Mündliche und schriftliche Auskunft in alpinen Angelegenheiten für Wanderer, Bergsteiger und Skitouristen

➡ Deutscher Alpenverein
**Montag bis Donnerstag von 9 bis 12 Uhr
und 13 bis 16 Uhr,
Freitag von 9 bis 12 Uhr
und 13 bis 15 Uhr
D-8000 München 22, Praterinsel 5
Telefon (089) 29 49 40**
[aus Österreich 06/089/29 49 40]
[aus Südtirol 00 49/89/29 49 40]

➡ Österreichischer Alpenverein
**Montag bis Freitag von 8.30 bis 12.00 Uhr
und von 14 bis 18 Uhr
Alpenvereinshaus
A-6020 Innsbruck, Wilhelm-Greil-Str. 15
Telefon (0 52 22) 2 41 07**
[aus der BR Deutschland 00 43/52 22/58 41 07]
[aus Südtirol 00 43/52 22/58 41 07]

➡ Alpenverein Südtirol
Sektion Bozen
**Montag bis Freitag von 9 bis 12 Uhr
und von 15 bis 17.30 Uhr
im Landesverkehrsamt für Südtirol –
Auskunftsbüro
I-39100 Bozen, Pfarrplatz 11
Telefon (04 71) 99 38 09**
[aus der BR Deutschland 00 39/471/99 38 09]
[aus Österreich 04/471/99 38 09]

Wichtige italienische Ausdrücke:

Hilfe!	=	aiuto!
Bergrettung	=	soccorso alpino
Verletzter	=	ferito
Toter	=	morto
Arzt	=	medico
Hubschrauber	=	elicòttero
wie lange?	=	quante ore?
heute	=	oggi
morgen	=	domani
kommen	=	venire
gut	=	bene
schlecht	=	male
ich verstehe	=	capisco
ich verstehe nicht	=	non capisco

6.1. Das „Alpine Notsignal"

Dieses Notsignal sollte jeder Bergsteiger im Kopf haben:

- Innerhalb einer Minute wird **sechsmal** in regelmäßigen Abständen mit jeweils einer Minute Unterbrechung ein hörbares (akustisches) Zeichen (Rufen, Pfeifen) oder ein sichtbares (optisches) Signal (Blinken mit Taschenlampe) abgegeben.
  Dieses wird solange wiederholt, bis eine Antwort erfolgt.
- Die Rettungsmannschaft antwortet mit **dreimaliger** Zeichengebung in der Minute.

Die genannten Alarmsignale im Gebirge wurden international eingeführt.

Um einen schnellen Rettungseinsatz zu ermöglichen, müssen die Angaben kurz und genau sein. Man präge sich das nachfolgende „5-W-Schema" ein:

- **WAS** ist geschehen? (Art des Unfalles, Anzahl der Verletzten)
- **WANN** war das Unglück?
- **WO** passierte der Unfall, wo ist der Verletzte? (Karte, Führer)
- **WER** ist verletzt, wer macht die Meldung? (Personalien)
- **WETTER** im Unfallgebiet? (Sichtweite)

INTERNATIONALE ALARMSIGNALE IM GEBIRGE
SEGNALI INTERNAZIONALI D'ALLARME IN MONTAGNA
SIGNAUX INTERNATIONAUX D'ALARME EN MONTAGNE
SEÑALES INTERNACIONALES DE ALARMA EN MONTAÑA

JA
OUI
SI

Rote Rakete oder Feuer
Razzo rosso o luce rossa
Fusée ou feu rouge
Cohete de luz roja

WIR BITTEN UM HILFE
OCCORRE SOCCORSO
NOUS DEMANDONS DE L'AIDE
PEDIMOS AYUDA

Rotes quadratisches Tuch
Quadrato di tessuto rosso
Carré de tissu rouge
Cuadro de tejido rojo

NEIN
NON
NO

WIR BRAUCHEN NICHTS
NON ABBIAMO BISOGNO DI NIENTE
NOUS N'AVONS BESOIN DE RIEN
NO NECESITAMOS NADA

Diese Zeichen dienen der Verständigung mit der Hubschrauberbesatzung. Sie ersetzen nicht das Alpine Notsignal.

6.2. Hubschrauberbergung

Der Einsatz von Rettungshubschraubern ist von den Sichtverhältnissen abhängig. Für eine Landung ist zu beachten:

- **Hindernisse im Radius von 100 m dürfen nicht vorhanden sein.**
- **Es ist eine horizontale Fläche von etwa 30 x 30 m erforderlich. Mulden sind für eine Landung ungeeignet.**
- **Gegenstände, die durch den Luftwirbel des anfliegenden Hubschraubers umherfliegen können, sind vom Landeplatz zu entfernen.**
- **Der anfliegende Hubschrauber wird mit dem Rücken zum Wind von einer Person in „Yes-Stellung" eingewiesen.**
- **Dem gelandeten Hubschrauber darf man sich nur von vorne und erst auf Zeichen des Piloten nähern.**

7. Auskünfte und Telefonvorwahl

Die Verkehrsvereine, bei denen man lokale Auskünfte erhält, sind unter den verschiedenen Orten angegeben. Beim Telefonieren von Deutschland und der Schweiz nach Italien beachte man, daß die 0 der Ortsvorwahl wegfällt. Dieses gilt nicht von Österreich aus! Vor der örtlichen Netzkennzahl ist die Vorwahl für Italien zu wählen; von Deutschland und der Schweiz aus 0039, von Österreich aus 04. Die Vorwahl von Italien nach Deutschland ist 0049, nach Österreich 0043 und nach der Schweiz 0041.

Alpine Auskünfte — mündlich wie schriftlich — erhält man auch bei folgenden Stellen:

Deutscher Alpenverein. Praterinsel 5, D-8000 München 22. Tel. 089/294940. Montag bis Donnerstag von 9 bis 12 Uhr und 13 bis 16 Uhr, Freitag von 9 bis 12 Uhr und 13 bis 15 Uhr.

Österreichischer Alpenverein. Alpenvereinshaus, Wilhelm-Greil-Str. 15, A-6020 Innsbruck. Tel. 05222/584107 (aus der Bundesrepublik Deutschland: 0043/5222/584107, aus Südtirol: 0043/5222/584107). Montag bis Freitag von 8.30 bis 12.00 Uhr und von 14.00 bis 18.00 Uhr.

Alpenverein Südtirol. (Im Landesverkehrsamt für Südtirol.) Auskunftsbüro: Pfarrplatz 11/12, I-39100 Bozen. Tel. 0471/993809. Montag bis Freitag von 9.00 bis 12.00 Uhr und von 15.00 bis 18.00 Uhr.

8. Literatur und Karten

Über das in diesem Führer behandelte Gebiet sind zahlreiche Bücher erschienen. Für den heimatkundlich interessierten Leser sei auf folgende Werke hingewiesen:

Rampold, Südtiroler Landeskunde, Band 1: Vinschgau, Verlagsanstalt Athesia, Bozen.
Langes, Südtiroler Landeskunde, Band 3: Überetsch und Bozner Unterland, Verlagsanstalt Athesia, Bozen.
Langes, Südtiroler Landeskunde, Band 4: Burggrafenamt und Meran, Verlagsanstalt Athesia, Bozen.

Im Kartenbereich wird das Führergebiet durch zahlreiche Wanderkarten (Kompaß, Freytag & Berndt) im Maßstab 1:50000 abgedeckt. Für einzelne Gebiete gibt es auch Karten im Maßstab 1:30000. Man beachte jedoch, daß die Karten in vielen Fällen ungenau sind, da Neuerungen oft sehr spät eingetragen werden.

9. Zum Gebrauch des Führers

Die Talorte, Stützpunkte, Wanderungen bzw. Übergänge und Gipfelanstiege sind in getrennten Kapiteln behandelt. Sämtliche Orts-, Hütten- und Bergnamen finden sich mit Angabe der betreffenden Randzahl(en) — nicht Seite! — im alphabetischen Verzeichnis am Schluß des Führers. Verschiedene Randzahlen wurden absichtlich für spätere Ergänzungen freigelassen.
Die Randzahlen sind am Anfang jeder Tourenbeschreibung mit ● gekennzeichnet, innerhalb des Textes mit „R". Richtungsangaben, sofern nicht in Himmelsrichtungen ausgedrückt, sind jeweils in der Verlaufsrichtungen des beschriebenen Weges (rechts, links, aufwärts, abwärts usw.) zu verstehen.
Die Wege sind nicht immer nur im Anstieg beschrieben. Bei den Zeitangaben wurde angenommen, daß auf einem normalen Bergweg in der Stunde durchschnittlich 300 bis 400 Höhenmeter im Anstieg und 500 bis 800 Höhenmeter im Abstieg überwunden werden.

10. Abkürzungen

Außer den bei Himmels- bzw. Gehrichtungen üblichen Abkürzungen — N (= Norden), nördl. (= nördlich) oder nordw. (= nordwärts) usw. — wurden noch folgende Abkürzungen verwendet:

Abzw.	= Abzweigung
AVS	= Alpenverein Südtirol
B.	= Betten
bew.	= bewirtschaftet
bez., Bez.	= bezeichnet, Bezeichnung
°C	= Grad Celsius
CAI	= Club Alpino Italiano
DAV	= Deutscher Alpenverein
DÖAV	= Deutscher und Österreichischer Alpenverein
Ew.	= Einwohner
ganzj.	= ganzjährig
Ghf.	= Gasthof
Ghs.	= Gasthaus
Jh.	= Jahrhundert
kg	= Kilogramm
km	= Kilometer
M	= Matratzenlager
m	= Meter
mm	= Millimeter
Mark., mark.	= Markierung, markiert
Min.	= Minute(n)
ÖAV	= Österreichischer Alpenverein
Pkw	= Personenkraftwagen
PLZ	= Postleitzahl
R	= Randzahl(en)
s.	= siehe
SAD	= Südtiroler Autobusdienst
SAT	= Società Alpinisti Tridentini
SS	= Staatsstraße
Std.	= Stunde(n)
Tel.	= Telefon(nummer)
n. Chr.	= nach Christus
v. Chr.	= vor Christus

11. Einige italienische alpine Begriffe

albergo	=	Gasthof
baita	=	Hütte
bivio	=	Weggabelung, Abzweigung
cadin	=	Kar
caduta di sassi	=	Steinschlag
capanna	=	Almhütte
cascata	=	Wasserfall
cima	=	Gipfel, Spitze
col	=	Hügel, Sattel
cresta	=	Grat
detriti	=	Geröll, Schutt
difficile	=	schwierig
direzione	=	Richtung
escursione	=	Tour
facile	=	leicht
forcella	=	Scharte
fune metallica	=	Drahtseil
funivia	=	Seilbahn
malga	=	Alm(hütte)
monte	=	Berg
nebbia	=	Nebel
neve	=	Schnee
ometto	=	Steinmann
ora	=	Stunde
passagia	=	Übergang
passo	=	Paß, Joch
pericolo	=	Gefahr
pian	=	Fläche, Ebene
ponte	=	Brücke
rifugio	=	Schutzhütte, Alpengasthof
seggiovia	=	Sessellift
ripido	=	steil
segnale di soccorso	=	Notsignal
segnavia	=	Wegzeichen, Markierung
sentiero	=	Pfad, Weg
soccorso	=	Hilfe
val, valle	=	Tal
verso il basso	=	abwärts
verso l'alto	=	aufwärts
via	=	Weg, Pfad

II. Talorte und Pässe

1. Oberer Vinschgau mit Langtauferer Tal und Münstertal

● 1   **NAUDERS**, 1365 m

Ein größerer Fremdenverkehrsort nördl. des Reschenpasses mit 1400 Ew., der vor dem Ersten Weltkrieg noch zum Vinschgau gehörte. Man erreicht Nauders von der Kleinstadt Landeck, dem Wirtschaftszentrum des westl. Nordtirols, indem man dem Inntal bis nach Pfunds weiter aufwärts folgt und sich bei der Kajetansbrücke links hält. Der Grenzort kann über Martina (Martinsbruck) auch direkt aus dem Engadin (Schweiz) erreicht werden.
Zu den Sehenswürdigkeiten zählen Schloß Naudersberg aus dem 13. Jh. und die Pfarrkirche zum hl. Valentin, deren heutiger Bau aus dem 11. Jh. stammt.
Linienbus-Haltestelle im Ortszentrum beim Postamt.

● 2   **RESCHENPASS**, 1504 m
                                    (PASSO RESIA)

Der Paß, eine breite Wiesensenke südl. von Nauders zwischen der Sesvennagruppe im W (Piz Lat, 2808 m) und den Ötztaler Alpen im O (Klopaierspitze, 2917 m), ist nach dem Brenner der zweitwichtigste Alpenübergang in Tirol.
Er ist Wasserscheide zwischen dem Schwarzen Meer (Stillebach, ein Nebenfluß des Inns) und der Adria (Etsch).
Sicherlich war er schon in vorgeschichtlicher Zeit als bequemer und ungefährlicher Übergang bekannt und wurde durch den 46 n. Chr. erfolgten Ausbau zur römischen Via Claudia Augusta erheblich verbessert. Auch in den folgenden Jahrhunderten wurde der Reschenpaß viel benutzt, hauptsächlich als Handelsweg, bis ihm 1314 der Brenner durch die Anlage des Kuntersweges durch das Eisacktal den Rang ablief. Seit dem Ersten Weltkrieg verläuft über den Paß die österreichisch-italienische Staatsgrenze; diese weicht jedoch von der natürlichen Wasserscheide ab und verläuft nördlicher, bereits im Einzugsgebiet des Stillebachs.
Der Grenzübergang mit allen notwendigen Einrichtungen befindet sich 5 km südl. von Nauders (R 1) und 2 km nördl. von Reschen (R 3). Der Name Reschen-Scheideck ist die Erfindung eines fremden Geografen und wird von den Einheimischen nicht gebraucht.

● 3 **RESCHEN**, 1525 m
(RESIA)

Rund 1 km vom Reschenpaß und 2 km von der österreichisch-italienischen Grenze entfernte, vielbesuchte Sommerfrische und aufkommendes Wintersportziel (Skischule, mehrere Skilifte, Rodelbahn, Eislauf) am Reschensee (Wassersportmöglichkeiten) mit zahlreichen Unterkunftsmöglichkeiten in Hotels, Gasthöfen, Pensionen und Privathäusern. In den Fluten des Sees, der 1949 bei St. Valentin gestaut und so mit dem Mittersee bei Graun vereinigt wurde, versanken auch 47 Häuser der Ortschaft Reschen, die am nordöstl. Seeufer praktisch neu erstanden ist. In der Nähe des Dorfes befindet sich in 1586 m Höhe die Quelle der Etsch, des mit 415 km zweitlängsten Flusses Italiens.

Bezeugt wurde der Ort Reschen im Jahr 1393 als Einzelhof, 1519 als Gemeinde. Bis 1928 behielt Reschen seine Selbständigkeit und ist heute eine rund 700 Ew. zählende Fraktion der Großgemeinde Graun. Eine 1470 erwähnte Kapelle zum hl. Sebastian war im 17. Jh. erweitert und Mitte des 19. Jh. zu einer größeren Kirche ausgebaut worden, mußte aber wegen der Stauung des Reschensees abgerissen werden. Im Ort erhebt sich heute die 1949 errichtete Pfarrkirche mit Werken moderner Tiroler Künstler.

Seit 1919 verläuft die österreichisch-italienische Staatsgrenze über den Reschenpaß, und der Ort Reschen wurde somit vom Gericht Naudersberg abgetrennt, dem er — ebenso wie Rojen, Langtaufers, Graun und St. Valentin — seit Ende des 13. Jh. angehört hatte.

Im Ort befinden sich Postamt (PLZ I-39027), Raiffeisenkasse (Geldwechsel), Tankstellen, Autowerkstätten, Taxi und Schwimmbad. Auskünfte durch den Verkehrsverein Vinschgauer Oberland, Zweigstelle Reschen, Tel. 04 73 / 8 31 01. Haltestelle der Linienbusse beim Seehotel an der Staatsstraße im südl. Ortsbereich.

Zum touristischen Bereich gehört auch das Wanderziel Rojen, 1968 m (R 177), ein winziger, malerisch gelegener Bergweiler, der auch auf Bergstraßen von Reschen oder St. Valentin aus mit dem Auto erreichbar ist. Südl. von Reschen liegt an der SS 40 die Häusergruppe Arlund, dort Marienkapelle von 1950 und Abzweigung einer Bergstraße nach Plamord (R 171) ebenfalls ein lohnendes Bergwanderziel.

Der Reschensee mit dem Kirchturm des alten Dorfes Graun, das bei Aufstauung in den Fluten versank und am Ufer neu aufgebaut wurde.

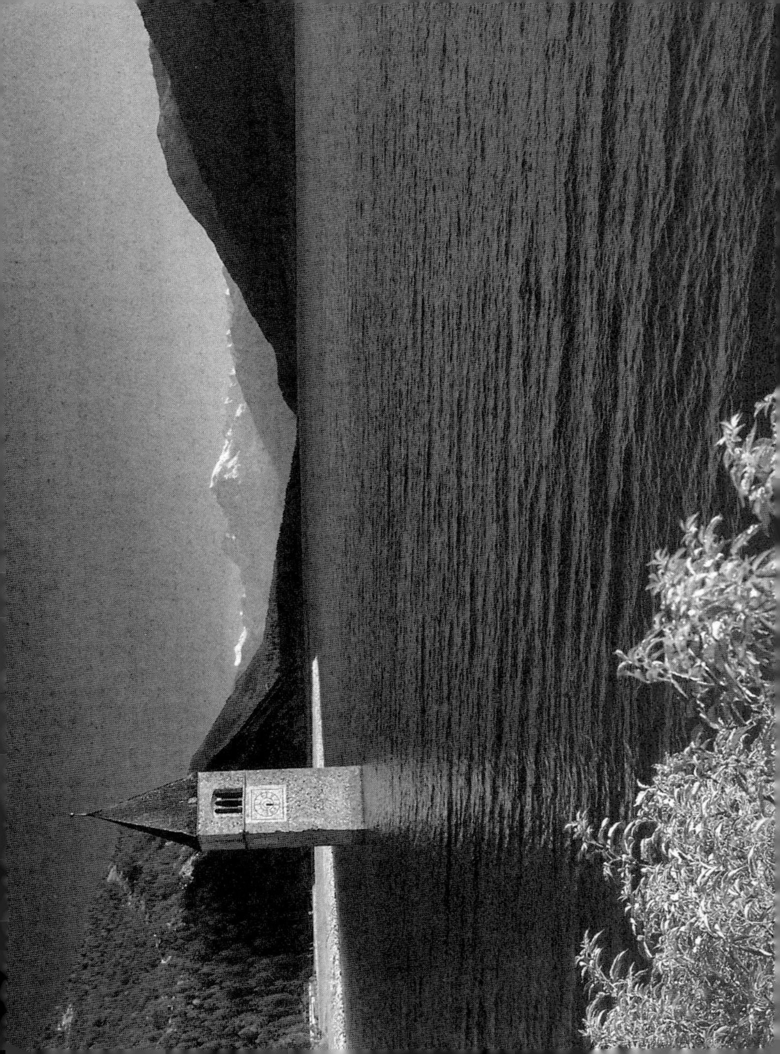

● 4 GRAUN, 1520 m
(CURON)

Am Eingang zum Langtauferer Tal gelegen, zählt Graun zusammen mit den umliegenden Höfen etwa 800 Ew. und ist Sitz der gleichnamigen Großgemeinde (neben Graun noch Reschen, Rojen, Langtaufers und St. Valentin auf der Haide), flächenmäßig eine der größten Südtirols. Das erste Zeugnis von Graun geht auf den Anfang des 12. Jh. zurück. Doch von dem alten Dorf Graun, das bei der Aufstauung des Reschensees (vorher zwei getrennte Naturseen) mit malerischen Häusern in den Fluten versank, zeugt heute nur noch der Glockenturm der früheren Pfarrkirche (14. Jh.), der aus dem Wasser ragt. Das heutige Graun wurde 1950 am O-Ufer des Reschensees wieder aufgebaut. Neu und mit Werken moderner Künstler ausgestattet ist auch die Pfarrkirche zur hl. Katharina. Noch sehenswerter ist aber das St.-Anna-Kirchlein (1521) auf einem Hügel, auf dem sich in vorgeschichtlicher Zeit eine Wallburg erhoben haben dürfte. Die Kapelle birgt einen wertvollen Altar, dessen Predellabild im Jahr 1596 von den Herren Khuen-Belasi gestiftet worden ist.

Heute ist Graun ein im Sommer gern besuchter Luftkurort und Ausgangspunkt mehrerer schöner Bergtouren. Im Ort befinden sich Raiffeisenkasse (Geldwechsel), Arzt mit kleiner Apotheke, Freischwimm- und Hallenbad. PLZ I-39020. Auskünfte durch das Verkehrsamt Vinschgauer Oberland, Tel. 0473/83233. Haltestelle der Linienbusse beim Straßentunnel der Staatsstraße.

● 5 LANGTAUFERER TAL

Es zweigt bei Graun (R 4) ab und zieht in ONO-Richtung gegen die Weißseespitze, 3526 m, um dann südöstl. gegen die Weißkugel, 3738 m, zweithöchste Erhebung der Ötztaler Alpen, anzusteigen. Ein malerisches Hochgebirgstal, das abwechslungsreiche, interessante Ausflüge bietet und eine Fraktion der Großgemeinde Graun bildet. Der Karlinbach, der unterhalb des Bärenbartferners an der Weißkugel entspringt und das Langtauferer Tal entwässert, galt früher als Quellfluß der Etsch, denn er ist bedeutend länger als der am Reschenpaß entspringende Etscharm. Die Weiler des Tales gehen auf alte Schwaighöfe zurück, die teilweise schon im 15. Jh. bestanden haben. Verkehrsmäßig ist das

---

Rückblick von der Melager Alm im inneren Langtauferer Tal gegen Melag und den westlichen Ötztaler Hauptkamm, über den die Staatsgrenze verläuft. Der Langtauferer Höhenweg verläuft über die Terrasse unterhalb der Grenzgipfel.

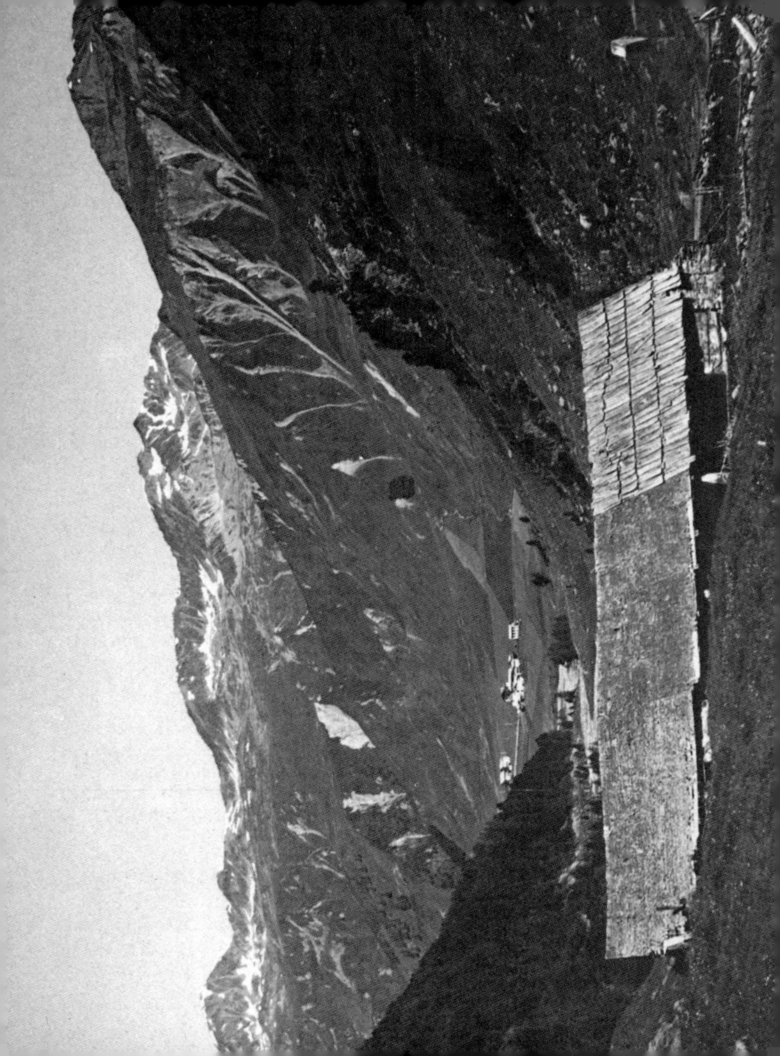

Tal durch eine 11 km lange Straße erschlossen. Touristische Auskünfte durch das Verkehrsamt Vinschgauer Oberland in Graun, Tel. 04 73 / 8 32 33.

- **6**   **PEDROSS,** 1630 m

Weiler an der anfangs breiteren Talstraße mit Kuratialkirche zum hl. Martin, einem Neubau von 1908 / 12, während die alte, 1727 erwähnte Kirche heute als Abstellraum dient.

- **7**   **KAPRON,** 1702 m
                 (CAPRONE)

Wenig taleinwärts liegende Häusergruppe mit schönen alten Bergbauernhöfen, die bereits 1317 erwähnt wurden. Gasthaus und Linienbus-Haltestelle.

- **8**   **PLEIF,** 1789 m, **PATZIN,** 1790 m,
       PATSCHEID, 1803 m, **UND GSCHWELL,** 1820 m

Kleine Höfegruppen im Langtauferer Tal. In Gschwell Gasthaus und Skilift. Linienbus-Haltestelle in Patzin.

- **9**   **HINTERKIRCH,** 1873 m

Bildet mit Brazen, Grub (dort Bushaltestelle) und Kappl eine mehr oder weniger zusammenhängende Streusiedlung. Erwähnenswert ist die St.-Nikolaus-Kirche in Hinterkirch, die 1440 geweiht, später barockisiert und 1890 verlängert wurde. Beachtenswert ist auch der bereits 1359 urkundlich erwähnte Grubhof mit hübschen Ornamenten und Sprüchen an der Hauswand. Sessellift (nur Winterbetrieb) zur Maßeben-Skihütte.

- **10**   **MELAG,** 1915 m
               (MELAGO)

Nach der Wieshofgruppe die höchste Dauersiedlung im Tal, ein kleiner Bergweiler mit alten Häusern und einfacher Kapelle. Endstation des Linienbusses. Als alpiner Stützpunkt dient die alte Melager Hütte (ganzj. bew., 8 B., Tel. 04 73 / 8 31 44). Ein Stück talauswärts liegt außerdem das heute im Stil eines Sporthotels geführte Weißkugelhaus (36 B., Tel. 04 73 / 8 31 57).

- **11**   **ST. VALENTIN AUF DER HAIDE,** 1470 m
           (SAN VALENTINO)

5 km südl. von Graun (R 4), dem Sitz der gleichnamigen Großgemeinde, zu der auch St. Valentin gehört; rund 750 Ew. Als Ulrich Primele aus Burgeis im Jahre 1140 auf der Malser Haide, die wegen ihrer Schneever-

wehungen gefürchtet war, ein Hospiz zum hl. Valentin stiftete, dachte er sicher nicht daran, daß sich daraus einmal ein lebendiger Fremdenverkehrsort mit zahlreichen Beherbergungsbetrieben entwickeln würde. Sehenswert sind neben dem Ort selbst auch noch der Ortsteil Fischerhäuser, von wo die Kartause Allerengelsberg im Schnalstal vom 14. Jh. an ihre Fische bezog, und vor allem der heute als „Dörfl" bekannte Weiler Monteplair, ein äußerst reizvolles Beispiel einer rätoromanischen Dorfanlage, die sich — da abseits der großen Verkehrsstraßen gelegen — bis heute ihre besondere Atmosphäre erhalten hat. Typisch sind hier die verschachtelten, oft mit Wandbildern verzierten Häuser, die bis auf das 17. / 18. Jh. zurückgehen. Auf eine vom modernen Leben noch fast unberührte Welt trifft man auch im Weiler Padöll, der am W-Ufer des Haider Sees liegt.

Noch älteren Spuren der Vergangenheit aber begegnen wir im Wald von Talai, durch den einst die römische Via Claudia Augusta führte. Heute gelangt man von St. Valentin aus durch den Talaiwald zum Weiler Plawenn, aus dessen Häusergruppe schon von weitem die rosarote Adelsansitz der Freisassen von Plawenn aufleuchtet, mit 1700 m übrigens der höchstgelegene von ganz Tirol. Ein geschichtliches Kuriosum ist das hoch aufragende Langkreuz auf der Malser Haide: Wohl einst als Sühnekreuz der Herren von Tarasp errichtet, bezeichnete es seit dem Mittelalter die Grenzen zwischen den Gerichten Glurns und Nauders. In seiner heutigen Form wurde es im Jahr 1950 neu errichtet.

Eine wertvolle touristische Ergänzung für St. Valentin stellen die Wander- und Skigebiete von Schöneben und der Haider Alm dar, letzteres auch mit einem Gondellift erreichbar.

In St. Valentin findet man Raiffeisenkasse (Geldwechsel) und Postamt (PLZ I-39020). Auskünfte durch den Verkehrsverein Vinschgauer Oberland, Zweigbüro St. Valentin (Tel. 04 73 / 8 46 03). Linienbus-Haltestelle an der Staatsstraße beim Postamt und in der südl. gelegenen Häusergruppe Fischerhäuser.

● 12 BURGEIS, 1216 m
(BURGUSIO)

Etwas abseits der Reschenstraße am Fuß des Ski- und Wanderberges Watles, 2557 m. Wie keine andere Ortschaft im Oberen Vinschgau hat Burgeis den ursprünglichen Reiz eines lebendigen, bäuerlich geprägten Dorfes erhalten. Im geschlossenen Ortsbild dieses Haufendorfes fallen einige schöne alte Häuser mit weit ausladendem Dach, kleinen blumengeschmückten und verzierten Fenstern und weiten Torbögen auf; viele Außenwände tragen Freskenbilder religiösen Charakters, und besonders malerisch ist der Dorfplatz mit dem Michaelsbrunnen.

Der Ort, schon im 12. Jh. nachgewiesen, ist heute eine rund 750 Ew. zählende Fraktion der Gemeinde Mals und litt im Laufe seiner Geschichte unter Naturkatastrophen sowie kriegerischen Ereignissen. Dennoch ist er reich an Kunstschätzen, u. a. die gotische, in ihren Ursprüngen noch ältere Pfarrkirche Mariä Empfängnis mit Fresken und Skulpturen aus dem 15. / 16. Jh. sowie die Nikolauskirche mit restaurierten romanischen Fresken (1199) und einer gotischen Balkendecke mit origineller Inschrift.

Schon von weitem aber wird das Ortsbild von Burgeis von zwei Bauwerken geprägt: dem hoch oben am Hang gelegenen, weiß aufleuchtenden Kloster Marienberg und der trutzigen Fürstenburg ein wenig unterhalb des Ortes. Die Abtei Marienberg, mit ihren 1335 m das höchstgelegene Benediktinerkloster der Welt, wurde um 1150 von den Engadiner Herren von Tarasp gegründet. Während die Klosterkirche im 17. Jh. völlig barockisiert wurde, birgt die Krypta, die noch heute als Begräbnisstätte der Patres dient, wertvollste und berühmte romanische Wandmalereien aus der Zeit um 1160. Im kulturellen Leben des Vinschgaus spielte die Abtei immer eine hervorragende Rolle.

Die Fürstenburg wurde im 13. Jh. von Bischof Konrad von Chur errichtet, nachdem die Matscher Vögte ihm die Churburg genommen hatten. Das Bauwerk, heute Sitz einer Landwirtschaftsschule, hat einen reizvollen Innenhof, der — wie die heutige Gestalt der Burg überhaupt — auf das 16. Jh. zurückgeht.

Aus Burgeis stammte der Rokokomaler Johann Evangelist Holzer (1709—1740), der vor allem im süddeutschen Raum weiten Ruhm erlangte.

Reizvolle Spaziergänge führen auf Feldwegen von Burgeis nach Mals, Schleis und Laatsch (an heißen Sommertagen allerdings nicht zu empfehlen, da schattenlos).

Hausberg von Burgeis ist der 2557 m hohe Watles, vor allem dank des von Prämajur auffahrenden Sessellifts als Wandergebiet im Sommer wie als Wintersportgebiet gleich beliebt, mit großartigem, umfassenden Rundblick.

In Burgeis befindet sich eine Raiffeisenkasse (Geldwechsel). Auskünfte über die verschiedenen Unterkunftsmöglichkeiten erhält man durch den Verkehrsverband Mals, Ortsstelle Burgeis (Tel. 04 73 / 8 14 22). Haltestelle der Linienbusse an der Staatsstraße.

Burgeis im oberen Vinschgau. Im Vordergrund die Fürstenburg, im Hintergrund die Ötztaler Alpen mit Großhorn (links), Mittereck (Bildmitte) und Kofelboden.

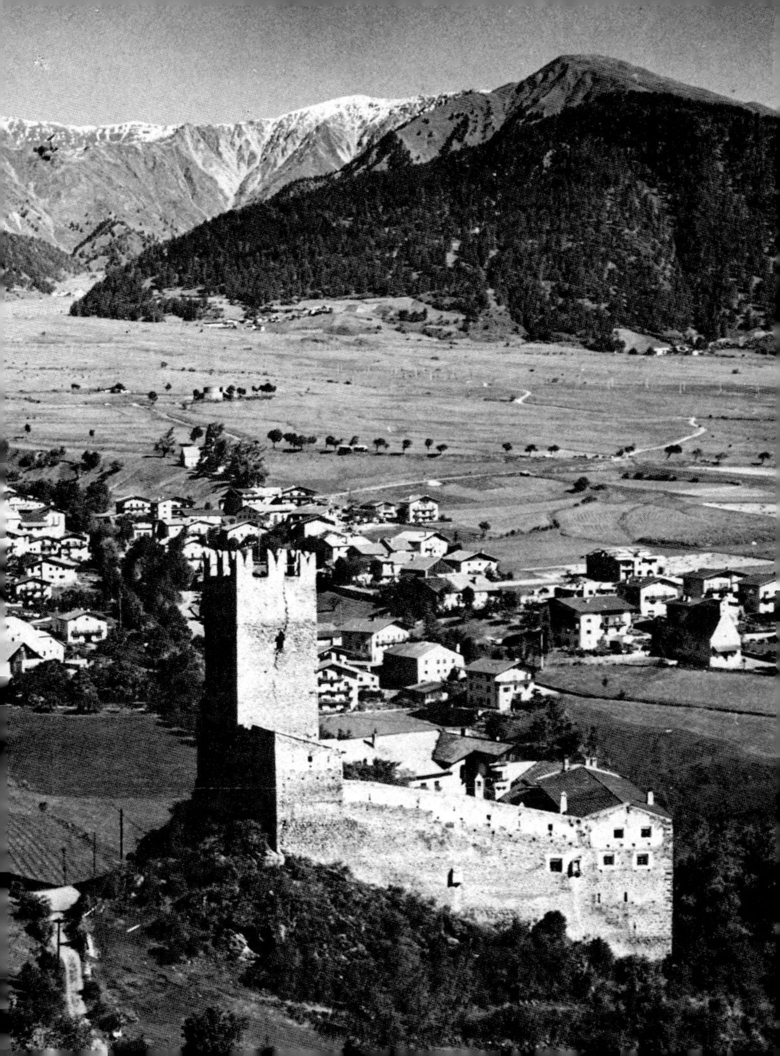

- **13****PRÄMAJUR**, 1718 m

Ein kleiner Bergweiler, der von Burgeis (R 12) aus auf einer gut ausgebauten Straße zu erreichen ist, die am Kloster Marienberg vorbei ins Schlinigtal führt. Von dieser Talstraße zweigt eine kurze Nebenstraße nach Prämajur ab. Endpunkt der Straße ist der große Parkplatz an der Talstation des Watles-Sessellifts etwas ostw. von der Häusergruppe, die sehr aussichtsreich liegt. Als Stützpunkt dient das im Weiler selbst gelegene Ghs. Watles mit Unterkunftsmöglichkeit (Tel. 04 73 / 8 12 88).

- **14****SCHLINIG**, 1726 m
  (SLINIGIA)

Am Endpunkt der eigentlichen Talstraße gelegen, zählt rund 200 Ew. Am Ortseingang befindet sich ein Parkplatz, da für den Ort selbst — nach Schweizer Vorbild — ein strenges Fahrverbot gilt. Im Ort befinden sich zwei Gasthäuser. Auskünfte durch den Verkehrsverband Mals.
Trotz des aufkommenden Tourismus, der auch hier Einzug gehalten hat, bietet Schlinig dem Besucher noch Ruhe und eine weitgehend unberührte Landschaft. Wahrscheinlich schon in karolingischer Zeit besiedelt, gehörte das Tal später der Benediktinerabtei Marienberg. Dieses Stift betreut heute noch die Pfarrei Schlinig, deren Kirche aus dem 15. Jh. einen barocken Hochaltar birgt. Einige Flur- und Ortsnamen im Bereich von Schlinig zeugen von der rätoromanischen Sprache, die hier einst verbreitet war, aber auf Betreiben des Klosters Marienburg und im Zuge der Gegenreformation immer mehr verdrängt wurde.
Da das Gebiet von Schlinig an den Schweizer Nationalpark grenzt, ist der Wildbestand hier reicher als in anderen Gegenden des Vinschgaus, und nicht selten sind Steinböcke anzutreffen. Das Schliniger Tal, von dem aus auch ein früher von Schmugglern viel begangener Weg ins Schweizer Engadin führt, ist ein großartiges Wander- und Ausflugsgebiet, das durch den Neubau der Sesvennahütte als Ersatz für die alte Pforzheimer Hütte immer mehr Aufschwung bekommt. Besonders beliebt sind Touren auf den Piz Sesvenna, 3205 m, die aber nur mit entsprechender Ausrüstung unternommen werden dürfen und geübten Bergsteigern vorbehalten bleiben.

- **15****PLANEIL**, 1599 m
  (PIANIZZA)

Liegt gegenüber von Burgeis (R 13) am Eingang des gleichnamigen Tales und ist ein typisch romanisches Haufendorf mit engen Stiegen und Gassen, heute eine Fraktion der Gemeinde Mals mit rund 250 Ew. Im Ort befinden sich zwei Gasthäuser; PLZ I-39020. Die Expositurkirche zum hl. Nikolaus wurde 1873 an Stelle einer älteren Kirche neu erbaut. Der Ort ist geeigneter Ausgangspunkt für einsame Wanderungen im Planeiltal und kann mit dem Pkw von Mals (R 16) über die Häusergruppe Ulten erreicht werden. Auskunft durch den Verkehrsverband Mals.

- **16**   **MALS,** 1050 m
  (MALLES)

Bereits 1094 erwähnter Marktflecken, ist heute Hauptort des Oberen Vinschgaus und der Fläche nach die zweitgrößte Südtiroler Gemeinde mit rund 4500 Ew. in allen Fraktionen, davon in Mals selbst etwa 1600. Das Ortsbild wird von fünf alten Türmen geprägt, die aus den eng zusammengedrängten Häusern aufragen. Sie haben die Zerstörungen während des Engadiner Krieges 1499 und des Franzoseneinfalls 1799 sowie spätere Feuerbrünste überstanden. Urkundlich erstmals erwähnt wird der Ort, der schon in alter Zeit ein wichtiger Verkehrsknotenpunkt war, bereits im 11. Jh. Er wurde Dingstätte, später Sitz des churischen Gotteshausrichters, und 1642 wurde er durch die Erzherzogin Claudia de Medici zum Markt erhoben (daher die mediceischen Kugeln im Malser Wappen).

Ein wertvolles Kunstdenkmal ist die Kirche St. Benedikt; sie birgt karolingische Fresken, die neben denen von St. Prokulus in Naturns zu den ältesten Wandmalereien in Tirol gehören. Von besonderem Reiz sind die aus dem 9. Jh. stammenden Porträts der beiden Stifter.

Weiter sind im Ort sehenswert: die Pfarrkirche mit einem Altarbild des Tiroler Barockmalers Martin Knoller; die Kirche St. Martin (12 Jh.) mit dem benachbarten Pfarrhaus; der runde Fröhlichsturm aus dem 12./13. Jh.; Werke des bedeutenden zeitgenössischen, aus Mals stammenden Malers Karl Plattner auf dem Friedhof (Kriegerdenkmal, Familiengrab). Ein Fresko von Karl Plattner schmückt auch die moderne Marienkirche in dem zu Mals gehörigen Weiler Alsack auf der Malser Haide.

Als Hauptort des Oberen Vinschgaus verfügt Mals über Unterkunftsmöglichkeiten in allen Kategorien. Weiterhin vorhanden sind Ärzte, Apotheke, Krankenhaus, Südtiroler Landessparkasse (Geldwechsel), Postamt (PLZ I-39024), mechanische Werkstätte, Tankstelle, Taxi, Lichtspieltheater, Sport- und Freizeitzentrum sowie Naturerholungspark etwas östl. oberhalb des Ortes. Auskünfte durch den Verkehrsverband Mals, Peter-Glück-Platz 3, Tel. 0473/81190. Alpine Auskunft durch die Sektion Mals des Alpenvereins Südtirol. Autobus-Bahnhof auf dem Peter-Glück-Platz. 1 km südl. des Ortszentrums liegt der Bahnhof der Lokallinie nach Meran und Bozen.

● 17 SCHLEIS, 1064 m
(CLUSIO)

Westl. von Mals gelegen und auf einer Nebenstraße erreichbar, mit mehreren hübschen, freskengeschmückten Häusern, liegt Schleis am Eingang zum Schlinigtal. Die bereits 1292 erwähnte Kirche zum hl. Laurentius wurde 1689 durch einen Ausbruch des Metzbaches zerstört und anschließend neu aufgebaut. Der Ort ist eine rund 300 Ew. zählende Fraktion der Gemeinde Mals und bietet Unterkunft in Gasthäusern und Privatquartieren. Auskünfte durch den Verkehrsverband Mals. Zu Schleis gehört auch der höher gelegene Polsterhof, 1335 m, dessen Besitzer zu jeder in Glurns vollzogenen Hinrichtung ein Polster für den Armesünderstuhl liefern mußte.

● 18 LAATSCH, 970 m
(LAUDES)

Am Eingang zum Münstertal gelegen und auf einer Nebenstraße von Mals aus zu erreichen. Es ist eine rund 500 Ew. zählende Fraktion von Mals mit mehreren Gasthäusern und Privatquartieren. Auskünfte durch den Verkehrsverband Mals, Ortsstelle Laatsch (Tel. 04 73 / 8 13 36). Sehenswert ist die Kirche St. Leonhard im Ort selbst und die Kirchen St. Cäsarius sowie St. Cosmas und Damian am Ortsausgang Richtung Taufers. Die Geschichte des Ortes ist vor allem mit dem Engadiner Krieg (1499) und dem Franzosenkrieg (1799) verbunden. Die durch Laatsch führende Verbindungsstraße von Mals trifft bei der Calvenbrücke (dort wie auch in Laatsch Linienbus-Haltestelle) auf die SS 41 (Schluderns — Staatsgrenze bei Taufers).

● 19 TAUFERS IM MÜNSTERTAL, 1260 m
(TUBRE)

Grenzort zur Schweiz mit günstiger Verkehrslage, die dem reizvollen Straßendorf mit rund 1000 Ew. im Laufe seiner langen Geschichte gleichermaßen Segen wie Unheil gebracht hat. Schon in vorgeschichtlicher Zeit führten von hier aus Wege über das Scharljoch, den Ofenpaß und das Wormser Joch, und im Mittelalter wurde an dieser Stelle ein Hospiz gegründet, das seit dem 13. Jh. vom Johanniterorden geleitet wurde. Böse heimgesucht wurde der Ort während des Engadiner Krieges 1499, als die Bündner Truppen Kaiser Maximilian I. in der Schlacht im Calvenwald eine schwere Niederlage zufügten. Und auch in den Franzosenkriegen von 1799 erlitt Taufers Zerstörungen. Sehenswert im Ort, der sich mit einigen schönen alten Häusern in rätoromanischer Bauweise an der Straße hinzieht, ist vor allem die dem einstigen Hospiz angeschlossene Kirche St. Johann (13. Jh.) mit einer interessanten Christophorusdarstellung an der Außenwand und bedeutenden romanischen Fresken im Inneren. Über dem Dorf ragen die Burgruinen Reichenberg und Rotund auf, die im 12. Jh. von den Churer Bischöfen errichtet worden waren, um den Weg aus dem Engadin in den Vinschgau zu sichern. Taufers ist heute ein gut ausgestatteter Fremdenverkehrsort mit etlichen Unterkunftsmöglichkeiten, von dem aus man zahlreiche Wanderungen und Ausflüge in die Umgebung machen kann. Im Ort befinden sich Raiffeisenkasse (Geldwechsel), Postamt (PLZ I-39020), Taxi und Tankstelle. Auskünfte durch den Verkehrsverein, Tel. 0473/81960. Linienbus-Haltestellen beim Ghs. Löwen-Post und am Grenzübergang.

Zu Taufers gehören auch der knapp 200 Ew. zählende Weiler Rifair, 1096 m, mit dem gotischen Bau der St.-Valentins-Kapelle von 1521 und die Häusergruppe Puntweil, 1200 m, deren Name an eine alte Brücke (punt) an dieser Stelle erinnert; dort die hübsche Rochuskapelle (1635 zur Pestzeit erbaut).

- **20** **MÜNSTER**, 1248 m
  (MÜSTAIR)

Bereits jenseits der Grenze in der Schweiz; noch heute teilweise von Stadtmauern und Türmen umgeben. In der Kirche des Benediktinerinnenklosters befinden sich um das Jahr 800 entstandene Wandgemälde, die als größter erhaltener Freskenzyklus aus dem frühen Mittelalter gelten. Aus der gleichen Zeit stammt das angeblich von Karl dem Großen gegründete Kloster, zu dessen Besitzungen einst auch die Benediktskirche in Mals gehörte, in der sich weitere, stilistisch mit denen von Müstair verwandte Fresken befinden. Müstair ist Endpunkt der SAD-Buslinie von Mals (Anschluß mit schweizer Postbussen nach Zernez, Davos usw.).

- **21** **GLURNS**, 907 m
  (GLORENZA)

2,5 km südl. von Mals (R 16) liegt das „Rothenburg Südtirols" am Schnittpunkt der SS 41 (Schluderns — Taufers) mit einer Landesstraße von Mals nach Prad. Bei einem Gang durch den 700-Seelen-Ort, der bereits 1160 erstmals urkundlich genannt wurde, würde man Glurns heute kaum für eine Stadt halten, zu der es doch bereits im Jahre 1304 erhoben wurde. Vorher schon Gerichtssitz, erlangte es nun auch Bedeutung als Markt und Umschlagplatz, zumal Graf Meinhard II. von Tirol im Jahr 1294 den Markt von Münster nach Glurns verlegt hatte. Die Stadt blühte auf, bis sie 1499 während des Engadiner Krieges verwüstet wurde. Nachdem sie bei den Franzosenkriegen 1788 nochmals schwer heimgesucht worden war, konnte sie sich nie mehr zu ihrem früheren Glanz erheben und versank langsam in idyllische Vergessenheit.

Das heutige Stadtbild mit den Lauben, der fast vollständig erhaltenen Ringmauer und den drei Stadttoren geht auf das 16. Jh. zurück. Sehenswert ist die etwas außerhalb der Stadtmauer gelegene spätgotische Pfarrkirche zum hl. Pankratius mit einer interessanten Freskodarstellung des Jüngsten Gerichts am Turm und im Inneren einem Wandgemälde der Hl. Familie (um 1500) sowie einer schönen gotischen Pietà. Das Fuggerhaus am Hauptplatz erinnert an die Tätigkeit der Augsburger Kaufmanns- und Bankiersfamilie, die von hier aus die Bergwerke im Engadin (Scharl und Fuldera) verwaltete.

Im Rahmen eines Sanierungsprojektes sind die (land-)wirtschaftlichen Betriebe außerhalb der Stadtmauer angesiedelt worden, wobei gleichzeitig das künstlerische und kulturgeschichtliche wertvolle Stadtbild erhalten blieb und verstärkt dem Fremdenverkehr zugänglich gemacht wurde.

Unterkünfte bieten einige Gasthöfe und Privathäuser. Auskünfte durch den Verkehrsverein, Tel. 04 73 / 8 12 06. Vorhanden sind auch Postamt (PLZ I-39020) und Raiffeisenkasse (Geldwechsel). Linienbus-Haltestelle unweit vom Hauptplatz an der Straße nach Taufers.

Angenehme und leichte Spaziergänge, die man nach Belieben verlängern oder abkürzen kann, führen von Glurns aus in die umliegenden Ortschaften. Empfehlenswert ist der Feldweg zum geschichtsträchtigen Tartscher Bühel oder die Wanderung über Laatsch zum ebenfalls historisch bedeutenden Calvenwald, die man über Rifair bis Taufers fortsetzen kann.

● 22   **LICHTENBERG, 920 m**
                 (MONTECHIARO)

Rechter Hand am Berghang etwas abseits der Landesstraße Glurns — Prad gelegen; eine rund 500 Ew. zählende Fraktion von Prad (R 28). Die Ortschaft wird von den malerischen Ruinen der gleichnamigen Burg beherrscht. Diese im 13. Jh. als Trutzfeste gegenüber den Churer Bischöfen erbaute Burganlage wurde um 1400 mit einem profanen Freskenzyklus ausgeschmückt, der um 1900 größtenteils abgelöst wurde und sich heute im Innsbrucker Landesmuseum befindet. Ein künstlerisches Kleinod ist das Kirchlein St. Christina, das sich oberhalb von Lichtenberg in aussichtsreicher Lage erhebt, zweifellos an der Stelle einer vorgeschichtlichen Siedlung.

Die Kirche, 1575 im Auftrag von Hans Freiherr von Khuen, dem Herrn auf Burg Lichtenberg, errichtet, birgt leider stark nachgedunkelte Wandgemälde mit Bildern aus dem Leben der hl. Christina mit Passionsszenen und mit Darstellungen der Stifterfamilie Khuen-Belasi. Ein reizvolles Wandergebiet umgibt die Lichtenberger Bergbauernhöfe,

die — zwischen 1200 und 1550 m hoch gelegen — teilweise ein hohes Alter haben und interessante Bauformen aufweisen.
In Lichtenberg gibt es einige wenige Unterkunftsmöglichkeiten. Die Linienbus-Haltestelle befindet sich an der Abzw. der Ortszufahrt von der Landesstraße.

● 23   **AGUMS**, 915 m
                             (AGUMES)

Agums zählt rund 300 Ew. und ist fast schon mit Prad (R 28) zusammengewachsen, zu dem es auch gemeindemäßig gehört. Der Ort nördl. des Suldenbaches wurde urkundlich erstmals 1290 als Agumes erwähnt. Weit beherrschend ist die St.-Georgs-Kirche (um 1500 erbaut, 1971 abgebrannt und wieder aufgebaut) mit einem angeblich wundertätigen Kruzifix.
Die von Mals und Glurns kommende Landesstraße endet nach Überschreiten des Suldenbaches im Ortszentrum von Prad (R 28), Ausgangspunkt für die höher gelegenen Ortschaften des Ortlergebiets und des Stilfser Jochs.

● 24   **TARTSCH**, 1029 m
                             (TARCES)

Eine knapp 300 Ew. zählende Fraktion der Großgemeinde Mals an der SS 40, die Unterkünfte in Gasthäusern und einigen Privatquartieren bietet. Auskünfte durch den Verkehrsverband Mals. Linienbus-Haltestelle beim Ghs. Zum Löwen. Sehenswert in Tartsch, das an der römischen Via Claudia lag, ist die Kuratialkirche mit interessanten barocken Außenfresken.
Die Umgebung wird weithin beherrscht vom Tartscher Bühel, 1077 m, einer bekannten vorgeschichtlichen Stätte. An der Stelle einer Wallburg und einer alten Kultstätte, die durch ein hier gefundenes Hirschhorn mit einer rätischen Inschrift bezeugt wird, erhebt sich die weithin sichtbare Kirche St. Veit aus dem 9. Jh. mit dem charakteristischen romanischen Turm; sie birgt einen gotischen Flügelaltar von Ivo Strigl.

● 25   **MATSCH**, 1564 m
                             (MAZIA)

Auf einer 6 km langen Landesstraße zu erreichen, die am Ortsausgang von Tartsch (R 24) von der SS 40 abzweigt und über den meist kahlen Berghang zum Dorf führt und sich von dort als guter Fahrweg noch bis zu den Glieshöfen fortsetzt. Der Ort ist eine etwa 500 Ew. zählende Fraktion von Mals und die Heimat des einst mächtigen, im Jahr 1504 ausgestorbenen Adelsgeschlechts der Herren von Matsch, der einstigen

Vögte des Hochstifts Chur. Zwischen zwei Bachläufen ragen die Ruinen der Burgen Obermatsch und Untermatsch auf, die jetzt den Erben der Matscher, den Grafen Trapp gehören. Die Matscher Pfarrkirche zum hl. Florian wurde um 1500 an Stelle eines viel älteren Gotteshauses neu errichtet. Aus dem vorigen Jh. stammt die Kapelle St. Florin, die dem im 7. Jh. auf dem Valfurhof in Matsch geborenen hl. Florinus gewidmet ist, dem Patron von Matsch und der Diözese Chur.

Im Ort, der mit keinem öffentlichen Verkehrsmittel erreichbar ist (während der Schulzeit eventuell Mitnahme im Schülerbus), gibt es einige wenige Unterkunftsmöglichkeiten. Auskünfte durch den Verkehrsverein Mals.

Das Matscher Tal ist ein interessantes Tourengebiet, aber bisher wenig erschlossen. Somit kommt vor allen Dingen derjenige auf seine Kosten, der eine einsame Bergwelt mit viel ursprünglicher Schönheit sucht. Bedingt durch die Zerstörung der Höllerhütte, gibt es im inneren Matscher Tal mit dem Ghs. Glieshof nur einen bew. Stützpunkt.

- **26**   **SCHLUDERNS**, 921 m
 (SLUDERNO)

Am Eingang zum Matscher Tal, wo von der Talstraße (SS 40) eine andere wichtige Straße, die SS 41, abzweigt und über Glurns nach Taufers sowie in die Schweiz führt. Schluderns zählt rund 1600 Ew. und bietet Unterkunftsmöglichkeiten aller Art, weiterhin Postamt (PLZ I-39020), Raiffeisenkasse (Geldwechsel), Tankstelle und Tennisplatz. Auskünfte durch den Verkehrsverein Schluderns, Tel. 0473/75858; alpine Auskunft durch die AVS-Ortsstelle. Linienbus-Haltestelle an der SS 40 unweit des Bahnhofs bei der Abzw. der SS 41.

Beherrscht wird Schluderns von der mächtigen Anlage der Churburg. Dieses Bauwerk, das um die Mitte des 13. Jh. vom damaligen Bischof von Chur errichtet worden war, ging bald an die Matscher Herren und von ihnen auf dem Erbwege an die Grafen Trapp über, die es noch heute bewohnen. Neben der alten Burgkapelle und dem Arkadenhof ist besonders die Rüstkammer sehenswert, die eine der vollständigsten Sammlungen Europas enthält.

Im Ort selbst, der schon in vorgeschichtlicher und römischer Zeit besiedelt war, ragt die spätgotische Pfarrkirche auf, in der sich bemerkenswerte Totenschilde der Grafen Trapp befinden.

In Schluderns, wo er Jäger auf der Churburg war, liegt Josef Pichler be-

Matsch gegen die Ortlergruppe. Im Hintergrund links der Ortler mit seinen Ausläufern, rechts Berge des Chavalatschkammes.

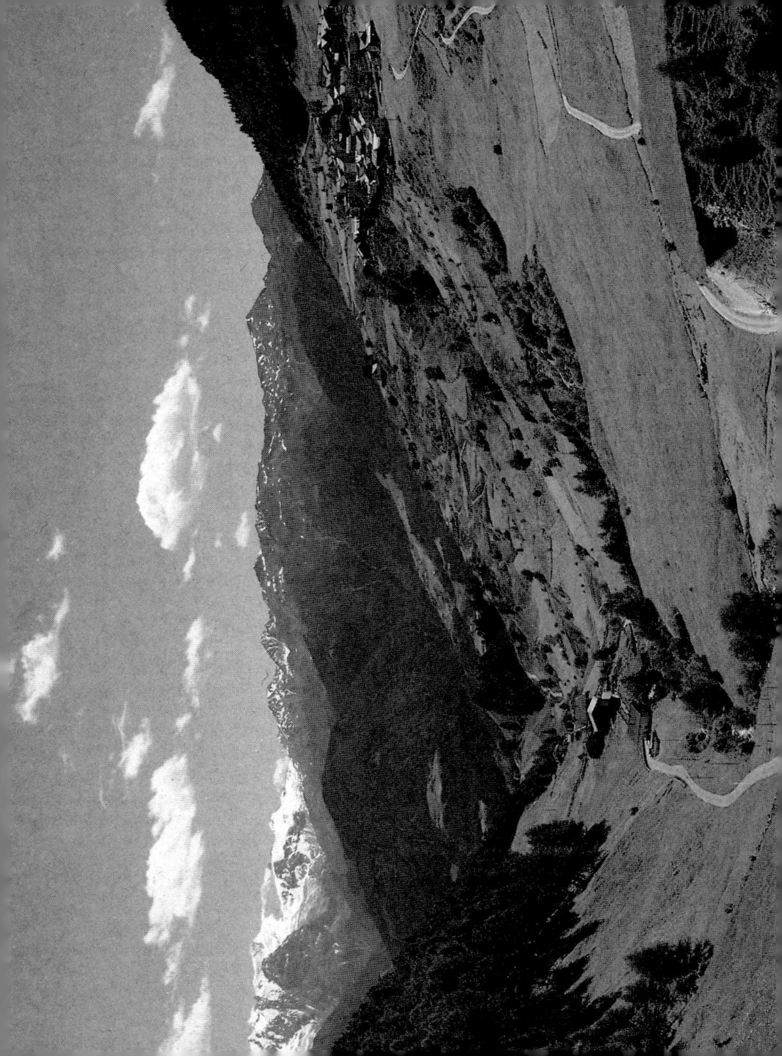

graben, der „Pseyrer Josele", der am 27. September 1804 als erster den Ortler bezwang — eine für jene Zeit erstaunliche Leistung.
Etwas außerhalb des Ortes liegt an der SS 40 ein großes, von den Reschenseen gespeistes Kraftwerk, vor dem sich das monumentale Standbild eines „Rossebändigers"erhebt — eine vielleicht zufällige Anspielung auf die Zucht der Haflingerpferde, die vor etwa 100 Jahren hier begonnen hat.
Das Matscher Tal und die Berghöfe am Sonnenberg oberhalb Schluderns sind das für den Wanderer interessante touristische Hinterland mit zahlreichen Tourenmöglichkeiten.

● 27   SPONDINIG, 885 m
(SPONDIGNA)

Der 4 km südöstl. von Schluderns gelegene Ort besteht aus den nahe beieinanderliegenden Häusergruppen Alt- und Neuspondinig. Hier zweigt von der SS 40 die Stilfser-Joch-Straße (SS 38) ab. Auf dem Bahnhofsvorplatz halten die Linienbusse. Die Etschbrücke, deren heutiger Bau aus dem Jahre 1893 stammt, wurde bereits 1258 erwähnt.

● 28   PRAD, 915 m
(PRATO)

Auf der schnurgeraden SS 38 in 2 km Fahrt von Spondinig zu erreichen, rund 2700 Ew., davon etwa 1800 im Ort selbst. Der Ort gewann durch den Bau der Stilfser-Joch-Straße im vorigen Jh. sowie durch die touristische Entwicklung des Ortlergebiets an Bedeutung. Er bietet heute nicht nur zahlreiche Unterkunftsmöglichkeiten aller Kategorien, sondern auch vielfältige Sporteinrichtungen (Schwimmbad, Tennisplatz, Minigolfplatz, Schießstand). Vorhanden sind auch Postamt (PLZ I-39026), Raiffeisenkasse (Geldwechsel), Arzt, Apotheke, Tankstelle und Werkstätten. Auskünfte durch das Fremdenverkehrsamt für das Ortlergebiet in Prad (Tel. 04 73 / 7 50 34), alpine Auskunft bei der AVS-Ortstelle. Linienbus-Haltestelle auf dem Hauptplatz.
Im Ort, der bereits 1186 urkundlich erwähnt wurde, entstand in romanischer Zeit die Kirche St. Johann mit sehenswerten Fresken aus der Zeit um 1400 im Inneren. Ein schönes Beispiel zeitgenössischer Architektur ist die neue Pfarrkirche, die in den Jahren 1956 / 58 errichtet wurde.
Prad ist Ausgangspunkt der unbestrittenen Königin unter den Alpenstraßen, die über das 2757 m hohe Stilfser Joch führt und so eine Verbindung mit Oberitalien herstellt. Sie geht auf das Jahr 1825 zurück, war damals ein Wunderwerk der Straßenbaukunst und stellte die kürzeste Verbindung von Wien zur seinerzeit österreichischen Lombardei dar. Sie wurde auch im Winter offengehalten. Heute ist die Straße, die zwi-

schen Gomagoi und der Paßhöhe 48 Kehren aufweist, meist von Anfang
Juni bis Oktober befahrbar, wobei die S-Seite von Bormio her in der
Regel etwas früher für den Verkehr freigegeben wird.

● 29 EYRS, 903 m
(ORIS)

Die rund 400 Ew. zählende Fraktion von Laas erreicht man von Spondinig (R 27) auf der SS 40 in 3 km Fahrt. Unterkunftsmöglichkeiten in
mehreren Gaststätten und Privatquartieren. Auskünfte durch den Verkehrsverein Eyrs. Postamt (PLZ I-39020). Haltestelle der Linienbusse
an der SS 40 beim Ghs. Edelweiß.
Die Besiedlung der Gegend um Eyrs geht bis in die Jungsteinzeit zurück, was durch entsprechende Funde belegt wird. Mittelpunkt des
Ortes sind die Eyrsburg aus dem 17. Jh. und die Remigiuskirche, die im
15. Jh. erstmals erwähnt und um die Mitte des 19. Jh. umgebaut wurde.

● 30 TSCHENGLS, 950 m
(CÈNGLES)

Auf der Tal-S-Seite gelegen und von Eyrs auf einer guten Landesstraße
zu erreichen. Der Ort, eine rund 500 Ew. zählende Fraktion von Laas,
bietet Unterkunftsmöglichkeiten in einigen Gaststätten und Privatquartieren. Auskünfte durch den Verkehrsverein Laas. PLZ I-39020.
Tschengls liegt dicht am Fuß der steilen und bewaldeten S-Hänge des
Vinschgaus und wird von der Ruine Tschenglsberg (12 Jh.), dem
Stammsitz der Herren von Tschengls, beherrscht, während sich wenig
über dem Ort der Ansitz Tschenglsburg (14. Jh.) erhebt. Ein sehenswertes Bauwerk ist die spätgotische Pfarrkirche Mariä Geburt.
Eines besonderen Rekords kann sich Tschengls rühmen: Es weist auf
nur sechs Kilometern Entfernung (zwischen Dorf und der 3373 m
hohen Tschenglser Hochwand) einen Höhenunterschied von rund
2400 m auf, den größten auf so kleinem Raum in den Ostalpen.

● 31 LAAS, 870 m
(LASA)

Letzter Ort des Oberen Vinschgaus mit rund 3400 Ew., davon etwa 1600
im Dorf selbst. In Laas findet man verschiedene Unterkunftsmöglichkeiten, Postamt (PLZ I-39023), Raiffeisenkasse (Geldwechsel),
Schwimmbad, Arzt, Tankstelle und Reparaturwerkstätte. Auskünfte
durch den Verkehrsverein Laas, Tel. 04 73 / 7 35 74. Bushaltestelle an der
SS 40 am Hauptplatz, außerdem Eisenbahnstation an der Linie Mals —
Meran.
Den Ruf von Laas tragen romanische Kirchenportale, Denkmäler aus

verschiedenen Jahrhunderten in vielen Städten des Alpenraums und Europas, Tausende von Grabsteinen auf amerikanischen Soldatenfriedhöfen der jüngsten Zeit in alle Welt. Sein schneeweißer, feinkörniger Marmor war schon im 8. Jh. bekannt, aber erst im 15. Jh. erlangte der Abbau eine gewisse Bedeutung. Viel weiter reichen die vorgeschichtlichen Funde in die Vergangenheit zurück, die auf dem Martinsbühel am Eingang des Laaser Tals und auf dem Sisiniushügel am westl. Ortsausgang gemacht wurden.

Nordöstl. von Laas dehnt sich der große, vom Gadriabach angeschwemmte Murkegel aus, der eine klimatische und geographische Grenze bildet; mit der weiter östl. gelegenen Ortschaft Kortsch (R 33) beginnt nämlich der fruchtbare Mittlere Vinschgau.

Künstlerisch sehenswert sind die romanische Kirche St. Sisinius, die zu den ältesten im Vinschgau zählen dürfte, sowie die im 19. Jh. neu erbaute Pfarrkirche des hl. Johannes, an deren äußerer Chorwand ein interessanter romanischer Rundbogenfries mit Flechtwerk, Tier- und Dämonenfiguren erhalten ist. Ein vielbesuchter Wallfahrtsort ist die Lourdeskirche etwas östl. außerhalb von Laas, ein an sich stilloser Bau aus dem vergangenen Jh.

- **32**   **ALLITZ**, 1148 m, und **TANNAS**, 1454 m
    (ALLIZ bzw. **TANAS)**

Bergweiler am Vinschgauer Sonnenberg, die man auf einer ausgebauten, in Laas beginnenden Straße erreichen kann. Erwähnenswert sind die Kirchen Mariä Heimsuchung in Allitz und St. Peter bei Tannas, letztere im 18. Jh. als Barockkirche entstanden. An dieser Stelle befand sich schon in vorgeschichtlicher Zeit eine durch verschiedene Funde bezeugte Siedlung. In beiden Bergweilern besteht Einkehrmöglichkeit in einfachen Gasthäusern.

Aufstieg von Eyrs nach Tannas. Im Tal unten das Dorf Tschengls, über dem sich das Tschenglser Köpfl (Bildmitte) und die Tschenglser Hochwand (links davon) erheben.

Tschengelser Hochwand

Tschengelser Köpfl

Tschengelser Tal

Tschengels

2. Mittlerer Vinschgau

- 33 KORTSCH, 801 m
  (CORCES)

Östl. der schon erwähnten Gadriamure, die Ober- und Mittelvinschgau trennt, liegt diese Fraktion der Gemeinde Schlanders mit etwa 1100 Ew. Vorgeschichtliche Funde am sonnenverbrannten Hang oberhalb der Ortschaft beweisen, daß die Gegend uraltes Siedlungsgebiet ist. Noch heute sehenswert sind die zahlreichen edelsitzartigen Bauernhöfe mit Freitreppen, Außenportalen, Erkern und Fresken, die zum äußerst malerischen Dorfbild beitragen. Eine weitere Sehenswürdigkeit stellt die 1483 errichtete Pfarrkirche zum hl. Johannes dar, ferner als Wahrzeichen der Umgebung oben am Hang die Ägidiuskirche mit weitem Rundblick.

Interessant ist auch, daß von Kortsch aus die Erschließung des Schlandrauntales und sogar der oberen Schnalstales erfolgte. Noch heute beginnen in Kortsch auch die Fahrwege in diese Täler bzw. auch zu den am Sonnenberg gelegenen Höfen hoch über Kortsch bzw. Schlanders.

- 34 SCHLANDERS, 721 m
  (SILANDRO)

Hauptort des Vinschgaus und Sitz der Talgemeinschaft. Die Gemeinde zählt 4800 Ew. in allen Fraktionen und ist durch zahlreiche Neubauten im Bereich der Eisenbahnkehre mit den benachbarten Kortsch fast zusammengewachsen. Ihr Wahrzeichen ist der spitze, etwas schiefe, über 90 m hohe Turm der Pfarrkirche. Zu den Sehenswürdigkeiten zählen auch viele alte Ansitze, u.a. Freienturm und Schlanderegg, ferner die Schlandersburg, die sich hoch über dem engen Eingang des Schlandrauntales erhebt und einst einen wichtigen Wachtposten darstellte.

Mit seinen zahlreichen Hotels, Gasthöfen und Pensionen, diversen Geschäften, zahlreichen Freizeiteinrichtungen, Krankenhaus, Ärzten, Apotheke, Tankstellen und Autoreparaturwerkstätten hat Schlanders fast kleinstädtischen Charakter. Vorhanden sind ferner Banken (Geldwechsel) und Postamt (PLZ I-39028). Der Autobusbahnhof befindet sich etwas südl. des Ortszentrums an der Straße in Richtung Göflan. Noch weiter außerhalb liegt der Bahnhof an der Eisenbahnstrecke Bozen — Meran — Mals. Auskünfte durch den Verkehrsverein (Tel. 04 73 / 7 01 55) und die AVS-Sektion Schlanders.

Schlanders wurde 1077 erstmals als „Slanders" urkundlich erwähnt. Die Gegend war jedoch bereits bedeutend früher besiedelt, was durch den

Fund einer Axt aus der Jungsteinzeit belegt wird, die sich heute im Stadtmuseum von Meran befindet. Von Bedeutung für Schlanders war auch eine Schenkung Kaiser Friedrichs II.: Er übergab 1235 die Pfarre Schlanders dem Deutschen Orden, der hier einen Stützpunkt mit Hospiz errichtete und bis 1809 unterhielt. Im Engadiner Krieg von 1499 und auch während der Bauernaufstände im Jahre 1525 wurde Schlanders stark verwüstet. Trotz dieser Kriege, der Pestepidemien im 17. Jh. und einer verheerenden Überschwemmung im Jahre 1731 konnte Schlanders sich immer wieder erholen und gewann zunehmend an Bedeutung als Zentrum für den gesamten Vinschgau.

Aus Schlanders stammen auch zwei namhafte Tiroler Freiheitskämpfer, die sich durch ihr diplomatisches Geschick auszeichneten, nämlich der Schützenmajor Martin Rochus Teimer und der Priester Josef Dana. Hier im Kapuzinerkloster lebte damals auch der fanatische Pustertaler Pater Joachim Haspinger, der einen recht unguten Einfluß auf Andreas Hofer ausüben sollte.

- 35 **GÖFLAN**, 755 m
  (COVELANO)

Kleines, direkt an der Etsch gelegenes Dorf mit rund 500 Ew., heute eine Fraktion von Schlanders. Wie das benachbarte Laas (R 31) ist es durch seinen schneeweißen, feinkörnigen Marmor berühmt geworden. Heute ist Göflan Ausgangspunkt für zahlreiche Touren am Nörderberg. Interessant ist, daß zum Seelsorgebereich von Göflan einst auch Vent im hintersten Ötztal gehörte. Der über zehn Std. lange Kirchweg führte u.a. durch das Schlandrauntal übers Tascheljöchl.

- 36 **VEZZAN**, 708 m
  (VEZZANO)

Am Fuß des Sonnenberges liegt diese Fraktion von Schlanders mit 200 Ew., das letzte richtige Weindorf im Vinschgau. Die Kuratialkirche zum hl. Nikolaus wurde schon 1432 erwähnt und 1849 neu errichtet; der Mareinhof ist nachweisbar seit 1439 im Besitz der Familie Schuster. Auskünfte über Unterkunftsmöglichkeiten erteilt der Verkehrsverein Schlanders. Die nächste Linienbus-Haltestelle befindet sich nicht an der Staatsstraße, sondern beim Ghs. Vinschger Hof, an der Straße, die direkt nach Goldrain führt.

- 37 **GOLDRAIN**, 660 m
  (COLDRANO)

4 km östl. von Schlanders (R 34), eine von vielen Obstgärten umgebene Fraktion von Latsch mit rund 600 Ew. Die Staatsstraße verläuft nördl.

Panorama vom Höhenweg Tappein – St. Martin im Kofel.
Tief unten am Fuß des Sonnenberges liegt Schlanders mit Kortsch, auf der anderen Talseite Laas und im Hintergrund Prad (Bildmitte) am Eingang zum Sulden-

tal. Von Laas zieht der gewaltige Gadria-Murkegel gegen den Sonnenberg hinauf. Über Prad erhebt sich der Piz Chavalatsch mit dem nach ihm benannten Bergkamm.

der Etsch und des Ortskerns, so daß Goldrain weitgehend vom Durchgangsverkehr frei ist. Eine Landesstraße führt südw. ins Martelltal. Zahlreiche Spuren frühgeschichtlicher Siedlungsstätten und der Burgengürtel um Goldrain bezeugen die Bedeutung dieser Gegend. Hier konnte das Tal abgesperrt werden, um gegnerische Truppen unter Kontrolle zu bringen. Wahrzeichen von Goldrain, das 1170 erstmals urkundlich erwähnt wurde, ist das ockerfarbene, weithin sichtbare Schloß. Im 15. Jh. von den Grafen Hendl erbaut, später erweitert, ist heute im Besitz der Gemeinde Latsch. Weitere Sehenswürdigkeiten sind die gotische Pfarrkirche von 1491, das Kirchlein St. Anton im Weinberg auf dem Töniegg mit romanischer Rundapsis, die kleine gotische Kirche St. Anna in Schanzen (spätgotischer Flügelaltar) und die alten Festungsbauten Ober- und Untermoosburg in Schanzen bei Goldrain.

Ein äußerst lohnendes Wanderziel ist Schloß Annaberg, 1049 m hoch über Goldrain am Vinschgauer Sonnenberg gelegen. Auf dem Burghügel und in der Umgebung fand man Tonscherben und römisches Glas. Auch heute noch sind manchmal Schalensteine mit alten Symbolen und Figuren zu finden, die auf alte Kulturstätten hinweisen. Erbaut wurde die Burg im 13. Jh. von den Herren von Wangen. Eine spätere Besitzerfamilie nannte den Ansitz „von Annenberg". Im vorigen Jh. entdeckte man wertvolle mittelalterliche Handschriften, die vermutlich aus der Bibliothek des Anton von Annenberg aus dem 15. Jh. stammen. Vor den Mauern des Schlosses erhebt sich die malerische gotische Annakapelle mit Wandgemälden aus dem 16. Jh.

In Goldrain selbst befinden sich mehrere Gasthäuser, Postamt (PLZ I-39020), Schwimmbad, Tankstellen, Bank (Geldwechsel), Bahnhof und Linienbus-Haltestelle beim Ghs. Goldrainer Hof. Auskünfte durch den Verkehrsverband Latsch, Tel. 04 73 / 7 31 09.

● 38   **MORTER**, 729 m

Am Eingang zum Martelltal, ebenfalls eine Fraktion von Latsch mit über 500 Ew. Auch hier findet man alte Bauten, die von einer langen Geschichte zeugen. Wertvollstes und interessantestes Baudenkmal ist die inmitten von Obstgärten gelegene Vigiliuskirche mit ihren drei kleeblattförmigen Rundapsiden. Im Ort selbst, 830 erstmals genannt, erhebt sich daggean die gotische Pfarrkirche zum hl. Dionysius.

Ein kleiner Ausflug von etwa 1 Std. Gehzeit führt zum Burghügel von Montani und zurück. Während die Burg Untermontani verfallen ist, wurden an der Burg Obermontani zahlreiche Restaurierungsarbeiten

Tiefblick vom Sonnenberg auf Latsch. Im Hintergrund die Ortlergruppe mit dem Hasenöhrl.

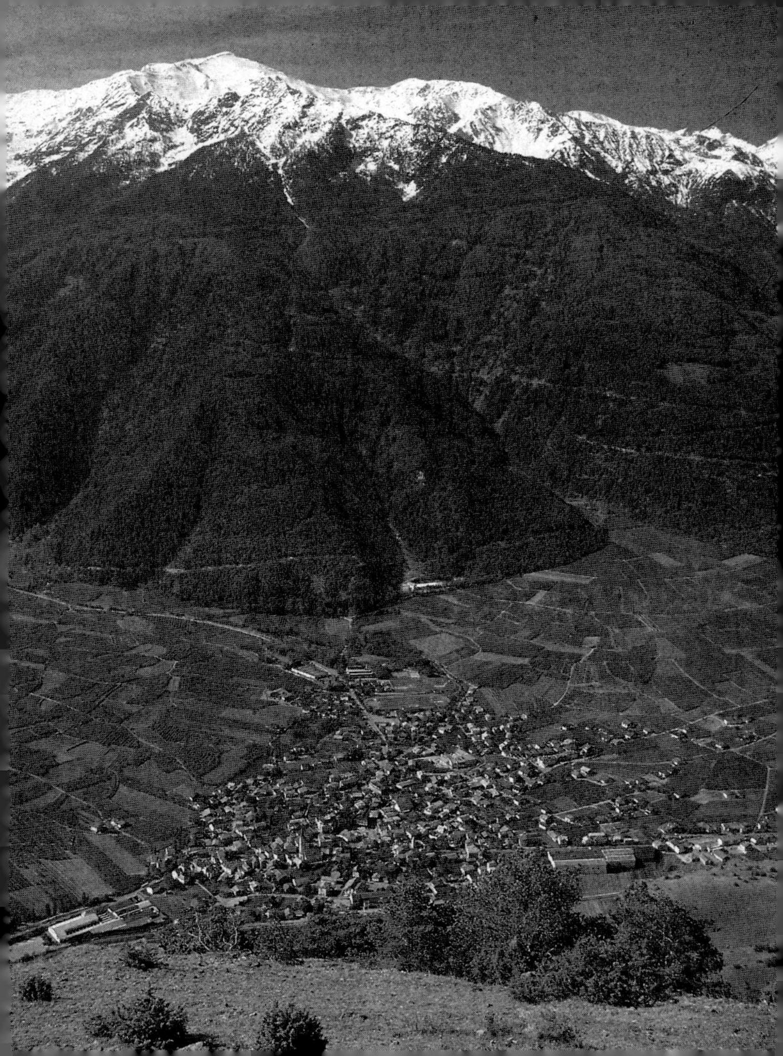

durchgeführt. Sie wurde 1228 vom Grafen von Tirol erbaut. Hier fand man die Niederschrift des Nibelungenliedes. Ein weiteres Juwel ist die vorzüglich erhaltene Schloßkapelle St. Stephan mit sehenswerten alten Fresken im Innern. Den Schloßbesuch kann man mit einer Besichtigung der Falknerei verbinden, in der zu bestimmten Zeiten lehrreiche Vorführungen mit Raubvögeln stattfinden.

Morter bietet Unterkünfte in verschiedenen Gasthäusern und Privatquartieren. Haltestelle des Linienbusses Schlanders — Martelltal. PLZ I-39020. Auskünfte durch den Verkehrsverband Latsch, Tel. 0473/ 73109.

Auf das bei Morter beginnende Martelltal wird hier im Führer nicht weiter eingegangen. Tourenbeschreibungen und andere Informationen über das Martelltal finden sich in den Führern über die Ortlergruppe, die im gleichen Verlag erschienen sind.

● 39   LATSCH, 639 m
                   (LACES)

8 km östl. von Schlanders, eine Großgemeinde mit 3800 Ew., davon 1800 im Ort selbst. Umgeben von Obstgärten, verfügt Latsch mit dem gotischen Flügelaltar von Jörg Lederer in der Spitalkirche über ein sehr bedeutendes Kunstwerk. Ebenfalls sehenswert ist das reich verzierte Portal der Pfarrkirche. Daneben findet man überall im Ort Zeugnisse künstlerischen Schaffens an alten Ansitzen, Bügerhäusern und Portalen. Nüchtern dagegen wirkt der moderne Zweckbau „Dorfzentrum". Durch die günstige Verkehrslage hatte Latsch bereits im Mittelalter große Bedeutung, was u.a. auch durch die Gründung von drei Hospizen belegt wird. Der aus dem Martelltal stammende bekannte Barockbildhauer Gregor Schwenzengast hatte seine Werkstatt in Latsch, das auch die Heimat des Minnesängers Hans der Sager war. Sein Denkmal befindet sich an der Außenmauer der zinnengekrönten Burg Latsch in der Ortsmitte. Reizvolle Spaziergänge führen vom Marktflecken Latsch, vorbei am sogenannten „Bierkeller", zum Burghügel von Montani nach Morter (R 38), 1 Std., oder nach Tarsch bzw. zur nahegelegenen St.-Medarus-Kirche mit schöner Ausschau.

Zu Latsch gehört auch die alte Bergbauernsiedlung St. Martin im Kofl, 1736 m (R 304), ein alter Wallfahrtsort mit Kirche aus dem 16. Jh., der am bequemsten mit der Seilbahn in 10 Min. erreicht werden kann und ein idealer Ausgangspunkt für viele Bergtouren ist.

Latsch bietet Unterkunftsmöglichkeiten in Hotels, Gasthöfen und Privatquartieren, verfügt über Arzt, Tankstellen mit Autowerkstätten, Postamt (PLZ I-39021), Banken (Geldwechsel) und zahlreiche Sportanlagen, u.a. Frei- und Hallenbad. Unweit von Latsch befindet sich auch das Winterskigebiet Tarscher Alm. Bahnhof an der Vinschgau-Eisenbahnlinie sowie Bushaltestellen im Ortszentrum bei der Kirche und bei der Bergbahn St. Martin. Auskünfte durch den Verkehrsverband Latsch, Tel. 0473/73109, und die AVS-Ortsstelle.

● 40   **TARSCH**, 854 m
                              (TARRES)

Auf der Höhe des fruchtbaren Tarscher Murkegels, der östl. von Latsch das Etschtal abschneidet und die Grenze zwischen Mittel- und Untervinschgau darstellt. Das ruhige Dorf kann auf einer asphaltierten Autostraße oder auf verschiedenen Fußwegen in ¾ Std. von Latsch erreicht werden. Umgeben von Obstplantagen und abseits vom Verkehr, hat Tarsch sich noch ein wenig vom Zauber eines alten Vinschgauer Dorfes erhalten können. So findet man im Ort zahlreiche Wandfresken und alte Portale. Besonders schön ist das Ghs. Zum Riesen, vielleicht das älteste des ganzen Vinschgaus.
Ein bedeutendes Zeugnis Vinschgauer Romanik ist der quadratische Turm der St.-Karpophorus-Kirche, die selbst bedauerlicherweise Anfang des 20. Jh. umgebaut wurde. Im Innern findet man Gemälde des aus Naturns stammenden Barockmalers Simon Ybertrachter. Ursprünglich romanisch, aber später erweitert und gotisiert ist auch die Michaeliskirche mit interessanten romanischen Fresken. Etwas außerhalb des Ortes liegt die Kirche St. Medarus, die über einem vorgeschichtlichen Quellheiligtum errichtet wurde. Unweit davon befand sich einst ein Pilgerhospiz. Die Autostraße von Latsch führt von Tarsch aus noch bis zur Talstation des Sessellifts, der die Tarscher Alm erschließt. In Tarsch selbst gibt es einige Gasthäuser, verschiedene Unterkünfte und Postamt (PLZ I-39020). Auskünfte durch den Verkehrsverband Latsch, Tel. 0473/73109.

3. Unterer Vinschgau mit Schnalstal

● 41   **KASTELBELL**, 600 m
                           (CASTELBELLO)

3 km von Latsch (R 39) entfernt, liegt Kastelbell am östl. Ende der engen Schlucht der Etsch. Von hier fließt die regulierte Fluß schnurgerade durchs Tal, und beiderseits dehnen sich weite, fruchtbare Obstgärten aus. Der Ort wird von der malerischen, gut restaurierten gleichnamigen Burg überragt, die auf das 13. Jh. zurückgeht. Sie wurde mehrmals umgebaut bzw. erweitert und später durch einen Brand teilweise zer-

stört, aber in den letzten Jahren wieder erneuert. In der Burgkapelle finden sich Fresken aus dem 16. Jh.
Kastelbell ist ein noch ruhiger Fremdenverkehrsort mit rund 1200 Ew., zu dem auch die südl. der Etsch gelegenen Häusergruppen von Marein und Latschinig gehören. Zur gleichnamigen Großgemeinde gehören auch noch das benachbarte Galsaun und Tschars. Auskünfte über die Unterkunftsmöglichkeiten durch den Verkehrsverein Kastelbell-Tschars, Tel. 04 73 / 7 41 93. Vorhanden sind im Ort Tankstelle mit Autowerkstätte, Postamt (PLZ I-39020), Raiffeisenkasse (Geldwechsel) und Arzt. Die Linienbus-Haltestelle befindet sich an der Staatsstraße beim Ghs. Mondschein. Außerdem hat Kastelbell einen Bahnhof an der Vinschgauer Eisenbahnlinie.

- **42** **GALSAUN,** 600 m
  (COLSANO)

Galsaun ist unmittelbar mit Kastelbell benachbart und wurde bereits 1262 urkundlich erstmals erwähnt. Über dem Weiler ragen zwei Burgen auf: jenseits des Galsauner Bachs die Ruine Hochgalsaun, die 1423 von Herzog Friedrich IV. zerstört wurde und in deren Nähe man vorgeschichtliche Scherbenfunde machte; am Dorfrand der Ansitz Kasten, der einst als Getreidekasten der Burg Hochgalsaun genutzt wurde. Linienbus-Haltestelle an der Staatsstraße.

- **43** **TSCHARS,** 627 m
  (CIARDES)

Der Ort liegt oberhalb der Staatsstraße auf einem Murkegel und gehört ebenfalls zur Großgemeinde Kastelbell-Tschars mit Sitz in Kastelbell. Auch die Gegend um Tschars war schon sehr früh besiedelt. Im Mittelalter dürfte das Dorf der am weitesten gegen O vorgeschobene Ort der Karolinger gewesen sein, denn in Naturns begann damals der Machtbereich der Langobarden. Erwähnenswert ist auch die frühere riesige Ausdehnung der Pfarre Tschars, die bis 1925 auch noch den österreichischen Ort Vent im Ötztal umfaßte. Das heutige Dorfbild prägen die Pfarrkirche St. Martin, deren jetzige Formen auf das frühe 16. Jh. zurückgehen, das einst den Schnalser Karthäusern gehörige Klosterhaus (1612) und einige andere alte Häuser mit schönen Portalen und Fresken.

Im oberen Schnalstal: Aussicht auf Lagaunspitze (links).

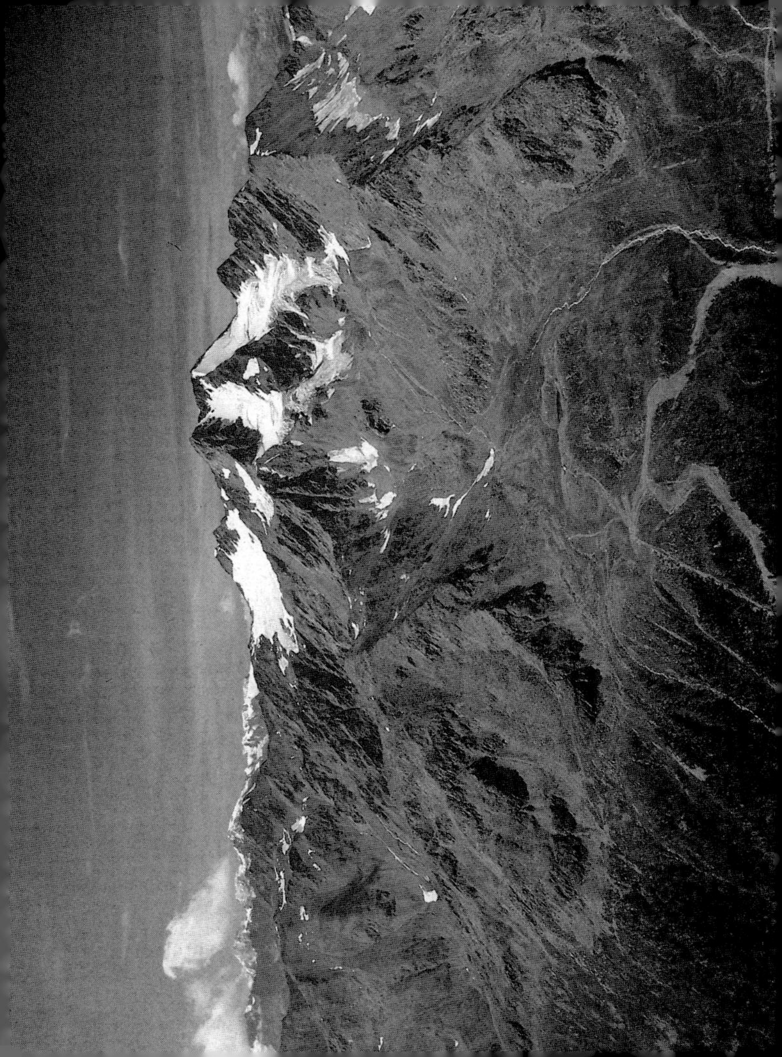

Auskünfte über die Unterkunftsmöglichkeiten durch den Verkehrsverein Kastelbell — Tschars, Hauptstraße 7, Kastelbell, Tel. 04 73 / 7 41 93. Im Ort Tschars befindet sich eine Raiffeisenkasse (Geldwechsel), die nächsten Postämter liegen in Kastelbell (R 41) und Staben (R 44). Linienbus-Haltestelle an der Staatsstraße beim Etschtaler Hof.

● 44   STABEN, 552 m
                       (STAVA)

Eine 350 Ew. zählende Fraktion von Naturns. Sehenswert sind der Turm und die Rundapsis der ursprünglich romanischen, jetzt überwiegend barocken Liebfrauenkirche aus dem 17. Jh. Wahrzeichen der Gegend ist jedoch das Schloß Juval, 927 m, hoch über der Mündungsschlucht des Schnalser Bachs gelegen. Es wurde im 12. Jh. errichtet und ist bis heute bewohnt. Im Ort selbst findet man ein Postamt (PLZ I-39020) und eine Linienbus-Haltestelle, ebenso im benachbarten alten Heilbad Kochenmoos. Jenseits der Etsch unweit vom Ortszentrum liegt der Bahnhof Schnalstal. Alpinistische Auskünfte durch die AVS-Sektion Untervinschgau. Andere Informationen erhält man vom Verkehrsverein Naturns, Bahnhofstraße 4, Naturns, Tel. 04 73 / 8 72 87.

● 45   SCHNALSTAL
                    (VAL SENALES)

Linkes Seitental der Etsch, das sich vom Hochjoch, 2875 m, 24 km lang in südöstl. Richtung hinzieht und zwischen Staben und Kompatsch, einem Vorort von Naturns, ins Etschtal mündet.
Es ist von malerischer Schönheit, und ganz charakteristisch sind die aus wettergebräunten Stämmen errichteten Bauernhäuser mit Schindeldächern und meist schönem Blumenschmuck. Das gute Klima ermöglicht Roggenanbau bis in 1900 m Höhe, und auch die Almwirtschaft reicht in Höhen zwischen 1900 und 2400 m. Das Tal wurde bereits 1311 als „vallis Snallis" erstmals urkundlich erwähnt und erlangte 1326 Bedeutung, als nämlich im heutigen Karthaus das Karthäuserkloster Allerengelsberg gegründet wurde.
In den Orten des Tales hat inzwischen überall auch der Fremdenverkehr Fuß gefaßt. Einen großen Schritt in der touristischen Entwicklung bedeutete die Eröffnung der Schnalser Gletscherbahn im Jahr 1975, durch die ein ganzjährig nutzbares Skigebiet erschlossen wurde. Der 1962 vollendete Vernagt-Stausee faßt 54 Kubikmeter Wasser und speist das Kraftwerk Kompatsch bei Naturns. Zu den Sehenswürdigkeiten im Tal zählen das herrlich auf einem Felsvorsprung gelegene Katharinaberg (R 48) mit seiner weithin sichtbaren Pfarrkirche und der Hauptort Kar-

thaus mit den Resten des Karthäuserklosters, die in die Dorfbauten eingefügt sind. Ein Ereignis besonderer Art findet jedes Jahr im Juni statt — dann werden nämlich rund 3000 Schafe aus dem Schnalstal über die noch verschneiten Jöcher und manchmal unter widrigsten Wetterverhältnissen auf die Sommerweiden im oberen österreichischen Ötztal getrieben.

Zu erwähnen ist noch, daß das Schnalstal linker Hand des Schnalser Bachs einschließlich des Pfossentals — meist ab der 1500-m-Linie — zum 1976 geschaffenen Naturpark Texelgruppe gehört, in dem strenge Natur- und Umweltschutzbestimmungen zu beachten sind.

● 46 **ALTRATHEIS**, 850 m
(RATISIO VECCHIO)

Weiler im unteren Schnalstal mit Gasthaus und Linienbus-Haltestelle. Kleinkabinen-Seilbahn zum Hof Kopfron am Höhenweg Katharinaberg — Naturns (s. R 388).

● 47 **NEURATHEIS**, 960 m
(RATISIO NUOVO)

Gasthaus an der Talstraße, von dem ein direkter Anstiegsweg nach Katharinaberg (R 48) hinaufführt; Linienbus-Haltestelle. 2 km taleinwärts zweigt die Zufahrtsstraße nach Katharinaberg ab, dort befindet sich eine weitere Linienbus-Haltestelle.

● 48 **KATHARINABERG**, 1245 m
(MONTE SANTA CATERINA)

Kleine Ortschaft mit 400 Ew. einschließlich der umliegenden Höfe. Gasthäuser und Privatunterkünfte. PLZ I-39020. Die Pfarrkirche mit hübschem barocken Hochaltar wurde 1499 errichtet. Linienbus-Haltestelle an der Talstraße bei der Abzw. der Ortszufahrt. Während der Saison fährt ein einziger Linienbus auch nachmittags direkt vom Dorf in Richtung Naturns — Meran.

● 49 **PFOSSENTAL**

Das bedeutendste Seitental des Schnalstales. Bei km 9 der Talstraße zweigt die schmale, asphaltierte Nebenstraße ins Pfossental ab. Sie ist gut bis zur Jausenstation Nassereith zu befahren. Danach folgt nochmals ein stärkeres Stück Steigung. Ein großer Parkplatz befindet sich beim Vorderkaser, 1693 m, dem Endpunkt der Straße. Hier beginnt der Aufstieg zum Eisjöchl. Das Pfossental ist außerordentlich wildreich und ein sehr beliebtes Wanderziel.

● 50   **KARTHAUS**, 1327 m
                      (CERTOSA)

Sitz der Gemeinde Schnals mit insgesamt 1300 Ew., davon etwa 250 in Karthaus selbst. Im Jahre 1326 wurde hier ein Karthäuserkloster errichtet, zu dem ein ausgedehnter Grundbesitz gehörte und das 1872 unter Kaiser Josef II. wieder aufgelöst wurde. Fast das ganze Dorf wurde durch einen Brand 1924 vernichtet und wieder neu aufgebaut.
Im Ort befindet sich ein Postamt (PLZ I-39020), während das Verkehrsbüro an der Talstraße unweit der Ortszufahrt liegt. Informationen unter Tel. 04 73 / 8 91 48; im Verkehrsbüro auch Geldwechsel. Linienbus-Haltestellen auf dem Dorfplatz und an der Abzw. der Ortszufahrt von der Talstraße. Gasthäuser und Privatunterkünfte. Zwischen Karthaus und Unser Frau liegen auf beiden Talseiten verstreute Einzelhöfe.

● 51   **UNSER FRAU**, 1508 m
                  (MADONNA DI SENALES)

Ortschaft der Talgemeinde Schnals, bestehend aus dem „Unterdorf" zu Füßen der etwas höher am Hang stehenden Wallfahrtskirche und dem neueren „Oberdorf" an der Talstraße Richtung Vernagt. Die Wallfahrtskirche mit einem uralten Gnadenbild war jahrhundertelang das Ziel frommer Pilger. Etliche alte Bauernhöfe mit dunklem, verwitterten Holz stellen heute ein beliebtes Fotomotiv dar. Raiffeisenkasse (Geldwechsel), nächstes Postamt in Karthaus. Gasthäuser und Privatunterkünfte. Linienbus-Haltestelle an der Talstraße.

● 52   **VERNAGT**, 1658 m
                      (VERNAGO)

Kleiner Weiler mit Bushaltestelle am O-Ende des gleichnamigen Stausees, den die Talstraße in etlichen Kehren von Unser Frau her erreicht. Der Stausee wurde in den Jahren 1956 bis 1962 erbaut und fügt sich relativ harmonisch in die Landschaft ein. Acht alte Bergbauernhöfe versanken in den Fluten, als der See aufgestaut wurde, doch über dem Seeufer liegen auf der N-Seite auch heute noch sehenswerte alte Gehöfte, die beliebte Ausflugsziele sind. Das Wasser des Stausees wird mittels eines 11 km langen Druckstollens zum Elektrizitätswerk von Naturns geleitet. Auskunft über die Unterkunftsmöglichkeiten durch den Verkehrsverein mit Sitz in Karthaus.

● 53   **GERSTGRAS**, 1773 m

Höfegruppe im hintersten Schnalstal mit modernem Gasthaus und Linienbus-Haltestelle. Ausgangspunkt verschiedener Wanderwege.

● 54   KURZRAS, 2011 m
(MASO CORTO)

Höchste Dauersiedlung Südtirols am Ende der Talstraße. Endstation des Linienbusses. Die heutige häßliche Hotelsiedlung mit großem Parkplatz ist aus einem alten Bauernhof hervorgegangen. Dieser Hof wurde schon im 13. Jh. als „Roux" urkundlich erwähnt, ebenso als „Chorscher Rautsch", denn das umliegende Gebiet stand unter der kirchlichen Oberhoheit von Kortsch (R 33) bei Schlanders. Bereits in der Frühzeit des Bergsports war Kurzras Ausgangspunkt für Hochtouren in den Ötztaler Alpen. So wurde die „Schöne-Aussicht-Hütte" am Hochjoch (R 137) bereits um die Jahrhundertwende erbaut. Noch heute werden über dieses Joch im Frühsommer Schafe der Schnalser auf die alten Nordtiroler Weideplätze getrieben. Mit der Errichtung der Schnalser Gletscherbahn erlebte Kurzras einen enormen Aufschwung und ist heute ein Begriff für den sommerlichen Skilauf. Die Seilbahn, eine äußerst kühne Konstruktion, führt in gut 5 Min. Fahrt auf eine Höhe von 3251 m, von der sich ein unvergleichbarer Rundblick bietet.

● 55   NATURNS, 554 m
(NATURNO)

Bedeutendes Fremdenverkehrszentrum im Unteren Vinschgau, 15 km westl. von Meran nördl. der Etsch am Fuß des Sonnenberges. Zur Ortschaft gehören auch die Häusergruppen von Kompatsch sowie die Weiler Tabland und Tschirland auf der Tal-S-Seite. Die Gemeinde zählt fast 4000 Ew., wovon auf Naturns selbst etwa 1900 entfallen. Obwohl Naturns im Unteren Vinschgau liegt, gehört der Ort seit 1973 ebenso wie Plaus (R 56) und Partschins (R 59) zur Bezirksgemeinschaft Burggrafenamt, und auch die Bevölkerung trägt die Burggräfler Tracht.

Vier vorgeschichtliche Siedlungsstätten auf dem Hang des Sonnenberges, auf dem die Höfe auch heute noch bis zu einer Höhe von 1700 m hinaufreichen, beweisen, daß die Gegend schon sehr früh besiedelt war. Sehenswert ist im Ort selbst die spätgotische Pfarrkirche St. Zeno (1474/75) mit zweischiffigem Langhaus, schönen Portalen und Fenstern. Beherrschend überragt das Schloß Naturns den Ort, das durch allerlei Umbauten sein ursprüngliches Aussehen verlor und heute als Gastbetrieb geführt wird. Auf der gegenüberliegenden Talseite liegt außerhalb das Schloß Tarantsberg (auch Dornberg genannt), das Anfang des 13. Jh. erbaut wurde. Bedeutendste Sehenswürdigkeit ist jedoch die St.-Prokulus-Kirche am östl. Ortsrand. Hier findet man die ältesten bekannten Fresken des deutschsprachigen Raumes (8./9. Jh.), über denen sich heute teilweise abgelöste gotische Wandgemälde befinden. Aber auch die kleinen Kirchen in den umliegenden Weilern sind einen Besuch wert. So findet man in Tschirland die schon 1433 erwähnte Oswaldkirche, die im 18. Jh. umgebaut wurde und im Inneren reizvolle Wandgemälde des Naturnser Barockmalers Simon Ybertrachter birgt, und in Tabland steht die ursprünglich romanische, später aber gotisierte St.-Nikolaus-Kirche, deren Flügelaltar dem schwäbischen Künstler Hans Schnatterpeck zugeschrieben wird.

Der beliebte Ferienort Naturns verfügt über Unterkunftsmöglichkeiten aller Art, Postamt (PLZ I-39025), mehrere Banken (Geldwechsel), Freischwimm- und Hallenbad, Tennisplätze, Minigolfplatz, Tankstellen und Autowerkstätten, Arzt, Apotheke usw. Auskünfte durch das Fremdenverkehrsbüro, Rathausstraße 1, Tel. 0473/87287, das ebenso wie die Sektion Untervinschgau des AVS im neueren Bürger- und Rathaus untergebracht ist.

Etwa 600 m südl. des Ortszentrums liegt an der Etsch der Bahnhof (Linie Meran — Mals), während die Linienbusse an einem Parkplatz im östl. Ortszentrum sowie in Kompatsch halten. Von Kompatsch mit bedeutendem Elektrizitätswerk führt auch eine Kleinkabinen-Seilbahn zum Hof Außerunterstell, deren Benutzung den Aufstieg zu den Sonnenberghöfen erheblich abkürzt.

● 56   PLAUS, 519 m

Viertkleinste Gemeinde Südtirols mit rund 350 Ew., Mittelpunkt ausgedehnter Erdbeer- und Gemüsepflanzungen sowie Obstplantagen. Der Ort wurde bereits 1322 als „Palus" erwähnt, dürfte aber noch älter sein. Die 1275 erwähnte Pfarrkirche zum hl. Ulrich mit romanischem Turm war ursprünglich die Eigenkirche des Churer Bischofs, wurde aber später dem Kloster Münster übergeben. Sie brannte später ab und wurde wieder neu aufgebaut.

Auskünfte über die Unterkunftsmöglichkeiten durch den Verkehrsverein, Tel. 0473/87433. PLZ I-39025; nächste Postämter in Naturns (R 55) und Partschins (R 59). Linienbus-Haltestelle an der SS 38 beim Ghs. Mondschein.

● 57   RABLAND, 525 m
                 (RABLÀ)

Fraktion der Gemeinde Partschins an der SS 38. Hier wurden ein Bronzebeil und der einzige römische Meilenstein der Via Claudia Augusta aus dem 1. Jh. v. Chr. gefunden, beides Zeugnisse der sehr frühen Besiedlung dieses Gebiets.

Auf Wanderung am Sonnenberg oberhalb von Rabland und Partschins.

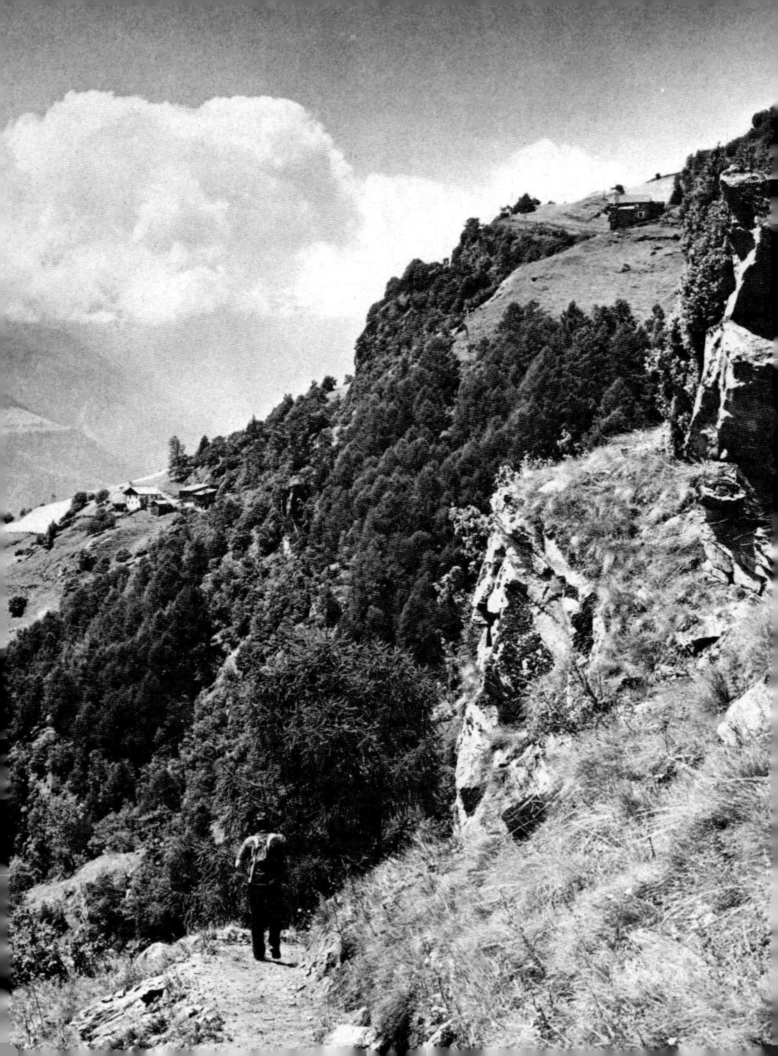

Rabland verfügt über etliche Unterkunftsmöglichkeiten aller Kategorien. Auskünfte durch das Fremdenverkehrsamt in Partschins oder dessen Zweigbüro in Rabland, Tel. 04 73 / 9 71 68. Vorhanden sind außerdem Raiffeisenkasse (Geldwechsel) und Schwimmbad. Linienbus-Haltestelle bei der Raiffeisenkasse an der Staatsstraße.

Von der Häusergruppe Saring, südl. von Rabland, verkehrt seit 1970 eine Seilbahn zum Bergweiler Aschbach, 1362 m (R 401), und erschließt damit das Wandergebiet auf das Tal-S-Seite. Der Gigglberg auf der Tal-N-Seite ist dagegen von drei kleinen Seilbahnen erschlossen, die ursprünglich nur für die Bewohner der Bergbauernhöfe gedacht waren, heute aber für den öffentlichen Verkehr freigegeben sind.

● 58   **TÖLL**, 508 m
                      (TEL)

Fraktion von Partschins mit mehreren Gasthäusern und Linienbus-Haltestellen an der Staatsstraße. Die Ortszufahrt für Partschins zweigt hier von der SS 38 ab, während eine Bergstraße die Quadrathöfe und den Bergweiler Aschbach auf der Tal-S-Seite erschließt. Erwähnenswert ist die bereits 1416 genannte St.-Helena-Kirche und das westl. des ehemaligen Bahnhofs gelegene Bad Egart, das mindestens in die Zeit von 1400 zurückreicht, aber vermutlich noch älter ist.

Östl. von Töll bildet die Etsch in einer Enge eine große Talstufe und fällt rund 150 Höhenmeter in den Meraner Talkessel ab.

● 59   **PARTSCHINS**, 626 m
                 (PARCINES)

Breitet sich am Eingang zum Zieltal auf einem großen Murkegel in schöner, sonniger Lage aus und ist eine 2700 Ew. zählende Gemeinde, die — obwohl im Unteren Vinschgau gelegen — wie auch die Nachbargemeinden Plaus und Naturns noch zur Bezirksgemeinschaft Burggrafenamt gehört.

Entsprechende Funde deuten darauf hin, daß die Gegend um Partschins schon früh besiedelt gewesen ist. Anfang des 3. Jh. lag bei Partschins eine römische Zollstation (Grenze der römischen Provinz Rätien). Auch im Mittelalter muß Partschins von Bedeutung gewesen sein; dies beweisen die alten Ansitze Stachelburg (13. Jh.), Gaudententurm (14. Jh.) und Spauregg (ebenfalls 14. Jh.). Im Ort befindet sich das Geburtshaus von Peter Mitterhofer (1822—1893), der als — allerdings nicht überall anerkannter — Erfinder der Schreibmaschine gilt. Ein Naturdenkmal besonderer Art sind die oberhalb des Ortes gelegenen Wasserfälle des Zielbachs, die sich 97 m in die Tiefe stürzen. Kleinkabinen-Seilbahnen erleichtern den Aufstieg zu den umliegenden Bergzielen.

Partschins verfügt über eine große Anzahl von Unterkunftsmöglichkeiten, Postamt (PLZ I-39020), Raiffeisenkasse (Geldwechsel), Arzt, Sportzentrum mit Schwimmbad, Tennisplätzen usw. Auskünfte durch das Fremdenverkehrsbüro am Spaureggplatz, Tel. 04 73 / 9 71 57, und die Ortsstelle der AVS-Sektion Meran. Lokale Buslinie nach Meran (tagsüber stündlich). Die im Vinschgau verkehrenden SAD-Linienbusse halten nur in Töll (R 58) und Rabland (R 57).

4. Meraner Talkessel, Tisenser Mittelgebirgsterrasse und Ultental

● 60 ALGUND, 350 m
(LAGUNDO)

Großer, fast mit Meran zusammengewachsener Fremdenverkehrsort, der sich in einer Wein- und Obstbaulandschaft zu Füßen der Texelgruppe ausbreitet. Touren ab Algund sind im Gebietsführer Sarntaler Alpen — Passeiertal — Texelgruppe beschrieben, der im gleichen Verlag erschienen ist. Der Lokalbus Partschins — Algund — Meran hält im Ortsteil Plars direkt an der Talstation der Bergbahn zur Leiteralm, die Ausgangspunkt für das Hochganghaus (R 147) ist. Zu Algund gehört auch die auf der Tal-S-Seite gelegene Häusergruppe Forst, die ihren Namen vom Schloß Vorst (heute Hotel und einst Niedergerichtssitz) erhielt. Hier befindet sich jetzt die einzige große Bierbrauerei Südtirols.

● 61 MERAN, 323 m
(MERANO)

Weltberühmte Kurstadt mit rund 34 000 Ew. und gleichzeitig bedeutender Verkehrsknotenpunkt. Das Gebiet von Meran ist schon in frühgeschichtlicher Zeit besiedelt gewesen; Meran selbst wurde erstmals 857 urkundlich als „locus qui dicitur Mairania" erwähnt, wurde aber erst im 11./12. Jh. zu einer bedeutenden Siedlung. Als wirtschaftlicher und verkehrsgeografischer Mittelpunkt war Meran einst Tiroler Landeshauptstadt und ist heute Sitz der Bezirksgemeinschaft Burggrafenamt. Die Stadt liegt in einem sonnenreichen Talkessel zu Füßen des Küchelberges an der Mündung des Passeiertales in das breite Etschtal. Die den Talkessel schützend einrahmenden Gebirge sind beliebte Wanderziele und durch mehrere Bergbahnen erschlossen. Im Talkessel selbst und an seinen Rändern gibt es unzählige Spazierwege und Promenaden; die eigentlichen Wanderwege beginnen jedoch in den Orten der Umgebung.

Naturnser Hochwart **Hasenöhrl**

Blick von den Sarntaler Alpen über den Talkessel von Meran hinüber zum Larchbühel.
Daran schließt sich der Kamm mit dem Naturnser Hochwart an (linke Seite,

Mitte), dahinter das Hasenöhrl (Bildmitte). Die rechte Bildhälfte zeigt einen Teil des unteren Vinschgaus, über dem sich die schneebedeckten Ortlergipfel erheben (Gipfelbezeichnungen im Bild).

Zu den Sehenswürdigkeiten zählen u.a. die Pfarrkirche St. Nikolaus, ein gotischer Hallenbau aus dem 14. Jh. mit schönem, hohem Turm, weiterhin die altertümliche Laubengasse, das Städtische Museum sowie verschiedene Schlösser und Burgen in der Umgebung, wie z.B. Schloß Tirol aus dem 12. Jh., einst Sitz der Grafen von Tirol, und die Zenoburg am Eingang zum Passeiertal. Meran ist Schnellzugstation an der Nebenstrecke Bozen — Meran — Mals. Einen weiteren Bahnhof gibt es im Stadtteil Untermais. Der Autobus-Bahnhof liegt direkt gegenüber vom Hauptbahnhof. Die Überlandbusse des SAD halten auch vor dem CIT-Reisebüro im Stadtzentrum, während die Lokalbusse (nach Algund — Partschins bzw. Lana — Völlan) vom Theaterplatz abfahren.

Die Stadt verfügt über Unterkunftsmöglichkeiten aller Art. Vorhanden sind auch mehrere Banken (Geldwechsel), Reisebüros, Postämter (PLZ I-39012), Sportanlagen (Schwimmbäder, Tennisplätze, Minigolf, Pferderennbahn usw.), Krankenhaus, Ärzte und Apotheken. Auskunftsstellen: Kurverwaltung, Freiheitsstraße 45, Tel. 0473/35223; Alpenverein Südtirol, Sektion Meran, Galileistraße 45, Tel. 0473/37134; Club Alpino Italiano, Sektion Meran, Rennweg 69, Tel. 0473/48944.

● 62 **MARLING**, 363 m
         (MARLENGO)

Marling breitet sich in windgeschützter Lage am Fuß des Marlinger Berges aus. Besonders reizvoll sind die Ausblicke hinüber gegen Hafling und den Tschögglberg. Bei einem Gang durch den Ort mit seinen alten Bauernhäusern, Ansitzen und der neugotischen Kirche mit romanischen Turm wird einem der Reiz dieser Obst- und Weinbaugemeinde erst recht bewußt.

Marling wurde schon um 1300 urkundlich erwähnt und zählt heute 1700 Ew. Schon früher hatte der Ort Bedeutung für den Durchgangsverkehr, da hier einst eine wichtige Brücke über die Etsch führte. 1737 wurde von den Schnalser Karthäusermönchen der Marlinger Waal erbaut, der noch heute besteht und für Landwirtschaft wie Tourismus eine Rolle spielt.

Marling verfügt über Postamt (PLZ I-39020) und Raiffeisenkasse (Geldwechsel). Auskünfte über die verschiedenen Unterkunftsmöglichkeiten durch den Verkehrsverein am Kirchplatz, Tel. 0473/47147. Tagsüber stündlicher Lokalbusverkehr mit Meran ab Kirchplatz.

● 63 **TSCHERMS**, 315 m
         (CÉRMES)

Der Ort zählt rund 1200 Ew. und wurde erstmals 857 als „Cerones" urkundlich erwähnt; er gehörte einst zur Gemeinde Marling. Die Umge-

bung ist ein bedeutendes Anbaugebiet für Obst und Wein. Über Tscherms erhebt sich Schloß Lebenberg aus dem 13. Jh.
Im Ort befinden sich Raiffeisenkasse (Geldwechsel) und Postamt (PLZ I-39010). Mehrere Haltestellen des Lokalbusses Meran — Lana. Auskünfte durch das Verkehrsbüro, Tel. 0473/51015.

● 64 LANA, 270—320 m

Eine große Landgemeinde mit rund 7500 Ew., 8 km von Meran entfernt am Eingang zum Ultental, bestehend aus den Ortsteilen Ober-, Mitter- und Niederlana sowie der Bergfraktion Völlan, 718 m (R 65). Der Ort, bereits im 11. Jh. erstmals erwähnt, ist Ausgangspunkt der Gampenpaßstraße und der Landesstraße ins Ultental sowie ein bedeutendes Zentrum des Südtiroler Obstanbaus.
Lana verfügt über Unterkunftsmöglichkeiten aller Art, Postamt (PLZ I-39011), mehrere Banken (Geldwechsel), Reisebüro, Freischwimmbad, Ärzte und Apotheke. Mehrere Bushaltestellen der Lokallinie Meran — Lana — Burgstall, die einen Autobus-Bahnhof in Oberlana hat. Unweit davon — bei der Falschauer Brücke — halten auch die SAD-Busse ins Ultental und zu den Ortschaften des Tisenser Mittelgebirges bzw. nach Fondo. Die Busse zur Fraktion Völlan fahren nur vom Autobusbahnhof. In Oberlana befindet sich auch die Talstation der Bergbahn zum Vigiljoch. Auskünfte durch das Verkehrsbüro, Mariahilfstraße 7, Tel. 0473/51770, und die AVS-Sektion Lana.
Zu den besonderen Sehenswürdigkeiten zählen in erster Linie die alte Pfarrkirche in Niederlana mit dem größten gotischen Flügelaltar Tirols, geschaffen von Hans Schnatterpeck (1503—1512), darüberhinaus die zahlreichen Burgen aus dem 13. Jh. (Brandis, Braunsberg, Leonburg und Mayenburg).

● 65 VÖLLAN, 718 m
(FOIANA)

Völlan liegt an einer Nebenstraße, die 3 km oberhalb von Lana von der Gampenpaßstraße abzweigt. Der kleine Ort mit rund 660 Ew. ist eine Fraktion der Gemeinde Lana und hat mehrmals täglich Busverbindung mit Lana (dort direkter Anschluß nach Meran). Östl. der Ortschaft liegt auf einem Porphyrhügel die alte Mayenburg, während sich im S ein mächtiger, eiszeitlich geschliffener Porphyrkopf mit dem St.-Hippolyt-Kirchlein gegen das Etschtal vorschiebt. Diese Gegend war schon in frühgeschichtlicher Zeit besiedelt. Die Kirche aus dem 13. Jh. wurde im 18. Jh. umgebaut und bietet eine Rundsicht, die 25 Ortschaften, 40 Burgen bzw. Schlösser und 50 Kirchen umfassen soll. Auskünfte durch das Verkehrsbüro Völlan, Tel. 0473/52068.

● 66　　　　　　　　　**NARAUN**, 621 m
　　　　　　　　　　　　(NARANO)

Kleiner Weiler an der Gampenpaßstraße 6 km oberhalb von Lana. Die rund 200 Ew. zählende Häusergruppe gehört bereits zur Gemeinde Tisens. SAD-Linienbus-Haltestelle. Hier zweigt südw. eine Nebenstraße nach Tisens — Prissian und Nals ab.

● 67　　　　　　　　　**TISENS**, 631 m
　　　　　　　　　　　　(TESIMO)

Beliebte Sommerfrische, die in dem nach ihr benannten Mittelgebirge zwischen Obstgärten und Wäldern liegt; rund 550 Ew., in der Gesamtgemeinde knapp 1700. Linienbus-Haltestelle im Ortszentrum, Postamt (PLZ I-39010), Raiffeisenkasse (Geldwechsel), Arzt, Schwimmbad und Minigolfplatz. Zu den Sehenswürdigkeiten zählt die 1194 erwähnte Pfarrkirche Maria Himmelfahrt, 1521 umgebaut, mit alten Glasmalereien im Innern.

● 68　　　　　　　　　**PRISSIAN**, 612 m
　　　　　　　　　　　　(PRISSIANO)

Ebenfalls eine beliebte Sommerfrische, die man zu Fuß auf Fahrweg 2 in 20 Min. von Tisens (R 67) erreicht. Prissian ist eine Fraktion der Gemeinde Tisens mit rund 550 Ew. Autobusverkehr (SAD) nach Lana — Meran und über den Gampenpaß zum Nonsberg.
Der bereits um 1300 erstmals urkundlich erwähnte Ort liegt auch auf dem Tisener Mittelgebirge, das eine umfassende Aussicht auf die Texelgruppe, Sarntaler und Stubaier Alpen und die Dolomiten bietet. Im Ort fallen die zahlreichen ehemaligen Adelssitze auf, altertümliche Bauten mit schön eingerahmten Türen und Fenstern, turmartigen Anbauten, Getäfel und Wappen. Sie werden heute teilweise als Pensionen oder Hotels geführt. Mitten im Ort steht die Fahlburg aus dem 13. Jh., im 17. Jh. zu einem Renaissanceschloß umgebaut und heute Hotel-Pension. Wenig östl. vom Ort liegt die Burg Katzenzungen, ein einfacher Bau, ebenfalls aus dem 13. Jh., der jedoch im 16. Jh. vergrößert wurde. Südl. von Prissian beherrscht die Wehrburg den Steilabfall des Tisener Mittelgebirges gegen Nals. Es ist eine der wuchtigsten Burgen Tirols mit quadratischen Türmen, Rundbogenfenstern, Erkern und zierlichen Säulen. Der Bau stammt aus dem 12. Jh., wurde aber mehrfach umgebaut. Nicht unerwähnt bleiben darf die alte, überdachte Steinbogenbrücke über den Prissianer Bach mitten im Dorfzentrum.
Auskünfte für die Gesamtgemeinde Tisens, die über zahlreiche Unterkunftsmöglichkeiten verfügt, erhält man beim Verkehrsbüro in Prissian, Tel. 04 73 / 9 09 22.

● **69** **GFRILL,** 1038 m
(CAPRILE)

Kleiner, hübscher Weiler mit Gasthaus und Linienbus-Haltestelle an der Gampenpaßstraße. Diese Gemeindefraktion von Tisens liegt am nördl. Hang des Prissianer Tales unterhalb des Hochgalls. Erwähnenswert ist die Kuratialkirche zum hl. Nikolaus. Ein weiteres Gasthaus mit Busstelle befindet sich im alten Bad Grill, 1154 m, oberhalb des Weilers.

● **70** **PLATZERS,** 1280 m
(PIAZZOLES)

Kleines Bergdorf mit etwa 100 Ew., zur Gemeinde Tisens gehörig. Endpunkt einer Nebenstraße, die von der Gampenpaßstraße abzweigt. Kuratialkirche zum hl. Sebastian, 1889/90 erbaut. Zwei Gasthäuser im Ort. Linienbus-Haltestelle bei der Abzweigung an der Gampenpaßstraße (zu Fuß 20 Min.).

● **71** **GAMPENPASS,** 1518 m
(PASSO PALADE)

Ein uralter Übergang vom Etschtal in den Nonsberg. Gasthaus und SAD-Linienbus-Haltestelle. Die zwischen den Laugenspitzen im W und dem Mendelkamm im O eingelagerte kleine Paßsenke ist größtenteils bewaldet und bietet deshalb wenig Aussicht. Sie wird seit 1939 von der SS 238 überquert, die Meran mit dem Nonsberg verbindet. Diese Straße weist eine Maximalsteigung von neun Prozent auf und wird ganzjährig offengehalten. Einen Weg über den Gampenpaß gab es schon sehr früh; an ihm stand ein 1184 erwähntes Hospiz für Wanderer. Von der Paßhöhe führt die Straße langsam abwärts zu den noch deutschsprachigen Dörfern Unsere Liebe Frau im Walde (R 105) und St. Felix (R 106).

● **72** **ULTENTAL**
(VAL D'ULTIMO)

Das Tal zweigt bei Lana ab und ist durch eine Landesstraße erschlossen, die sofort in Kehren ansteigt, während der Falschauer Bach tief unten in der Gaulschlucht zurückbleibt. Man verläßt schnell das Gebiet der Weinberge und Obstgärten und gelangt hinein ins waldreiche Ultental. Die geschlossenen Siedlungen des Tales sind alle sehr klein; dagegen findet man viele Einzelhöfe, die sich über die Hänge verteilen. Diese dunklen, größtenteils aus Holz erbauten und schindelgedeckten Bergbauernhöfe sind ein charakteristisches Element für das Ultental.
Nach dem ersten Ultener Gasthaus, dem Forsthof mit Linienbus-Haltestelle, steigt die Straße nur noch wenig zum ersten Weiler an.

Einertaler Alm im Ultental.

● 73 **ALTBREID**, 725 m

Verstreute Häusergruppe mit Gasthaus und Linienbus-Haltestelle, von der man eine schöne Aussicht taleinwärts hat. Nach Altbreid führt die Talstraße über eine 1965 erbaute, weitbogige Brücke, scherzhaft „Kleine Europabrücke" genannt, und man passiert die Burgruine Eschenlohe, die im 12. Jh. als Schloß Ulten erwähnt wurde.

● 74 **ST. PANKRAZ**, 736 m
(SAN PANCRAZIO)

Erste größere Ortschaft im Ultental mit rund 1800 Ew. in der Gemeinde, davon aber nur 350 im Ort selbst. Der Durchgangsverkehr berührt seit einigen Jahren das Ortszentrum mit seinen zahlreichen hübschen alten Häusern nicht mehr, was in Anbetracht der engen Gassen sehr wohltuend ist. Mittelpunkt des Dorfes ist die Pfarrkirche, die auf das Jahr 1000 zurückgehen dürfte, deren älteste Teile heute aber aus dem 14. Jh. stammen. Auffallend ist der 56 m hohe gotische Kirchturm mit achteckigem Spitzhelm und drei reich bemalten Zifferblättern. Die ursprünglich barocke Inneneinrichtung der Kirche wurde 1890 durch eine

neugotische ersetzt. Neben der Kirche steht die kleine St.-Sebastians-Kapelle aus der Mitte des 14. Jh. Schließlich erinnert an der Hausmauer des Innerwirtes eine Gedenktafel, daß hier am 16. 8. 1939 der bedeutende Tiroler Geschichtsschreiber Josef Egger geboren wurde. Erwähnenswert ist auch das um 1700 erbaute Pfleghaus neben dem Brunnenplatz mit seiner barocken Malerei, einst Gerichtssitz.
Zum Bereich von St. Pankraz gehört auch das Kirchlein St. Helena, das außerhalb auf einer Waldkuppe steht und erstmals 1338 erwähnt wurde. Der jetzige Bau entstand durch mehrere Umbauten. Vom weithin sichtbaren Waldhügel, auf dem das Kirchlein steht, hat man eine weite Aussicht durch das Ultental.
In St. Pankraz befinden sich Raiffeisenkasse (Geldwechsel) und Postamt (PLZ I-39010). Auskünfte durch das Verkehrsbüro, Tel. 04 73 / 7 81 71 und den AVS. Linienbus-Haltestelle bei der Kirche.

- 75 **BAD LAD**, 740 m
      (BAGNO LAD)

Ehemaliges Heilbad mit Gasthaus und Linienbus-Haltestelle, 1,5 km hinter St. Pankraz. Gleich danach folgt eine Tankstelle und das Ghs. Trafoier. Hier zweigt links eine schmale Straße ins Marauner Tal nach Mitterbad ab. Rechts steigt dagegen die Talstraße wieder an und führt durch insgesamt vier Tunnels. Nach dem zweiten Tunnel breitet sich linker Hand der 1951 erbaute Stallbach-Stausee aus.

- 76 **ST. WALBURG**, 1120 m
      (SAN VALBURGA)

Langgezogenes Dorf und Hauptort des Ultentales, der sich unterhalb des Kirchenhügels über 1,5 km bis zum Zoggler-Stausee erstreckt. St. Walburg ist Sitz der Gemeinde Ulten mit insgesamt 3000 Ew., davon etwa 1800 in der Fraktion St. Walburg. Die freundliche Ortschaft liegt nicht im Talboden selbst, sondern erstreckt sich auf einer breiten Sonnenterrasse, die von den beiden Hausbergen, namentlich dem Peilstein im N und der Ultener Hochwart im S, eingerahmt wird. Überragt wird der Ort von der 1318 erstmals erwähnten, später mehrfach umgebauten Pfarrkirche (1192 m). Unweit der Kirche stieß man auf eine Leichenbrandstätte, vermutlich aus der Zeit um Christi Geburt. Aus Platzmangel hat sich das Dorf nicht um die Kirche herum entwickeln können, und so war der Dorfkern immer beim alten Eggwirt, einst Gerichtssitz von Innerulten.
St. Walburg bietet etliche Unterkunftsmöglichkeiten und verfügt über Raiffeisenkasse (Geldwechsel), Postamt (PLZ I-39016), Arzt, Apotheke, Freischwimmbad und Tennisplätze. Informationen durch das Ver-

kehrsbüro, Tel. 0473 / 79987, oder die AVS-Sektion Ulten. Linienbus-Haltestellen im Ortszentrum beim Eggwirt und im westl. Ortsteil beim Kreuzwirt.
Hinter St. Walburg liegt der 3 km lange Zoggler-Stausee, der, obwohl künstlich, sich recht harmonisch in das Landschaftsbild einfügt. An seinem S-Ufer zieht ein hübscher, bequemer Fußweg taleinwärts, und von seiner Staumauer hat man einen freien, bezaubernden Ausblick bis zu den Gletschern und Schneefeldern im Talhintergrund.

● 77   **KUPPELWIES**, 1135 m
                   (PRACUPOLA)

Weiler der Fraktion St. Walburg. Dort befand sich das Jagdschloß der Gerichtsherren von Ulten. Bedeutend, aber kein schöner Anblick, ist das Kraftwerk, das von den Wassermassen mehrerer höher gelegener Seen gespeist wird. Linienbus-Haltestelle beim Ghs. Kuppelwies.
Noch knapp vor Kuppelwies zweigt bei einem älteren Sägewerk rechts eine Nebenstraße ab, die bis zum Arzker Stausee, 2249 m, hinaufführt. Sie gewinnt in mehreren Kehren an Höhe, zieht dann immer mehr ins Nebental hinein und berührt die Talstation des Breiteben-Sesselliftes mit der Jausenstation Waldschenke, steigt danach nochmals an und erreicht schließlich den Boden der Steinrastalm, 1723 m. Für den öffentlichen Pkw-Verkehr ist die weiter oben schmale Straße bis in ca. 2000 m Höhe unweit der Neuen Kuppelwieser Alm freigegeben. Die Nebenstraße wird gern benutzt, da sie im Sommer verschiedene Anstiegswege abkürzen hilft und im Winter die Zufahrt zum Skigebiet von Breiteben darstellt.

● 78   **ST. NIKOLAUS**, 1264 m
                   (SAN NICOLO)

Schmuckes Dorf mit etwa 700 Ew., das sich am Sonnenhang etwas oberhalb der Talstraße um die gotische Pfarrkirche gruppiert. Die Kirche mit schlankem Turm wurde 1338 erstmals erwähnt, später aber umgebaut. Erwähnenswert ist auch der Thurnerhof oberhalb der Kirche mit geheimnisvollen Steinbildern an der Mauer. Unweit der Kirche liegt das 1973 gegründete Ultener Talmuseum, das einen guten Einblick in das bäuerliche Leben früherer Generationen und die einheimische Tierwelt vermittelt.
Von St. Nikolaus führt eine gute Bergstraße über den Grubberg bis zum Hügelkirchlein St. Moritz, 1640 m, vermutlich die älteste Kirche des Tales überhaupt. Einer Erwähnung bedarf der Grenzstein im östl. von St. Nikolaus abzweigenden Einertal, der an die Napoleonische Zeit erinnert und den damaligen Grenzverlauf zwischen Italien und Bayern anzeigt.

Blick über St. Walburg, Hauptort des Ultentales, zum Kirchbergkamm (Bildmitte). Rechts im Hintergrund die Hintere Eggenspitze.

Auskünfte über die Unterkunftsmöglichkeiten durch den Verkehrsverband Ulten in St. Walburg und dessen Zweigbüro in St. Nikolaus, Tel. 04 73 / 7 91 29. Raiffeisenkasse (Geldwechsel), nächstes Postamt in St. Walburg (PLZ I-39010). Linienbus-Haltestelle an der Talstraße bei der Ortszufahrt.

Erwähnenswert ist auch der prächtige Wasserfall des Klapfbergbaches auf der Tal-S-Seite zwischen St. Nikolaus und St. Gertraud.

● **79**   **ST. GERTRAUD, 1501 m**
             (SAN GERTRUDE)

33 km von Lana entfernt, letzte Ortschaft des Tales mit etwa 500 Ew., Fraktion der Gemeinde Ulten. Die Pfarrkirche hoch über dem kleinen Ort geht auf das 14. Jh. zurück. Erwähnenswert sind auch die etwa 2000 Jahre alten Urlärchen, von denen die dickste einen Umfang von 8,20 m hat. Sie stehen auf der Tal-S-Seite etwas außerhalb. Auskünfte durch den Verkehrsverband Ulten in St. Walburg bzw. dessen Zweigbüro in St. Gertraud, Tel. 04 73 / 7 91 17, oder die AVS-Sektion Innerulten. Nächstes Postamt in St. Walburg (PLZ I-39010), nächste Raiffeisenkasse in St. Nikolaus. Linienbus-Haltestelle beim Ghs. Edelweiß.

● 80　　　　　　WEISSBRUNN-STAUSEE, 1872 m

Im hintersten Ultental, auf einer gut ausgebauten 6 km langen Autostraße von St. Gertraud aus zu erreichen. Der Weißbrunn-Stausee ist der ideale Ausgangspunkt für Hochtouren im hinteren Talbereich. Am Seeufer liegen die im Sommer bew. Ghs. Enzian (14 B., Tel. 04 73 / 7 91 33) und Alpe (2 B., Tel. 04 73 / 7 91 39).

5. Südtiroler Ostseite des Mendelkammes

● 81　　　　　　　　NALS, 331 m
　　　　　　　　　　(NALLES)

Eine hübsche Ortschaft am Fuße des Tisenser Mittelgebirges zwischen Bozen und Meran. Nächster Bahnhof in Vilpian (2 km), von dort auch Zufahrtsstraße von der SS 38. Weitere Straßen führen nordw. nach Lana (9 km, R 64), auf das Tisenser Mittelgebirge nach Prissian (3 km, R 68), südw. nach Andrian (4 km, R 82) bzw. hinauf zu den kleinen Bergweilern Unter- und Obersirmian. Linienbusverkehr mit Vilpian und Andrian — Bozen.

Nals wurde erstmals im Jahr 830 erwähnt, gehörte einst zum Gericht Neuhaus (Terlan) und zählt heute rund 1300 Ew. Zu den Sehenswürdigkeiten gehört die Pfarrkirche zum hl. Ulrich, 1810 bis 1814 erbaut, mit einem älteren romanischem Turm. Im Inneren eine beachtenswerte Kanzel und ein mit Rokokoschnitzereien verzierter Orgelkasten. Am Ortsrand steht die Schwanburg, heute Sitz einer weithin bekannten Weinkellerei. Sie geht auf das 16. Jh. zurück; sehenswert sind insbesondere der Innenhof mit Loggien sowie verschiedene Säle. Oberhalb der Schwanburg thront die Halbruine Payrsberg, um 1220 erbaut, heute als ländliche Einkehrstätte geführt. Von hier hat man einen herrlichen Blick ins Etschtal. In Obersirmian steht schließlich das bereits um 1300 urkundlich erwähnte Hügelkirchlein St. Appollonia.

Die Ortschaft Nals verfügt über zahlreiche Unterkunftsmöglichkeiten, Postamt (PLZ I-39010), Raiffeisenkasse (Geldwechsel) und Freischwimmbad. Auskünfte durch das Verkehrsbüro, Tel. 04 71 / 5 86 19, oder die AVS-Sektion Etschtal.

Die Ortschaft Nals am Fuße des Mendelkammes. Im Hintergrund die Eggentaler Berge.

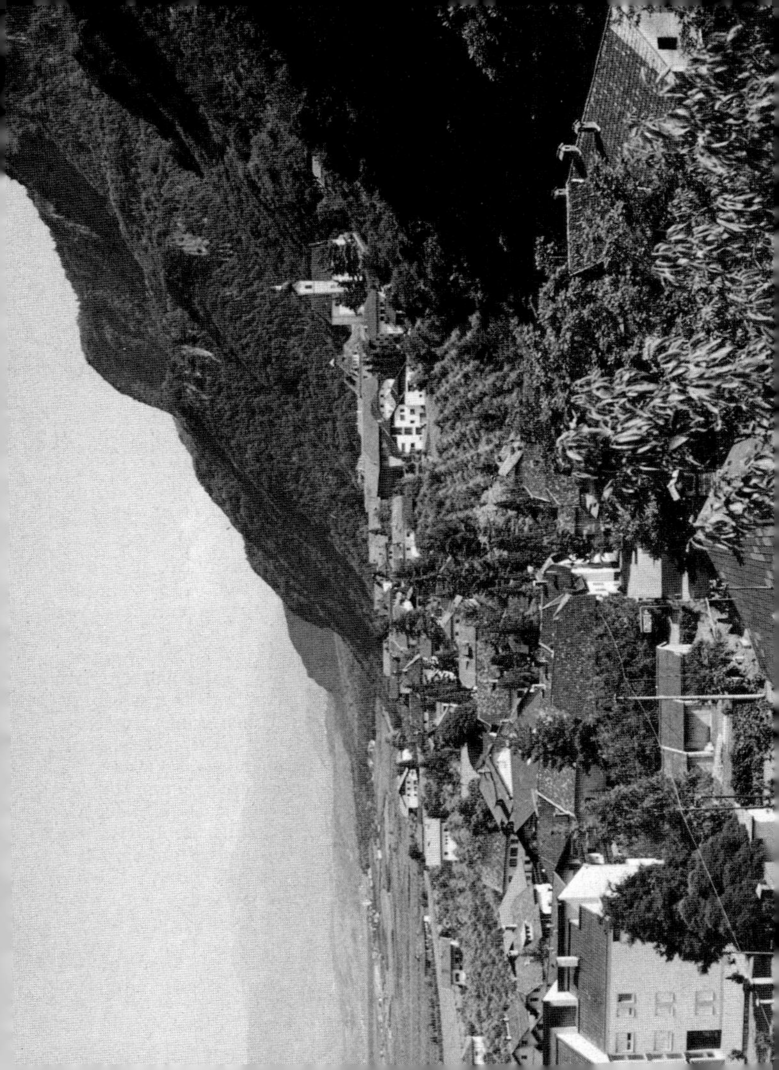

● 82 ANDRIAN, 283 m
(ANDRIANO)

Beliebte Sommerfrische zwischen Obstgärten und Weinbergen südl. von Nals (R 81) gegenüber dem großen Weinort Terlan. Dort befindet sich auch der nächste Bahnhof (3 km) bzw. die Abzweigung der Zufahrtsstraße von der SS 38. Mit nur 600 Ew. zählt Andrian, das erstmals 1168 erwähnt wurde, zu den kleineren Südtiroler Gemeinden. Busverkehr mit Nals — Vilpian und Terlan — Bozen.

Erwähnenswert sind die Pfarrkirche, 1852 bis 1854 unter Verwendung älterer Teile erbaut, ferner Schloß Wolfsturm, einst nur Wehrturm, später erweitert, heutiger Bau größtenteils aus dem 19. Jh., die Ruine Festenstein aus dem 13. Jh., auf einem Felszahn über der Gaider Schlucht gelegen, und der Ghf. Schwarzer Adler im Ortszentrum mit einem malerischen Vordach auf Rundpfeilern sowie einer Freitreppe aus dem 17. Jh.

Auskünfte über die Unterkunftsmöglichkeiten durch das Verkehrsbüro, Tel. 0471/57300. Nächstes Postamt in Terlan (PLZ I-39010), im Ort selbst Raiffeisenkasse (Geldwechsel) und Freischwimmbad.

● 83 BOZEN, 262 m
(BOLZANO)

Nordöstl. Einfallstor für das in diesem Führer behandelte Gebiet mit 103 000 Ew., Südtiroler Landeshauptstadt, Sitz zahlreicher Behörden und bedeutender Verkehrsknotenpunkt am Zusammentreffen von Etsch- und Eisacktal.

Die Stadt, schon von altersher der wirtschaftliche und verkehrsgeografische Mittelpunkt Südtirols, liegt an der Mündung der Talfer in den Eisack, der wenige Kilometer südl. in die Etsch mündet. Der weiträumige Talkessel wird schützend von verschiedenen Mittelgebirgen umgeben, über die sich im O der Rosengarten als Hintergrund erhebt. Sie sind beliebte Bergwanderziele und teilweise durch Bergbahnen erschlossen. Die Atmosphäre der Stadt ist geprägt durch das Grün der sie umgebenden Berge mit Wald und Weinhängen sowie die malerischen Winkel der Altstadt. Störend wirkt dagegen die im S gelegene Industriezone. Von der Altstadt sind insbesondere die einzigartige Laubengasse und der Obstmarkt zu erwähnen. Zu den Sehenswürdigkeiten zählen weiterhin verschiedene Kirchenbauten, u.a. die gotische Pfarrkirche mit einem prachtvollen, 62 m hohen Turm. In der Umgebung liegen mehrere sehenswerte Burganlagen.

Bozen ist Schnellzugstation an der wichtigen Brenner-Eisenbahnlinie München — Verona; eine Nebenstrecke führt nach Meran und in den

Vinschgau bis Mals. Unweit des Hauptbahnhofs befindet sich auch der Autobusbahnhof, der Ausgangspunkt verschiedener wichtiger Buslinien ist.
In der Stadt selbst gibt es zahlreiche Unterkunftsmöglichkeiten aller Art. Vorhanden sind auch die für den Fremdenverkehr wichtigen Einrichtungen wie Banken (Geldwechsel), Reise- und Verkehrsbüros, Postämter (PLZ I-39100), Sportanlagen, Krankenhäuser, Ärzte und Apotheken. Auskünfte erhält man bei folgenden Stellen: Landesverkehrsamt für Südtirol, Pfarrplatz 11 / 12, Tel. 04 71 / 99 38 08; Städtisches Verkehrsamt und Kurverwaltung, Waltherplatz 8, Tel. 04 71 / 97 06 60 und 97 56 56; Alpenverein Südtirol (Hauptsitz), Sernesiplatz 34, Tel. 04 71 / 97 81 41; Alpenverein Südtirol (Alpine Auskunftsstelle), Pfarrplatz 11 / 12, Tel. 04 71 / 99 38 08 (Montag bis Freitag 9 bis 12 Uhr und 15 bis 18 Uhr); Club Alpino Italiano, Obstmarkt 46, Tel. 04 71 / 97 81 72.

● 84 SIGMUNDSKRON, 250 m
(PONTE D'ADIGE)

Fraktion der Gemeinde Bozen an der SS 42 (Mendelpaßstraße) mit Bahnhof an der Strecke Bozen — Meran und Linienbus-Haltestelle. Jenseits der Etsch liegt auf einem bewaldeten Porphyrhügel das Schloß Sigmundskron, dessen älteste Mauerreste ins 11. Jh. zurückgehen; eine Festung wurde an dieser Stelle aber schon früher erwähnt. Der größte Teil der heute noch erhaltenen Gebäude stammt jedoch aus dem 16. Jh. In der Burg befindet sich eine einfache Jausenstation.

● 85 ÜBERETSCH

Bezeichnung für die 14 km lange und bis zu 6 km breite Hochfläche am Fuß des Mendelkammes, gleichzeitig Südtirols bedeutendstes Wein- und Obstanbaugebiet mit zahlreichen Burgen und alten Ansitzen. Das Gebiet liegt etwa 200 m über dem Etschtal und wird durch den Höhenzug des Mitterberges von diesem getrennt. Einst floß durch dieses Gebiet die Etsch, welche sich damals erst bei Auer mit dem Eisack vereinigte, dann aber durch eiszeitliche Schotterablagerungen ihren Weg nicht mehr fand und deshalb heute schon unweit von Sigmundskron mit dem Eisack zusammentrifft.

● 86 FRANGART, 257 m
(FRANGARTO)

Fraktion der Gemeinde Eppan mit etwa 400 Ew. beim Burghügel von Sigmundskron. Linienbus-Haltestelle. Kirche zum hl. Josef von 1894 / 95. In Frangart beginnt eine Nebenstraße, die über Girlan (R 87) nach St. Michael-Eppan (R 89) führt.

● 87 GIRLAN, 435 m
(CORNAIANO)

Girlan liegt auf einer sonnigen, flachen Geländeschulter und gehört zur Großgemeinde Eppan. Der Ort wurde erstmals 1085 als „Curilan" erwähnt und hat etwa 1700 Ew., Linienbus-Haltestelle, Raiffeisenkasse (Geldwechsel) und Postamt (PLZ I-39050). Pfarrkirche zum hl. Martin, 1272 erstmals erwähnt, heutiger Bau von 1838.

Kurzausflüge (Auswahl):

a) Vom Dorfzentrum ostw. zum Jesuheim, anschließend bei der nächsten Weggabelung links auf Bez. 1 zum Marklhof (Einkehrmöglichkeit), 25 Min. Unweit vom Marklhof hat man vom Überetsch-Plateaurand einen schönen Blick auf das Etschtal und die Umgebung Bozens. Fortsetzung der Wanderung vom Marklhof auf Bez. 1 in Richtung N zum Schloß Sigmundskron (Einkehrmöglichkeit, Montag Ruhetag) bei Frangart (R 86); insgesamt 1 Std. von Girlan.
b) Wie zuvor zum Jesuheim, dann bei der folgenden Wegteilung auf Bez. 1 nach rechts zur Häusergruppe Schreckbichl mit der Jausenstation Ebnerkeller. Weiter auf Weg 1 in den Montiggler Wald. Vom Weg 1 kann man ostw. einen lohnenden zehnminütigen Abstecher zur Kuppe des Wilde-Mann-Bühels, 643 m, unternehmen mit weitem Blick über einen großen Teil Eppans. Weg 1 führt jedoch südw. zunächst zum Kleinen Montiggler See, 519 m, und anschließend zum Großen Montiggler See, 489 m, dort Einkehrmöglichkeit; insgesamt 1½ Std. von Girlan.

● 88 ST. PAULS IN EPPAN, 389 m
(SAN PAOLO DI APPIANO)

Zur Gemeinde Eppan gehörig, rund 1500 Ew., direkte Ortszufahrt von der SS 42 (1 km), Straße auch nach St. Michael-Eppan (2 km, vgl. R 89). Im Ort befinden sich Linienbus-Haltestelle, Raiffeisenkasse (Geldwechsel), Postamt (PLZ I-39057) und eine Außenstelle der AVS-Sektion Bozen. Sehenswerte Pfarrkirche, eine der größten Tirols, in spätgotischem Stil mit einem 84 m hohen Turm, der eine Barockzwiebel trägt, heute das Wahrzeichen von St. Pauls. Im Turm befindet sich eine der mächtigsten Kirchenglocken Tirols (4984 kg) sowie im Kircheninneren mehrere sehenswerte Plastiken.

● 89 ST. MICHAEL-EPPAN, 471 m
(SAN MICHELE DI APPIANO)

Hauptort der Großgemeinde Eppan, die hier ihren Sitz hat. Man kann St. Michael-Eppan, 10 km südwestl. von Bozen inmitten des ausgedehnten Wein- und Obstanbaugebietes gelegen, direkt auf der SS 42 erreichen. Diese führt jetzt allerdings nicht mehr durch das Ortszentrum, sondern östl. um den Ort herum. An der Hauptstraße finden sich mehrere malerische alte Ansitze. Erwähnenswert ist weiterhin die Pfarrkirche, besonders deren östl. Anbau mit einer Holzbalkendecke und bunten Glasfenstern sowie die moderne Orgel. Im Schloß Moos kann man mittelalterliche Wohnkultur besichtigen.

In der Gesamtgemeinde leben rund 9800 Personen, davon in St. Michael-Eppan etwa 3000. Die Ortschaften der Großgemeinde bieten zahlreiche Unterkunftsmöglichkeiten. Auskünfte durch das Reise- und Verkehrsbüro, Plazer Str. 54, St. Michael-Eppan, Tel. 0471/52206. Im Ort befinden sich Postamt (PLZ I-39057), Banken, Ärzte und Apotheke. In der Gesamtgemeinde bestehen Möglichkeiten für Wassersport, Reiten, Tennis und Minigolf. Linienbus-Haltestellen aus Richtung Bozen im Zentrum und bei der Kirche in der Bahnhofstraße, in Richtung Bozen nur in der Bahnhofstraße.

Kurzausflüge (Auswahl):

a) Über den Stroblhof zu den Eislöchern, eine naturkundliche Besonderheit unterhalb des Gandberges, Mark. 15, ½ Std.
b) Südw. über Oberplanitzing nach Kaltern, Mark. 15, 1½ Std.
c) Zunächst auf der Montiggler Straße, dann auf dem Patersteig, Bez. 3A, zum Großen Montiggler See mit großer Badeanlage, 1½ Std. (im Sommer auch Busverkehr).
d) Ostw. auf dem Maria-Rast-Weg nach Girlan, ½ Std.

- 90   **MONTIGGL, 494 m**
                      (MONTICOLO)

Kleine Siedlung unweit des Großen Montiggler Sees. Bushaltestelle im Ort und am See. Mehrere Gasthäuser.

Der Große Montiggler See liegt in einer länglichen Mulde im Bereich des Bozner Porphyrs und ist 17 Hektar groß. Wenig nördl. von ihm liegt der fünf Hektar große Kleine Montiggler See. Beide sind im Sommer beliebte Badeplätze und sind von dichten Wäldern umgeben.

- 91   **OBERPLANITZING, 504 m**
                     (PIANIZZA DI SOPRA)

Kleines Dorf unterhalb des mächtigen Porphyrrückens des Gandberges, bekannt wegen seiner typischen Häuser im Überetscher Stil. Bushaltestelle. Die Mendelpaßstraße, SS 42, führt oberhalb des Dorfes weiter aufwärts.

● 92   **KALTERER HÖHE**, 667 m

Hier mündet beim gleichnamigen Gasthaus die Zufahrtsstraße von Kaltern (R 96) in die Mendelpaßstraße ein.

● 93   **GASTHOF MATSCHATSCH**, 880 m

Einige Kehren höher an der Mendelpaßstraße gelegen, Ausgangspunkt für den Eppaner Höhenweg. Während der weiteren Auffahrt gelangt man auf der Straße aus der Porphyrzone und dem rötlichen Grödner Sandstein heraus in das Gebiet des Mendeldolomits und quert auf langer Strecke die steilen Felswände des Penegals, bevor es in einigen Spitzkehren zum Paß selbst hinaufgeht.

● 94   **MENDELPASS**, 1363 m
               (PASSO DI MENDOLA)

15 km von St. Michael-Eppan, tiefster Einschnitt des Mendelkammes. Über den Paß verläuft die Provinz- und Sprachgrenze zwischen Südtirol und dem Trentino.
Durch seine Höhenlage ohne große Hitze und heftige Winde hat sich das Mendelpaßgebiet schon früh zu einer beliebten Sommerfrische entwickelt und ist heute auch ein immer mehr besuchtes Wintersportgebiet. Unterkunft in zahlreichen Hotels, Gasthöfen und Ferienhäusern.
Linienbus-Haltestelle und Endpunkt der von Kaltern-St. Anton heraufkommenden Stand-Seilbahn, die 1903 eröffnet wurde, 4,5 km lang ist und eine Maximalsteigung von 64 Prozent hat. Vom Mendelpaß hat man ostw. einen zauberhaften Blick ins Etschtal und hinüber zu den Dolomiten. Eine 4 km lange, mautpflichtige Nebenstraße führt nordw. zum Penegal, während südw. eine andere die Talstation des Sessellifts erreicht.

● 95   **UNTERPLANITZING**, 436 m
               (PIANIZZA DI SOTTO)

Fraktion der Gemeinde Kaltern mit etwa 150 Ew.; Linienbus-Haltestelle. Planitzing wird bereits 1022 erstmals genannt. Erwähnenswert ist die Kuratialkirche zum hl. Leonhard (um 1425), deren ältester Teil die Seitenkapelle darstellt.

● 96   **KALTERN**, 426 m
               (CALDARO)

Große Marktgemeinde, die mit den umliegenden Obst- und Weinbaudörfern St. Anton, 523 m, Mitterdorf, 477 m, und St. Nikolaus, 569 m, fast ganz zusammengewachsen ist.
Kaltern wird erstmals im 11. Jh. erwähnt, obwohl das Gebiet schon we-

sentlich früher besiedelt war. Heute leben in der Gesamtgemeinde 5800 Menschen. Die Umgebung ist ein uraltes, bedeutendes Wein- und Obstanbaugebiet.
Busverbindungen mit Bozen und den umliegenden Dörfern. Von Bozen kommende Busse fahren durch das Zentrum und halten am Marktplatz, während die Busse in Richtung Bozen in der oberhalb gelegenen Straße verkehren (Haltestelle erreichbar vom Marktplatz aus aufwärts durch das Paterbichl). Weitere Haltestellen befinden sich an der Hauptstraße oberhalb des ehemaligen Bahnhofs und an der Talstation der Mendelbahn. Diese wurde 1903 eröffnet und im Jahre 1985 gründlich renoviert. Sie überwindet einen Höhenunterschied von 837 m. Um das Ortszentrum von Kaltern verkehrsmäßig zu entlasten, wurde die den Marktplatz berührende Durchgangsstraße zur Einbahnstraße in Richtung Kalterer See erklärt.
Wahrzeichen von Kaltern ist der 72 m hohe, freistehende Turm der Pfarrkirche, dessen unter Teil aus dem 13. Jh. stammt, der obere aber aus der Zeit um 1500. Die Pfarrkirche (1791 bis 1793) ist im Inneren reich ausgestattet. Erwähnenswert sind die Deckengemälde und das Barockgehäuse der Orgel. Sehenswert sind auch noch einige andere Kirchenbauten in den Gemeindefraktionen sowie verschiedene Ansitze, z.B. die Mühlburg in St. Anton-Pfuß, dort eine schöne Freitreppe mit zweigeschossiger Loggia.
In Kaltern sind vorhanden Postamt (PLZ I-39052), mehrere Banken (Geldwechsel), Ärzte, Apotheke, Tankstellen und Werkstätten sowie verschiedene Sportanlagen, u.a. Tennis, Minigolf, Wassersport. Über die zahlreichen Unterkunftsmöglichkeiten informiert das Verkehrsamt am Marktplatz, Tel. 04 71 / 96 31 69. Alpine Auskünfte durch die AVS-Sektion Kaltern.

Kurzausflüge (Auswahl):

a) Ostw. über den Mazzoner Weinberghügel, durch die ehemalige Etschtalsenke und dann durch Wald zum Dorf Montiggl und zum Großen Montiggler See, Mark. 5, 1 Std.
b) Südw. auf dem bequemen, durch Weinberge führenden Barleiter Weg zum Kalterer See, Mark. 12, 1 Std.
c) Auf dem höher am Berghang parallel zum Barleiter Weg führenden Kardatscher Wanderweg, Bez. 10, zum Kalterer See, 1¼ Std.
d) Auf einer Nebenstraße zum Ghs. Klughammer am O-Ufer des Kalterer Sees, 1 Std. Unweit davon beginnt der Weg 13 A, der anfangs mäßig, später stärker ansteigend durch schönen Mischwald zur Ruine Leuchtenburg, 576 m, hinaufführt, insgesamt 2 Std.

● 97 ALTENBURG, 615 m
(CASTELVECCHIO)

Kleines Dorf mit Gasthaus; Autobusverbindung mit Kaltern — Bozen. Hier befindet sich die Ruine der St.-Peters-Kirche, die älteste im Überetsch. Erwähnenswert ist auch die Kuratialkirche zum hl. Vigilius, 1288 erwähnt, wahrscheinlich ursprünglich Bestandteil einer frühmittelalterlichen Burg. Wunderschöne Aussicht auf den Kalterer See.

● 98 KALTERER SEE, 214 m
(LAGO DI CALDARO)

Südtirols größter natürlicher See, etwa 2 km lang und 1 km breit. Bedingt durch das milde Klima, reicht die Badesaison von Anfang Mai bis Anfang Oktober. Der fischreiche See ist durchschnittlich 3—5 m, maximal 8 m tief. Das S-Ufer mit ausgedehntem Schilfbestand steht unter Naturschutz und ist Heimat bzw. Durchzugstation vieler Vogelarten. Linienbus-Haltestelle beim Lido (nur Saisonbetrieb).

Nördl. des Kalterer Sees liegt etwas abseits der Südtiroler Weinstraße der Ansitz Ringberg, seit 1955 Sitz des Südtiroler Weinmuseums, das u.a. alte Weinbau- und Keltergeräte beherbergt.

● 99 ST. JOSEF AM SEE, 231 m
(SAN GIUSEPPE AL LAGO)

Fraktion von Kaltern mit 200 Ew.; Linienbus-Haltestelle, mehrere Gasthäuser, Kuratialkirche zum hl. Josef, Ende des 17. Jh.

● 100 TRAMIN, 276 m
(TERMENO)

Bedeutendes Wein- und Obstbauzentrum im Südtiroler Unterland, 10 km südl. von Kaltern (R 96) mit 2800 Ew. Zur Gemeinde gehören auch die auf Nebenstraßen erreichbaren Weiler Rungg, 318 m, und Söll, 431 m.

Im Bergweiler Söll, von dem man aus eine schöne Aussicht hat, sind verschiedene Wohnbauten aus dem 16. Jh. und die St.-Mauritius-Kirche sehenswert. Wahrzeichen Tramins ist die Pfarrkirche von 1910/11. Der freistehende Kirchturm (ca. 90 m Höhe) wetteifert mit jenem von Schlanders darum, höchster Kirchturm Tirols zu sein. Chor und Kirchturm stammen aus dem 14./15. Jh. Erwähnenswert sind auch noch das Kirchlein St. Jakob in Kastellaz, 1214 erstmals genannt, außerdem zahlreiche Herrenhäuser des 16./17. Jh.

Im Ortsbereich befinden sich mehrere Linienbus-Haltestellen; der Bahnhof Neumarkt — Tramin ist 4 km entfernt. Nächste Schnellzugstation ist jedoch Auer (5 km). Tramin, der bedeutendste Fremdenverkehrsort des Südtiroler Unterlandes verfügt über Postamt (PLZ I-39040), Banken (Geldwechsel), Ärzte, Tennis- und Minigolfplatz sowie Schwimmbad. Auskünfte durch den Verkehrsverein, Tel. 0471/86131, und die AVS-Sektion Unterland.

- **101** **KURTATSCH**, 333 m
  (CORTACCIA)

Südtiroler Wein- und Obstbauerndorf auf einem leicht ansteigenden Hang über der Etschtalsohle mit rund 950 Ew., in der Gesamtgemeinde 1900 Ew.
Die Umgebung war schon in vorgeschichtlicher und römischer Zeit besiedelt, was durch entsprechende Funde belegt ist. Kurtatsch selbst wurde Ende des 12. Jh. erstmals erwähnt. Sehenswert ist der aus der Zeit um 1300 stammende stattliche romanische Kirchturm der im gotischen Stil erbauten Pfarrkirche St. Vigilius und verschiedene Ansitze, u.a. Angerberg, Ortenburg und Strehlburg.
Zu Kurtatsch gehören auch die beiden auf Mittelgebirgsterrassen liegenden Bergweiler Penon, 600 m, und Graun, 820 m, beide auf Nebenstraßen mit dem Pkw erreichbar. Auf einer Bergstraße erreicht man seit 1960 auch die Weiler Ober- und Unterfennberg. Am äußeren Rand der Grauner Mittelgebirgsterrasse liegt die Kuratialkirche zum hl. Georg, von wo man eine wunderschöne Aussicht auf das Südtiroler Unterland hat.
In Kurtatsch findet man Postamt (PLZ I-39040), Raiffeisenkasse (Geldwechsel) und Arzt. Linienbus-Haltestelle am Schweigglplatz, 4 km entfernt der Bahnhof Margreid — Kurtatsch. Auskünfte erteilt der Verkehrsverein Kurtatsch, Tel. 0471/88100, und die AVS-Ortsstelle der Sektion Unterland.

- **102** **MARGREID**, 226 m
  (MAGRÈ)

Kleine Ortschaft am Fuße des Fennberges mit rund 1000 Ew. Obst- und Weinbau sind auch heute noch die Haupterwerbsquellen der Bevölkerung; jedoch gewinnt auch der Fremdenverkehr zunehmend an Bedeutung. Erwähnenswert ist das hübsche Dorfbild mit malerischen Häusern und Gassen sowie die Pfarrkirche von 1618. Zu Margreid gehört auch die Bergfraktion Unterfennberg, die mit dem Pkw von Kurtatsch aus erreichbar ist.
Bushaltestelle an der Weinstraße, 2 km außerhalb der Bahnhof Margreid — Kurtatsch. Postamt (PLZ I-39040), Raiffeisenkasse (Geldwechsel), Arzt. Auskünfte durch den Verkehrsverein, Tel. 0471/89292.

- **103** **ROVERÈ DELLA LUNA**, 251 m
  (AICHHOLZ)

Erster Trentiner Ort südl. der Salurner Klause, die heute Sprach- und Provinzgrenze ist. In der 1400 Ew. zählenden Gemeinde gab es früher auch deutschsprachige Bewohner. Postamt (PLZ I-38030), Bank (Geldwechsel), Arzt, einige Unterkunftsmöglichkeiten. Auskünfte durch den Pro Loco (Verkehrsverein). Busverbindung mit Mezzocorona, nächster Bahnhof bei Salurn (4 km).

- **104** **MEZZOCORONA**, 219 m
  (KRONMETZ)

Der Ort zählt heute 4200 Ew. und hatte früher auch deutschsprachige Bewohner. Mezzocorona liegt am Fuß hoher Felswände und ist heute ein bedeutender Verkehrsknotenpunkt. Die Umgebung wird intensiv landwirtschaftlich genutzt.

Sehenswert ist die Burgruine der Grafen von Metz (Castello San Gottardo) aus dem 8. Jh., die in eine Felshöhle eingebaut ist. Den Monte di Mezzocorona (Kronmetzer Berg) erreicht man bequem mit einer Seilbahn, während man in 1 Std. Fußweg westw. zur großartigen Rocchettaschlucht gelangt, durch die der Fluß Noce und die SS 43 in Richtung Cles führen. Auf halbem Wege liegt rechts die sehr sehenswerte Burrone (Schlucht), die für Schwindelfreie leicht begehbar ist (s. R 596). Kurz vor der Brücke über den Fluß Noce nach Mezzolombardo, etwas unterhalb der erwähnten Burgruine, zweigt halbrechts ein Fahrweg zur Schlucht ab.

Mezzocorona bietet verschiedene Unterkunftsmöglichkeiten, auch im Ortsteil Monte. Auskünfte durch den Verkehrsverein (Pro Loco). Postamt (PLZ I-38016), Bank (Geldwechsel), Arzt, Apotheke, Schwimmbad und Tennisplätze sowie Krankenhaus im Nachbarort Mezzolombardo. Haltestelle der Lokalbahn Trient — Malè sowie Schnellzugstation an der Brenner-Eisenbahnlinie, außerdem Ausgangspunkt verschiedener Buslinien.

6. Nonsberg

- **105** **UNSERE LIEBE FRAU IM WALDE**, 1351 m
  (SENALE)

Erstes Dorf südl. des Gampenpasses (R 71) etwas unterhalb der SS 238, von der die Dorfzufahrt abzweigt. Linienbus-Haltestelle an der Abzweigung der Ortszufahrt. Unsere Liebe Frau im Walde ist eines der vier deutschsprachigen Dörfer des Nonsberges und eine rund 350 Ew. zählende Fraktion der Gemeinde St. Felix — Unsere Liebe Frau im Walde. Die erste urkundliche Erwähnung erfolgte als Senale bereits 1184. Seit dem 17. Jh. ist Unsere Liebe Frau im Walde ein beliebter Wallfahrtsort. Sehenswert ist die Pfarrkirche, deren heutige Gestalt aus der zweiten Hälfte des 15. Jh. stammt. Im Innern befinden sich reiche Barockaltäre, gotische Holzskulpturen und das Gnadenbild Maria mit dem Kind, eine frühgotische Steingußplastik. Erwähnenswert ist auch die St.-Michaels-Kapelle im Friedhof (um 1500). Von Unsere Liebe Frau im Walde aus ist eine Autostraße geplant, die in der Nähe des Regolasees vorbeiführen, dann die Hänge oberhalb von Castelfondo (R 109) queren und schließlich in die Straße Castelfondo — Laurein einmünden soll. Damit würde eine direkte Straßenverbindung zwischen den vier deutschsprachigen Nonsberger Dörfern verwirklicht sein.

● **106**   **ST. FELIX,** 1225 m
              (SAN FELICE)

Der Ort liegt in sonniger, aussichtsreicher Lage und bildet mit Unsere Liebe Frau im Walde eine Gemeinde. Als Fraktion hat St. Felix rund 400 Ew., die in weitgestreuten Höfen um das kleine Dorfzentrum wohnen. Der Name St. Felix ist erst seit der Zeit um 1800 gebräuchlich; vorher hieß der Ort Caseid. Die deutsche Besiedlung reicht in das 10. und 11. Jh. zurück. Erwähnenswert ist die Pfarrkirche zum hl. Felix, 1742 erbaut, und die gotische St.-Christoph-Kirche aus dem 16. Jh. Ein lohnenswerter Kurzausflug führt südwestw. in die Schlucht des Novellabachs mit hohen, wenig bekannten Wasserfällen.
Linienbus-Haltestelle an der Gampenpaßstraße; Postamt (PLZ I-39010). Auskünfte durch den Verkehrsverein St. Felix — Unsere Liebe Frau im Walde, Tel. 04 63 / 8 62 02.

● **107**   **TRET,** 1162 m

Erstes vollkommen italienischsprachiges Dorf südl. vom Gampenpaß, heute eine Fraktion der Gemeinde Fondo. Linienbus-Haltestellen an der Gampenpaßstraße und im Ortszentrum. Auch von Tret aus kann man einen interessanten Kurzausflug in die Schlucht des Novellabaches machen.

● **108**   **FONDO,** 988 m

Hauptort des oberen Nonsberges, gleichzeitig ein bedeutender Verkehrsknotenpunkt am Zusammentreffen der SS 42 (Mendelpaßstraße) mit der SS 238 (Gampenpaßstraße). Die Marktgemeinde zählt rund

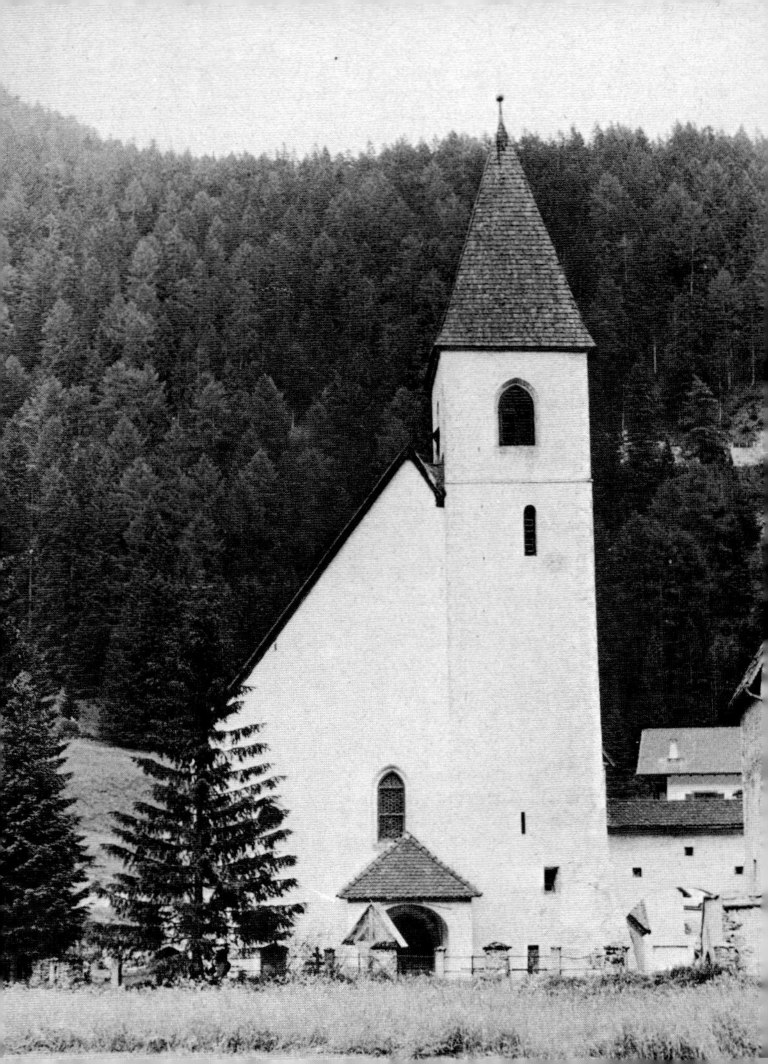

1600 Ew. und liegt in sonnenreicher Lage inmitten von Obstkulturen, an die sich ausgedehnte Nadelwälder anschließen, die die Berghänge hinaufklettern. Durch die hohe Lage von Fondo inmitten einer Landschaft mit Hochplateaucharakter bietet sich von hier ein weiter Ausblick fast über das ganze Nonstal bis zur Brentagruppe im Hintergrund. Die nähere Umrahmung bilden der Mendelkamm, die Laugenspitzen und die Ultener Berge, hier Maddalene genannt.

Fondo, eine schon in frühgeschichtlicher Zeit bestehende Siedlung, wird von einer überbauten Schlucht in zwei Teile getrennt. Diese Erosionsschlucht, Burrone di Fondo genannt, ist 300 m lang, 60 m tief, wird vom Rio di Fondo durchflossen und ist die Attraktion des Ortes. In dieser Schlucht hat man verschiedene archäologische Funde aus der Vorgeschichte und vor allem der Römerzeit gemacht.

Der Ort bietet Unterkunftsmöglichkeiten in einigen Hotels, Pensionen und Privathäusern. Vorhanden sind weiterhin Postamt (PLZ I-38013), Tennisplatz, Banken (Geldwechsel), Ärzte und Apotheke. Bushaltestelle beim Hotel Posta. Auskünfte durch das Verkehrsamt (Pro Loco), Tel. 04 63 / 8 11 80. Alpine Informationen erhält man bei der SAT-Sektion Fondo.

Erwähnenswert ist auch das Haus „Casa Bertagnolli" mit hübschen Fresken von Bartl Dill-Riemenschneider.

Kurzausflüge (Auswahl):

a) Begehung der Erosionsschlucht (Burrone di Fondo).
b) Nordöstl. zum Smeraldosee (im Winter Eislaufplatz); ¼ Std.
c) Nördl. zum Hügelkirchlein Santa Lucia mit prächtiger Aussicht über das Nonstal; 20 Min.

● 109 CASTELFONDO, 948 m

Liegt nordwestl. von Fondo und hat eine Zufahrt, die bei der Ponte Alto von der SS 42 abzweigt. Die Gemeinde hat rund 800 Ew. im Hauptort und den umliegenden Weilern. Sehenswert sind die Pfarrkirche und südl. vom Ort oberhalb der tiefen Schlucht des Rabiolabaches Schloß Castelfondo der Grafen Thun-Hohenstein, im 15. Jh. auf älteren Grundmauern errichtet.

Der Ort bietet einige Unterkunftsmöglichkeiten und verfügt über Postamt (PLZ I-38020) sowie Bank (Geldwechsel). Auskünfte durch den Verschönerungsverein (Pro Loco).

Die Wallfahrtskirche von Unsere Liebe Frau im Walde.

Von Castelfondo führt eine Straße über das Brezer Joch, 1397 m, nach Laurein, einem der vier deutschsprachigen Dörfern im Nonsberg.

- **110**   **LAUREIN,** 1148 m
  (LAUREGNO)

Südtiroler Ortschaft mit knapp 500 Ew., die sich an die Waldhänge des Oberberges lehnt. Den Hintergrund bilden die Proveiser Berge im N und W, die Brentagruppe im S und die Presanellagruppe im SW. Das stille Hochtal des Fischbaches wurde 1095 erstmals erwähnt. Der heutige Dorfname ist relativ jung; noch im letzten Jh. war der Name Laffreng gebräuchlich.

Man kann Laurein von Fondo (R 108), dem Hauptort des oberen Nonsberges, über Castelfondo (R 109) und das Brezer Joch oder von Cles, der größten Gemeinde des Nonstales, über Revò erreichen, wo eine Straße in das Tal des Fischbaches abzweigt, der zu Unrecht meist Pescarabach genannt wird. Im Weiler Schmieden (8 km ab Revò) gabelt sich die Straße, und der rechte Ast führt nach Laurein. Eine direkte Straßenverbindung nach Laurein von Unsere Liebe Frau im Walde (R 105) an der Gampenpaßstraße ist geplant.

Erwähnenswert ist im Ort die um 1500 genannte Pfarrkirche, die im 19. Jh. nach W verlängert wurde. Laurein verfügt über einige wenige Unterkünfte. Raiffeisenkasse (Geldwechsel). Alpine Auskünfte durch die AVS-Sektion Laurein.

- **111**   **PROVEIS,** 1420 m
  (PROVÈS)

Proveis besteht größtenteils aus an den Berghängen verstreut liegenden Gehöften und zählt rund 400 Ew. Man erreicht das Dorf auf der Talstraße, die vom Weiler Schmieden auf langer Strecke dem Fischbach folgt, um dann in einem Bogen zum schon vorher sichtbaren Bergdorf hinüberzuführen. Proveis wurde erstmals 1274 erwähnt. Um die große Armut der Bevölkerung zu lindern, veranlaßte Franz Xaver Mitterer (1824—1899) die Gründung einer Klöppel- und Korbflechterschule. Er war gleichzeitig ein Kämpfer für die Erhaltung der deutschen Sprache. Sehenswert ist die große neugotische Pfarrkirche, 1870 bis 1876 erbaut, mit bemerkenswerten Gemälden. Proveis verfügt über einige wenige Unterkünfte und Postamt (PLZ I-39040).

- **112**   **MALOSCO,** 1041 m

Liegt in unmittelbarer Nachbarschaft von Fondo (R 108) und ist mit diesem praktisch zusammengewachsenen. Der 350 Ew. zählende Ort wird im Sommer wie Winter gern besucht und bietet einige Unterkunftsmöglichkeiten. Auskünfte durch das Verkehrsamt (Pro Loco), I-38013 Malosco, Tel. 04 63 / 8 15 59.

- **113**   **SARNONICO,** 963 m

Ort mit 600 Ew. und einigen Unterkunftsmöglichkeiten; Linienbus-Haltestelle, Postamt (PLZ I-38010). Auskünfte durch das Verkehrsamt (Pro Loco), Tel. 04 63 / 8 20 80. In Sarnonico zweigt die Mendelpaßstraße ab, auf der man ins Überetsch und nach Bozen gelangt.

- **114**   **RONZONE,** 1097 m

6 km westl. unterhalb des Mendelpasses gelegen, rund 400 Ew. Beliebte kleine Sommerfrische und Wintersportplatz im oberen Nonsberg inmitten welliger Mittelgebirgslandschaft unweit der ausgedehnten Wälder. Schwimmbad, Tennisplätze, Postamt (PLZ I-38010). Auskünfte über die Unterkunftsmöglichkeiten durch das Verkehrsamt (Pro Loco), Tel. 04 63 / 8 11 87.

- **115**   **RUFFRÈ,** 1175 m

Letzte Nonsberger Ortschaft vor dem Mendelpaß mit rund 500 Ew., unterhalb der Mendelpaßstraße. Übernachtungsmöglichkeiten in Gasthöfen und Privathäusern. Busverbindung mit Fondo (R 108) und dem Mendelpaß (R 94). Postamt (PLZ I-38010). Auskünfte durch das Verkehrsamt (Pro Loco) Ruffrè — Mendola, Tel. 04 63 / 8 21 27.

- **116**   **CAVARENO,** 973 m

Beliebte Sommerfrische südl. von Sarnonico (R 113) mit rund 900 Ew. auf einer sonnenreichen und waldumgebenen Terrasse im oberen Nonsberg. Erwähnenswert ist die Kirche San Fabiano aus dem 16. Jh. mit einem dreiteiligen, gotischen Altarbild. Postamt (PLZ I-38011), Bank (Geldwechsel), Schwimmbad, Tennisplätze, Arzt und Apotheke. Linienbusverbindungen mit Fondo, dem Mendelpaß und Dermulo — Cles. Unterkünfte verschiedenster Kategorien. Auskünfte durch das Verkehrsbüro (Pro Loco), Tel. 04 63 / 8 12 96.

Ein kleiner Spaziergang führt westl. über den Rio Moscabio und von dort rechts über Seio in 1¼ Std. nach Fondo (R 108).

Cavareno ist auch Ausgangspunkt einer Nebenstraße, auf der man die beiden benachbarten kleinen Bergdörfer Amblar, 980 m, und Don, 971 m, erreichen kann, die ebenfalls einige wenige Unterkünfte bieten.

- **117**   **ROMENO,** 961 m

Gemeinde mit rund 1200 Ew., zu der auch die Ortschaften Malgolo, 818 m, mit gleichnamigen Schloß, und Salter, 962 m, gehören. Zu den

Sehenswürdigkeiten zählen die Pfarrkirche mit schönem Altarbild aus dem 19. Jh. und die kleine Antoniuskirche aus dem 17. Jh. mit freskengeschmückter Fassade. Linienbus-Haltestelle, Postamt (PLZ I-38010), Bank (Geldwechsel) und Tennisplatz. Auskünfte über die Unterkunftsmöglichkeiten durch das Verkehrsamt (Pro Loco), Tel. 0463/85238.

● 118　　　　　　　　SANZENO, 640 m

Gemeinde mit rund 800 Ew., zu der auch die Dörfer Banco und Casez gehören. Im Ort befinden sich Linienbus-Haltestelle, Postamt (PLZ I-38010), Bank (Geldwechsel) und Arzt. Erwähnenswert ist die Wallfahrtskirche der hl. Märtyrer mit einer alten romanischen Kapelle im Inneren. Auskünfte durch den Verkehrsverein (Pro Loco).

● 119　　　　　　　　SAN ROMEDIO, 718 m

Auf einer 3 km langen Nebenstraße, zu Fuß 45 Min., durch eine cañonartige Schlucht von Sanzeno (R 118) zu erreichen. Auch heute noch ist San Romedio der bedeutendste Wallfahrtsort des Trentino. In diesem düsteren Tal hauste im 7. Jh. der hl. Romedius, der aus Thaur (Nordtirol) stammte, mit zwei Gefährten als Einsiedler. Die Gebäude stehen hoch auf einem Felsen und umfassen fünf Kapellen. In der Capella Maggiore befinden sich äußerst interessante Fresken aus dem 8./9. Jh., vermutlich die ältesten des Trentino. Kleines, einfaches Gasthaus mit beschränkter Übernachtungsmöglichkeit.

● 120　　　　　　　　COREDO, 831 m

Immer beliebter werdende Sommerfrische auf einer Terrasse, die herrliche Ausblicke über den Santa-Giustina-See und bis zur Brentagruppe erlaubt.
Rund 1300 Ew.; Postamt (PLZ I-38010), Bank (Geldwechsel), Tennisplätze, Arzt und Apotheke. Man erreicht Coredo auf einer Nebenstraße, die im Straßenverkehrsknotenpunkt Dermulo, 548 m, von der Staatsstraße abzweigt. In Dermulo befindet sich auch der nächste Haltepunkt der Lokalbahn Trient — Cles — Malè. Linienbusverkehr mit Dermulo und den benachbarten Dörfern Smarano und Sfruz. Zahlreiche Unterkunftsmöglichkeiten. Auskünfte durch das Verkehrsamt (Pro Loco), auch für die anderen Ortschaften unterhalb der Predaia-Hochebene, Tel. 0463/36199.
Zu den Sehenwürdigkeiten zählen der Palazzo Nero, das Schloß Coredo (1726 zur heutigen Form umgebaut) und die gut erhaltene Burg Braghè (15. Jh.), ½ Std. südl. Erwähnenswert ist auch die folkloristische Gruppe „Lacchè di Coredo", die mit ihren Tänzen den Hochzeitstag des „Becar" und der „Kellera" wieder aufleben läßt.

Kleinere Ausflüge führen zu den Doppelseen „Lago di Coredo", zum „Lago di Tavon" inmitten des Waldes, 20—25 Min., zum Wallfahrtsort San Romedio (R 119) und zu den benachbarten kleinen Bergdörfern Smarano und Sfruz.

● 121 TRES, 815 m, UND VERVO, 886 m

Zwei kleine Bergdörfer, die miteinander durch eine Straße verbunden sind und aus dem Nonstal auf Nebenstraßen zu erreichen sind, die in Taio, 515 m, Segno, 483 m, bzw. Mollaro, 472 m, abzweigen. In diesen Talorten befinden sich auch die nächsten Haltestellen der Lokalbahn Trient — Cles — Malè. Linienbusverbindungen Mollaro — Vervo und Taio — Tres. Beide Orte liegen unterhalb der Predaia-Hochfläche und sind kleine Sommerfrischen mit bescheidenen Unterkunftsmöglichkeiten. Postämter (PLZ I-38010) in beiden Ortschaften, ebenso Bank (Geldwechsel). Von Vervo führt seit einigen Jahren eine Straße hinauf zur Predaia-Hochebene, die insbesondere für den Wintersport erschlossen wurde und auch von Coredo (R 120) aus erreicht werden kann.

● 122 VIGO D'ANAUNIA (VIGO DI TON), 452 m

Fraktion der Gemeinde Ton mit insgesamt 1300 Ew. Zufahrt auf einer Nebenstraße, die aus der Rocchettaschlucht (Rockental) von der SS 43 abzweigt. Postamt (PLZ I-38010) und Bank (Geldwechsel). Busverbindung mit Mezzolombardo, benachbart mit Mezzocorona (R 104). Informationen über die Unterkünfte durch den Verkehrsverein (Pro Loco). Die Nebenstraße führt von Vigo noch weiter zur Fraktion Toss, über die sich der großartige Adelssitz, Schloß Thun, erhebt. Diese Befestigungsanlage ist eine der am besten erhaltenen Burgen des Trentino und beherrscht das Nonstal von einer Anhöhe oberhalb von Toss.

Für Bergwanderungen und Bergtouren

FÜHRER und KARTEN

aus der

Bergverlag Rudolf Rother GmbH · München

Zu beziehen durch alle Buchhandlungen
Verlangen Sie bitte unverbindlich einen Gesamtprospekt!

III. Hütten und andere wichtige Stützpunkte

Im nachfolgenden Abschnitt sind nur jene Stützpunkte aufgenommen worden, die bei längeren Wanderungen von Bedeutung sind. Jausenstationen unweit der Ortschaften oder in Bergweilern sowie bewirtschaftete Almen sind größtenteils nur im laufenden Text bei der jeweiligen Tourenbeschreibung erwähnt. Die Zugangswege und Touren von den Stützpunkten sind in den nachfolgenden Abschnitten genau beschrieben. So soll dieses Kapitel lediglich eine Übersicht der Stützpunkte geben, um die Tourenplanung zu erleichtern.

1. Sesvennagruppe

● 126   **RESCHENER ALM,** 1980 m

Gemütlicher Almgasthof in einzigartiger Aussichtslage westl. von Reschen oberhalb der Poflwiesen, ein leicht geneigtes, mit Zirben und Lärchen bestandenes Almgelände. Pkw-Zufahrt (9 km) ab Reschen möglich. Bew. Anfang Juli bis Ende September. Zugänge:
a) Von Reschen, 1525 m (R 3), 1¼ Std., s. R 183.
b) Von Reschen, 1525 m (R 3), 2 Std., s. R 182.

● 127   **SCHÖNEBEN-SKIHAUS,** 2100 m

Privates Schutzhaus an der Autostraße St. Valentin — Rojen nördl. des Zehnerkopfes. Bew. Weihnachten bis Ostern, Sommerbewirtschaftung unsicher. 40 B., Tel. 8 31 39. Zugänge:
a) Von Reschen, 1525 m (R 3), 2 Std., s. R 176.
b) Von St. Valentin, 1470 m (R 11), 2 Std., s. R 179.

● 128   **HAIDER ALM,** 2120 m

Berggasthof westl. oberhalb von St. Valentin neben der Bergstation des Gondellifts. Dieser verkehrt im Sommer nur für je 1 Std. am Morgen und am Nachmittag. Bew. zur Sommer- und Wintersaison. 20 B. Zugänge:
a) Von St. Valentin, 1470 m (R 11), 2—2½ Std., s. R 212.
b) Von Burgeis, 1216 m (R 12), 3¾ Std., s. R 216, 217 und 218.

● **129   PLANTAPATSCHHÜTTE**, 2150 m

Gemütlicher Holzbau mit Sonnenterrasse und Selbstbedienungsrestaurant unweit der Bergstation des Watles-Sessellifts. Bew. im Sommer und zur Skisaison. Zugänge:
a) Von St. Valentin, 1470 m (R 11), 3½ Std., s. R 224.
b) Von Burgeis, 1216 m (R 12), 3 Std., s. R 223.
c) Von Prämajur, 1718 m (R 13), 1¼—1½ Std., s. R 233.
d) Von Schlinig, 1726 m (R 14), 1¼ Std., s. R 225.

● **130   SESVENNA-SCHUTZHAUS**, 2256 m

Auch Neue Pforzheimer Hütte genannt. Im Jahre 1981 eröffneter Hüttenneubau der AVS-Sektion Mals im oberen Schliniger Tal unweit der Ruine der ehemaligen Pforzheimer Hütte. Lohnender Stützpunkt für mehrere leichte Bergwanderungen und anspruchsvollere Gipfeltouren. Frühjahrsskigebiet. Bew. Februar bis Ende Oktober. 26 B. in Drei-, Vier- und Fünfbettzimmern, teilweise mit Dusche, sowie 46 M., außerdem immer zugänglicher Winterraum mit sechs Schlafplätzen. Materialseilbahn von der Inneren Schliniger Alm. Post über Helene Pobitzer, Schleis 47, I-39024 Schlinig-Mals. Zugänge:
a) Von Schlinig, 1726 m (R 14), 1½ Std., s. R 230.
b) Von der Bergstation des Watles-Sessellifts, 2143 m, 2¾ Std., s. R 226.
c) Von St. Valentin, 1470 m (R 11), 5¼ Std., s. R 219.
d) Von Burgeis, 1216 m (R 12) über Schlinig, 3½ Std., s. R 227/230.

2. Ötztaler Alpen (ohne Texelgruppe)

● **133   WEISSKUGELHÜTTE**, 2544 m

Kleine Alpenvereinshütte in landschaftlich einzigartiger Lage im hintersten Langtauferer Tal in der Nähe des Langtauferer Ferners. Die Hütte wurde 1893 von der AV-Sektion Frankfurt eingeweiht und ist heute im Besitz der CAI-Sektion Desio. 1936 erhielt die ursprüngliche Holzhütte einen gemauerten Anbau und damit die heutige Größe. Weißseespitze, 3526 m, Langtauferer Spitze, 3529 m, und Weißkugel, 3739 m, sind die lohnenden Ziele von der Hütte aus, bleiben aber geübten Bergsteigern vorbehalten. Bew. Anfang/Mitte Juli bis Mitte September, eventuell auch an Wochenenden von Ostern bis Ende Juni für den Frühjahrsskilauf. Vorherige Anmeldung über das Sporthotel Weißkugel (Tel. 8 31 57). 4 B., 40 M. Zugang:
Von Melag, 1915 m (R 10), 2—2½ Std., s. R 195—197.

● 134 MASSEBEN-SKIHÜTTE, 2270 m

Neuerer Holzbau neben der Bergstation des Sessellifts. Bew. nur zur Skisaison. Zugänge:
a) Von Hinterkirch, 1873 m (R 9), 1 Std. 20 Min.
b) Von Melag, 1915 m (R 10), 3 Std.

● 135 GLIESHOF, 1807 m

Ganzj. bew. Gasthof mit 28 B. Pkw-Zufahrt möglich. Durch die Zerstörung der Höllerhütte im hintersten Matscher Tal einziger Stützpunkt in einem Gebiet, das neben alpinen Hochtouren Ausgangspunkt für einsame Bergwanderungen im inneren Matscher Tal und für lange, beschwerliche und kaum benutzte Übergänge in die Nachbartäler ist. Zugänge:
a) Von Matsch, 1564 m (R 25), 1¾ Std., s. R 248.
b) Von Schluderns, 921 m (R 26), 3¼ Std., s. R 253/248.

● 136 HÖLLERHÜTTE, 2692 m

Stützpunkt für den S-Grat-Anstieg der Weißkugel im inneren Matscher Tal, seit 1945 zerstört. Eine Selbstversorgerhütte oder Biwakschachtel ist seit mehreren Jahren durch die AVS-Sektion Mals geplant, aber noch nicht realisiert worden. Zugang:
Von Matsch, 1564 m (R 25), 4¼ Std., s. R 248/251.

● 137 SCHÖNE-AUSSICHT-HÜTTE, 2860 m

Großes, privates Schutzhaus am Hochjoch im obersten Schnalstal. Durch den Sommerskilauf am Hochjochferner hat die Hütte viel von ihrer früheren Atmosphäre verloren. Eine erste bescheidene Hütte ohne Nächtigungsmöglichkeit wurde bereits 1890 errichtet. Das heutige Schutzhaus ist vom 1. März bis Ende Oktober bew. und bietet 34 B. sowie 20 M. Tel. 87400. Zugänge:
a) Von Kurzras, 2011 m (R 54), 2¼ Std., s. R 383.
b) Von der Bergstation der Schnalstaler Gletscherbahn, 3251 m, 1¼ Std., s. R 384.

● 138 HOTEL GRAWAND, 3251 m

Berghotel bei der Bergstation der Schnalstaler Gletscherbahn. Geöffnet während der Betriebszeiten der Gletscherbahn. 130 B. Tel. 87552. Zugänge:

Föllerkopf (2878 m) mit Spiegelung im kleinen Sesvennasee.

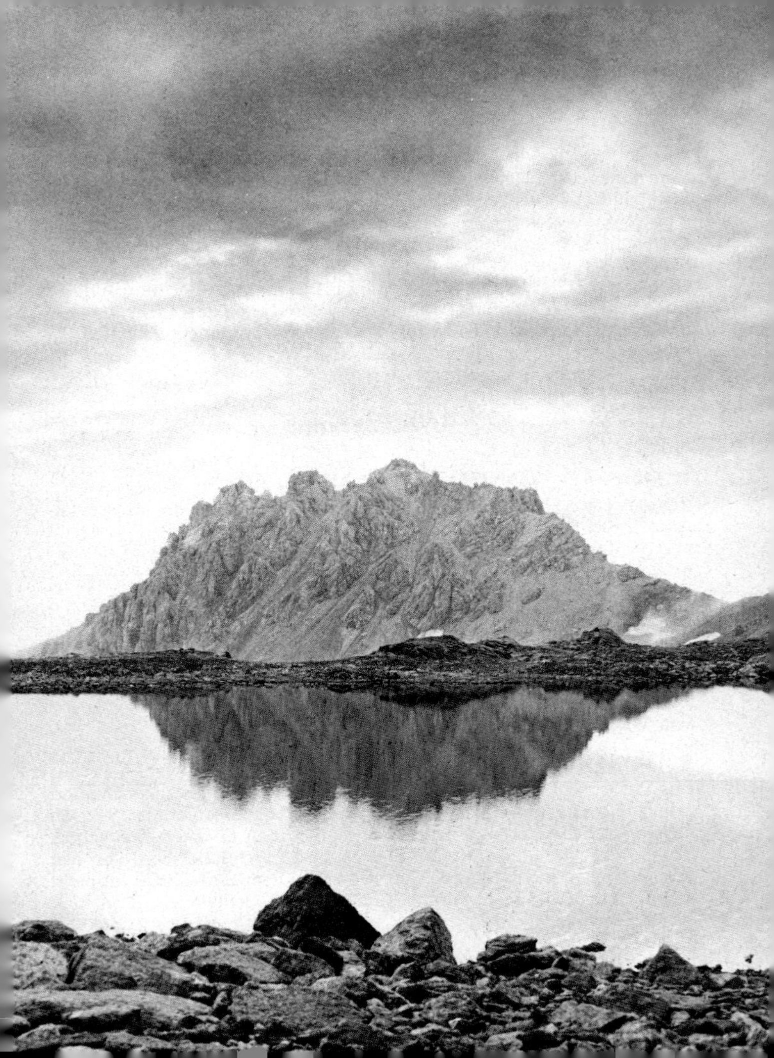

a) Von Kurzras, 2011 m (R 54), mit der Seilbahn.
b) Von Vernagt, 1658 m (R 52), 5 Std., s. R 380.
c) Von der Schöne-Aussicht-Hütte, 2860 m (R 137), 1½ Std., s. R 384.

● 139   SIMILAUNHÜTTE, 3019 m

Eine der höchstgelegenen privaten Schutzhütten im Ostalpengebiet. Das Schutzhaus geht auf einen Bau aus dem Jahre 1896 zurück, der mehrmals erweitert wurde. Sie ist heute vor allen Dingen Stützpunkt bei der Besteigung von Similaun und Finailspitze, aber auch ein lohnendes Ziel für den Bergwanderer, der von hier einen großartigen Einblick in die Gletscherwelt hat. Bew. Anfang März bis Ende Mai und Ende Juni bis Ende September / Anfang Oktober, manchmal auch durchgehend. 44 B. und 20 M. Materialseilbahn für das Gepäck vorhanden. Zugang:
Von Vernagt, 1658 m (R 52), 3 Std., s. R 378.

3. Texelgruppe

● 142   GASTHAUS JÄGERRAST, 1693 m

Privates ganzj. bew. Gasthaus in Vorderkaser am Ende der Pfossental-Autostraße. Einige Betten. Zugänge:
a) Von Karthaus, 1327 m (R 50), 1¾ Std., s. R 370.
b) Von Katharinaberg, 1245 m (R 48), 2½ Std., s. R 371.
c) Von Unser Frau, 1508 m, 5 Std., s. R. 372.

● 143   EISHOF, 2076 m

Ursprünglich ganzj. bewohnt, heute als Gemeinschaftsalm mit Gastwirtschaft betrieben. Bew. Mitte Juni bis Ende September. Einige Betten. Zwischenstation auf dem Weg zum Eisjöchl. Zugang:
Von Vorderkaser, 1693 m (R 369), 1½ Std., s. R 373.

● 144 STETTINER HÜTTE (EISJÖCHLHÜTTE), 2875 m

Das kleine Schutzhaus steht auf der Pfelderer Seite des Eisjöchls und geht auf einen Bau aus dem Jahre 1897 zurück. Die von der Sektion Stettin des DÖAV erbaute Hütte wurde mehrmals erweitert und gehört heute der CAI-Sektion Meran. Der Name Eisjöchlhütte wird von den Einheimischen nicht benutzt. Sie ist oftmals dem Besucherstrom nicht mehr gewachsen. Bew. Anfang Juli bis Mitte September. 10 B. und 22 M. Zugänge:
a) Von Vorderkaser, 1693 m (R 369), 4¼ Std., s. R 373.
b) Von der Lodner Hütte, 2259 m (R 146), 3¼—3¾ Std., s. R 457.

Die Sesvenna-Schutzhütte, 2256 m, im oberen Schliniger Tal. Vorne die verfallene Alte Pforzheimer Hütte. Durch das Hochtal im Hintergrund zieht der Weg zur eindrucksvollen Uianaschlucht, die bereits in der Schweiz liegt.

● **145** **NASSEREITHHÜTTE**, 1523 m

Private Schutzhütte im Zieltal, die Kreuzungspunkt zahlreicher Wege ist. Bew. Mitte Mai bis Ende Oktober. 6 B. und 20 M. Zugänge:
a) Vom Steinerhof, 1442 m (Seilbahn), 20 Min., s. R 446.
b) Von Partschins, 626 m (R 59), 2¼—2½ Std., s. R 447—449.
c) Von Rabland, 525 m (R 57), 2½ Std., s. R 450—452.
d) Von Tabland, 1196 m (R 438), 1 Std., s. R 453.

● **146** **LODNER HÜTTE**, 2259 m

Zentraler Stützpunkt im oberen Zieltal. Eine erste Hütte wurde bereits 1891 von der DÖAV-Sektion Meran erbaut. Später wurde sie total umgebaut und erweitert, heute im Besitz der CAI-Sektion Meran. Bew. Ende Juni bis Ende September. 29 B., 12 M. Zugänge:
a) Von Partschins, 626 m (R 59) über die Nassereithhütte, 4¼—4½ Std., s. R 447—449 und R 455.
b) Von Rabland, 525 m (R 57), 4½ Std., s. R 450—452 und R 455.
c) Vom Steinerhof, 1442 m (Seilbahn), über die Nassereithhütte, 2½ Std., s. R 446 und R 455.

- **147**   **HOCHGANGHAUS**, 1834 m

Steinhaus am Waldrand südöstl. des Tischigat oberhalb von Partschins und Meran. Im Privatbesitz, aber von der AVS-Sektion Meran gepachtet. Bew. Anfang Mai bis Ende Oktober. Tel. 25210. 18 B., 30 M. Zugänge:
a) Von Partschins, 626 m (R 59), 3 Std., s. R 462.
b) Vom Greiterhof, 1327 m (Seilbahn) (R 458), 1¾ Std., s. R 463.
c) Von der Leiteralm, 1528 m (Gondelbahn), 1½ Std., s. R 464.

- **148**   **GUIDO-LAMMER-BIWAKSCHACHTEL**, 2707 m

Befindet sich auf der Milchseescharte zwischen dem oberen Spronser Tal und dem Lazinstal. 1975 von der AVS-Sektion Meran errichtet. Notunterkunft mit 8 M. Zugänge:
a) Vom Hochganghaus, 1834 m (R 147), 2½ Std., s. R 467.
b) Von der Lodner Hütte, 2259 m (R 146), 2¾ Std., s. R 467.

4. Ortlergruppe

- **150**   **OBERE LAASER ALM**, 2047 m

Wieder instand gesetzte Almhütte, die zeitweise von AVS-Mitgliedern der Ortsstelle Laas, die selbst zur Sommerfrische hier sind, ehrenamtlich einfach bew. ist; sonst Selbstversorgerhütte (Schlüssel in Laas). 4 B. und 20 M. Die ebenfalls im oberen Laaser Tal stehende Laaser-Ferner-Hütte ist im Privatbesitz und wird zeitweise an geschlossene Gruppen vermietet. Zugang:
Von Laas, 870 (R 31), 3½—4½ Std., s. R 273.

- **151**   **GASTHAUS HASELHOF**, 1550 m

Bergbauern-Gasthof am Nörderberg. Ganzj. bew., Pkw-Zufahrt möglich. Zugänge:
a) Von Schlanders, 721 m (R 34), 2½—3¾ Std., s. R 297—300.
b) Von Morter, 729 m (R 38), 3½—4 Std., s. R 301.

- **152**   **TARSCHER ALM**, 1940 m

Schnittpunkt mehrerer Wanderwege oberhalb von Latsch. Sesselliftzufahrt oberhalb von Tarsch. Bew. im Sommer und zur Skisaison. Zugänge:
a) Von Tarsch, 854 m (R 40), 2¾—3 Std., s. R 320.
b) Von Latsch, 639 m (R 39), 3¾ Std., s. R 321.

● **153** **MARZONALM**, 1600 m

Große Alm auf der S-Seite des Vinschgaus, Schnittpunkt mehrerer Wanderwege. Bew. Mitte Juni bis Mitte / Ende September. Zugänge:
a) Von Tarsch, 854 m (R 40), 2¾ Std., s. R 336.
b) Von Kastelbell, 600 m (R 41), 3—4 Std., s. R 337—339.
c) Von Tschars, 627 m (R 43), 2¾ Std., s. R 340.
d) Von Staben, 552 m (R 44), 3 Std., s. R 341.

● **154** **NATURNSER ALM**, 1910 m

Große Alm südl. von Naturns am Schnittpunkt mehrerer Wanderwege. Ausgangspunkt des langen Almenweges A, der auf der Tal-S-Seite zahlreiche im Sommer bew. Almen miteinander verbindet. Zwischenstützpunkt bei der Besteigung der Hochwart. Bew. Mitte Mai bis Ende Oktober. Einfache Übernachtung möglich. Zugänge:
a) Von Aschbach, 1340 (R 401), 1½ Std., s. R 407.
b) Von Plaus, 519 m (R 56), 3½ Std., s. R 408.
c) Von Naturns, 554 m (R 55), 3½ Std., s. R 409.
d) Vom Vigiljoch, 1795 m (R 482), 1—1¼ Std., s. R 510 / 511.
e) Vom Ghs. Altbraid im Ultental, 725 m, 4 Std., s. R 512.

● **155** **BERGHOTEL VIGILJOCH**, 1485 m

An der Bergstation der Seilbahn von Lana; Talstation für den Sessellift auf das Vigiljoch. Hotel und Restaurant. Bew. Ende Mai bis Ende Oktober und Weihnachten bis Ende April. 30 B. Auf dem Vigiljoch selbst findet man noch zahlreiche Gasthäuser. Zugänge:
a) Von Marling, 363 m (R 62), 3½ Std., s. R 485.
b) Von Lana, 300 m (R 64), 3 Std., s. R 486.

● **156** **BREITEBEN**, 1950 m

Bergrestaurant an der Liftbergstation des Breitebenliftes, der seine Talstation beim Ghs. Waldschenke, 1500 m, im Kuppelwieser Tal hat. Bew. im Sommer und zur Skisaison im Winter. Zugang:
Von St. Nikolaus, 1264 m (R 78), 2 Std., s. R 536.

● **157** **HÖCHSTER HÜTTE AM GRÜNSEE**, 2561 m

Steht direkt neben dem aufgestauten Stausee und wurde 1958 zunächst für die mit dem Staudammbau beauftragten Arbeiter errichtet. 1976 wurde das Schutzhaus vertragsgemäß an die CAI-Sektion Milano übergeben und dient heute als Ersatz für die ursprüngliche, 1909 von der Sektion Höchst des DÖAV erbaute Hütte, die dem Stausee zum Opfer fiel. Bew. Anfang Juli bis Ende September. 46 B. und 20 M. Nachrichten über das ENEL-Kraftwerk möglich, Tel. 7 91 02. Zugänge:

a) Vom Weißbrunn-Stausee, 1872 m (R 80), 1¾ Std., s. R 543.
b) Von St. Gertraud, 1501 m (R 79), 3½—4¼ Std., s. R 543.

● 158   **HASELGRUBER HÜTTE,** 2425 m
                  (RIFUGIO LAGO CORVO)

Privathütte auf der Trentiner Seite des Rabbijochs. Bew. Anfang Juli bis Mitte September. 20 B., 15 M. Tel. 0463/95175. Zugang:
Von St. Gertraud, 1501 m (R 79), 3 Std., s. R 546.

● 159   **DORIGONIHÜTTE,** 2437 m
                  (RIFUGIO DORIGONI)

1903 erbaut und im Besitz der SAT-Sektion Trient. Liegt im Val di Saènt, einem Seitenast des Rabbitales. Bew. Mitte Juli bis Mitte September. 12 B. und 6 M. Zugänge:
a) Vom Weißbrunn-Stausee, 1872 m (R 80), 4½ Std., s. R 545.
b) Von St. Gertraud, 1501 m (R 79), 6½ Std., s. R 545.

5. Mendelkamm

● 161   **RIFUGIO REGOLE UND**
                  RIFUGIO IL FALCHETTO, 1320 m

Private Gasthäuser östl. von Fondo an den Abhängen des Penegals auf den Regolewiesen. Bew. zur Sommer- und Wintersaison. 22 B. und öffentliches Tel. im Rufugio Il Falchetto. Zugänge:
a) Von Ruffrè, 1175 m (R 115), 1 Std. s. R 922.
b) Von Fondo, 988 m (R 108), 1¼ Std., s. R 929.

● 162   **RIFUGIO PENEGAL UND**
                  HOTEL FACCHIN, 1730 m

Das unmittelbar beim Penegalgipfel stehende Rifugio Penegal ist ein ganzj. bew. Gasthaus. Es gehört zum benachbarten modernen Berghotel Facchin, welches im Juli, August und Winter komfortable Unterkunft in 133 B. bietet. Tel. 0471/910000. Pkw-Zufahrt auf einer privaten Mautstraße möglich, die knapp unterhalb des Mendelpasses auf der Nonsberger Seite abzweigt. Zugänge:

Der Grünsee bei der Höchster Hütte.

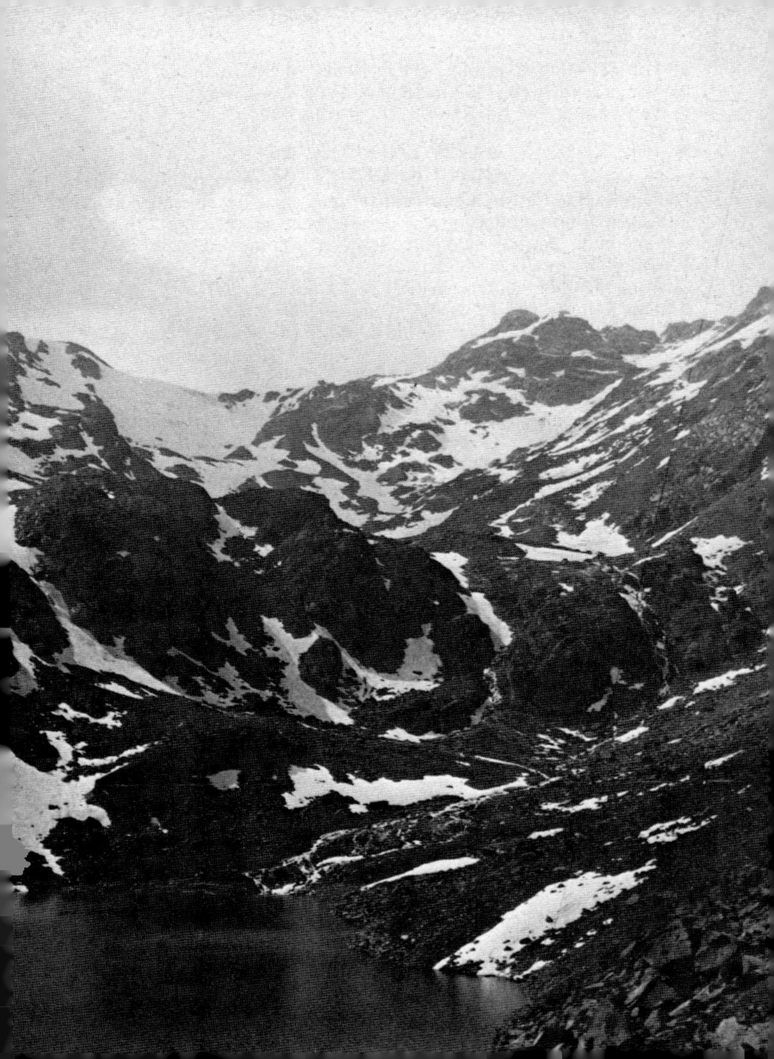

a) Von St. Michael-Eppan, 471 m (R 89), 4 Std., s. R 927.
b) Vom Mendelpaß, 1363 m (R 94), 1¼ Std., s. R 928.
c) Von Fondo, 988 m (R 108), 2½ Std., R 929.

● 163   **HALBWEGHÜTTE**, 1594 m
                   (RIFUGIO DI MEZZAVIA)

Die Halbweghütte ist eine private Jausenstation am oberen Rand einer hübschen Wiesenmulde unweit der Bergstation des Sessselliftes „Golfwiesen" südl. vom Mendelpaß. Bew. im Sommer und zur Skisaison. Pkw-Zufahrt möglich. Zugänge:
a) Vom Mendelpaß, 1363 m (R 94), 1 Std., s. R 931.
b) Von Kaltern, 426 m (R 96), 4 Std., s. R 932.
c) Von Ruffrè, 1175 m (R 115), 1¼ Std., s. R 945.

● 164   **ROÈNALM**, 1773 m
                   (MALGA DI ROMENO)

Privater Almbetrieb mit Gastwirtschaft nördl. des Roèn auf einem hübschen, von Wald umgebenen Almgelände. Bew. im Sommer. Pkw-Zufahrt von Cavareno möglich. 6 B., Tel. 0463/81642. Zugänge:
a) Vom Mendelpaß, 1363 m (R 94), 2 Std., s. R 931.
b) Von Kaltern, 426 m (R 96), 5 Std., s. R 932.
c) Von Tramin, 276 m (R 100), 4½—5 Std., s. R 936/937.
d) Von Coredo, 831 m (R 120), 4½ Std., s. R 942.
e) Von Cavareno, 973 m (R 116), 2½ Std., s. R 944.
f) Von Ruffrè, 1175 m (R 115), 2¼ Std., s. R 945.

● 165   **ÜBERETSCHER HÜTTE**, 1773 m
                   (RIFUGIO OLTREADIGE)

Seltener auch Tscherwa (Rifugio Cerva) genannt. Der hübsche Natursteinbau im oberen Höllental unter den Felswänden des Roèn aus dem Jahre 1912 war einst im Besitz der Sektion Überetsch des DÖAV und gehört heute der CAI-Sektion Bozen. Bew. Anfang Juni bis Mitte/Ende Oktober, außerdem sonntags von Ostern bis Anfang Juni. 17 B. Tel. 0471/82031. Zugänge:
a) Vom Mendelpaß, 1363 m, 2½ Std., s. R 931 und R 933.
b) Von Kaltern, 426 m (R 96), 4½—5 Std., s. R 932 und R 933.
c) Von Tramin, 276 m (R 100), 4—4½ Std., s. R 936/937.
d) Von Kurtatsch, 333 m (R 101), 5—5½ Std., s. R 938 und R 937.
e) Von Coredo, 831 m (R 120), 5 Std., s. R 941 und R 937.
f) Von Sanzeno, 640 m (R 118), 5½ Std., s. R 943 und R 937.
g) Von Cavareno, 973 m (R 116), 3 Std., s. R 944 und R 937.
h) Von Ruffrè, 1175 m (R 115), 2¾ Std., s. R 945 und R 933.

● 166   **RIFUGIO SÓRES,** 1210 m

Ganzj. bew. Gasthaus an der Straße, die über die Predaia-Hochfläche fährt. Übernachtungsmöglichkeit. Tel. 04 63 / 3 81 05. Zugänge:
a) Von Tres, 815 m (R 121), 1½ Std., s. R 940.
b) Von Vervo, 886 m (R 121), 1¼ Std., s. R 939.

● 167   **RIFUGIO PREDAIA,** 1396 m

Hübscher privater Steinbau am S-Ende der Predaia-Hochfläche oberhalb des Steilabfalls ins Val Rodezza. Aussichtsreiche Lage! Pkw-Zufahrt möglich. Bew. im Sommer und zur Skisaison. Übernachtungsmöglichkeit in einigen Betten. Zugänge:
a) Von Tres, 815 m (R 121), 2 Std., s. R 940.
b) Von Vervo, 886 m (R 121), 1¾ Std., s. R 939.

● 168   **MALGA KRAUN,** 1222 m

Auch Schreibweise „Malga Graum" üblich, in den Karten meist als Malga di Mezzocorona genannt. Eine aus mehreren Gebäuden bestehende Alm, von denen ein Haus von der SAT ausgebaut und im Sommer bew. wird. Notfalls auch Nächtigung möglich. Zugänge:
a) Von Margreid, 226 m (R 102), 5 Std., s. R 591.
b) Von Roverè della Luna, 251 m (R 103), 3 Std., s. R 594.
c) Von Mezzocorona, 219 m (R 104), 3¼ Std., s. R 595.

**Für Bergwanderungen und Bergtouren
sind unentbehrliche Begleiter**

**ALPENVEREINSFÜHRER, GEBIETSFÜHRER,
AUSWAHLFÜHRER, WANDERFÜHRER,
SKIFÜHRER und KARTEN**

aus der

Bergverlag Rudolf Rother GmbH · München
Zu beziehen durch alle Buchhandlungen
Verlangen Sie bitte unverbindlich einen Gesamtprospekt!

IV. Wanderungen und Übergänge

1. Oberer Vinschgau

- **171** **PLAMORD**

Wellige Hochfläche mit Almwiesen östl. von Reschen nahe der italienisch-österreichischen Grenze. Die hervorragende schöne Lage rechtfertigt in jeder Hinsicht einen Besuch dieses Aussichtspunktes. Lohnend sind die Ausblicke gegen Nauders im N, über den Reschensee bis zur Ortlergruppe im S und schließlich hinüber zur Sesvennagruppe, die im W die Grenze zwischen Italien und der Schweiz bildet. Plamord liegt unterhalb des W-Grats der zerklüfteten Klopaierspitze, 2917 m, die im Gegensatz zu den Kristallinformationen der Umgebung aus Tonalitgestein besteht. Man kann sie von hier, wie auch die benachbarten Gipfel, nämlich die Bergkastelspitze, 2912 m, und die Plamorder Spitze, 2982 m, weglos und unmarkiert erreichen.

Anstiegswege:

- **172** **Von Reschen,** 1525 m (R 3)
    Auf Weg 1, 1½ Std.

Vom südl. Ortsende auf Weg Nr. 1 ostw. hinauf. Am Wiesengelände unterhalb der Klopaierhöfe wendet sich der Weg nordw., steigt im Wald weiter leicht an und zieht oberhalb von Reschen durch den Hang, wobei man schöne Tiefblicke auf die Ortschaft hat. Nach der langen Querung über Reschen steigt der Weg wieder steiler an, bietet teilweise schöne Aussicht auf Reschen- und Haider See mit der Ortlergruppe im Hintergrund und erreicht nach 1½ Std. die Wiesenböden von Plamord.

- **173** **Von Reschen,** 1525 m (R 3)
    Auf Weg 2/2 A, 1¾ Std.

Von der Staatsstraße gemäß Ausschilderung hinauf zum östl. Ortsrand und auf der dort verlaufenden Straße in nördl. Richtung. Nach Verlassen der Ortschaft trifft man im Wald auf eine Fahrweggabelung, geht hier geradeaus weiter und findet nun den links abzweigenden kurzen Fußweg (Mark. 2) zur Etschquelle, 20 Min. ab Reschen. Der Weg nach Plamord (Bez. 2 A) steigt dagegen in nördl. Richtung weiter an, biegt dann nach O um und macht bei einem Bildstock eine scharfe Rechtskurve, um nun südw. weiterzuführen. Wenige Min. nach dieser Kurve zweigt nach links der bez. Fußweg ab und steigt steil im Wald an, umgeht weiter oberhalb eine sumpfige Wiese mit Aussicht gegen Nauders, führt dann nach links zu einer anderen Wiese, an deren rechtem Rand man entlanggeht (also die dort stehende Heuhütte links liegen läßt) und kommt so südw. hinauf nach Plamord, wo sich noch alte Befestigungsanlagen befinden.

- **174** **Reschen,** 1525 m (R 3) — **Klopaierhöfe** — **Graun,** 1520 m (R 4)
  1 Std.

Wer auf eine gute Mark. verzichten kann, findet in der folgenden Route einen schönen Fußweg nach Graun oberhalb der Staatsstraße. Von Reschen wie unter R 172 ostw. den Berghang hinauf. Dort, wo der Weg scharf nach N abbiegt, nach rechts über das Wiesengelände hinauf zu den Klopaierhöfen, 1639 m, mit Jausenstation. Weiter südw. auf einem schmalen Fahrweg, der in die alte Plamord-Militärstraße einmündet, durch das aussichtsreiche Wiesengelände. Von der Einmündung wenige Min. bis zur nächsten Linkskurve bergauf. Dort zweigt rechts (derzeit kein Schild und keine Mark.) ein schmaler Weg ab, der ohne große Höhenunterschiede durch Wald in Richtung Graun führt. ¼ Std. vor dem Wanderziel kreuzt man einen Fahrweg und findet ab hier alte Markierungszeichen (Nr. 1). Schließlich gelangt man aus dem Wald heraus und steigt hinab ins bereits sichtbare Dorf Graun.

- **175** **Reschen,** 1525 m (R 3) — **Reschensee-Westufer —
  St. Valentin auf der Haide,** 1470 m (R 11)
  2 Std.

Angenehme Wanderung, bei der man einen schönen Blick auf Graun und in den Langtauferer-Tal-Eingang hat. Man verläßt Reschen auf einer zunächst am NW-Ufer verlaufenden Straße, die am charakteristischen „Schlößl", einem nostalgischen Bau der Jahrhundertwende, vorbeiführt und unterhalb des Weilers Froi verläuft, der auf einer abzweigenden Nebenstraße erreichbar ist. Die Uferstraße dagegen verläuft zum Pitzbach und steigt nach seiner Überquerung im Wald in zwei Kurven an. Ein Wiesengelände bietet schöne Aussicht auf Graun am gegenüberliegenden Seeufer mit dem Eingang des Langtauferer Tals. Die Abzw. nach Rojen nicht beachtend, folgt man dem nun immer etwas erhöht über dem Reschensee verlaufenden Fahrweg Nr. 12 südw. Zum Schluß hat man einen Blick auf die Staumauer des Reschensees und erreicht durch die Häusergruppen Kaschon und Mühlhäuser, in denen man noch alte, schindelgedeckte Häuser findet, das Ortszentrum von St. Valentin.

- **176** **Reschen,** 1525 m (R 3) — **Schöneben-Skihaus,** 2100 m (R 127)
  2 Std.

Ein nie unangenehm ansteigender Waldweg führt von Reschen hinauf nach Schöneben mit gleichnamigem Skihaus und mehreren Skiliften. Allerdings ist dieser Weg derzeit nicht gut markiert. Trotzdem wird man sein Ziel nicht verfehlen, wenn man sich an die nachfolgende Beschreibung hält. Zunächst folgt man der Uferstraße entlang des Sees wie unter R 175 bis zum Pitzbach. Nach dessen Überquerung rechts in den Wald, anfangs südw., dann Richtung W. Man passiert das Ende einer Forststraße und kreuzt schließlich die Fahrstraße nach Rojen. Nun befindet man sich auf dem Bergrücken, der das Rojental vom übrigen Vinschgauer Oberland trennt. Diesen Rücken sollte man nie verlassen, auch wenn man einmal den eigentlichen Weg verliert; insbesondere im oberen Wegteil sind nur noch einzelne Markierungsschilder vorhanden. Im übrigen kann man auch ohne Schwierigkeiten den Skipisten folgen. Man erreicht schließlich die Straße St. Valentin — Rojen, an der auch das Schöneben-Skihaus liegt. Benutzt man diesen Weg Nr. 9 im Abstieg, wird man Schwierigkeiten beim Finden des Weganfangs haben und sollte deshalb einfach auf einer der Skipisten dem Bergrücken abwärts folgen.

- **177** **ROJEN,** 1968 m

Winziger, malerisch gelegener Bergweiler, der auf einer 7 km langen Bergstraße von Reschen (R 3) zu erreichen ist, außerdem auf einer weiteren Straße von St. Valentin (R 11) über Schöneben. Da in den Bergweiler nur eine schmale Stichstraße führt, befindet sich ein Parkplatz unterhalb des Dorfes an der Brücke über den Bach. Rojen ist der höchste ganzjährig bewohnte Bergweiler Tirols, lohnendes Bergwanderziel, Ausgangspunkt weiterer Touren in der Sesvennagruppe und seit einigen Jahren Skisportzentrum (mehrere Skilifte in der Umgebung). Der Kirchturm des Ortes, der wohl eine prähistorische Kultstätte gewesen und dessen abgabepflichtige „Schafhöfe" schon 1317 erwähnt wurden, ist der Bezugspunkt für die natürliche „Sonnenuhr" von Zehnerkopf, 2675 m, Elferspitze, 2926 m, und Zwölferkopf, 2783 m. Die im 13. und 14. Jh. erbaute Kirche des Weilers birgt wertvolle, ausgezeichnete Fresken (Meraner Schule) vom Anfang des 15. Jh., auf denen u.a. die Nikolauslegende dargestellt ist. Moderner Gasthof mit Übernachtungsmöglichkeit im Ort.

Im oberen Rojental. Blick gegen Rojen und die Ötztaler Alpen mit der Klopaier Spitze (rechts), 2918 m.

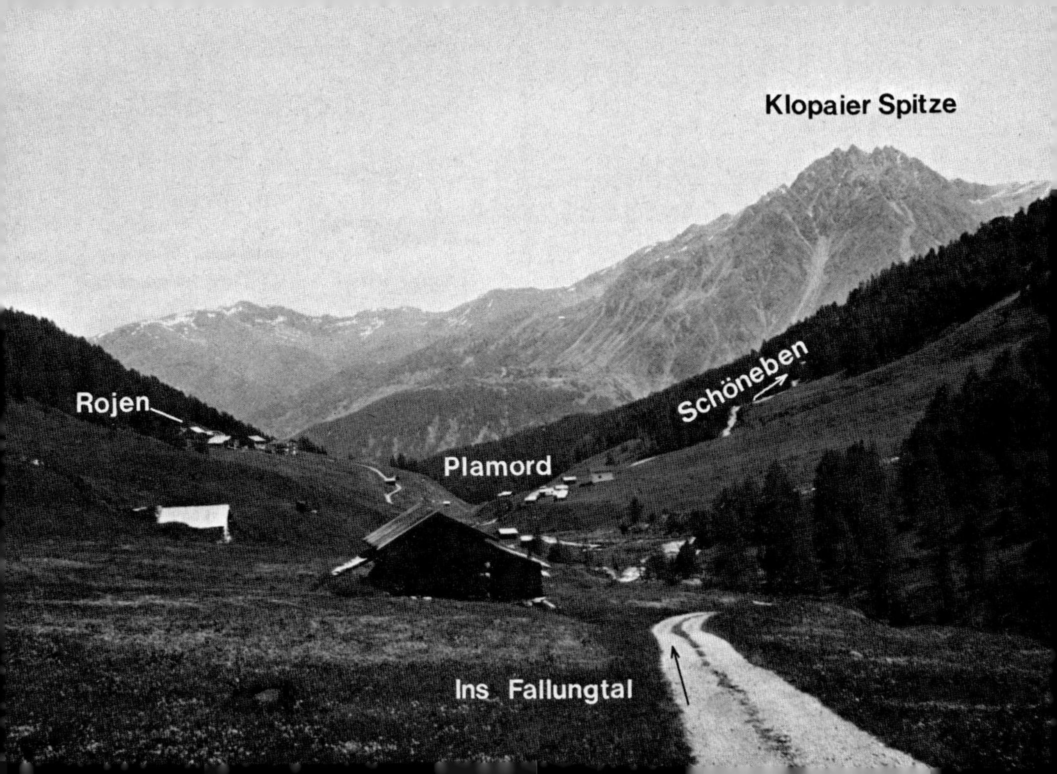
Klopaier Spitze
Rojen
Schöneben
Plamord
Ins Fallungtal

Zugänge:

- **178 Von Reschen,** 1525 m (R 3), **über das Fallierteck**
  2 Std.

Ein von Kreuzwegstationen begleiteter Fahrweg beginnt im nördl. Ortsteil von Reschen und steigt in mehreren sanften Kehren durch offenes Gelände oder Wald, teilweise Bez. 5/6/7 in 1 Std. zu einer Waldkapelle an. Diese Stätte, das Fallierteck, 1750 m, ist ein oft besuchter Wallfahrtsort. In der neugotischen, im vorigen Jh. errichteten Kapelle wird ein angeblich wundertätiges Marienbild aufbewahrt.
Wenig oberhalb der Kapelle zweigen nach rechts die Wege 5 und 7 ab, während unser Weg 6 nach links an den oberen Rand der Pitzbachschlucht verläuft und schöne Blicke in diese und auf die im S liegenden Berge bietet. Schließlich erreicht man im Wald eine Straßengabelung. Hier nicht hinab zum Bach, sondern in der bisherigen Laufrichtung auf dem Fahrweg hinein ins Rojental. Vorbei an einem Einzelgehöft geht es parallel zum Bach weiter taleinwärts, bis man unvermittelt an der Abzw. der kurzen Zufahrt zum höher liegenden Bergweiler Rojen steht, der zuvor nicht sichtbar war. Von der Abzw. nach rechts in Kürze zu den wenigen Häusern hinauf.

- **179 Von St. Valentin,** 1470 m (R 11), **über das Schöneben-Skihaus**
  (R 127)
  2½ Std.

Der alte Wanderweg 11 hat heute nicht mehr seine frühere Bedeutung, da er zur asphaltierten Autostraße ausgebaut wurde. Diese Straße führt vom altertümlichen Ortsteil Mühlhäuser, immer angenehm ansteigend, durch Wald in 2 Std. nach Schöneben, 2100 m, empor. Hierher gelangt man auch von Reschen (s. R 176) oder von der Haider Alm (s. R 218). Folgt man von Schöneben weiter der nun ins Rojental hinabführenden Straße, erreicht man in ½ Std. den Bergweiler Rojen, auf den man zuvor von der Straße aus eine schöne Sicht gehabt hat.

- **180 Rojen,** 1968 m — **Rasasser Scharte,** 2713 m
  3 Std.

Der Bergweiler Rojen (R 177) ist auf den unter R 178 und R 179 beschriebenen Wegen von Reschen (R 3) bzw. St. Valentin (R 11) zu erreichen. Folgt man von der Ortszufahrt dem Fahrweg Richtung Schöneben, erreicht man gleich nach der Abzw. den Parkplatz bei der Rojenbachbrücke, über die die Straße von und nach Schöneben verläuft. Geradeaus führt jedoch ein Traktorweg vorbei an zahlreichen wettergebräunten Holzstadeln in ½ Std. zur Oberen Alm, 2100 m. Hier gabelt sich das Rojental: rechts das Griantal, links das Fallungtal. Unterhalb der Alm bei einer Heuhütte teilen sich auch die mark. Wege. Nach rechts geht Mark. 6 ab, links über den Bach Nr. 6 A, die ins Fallungtal leitet. Dieses vermittelt noch die unverfälschte Atmosphäre eines einsamen Hochgebirgstales. Auch wenn die Bez. auf dem Weiterweg dürftiger wird, wird man den Weg nicht verfehlen können. Der Steig folgt dem rechten Bachufer und zieht am Fuß des Zwölferkopfes hin. Rechts erblickt man den steilen Abhang der Fallungspitze, der mit zahlreichen Alpenrosen bedeckt ist, während im Hintergrund der Schwarze Kopf, 2729 m, und die Rasasspitze, 2941 m, sichtbar werden. Nach etwas weniger als ½ Std. von der Oberen Alm zweigt links die kaum kenntliche Mark. 10 zur Seebödenspitze ab, die man besser von der Haider Alm (R 128) erreichen kann. Setzt man die Wanderung taleinwärts weiter fort, erreicht man schließlich die Rasasser Scharte, 2713 m, über die die Staatsgrenze verläuft. Auf der schweizerischen Seite führt ein Weg bergab in das Uinatal von Uinaschluct, die man aber besser von der Sesvennahütte (R 130) erreicht.

An heißen Sommertagen ist eine Wanderung durch das Fallungtal allerdings nicht zu empfehlen, da der Weg über der Baumgrenze verläuft und der Sonne ausgesetzt ist.

● **181**   **RESCHENER ALM**, 1980 m

Das Almgelände unterhalb vom Piz Lat bietet, wie Plamord (R 171) auf der gegenüberliegenden Talseite, eine wunderschöne Aussicht, insbesondere auf Reschen, den Reschensee und auf die gegenüberliegenden Ötztaler Alpen. Davon lebt auch der neuere Almgasthof Reschener Alm (R 126) der am oberen Rand der Poflwiesen am Fahrweg nach Gravalad liegt und ein äußerst lohnendes Wanderziel ist.

Anstiegswege:

● **182**   **Von Reschen (R 3) über das Fallierteck**
2 Std.

Zunächst wie unter R 178 in 1 Std. zum Fallierteck, 1750 m. Oberhalb der Kapelle zweigen die Bez. 5 und 7 nach rechts vom Weg 6 ab und führen hinauf zu einem Fahrweg, der auch eine Pkw-Zufahrt von Reschen zum Almgasthof ermöglicht. Man erreicht den Fahrweg am oberen Rand einer Wiese, folgt diesem nach rechts in ein kleines Nebental, das im Bogen ausgegangen wird. Dann steigt der Fahrweg nochmals kurz an und führt nach Verlassen des kleinen Tals nordw. eben zur Reschener Alm.

- **183   Von Reschen** (R 3), **Direktanstieg über die Poflwiesen**
  1¼ Std.

Dieser recht kurze Anstiegsweg ist nicht markiert! Man folgt dem unter R 178 beschriebenen Fahrweg zum Fallierteck nur so weit, wie dieser westw. ansteigt, und verläßt ihn an geeigneter Stelle nach rechts. So kommt man über den Stillebach auf die Poflwiesen und steigt — manchmal, insbesondere im oberen Teil, auf Wegspuren — in schräger Linie direkt zum Almgasthof an. Im Abstieg ist dieser Weg leichter zu finden!

- **184   Von Reschen** (R 3)
  Mark. 3, 1¾ Std.

Der Weg 3 zweigt gleich am Beginn des Fahrweges zum Fallierteck von diesem nordw. ab und führt durch das untere Ende der Poflwiesen zum Wald. Leider findet man hier derzeit keinerlei Mark. oder Hinweise. Der Weg steigt angenehm im Wald an, ist aber bedauerlicherweise durch eine neuere Forststraße mehrmals unterbrochen. Man kann auch der neuen Forststraße folgen, benötigt dann aber wesentlich mehr Zeit. Der alte mark. Weg erreicht zusammen mit der Forststraße den Höhenfahrweg Gravalad nördl. der Reschener Alm, so daß man diesem nach links noch etwa 20 Min. folgen muß, um den Almgasthof zu erreichen.

- **185   Reschener Alm**, 1980 m — **Dreiländerecke**, 2179 m
  1 Std.

Die Reschener Alm (R 181), die man auf den unter R 182—184 beschriebenen Wegen von Reschen (R 3) erreicht, eignet sich auch als Ausgangspunkt für einen Abstecher zur Dreiländerecke, 2179 m, am N-Abhang des Piz Lat, mit Blick ins Engadin und Richtung Nauders. Man folgt vom gleichnamigen Almgasthof (R 126) dem nun für den Pkw-Verkehr gesperrten Höhenfahrweg Nr. 4 in nördl. Richtung, passiert nach etwa 20 Min. nacheinander die Abzw. der Mark. 3, einer Forststraße und einer Wendeschleife am ursprünglichen Fahrwegende. Weiter nordw. zur italienisch-österreichischen Grenze an die Stelle, wo der Fahrweg nach S abbiegt. Hier nun vom Fahrweg ab in westl. Richtung zur Dreiländerecke. Für den Rückweg kann man auch von der Stelle, wo man den Fahrweg wieder erreicht, diesem südw. folgen, bis man auf Mark. 5 trifft, die links abwärts zur Reschener Alm führt.

- **186   Graun**, 1520 m (R 4) — **Pedroßsee**, 2602 m
  3½ Std.

Nördl. von Graun erhebt sich der Grauner Berg — dies ist kein Gipfel, sondern der Name für den Bergrücken, der sich bei Graun am Langtau-

Blick über den Reschensee in den Langtauferer Taleingang mit Graun. Rechts im Bild der Jaggl oder Endkopf, im Hintergrund erkennt man die Gletscherwelt um die Weißkugel, 3739 m.

ferer-Tal-Eingang erhebt. Der Grauner Berg ist Ausgangspunkt einer Höhenwanderung, die über die N-Hänge des Langtauferer Tals führt, s. R 188. Man verläßt Graun vom St.-Anna-Kirchlein in nördl. Richtung und hält sich am Waldrand rechts. Anfangs ist der Weg 4 identisch mit Nr. 3, der nach Pedroß führt, s. R 187. Die Mark. 4 zweigt dann aber nach links in das Tal des Falmenarbachs ab und gewinnt hier an Höhe. In rund 2000 m Höhe kann man zwischen zwei Wegvarianten wählen: Nach links geht es in Serpentinen hinauf zum Grauner Berg, 2526 m, und von dort entlang des Bergkammes nordostw. hinüber zum Pedroßsee oder nach rechts über den Falmenarbach, dann hinauf zur Roßbödenalm, 2493 m, weiter nordw. bergan zum begrünten Kamm mit der zuvor beschriebenen Variante. Beide Wege sind ungefähr gleich lang. Auch wenn die Tour in den Wanderkarten als Nr. 4 gekennzeichnet ist, darf man tatsächlich nur mit einer dürftigen Mark. rechnen, was aber kein Nachteil ist, da man sich auf dem offenen Almgelände gut orientieren kann.

- **187** **Graun,** 1520 m (R 4) — **Pedroß,** 1630 m (R 6)
  1 Std.

Gemütliche Wanderung, bei der man etwas von der Atmosphäre des Langtauferer Tales erfassen kann. Wie unter R 186 zum Waldrand empor; von dort folgt man dann ostw. dem Fußweg 3, der oberhalb der Talstraße über Malsau und Raffein, zwei malerisch am nördl. Berghang gelegene Weiler, nach Pedroß führt. Während der Wanderung hat man einen schönen Blick auf den Endkopf (R 685) der auf der gegenüberliegenden Talseite aufragt und durch sein helles dolomitisches Gestein auffällt.

- **188   Langtauferer Höhenweg**
    5—6 Std.

Ein alpiner Höhepunkt, der auf der nördl. Talseite bequem in ständigem, angenehmem und abwechslungsreichem Auf und Ab vom Grauner Berg bis unter das Weißseejoch zieht. Der Höhenweg verläuft über eine Geländestufe mit vielen Bergseen und weiten Almböden unterhalb der Gipfel und Joche eines Seitenkammes der Ötztaler Alpen, über den die Staatsgrenze verläuft.

Reizvoll und interessant ist insbesondere im Frühsommer die Blumenwelt. Großartig sind natürlich immer wieder die Blicke gegen das vergletscherte Weißkugelmassiv.

Der Weg ist insgesamt 14 km lang, voll der Sonne ausgesetzt und hat die Bez. 4. Allerdings ist die Mark., auch die der Anstiegwege, größtenteils dürftig. Größere Orientierungsschwierigkeiten bestehen jedoch nicht. Man beachte, daß der gesamte Wegverlauf keinen bew. Stützpunkt besitzt. Vorteilhaft ist jedoch, daß der Höhenweg häufiger Steige kreuzt, die das Langtauferer Tal mit der österreichischen N-Seite des Kammes verbinden. Somit hat man die Möglichkeit, die Tour nach Lust und Belieben auszudehnen oder abzukürzen.

Der Höhenweg selbst beginnt am Grauner Berg, 2526 m, und folgt von dort der Geländeschulter bis zum Pedroßsee. Weiter in leichtem Auf und Ab zur Einmündung des Weges 11, dann über ein kleines Joch in einem vom Mataunkopf herabziehenden Grat. Nach dessen Überschreitung erreicht man den Weg 9. Der Höhenweg setzt sich über flache Almböden mit mehreren Seeaugen fort. Dann kommt man zu den Schwemm- oder Gschweller Seen mit Weg 8, umwandert den S-Grat der

Im hinteren Langtauferer Tal. Blick auf den Anstiegsweg zur Weißkugelhütte mit dem Langtauferer Ferner.

Langtauferer Ferner

Weißkugel-Hütte

195

Nauderer Hennesieglspitze, erreicht Weg 7 in der Nähe des Kappler Sees, folgt der Nr. 7 etwa 10 Min. abwärts, um dann wieder kurz ansteigend den Roten Schragen zu umrunden. Im letzten Abschnitt gelangt man über einen steilen Abbruch und mehrere kleine Bachläufe zum Weg 1. Er ist in Gegenrichtung unter R 193 beschrieben.

Neben dem bereits unter R 186 beschriebenen Weg ab Graun eignen sich noch folgende Almwege für den An- bzw. Abstieg:

- **189**   **Von Pedroß,** 1630 m (R 6), **oder Kapron,** 1702 m (R 7)
  2½—3 Std.

Von beiden Weilern zum Angerhof und dann auf Nr. 11 durch das Pedroßbachtal hinauf zum Höhenweg, der östl. des Pedroßsees erreicht wird.

- **190**   **Von Pleif,** 1789 m (R 8), **oder Patzin,** 1790 m (R 8)
  2½—3 Std.

Auf den Wegen 9 bzw. 16 zur Patzinalm, 2271 m, und dann durch das Pleifbachtal zum Höhenweg hinauf.

- **191**   **Von Gschwell,** 1820 m (R 8)
  2½—3 Std.

Durch das Gschwellbachtal bergan zu den Schwemm- oder Gschweller Seen bzw. auf den Höhenweg.

- **192**   **Vom Weiler Kappl bei Hinterkirch,** 1873 m (R 9)
  2 Std.

Auf Nr. 7 durch das Tal des Kappler Bachs hinauf zur Äußeren Schafhütte, 2273 m, und zum Höhenweg.

- **193**   **Von Melag,** 1915 m (R 10)
  2 Std.

Auf Weg 1, bez., größtenteils entlang des Melagbachs in Richtung Weißseejoch, bis man in 2540 m Höhe die Abzw. des Höhenweges findet.

- **194**   **WEISSKUGELHÜTTE,** 2544 m

Beliebtes Tourenziel am S-Hang der Weißseespitze. In der Nähe des Langtauferer Ferners gelegen, bietet sie einzigartige Ausblicke auf die zum Greifen nahen Gletscher und vereisten Bergipfel. Nähere Einzelheiten zur Hütte unter R 133.

Zugänge:

- **195 Von Melag,** 1915 m (R 10)
  Mark. 2, 2 Std.

Auf Weg 2 durch den ebenen Talboden nördl. des Karlinbachs bis auf die Höhe der Melager Alm, 1913 m, die — auf der anderen Bachseite liegend — nicht berührt wird, ½ Std. Von der Bachbrücke nun in vielen Serpentinen über den begrasten Hang oder über Geröll hinauf zur Hütte.

- **196 Von Melag,** 1915 m (R 10)
  Mark. 3 A / 3, 2 Std.

Gemäß Mark. 3 A auf der Tal-N-Seite ostw. hinauf zur Inneren Schafberghütte, 2340 m, auf einer flachen Wiesenmulde am Eingang zum Falgintal.
Weiter fast eben unter den steinigen Steilhängen des Schmieds, 3210 m, hindurch, bis man auf Weg 2 trifft, dem man das letzte Stück taleinwärts zur Hütte folgt.

- **197 Von Melag,** 1915 m (R 10)
  Mark. 1 / 3, 2½ Std.

Auf der Nordseite des Tales gemäß Bez. 1 hinauf zu einem steinigen Wiesenboden, 2140 m, mit einem Wegkreuz. Kurz danach rechts abbiegen und der Mark. 3 folgen. Den Melagbach überqueren und anschließend mehr oder weniger weglos über das Rastlegg zur Inneren Schafberghütte, 2340 m, weiter wie unter R 196.

- **198**   **MASSEBEN,** 2270 m

Ski- und Almengelände oberhalb von Hinterkirch-Melag auf der S-Seite des Langtauferer Tals mit der Maßeben-Skihütte (nur Winterbew.), ein hübscher Holzbau neben der Bergstation des Sessellifts, ebenfalls nur mit Winterbetrieb.

Zugänge:

- **199 Von Hinterkirch,** 1873 m (R 9)
  1 Std. 20 Min.

Von der Sessellift-Talstation im Wald hinauf zu einer Straßengabel, weiter in östl. Richtung fast eben zur Maßebenalm, 2089 m, und weiter auf dem unbezeichneten Weg schräg hinauf zum Ski- und Almgelände mit dem Schutzhaus.

- **200 Von Melag,** 1915 m (R 10)
  3 Std.

Wie unter R 195 in ½ Std. von Melag auf Bez. 2 zur Melager Alm, 1913 m; hierher auch auf einem unmark. Fahrweg entlang der Bach-S-Seite von Hinterkirch, 1873 m (R 9), in knapp 1 Std. Die Alm bietet einen schönen Blick zurück nach Melag. Von der Melager Alm führt der gut bez. Weg 5 in vielen Serpentinen anfangs durch Wald, später über offenes Gelände bergauf, wobei insbesondere die Blicke gegen den Langtauferer Ferner eindrucksvoll sind. In etwa 2450 m Höhe trifft man auf den Weg 15 B, der über den terrassenartigen Almboden hinüber zum Skihaus Maßeben zieht. Dabei hat man einen schönen Blick auf die Tal-N-Seite. Bis zur Skihütte benötigt man 2½ Std. ab Melager Alm.

- **201 Hinterkirch,** 1873 m (R 9) — **Kapron,** 1702 m (R 7)
  2¾ Std.

Angenehmer Wanderweg durch Lärchen- und Zirbenwälder auf der Tal-S-Seite. Man benutzt zunächst den unweit der Lift-Talstation beginnenden Serpentinenfahrweg zu Maßebenalm. In 2015 m Höhe, nach ¾ Std. und noch vor der Maßebenalm, kommt man zu einer Fahrweggabelung. Hier nun rechts weiter, anfangs noch auf breitem Waldweg, dann auf schmalem Fußsteig größtenteils eben oder in geringem Auf und Ab in westl. Richtung talauswärts. Der Fußweg mündet schließlich wieder in einen Fahrweg ein, der etwas unterhalb der Kaproner Alm, 1960 m, in den von Kapron heraufkommenden Weg einmündet; 1¼ Std. von der vorherigen Abzw. Nun in nordöstl. Richtung ins Tal hinab, dann westw. zur Häusergruppe Perwag und nach Kapron auf der Tal-N-Seite.

- **202 Kapron,** 1702 m (R 7) — **Ochsenbergalm,** 2152 m
  2 Std.

Dieser nur auf Karten als Nr. 14 bez. Weg geht von Kapron über den Karlinbach auf die Tal-S-Seite, berührt Perwag, 1691 m, verläuft dann zunächst taleinwärts, um dann südwestl. gegen den Rieglbach anzusteigen. Von der Kaproner Alm, 1960 m (schöne Aussicht), nicht links ins Kühtal, sondern rechts auf Almfahrweg zur Ochsenbergalm, 2152 m, wo eine dem Viehschutzheiligen St. Wendelin geweihte Kapelle steht.

- **203 GRAUNER ODER VIVANAALM,** 2173 m

Die Wanderungen zur Grauner Alm, die bei den Einheimischen noch immer als Vivanaalm bekannt ist, führen uns in die Welt der Sage und Legende, die gerade in den einst rätoromanischen Gegenden des Vinschgaus noch lebendig ist. Besonders lohnend ist von der Alm die leichte Besteigung des Endkopfes, 2652 m (R 685).

- **204 Von Graun,** 1520 m (R 4)
  2 Std.

Folgt man für 300 m der Langtauferer-Tal-Straße, erreicht man den rechts abzweigenden Fahrweg 10, der durch den Arluiwald ansteigt, wo einst der ebenso reiche wie stolze Abraham Stägerwalder lebte, der dann auf einer Freiersfahrt in den eisigen Fluten des Reschensees versunken sein soll. Für den ersten Teil der Strecke bietet der Weg 2 eine Variante. Dieser kurze Verbindungsweg zweigt südl. von Graun von der Staatsstraße ab und steigt ostw. zum Fahrweg 10 an. Dieser gewinnt anfangs in mehreren Kehren an Höhe und führt dann südw. zum Eingang des Vivanatales. Man hat hier einen schönen Blick auf Reschen- und Haider See sowie die Ortler- und Sesvennagruppe. Am Eingang des Vivanatales wendet sich der Fahrweg nach links und trifft kurz vor Erreichen der Alm auf die Abzw. des Weges 13, der nach St. Valentin führt.

- **205 Von St. Valentin,** 1470 m (R 11)
  2 ½ Std.

Vom nördl. Ortsende ein kurzes Stück südw. auf dem hier beginnenden Verbindungsweg zum Weiler Dörfl, dann am Waldrand links ab und geradeaus weiter, bis man auf deutliche Markierungszeichen trifft, die an anderer Stelle von dem erwähnten Verbindungsweg abzweigen. Nach links durch lichten Wald auf eine große Almwiese, die in gerader Linie durchquert wird. Hinter einem Gatter zweigt rechts die Mark. 5 ab, die eine kurze Rundwanderung am Schloßberg östl. von St. Valentin ermöglicht. Die Bez. 13 führt nach links durch den Wald, der von Wiesen durchsetzt ist, an den eigentlichen Bergfuß. Hier beginnt ein schmaler Steig, der durch die Krummholzzone — teilweise steil — ansteigt und weiter oben über einen Bergrücken bequemer an Höhe gewinnt. Zwischendurch hat man einen schönen Rückblick auf St. Valentin und den Haider See, bis man in rund 1900 m Höhe auf eine steile Geröllhalde trifft, deren Überquerung äußerste Vorsicht erfordert. Danach durch die Wald- und Felszone unterhalb vom Pleißköpfl zum Eingang des Vivanatales. Kurz vor der Alm trifft der Weg 13 auf den von Graun kommenden Fahrweg, der taleinwärts in Kürze zum Wanderziel führt.

- **206 BERGL,** 2176 m

Höhenpunkt im Kamm, der vom Großhorn gegen St. Valentin zieht und schöne Ausblicke auf das Vinschgauer Oberland ermöglicht.

- **207 Von St. Valentin,** 1470 m (R 11)
  Mark. 6, 2 Std.

Im Wald östl. von St. Valentin beginnt der Weg 6 zusammen mit Nr. 2 rechts des Skilifts und steigt einige Min. in Serpentinen an. Dann zweigt die Bez. 6 nach links ab und folgt nun immer — oftmals weglos, aber markiert — dem Bergrücken im Wald aufwärts. Während des teilweise steilen Anstiegs hat man keinerlei Aussicht; diese hat man erst vom Bergl selbst, das aus dem Wald herausragt.

- **208   Von St. Valentin,** 1470 m, **über Plawenn,** 1725 m
    4 Std.

Am Waldrand östl. von St. Valentin verläuft ein Fahrweg, der vom nördl. Ortsanfang zum Dörfl zieht, das man auch auf einer schmalen Fahrstraße erreichen kann, die am südl. Ortsrand von St. Valentin ihren Ausgangspunkt hat. Gehzeit je nach Ausgangspunkt maximal ½ Std. Vom Dörfl verläuft die Mark. 3 zunächst südw. bis auf die Höhe der Fischerhäuser, zweigt dann links in den Wald ab, quert eine Lichtung mit Überlandleitung, um den bisherigen Weg bald danach rechter Hand zu verlassen. Der mark. Weg läßt sich abkürzen, wenn man vom Dörfl gleich der breiten Waldlichtung mit der Leitung folgt (unmarkiert, aber nicht zu verfehlen!). Von der schon erwähnten, ausgeschilderten Abzw. anfangs auf breitem Waldweg bergan, später auf schmalem Waldsteig durch den wildreichen Talaiwald bis nach Plawenn, 1725 m, 1¾–2 Std. Von Plawenn mit einfacher Jausenstation folgt man einem Fahrweg taleinwärts bis in die Nähe der Plawennalm, hier gemäß Mark. 3 nach links durch lichten Wald bergauf. Über einen Zaun, am Waldrand entlang, wieder am Zaun haltend und ihn erneut überquerend auf den Kamm, der das Plawenntal begrenzt. Nun oberhalb der Baumgrenze durch die Hänge unterhalb vom Großhorn zu einem Sattel, wo man auf Weg 6 trifft, der zum Bergl mit Steinmann führt.

- **209   St. Valentin,** 1470 m (R 11) — **Plawenn,** 1725 m — **Alsack,**
    1540 m — **Planeil,** 1599 m (R 15)
    3½ Std.

Wie unter R 208 in 1¾–2 Std. nach Plawenn, 1725 m, mit einfacher Jausenstation. Von dort folgt man der Autostraße, die in sanftem Abstieg durch die Malser Haide zum Weiler Alsack, 1540 m, führt, ½ Std. ab Plawenn. Dort ist die moderne Marienkapelle mit einem Karl-Plattner-Fresko sehenswert. Vom Karrenweg, der den Berghang linker Hand emporführt, bei einem Hof geradeaus ab und durch ein großes Wiesengelände weiter. Dieser schmale Steig (mit Resten der Mark. 15) führt am Berghang oberhalb von Ulten zur nach Planeil ziehenden Autostraße, die in einer Kurve unweit einer Kapelle erreicht wird. Auf ihr gelangt man ins Dorf Planeil, 1 Std. ab Alsack.

- **210 Haider-See-Rundwanderung**
  1¾ Std.

Eine sehr bequeme Wanderung, die 1¾ Std. dauert. Vom Dorfzentrum westl. über die Etsch zu einer Nebenstraße, die in Richtung zum Weiler Padöll ansteigt, der einen schönen Blick über den Haider See bietet. Nach der kleinen Häusergruppe noch ein Stück geradeaus, dann in der ersten Kurve links auf Pfad Nr. 6 ab und zum Seeufer hinunter. Hierher gelangt man auch, wenn man am nordwestl. Seeufer vom nach Padöll führenden Fahrweg linker Hand anstiegt und einem Fußsteig folgt, der immer direkt am See verläuft. Nach der Vereinigung beider Wege im Wald vorbei an einem Elektrizitätswerk. Bald danach beginnt ein Fahrweg (Bez. 1 und 6), der immer in Uferhöhe südw. führt. Am S-Ende des Sees zweigt rechts ein Fahrweg ins Zerzer Tal ab, während Nr. 1 und 6 weiter in bisheriger Richtung verlaufen. Nach ¾ Std. zweigt beim sogenannten „Verbrannten Haus" nach links ein Fahrweg ab, der zur Staatsstraße führt. Neben ihr in nördl. Richtung bis zur Siedlung Fischerhäuser, wo rechts wieder ein mit 1 bez. Weg über Dörfl zum südl. Ortsende von St. Valentin abzweigt.

- **211 St. Valentin,** 1470 m (R 11) — **Burgeis,** 1216 m (R 12)
  1¾ Std.

Zunächst zum sogenannten „Verbrannten Haus" wie unter R 210, ¾ Std. Von der Abzw. weiter auf dem Fahrweg 6 in südl. Richtung, in den später die vom Fischgaderhof kommende Mark. 5 einmündet. Der Fahrweg geht immer am Waldrand entlang und ist jahrhundertealt, denn es handelt sich um die frühere „Maximiliansstraße", also jene Verbindung durch den Oberen Vinschgau, die Kaiser Maximilian I. Anfang des 16. Jh. hatte ausbauen lassen. Auf dem Weg nach Burgeis passiert man auch einen Brückenpfeiler der Etsch, der Mitte des 18. Jh. errichtet wurde, während die Brücke selbst im Jahre 1855 beim Ausbruch des Haider Sees zerstört wurde. Auf der rechten Seite des Weges liegt auch der sogenannte „Ölberg", Reste einer mit gemalten Palmen verzierten Altarnische im Fels. Schließlich erreicht man, immer leicht absteigend, Burgeis am nördl. Ortseingang.

- **212 St. Valentin,** 1470 m (R 11) — **Haider Alm,** 2120 m
  2—2½ Std.

Bequemer als der nachfolgend beschriebene Wanderweg ist natürlich die Benutzung des Gondellifts, der in 20 Min. zur Alm hinaufführt. Allerdings verkehrt der Lift im Sommer nur für kurze Zeit am Morgen und Nachmittag. Von der Alm selbst hat man einen herrlichen Blick über den Haider See und gegen das Ortlermassiv. Der Wanderweg führt vom Ortszentrum St. Valentin westw. über die Etsch auf einem Güterfahrweg hinauf zum Weiler Plagött, 1627 m. Von dort auf dem nunmehr für den öffentlichen Autoverkehr gesperrten Fahrweg weiter in Serpentinen bergan. Nach 1 Std. Aufstieg zweigt vom Fahrweg nach rechts der manchmal steile Waldweg 7 und 9 ab, der in gerade Linie zur Alm emporführt. Wer es bequemer haben möchte, folgt weiterhin dem ebenfalls bez. Forstweg, der aber weit nach S ausholt, so daß man auf diesem Weg ½ Std. länger benötigt.

● **213**   **BRUGGERALM,** 1941 m

Wanderziel im Zerzer Tal, das am Schnittpunkt verschiedener Wege liegt und deshalb viele Wegkombinationen zuläßt.

● **214   Von St. Valentin,** 1470 m (R 11), **über Plagött**
  Mark. 7, 2 Std.

Vom Ortszentrum westw. über die Etsch bis zur Abzw. des Güterfahrweges zur Haider Alm mit den Bez. 7 und 9, der bis zum Weiler Plagött für den öffentlichen Autoverkehr freigegeben ist. Auf diesem Serpentinenfahrweg passiert man schon bald die erwähnte Höfegruppe mit Gasthaus, 1627 m, die schöne Blicke auf St. Valentin hinunter ermöglicht. Nach 1 Std. Aufstieg zweigt rechts der Abkürzungsweg zur Haider Alm ab, während man zur Bruggeralm weiterhin dem breiten Forstweg folgt. Von diesem zweigt in 1915 m Höhe in einer Kurve nach links die Mark. 7 ab, steigt anfangs noch etwas an und führt über eine schöne Waldlichtung. Bald danach verläßt die Bez. nach rechts den bisherigen Weg und führt als Pfad hinein ins Zerzer Tal. Wenige Min. vor der Alm geht der Pfad in einen breiten Weg über, der geradeaus zur Bruggeralm führt.

● **215   Von St. Valentin,** 1470 m (R 11), **über St. Martin**
  Mark. 1/7, 2 Std.

Wie unter R 210 bis zum S-Ende des Haider Sees. Hier rechts ab und auf dem Güterfahrweg mit dem Mark. 4/7/8 im Wald empor zu einem großen Fischteich. Nun erneut rechts (Bez. 7 und 8), im Wald stärker ansteigend zur aussichtsreich gelegenen St.-Martins-Kapelle, 1786 m, aus dem Jahr 1715. Hier, am Eingang des Zerzer Tales, wendet sich der Fahrweg westw. und führt bald entlang des rauschenden Zerzer Bachs zur Bruggeralm, die auf dem gegenüberliegenden Ufer liegt und über eine Brücke erreichbar ist.

● **216   Von Burgeis,** 1216 m (R 12)
Mark. 3/4, 2½ Std.

Zunächst gemäß Mark. 3 über den Plavinahang in etwas weniger als
½ Std. hinauf zum Bergsee, der dem Weidevieh als Tränke dient. Von
dort geradeaus weiter auf Bez. 4/5/8 durch Wald und Almgelände,
immer angenehm ansteigend bis zu einer Kreuzung mit dem Weg St. Valentin — Plantapatschhütte (R 224). Kurz davor zweigt rechts die Mark.
5 ab, die beim Fischgaderhof, 1588 m, auf den nachfolgend beschriebenen Weg trifft. Hält man sich dort links, erreicht man eine Forststraße,
folgt dieser wenige Meter südw. und nimmt von der Weggabelung den
rechts aufwärts führenden Ast. Die Mark. folgt noch ein Stück diesem
Forstweg und zweigt dann nach links aufwärts ab. Das folgende Wegstück ist teilweise sehr landschaftsschonend angelegt worden und führt
durch schönen Wald in den Eingang des Zerzer Tales und zur Bruggeralm.

- **217 Von Burgeis,** 1216 m (R 12)
  Mark. 5/6/7, 2½ Std.

Wie unter R 211 in Gegenrichtung beschrieben auf der ehemaligen Maximiliansstraße, Bez. 5/6, am Fuß des Berghanges entlang der Etsch in
Richtung N. Schließlich zweigt links die Mark. 5 ab und steigt hinauf
zum Fischgaderhof, 1588 m, rund 1 Std. ab Burgeis. Von dort auf einer
Forststraße, weiterhin nordw., bis zu einem Fischteich, hier links bergan,
an der St.-Martins-Kapelle vorbei ins Zerzer Tal und zur Bruggeralm, s.
auch R 215.

- **218 Höhenweg Bruggeralm,** 1941 m — **Haider Alm,** 2120 m —
  Schöneben, 2100 m
  3½ Std.

Die Bruggeralm ist auf den unter R 214—217 beschriebenen Wegen von
St. Valentin (R 11) bzw. Burgeis (R 12) zu erreichen.
Oberhalb der Bruggeralm zieht ein Güterweg mit der Bez. 7 hinauf,
dem man zunächst folgt. Später links ab und in Serpentinen steil hinauf
zu einem Bergrücken am Eingang zum Zerzer Tal. Von dort zieht ein
schmaler Steig — nun ebener — nordw. zur Haider Alm, 2120 m, erreichbar auch mit dem Gondellift von St. Valentin bzw. auf dem unter
R 212 beschriebenen Fußweg.
Der folgende, 6 km lange Weg nach Schöneben ist ein alter Hirtensteig,
der völlig unschwierig zu begehen ist und großartige Tiefblicke auf den
Reschensee vermittelt. Einzigartig ist natürlich auch der Blick auf die
gegenüberliegenden Ötztaler Alpen mit dem Langtauferer Tal und den
firngekrönten Gipfeln von Weißseespitze und Weißkugel. Der Weg verläuft meistens angenehm im leichten Auf und Ab über schönes Almgelände, auf dem prächtige alte Zirben stehen.

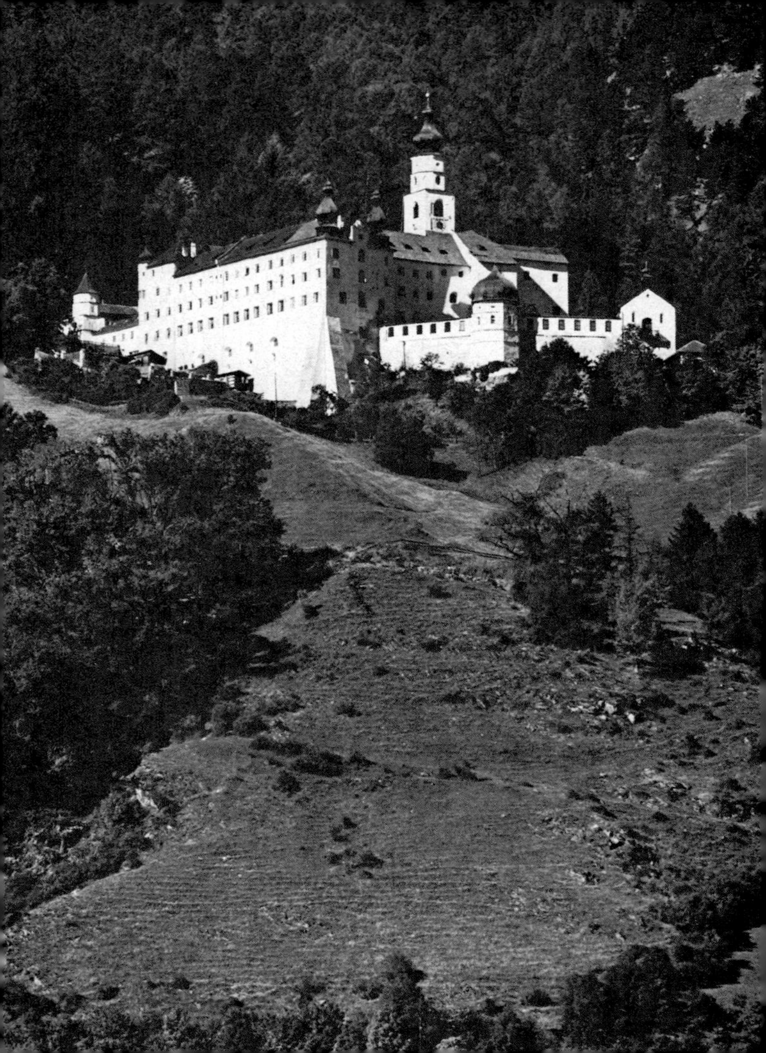

Von der Bergstation des Gondellifts nordw. über einen Bach und auf dem mit Nr. 9 und 14 bez. Weg einen Bergrücken hinauf. Nach ½ Std., man hat die Höhe des Bergrückens erreicht, zweigt links Nr. 9 zur Elferspitze ab. Der Höhenweg 14 führt nun im leichten Auf und Ab über freies Wiesengelände oder durch lichten Wald nordw. und bietet insbesondere einen schönen Blick in den Langtauferer-Tal-Eingang mit Graun. Zum Schluß führt der Weg entlang eines Skiliftes hinab zur Autostraße, auf der man nach links das im Sommer meist nicht bew. Skihaus Schöneben erreicht. Abstiegsmöglichkeiten nach St. Valentin, s. R 179, oder nach Reschen, s. R 176.

- **219   St. Valentin,** 1470 m (R 11) — **Sesvenna- oder Neue Pforzheimer Hütte,** 2256 m (R 130)
  5¼ Std.

Zunächst wie unter R 214 oder R 215 in 2 Std. zur Bruggeralm, 1941 m. Von dort auf dem breiten Fahrweg durch das Almgelände weiter taleinwärts. Wo der Güterweg unterhalb der Oberdörfer Alm nach rechts zum Eingang des Schaftales zieht, links auf dem bez. Karrenweg direkt zur Oberdörfer Alm, 2057 m, hinauf, zu der aber auch der breite Güterweg führt. Hier zweigt auch ein mit Nr. 4 bez. Weg zu den Pfaffenseen und zur Plantapatschhütte ab. Oberhalb der Alm wechselt der Weg 8 verschiedentlich die Bachseite und steigt immer in bisheriger Richtung im Oberdörfer Tal zu einem Wiesensattel, 2338 m, an, der einen Übergang ins Schliniger Tal ermöglicht. Im oberen Teil des Oberdörfer Tales findet man unermeßliche Alpenrosenfelder; erwähnenswert ist auch das reiche Vorkommen des Blauen Enzians im Bereich des Sattels, den man in 1¾ Std. ab Bruggeralm erreicht. Er bietet einen schönen Ausblick auf Teile der Sesvennagruppe und gegen die Ötztaler Alpen. Vom Sattel nach rechts entlang des Berghanges auf einem bez. Pfad zu einer Almhütte, 2325 m. Hier mündet der Weg von der Plantapatschhütte ein. Hoch über der Talsohle nun weiter ins Schliniger Tal hinein, wobei man einen Steinmann passiert. Danach verläuft der schmale Fußsteig durch steile, von Geröll durchsetzte Hochweiden weiter. Nach der Einmündung des ebenfalls mit Nr. 8 bez. Weges von der Rasasspitze nach links etwa 100 Höhenmeter hinab zur Alten Pforzheimer Hütte und von dort in wenigen Minuten zum neuen Schutzhaus; 1½ Std. ab Sattel. Weitere Zugänge zur Hütte s. R 226 und R 230.

Die Benediktinerabtei Marienberg über Burgeis im oberen Vinschgau.

- **220 Burgeis,** 1216 m (R 12) — **Gasthaus Gerstl** — **Prämajur,** 1718 m (R 13)
  1¾ Std.

Der alte Wanderweg 2 hat heute nicht mehr seine ursprüngliche Bedeutung, kürzt aber zumindest anfangs die weit ausholenden Serpentinen der Autostraße ab. Kurz nach dem Ortsende von Burgeis zweigt der mark. Weg rechts von dieser Straße ab, wobei es unerheblich ist, ob man die linke oder rechte Variante zum Kloster Marienberg wählt, da beide Wege schon bald wieder zusammentreffen. Vom Klostereingang nach rechts bergseitig am Kloster vorbei, zu einem Sportplatz hinauf, bald danach über die Autostraße und in gleicher Richtung weiter, bis man unweit vom Ghs. Gerstl erneut auf die Straße trifft. Beim Ghs. Gerstl wieder rechts von der Straße ab und hinter dem Gerstlhof auf Weg 4 bergan zu den Röfenhöfen, die in aussichtsreicher Lage liegen. Von dort immer durch das offene Almgelände auf dem bisherigen Traktorweg bis Prämajur.

- **221 Burgeis,** 1216 m (R 12) — **Bergsee** — **Prämajur,** 1718 m (R 13)
  1¾ Std.

Dieser Weg 3 ist schöner als der zuvor beschriebene (vgl. R 220), da er ganz ohne Autostraßenberührung nach Prämajur führt. Zunächst über den Plavinahang in etwas weniger als ½ Std. zum Bergsee hinauf, der dem Weidevieh als Tränke dient. Von dort noch ein kurzes Stück geradeaus weiter zu einer Wegteilung. Hier links durch das Gatter und in südl. Richtung abwechselnd durch Wald und über Bergweiden hinauf, wobei man im oberen Wegteil von einem großen Wiesengelände, das durchquert werden muß, einen schönen Blick ins Tal hat. Der Weg 3 mündet kurz vor Erreichen der Sessellift-Talstation in den Güterfahrweg zur Plantapatschhütte ein. Auf diesem zum Parkplatz beim Sessellift (schöne Aussicht ins Tal) und auf der Straße in Kürze zum Bergweiler mit Gasthaus.

- **222 PLANTAPATSCHHÜTTE,** 2150 m

Sehr bequem mit dem Watles-Sessellift von Prämajur, 1718 m (R 13), zu erreichen; sie liegt unweit der Bergstation inmitten des Wiesengeländes und ist Kreuzungspunkt zahlreicher mark. Wege.

Anstiege:

- **223 Von Burgeis,** 1216 m (R 12)
  3 Std.

Wie unter R 220 oder R 221 in 1¾ Std. hinauf nach Prämajur, 1718 m

(R 13), bis dorthin auch mit dem Pkw. Direkt bei der Höfegruppe beginnt der alte Wanderweg 4 und führt im Wald hinauf zur Höferalm, 2066 m, wo man auf einen Güterfahrweg trifft, der in einem Bogen zur Sessellift-Bergstation hinaufführt, in deren Nähe die Hütte liegt. Etwas länger dagegen dauert der Aufstieg auf dem ebenfalls mit Nr. 4 bez. Güterfahrweg, der rechts von der Sessellift-Talstation beginnt und in weit ausholenden, bequemen Serpentinen an Höhe gewinnt.

- **224   Von St. Valentin,** 1470 m (R 11)
    3½ Std.

Man benutzt zunächst den unter R 210 beschriebenen Weg bis zum S-Ende des Haider Sees. Dort findet man die Abzw. eines Fahrweges mit den Bez. 4, 7 und 8, der in mehreren Serpentinen im Wald an Höhe gewinnt und sich bei einem großen Fischteich gabelt. Hier gemäß Ausschilderung auf Nr. 4 zum Fischgaderhof und rechts, weiterhin auf dem breiten Forstweg, den Berghang hinauf. So erreicht man die Kreuzung mit Weg 7 (Burgeis — Bruggeralm). Von hier aus hat man dann zwei Möglichkeiten zur Plantapatschhütte:
a) Folgt man dem rechts abzw. Forstweg 7, findet man nach wenigen Metern die Fortsetzung der Mark. 4, die von hier aus immer in südl. Richtung schräg den Berghang zu den Pfaffenseen, 2222 m, ansteigt. Sie liegen unterhalb des Watles, noch im Ötztaler Kristallin, und bieten einen prächtigen Blick auf die gegenüberliegenden Ötztaler Alpen. Folgt man von den beiden Seen südw. der Mark. 4, erreicht man bald über das offene Almgelände die Plantapatschhütte.
b) Nimmt man von der erwähnten Kreuzung den weiterhin geradeaus führenden Forstweg mit rotweißer Bez. ohne Nummer, erreicht man schließlich den Güterweg (Bez. 4) Prämajur — Plantapatschhütte und folgt diesem rechter Hand aufwärts, vorbei an der Höferalm, 2066 m, bis zur Sessellift-Bergstation und der Plantapatschhütte.

- **225   Von Schlinig,** 1726 m (R 14)
    1¼ Std.

Der mark. Weg zieht vom kleinen Bergdorf zunächst talauswärts oberhalb der Autostraße entlang und steigt dann steiler in nördl. Richtung hinauf zur Hütte.

- **226   Höhenweg Plantapatschhütte,** 2150 m (R 129) — **Sesvenna- oder Neue Pforzheimer Hütte,** 2256 m (R 130)
    2¾ Std.

Diese angenehme Höhenwanderung führt nur über offenes Almgelände und ist deshalb an sehr heißen Sommertagen nicht zu empfehlen. Der mit Nr. 8 bez. Weg steigt von der Plantapatschhütte zunächst etwas an und führt dann hoch über der Sohle des Schliniger Tales einwärts. Bei einer Heuhütte, 2325 m, mündet von rechts der Weg aus dem Zerzer Tal ein; weiter wie unter R 219.

- **227 Burgeis,** 1216 m (R 12) — **Schlinig,** 1726 m (R 14)
 2 Std.

Wie unter R 220 zum Ghs. Gerstl. Von dort folgt man immer der Autostraße taleinwärts nach Schlinig (Bez. 2).

- **228 Burgeis,** 1216 m (R 12) — **Ulten,** 1424 m — **Planeil,** 1599 m (R 15)
 1¼ Std.

Bei dieser kurzen Wanderung hinüber zur anderen Talseite bekommt man einen schönen Eindruck vom Reiz der Malser Haide. Ostw. über die Staatsstraße und ständig leicht ansteigend auf einem Fahrweg hinüber zum Dorf Ulten. Von dort auf der nach Planeil führenden Autostraße zunächst südw. zum Eingang des Planeiltales, dann in dieses hinein zum Dorf selbst, dessen Besuch wegen des noch erhaltenen rätoromanischen Charakters lohnenswert ist.

- **229 Burgeis,** 1216 m (R 12) — **Schleis,** 1064 m (R 17) — **Laatsch,** 970 m (R 18)
 1¼ bzw. 2 Std.

Vom Dorfzentrum südw. zur Fürstenburg, weiter auf einem unbez. Weg entlang des Etschufers nach Schleis. Setzt man von dort die Wanderung in südl. Richtung entlang der Etsch fort, kommt man nach 1¼ Std. nach Laatsch. Diese Wanderung läßt sich aber verlängern, wenn man in Schleis den Weg entlang der Etsch verläßt und nach rechts dem Fahrweg 10 folgt, der den Berghang emporsteigt und ins Schliniger Tal führt. Von diesem Fahrweg, der anfangs schöne Blicke zurück auf Schleis bietet, zweigt im Wald der Forstweg 10 B ab, der ebenfalls nach Laatsch führt. Bei Benutzung dieses Weges verlängert sich die Gesamtgehzeit auf 2 Std.

- **230 Schlinig,** 1726 m (R 14) — **Sesvenna- oder Neue Pforzheimer Hütte,** 2256 m (R 130) — **Uinaschlucht** — **Crusch**
 6 Std.

Man folgt zunächst dem bequemen, für den öffentlichen Autoverkehr gesperrten Güterweg 1, der anfangs von 14 realistisch gemalten Kreuzwegstationen begleitet wird. Vorbei an der Äußeren zur Inneren Schliniger Alm, dann auf Fußsteig bis unter einen Felsabsatz, Schwarze Wand genannt, mit kleinem Wasserfall. Hier steigt der Weg in einigen Serpentinen steil an, bis man die Höhe der Schwarzen Wand erreicht hat und das Schutzhaus sichtbar wird. Schöner Blick zurück ins Tal! Vom oberen Rand der Steilstufe noch ¼ Std. leicht ansteigend weiter taleinwärts zur Hütte, 1½ Std. ab Schlinig.

Wirklich lohnend und erlebnisreich ist die Fortsetzung der Wanderung in die Uinaschlucht, die den obersten Teil des Schweizer Val d'Uina bildet. Man setzt von der Hütte den Weg gegen die Schweizer Grenze fort, kommt über das 2311 m hohe Schliniger Joch und erreicht wenig später die tiefer verlaufende Grenze und die tiefe Klamm des Uinabachs, an deren rechter, steiler Wand ein in den Felsen gehauener Weg abwärts führt. Entweder die Schlucht durchqueren und wieder zurück, wobei der Rückweg eindrucksvoller ist, da sich auf diesem Weg die Felsen nach und nach immer näher und drohender zusammenschieben, was die Tour zu einem abenteuerlichen Erlebnis macht, oder Abstieg durch das ganze Uinatal nach Crusch im Unterengadin, von wo eine (allerdings umständliche) Rückkehr mit Linienbussen möglich ist. Schließlich könnte man auch von der Uinaschlucht zur Rasasser Scharte, 2713 m, aufsteigen und von dort durch das Fallungtal Rojen erreichen (s. R 180).

- **231 Schlinig,** 1726 m (R 14) — **Schleiser Alm,** 2076 m
  3 Std.

Etwas außerhalb des Ortes zweigt von der Talstraße ein Fahrweg ab, der zu den verschiedenen tiefer liegenden Höfen führt. Auf diesem Weg 10 bis auf die Höhe des Zurauhofes, der auf einem rechts abzweigenden Weg unter Überquerung des Metzbachs erreicht wird. Ein kurzes Stück auf der rechten Bachseite entlang, dann hinüber zum anderen Ufer und weiter talauswärts. Vor der ehemaligen Klostersäge (jetzt Jagdhaus) wieder nach rechts über den Bach und im Wald weiter. 5 Min. hinter dem Jagdhaus trifft man auf den breiten Güterweg 11, der durch das sagenumwobene Arundatal zur Schleiser Alm ansteigt.

- **232 Mals,** 1050 m (R 12) — **Planeil,** 1599 m (R 15) — **Planeiler Alm,** 2203 m
  4 Std.

Vom Malser Hauptplatz in nördl. Richtung zum Ortsrand. Bei der Vierzehn-Nothelfer-Kapelle beginnt eine Autostraße, die entlang des Punibachs am Fuß der Spitzigen Lun in Richtung O zieht. Dort, wo der Punibach ostw. ins Planeiltal abbiegt, muß man auch die Autostraße verlassen, die über Ulten (1¾ Std. ab Mals) nach Planeil führt. Man kann auf beiden Bachseiten nach Planeil aufsteigen. Beide Wege sind gut begehbar und unmarkiert, wenngleich der auf der rechten Seite des

Baches aufwärts führende Weg, dessen Abzw. von der Autostraße auch ausgeschildert ist, in den Karten als Nr. 15 bez. wird. Das Dorf Planeil, 2 Std. von Mals, wird erst kurz vor seinem Erreichen sichtbar.
Der Weiterweg ins Planeiltal führt in eine Gegend, die vom Massentourismus noch völlig unberührt ist. Gerade deshalb schätzen Kenner die noch unverfälschte Atmosphäre dieses Tales, das gegen den Weißkugelkamm vordringt. Die Dreitausender, die das Tal begrenzen (Portlesspitze, 3071 m, Valvell, 3360 m, Rabenkopf, 3391 m, Falbnairspitze, 3200 m, und Danzebell, 3145 m) sind alle relativ unschwierig auf nicht bez. langen Wegen erreichbar. Für den normalen Bergwanderer ist der Talweg 6 dagegen lohnend und ungefährlich. Er führt im Wiesengrund durch das immer enger werdende Tal zur verfallenen Petesetteshütte. Dort verläßt man den Talboden und folgt dem unbez. Güterfahrweg am nördl. Berghang hinauf talauswärts zur Planeiler Alm, 2203 m; 2 Std. ab Planeil. Sie bietet eine wunderschöne Aussicht, u.a. hinüber zur Spitzigen Lun.
Will man nicht auf dem gleichen Weg zurückkehren, benutzt man einen unmark. Almsteig, der direkt, zunächst sanft, dann stärker abfallend hinab nach Planeil führt. Gesamtdauer der Rundwanderung ab Planeil 3¼ Std.

- **233** **Mals,** 1050 m (R 12) — **Planeil,** 1599 m (R 15) — **Planeilscharte,** 3070 m — **Melag,** 1915 m (R 10)
  8½ Std. (!)

Wie unter R 231 in 2 Std. nach Planeil, 1599 m (R 15), und weiter ins Planeiltal hinein zur verfallenen Petesetteshütte. Weiter im Talboden auf Nr. 6 zur ebenfalls zerstörten Knottberghütte, 2037 m; 1¾ Std. ab Planeil. Vorbei an den Hinterberghütten erreicht man den Talhintergrund und steigt über Geröll hinauf zur Planeilscharte, 3070 m, zwischen Rotebenkopf, 3157 m, und Rotem Kopf, 3244 m. Sie ermöglicht einen Übergang aus dem Planeiltal ins Langtauferer Tal.
Bis zur Scharte benötigt man 4 Std. ab Planeil. Jenseits entweder links auf alter Mark. unter den Felsen des Rotebenkopfes hinab und am Rand des Langgrubferners tiefer oder direkt über den spaltenlosen Gletscher gerade hinab. Man erreicht einen Geröllkessel, ca. 2750 m, und steigt von hier auf gutem alten, mark. Alpinisteig hinab. Später zweigt der Weg 15 B nach links zur Maßebenalm ab (s. R 200). Man erreicht schließlich bei teilweise schöner Sicht gegen den Langtauferer Ferner die Melager Alm und kommt dort talauswärts zum Weiler Melag, 1915 m, 2½ Std. ab Planeilscharte.
Der untere Wegabschnitt ist in umgekehrter Richtung unter R 200 beschrieben.

Oberer Vinschgau: Blick nach Mals am Fuß des Ausläufers von der Spitzigen Lun. Vorn Glurns, das „Rothenburg Südtirols" mit mittelalterlichem Ortsbild.

- **234** **Mals,** 1050 m (R 12) — **Muntatschinig,** 1387 m — **Gemassen,** 1607 m
  2 Std.

Diese Wanderung verläuft am Vinschgauer Sonnenberg, einem meist kahlen, nach S ausgerichteten Hang, der bei Mals beginnt, und ist deshalb nicht an heißen Sommertagen zu empfehlen. Am oberen Ortsende von Mals beginnt der Weg 14, der schon bald den Waalweg 17 kreuzt und dann in angenehmem Anstieg bei weiten Ausblicken, vor allem ins Münstertal und gegen Lichtenberg — Prad, den Berghang hinaufführt. Nach Überquerung des zweiten Bachs teilt sich der Weg: links auf Nr. 18 zum Weiler Muntatschinig; 1 Std. ab Mals. Von dort führt ein Fahrweg in ¾ Std. weiter hinauf nach Gemassen, 1607 m, das von Nadelwäldern umgeben ist und sehr aussichtsreich liegt.

Falls man nicht auf dem gleichen Weg zurückkehren will, setzt man den Weg auf Bez. 18 fort, um weitere 200 Höhenmeter anzusteigen. Die Mark. führt dann eben durch Wald hinüber zum Weg 12, der von der Spitzigen Lun kommt. Man erreicht ihn auf einem großen Wiesengelände und folgt ihm abwärts nach Mals (s. R 713). Gesamtdauer der Rundwanderung 4 Std.

- **235 Mals,** 1050 m (R 12) — **Matsch,** 1564 m (R 25)
  2 Std.

Diese Wanderung verläuft ebenfalls am Vinschgauer Sonnenberg und ist im ersten Teil identisch mit R 234. Bei der Wegteilung nach der zweiten Bachüberquerung bleibt man rechts auf Nr. 14 und trifft später auf die von Tartsch heraufkommende Autostraße, bei einer Kurve, an der auch die Fahrstraße nach Muntatschinig abzweigt. Weiter auf der wenig befahrenen Autostraße ins Matscher Tal bis zum Dorf Matsch.

- **236 Mals,** 1050 m (R 12) — **Schluderns,** 921 m (R 26)
  2 Std.

Diese Wandertour folgt dem Leitenwaal und ist sehr bequem. Zunächst vom oberen Malser Ortsrand auf Nr. 14 über den Waalweg 17 hinauf, der nach rechts durch den Berghang oberhalb von Tartsch zieht, die Matscher Autostraße kreuzt und schließlich auf Weg 18 trifft, dem man über den Kalvarienberg abwärts nach Schluderns folgt.

- **237 Mals,** 1050 m (R 12) — **Schleis,** 1064 m (R 17) — **Schlinig,** 1726 m (R 14)
  2½ Std.

Man folgt zunächst der Autostraße zum benachbarten Dorf Schleis. Nach der Etschüberquerung benutzt man den Fahrweg 10, der am Berghang vorbei an der Martinskapelle im Wald an Höhe gewinnt und unter dem Polsterhof vorbei ins Schliniger Tal führt. Von diesem Weg hat man anfangs schöne Rückblicke in den Talboden und folgt ihm immer taleinwärts. Dort, wo der Güterweg 11 links ins Arundatal abzweigt, rechts hinab zur ehemaligen Klostersäge (Jagdhaus), wo man den Metzbach überquert, weiter wie unter R 230 in Gegenrichtung beschrieben.

- **238 Mals,** 1050 m (R 12) — **Schleiser Alm,** 2076 m
  4 Std.

Wie zuvor unter R 236 nach Schleis, 1064 m, und weiter auf Fahrweg 10. Nach der Abzw. der Zufahrt zum Polsterhof passiert man einen Bildstock und findet bald danach einen links abzweigenden unmark. Traktorweg, dem man folgt. Dieser Weg führt zum Alpbach, an ihm entlang, und mündet dann in den breiten Güterweg 11 ein, der durch das einsame Arundatal zur Schleiser Alm führt.

- **239 Rundwanderung um Taufers,** 1260 m (R 19)
  3¼ Std.

Auf dieser Rundtour berührt man die Burguinen Reichenberg und Rotund, die Calvenbrücke sowie die Weiler Rifair und Puntweil.

Das Matscher Tal zweigt bei Schluderns vom Vinschgau (Etschtal) ab. Auf dem Bild das Dorf Matsch mit dem Ortler (Bildmitte) im Hintergrund.

Vom Tauferer Ortszentrum auf einer Nebenstraße hinauf zur höher gelegenen Pfarrkirche St. Blasius mit gotischem Turm und barockem Inneren. Unterhalb der Kirche hindurch auf einem Fahrweg ostw. zum Tellabach. Nach seiner Überschreitung teilen sich die Wege. Folgt man geradeaus dem Waalweg, trifft man später auf dem Unteraunaboden wieder auf den nachfolgend beschriebenen Weg und kommt nach 1¼ Std. zur Calvenbrücke. Von der Wegteilung links jedoch auf schmalem Serpentinensteig hinauf zur Ruine Reichenberg, 1350 m. Von ihr führt ein Weg taleinwärts zum Tellabach und zum Bachhof, wo man auf den breiten Schloßweg trifft, der rechter Hand zum Schloßhof und zur Ruine Rotund emporführt; ¾ Std. ab Taufers. Alternativ kann man ab Pfarrkirche auch links (oberhalb) von dieser dem breiten Fahrweg am Waldrand aufwärts folgen. Dieser gabelt sich später, und man folgt dem rechten Ast zum Bachhof und hinauf zur Ruine Rotund.

Nach Verlassen des Schloßhofes führt nach links der sogenannte Eselsweg (Nr. 6 A) in ein Wiesental, von dem man schöne Rückblicke auf das Schloß hat. Zunächst geht er als breiter, ebener Weg den Hang entlang und wird später ein schmaler, aber guter Steig. Etwa 20 Min. ab Schloß Rotund senkt sich der Weg in eine weite Talmulde, von deren Mitte man ins Tal bis zu den obersten Äckern hinabsteigt (mangelhafte Mark. bis zum Unteraunaboden!). Hier trifft man auf die anfangs erwähnte Variante und kommt nach links, anfangs weglos, durch Wald und Wiesen hinab zur Talstraße; ¾ Std. ab Rotund. Nun entweder auf dieser oder weglos, aber mark., auf der gegenüberliegenden Straßenseite weiter. So kommt man zwischen Talstraße und Rambach talwärts in ¼ Std. zur Calvenbrücke, 1¾ Std. ab Taufers. Wir befinden uns hier auf historischem Boden an der Stelle, wo die österreichischen, von Ulrich von Habsburg befehligten Truppen im Jahre 1499 eine vernichtende Niederlage durch die Engadiner erlitten. Von hier aus kann man auf der nach Mals führenden Nebenstraße in 25 Min. das Dorf Laatsch, 970 m (R 18) am Eingang des Tauferer Tals erreichen.

Von der Calvenbrücke entlang am rechten Ufer des Rambachs auf einem teilweise mark. Weg, von dem nach einigen Min. links ein Waldweg nach Glurns abzweigt, wenig ansteigend taleinwärts durch schönen Lärchenwald. Abwechslungsreich wird dieser angenehme Wanderweg durch die verschiedenen Bäche, die linker Hand über die steilen Hänge des Chavalatschkammes herabkommen. Schließlich erreicht man eine Lichtung mit Aussicht gegen Taufers mit den darüberliegenden Burgruinen und dem Weiler Rifair; ¾ Std. ab Calvenbrücke.

Von Rifair kann man die Wanderung abkürzen, indem man nach rechts den Rambach überquert und vom St.-Valentins-Kirchlein westl. auf einem Weg 10 zur Talstraße hinaufsteigt, auf der man links vorbei am alten Gotteshaus St. Johann (13. Jh.) in 5 Min. ins Dorfzentrum gelangt. Diesseits des Rambachs führt der mark. Weg jedoch zur schönen Wiese Maleditsches, von der man auch einen Einblick in das Bewässerungssystem der Waale bekommt. In 25 Min. von Rifair erreicht man die Höfe von Puntweil, 1200 m, direkt an der Schweizer Grenze. Ein Fahrweg führt in wenigen Min. nordw. zur Talstraße; auf ihr in 10 Min. nach rechts ins Dorfzentrum, das man in 1½ Std. ab Calvenbrücke erreicht.

- **240 Taufers,** 1260 m (R 19) **— Puntweil — Rifairalm,** 2146 m 3 Std.

Vom Ortszentrum auf der Talstraße in Richtung Grenze. Kurz vor dieser zweigt links der Zufahrtsweg zur kleinen Häusergruppe Puntweil ab. Nach Überschreitung des Rambaches findet man den Beginn des mark. Weges, der nahe der Grenze in zahlreichen Kehren durch Wald an Höhe gewinnt und schließlich ostw. über Wiesengelände zur Rifairalm führt.

- **241 Taufers,** 1260 m (R 19) **— Rifair — Rifairalm,** 2146 m 3 Std.

Auf der Staatsstraße ein kurzes Stück talauswärts, dann nach rechts ab zum Weiler Rifair. Nach Überschreitung des Rambaches nach rechts, bis man etwa 5 Min. nach den letzten Häusern die Abzw. des Weges zur Rifairalm findet. Der Weg führt steil auf der anderen Seite des kleinen Seitentals empor, das auch der zuvor unter R 240 beschriebene Weg benutzt, und erreicht schließlich die Rifairalm in der gleichen Zeit. Beide Wege ergeben eine hübsche Rundwanderung.

● **242** **MITTERALM,** 2024 m

Große und bedeutende Alm im Avignatal, einem Seitenarm des Münstertales. Das Tal zeichnet sich durch reiche Flora und einen guten Wildbestand aus. Die Alm ist offiziell nicht bew.; man erhält jedoch auf Wunsch Getränke (Milch, Wein).

Anstiegswege:

● **243** **Von Taufers,** 1260 m (R 19)
Talweg 1, 2½ Std.

Vom Ortszentrum westw. auf dem Fahrweg 1 zum Eingang des Avignatales. Dort wendet sich der Fahrweg nach N und zieht ins Tal hinein. In rund 1600 m Höhe findet man einen Parkplatz (ab hier Fahrverbot), wechselt auf die andere Bachseite und steigt durch Almwiesen hinauf zur bereits sichtbaren großen Manglitzer Alm, 1836 m; 2 Std. ab Taufers. Der Wald bleibt nun immer weiter zurück, und man kommt auf dem Talweg in ½ Std. zur Mitteralm. Man kann dem, allerdings nicht starken, Autoverkehr auf dem Talfahrweg anfangs ausweichen, wenn man von diesem bei einer Wassermühle links abzweigt und dem Fußweg taleinwärts folgt. Man trifft dann oberhalb des Parkplatzes auf den Hauptweg.

● **244** **Von Taufers,** 1260 m (R 19), **über Tabladé**
3 Std.

Wenig außerhalb von Taufers zweigt vom Fahrweg 1 rechts die Mark. 2 ab und führt am Waldrand entlang zu den Böden. Schon vorher zweigt links der kurze Verbindungsweg 2 A zum Avignatal ab. Im Hintergrund dieses Nebentales, auch Bärenloch genannt, teilen sich auf den sogenannten Böden die Wege. Halb links im Wald auf Bez. 2 im Wald aufwärts, dann am Hang des Nebentals ebener aufwärts, bis man den Kamm erreicht, der dieses Nebental vom Avignatal trennt. Diesen Punkt nennt man Valstira, 1670 m; 1 Std. ab Taufers. Von hier führt der schmale Steig 2 C steil durch Wiesengelände und Wald hinab in den Eingang des Avignatales zum Fahrweg 1. Die Mark. 2 folgt von Valstira nun immer dem Verlauf des Kammes und führt, teils anstrengend, hinauf zum Aussichtspunkt Tabladé, 2135 m. Hier wird der vom Guardeskopf abfallende Seitenkamm verlassen, und der Weg führt wenig abfallend hinein ins Avignatal zur Mitteralm, die man in insgesamt 3 Std. ab Taufers erreicht.

- **245 Von Taufers,** 1260 m (R 19), **über die Stierberghütte,** 2176 m
  5 Std.

Reizvoll ist auch dieser Weg über die Stierberghütte zur Mitteralm. Wie unter R 242 in den Eingang des Avignatales. Hier zweigt nach etwa 1 Std. Gehzeit bei der Mündung des Urtiolabachs in den Talbach der Weg 3 ab und führt steil durch Wald und Matten hinauf zur Stierberghütte, 2176 m; 3 Std. ab Taufers. Von dort auf Bez. 4 in leichtem Auf und Ab weiter taleinwärts zur Starlexhütte, 2169 m, unterhalb des kahlen, aber interessant geformten Piz Starlex. Die gleiche Mark. führt von dort hinab ins Tal und trifft wenig oberhalb der Manglitzer Alm auf den Güterweg 1, auf dem man taleinwärts die Mitteralm erreicht.

- **246 Taufers,** 1260 m (R 19) — **Mitteralm,** 2024 m (R 241) — **Scharljöchl,** 2296 m
  3½ Std.

Wie unter R 243 in 2½ Std. zur Mitteralm. Von dort auf dem Talweg 1 über die weiten Almböden weiter einwärts. Nach etwa 20 Min. passiert man die kleine Pravierter Hütte mit dem fast verlandeten gleichnamigen See. Noch ein Stück fast eben einwärts bis zu einem Bergriegel. Hier nun rechts hinauf zum Scharljöchl, 2296 m, seltener auch Cruschetta genannt. Man erreicht es von der Mitteralm in 1 Std. Das Scharljöchl stellte einst einen wichtigen Übergang zwischen dem Avignatal und dem schweizerischen Val Scharl (St. Karl) dar, denn sowohl die Tiroler Landesherren als auch der Bischof von Chur machten sich den Besitz der offensichtlich einträglichen Bergwerke von Scharl streitig. Man kann vom Scharljöchl in 2 Std. ins hübsche schweizerische Dorf Scharl absteigen.

- **247 Taufers,** 1260 m (R 19) — **Burguine Rotund** — **Tellahöfe,**
  1723 m
  1¼ Std.

Wie unter R 239 in ¾ Std. zum Schloßhof und zur Ruine Rotund, 1517 m. Von hier führt der Fahrweg 6 steil durch Nadelwald hinauf zum Eckhof, 1723 m. Hier oben bekommt man einen guten Eindruck vom Leben der Bergbauern in diesem Gebiet. Der Abstieg erfolgt auf dem gleichen Weg oder der nachfolgend beschriebenen Route.

- **248 Taufers,** 1260 m (R 19) — **Bärenloch** — **Tellahöfe,** 1723 m
  1¾ Std.

Wenig außerhalb von Taufers rechts vom ins Avignatal führenden Fahrweg 1 ab und auf Weg 2 zu den Böden im Bärenloch. Bei der dortigen Wegteilung rechts auf Weg 2 C hinauf zu einem Seitenkamm, der das durchwanderte Nebental vom Tellabachtal trennt. Der Weg führt nach der Kammüberschreitung durch das obere Tellabachtal mit einigen Berghöfen und schöner Aussicht hinüber zum Eckhof, 1723 m.

- **249 Matsch,** 1564 m (R 25) — **Glieshöfe,** 1807 m
  1¾ Std.

Eine geruhsame Wanderung durch den sonnigen Talboden stellt diese Wandertour im Matscher Tal dar, die auf dem wenig befahrenen Talweg 14 1¾ Std. in Anspruch nimmt. Die Glieshöfe mit gleichnamigem Gasthaus (R 135) sind Ausgangspunkt für Bergwanderungen im inneren Matscher Tal und für lange, beschwerliche, daher heute kaum noch benutzte Übergänge ins Planeil-, Langtauferer, Schlandrauner und Schnalstal.

Für den Rückweg kann man auch einen anderen, nicht mark. Weg benutzen. Zunächst auf dem Talweg 14 in Richtung Matsch bis zur Brücke über den Saldurbach, 1703 m, ½ Std. Vor der Brücke links auf dem Forstweg „Run — Thial" ab, der im Wald oberhalb des Talbodens aufwärts führt und schließlich in einen anderen Fahrweg einmündet. Auf diesem rechts abwärts, bei der nächsten Fahrweggabelung wieder rechts, taleinwärts zum Petzleidhof und schließlich durch Wiesengelände südl. hinab zum Saldurbach unterhalb von Matsch. Bei der dortigen Brücke nach rechts über diese und in ¼ Std. hinauf nach Matsch. Insgesamt 2 Std. von den Glieshöfen.

- **250 Matsch,** 1564 m (R 25) — **Glieshöfe,** 1807 m — **Upiaalm,**
  2225 m — **Lacken-Bergsee,** 2552 m
  4¼ Std.

Wie unter R 249 in 1¾ Std. zu den Glieshöfen, 1807 m. Von dort auf dem unbez. Karrenweg zunächst südostw. im Wald hinauf, über den Ramudelbach, vorbei an der verfallenen Schludernser Alm zur Upiaalm, 2225 m; 1¼ Std. von den Glieshöfen. Hier endet der Karrenweg, dennoch ist die Fortsetzung der Wanderung auf einem unmark. Almsteig lohnend. Er überwindet eine Steilstufe und erreicht dann den Bergsee „Auf den Lacken", 2552 m; 1¼ Std. von der Upiaalm. Der volkstümliche Name ist eigentlich etwas irreführend, denn der inmitten von Almböden landschaftlich reizvoll gelegene See erreicht immerhin eine Größe von 180 mal 90 Meter.

- **251 Glieshöfe,** 1807 m (R 135) — **Matscher Almen,** 2045 m, **und zurück**
  1½ Std.

Man folgt zunächst dem Talweg 1. Dieser führt als schmaler Steig durch einen „Märchenwald" oberhalb des Saldurbachs taleinwärts zur großen Wiese der Inneren Matscher Alm, 2020 m, 50 Min. Hier kann man die Bachseite wechseln und trifft auf der gegenüberliegenden Seite auf den Fahrweg zur Äußeren Matscher Alm, 2045 m, die etwas höher am Hang liegt und nicht unbedingt berührt werden muß. Der Fahrweg führt talauswärts entlang des Saldurbachs zurück zu den Glieshöfen.

- **252 Glieshöfe,** 1807 m (R 135) — **Höllerhütte,** 2692 m
  2½ Std.

Diese Wanderung führt mitten in die einsame Hochgebirgswelt zur zerstörten Höllerhütte, einst wichtigster Stützpunkt zur Besteigung der Weißkugel, 3739 m. Von den Glieshöfen auf Weg 1 in 50 Min. zur Inneren Matscher Alm, siehe R 251. Von dort folgt die Bez. 1 zunächst noch dem Lauf des Saldurbachs, steigt dann aber den östl. Talhang hinauf zur Höllerhütte, 2692 m.

- **253 Glieshöfe,** 1807 m (R 135) — **Saldurseen,** 2747—2922 m
  3½ Std.

Auch diese anspruchsvolle Bergwanderung führt in die Einsamkeit der Berge. Es ist allerdings Orientierungsvermögen notwendig, da die Mark. 3 zu wünschen übrig läßt. Wie unter R 251 in 50 Min. zur Inneren Matscher Alm, 2020 m. Hier beginnen rechts schwach mark. Steigspuren, denen man ostw. hinauf in ein weites Karbecken unter dem wilden Ramudelferner folgt. Dann nordostw. durch ein Gerölltälchen zu einem Joch, hinter dem die Unteren Saldurseen, 2747 m, liegen und nur etwas höher die zwei Mittleren Saldurseen, 2780 m. Bis hierher benötigt man von den Glieshöfen 2½ Std. Setzt man die Bergtour fort, erreicht man in einer weiteren Stunde auch die beiden Oberen Saldurseen, 2922 m, die in einer einzigartigen Hochgebirgslandschaft mit Gletschernähe liegen.

- **254 Schluderns,** 921 m (R 26) — **Kalvarienberg — Matsch,** 1564 m (R 25)
  1½ Std.

Der Weg 18 führt vom Kirchplatz in Schluderns recht steil hinauf zum Kalvarienberg, einem herrlichen Aussichtspunkt mit Ruhebänken. Wenig oberhalb davon trifft man auf den Leitenwaal, folgt diesem Weg ein Stück nach rechts, bis man links den wieder aufwärts führenden

Weg 18 findet. Dieser schmale Steig, später ein Fahrweg, mündet unweit eines Bildstocks in die Autostraße nach Matsch ein, der man taleinwärts bis zum Dorf folgt.

- **255 Schluderns,** 921 m (R 26) — **Schloßhof** — **Matsch,** 1564 m (R 25)
  2 Std.

Auf schmalem Fahrweg hinauf zur Churburg und an ihr rechts vorbei. An der SO-Ecke der Burgmauer gabeln sich die Wege. Hier links auf Nr. 20 weiter an der Burgmauer entlang und durch die Wiesen zu einer Wegkreuzung mit Bank und prächtigem Rückblick zum Schloß hinauf. Weiter nach links bergwärts bis zum Berkwaal beim Vernalhof. Bis hierher vermittelte dieser Weg schöne Blicke auf Watles, Sesvenna- und Ortlergruppe. Dem Berkwaal folgt man nun nach links und kommt zur Einmündung des Edelweißsteiges Nr. 19, einer Alternative zum beschriebenen Weg. Will man diesen Weg benutzen, geht man vom Ortszentrum durch die Parkanlagen, immer am Saldurbach entlang taleinwärts, bis man auf den Edelweißsteig trifft, der rechter Hand in Serpentinen zum Berkwaal hinaufführt. Von der Einmündung dieses Weges 19 in die zuerst beschriebene Variante noch ein Stück entlang des Waals nach links, bis Nr. 19 nach rechts hinaufführt. Dort findet man die Fortsetzung des Weges 20, der — mehrere Bäche überquerend — zum aussichtsreichen Schloßhof ansteigt. Von dort weiter zur armseligen Häusergruppe Kartatsch, wo man auf eine asphaltierte Nebenstraße trifft, die von der Talstraße kommt. Ihr folgt man weiter taleinwärts bis zu einem Gehöft und einer Brücke unterhalb von Matsch. Hier links über den Bach und in der Gegenrichtung auf einem Fahrweg in ¼ Std. hinauf zum Dorf Matsch.

- **256 Schluderns,** 921 m (R 26) — **Spondinig,** 885 m (R 27)
  1¾ Std.

Dieser Weg 22 stellt eine gemütliche Wanderung am Vinschgauer Sonnenberg dar. Etwa 100 Höhenmeter oberhalb der Talstraße zieht anfangs die Nebenstraße hin, die bis nach Gschneir führt. Auf ihr bis zu einer großen Kehre, dann in gleicher Richtung zunächst eben dem Quorwaal entlang. Später erreicht man im Abstieg die Häusergruppe Altspondinig, die an der Hauptstraße nur wenige Min. von Neuspondinig mit Bahnhof und Bushaltestelle liegt.

- **257 GSCHNEIR,** 1306 m

Aussichtsreich gelegener Bergweiler am Schludernser Berg mit Ortlerblick. Mit Pkw erreichbar, Gasthaus.

- **258   Von Schluderns,** 921 m (R 26)
  1½ Std.

Wie unter R 255 hinauf zur Churburg. Bei der dortigen Wegteilung geradeaus weiter auf Nr. 23 in einer S-Kurve vorbei an verschiedenen Höfen, bis man in einer Kurve etwas unterhalb vom Pitztaugehöft auf die Autostraße trifft, der man bergwärts bis Gschneir folgt.

- **259   Von Spondinig,** 885 m (R 27)
  1¼ Std.

Bei der Abzw. der SS 38 nach Prad von der SS 40 zweigt der Weg 22 ab und führt anfangs im Wald in Serpentinen aufwärts. Später kommt man durch Buschwerk und über aussichtsreiche Wiesen in nordwestl. Richtung immer höher und schließlich zum Bergweiler Gschneir.

- **260   Von Eyrs,** 903 m (R 29)
  1¾ Std.

Auf Weg 22 am Hang des Vinschgauer Sonnenberges etwa 150 m über der Talsohle westw. bis auf die Höhe von Spondinig. Dort trifft man auf die Aufstiegsroute, die unter R 259 beschrieben ist.

- **261   Rundwanderung am Schludernser Berg**
  6 Std.

Wer den langen Aufstiegsweg zur Köpfelplatte scheut, kann von Schluderns, 921 m (R 26), eine schöne Rundtour unternehmen, bei der man einige sehr aussichtsreiche Bergbauernhöfe berührt. Zunächst wie unter R 258 in 1½ Std. zum Weiler Gschneir, 1306 m. Von dort in nordwestl. Richtung auf Mark. 21 steil hinauf zu einem Fahrweg, den man nach links kurz verfolgt, aber noch vor dem Gialhof, 1543 m, in sehr aussichtsreicher Lage, nach rechts verläßt. Am Waldrand, etwas oberhalb vom Gialhof, findet man ein Hinweisschild zur Köpfelplatte und steigt von dort nach rechts hinauf zum Platzossboden, 1640 m, einem wunderschönen Aussichtsplatz mit Brunnen und Bank, 1 Std. ab Gschneir. Von dort folgt man nun nicht mehr dem mark. Weg 21, sondern der Forststraße, die hier eine Kurve macht und nur noch wenig aufwärts führt und dann fast eben im Wald in das Matscher Tal führt. Nach etwa ¾ Std. vom Platzossboden trifft man wieder auf die Mark. 21, eine andere von der Köpfelplatte kommende Wegvariante, und folgt diesem Weg nach links abwärts. Zunächst in Richtung N hinunter, dann südw., wobei man auf den Fahrweg vom Ellhof trifft. Diesem folgt man talauswärts und kommt zum aussichtsreichen Marseilhof, 1525 m. Hier rechts vom Fahrweg durch den Hof ab und auf einem Karrenweg durch Wald zum Gschneirer Waal hinab, nach dessen Überquerung man oberhalb vom Greinhof vorbei zum Rungghof, 1281 m, kommt. Von der folgenden Fahrwegkurve auf ebenfalls breitem Weg geradeaus hinab. Man trifft so unweit vom Pitztauhof auf die Autostraße Gschneir — Schluderns, weitere 2 Std. Von dort auf der Straße bzw. Weg 23 über die Churburg zurück nach Schluderns.

● **262** **Prad**, 915 m (R 28) — **Lichtenberg**, 920 m (R 22) — **Glurns**, 907 m (R 21)
2¾ Std.

Vom nach Stilfs führenden Weg 11 zweigt bald nach rechts die Mark. 9 ab und führt oberhalb von Agums vorbei. Man trifft auf diesen Weg auch, wenn man von Agums, 915 m (R 23), zur St.-Georgs-Kirche aufsteigt und nordw. weitergeht. Durch Wald kommt man zu einem kleinen Waal auf einer Wiese, hält sich hier etwas links und gelangt wieder in den Wald, zuletzt über Wiesen, entlang des Pinetwaals zu den Pinethöfen, 1083 m. Dort trifft man auf die Güterstraße, die zur Schartalpe führt. Auf ihr rechts hinab, einer Kurve folgend, zur tiefer liegenden St.-Christina-Kirche, 1025 m. Sie steht auf einem kleinen Hügel, ist vor allen Dingen wegen der gut erhaltenen Fresken aus dem 16. Jh. bekannt und bietet eine weite Aussicht über den Vinschgau. Von der Kirche fällt der Weg ab zum Alpbachtal. Nach Überquerung des Baches kommt man rechts ins Dorf Lichtenberg, 1 Std. ab Prad.
Hält man sich beim Bach links, erreicht man die sehenswerte Burgruine Lichtenberg. Der Fahrweg geht hinter der Burg vorbei, während der Fußweg auf der Talseite ansteigt und einen schönen Tiefblick auf Lichtenberg erlaubt. Oberhalb der Burgruine auf dem Karrenweg in Serpentinen weiter hinauf zum Größhof, 1264 m, einem der vielen über den freien Hang verstreuten Lichtenberger Höfe. Hier trifft man auf einen breiten Fahrweg, dem man nach rechts in ein Seitental folgt. Durch Wald kommt man in etwa ¼ Std. nach dem Größhof zu einer Fahrweggabelung. Hier links hinauf, weiter geradeaus, bis man rechts den Porzleithof, 1171 m, liegen sieht. Oberhalb von ihm weiter durch Wiesengelände, später im Wald langsam abfallend gegen Glurns (die Mark. 25 ist nicht mehr vorhanden!). Vor dem St.-Martins-Kirchlein, 1075 m, trifft man bei einem Bildstock auf die Forststraße von der Glurnser Alm und folgt dieser abwärts. Gleich danach zweigt links der Weg 24 zum Kirchlein ab. Es wurde im 17. Jh. neben einer Einsiedelei errichtet, brannte später ab und wurde 1870 wieder aufgebaut. Der Fahrweg 24 verläuft unter der Kirche nach rechts hinab zur nach Lichtenberg führenden Straße, wobei man einen schönen Blick auf Glurns hat. An der außerhalb der Stadtmauer gelegenen Pfarrkirche vorbei kommt man durch das Tauferer Tor hinein nach Glurns, 1¾ Std. ab Lichtenberg.

Falls man auch zurück nach Prad zu Fuß gehen will, folgt man einem unmark. Fahrweg, der immer etwas oberhalb der eigentlichen Talsohle am Berghang über den Söleshof nach Lichtenberg führt, 1 Std. Nach Durchquerung des Dorfes findet man einen Feldweg, der rechts von der Ortszufahrt abzweigt und parallel zur Autostraße nach Agums führt. Von dort auf der Autostraße über den Suldenbach nach Prad, ¾ Std. ab Lichtenberg.

- **263** **Prad,** 915 m (R 28) — **Stilfs,** 1311 m
  2½ Std.

Der mit Nr. 11 bez. Weg ist eine uralte Verbindung, denn die Gegend oberhalb des Pazlairhofes wie auch das Gebiet der Valnairhöfe auf der gegenüberliegenden Talseite waren frühgeschichtlich besiedelt. Vom Hauptplatz nach rechts in die nach Lichtenberg führende Autostraße, die nach Überquerung des Suldenbachs links verlassen wird. Auf diesem Fahrweg — bei Abzweigungen immer links haltend — kommt man über den Gargitzhof zum Pazlairhof, 1070 m. Hinter dem Hof in gleicher Richtung weiter, dann gemäß Ausschilderung in mehreren Kehren höher, wobei man einen schönen Rückblick auf Prad hat. Der Weg führt nun hoch über dem Talboden einwärts und verengt sich zu einem schmalen Steig. Schließlich geht es nach rechts in ein Nebental. Hier findet man die Abzw. eines Steiges, der nach links zum Bach hinunterführt, ihn überquert und auf der anderen Talseite unterhalb des Tascheldrihofes wieder auf den Hauptweg trifft. Auf diesem guten Weg 10 kommt man südw. ins Dorf Stilfs, wobei man einen schönen Blick zum Ortler hat. Rückfahrmöglichkeit mit dem Linienbus.

- **264** **Prad,** 915 m (R 28) — **Schartalpe,** 1829 m
  2½—3 Std.

Die Schartalpe ermöglicht von Prad eine Rundwanderung um den Großmontani, 1970 m, die letzte Erhebung eines vom Piz Chavalatsch nach O herabziehenden Kammes, und auch einen Übergang von Lichtenberg nach Stilfs (3½ Std.).
a) Wie unter R 263 auf Weg 11 von Prad zur Weggabelung im Nebental vor Erreichen von Stilfs. Hier rechts im Tal weiter einwärts bis zu einer

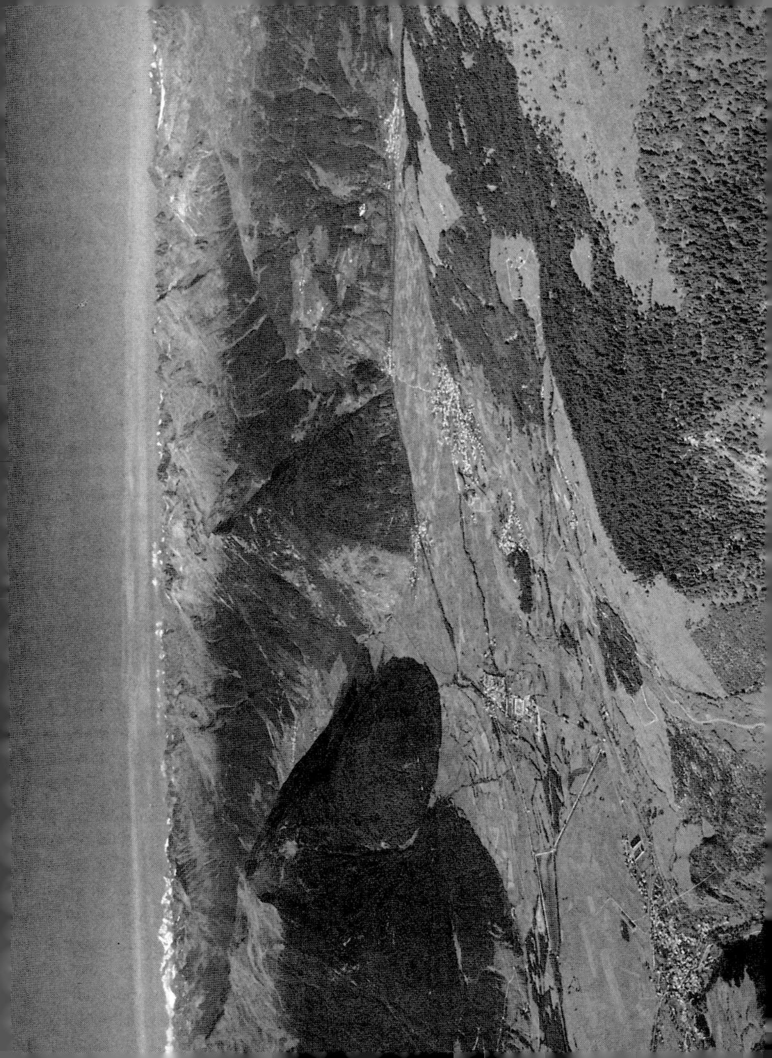

Forststraße unweit vom Gawrickhof, 1501 m, 2 Std. ab Prad. Hier nun weiter auf dem abzw. Nebenast der Forststraße, die oberhalb des Hofes taleinwärts führt. Am Ende dieses Fahrweges findet man wieder die Mark. 11, die nun in Serpentinen über das Wiesengelände zu den Totenböden hinaufführt, wo man auf das Ende eines anderen Fahrweges trifft und eine schöne Aussicht hat. Nun in gleicher Richtung ziemlich stark ansteigend im Wald hinauf zur Schartalpe, an deren Ende eine kleine Almhütte steht; 3 Std. ab Prad. Die Schartalpe bietet schöne Blicke auf Teile des Oberen Vinschgaus.

b) Wie unter R 263 zunächst über die Suldenbachbrücke und danach links auf Weg 11 bergan. Von diesem zweigt weiter oben die Mark. 12 ab und führt zum Wartamstein, der nach einer Sage seinen Namen von dem mächtigen Felsen hat, an dem sich die Kirchenbesucher trafen, um das letzte gefährliche Wegstück gemeinsam zu gehen. Weiter angenehm im Wald aufwärts und nach Durchquerung eines kleinen Tobels auf ein Wiesengelände, das eine weite Aussicht erlaubt. Der Pfad führt als Wiesenweg zu einem neueren Wohnhaus und trifft in einer Kehre auf der von Lichtenberg heraufkommende Forststraße. Bis hierher benötigt man 1 Std. ab Prad. Dieser Forststraße muß man weiter aufwärts folgen, wobei man auch den alten, meist nicht leicht zu findenden alten Waldweg abkürzend benutzen kann, der steiler aufwärts führt und mehrmals die Forststraße kreuzt, welche auf der Schartalpe endet; 2½—3 Std.

- **265** **Prad,** 915 m (R 28) — **St.-Ottilien-Kirche** — **Tschengls,** 950 m (R 30)
  1 Std.

Vom Hauptplatz ostw. aus dem Ort und auf einem Fahrweg durch die Felder zum Fuß des Berghanges. Bei einem Bildstock rechts auf Nr. 7 hinauf, wobei man einen schönen Rückblick auf Prad hat. So kommt man über die Spanglairwiesen (dort achte man immer auf die Mark.!) und trifft kurz vor dem St.-Ottilien-Kirchlein, 1002 m, auf einen Fahrweg, dem man nach links folgt. Dieser führt bald an der Kirche vorbei, die im 17. Jh. erbaut wurde und sich auf einem kleinen Hügel erhebt. Vom Kirchlein fällt der Fahrweg zum schon sichtbaren Dorf Tschengls ab, das man bald erreicht.

- **266** **Prad,** 915 m (R 28) — **Ruine Tschenglsberg,** 1250 m — **Tschengls,** 950 m (R 30)
  2 Std.

Man verläßt Prad auf der zu den Valnairhöfen führenden Nebenstraße und kommt an der St.-Johann-Kirche vorbei. Dort findet man den Beginn der Mark. 5 A, die durch Wiesen, den Tschrinbach überquerend, zum Nauhof, 1029 m, hinaufführt. Während dieses Anstieges hat man einen schönen Rückblick auf Prad. Bis zum Nauhof kann man auch einen anderen Weg benutzen. Vom Ortszentrum folgt man in südöstl. Richtung der Bez. 6 hinauf zur Autostraße, die zu den Valnairhöfen führt. Auf dieser geht man nur ganz kurz eine S-Kurve aufwärts und findet dort dann die Abzw. des „Nickweges" 4, auf dem man ebenfalls über den Tschrinbach leicht ansteigend zum Nauhof gelangt. Der Weg 4 führt von dort abwärts zum Weg 7, den man kurz vor dem St.-Ottilien-Kirchlein erreicht (s. R 265). Dagegen steigt man auf Weg 5 A im Wald hinauf zum Egghof, wo man auf die Bez. 5 trifft, 1 Std. ab Prad. Ihr folgt man abwärts zum Nickbach, weiter im Wald östl. zu den Höfen Hinterburg, 1280 m, und Vorderburg bei der Ruine Tschenglsberg, 1250 m. Vom Hof Vorderburg kann man direkt zum Türkhof, 1160 m, absteigen oder auch dem Fahrweg folgen, der zunächst fast eben weitergeht und nach einer Kurve ebenfalls zum Türkhof zurückkehrt. Weiter auf dem Fahrweg steil hinab zu einem breiten Güterweg, dem man rechter Hand nach Tschengls folgt.

● **267** **Prad,** 915 m (R 28) — **Daneidhof,** 1251 m — **Tschengls,** 950 m (R 30)
2½ Std.

Wie zuvor unter R 266 auf Weg 6 bergan. Bei der Abzw. des Weges 4 von der Autostraße folgt man allerdings der dort ebenfalls abzweigenden Bez. 3 und folgt dieser aufwärts. So steigt man dann vorbei an einem hübschen Grillplatz gegen Mitterberg hinauf und findet noch vorher die Abzw. des „Lottersteiges" (Mark. 5). Dieser führt im Wald zum Tschrinbach, steigt dann leicht an zum Daneidhof, 1251 m, und führt am Platzgernonhof vorbei zum Egghof. Weiter wie unter R 266.

● **268** **Prad,** 915 m (R 28) — **Valnairhöfe** — **Valnairalm,** 2004 m
4 Std.

Diese abwechslungsreiche Wanderung führt vorbei an alten Bergbauernhöfen zum Eingang des Suldentales. Entweder auf der Fahrstraße 1 an der St.-Johann-Kirche vorbei oder auf Weg 6 zu dieser hinauf. Man kommt so zur Jausenstation Dürrnast und auf dem nun nicht mehr asphaltierten Güterweg größtenteils durch Wald vorbei an verschiedenen Höfen zum Untervalnairhof, 1376 m. Schon vorher kann man rechts auf einem mit 2 bez. Weg zum Mauerhof absteigen und etwas oberhalb der Straße am Mooshof vorbei nach Schmelz kommen, eine Häusergruppe am Eingang des Suldenbachtales. Von Schmelz — der

Name erinnert an frühere Bergwerkstätigkeit — muß man allerdings die Autostraße zurück nach Prad benutzen. Vom Untervalnairhof, der einen reizvollen Ausblick auf das Dorf Stilfs am gegenüberliegenden Talhang bietet, ebenso zur Malser Haide und ins Matscher Tal mit der Weißkugel im Hintergrund, gibt es eine weitere Abstiegsmöglichkeit zur Talstraße. Der hier rechts ebenfalls mit Nr. 2 bez. Weg führt zum Lasairhof und dann über Wiesen hinab zum Weiler Stilfserbrücke, 1130 m, von wo aus man mit dem Bus nach Prad zurückkehren kann.

Hält man sich beim Untervalnairhof jedoch links, kommt man auf Weg 6 im Hochstückwald bei Überquerung mehrerer Bachläufe in den Eingang des Suldentales. Etwas unterhalb der Valnairalm zweigt rechts ein Weg, vorbei am verfallenen Gaflaunhof, 1806 m, zur Suldener Talstraße ab. Nach links aber steigt der Weg 6 etwa noch 100 Höhenmeter hinauf zur Valnairalm, 2004 m. Von hier hat man einen herrlichen Blick in das innere Suldental mit dem Ortler.

- **269 Prad,** 915 m (R 28) — **Gampenhütte,** 2004 m — **Valnairalm,** 2004 m
  4¾ Std.

Man verläßt Prad entweder auf der Fahrstraße 1 vorbei an der St.-Johann-Kirche oder auf dem Weg 6, der später in die Autostraße einmündet. Von der Einmündung auf der Straße nur eine S-Kurve hinauf, dann links auf Bez. 3 vorbei an einem schönen Rastplatz und durch Wald hinauf zum Mitterberghof, 1267 m, 1 Std. Vom Gehöft links zum Waldrand, vor dessen Erreichen nochmals eine Variante des Weges 5 zum Daneidhof abzweigt (s. R 267). Am Waldrand verläßt man nach links den schlechten Karrenweg und kreuzt bald eine breite Forststraße. Der folgende, immer mit 3 bez. Weg mündet bald wieder in einen anderen Fahrweg ein und führt weiter im Wald aufwärts. Man kann immer diesem Fahrweg aufwärts folgen oder auch der Bez. 3, die nach links abzweigt und zum Tschrinbach hinüberführt, wobei zwei schmale Wegstellen zu passieren sind. Im Tal des Tschrinbachs kommt man schließlich zum Bach selbst und steigt an ihm empor bis zum Ende der Forststraße, die man weiter unter verlassen hat. Hier nun rechts im Wald steil bergan, aus dem Tschrinbachtal heraus und westw. auf das große Almgelände mit der Gampenhütte, 2004 m; 3½ Std. ab Prad. Von dort hat man einen weiten Rundblick, der den Obervinschgau mit Reschen- und Haider See umfaßt, die Kette der Ötztaler Alpen und die Tiefblicke auf Mals und Schluderns.

Während die Mark. 3A in 1 Std. zu den Wasserfallböden und zur Tschenglser Hochwand führt, erreicht man auf der bisherigen Bez. 3 die Valnairalm. Durch Wald hinauf zu den Gaflaunwiesen, 2250 m, an deren Steilabfall der Weg entlangzieht. Von hier hat man nochmals eine herrliche Aussicht gegen Prad, Schluderns, Mals und das gesamte Vinschgauer Oberland. Auf größeren weglosen, aber gut mark. Abschnitten kommt man um die Verborgene Blais herum und steigt dann im lichten Wald auf einem Almsteig hinab zur Valnairalm, 2004 m, die man in 1¼ Std. ab Gampenhütte erreicht. Man kann von dort auf dem unter R 268 beschriebenen Weg nach Prad zurückkehren.

- **270** **Eyrs,** 903 m (R 29) — **Tannas,** 1454 m (R 32)
  1¾ Std.

Vom Ortszentrum auf einer Nebenstraße nordw. in das Tal des Tannaser Baches. Kurz nach dessen Überquerung gabelt sich der Weg. Rechts klettert man durch Wald in mehreren Serpentinen bergan, dann verläuft der immer gute Fahrweg eben zum aussichtsreich gelegenen Vernatschhof, 1150 m. Vor dem Hof links hinauf, bis man in 1250 m Höhe auf den Traktorweg trifft, der von der erwähnten Abzw. nach dem Tannaser Bach links abzweigt und in etlichen Kehren ebenfalls hierher führt. Etwa ¼ Std. nach Vereinigung beider Wege zweigt am Rand des Tannaser Bachs links der Weg 23 ab, während man nach rechts in Kürze zum Berghof Tannas kommt.

- **271** **Höhenweg Tannas,** 1454 m (R 32) — **Gschneir,** 1306 m (R 257)
  1½—2½ Std.

Drei verschiedene Wege mit unterschiedlichen Gehzeiten stehen zur Auswahl:
a) Auf dem nach Eyrs führenden Weg hinab bis zur Weggabelung am Rand des Tannaser Bachtals bei einem Bildstock. Hier rechts weiter bis zum Mühlhöfl, noch vor ihm hinauf zum Kirchsteig, der im Bogen abwärts zum Tannaser Bach führt. Nach einem kurzen stahlseilgesicherten Wegstück gabelt sich dieser. Links nach unten zur St.-Peters-Kirche, ½ Std. von Tannas, eine schon in vorgeschichtlicher Zeit besiedelte Stätte. Westw. zum Gallsteinhof, dann immer weiter in gleicher Richtung, bis man nach 1½ Std. Gschneir erreicht.
b) Von Tannas ein Stück auf der Straße in Richtung Allitz, bis links eine ebenfalls asphaltierte Straße abzweigt und den Hang oberhalb von Tannas quert. Man passiert auf dieser Straße das Ghs. Paflur und kommt etwas oberhalb von ihm zur Abzw. der sogenannten Panoramastraße, einem Fahrweg, der vorbei an Höfen durch das Tannaser Bachtal westw. in Richtung Gschneir zieht. Noch vor Erreichen des Weilers mündet in ihn der unter a) beschriebene Kirchsteig 23 ein. 2 Std. ab Tannas.

c) Wie zuvor zur Weggabelung oberhalb vom Ghs. Paflur. Dort rechts weiter, das Tal des Tannaser Bachs weit ausgehend und hinauf zum Oberfriniger Hof, 1745 m, mit schöner Aussicht. Von dort zum bereits 1352 urkundlich erwähnten Unterfriniger Hof, weiter westw. durch schönen Lärchen- und Fichtenwald zum Obertelfser Hof mit Kapelle. Vor Erreichen von Gschneir mündet der Weg in einer Kurve in den zum Gialhof führenden Fahrweg ein. Ihm folgt man abwärts und trifft bald auf den unter b) beschriebenen Weg und kurz danach auf die Häuser von Gschneir, 2½ Std. ab Tannas.

● **272 Tschengls,** 950 m (R 30) — **Tschenglser Almen,** 1582 m bzw. 2049 m
3½—5 Std.

Bis zur Unteren Tschenglser Alm hat man zwei Wege zur Auswahl:
a) Bequem ist der breite Forstweg, der durch den Mutterswald in etlichen Kehren an Höhe gewinnt und in rund 1350 m Höhe in das Tschenglser Tal führt. Bald danach erreicht er dann die Untere Tschenglser Alm, 1582 m, 2¼ Std.
b) Von Tschengls westw. auf einem neueren Güterfahrweg, von dem bald links der Serpentinenweg zum Türkhof, 1160 m, abzweigt (Mark. 5). Vom Hof ostw. weiter, bis man im Wald in einer Fahrwegkurve zu einer Weggabelung kommt. Hier geradeaus (links) weiter zu einer Waldlichtung mit dem Platzer Kreuz, 1260 m, 1 Std. ab Tschengls. Der nun bald schmaler werdende Weg führt nun in das Tal des Tschenglser Bachs und an ihm entlang aufwärts. Weiter oberhalb wird der Bach überschritten, und man geht noch kurz am anderen Ufer weiter taleinwärts, dann links zur Unteren Tschenglser Alm, 1582 m, 2 Std. ab Tschengls, oder geradeaus zum Fuß der Wasserfälle, die der Tschenglser Bach bildet.

Von der Unteren Tschenglser Alm auf Weg 2 östl. des Bachs im Tal hinauf, wobei der Weg die Steilstufe umgeht, über die sich der Tschenglser Bach in die Tiefe stürzt. Am Beginn des kesselartigen Talhintergrunds westw. hinauf zur Oberen Tschenglser Alm, 2049 m, die man in 1¼ Std. von der Unteren Tschenglser Alm erreicht.

Die obere Tschenglser Alm ist auch auf einem Weg zu erreichen, der nicht über die Untere Tschenglser Alm führt. Wie unter b) zur Weggabelung oberhalb des Türkhofes. Von der Fahrwegkurve halb rechts auf Nr. 6 steil in den Wald hinauf. Weiter oben im Wald, 10 Min. nach einer Senke, dem Tunderloch, gabelt sich der Weg. Rechts anstrengend in Serpentinen hinauf zu einem Tal und zum Lahner, einer Lawinenschneise, bis man die Jägerhütte, 1800 m, erreicht, wo von der Gabelung auch der linke, etwas bequemere Weg hinaufführt. Von der Jägerhütte ½ Std.

südwestw. zur Schäferhütte, 3 Std. ab Tschengls. Von dort führt der Trinnersteig ostw. immer entlang der Berglehne über den Oberlarchboden und den Trinnerknott zur Oberen Tschenglser Alm, 2049 m. Da der Trinnersteig durch steile Hänge führt, die Trittsicherheit erfordern, sei dieser Weg nur geübten Bergwanderern empfohlen. Gesamtgehzeit ab Tschengls 5 Std.

- **273** **Laas,** 870 m (R 31) — **Bremsberg,** 1375 m — **Untere Tschenglser Alm,** 1582 m
  3¾—4¼ Std.

Bis zum Bremsberg hat man zwei Wege zur Auswahl:
a) Vom Ortszentrum südw. über die Etsch und gemäß Ausschilderung erst links, dann rechts auf einer Nebenstraße zum Eingang des Laaser Tales. Hier rechts auf der Parnetzer Straße am Berghang angenehm ansteigend in westl. Richtung nach Parnetz, 1147 m, eine weit verstreute Höfegruppe auf einer Rodungslichtung mit schönem Talblick; 1¼ Std. Als Fortsetzung der Parnetzer Straße führt ein Forstweg in einer Kurve zum höchsten Hof hinauf und dann ostw. durch Wald zum Bremsberg, 1375 m; ¾ Std. ab Parnetz.
b) Hierher kann man auch auf einem anderen Weg gelangen, bei dem man den weiten Bogen über Parnetz abkürzt. Beim Eingang des Laaser Tales auf dem hier beginnenden Weg 5 hinter dem Martinshügel mit aussichtsreicher Kapelle hinauf, bis man in 1200 m Höhe auf die Abzw. eines Weges trifft. Dort rechts im Wald aufwärts (es ist der in den Karten als Nr. 7 bez. Weg; die Mark. fehlt in Wirklichkeit). Dieser Weg steigt angenehm westw. an. Nach Überquerung der Gleise der Marmorbahn geradeaus weiter zur Forststraße beim Bremsberghaus, 1½ Std. ab Laas.

Vom Bremsberghaus gewinnt die Forststraße in etlichen Kehren an Höhe. Beim Beginn der gesperrten Forststraße Kaltboden, 1550 m, ½ Std. vom Bremsberghaus, gabelt sich diese mehrfach. Folgt man geradeaus der Mark. 4, kommt man über eine schöne Lichtung, vorbei an einer Wildfütterungsstelle, kreuzt die Forststraße Kaltboden und erreicht sie kurz danach ein zweites Mal, ca. 1600 m. Hier folgt man nun nicht mehr der Mark., sondern nach rechts der Forststraße, die im Wald fast eben nach W zieht. Beim Beginn der Kurve zum Unteren Leger, rechts auf einer Treppe hinab zum Weg 8, einem hübschen Waldpfad, der westw. zur Forsthütte (1630 m, Rastplatz) führt, 40 Min. vom Beginn der Forststraße Kaltboden. Nach der Forsthütte über einen Bachlauf, dann wenig ansteigend im Wald weiter, bis man nach etwa 20 Min. auf einen breiten Holzweg trifft und diesem für 5 Min. aufwärts folgt. Bei einem mit Erlen bewachsenen Bacheinschnitt zweigt unser Weg 8 nun wieder rechts ab und führt eben weiter. Nach ½ Std. hat man einen schönen Blick auf den gegenüberliegenden Sonnenberg mit Tannas und Eyrs. Um das Mutterseck herum zieht der Steig hinein ins Tschenglser Tal und führt schließlich wenig absteigend zur Unteren Tschenglser Alm, 1582 m; 1¾ Std. vom Beginn der Kaltboden-Forststraße.

- **274 Laas,** 870 m (R 31) — **Obere Laaser Alm,** 2047 m
  3½—4½ Std.

Lang sind die Wege, die ins hintere Laaser Tal und zur Oberen Laaser Alm führen, von der man einen eindrucksvollen Blick auf den Laaser Ferner und mehrere Dreitausender hat.

a) Wie unter R 273 zum Eingang des Laaser Tales. Hier beginnt der Weg 5 und zieht hinter dem Martinshügel in das Laaser Tal hinauf. Der Weg ist anfangs steil, legt sich aber später immer mehr. Gegenüber von dem Marmorbrüchen erreicht man die Endstation der Marmortransportbahn direkt neben dem wilden Laaser Bach, rund 1400 m, 1¾ Std. ab Laas. Da der ursprüngliche Weg entlang des Bachufers bei einem Unwetter zerstört wurde, steigt man rechts etwas den Hang hinauf und folgt einem Pfad entlang der Elektrizitätsleitung. Nach 15 Min. trifft man auf einer Wiese wieder auf den alten Fahrweg, der in einer Kurve durch Wald an Höhe gewinnt und dann wieder südw. zieht. In etwas über 1700 m Höhe beim 2. Wegkreuz nach der Marmorbahn zweigt nach rechts ein schlechter Weg aufwärts ab. Hier kann man sich nun entscheiden, ob man diesen Direktanstieg zur Oberen Laaser Alm benutzen möchte, oder erst dem Talweg zur Unteren Laaser Alm folgen will. Letztere erreicht man in 3 Std. ab Laas und findet dort einen Almsteig, der westl. zur Oberen Laaser Alm hinaufführt. Insgesamt 3¾ Std. Von der Abzw. rechts auf dem in Karten als Nr. 6 bez., aber tatsächlich nicht mark. Weg steil im Wald hinauf zu einem großen Almgelände mit schöner Aussicht. Dieses wird geradeaus durchquert. Vor Erreichen des Waldrandes rechts hinauf auf einem jetzt besseren Fußsteig immer in südwestl. Richtung weiter. Schließlich kommt man aus dem Wald heraus und steigt nach rechts über Almgelände zur bereits sichtbaren Hütte hinauf; 3½ Std. ab Laas.

Es besteht die Möglichkeit, weiter taleinwärts zur privaten Laaser-Ferner-Hütte zu wandern. Geübte Bergwanderer können im Hochsommer auch den langen Übergang über das Zayjoch, 3224 m, zur Düsseldorfer Hütte unternehmen. Etwa 5 Std. von den Laaser Almen.

b) Wie unter R 273 in 1½ Std. zum Bremsberghaus. Nach Überschreitung der Gleise der Marmor-Transportbahn hält man sich jedoch gleich links (und berührt so weder das Bremsberghaus noch die Forststraße). Dieser Weg steigt südw. im Wald an und mündet später in die Forststraße ein, die einen weiten Bogen nach W macht. Nach der Einmündung, 1½ Std. vom Bremsberg, weiter taleinwärts der Forststraße 4, die bei einem Lawinenhang, dem Troglahner, endet. Hier zweigt links der sogenannte Wurmisionsteig ab und führt durch Wald und Wiesen zur Oberen Laaser Alm, 2047 m; insgesamt 4 Std.

c) Wie unter R 273 in 2—2½ Std. zum Beginn der Forststraße Kaltboden. Weiter auf Bez. 4, die zweimal hintereinander die Forststraße kreuzt, dann aber deren weiten Bogen in Richtung W abkürzt und im Wald immer südw., teilweise steil, den Berghang hinaufführt. In rund 1800 m Höhe trifft man wieder auf die Forststraße, in die wenig später auch der Weg 7 einmündet; weiter wie unter b), insgesamt 4—4½ Std.

● **275** **Laas,** 870 m (R 31) — **Tarnell,** 1240 m
1¼ Std.

Reizvoll liegt im S die Höfegruppe von Tarnell am Berghang und bietet eine schöne Sicht in den Vinschgau und auf die Ötztaler Alpen mit dem gegenüberliegenden Sonnenberg. Wie unter R 273 zum Eingang des Laaser Tales. Hier nach links über den Laaser Bach, bis man gleich am Beginn der neuen Autostraße die Abzw. des alten, teilweise gepflasterten Weges 10 findet. Dieser führt zeitweise steil im Wald hinauf zum Runggenhof und zum kleinen Kirchlein mit dem Ende der Straße.

● **276** **Laas,** 870 m (R 31) — **Göflaner Alm,** 1826 m — **Göflaner See,** 2519 m
5¾ Std.

Wie unter R 275 in 1¼ Std. nach Tarnell, 1240 m. Vom Oberplatzhof geradeaus die gepflasterte Gasse zum Forstweg hinauf, der gekreuzt wird. Dann links in den Fichtenwald. Der Weg 10 verengt sich später zu einem kleinen Steig und führt steil zu einer anderen Forststraße hinauf. Dieser folgt man etwa 500 m abwärts, bis rechts ein breiter Weg emporführt, sich bald verengt und dann zum Kleinalbl (Kleinalm) führt; 1½ Std. ab Tarnell. Von der Almhütte (im Sommer einfach bew.) rechts auf Weg 10 weiter in südl. Richtung aufwärts, bis man auf einen Holzweg trifft, dem man links zur Göflaner Alm, 1826 m, folgt; 3½ Std. ab Laas.

Von der Göflaner Alm auf Nr. 3 aufwärts zu den Marmorbrüchen (die ebenfalls hierher führende Werksstraße darf nicht benutzt werden) mit einer öffentlich zugänglichen Kantine, 2126 m. Weiter stets in südl. Richtung zum See hinauf, den man in 2¼ Std. von der Göflaner Alm erreicht. Er ist wildromantisch in ein weites, grasdurchsetztes Fels- und Geröllbecken eingebettet, von dem man einen schönen Blick auf die gegenüberliegenden Ötztaler Alpen hat. Insgesamt 5¾ Std. ab Laas.

- **277   Laas,** 870 m (R 31) — **Göflan,** 755 m (R 35)
  1½ Std.

Dieser bequeme Verbindungsweg führt vom Ortszentrum zunächst südw. über die Etsch, dann nach links zum Wasserkraftwerk. Am Entsandungsbecken vorbei und auf einem Karrenweg zu einem sumpfigen Gelände. Der nun schmaler werdende mark. Weg senkt sich zur Etsch und mündet in einen Holzweg ein. Man kommt dann zu Pfeilern, die früher Bewässerungsrohre getragen haben. Dort steigt man zu den Obstwiesen auf und kommt dann immer entlang der Etsch nach Göflan, einem kleinen Dorf südl. von Schlanders.

- **278   Laas,** 870 m (R 31) — **Tannas,** 1454 m (R 32)
  2¼ Std.

Vom Ortszentrum auf der Staatsstraße nordwestw. vorbei am St.-Sisinius-Kirchlein zum Fuß des Sonnenberges. Hier beginnt der Weg 18, der immer den Hang schräg gegen den Vernatschhof, 1150 m, ansteigt. Weiter wie unter R 270.

- **279   Laas,** 870 m (R 31) — **Strimmhof,** 1754 m — **Allitzer Seen,** 2664 m bzw. 2669 m
  5 Std.

Vom östl. Ortseingang von Laas auf der Bergstraße hinauf, die nach Allitz, 1148 m (R 32) führt. Man steigt den Gadriaschuttkegel an und hält sich bei der Holzbrücke über den Gadriabach links, rechts ins Zentrum von Allitz. So kommt man anschließend in Serpentinen hinauf zum Kirchhof, wobei die Marienkirche passiert wird. Bis hierher 1 Std. Nach dem Kirchhof findet man rechts einen steilen, steinigen Weg, der zum Platzfairhof, 1518 m, hinaufführt. Hier hat man einen schönen Blick zur gegenüberliegenden Jennwand und ins Laaser Tal mit seiner Gletschereinrahmung. Vom Hof führt ein guter Weg durch Wald talein zum Strimmhof, 1754, der hoch über dem Gadriatal liegt, 1½ Std. vom Kirchhof. Nun teilweise steil, entlang des Strimmbachs hinauf zur Allitzer Schafalm, 2100 m. Über das Weidegelände weglos weiter, links den Hang hinauf, später über Schrofen und steinige Grashänge. Ein gut sichtbarer Steig leitet steil zur nächsten Talstufe. Durch ein langes, fast ebenes Wiesenhochtal in ein Kar mit hoher Bergumrahmung. Weiter aufwärts, wobei der Blick zum Ortler und sogar zum Piz Bernina reicht. Über unwesentliche Erhebungen zu einer ehemaligen Stirnmoräne und zum ersten, 60 mal 40 m großen See. In Kürze erreicht man auch den zweiten, größeren See (140 mal 40 m). In der Umgebung findet man auch Murmeltiere, die in diesem weit von jeder Hektik und Lärm entfernten Winkel noch ein ungestörtes Zuhause haben.

2. Mittlerer Vinschgau

- **290** **Kortsch,** 801 m (R 33) — **Sonnenberghöfe** — **Allitz,** 1148 m (R 32), **und zurück**
  4 ¾ Std.

Hoch über Kortsch liegen die Sonnenberghöfe, 1400—1700 m, die trotz der Erschließung durch einen Fahrweg auch heute noch Weltabgeschiedenheit vermitteln. Von der Kirche nordw. zum Bergfuß und auf dem breiten Fahrweg (Mark. 4) im Wald bergan. In rund 1000 m Höhe kommt von rechts ein Verbindungsfahrweg von Schlanders mit der Bez. 15 herauf (s. R 291). Gleich danach passiert man einen Bildstock, 1029 m, und steigt weiter an. In der nächsten Kurve verläßt die Mark. 15 den Fahrweg. Nun zunächst steil im Wald bergauf, dann fast eben durch ein Seitental und anschließend in etlichen Serpentinen hinauf zum Gsalhof, 1411 m, der in aussichtsreicher Lage liegt; 1 ½ Std. Auf sonnigem, steinigen Weg weiter aufwärts, bis dieser in einer großen Kehre in die neue Zufahrtsstraße einmündet. Von hier hat man einen traumhaften Blick hinüber zur Ortlergruppe, der die Anstrengungen des Aufstieges schnell vergessen läßt. Von der Kehre folgt die Mark. 15 weiterhin rechts (östl.) der Straße, während die Bez. 15 A links abzweigt (derzeit hier kein Hinweis!). Auf dem leicht abfallenden Waldweg kommt man in das Tal des Gmahrer Baches und erreicht nach dessen Durchquerung den verfallenen Hof Matatsch, 1512 m, 1 Std. ab Gsalhof. Wieder im Wald, senkt sich der Weg ins Gadriatal und trifft beim Saghof, 1282 m, auf einen Fahrweg, dem man abwärts nach Allitz, 1148 m, folgt, 1 ¼ Std. ab Matatschhof. Ein kurzer Abstecher würde zu dem auf einem Hügel gelegenen Kirchlein Mariä Heimsuchung führen. Von Allitz führt ein Weg 15 A, größtenteils als Fahrweg, am oberen Rand des riesigen Murkegels — links der Sonnenberghang und rechts die weiten Obstplantagen — in 1 Std. zurück nach Kortsch.

- **291** **Schlanders,** 721 m (R 34) — **Sonnenberghöfe und zurück**
  4—5 ¼ Std.

Allein der weiten Aussicht wegen ist diese Wanderung lohnenswert, bei der die Egghöfe am Sonnenberg berührt werden, die bereits im Jahr 1280 urkundlich erwähnt wurden. Von Schlanders entweder in den Eingang des Schlandrauntales und in Kehren auf dem alten Fahrweg 4 empor, bis ein Fahrweg mit der Bez. 15 links abzweigt, oder von der Schule im westl. Ortsteil hinauf zum Waalweg, wo man auf den zuvor erwähnten Weg noch vor der Abzw. von Nr. 15 trifft. Der Fahrweg 15

Bei Lind oberhalb von Naturns am Sonnenberg gegen den Iflinger (Sarntaler Alpen) im Hintergrund.

trifft später auf die von Kortsch heraufkommende Fahrstraße 4. Gemeinsam weiter, vorbei an einem Bildstock, bergan bis zur nächsten Kurve. Hier verläßt die Bez. 15 die Fahrstraße. Nun zunächst steiler bergan, dann fast eben durch ein Seitental und in etlichen Kehren den Hang hinauf zum Gsalhof, 1411 m; 1 ½ Std. Auf sonnigem, steinigem Weg weiter, bis man wieder auf die neuere Zufahrtsstraße trifft. Ihr folgt man aus der großen Kehre (Aussicht!) nach rechts (ostw.) und passiert dann den Hof Pernui, unter dem die Jausenstation Waldenthal liegt. Vorbei am Innereggenhof gelangt man nach Außereggen, 1632 m, mit Schulhaus und weiter, sehr umfassender Aussicht, u.a. hinüber zum Laaser Ferner; 1 Std. ab Gsalhof.

Für den Weiter- und Rückweg bieten sich nun zwei Möglichkeiten an:
a) Der kürzere Weg ist unmark. und beginnt beim Schulhaus. Auf leicht zu findendem Weg durch das weite Wiesengelände hinab zur malerischen Höfegruppe von Talatsch, 1454 m. Von der Kapelle folgt man dann anfangs einem schattigen Hohlweg, später einem Karrenweg, der bei einem Bildstock und Festplatz wieder in die Höfezufahrtsstraße einmündet. Dieser folgt man linker Hand ins Schlandraunal und kehrt entweder auf der Fahrstraße 4/15 nach Schlanders zurück oder benutzt auch den alten Talweg 4 hinab nach Schlanders (s. R 292 in Gegenrichtung). 1 ½ Std. ab Obereggen.
b) Noch vor dem Schulhaus links auf Nr. 15 weiter. Dieser Weg quert den Hang oberhalb des Weilers Talatsch, 1454 m, teilweise mit weiter Aussicht, und führt dann im Wald als Fahrweg ins Schlandraunal, das bei einem Straßentunnel erreicht wird, 1588 m, ¾ Std. Von dort folgt man dem Talweg vorbei an den Mühlhäusern abwärts. Kurz nach der Vereinigung mit dem neueren Zufahrtsweg für die Sonnenberghöfe zweigt links der alte, teilweise etwas eintönige Weg 4 nach Schlanders ab, während der Fahrweg 4 nach Kortsch führt, aber mit der späteren Abzw. 15 auch noch einen Rückweg nach Schlanders bietet. Gesamtabstiegszeit ab Außereggen 2 ¾ Std.

- **292 Schlanders,** 721 m (R 34) — **Schlandraunal** — **Tappeiner Alm,** 2036 m, **und zurück**
  8 ½ Std.

Von Schlanders (Franziskusstraße) auf dem alten Weg 4 in das Schlandraunal. Nach Kreuzung des Waalweges zweigt links der Fahrweg 15 ab, während unser Weg rechts, teilweise etwas trostlos, zur neueren Zufahrtsstraße, die von Kortsch kommt, hinaufführt; 1 Std. Weiter auf dem Talweg (die Zufahrtsstraße zweigt gleich wieder links zu den Sonnenberghöfen ab), der bei den Mühlhäusern den Schlandraunbach erreicht, welcher bisher tief unter uns rauschte. Neben ihm weiter aufwärts, bis vor einem Straßentunnel links die Bez. 15 nach Außereggen abzweigt. Der Straßentunnel kann außen umgangen werden. Weiter taleinwärts zu den Böden der Unteren Schlanderser Alm, 1806 m; 2 ½ Std. ab Schlanders. Hier rechts über den Bach zum ehemaligen Schupferhof und auf Steig 7 durch das Rindertal in etlichen Kehren hinauf zur Stierhütte, 2280 m; 1 ¼ Std. vom Talweg. Von der Hütte hinauf zu einem Sattel mit schöner Aussicht. Der nun schmale Hangweg verläuft über der Waldgrenze und trifft schließlich auf einen alten Waal, dem man streckenweise folgt. Unter den Hängen der Zerminger Spitze vorbei in das Gampltal und im Wald hinab zur Tappeiner Alm, 2036 m; 2 ½ Std. ab Stierhütte. Von dort durch Wald abwärts zur kleinen Häusergruppe Tappein, 1397 m, 1 Std. Weiter durch das Wiesengelände auf einem Fahrweg abwärts, bis die Bez. 7 zur Schlandraunburg mit benachbarter Jausenstation, 1060 m, abzweigt; ¾ Std. Der restliche Abstiegsweg, der den sonnigen Hang unterhalb der Burg hinabführt, bietet noch einmal schöne Blicke auf Schlanders, das man in ½ Std. erreicht.

- **293** **Schlanders,** 721 m (R 34) — **Patschhof,** 1430 m — **Vezzan,** 708 m (R 36), **und zurück**
  5—6 Std.

Diese lohnende Wanderung hat ihren Ausgangspunkt im Schlandrauner-Bach-Tal, das man vom Ghs. Adler im nordöstl. Ortsteil gemäß Ausschilderung erreicht. Man kann dann unter folgenden Varianten wählen:
a) Vom kleinen Staubecken im Schlandrauntal auf Mark. 7 in zahlreichen Kehren auf gutem Steig steil hinauf zur aussichtsreichen Burg Schlandersberg mit dem benachbarten Fisolhof (Jausenstation), 1060 m; 1 Std. Unweit davon zweigt die Mark. 7 wieder vom nach Vezzan führenden Fahrweg ab und führt im allmählich lichter werdenden Buschwald den Hang hinauf. Nach Erreichen des nach Tappein führenden Güterweges folgt man diesem linker Hand und erreicht in 1 Std. die Häusergruppe Tappein, 1397 m (keine Einkehrmöglichkeit!). Steigt man noch ein klein wenig höher auf Mark. 7, die zur Tappeiner Alm führt — dorthin ab Schlanders 3 ½ Std., s. R 292 in Gegenrichtung — hat man eine prachtvolle Aussicht, u.a. zum Hasenöhrl, zur Tuferspitze, Laaser Orgelspitze und Jennwand.
b) Nach Tappein kann man auch auf nachfolgendem Weg kommen: Entweder auf dem Fahrweg 4/15 aus dem Schlandraunthal heraus bis zur Kreuzung mit dem Waalweg 5 oder bereits von der Schule im westl. Ortsteil von Schlanders zum Waalweg hinauf bis zur Kreuzung der Wege 4/15 und 5. Von dort auf Bez. 5 weiter entlang des Waals, zu einer Brücke über den Schlandraunbach und in kurzen Kehren hinauf zum Fisolhof (Jausenstation) bei der Burg Schlandersberg, 1060 m, 1 ½ Std. Weiter nach Tappein in 1 Std. wie unter a).
Für die weitere Strecke von Tappein, 1397 m, nach Patsch wählen wir den Weg 14. Anfangs durch weites Wiesengelände auf der Höhenterrasse, dann entlang des Bergrückens durch Buschwald bis zur Einmündung der Variante c). Bald danach führt der Steig aus dem Wald heraus und steigt an zum verfallenen, aussichtsreichen Patschhof, 1430 m; ½ Std. ab Tappein.
c) Zum Patschhof gelangt man auch auf einem direkten Weg, der Tappein nicht berührt. Ausgangspunkt ist wieder das Schlandrauntal, aus dem Weg 11 mit schönen Rückblicken auf Schlanders herausführt.

Blick vom Anstieg zu den Laugenspitzen auf das Hochwart-Massiv. Im Hintergrund die vergletscherte Ortlergruppe.

Nach einem ersten Anstieg gabelt sich der Weg: geradeaus führt Mark. 13 nach Vezzan, links steigt unser Weg 11 zum Güterweg auf, der seinen Ausgangspunkt in Vezzan hat; ¾ Std. Nun folgt man dem Güterweg, der sich bald gabelt: links zum nahen Fisolhof bzw. Burg Schlandersberg, rechts nach Tappein. Die Mark. 11 kürzt verschiedentlich den weit ausholenden Fahrweg ab und führt zum Schluß, nur dem Güterweg folgend, hinauf nach Tappein. Dagegen findet man in rund 1200 m Höhe in einer Fahrwegkurve die Abzw. eines rot mark. Steiges, der durch Buschwald mit teilweise schönen Aussichten, manchmal steil, direkt zum Höhenweg Tappein — Patsch ansteigt. Von der Einmündung in diesen Weg erreicht man rechter Hand auf Mark. 14 in wenigen Min. den Patschhof, 1430 m; 2 Std. ab Schlanders.

Der Weiterweg vom Patschhof zum bereits von hier aus sichtbaren St. Martin im Kofel ist in Gegenrichtung unter R 308 beschrieben. Für den Abstieg vom verlassenen Patschhof nimmt man dagegen einen am unteren Wiesengelände beginnenden Steig, der steil zum Ratitschhof und von dort auf dem Güterweg in 1 Std. nach Vezzan, 708 m (R 36) hinabführt. Will man von dort nicht mit dem Linienbus nach Schlanders zurückfahren, benutzt man den bereits unter der Variante c) erwähnten Waldweg 13, der, immer über der Etschtalsohle verlaufend, in 2 Std. nach Schlanders zurückführt. Als Alternative zum Weg 13 sei noch auf den Weg 12 hingewiesen, der anfangs höher verläuft, später Mark. 13 kreuzt und dann tiefer verlaufend am Sportplatz vorbei ebenfalls nach Schlanders führt.

- **294 Schlanders,** 721 m (R 34) — **Göflan,** 755 m (R 35) — **Tarnell,** 1240 m
  3 Std.

Vom Ortszentrum in ½ Std. südwestw. nach Göflan am Fuß des Nörderberges. 100 Höhenmeter über Göflan zweigt Mark. 1 links ab, während die Bez. 2, 3 und 16 in ein Seitental führen. Dort zweigt bei einem Bildstock zunächst die Mark. 2 ab und nach Überquerung des Baches auch die Bez. 3. Unsere Mark. 16 folgt dagegen weiterhin dem Fahrweg bis zu einer Gabelung. Hier linker Hand gemäß Bez. auf einem steilen Weg hinauf zum Steinhof, 1118 m, 2 Std. ab Schlanders. Nach einem weiteren steilen Stück führt der Weg gemütlicher, später sogar abstei-

Gratübergang vom Hinteren Eis, 3270 m, zum Egg, 3217 m. Blick zum Doppelgipfel von Lagaunspitze und Saldurspitze. Im Hintergrund die Ortlergruppe.

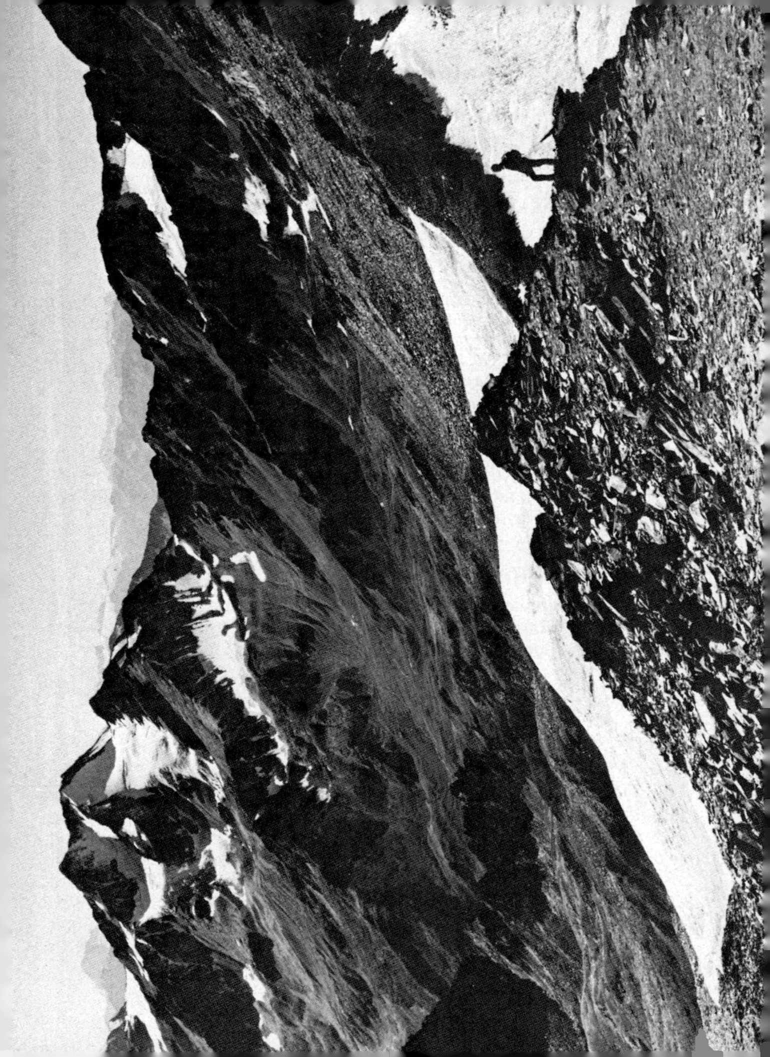

gend, teilweise durch Wiesen mit weiter Aussicht hinüber zur Höfegruppe Tarnell, 1240 m; 1 Std. ab Steinhof. Abstiegsmöglichkeit nach Laas auf R 275, von dort zurück mit dem Bus.

- **295 Schlanders,** 721 m (R 34) — **Kleinalm,** 1588 m — **Göflaner Alm,** 1826 m — **Göflaner See,** 2519 m
  5 ¼—5 ½ Std.

Wie unter R 294 über Göflan, 755 m (R 35) gemäß Bez. 2/3/16 leicht ansteigend in das erwähnte Seitental. Nach Überquerung des Bachs links vom Fahrweg auf Mark. 3 ab. Es folgt ein steileres Wegstück mit schönen Rückblicken. Am Patschhof vorbei geht es weiter empor. Schließlich kreuzt man eine Forststraße, kann aber weiter den alten, teilweise steilen Waldweg bis zur Kleinalm (Kleinalbl), benutzen. Diese liegt auf einem herrlichen von Felsen umgebenen Wiesengrund und ist im Sommer einfach bew. Bis hierher benötigt man 2 ¼ Std.
Bis zur Göflaner Alm hat man nun zwei Wege zur Auswahl: entweder folgt man der von Laas heraufkommenden Bez. 10 (s. R 276) oder man folgt der Forststraße (Nr. 3) zu den Kohlplätzen, 1666 m (hier Abzw. der Mark. 2 zum Haselhof), und weiter aufwärts zur Göflaner Alm, 1826 m; je nach Wegwahl ¾—1 Std. Der Weiterweg (Nr. 3) zum Göflaner See ist unter R 276 beschrieben.

- **296 GAMSHÖFE AM NÖRDERBERG,** 1400—1550 m

Verstreute Bergbauernhöfe südl. von Schlanders und Göflan mit der Jausenstation Haselhof (R 151), die auf unterschiedlichsten Fußwegen und auch mit dem Pkw erreicht werden können.

Anstiegswege:

- **297 Von Schlanders,** 721 m (R 34)
  Mark. 1, 2 ½ Std.

Vom Ortszentrum südwestw. in ½ Std. nach Göflan, 755 m (R 35), am Fuß des Nörderberges. Weiter gemäß Bez. 1/2/3 und 16, bis 100 Höhenmeter über Göflan unser Weg 1 links abzweigt. Er folgt anfangs teilweise der Zufahrtsstraße zu den Gamshöfen, führt aber später größtenteils als Waldweg zum Bärenstallhof, 1358 m, mit schöner Aussicht; 1 ½ Std. ab Göflan. Von dort auf dem wieder vereinigten Weg ½ Std. im Wald bergan bis zu einem Wiesengelände mit den Gamshöfen und Sommerfrischhäusern. Auf dem oberen Ende der Wiese findet man das Ghs. Haselhof, 1550 m (R 151).

- **298   Von Schlanders,** 721 m (R 34)
     Mark. 2, 2 ¾ Std.

Wie unter R 297 in ½ Std. nach Göflan, 755 m (R 35), und weiter auf Mark. 1/2/3 und 16. Während die Bez. 1 100 Höhenmeter über Göflan links abzweigt, führen die restlichen Mark. in ein Seitental. Dort bei einem Bildstock links auf Nr. 2 ab und hinauf zum aussichtsreich gelegenen Wibenhof, 1111 m. Hier lebte im vorigen Jahrhundert die Familie Spieler, die vom Schnalstaler Sektierer Josef Gorfer für antikatholische Ideen gewonnen worden war und die sogenannte „Wibmer Sekte" gegründet hatte. In der Folge kreuzt man zweimal einen Forstweg und trifft kurz vor dem Bärenstallhof, 1358 m, auf Weg 1; bis zum Hof 1 ¾ Std. ab Göflan. Weiter wie unter R 297.

- **299   Von Schlanders,** 721 m (R 34)
     Mark. 2 A, 2 ¾ Std.

Wie zuvor unter R 297/298 in ½ Std. nach Göflan, 755 m (R 35), und weiter gemäß Bez. 2. Kurz nachdem die Mark. 2 im Seitental links von den übrigen Mark. abgebogen ist, findet man rechts die Abzw. der Bez. 2 A. Diese folgt einem Fahrweg zum Tafratzhof, 1106 m und führt dann weiter in den Hintergrund des Seitentales, wo sich der Fahrweg gabelt. Auf dem linken Ast (Bez. 2 A) empor in mehreren Kehren zur Weißkaser Alm, 1649 m. Ostw. weiter auf der Forststraße, dann auf Waldweg zur Forsthütte und hinab zum Ghs. Haselhof (R 151).

- **300   Von Schlanders,** 721 m (R 34)
     Mark. 3/2, 3 ¾ Std.

Wie unter R 295 über Göflan, 755 m (R 35), in 2 ¼ Std. zur Kleinalm (Kleinalbl), 1588 m. Von dort auf der Forststraße zu den Kohlplätzen, 1666 m, und weiter ostw. auf Bez. 2 im Wald dem Berghang folgend über mehrere Bachläufe hinüber zur Weißkaser Alm, 1649 m. Weiter wie unter R 299.

- **301   Von Morter,** 729 m (R 38)
     3 ½—4 Std.

Vom Ortszentrum südw. zum Beginn der Forststraße Talaier Wald. Diese führt in 15 Kehren im Wald hinauf zum Morterleger, 1704 m. Dies ist ein vorgelagerter Bergrücken am Eingang ins Martelltal, den man in 3 Std. Aufstieg erreicht. Von hier genießt man eine schöne Aussicht, u.a. zum Hasenöhrl. Man kann den Aufstieg zum Morterleger um ½ Std. abkürzen, wenn man am Beginn der Forststraße links auf dem „Scheibenkofelweg" abzweigt. Dieser Weg führt in vielen Kehren ohne

Anstrengung zu einem Plätzchen in 1042 m Höhe mit Wetterkreuz. An klaren Tagen geht die Sicht von hier bis Meran! Ein kurzer Verbindungsweg führt von diesem Aussichtspunkt wieder zur Forststraße mit der Mark. 6. Wenige Min. oberhalb der Einmündung des Scheibenkofelweges in die Forststraße zweigt rechts die Mark. 8 zum Blasnegg ab, siehe R 303. Der weitere Aufstieg erfolgt nun bis zum Morterleger auf der Forststraße. Von dort folgt man der roten Mark. H und kreuzt nach ¼ Std. den Weg 17 (Schlanders — Kreuzjoch, siehe R 302). Geradeaus im stillen und dichten Wald weiter, bis unter einer Forststraße von links Nr. 1 einmündet. Nun halb rechts zur Forsthütte und hinab zum Haselhof, 1550 m (R 151), den man vom Morterleger in 1 Std. erreicht.

- **302** **Schlanders,** 721 m (R 34) — **Kreuzjoch,** 2053 m — **Martell Dorf,** 1308 m
  5 ½ Std.

Bis zum Kreuzjoch hat man zwei Aufstiegswege zur Auswahl:
a) Wie unter R 297 in 2 ½ Std. zu den Gamshöfen mit dem Ghs. Haselhof, 1550 m (R 151). Von dort weiter im Wald bergan zu einer Lichtung mit Forsthütte und bald danach zu einer Wegteilung bei einer Forststraße. Geradeaus auf Weg H zum Morterleger und rechts auf Nr. 1 im Wald in 1 ½ Std. ab Haselhof hinauf zum Kreuzjoch, 2053 m. Es ist als Übergang wenig ausgeprägt und vollkommen bewaldet.
b) Vom Ortszentrum südostw. durch den Talboden zur Etsch und über diese nach Holzbrugg am Fuße des Nörderberges. Von hier steigt der Weg 17 größtenteils durch Wald hinauf zum aufgelassenen Hof Blasnegg, 1154 m, an der Zufahrtsstraße zu den Gamshöfen, 1 ½ Std. Im weiteren Verlauf kürzt die Mark. 17 den Verlauf der Autostraße mehrmals ab und steigt dann südöstl. im Wald weiter an. In rund 1700 m Höhe kreuzt man den Weg H (links in ¼ Std. zum Morterleger, rechts in ¾ Std. zum Haselhof). Von dort geradeaus im dichten Wald zum Bergrücken hinauf und über diesen zum Kreuzjoch, 2053 m; 2 ½ Std. ab Blasnegg.
Vom Kreuzjoch, 2053 m, leitet die Mark. 1 im lichten Lärchenwald anfangs in Kehren, dann etwas steiler hinab zum Marzonhof. Vorbei am Stauderhof zu den malerischen Eberhöfen und auf dem Güterweg hinab nach Martell-Kirchdorf, 1308 m; ab Kreuzjoch 1 ½ Std. Rückfahrt mit dem Linienbus nach Schlanders.

- **303** **Schlanders,** 721 m (R 34) — **Blasnegg,** 1154 m — **Morter,** 729 m (R 38)
  3 ¼ Std.

Wie unter R 302 b auf Weg 17 in 1 ½ Std. zum Hof Blasnegg, 1154 m.

Schlanders im mittleren Vinschgau.

Oberhalb des aufgelassenen Hofes zweigt von der Autostraße links der Steig 8 ab. Dieser Verbindungsweg führt ohne größere Höhenunterschiede durch Wald hinüber zur Forststraße Talaier Wald, die man nach 1 Std. in rund 1100 m Höhe erreicht. Man folgt ihr einige Min. nach links abwärts und hat dann zwei Abstiegsmöglichkeiten. Rechts zweigt der kürzere (und schönere) Scheibenkofelweg ab (s. R 301), oder man bleibt auf der Forststraße und benötigt etwas mehr Zeit für den Abstieg.

● 304　　　　ST. MARTIN IM KOFL, 1736 m

Bergfraktion von Latsch (R 39) zu der rund zwanzig verstreut liegende Bergbauernhöfe gehören. Als alte Knappensiedlungen gelten die beiden verfallenen Höfe Zuckbühel und Laggàr sowie der noch heute bewohnte Hof Vorra. Die meisten Höfe sind vermutlich bereits im Mittelalter als Schwaighöfe angelegt worden. Ursprünglich von der Viehzucht lebend, gingen die Bauern bald auf Getreideanbau über, heute kommen noch Beerenobstkulturen hinzu.
St. Martin ist mittels einer Seilbahn sehr leicht in 10 Min. aus dem Tal zu erreichen. Die Auffahrt mit der Bergbahn vermittelt einen guten Ein-

druck von der geologischen Struktur des Etschtales mit typischen Murkegeln. Im Bereich von St. Martin findet man auch den höchsten Waal Tirols, der das Wasser von einem 2700 m hoch gelegenen See im Penauder Tal (einem Seitenast des Schnalstales) über 11 km bis hinunter ins Etschtal führt.

Schon in früheren Zeiten galt St. Martin als vielbesuchter Wallfahrtsort. Die heutige kleine Kirche aus dem 16. Jh. dürfte an der Stelle eines vorchristlichen Höhlenheiligtums stehen. Besonders reizvoll sind im Kircheninneren, wo sich in einer natürlichen Felsgrotte die Martinsstatue befindet, einige Votivbilder und eine kleine Marmorplatte mit Reliefdarstellungen des mantelteilenden Ritters.

Anstiege:

- **305   Von Goldrain,** 660 m (R 37), **über Schloß Annaberg**
  3 ½ Std.

Bis zum Schloß Annaberg kann man unter drei verschiedenen Aufstiegswegen wählen:

a) Nordw. zur Häusergruppe Tschanderle und auf dem Annaberger Fahrweg, der sehr der Sonne ausgesetzt sein kann, hinauf zum Schloß.

b) Man folgt dem Weg nach Schloß Annaberg nur bis zur Abzw. des Panoramaweges 5, der oberhalb des Schlosses Goldrain den Hang quert, und benutzt diesen bis kurz vor die Hängebrücke über den Tisser Bach. Hier zweigt links der steile Weg 6 ab und erreicht den Fahrweg in der letzten Kurve vor dem Schloß.

c) Man benutzt zunächst den Weg, der zum Schloß Goldrain führt, und findet etwa 150 m nach dem Schloß einen Weg den Hang hinauf zum Panoramaweg. Diesen erreicht man unweit der Abzw. des Weges 6. Weiter wie unter b).

Für alle Wege muß man bis zum Schloß Annaberg 1 ½ Std. rechnen. Für den weiteren Weg vom Schloß Annaberg, das auf einem Vorberg unmittelbar an der Schlucht des Tisser Baches liegt, nach Ratschill gibt es ebenfalls zwei Varianten:

a) 5 Min. oberhalb des Schlosses nach rechts zum Tisser Bach, der auf einem notdürftigem Steg überquert wird. Auf der anderen Seite nun hinauf zu einem schönen Aussichtspunkt, wo man auf Weg 7 von Latsch trifft. In weiteren 10 Min. nach Ratschill.

b) Man folgt weiterhin dem Fahrweg, auch mit Nr. 6 mark., kommt nach 20 Min. an einem Schalenstein vorbei, der links am Weg liegt, erreicht dann ein Wegkreuz und wandert nun nach rechts eben ins Tisser-Bach-Tal und hinüber nach Ratschill. Beide Wege beanspruchen ¾ Std. ab Schloß Annaberg.

Von den Ratschillhöfen durch Äcker in den lichten Wald mit einem Wegkreuz. Hier teilen sich die Bez. 6 und 7. Nr. 7, von Latsch kommend, führt in das Tal des Tisser Bachs und zuletzt steil hinauf zu den Pardatschhöfen am Höhenweg 14 St. Martin — Schlanders (s. R 308), während der Weg 6 ostw. hinüber nach St. Martin führt, das man zuletzt auf dem Fahrweg in 1 ¼ Std. ab Ratschill erreicht.

● **306** **Von Latsch,** 639 m (R 39), **über Ratschill**
3 ½ Std.

Der Weg 7 beginnt bei der Etschtalbrücke an der Staatsstraße, überquert den Latschander Waal und führt dann in Kehren steil hinauf. Vorbei an einem Wegkreuz zu den Annaberger Böden. Hier mündet der von Goldrain kommende Panoramaweg 5 ein. Später kreuzt man einen nach St. Martin führenden Fahrweg, trifft an einem Aussichtspunkt auf Weg 6 und erreicht von dort in 10 Min. Ratschill, 1285 m, 2 ¼ Std. Weiter wie unter R 305.

● **307** **Von Latsch,** 639 m (R 39), **über Platz**
3 Std.

Auch dieser Weg beginnt bei der Latscher Brücke an der Staatsstraße. Er ist mit Nr. 8 bez. und steigt angenehm in östl. Richtung gegen Platz an. Bei einem Felsrücken mündet von rechts Weg 8 A ein. Später kreuzt man die Fahrstraße und erreicht die Platzhöfe, 1228 m, 1 ½ Std., eine urgeschichtliche Siedlungsstätte mit der Sebastianikapelle (Anf. des 17. Jh.). Man verläßt nun den Weg nach Trumsberg. Oberhalb von Platz zweigt links ein Fahrweg ab, der den Berghang westw. quert und schließlich nach St. Martin hinaufführt. Man kann alternativ auch noch ein Stück der nach Trumsberg führenden Straße folgen und findet dann bei den Laimtalhöfen einen Verbindungsweg, der in Kürze zum Hauptweg Trumsberg — St. Martin (Bez. 2/8) führt (s. R 309). Der Anstiegsweg von Kastelbell (R 41) ist unter R 330 beschrieben.

● **308** **Höhenweg St. Martin im Kofl,** 1736 m (R 304) — **Schlanders,** 721 m (R 34)
4—4 ½ Std.

Wer eine Vorstellung vom schweren Leben der Bergbauern am Sonnenhang gewinnen möchte, sollte diesen lohnenswerten und aussichtsreichen Höhenweg begehen. Von der Seilbahn-Bergstation bis zum Ende des Fahrweges in das Tal des Tisser Baches. Dort beginnt der Steig 14, von dem man zunächst nach Vorra hinübersieht. Man überquert mehrere Bachläufe und erreicht die Pardatschhöfe, wo Nr. 7 abzweigt und über Ratschill ins Tal führt (R 305). Auch wenn immer wieder schöne

Aussichten locken, sollte man auf den stellenweise recht schmalen Weg achten! Über einige Äste des Tisser Baches erreicht man den Egghof, 1677 m, der heute als einfache Jausenstation geführt wird. Zwischen Egg und Vorra muß ein Murbruch überquert werden. Hier ist Trittsicherheit erforderlich, und der Weg kann nach einem Unwetter leicht unpassierbar sein. Vorra, 1698 m, klebt mit seinen ineinander geschachtelten Gebäuden wie ein Schwalbennest am Hang. Bis hierher benötigt man 1 Std. Ein bez. Weg führt von Vorra hinab zum Schloß Annaberg und ins Tal. Unser Weg 14 geht jedoch nun einen Bergrücken hinauf, auf der die Ruine des Laggàrhofes steht. Von hier genießt man wieder die schöne Aussicht und hat eine weitere, allerdings schlecht zu findende bez. Abstiegsmöglichkeit ins Tal (Weg 14 B). Durch lichten Wald hinab zum Zuckbühelhof, 1508 m, ebenfalls heute eine Ruine, 1 Std. ab Vorra. Nun geht es in das Tal des Fallerbachs, das ebenfalls mit einiger Vorsicht zu durchqueren ist. Aus dem Seitental wieder heraus zur Ruine des Patschhofes. Von dort führt ein Weg über den Ratitschhof nach Vezzan hinab (s. R 293). Unser Höhenweg 14 führt jedoch geradeaus leichtabsteigend in den Wald hinein. Hier findet man die Abzw. eines Weges, der direkt nach Schlanders führt (s. in Gegenrichtung unter R 293). Geradeaus geht es am Berghang entlang, zuletzt über weite Wiesen nach Tappein, 1397 m, 1 ½ Std. ab Zuckbühel. Abstieg auf Weg 7, s. R 293 in Gegenrichtung.

- **309** **Höhenweg St. Martin im Kofl,** 1736 m (R 304) — **Trumsberg,** 1433 m (R 331)
  1 ½ Std.

Man verläßt St. Martin in östl. Richtung und geht fast eben bis zum Greithof, Bez. 2/8. Nun etwas abwärts zu den Höfen von Laimtal, wo ein Verbindungsweg zur Trumsberger Straße abzweigt. Geradeaus jedoch durch den Tobel des Vermoibaches zur Herz-Jesu-Kapelle und dann in 10 Min. nach Trumsberg.

- **310** **TÖBRUNN,** 1718 m
  (TEEBRUNNEN)

Beliebte sommerliche Jausenstation am Nörderberg oberhalb von Latsch. Ziel verschiedener Waldwege, die zu einer Rundwanderung kombiniert werden können.

Das Gehöft Vorberg, St. Martin im Kofel (oberhalb von Latsch), darüber die Graue Wand, 2776 m.

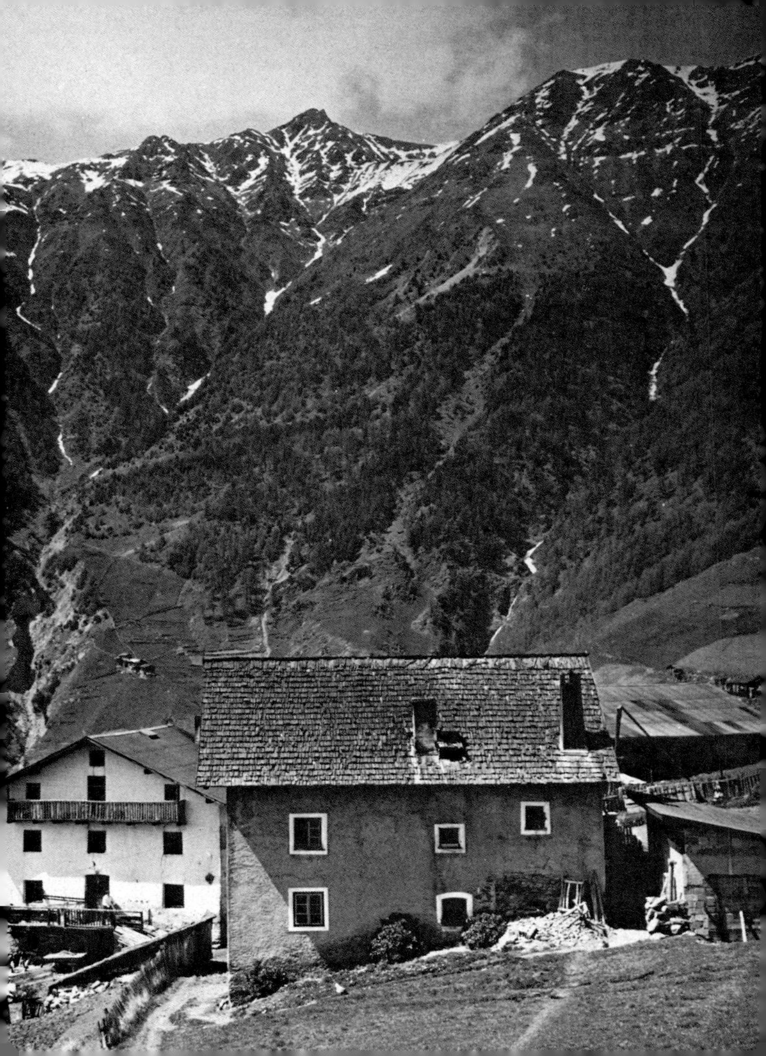

Anstiegswege:

- **311 Von Latsch,** 639 m (R 39)
  Mark. 4/4 A, 2 ¾ Std.

Man verläßt das Ortszentrum in südl. Richtung und folgt den Hinweisen zum Ghs. Latscher Hof am Waldrand. Hier beginnt der steile Anstiegsweg 4, der immer im Wald dem Verlauf eines Bergrückens folgt. Im oberen Wegteil wird kurz die Forststraße berührt. Bei den nachfolgenden zwei Wegteilungen hält man sich immer rechts (Mark. 4 A) und erreicht so im direkten Anstieg die Jausenstation.

- **312 Von Latsch,** 639 m (R 39)
  Mark. 11, 3 ¼ Std.

Wie zuvor unter R 311 zum Latscher Hof. Von dort westw. auf dem sogenannten „Faltneiderweg" weiter und nach etwa 300 m rechts durch die Obstwiesen, bis man den für den Autoverkehr gesperrten Forstweg erreicht. Er führt in weit ausholenden Serpentinen mit angenehmer Steigung immer durch den Wald hinauf. Kurz vor Töbrunn gabelt sich dieser Fahrweg nochmals. Der rechte Ast führt in Richtung Morteralm, geradeaus kommt man in Kürze nach Töbrunn.

- **313 Von Morter,** 729 m (R 38)
  3 Std.

Vom Ortszentrum ostw. über die Landesstraße und durch Obstwiesen zum Plimabach, der auf einem Holzsteg überquert wird. Nach rechts zum Fuß des Burghügels, hier nach links zum „Bierkeller", einer beliebten Jausenstation. Weiter auf dem Forstweg 11 wie unter R 312 nach Töbrunn.

- **314 Von Tarsch,** 854 m (R 40)
  2 ½ Std.

Zunächst auf der zum Sessellift führenden Autostraße aus dem Ort heraus, dann von dieser rechts ab (Mark. 1/2) und auf dem im Winter als Rodelbahn benutzten Fahrweg in direkter Linie hinauf zum Tarscher Sessellift mit Gasthaus. Weiter westw. auf dem Forstweg zum „Platzleng", einem hübschen Rastplatz; 1 ¼ Std. Nach einer weiteren ½ Std. Gehzeit auf dem Forstweg kommt man zu einer Forstweggabelung und geht hier geradeaus weiter (links zur Tarscher Alm, R 152). Wenige Min. nach dieser Weggabelung zweigt links Weg 2 zur Latscher Alm ab. Man folgt jedoch weiterhin dem bequemen Forstweg, der 25 Min. nach der Fahrweggabelung von der Bez. 4 (Latsch — Latscher Alm, R 317) gekreuzt wird. Wenige Min. später mündet eine weitere Variante des

Weges 4 in unseren Fahrweg ein. Dann erreicht man erneut eine Forststraßengabelung. Der südöstl. aufsteigende Fahrwegast mit der Mark. 2 führt zur Latscher Alm, während man auf dem westw. weiterführenden Fahrweg in 10 Min. Töbrunn erreicht.

- **315   Töbrunn,** 1718 m (R 310) — **Morteralm,** 1908 m
    1 ¼ Std.

Dies ist eine beliebte Fortsetzung des Ausfluges nach Töbrunn auf dem Fischersteig. Bei der Forststraßengabelung wenige Min. westl. von Töbrunn auf dem linken, oberen Ast weiter, der bald endet. Nun auf dem eigentlichen, schmalen Steig 12 in ständigem leichtem Auf und Ab meist durch Wald und über einige Geröllhalden entlang des Bergrückens, der das Martelltal vom Vinschgau trennt. Unterwegs hat man reizvolle Ausblicke auf den Vinschgauer Sonnenberg, die Gipfel der Ötztaler Alpen und später ins Martelltal hinein und erreicht schließlich die blumengeschmückte Alm.

Wer von der Morteralm nicht den gleichen Weg zurückgehen will, steigt auf Weg 14 nach Burgrum ins Martelltal ab (1 ½ Std.) und fährt mit dem Linienbus zurück zum Ausgangspunkt.

- **316   LATSCHER ALM,** 1715 m

Im Sommer einfach bew. Alm auf der Talseite, die auch gern als Zwischenstation bei der Ersteigung des Hasenöhrls benutzt wird.

- **317   Von Latsch,** 639 m (R 39)
    3 Std.

Zunächst wie unter R 311 auf Mark. 4 vom Latscher Hof im Wald den Bergrücken hinauf. Bei der ersten Fußweggabelung nach Berührung der Forststraße hält man sich links und steigt südöstl. weiter auf, kreuzt den Forstweg Tarsch — Töbrunn (R 314) und erreicht später den Forstweg zur Latscher Alm, dem man nach links folgt. Variante: Wenn man bei der erwähnten Fußweggabelung dem rechten Weg folgt, kommt man bald zu einer zweiten Abzweigung (rechts Nr. 4 A nach Töbrunn) und erreicht von dort linker Hand ebenfalls die Forststrasse Tarsch — Töbrunn. Ihr folgt man für 5 Min. westw. (rechts) und nimmt dann von der Straßengabelung den Ast, der südöstl. zur Latscher Alm führt (Mark. 2).

- **318   Von Tarsch,** 854 m (R 40)
    2 ¼ Std.

Wie unter R 314 bis zur Abzw. des Weges 2 von der nach Töbrunn führenden Forststraße. Auf diesem Steig erreicht man die Alm in 20 Min.

- **319**   **TARSCHER ALM**, 1940 m

Die Alm liegt nahe am Nationalpark Stilfser Joch, der hier seine O-Grenze hat und wurde vor allen Dingen für den Wintersport erschlossen. Im Sommer wie Winter bew. und mit dem Sessellift zu erreichen, der oberhalb von Tarsch seine Talstation hat.

- **320**   **Von Tarsch,** 854 m (R 40)
  2 ¾—3 Std.

Wie unter R 314 in 1 ¼ Std. zum beliebten Rastplatz Platzleng. Hier zweigt der steile Weg 1 ab, der dem bewaldeten Bergrücken folgt, weiter oben mehrmals den Fahrweg berührt bzw. abkürzt und schließlich zur Alm führt. Falls man den steilen Anstiegsweg vermeiden will, folgt man vom Platzleng weiter dem Forstweg, der sich nach ½ Std. gabelt. Der linke Ast führt von dort vorbei am Wegkreuz Gstell in 1 ¼ Std. ebenfalls zur Alm.

- **321**   **Von Latsch,** 639 m (R 39)
  3 ¾ Std.

Wie unter R 317 zur Latscher Alm, 1715 m (R 316). Von dort folgt man für 10 Min. im steilen Anstieg der Mark. 2, bis nach links der Weg 9 abzweigt. Dieser führt bequem am Berghang hinüber zur Tarscher Alm, die man zuletzt über den Fahrweg erreicht; 45 Min. ab Latscher Alm.

- **322**   **Tarscher Alm,** 1940 m (R 319) — **Tarscher See,** 1828 m
  1 ¼ Std.

Hübscher Bergsee mit vielen Bergforellen, der von der Tarscher Alm gern besucht wird. Man steigt zunächst auf Weg 1/9 etwas ab und folgt dann der Mark. 9, die ostw. leicht abfallend zum Tarscher See leitet. Rückkehr auf dem gleichen Weg.

3. Unterer Vinschgau

- **330**   **Kastelbell,** 600 m (R 41) — **St. Martin im Kofl,** 1736 m (R 304)
  3 Std.

Vom Schloß Kastelbell in Richtung Pfraum und durch Wald vorbei an der unterhalb des Weges liegenden Klumperplatte, einem alten Dolmengrab. Der Weg 8 A führt dann in einigen Kehren den Sonnenberg hinauf und trifft auf den von Latsch kommenden Weg. Weiter hinauf nach Platz; bis hierher 1 ½ Std. und weiter wie unter R 307.

- **331**   **TRUMSBERG**, 1433 m

Bergweiler mit Einkehrmöglichkeit oberhalb von Kastelbell auf einer kleinen Hochfläche zwischen Vermoibach und Galsaunbach. Auf einer Bergstraße ist die Häusergruppe auch mit dem Pkw zu erreichen. Die Kabinen-Seilbahn von Kastelbell ist offiziell nicht für den öffentlichen Personentransport zugelassen, wird aber dennoch häufiger benutzt.

Anstiegswege:

- **332**   **Von Kastelbell,** 600 m (R 41), **über Platz**
    2 ½ Std.

Wie unter R 330 in 1 ½ Std. zu den Platzhöfen, 1228 m. Weiter auf Mark. 8 aufwärts, die Abzw. zu den Laimtalhöfen nicht beachtend, in nordöstl. Richtung in das Tal des Vermoibaches und nach dessen Durchquerung ansteigend zur St.-Martins-Kapelle und bald danach zu den Häusern von Trumsberg.

- **333**   **Von Galsaun,** 600 m (R 42)
    2 Std.

Anfangs auf dem mit Nr. 1 B mark. Forstweg in mehreren Serpentinen hinauf, bis in einer Rechtskurve (ca. 900 m Höhe) der alte Kirchweg (Bez. 1/2) von Tschars heraufkommt. Nun westw. bis zum Ende des Forstweges, dann als schmaler Steig durch den sonnigen Hang zu einem auffallenden Felseneck, über den Galsaunbach und in etlichen Kehren aus der wilden Schlucht heraus zu den Wiesen und Häusern von Trumsberg.

- **334**   **Von Tschars,** 627 m (R 43)
    2 Std.

Vom Kirchplatz auf Mark. 1/2 westw. den Sonnenberg hinauf, vorbei an den Obergreithöfen, bis man den von Galsaun heraufkommenden Forstweg erreicht. Weiter wie unter R 333.

- **335**   **MARZONALM**, 1600 m

Beliebtes Ausflugsziel auf der Tal-S-Seite und Kreuzungspunkt vieler Wanderwege. Im Sommer bew. (s. auch R 153).

- **336**   **Von Tarsch,** 854 m (R 40)
    2 ¾ Std.

Im oberen Ortsteil von Tarsch zweigt der Weg 3 links von der zum Tarscher Sessellift führenden Autostraße ab, führt gleich aus dem Ort heraus und bietet bald einen schönen Blick über die Obstplantagen gegen Latsch. Man kommt beim Medarushof mit kleiner Kirche vorbei, wo einst ein Pilgerhospiz stand. Nach dem Medarushof steigt der Fahrweg stärker an. Beim Hof Tasenplon mit Bildstock hat man nochmals eine schöne Aussicht und erreicht nach 1 ¼ Std. die Fahrstraße, die von Kastelbell heraufkommt und die Freiberger Höfe erschließt. Folgt man ihr links abwärts, erreicht man in Kürze die einfache Jausenstation im Bergweiler, unser Weg steigt aber dagegen rechts zu den obersten Höfen auf. Nach dem letzten Hof folgt bald ein kleiner Parkplatz, und dann steigt die Forststraße in Serpentinen an, um schließlich im Wald in den Graben des Schlumsbaches zu führen. Hier findet man zunächst eine Abzw. zur Freiberger Alm und nach der Bachüberquerung auch den Weg zur Latschiniger Alm; bis zu dieser Abzw. ¾ Std. Nun nur noch wenig ansteigend, immer im Wald, in östl. Richtung zur Marzonalm, die man ab Schlumsbachgraben in ¾ Std. erreicht.

- **337**   **Von Kastelbell,** 600 m (R 41), **über Freiberg**
  3 ¼ Std.

Südw. über die Etsch und durch die Häusergruppe Marein nach Latschinig am Fuß des Nörderberges. Hier zweigt die Mark. 7 links von der Autostraße ab und führt bald im Wald aufwärts. In 855 m Höhe wird bei einem Bildstock mit schönem Talblick die Autostraße gekreuzt, dann geht es wieder im Wald ohne Straßenberührung aufwärts. Zuletzt am Wald- und Wiesenrand entlang und zur Fahrstraße, die man etwas unterhalb der Kirche erreicht. Über das weite Wiesengelände hat man nun eine umfassende Rundsicht. Man erreicht die Kirche und bald danach die einfache Jausenstation in 1 ½ Std. von Kastelbell. Gleich nach der Jausenstation kürzt die Mark. 7 erneut die Autostraße ab und trifft noch vor dem ersten der oberen Freiberger Höfe wieder auf diese. Man folgt der Autostraße nun nach links zu diesen Höfen und auf der Forststraße, dann der Mark. 7 in den Graben des Schlumsbaches mit der Abzw. des Weges 3 zur Latschiniger Alm; 1 Std. ab Freiberg. Weiter wie unter R 336.

- **338**   **Von Kastelbell,** 600 m (R 41), **über Lind**
  3 Std.

Von Kastelbell südöstl. zum Sportplatz und zur Talstation der Materialseilbahn für die Lindhöfe, ½ Std. Weiter auf Weg 19 in mehreren Kehren im Wald aufwärts, über die Lichtung Schaarbichl mit kleinem Wegkreuz, und schließlich zu den Gütern von Lind. Nur wenige Min. oberhalb von Lind erreicht man eine Wegteilung. Hier zweigt rechts ein Verbindungsweg zur Freiberger Autostraße ab, während unser Weg nun ostw. ansteigt. Dort, wo Nr. 19 scharf nach rechts (westw.) abzweigt, führt geradeaus ein Weg nach Tomberg. Im weiteren Anstieg kommt man über die Linder Kanl (Waal) und erreicht schließlich das große Wiesengelände westl. der Marzonalm. Nach dessen Durchquerung trifft man auf den Fahrweg 7 und folgt diesem bzw. der Mark. für wenige Min. nach links zur Alm.

- **339 Von Kastelbell,** 600 m (R 41), **über die Freiberger Alm**
  4 Std.

Wie unter R 337 in 1 ½ Std. zum Bergweiler Freiberg, 1145 m. Nach der Jausenstation auf Mark. 7, die Autostraße abkürzend, weiter aufwärts. Nachdem man wieder die Straße erreicht hat, folgt man ihr nach links zum ersten der oberen Freiberger Höfe. Hier findet man rechts die Abzw. des Almenweges A zur Freiberger Alm, die man in 1 ¼ Std. ab Freiberg erreicht. Man kann jedoch von den oberen Höfen zunächst weiterhin dem Fahrweg bis in den Graben des Schlumsbaches folgen und findet auch dort einen mark. Aufstiegsweg zur Freiberger Alm mit der gleichen Gehzeit ab Freiberg. Das große Wiesengelände auf der im Sommer einfach bew. Freiberger Alm, 1674 m, bietet eine weite Rundsicht. Von der Alm führt der schmale Bergweg A an der Jagdhütte vorbei und kreuzt im Graben des Schlumsbaches mit etlichen Wasserläufen den Weg 3 zur Latschiniger Alm; ½ Std. Aus dem Graben des Schlumsbaches wieder heraus und immer im Wald dem Verlauf des Bergrückens folgend, trifft man oberhalb der Marzonalm auf Mark. 9 und steigt auf ihr zur Alm ab; 1 ¼ Std. ab Freiberger Alm.

- **340 Von Tschars,** 627 m (R 43)
  2 ¾ Std.

Vom Ortszentrum hinab zur Staatsstraße, über die Etsch und zum Fuß des Nörderberges. Hier beginnt der Weg 9/9 A, der gut mark. ist und die Zufahrtsstraße für die Tomberghöfe kaum berührt. Durch schönen Misch- und später Nadelwald kommt man immer höher und erreicht schließlich die Tomberghöfe, die verstreut auf einem großen Wiesengelände liegen. Vom Niedermairhof mit Schule hat man eine sehr weite Rundsicht. Im weiteren Anstieg erreicht man dann bald den Hof Kalthaus, 1330 m, der heute als Jausenstation geführt wird, 1 ¾ Std. Von der Wegteilung unweit des Hofes rechts auf Nr. 9/9 A weiter. Im Wald steigt man wieder an und erreicht schließlich eine Lichtung. Hier teilt sich der Weg. Geradeaus weiter auf Nr. 9 A in den Graben des Frigelebachs mit mehreren Wasserläufen. Noch vorher findet man die Abzw.

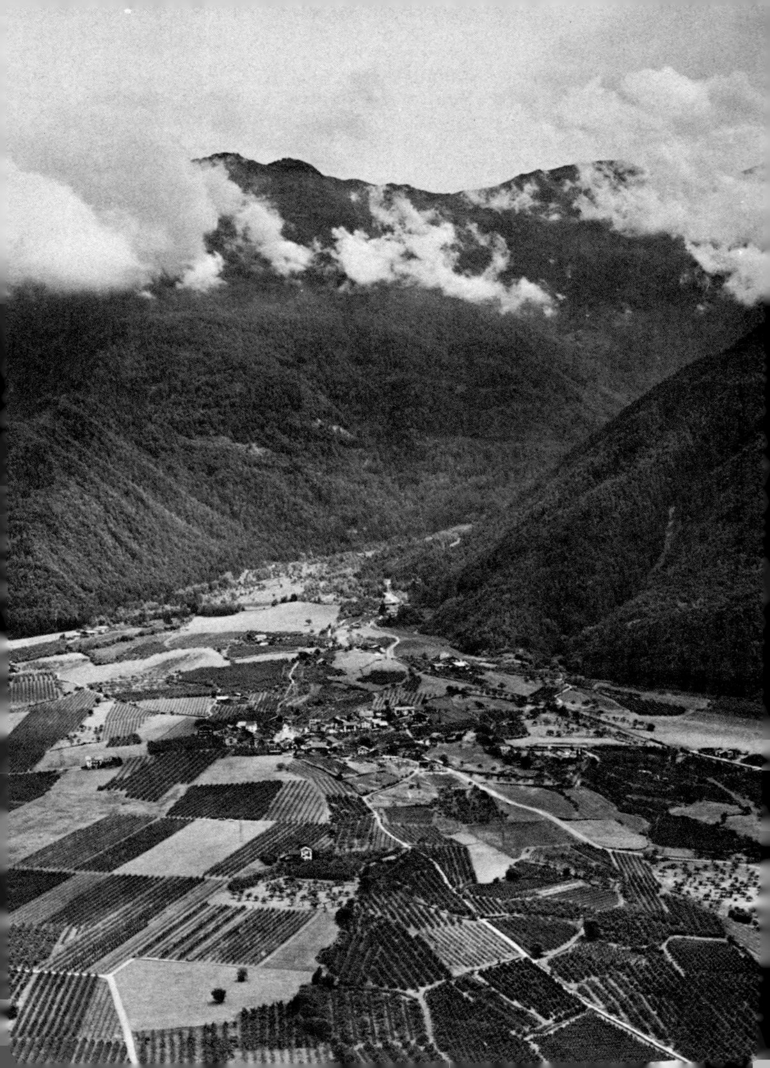

des Almenweges A zur Tomberger Alm und Tablander Alm, folgt jedoch immer geradeaus der Mark. 9 A und kommt so nach Überquerung von etlichen Bächen zu einem Forstweg und auf diesem in Kürze zur Marzonalm; 1 Std. ab Kalthaus.

- **341 Von Staben,** 552 m (R 44)
    3 Std.

Zunächst südw. zum kleinen Dorf Tabland, 676 m. Weiter auf dem Fahrweg 4, bis die Mark. am Fuß des Nörderberges rechts abzweigt. Auf einem romantischen Karrenweg gewinnt man im Wald an Höhe und trifft auf einer kleinen Lichtung auf die Zufahrt zum Radebenhof. Hier links aufwärts, bis man bei einem Kruzifix den von Tabland heraufkommenden Fahrweg wieder erreicht hat. Nun immer auf dem Fahrweg aufwärts, von dem viele Äste abzweigen. In einer Kehre am Rande eines Wiesengeländes zweigt vom Fahrweg 4 die Mark. 13 ab. Ein kurzer Abstecher führt uns zum aussichtsreichen Obergadenhof (Jausenstation). Von hier führt Nr. 13 als schmaler Waldsteig ins Schleidertal zum Mitterhof und auf der Hofzufahrt hinab zum Weg 5, auf dem man nach Tabland und Staben zurückkehren könnte. Folgt man jedoch dem Serpentinen-Fahrweg 4 weiter aufwärts, kommt man zu einer Wegteilung beim Hof Kalthaus, 1330 m, dem höchsten Hof des Bergweilers Tomberg; er wird heute als Jausenstation geführt. 2 Std. ab Staben. Weiter wie unter R 340.

- **342   KOFELRASTER SEEN,** 2405 m und 2407 m

Die schönen Kofelraster Seen liegen schon auf der Ultener Seite des Kammes, sind beide sehr flach, bieten hübsche Rastplätze an ihren Ufern und können auch von der Vinschgauer Seite her erwandert werden.

Anstiegswege:

- **343 Von Tarsch,** 854 m (R 40)
    4 ¾—5 ¼ Std.

Bis zur Latschiniger Alm, 1936 m, hat man zwei Wege zur Auswahl:
a) Wie unter R 336 über die oberen Freiberger Höfe in den Graben des

Typische Vinschgauer Landschaft. Einer der riesigen Murkegel, die heute ergiebige Obstplantagen tragen. In der Bildmitte die Ortschaft Tabland bei Naturns zu Füßen des Nörderberges.

Schlumsbaches. Hier rechts auf Mark. 3 im Graben aufwärts. Weiter oben kreuzt man den Almenweg A und erreicht die Latschiniger Alm in 1 Std. von der Abzw. im Schlumsbachtal.

b) Wie unter R 336 bis zum ersten der oberen Freiberger Höfe und dort rechts auf dem Almenweg A weiter zur Freiberger Alm, 1674 m; 2 ½ Std. Weiter auf dem Almenweg und vorbei an der Jagdhütte in den Graben des Schlumsbaches. Hier trifft man auf Weg 3 und folgt ihm rechts aufwärts; 1 Std. ab Freiberger Alm. Von der im Sommer bew. Latschiniger Alm auf steinigem Weg im Wald weiter aufwärts, dann durch Alpenrosenfelder und über Geröll in ziemlicher gerader Linie hinauf zum Rontscher Joch, 2431 m, und in Kürze zu dem oberen der beiden Seen; 1 ¾ Std.

- **344 Von Kastelbell,** 600 m (R 41)
  5 ¼—5 ½ Std.

Bis zur Latschiniger Alm, 1936 m, kann man unter zwei Wegen wählen:
a) Wie unter R 337 über Freiberg in 2 ½ Std. in den Graben des Schlumsbaches und weiter zur Latschiniger Alm wie unter R 343 in 1 Std.
b) Wie unter R 339 in 2 ¾ Std. zur Freiberger Alm, 1674 m. Weiter wie unter R 343 in 1 Std. zur Latschiniger Alm. Von der im Sommer bew. Latschiniger Alm erreicht man die Kofelraster Seen in 1 ¾ Std., s. R 343.

- **345 Von der Tarscher Alm,** 1940 m (R 319)
  2 ½ Std.

Die Tarscher Alm ist vom Tal aus auf den unter R 320 und R 321 beschriebenen Wegen bzw. mit dem Sessellift zu erreichen. Von dort auf Mark. 1 hinauf zum Jochpfarrer mit der zeitweise bew. Zirmraunhütte am Ende des zweiten Liftes, 2251 m; 1 Std. Hier beginnt der Höhenweg, der aussichtsreich oberhalb der Baumgrenze auf der Vinschgauer Seite des Kamms in 1 ½ Std. hinüber zum Rontscher Joch, 2431 m, quert, wo man auf Weg 3 trifft und in Kürze den oberen der Seen erreicht.

- **346 Von Tschars,** 627 m (R 43)
  5 ¾ Std.

Wie unter R 340 in 2 ¾ Std. über Kalthaus zur Marzonalm, 1600 m. Von dort folgt man dem mit 9/9A/18 bez. Forstweg, der bald endet. In Serpentinen rechts auf Nr. 9/9 A aufwärts, bis man auf den Weg stößt, der unter R 347 beschrieben ist. Hinauf zum Leger, 1910 m, und zur Oberalm, 2100 m, 1 ½ Std. ab Marzonalm. Im weiteren Anstieg blickt man hinab zur Schwarzen Lacke, einem dunklen Seeauge in einer Karmulde.

Der Wald wird immer lichter, und es geht durch Alpenrosenfelder aufwärts. Nach rechts hinauf zum Felsrücken, der das Kar der Marzonalm von jenem der Latschiniger Alm trennt. Dann quert man oberhalb des Latschiniger Kares hinüber zum Rontscher Joch, 2431 m, und erreicht von dort in wenigen Min. den oberen der beiden Seen, 1 ¼ Std. ab Oberalm.

- **347** **Von Staben,** 552 m (R 44)
   5 ¾ Std.

Wie unter R 341 in 2 Std. nach Kalthaus, 1330 m, dem obersten Hof in Tomberg (Jausenstation). Weiter auf dem Weg 9/9 A bis zu einer Lichtung, wo Nr. 9 links abzweigt. So kommt man in 1 ½ Std. ab Kalthaus zum verfallenen Schweinestall, 1810 m, wo man auf Mark. 18 stößt. Von dort weiter auf Bez. 9 nach rechts, bis man auf den Weg von der Marzonalm trifft. Hinauf zum Leger, 1910 m, und zur Oberalm, 2100 m; 1 ¼ Std. Weiter wie unter R 346.

- **348**   **ZIRMTALSEE,** 2114 m

Der Zirmtalsee liegt sehr schön in einem Kar des Kammes, der Vinschgau und Ulten trennt und ist ein wirkliches Kleinod der Natur. Über dem von Zirben eingerahmten See erheben sich im Hintergrund die mächtigen Ötztaler Alpen — ein Anblick, für den man Zeit haben sollte!

Anstiegswege:

- **349** **Von Kastelbell,** 600 m (R 41)
   4 ¾—5 Std.

Wie unter R 337 in 3 ¼ Std. oder gemäß R 338 in 3 Std. zur Marzonalm, 1600 m. Von ihr auf dem bald endenden Forstweg 9/9A/18 aufwärts. Später links über den Friglbach und auf Bez. 18 im Wald bergan zum verfallenen Schweinestall, 1810 m, ½ Std. Entlang eines kleinen Bachlaufs weiter auf Nr. 18 aufwärts. In etlichen Serpentinen gewinnt man an Höhe und erreicht in 1 ¼ Std. den See.

- **350** **Von Tschars,** 627 m (R 43)
   4 ½ Std.

Wie unter R 340 in 1 ¾ Std. nach Kalthaus, 1330 m, dem obersten Hof in Tomberg (Jausenstation). Weiter auf Weg 9 in 1 ½ Std. zum verfallenen Schweinestall, 1810 m, siehe R 347. Von dort gemäß R 349 in 1 ¼ Std. zum See.

- **351 Von Staben,** 552 m (R 44)
    4 ¾ Std.

Wie unter R 341 in 2 Std. nach Kalthaus. Von dort hat man zwei Möglichkeiten:
a) Wie unter R 350 über den Schweinestall zum See, 2 ¾ Std.
b) Auf dem Forstweg 4 über den Ronenboden zum Schartegg, wo der Weg ins Schleider Tal südw. abbiegt. Im großen Bachtobel zweigt rechts die Mark. 18 ab und kürzt den Forstweg zur Tomberger (Alt-) Alm, 1841 m, ab, die man in weiteren 1 ½ Std. erreicht. Von dort westw. den Bergrücken hinauf (Mark. 18) zum Bärenloch und dann zum Zirmtalsee; 1 ¼ Std. ab Alm.

- **352 Staben,** 552 m (R 44) — **Schleidertal** — **Tablander Alm,** 1758 m
    3 ¾ Std.

Von Staben zunächst südw. nach Tabland, 676 m. Weiter gemäß Mark. 5, die den Verlauf der Fahrstraße teilweise abkürzt. Von ihrem Ende im Wald auf einem manchmal steilen Weg im Schleidertal aufwärts. Kurz vor der Tablander Alm trifft man auf den von Kalthaus kommenden Forstweg und folgt ihm links zur Alm, die im Sommer einfach bew. ist.

- **353 Staben,** 552 m (R 44) — **Kalthaus** — **Tablander Alm,** 1758 m
    4 Std.

Wie unter R 341 in 2 Std. nach Kalthaus, 1330 m (Jausenstation). Von dort folgt man weiter der Forststraße 4, anfangs fast eben zum Ronenboden mit Holzkreuz, dann steiler im Wald aufwärts zum Schartegg. Dort biegt der Forstweg südw. ins Schleidertal ab. Man passiert die Abzweigung zur Tomberger Alm (Mark. 18) und erreicht auf dem Forstweg in 2 Std. ab Kalthaus die im Sommer bew. Tablander Alm.

- **354 SCHLOSS JUVAL,** 927 m

Am Eingang zum Schnalstal, 375 m über der Etschtalsohle. Das Schloß wurde um 1200 erbaut, ist bis heute bewohnt und kann besichtigt werden.

Anstiegswege:

- **355 Von Staben,** 552 m (R 44)
    1 Std.

Der Weg 1 beginnt im Dorf an der Staatsstraße und steigt den Sonnenberghang hinauf, wobei man schöne Rückblicke ins Tal hat. Später erreicht man den Waalweg 3 und die Jausenstation Sonnenhof. Hier nach rechts zum Karrenweg, auf dem man in ¼ Std. das Schloß erreicht.

- **356** **Von Tschars,** 627 m (R 43)
  1 ¼ Std.

Nordw. empor zum Waal, der schon zu Beginn des 16. Jh. mit Unterstützung von Kaiser Maximilian I. entstand. Die Wanderung entlang des Waals ist für den Vinschgau typisch, folgt sie doch einem der künstlichen Wasserläufe, die für die Landwirtschaft des regenarmen Tales von großer Bedeutung sind. Man gewinnt einen guten Eindruck von der landschaftlichen Charakteristik des Sonnenberges mit lichtem Wald, Buschwerk und Steppengelände. Nach 1 Std. Wanderzeit auf dem mit Nr. 3 bez. Waalweg erreicht man die Jausenstation Sonnenhof. Weiter wie unter R 355.

- **357** **Von Kastelbell,** 600 m (R 41)
  2 ¾ Std.

Vom Dorfplatz auf Mark. H, die in 1 Std. nach Hochgalsaun führt, am alten Köfelgut vorbei hinauf zum Waalweg. Man folgt diesem ostw. und kommt nach 40 Min. zum Schloß Kasten, wo ein Weg von Galsaun, 600 m (R 42), heraufkommt. Der stimmungsvolle Wanderweg 3 folgt weiter dem Waal und quert nach 1 ½ Std. ab Kastelbell oberhalb von Tschars. Weiter wie unter R 356.

- **358** **Von Altratheis,** 850 m (R 46)
  2 Std.

Vom Ghs. Altratheis (Linienbus-Haltestelle) über die Wiesen den Hang zum Waal hinauf. Er versorgt die Güter zwischen Staben und Galsaun mit Wasser aus dem Schnalstal. Der mit 31 bez. Weg ist zwar bequem, weist aber einige ausgesetzte Stellen auf und ist deshalb bei nassem Wetter nicht zu empfehlen. Man erreicht auf ihm unterhalb des Schloßhügels eine Hütte und steigt von hier rechts zum Schloß selbst hinauf.

- **359** **OBERJUVAL,** 1320 m

Einsamer Bergbauernhof am Sonnenberg, dessen Anstiegswege durch den Tiefblick in den Vinschgau bzw. ins Schnalstal, aber auch das Panorama der umliegenden Berge äußerst lohnend sind.

Anstiegswege:

- **360** **Von Tschars,** 627 m (R 43)
  2 Std.

Gemäß Mark. 1 A in nördl. Richtung unter Kreuzung des Waalweges hinauf zum Unterschönegghof und weiter zum Oberschönegghof, der auch auf einem Fahrweg aus dem Tal erreicht werden kann. Die Aussicht wird immer umfassender, und man erreicht schließlich den Hof Oberjuval.

- **361** **Von Staben,** 552 m (R 44)
   2 ¼ Std.

Wie unter R 355 in 1 Std. zum Schloß Juval, 927 m. Folgt man weiterhin der Bez. 1, erreicht man zunächst Mitterjuval, 1060 m, und hat von den Wiesen oberhalb dieses Hofes eine prächtige Aussicht. Der Weg folgt immer dem Bergrücken und führt in 1 ¼ Std. ab Schloß Juval zum Hof Oberjuval.

- **362** **SAXALBERSEE,** 2460 m

Seichter, aber stattlicher Bergsee unterhalb der Trumser Spitze, 2912 m, mit schöner Aussicht gegen die Texelgruppe.

Anstiegswege:

- **363** **Von Tschars,** 627 m (R 43), **über Trumsberg**
   5 ½ Std.

Wie unter R 334 in 2 Std. nach Trumsberg, 1433 m (R 331). Von der Bergstation der Seilbahn auf Mark. 1 zum Bachguthof, über den Trumser Bach und hinauf zum Hochpardatschhof, 1800 m (Aussicht!). Durch Lärchenwald auf einem Almenweg zur hübschen Unteren Stierbergalm, 2016 m; 1 ¼ Std. ab Trumsberg.
Weiter auf Almböden über einen Bergrücken in 1 Std. zum Tscharser Wetterkreuz, 2552 m, wo der Weg von Staben heraufkommt. Vom Wegweiser beim Weidezaun in weitem Bogen ostw., ein Kar ausgehend, dann zu einer Anhöhe und über einen breiten Sattel ins nächste Kar ab, das durchquert wird. Von dort erreicht der Weg 1 bald das Seeufer; 1 ¼ Std. ab Wetterkreuz.

- **364** **Von Tschars,** 627 m (R 43), **über Oberjuval**
   5 ¾ Std.

Wie unter R 360 in 2 Std. nach Oberjuval, 1320 m (R 359). Von dort weiter auf einem breiten, mit 1 bez. Weg zur verfallenen Schloßalm. Nun wird der Weg steil und folgt immer dem Seitengrat, der Etsch- und Schnalstal trennt. Durch immer lichter werdenden Wald hinauf mit teilweise weiter Rundsicht. Oberhalb der Waldgrenze setzt der schmale Steig zeitweise Trittsicherheit voraus. Schließlich auf mark. Spuren zu einem Wildzaun, der überquert wird und in Kürze zum Tscharser Wetterkreuz, 2552 m, mit Tisch und Bänken führt; 2 ½ Std. ab Oberjuval. Weiter wie unter R 363.

- **365 Von Staben,** 552 m (R 44)
    6 Std.

Gemäß R 355 zum Schloß Juval, weiter auf R 361 nach Oberjuval, 1320 m, dann auf R 364 zum Tscharser Wetterkreuz, 2552 m, und auf R 363 zum See.

- **366 Von Neuratheis,** 960 m (R 47)
    4 ½ Std.

Beim gleichnamigen Gasthaus beginnt der selten benutzte Aufstiegsweg 23, der zunächst zum Saxalberhof, 1363 m, und dann in einem Nebental zur aufgelassenen Saxalberalm führt. Weiter über das offene Almgelände zum See.

- **367 Von Karthaus,** 1327 m (R 50)
    3—3 ½ Std.

Bis zur Klosteralm, 2152 m, knapp oberhalb der Waldgrenze in aussichtsreicher Lage, kann man unter zwei Wegen wählen:
a) Der mit Nr. 23 bez. Waldweg führt mehr oder weniger steil im schönen Wald in 2 Std. südwestw. den Berghang hinauf zur Alm und berührt nur einmal ganz kurz den Güterweg.
b) Man folgt von Karthaus dem Güterweg, der ins Penaudtal führt. Von diesem zweigt der Almfahrweg zur Klosteralm ab. Im Gegensatz zu manchen anderen Fahrwegen ist dieser nicht als eintönig zu bezeichnen, dafür aber bequem und in der Gehzeit etwas länger (2 ½ Std.).
Von der Klosteralm steigt der Bergweg 23 weiter an, überquert verschiedene Wasserläufe im Hochtal und quert dann oberhalb der Alm den Hang in Richtung Saxalbersee, den man schließlich über ein schmales Felsband (Vorsicht bei Nässe!) erreicht.

- **368 Karthaus,** 1327 m (R 50) — **Niederjöchl,** 2316 m — **St. Martin im Kofl,** 1736 m (R 304)
    5 ½ Std.

Karthaus ist Ausgangspunkt eines Fahrweges, der zunächst in einigen Kehren an Höhe gewinnt und einen schönen Rückblick auf das Dorf erlaubt. Man kann auch gleich den steileren Weg 20 benutzen, der die Kehren abkürzt, später aber dem Fahrweg ins Penaudtal folgt. In diesem einsamen und stillen Seitental passiert man den verfallenen Penaudhof, folgt dem Lauf des gleichnamigen Baches und erreicht nach

2 ½ Std. Aufstiegszeit oberhalb der Baumgrenze die Penaudalm, 2316 m. Von der Alm führt die Mark. 20 durch ein reizvolles Moränenkar mit Seeaugen in 1 ½ Std. zum Niederjöchl, 2316 m. Das Joch bietet eine weite und eindrucksvolle Rundsicht auf die gegenüberliegende Ortlergruppe, aber auch einen phantastischen Tiefblick ins Tal der Etsch. Der steile Abstiegsweg 6 erfordert Trittsicherheit und absolute Aufmerksamkeit, insbesondere auch bei der Querung der zahlreichen Seitenbäche des Tisserbaches. Zuletzt durch Wald in 1 ½ Std. vom Joch hinab nach St. Martin mit der Bergstation der Latscher Seilbahn. Von Latsch Rückfahrmöglichkeit mit dem Linienbus zum Ausgangspunkt.

● **369** **VORDERKASER,** 1693 m

Häusergruppe mit dem Ghs. Jägerrast (R 142) im wildreichen Pfossental am Endpunkt der Autostraße, die unterhalb von Karthaus von der Talstraße abzweigt. Das letzte Stück dieser Nebenstraße oberhalb der Jausenstation Nassereith, 1535 m, ist sehr schmal und anfangs steil. Beim Ghs. Jägerrast großer Parkplatz.

Anstiegswege:

● **370** **Von Karthaus,** 1327 m (R 50)
   1 ¾ Std.

Auf ausgeschildertem Abkürzungsweg hinab zur Talstraße, die bei der Abzweigung der Nebenstraße ins Pfossental erreicht wird. Auf dieser Straße steil hinauf zum Tumlhof mit schönem Rückblick gegen Karthaus. Oberhalb des Tumlhofes ebener ins Pfossental hinein, wobei man bedauerlicherweise heute die voll ausgebaute Autostraße benutzen muß. Nach Überquerung des Pfossentaler Bachs mündet von rechts der Meraner Höhenweg ein und folgt bis unterhalb des Nassereithhofes der Straße. Der alte Talweg 39 benutzt weiterhin die heutige Autostraße vorbei an der Jausenstation Nassereith, 1535 m, steigt danach noch einmal stärker an, führt durch einen kurzen Tunnel und geht dann ebener nach Vorderkaser.

● **371** **Von Katharinaberg,** 1245 m (R 48)
   2 ½ Std.

Man folgt der Mark. 28 und steigt das Wiesengelände in nordöstl. Richtung auf. Im Wald durch das Seitental des Montfertbaches zum Montferthof, 1471 m, und nun immer in gleicher Höhe zum Sellboden am Eingang zum Pfossental, von dem man eine schöne Aussicht taleinwärts hat. Von hier führt der Weg 28 in mehreren Kehren in die tiefe Schlucht des Pfossentaler Baches und erreicht auf der anderen Talseite den Tumlhof (½ Std. ab Sellboden). Der Meraner Höhenweg 24 wendet sich jedoch nordw., quert bald einen steilen Hang mit Tiefblick ins Tal und führt weiter im Wald taleinwärts. Dort, wo die Talstraße die Bachseite wechselt, mündet der Weg in diese ein und folgt kurz ihrem Lauf. Unweit vom Nassereithhof jedoch rechts wieder ab und entlang des Hanges oberhalb des Pfossentaler Baches weiter talein. Kurz vor Vorderkaser muß der Pfossenbach überquert werden. Dies ist bei Hochwasser im Frühsommer und evtl. nach einem Unwetter nicht möglich. Man muß dann ab Nassereith auf die Talstraße ausweichen.

- **372** **Von Unser Frau,** 1508 m (R 51), **über den Atzboden**
  5 Std.

Bis zum Gurschlhof, 1659 m, hat man zwei Wege zur Auswahl:
a) Vom neueren Oberdorf auf Nr. 18 südostw. in 1 Std. hinauf zum Gfallhof, 1840 m. Dort 50 m abwärts durch die Wiese und dann auf Weg 18 A fast immer in gleicher Höhe zum Gurschlhof, den man in einer weiteren Std. erreicht. Besonders lohnend ist vom Höhenweg die Aussicht ins mittlere und untere Schnalstal.
b) Man verläßt Unser Frau auf Weg 19, der bei der Kirche beginnt, aber auch erreicht werden kann, wenn man vom Unterdorf westw. die Wiesen hinaufsteigt. Nach ¼ Std. passiert man den Mastaunbach-Wasserfall und steigt etwas an. Bei der folgenden Weggabelung folgt man links der Bez. 19 A und kommt auf einem hübschen Waldweg, der immer über der Talsohle verläuft, in 1 Std. zum Raindlhof, 1395 m. Dort auf dem Fahrweg zur Talstraße hinab. Beim Straßentunnel (Linienbus-Haltestelle) beginnt auf der anderen Talseite die den Fahrweg abkürzende Mark. 27, auf der man in einer weiteren Std. zum Gurschlhof gelangt.
Vom Gurschlhof in nordöstl. Richtung zur Hochebene des Atzbodens, 2480 m, mit herrlicher Rundsicht hinauf; 2 Std. Hier kommt man auch an einem Waal vorbei, der verschiedene Höfe im Schnalstal mit Wasser des Grafbaches versorgt. Vom Atzboden hinab zur Schafalpe mit einer kleinen Hirtenunterkunft, dann entlang des Baches vorbei an der Grafalm hinab nach Vorderkaser, 1 Std.

- **373** **Vorderkaser,** 1693 m (R 369) — **Eisjöchl,** 2875 m
  4 ¼ Std.

Diese Wanderung führt durch das hintere Pfossental, das als Paradies für Wanderer und Jäger gilt. Es ist gleichzeitig die nordwestl. Begrenzung der Texelgruppe. Von Vorderkaser führt der Weg 39 durch eine schluchtartige Talenge in 1 Std. zum Mitterkaser, 1954 m, wo man einkehren kann und sich das Tal wieder weitet. Erstmals hat man Ausblicke auf den nördl. Schnalser Kamm mit Similaun und Hinterer Schwärze.

Durch die nun weite Talsohle erreicht man über Almwiesen und durch Lärchenwald den Eishof, 2076 m; ½ Std. (s. auch R 143). Über Hügel und Mulden weiter in den Talhintergrund, wo man die Abzweigung des Steiges 8 findet, der über das Johannesschartl zur Lodner Hütte führt. Dann in etlichen Kehren steiler hinauf zum Eisjöchl mit der Stettiner Hütte (R 144); 2 ¾ Std. ab Eishof.

- **374** **Unser Frau,** 1508 m (R 51) — **Karthaus,** 1327 m (R 50) — **Neuratheis** 960 m (R 47)
  3 Std.

Dies ist eine hübsche und bequeme Talrandwanderung, die man auch bei schlechterem Wetter unternehmen kann. Zunächst wie unter R 372 b in 1 Std. auf Weg 19/19 A zum Raindlhof. Der Weiterweg verläuft immer am Talhang oberhalb der Straße, durchquert den wildromantischen Eingang des Penaudtales und erreicht in 2 Std. ab Unser Frau den Talhauptort Karthaus. Von dort auf Weg 26 südw. über Wiesen talaus. Wenige Min. nach dem Ort zweigt rechts Nr. 25 zum Grubhof ab (½ Std.), während unser Weg 26 dem Verlauf eines Waales folgt, der aber leider größtenteils unterirdisch fließt. Später zweigt nach links ein rot bez. Weg in die Talsohle zur Abzw. der nach Katharinaberg führenden Nebenstraße ab. Auf Nr. 26 aber weiter geradeaus, größtenteils als schmaler Steig, bis kurz vor Neuratheis. Hier linker Hand zur Talstraße, die bei der Brücke über den Schnalser Bach erreicht wird. Auf der Talstraße in wenigen Min. zum Ghs. Neuratheis mit Linienbus-Haltestelle.

- **375** **LAFETZALM,** 2015 m

An der Waldgrenze südwestl. von Unser Frau gelegene Alm.

Anstiegswege:

- **376** **Von Unser Frau,** 1508 m (R 51)
  Weg 19, 1 ¼ Std.

Vom Ortszentrum westw. zum Waldrand empor, wo man auf Weg 19 trifft, der seinen Ausgangspunkt bei der Kirche hat. Bald passiert man den idyllischen Wasserfall des Mastaunbaches. Wenige Min. danach gabelt sich der Weg, und man folgt rechts der Mark. 19, die durch schattigen Wald zur Lafetzalm ansteigt.

- **377** **Von Unser Frau,** 1508 m (R 51), **über die Mastaunalm**
  3 Std.

Dieser Weg hat zunächst den gleichen Ausgangspunkt wie R 376. Die Mark. 17 wendet sich jedoch ins Mastauntal und steigt steiler zum Mastaunhof an. Von dort neben dem Bach aufwärts zur Mastaunalm, 1810 m, 1 Std. Weiter auf einem alten Steig steil den gegenüberliegenden Berghang hinauf, bis man die Höhe des Bichele, 2285 m, einer aussichtsreichen Kuppe, erreicht hat. Jenseits auf einem Hirtensteig abwärts zur Lafetzalm.

- **378** **Vernagt,** 1658 m (R 52) — **Similaunhütte,** 3019 m (R 135) 3 Std.

Ausgangspunkt dieses langen Aufstiegsweges ist die alte Mühle beim Ghs. Edelweiß. Von dort auf Nr. 2 nordwestw. über das Wiesengelände zur Jausenstation Tisenhof, 1822 m, am Eingang des Seitentales; ½ Std. Der Hüttenweg führt von dort durch das lange und immer karger werdende Hochtal hinauf, und man erreicht zuletzt über Felsen die Similaunhütte am Niederjoch. Der bereits auf österreichischem Gebiet gelegene Niederjochferner nördl. der Hütte ist ein prächtiges Frühjahrs- und Sommerskigebiet. Außerdem ist die Hütte Ausgangspunkt für Touren auf den weithin bekannten, 3606 m hohen Similaun.

- **379** **Vernagt,** 1658 m (R 52) — **Finailhof** — **Kurzras,** 2011 m (R 54) 3 Std.

Bis zum Tisenhof, 1822 m, wie unter R 378, ½ Std. Von dort führt ein Weg 9 über den Tisenbach zum Raffeinhof und weiter westw. zum Finailhof, 1950 m, oberhalb des Stausees; 1 Std. ab Tisenhof. Es ist der höchste Kornhof Tirols. Erwähnenswert sind auch die alten Geschenke, u.a. ein Silberbecher, die die damaligen Bauersleute vor etlichen hundert Jahren aus Dankbarkeit von Herzog Friedrich von Tirol erhielten. Der Weg 9 führt vom Hof in ½ Std. hinab zur Talstraße am NW-Ende des Sees. Es empfiehlt sich jedoch, die Wanderung westw. auf Weg 7 fortzusetzen. Dieser quert oberhalb des Marchegghofes und mündet in einer Kurve kurz vor Kurzras in die Talstraße ein, die man zuletzt benutzen muß. Für den Abschnitt Finailhof — Kurzras benötigt man 1 ½ Std.

- **380** **Vernagt,** 1658 m (R 52) — **Finailsee,** 2690 m — **Grawand,** 3251 m
5—5 ½ Std.

Bis zum Finailhof kann man unter zwei Varianten wählen:
a) Wie unter R 378/379 in 1 ½ Std. zum Finailhof, 1950 m.
b) Etwa 1 km auf der Talstraße einwärts, dann rechts auf Nr. 8 durch Lärchenwald und zum Schluß durch Felder in 1 Std. hinauf zum Finailhof.
Vom Finailhof immer auf Weg 8 nordw. das Finailtal hinauf, bis man nach 2 Std. Aufstieg den einsamen Finailsee, 2690 m, erreicht. Erwäh-

nenswert ist die ständige, unvergeßliche Aussicht hinab zum Stausee und hinüber zu den darüber aufragenden Bergen. Den weiteren Weg wird man erst im vorgerückten Sommer begehen können. In 1 ¼ Std. kommt man auf Steig 8, oft über Schneefelder, hinauf zum Finailjoch, 3125 m. Von dort westw. entlang des Grates bzw. am oberen Rand des Gletschers zur Grawand, 3251 m, mit der Bergstation der Schnalser Gletscherbahn.

- **381** **Vernagt,** 1658 m (R 52) — **Gerstgraser Alm,** 2214 m — **Kurzras,** 2011 m (R 54)
  3 ¼ Std.

Diese Wanderung verläuft auf der Tal-S-Seite und stellt eine Ergänzung zu R 379 dar. Vom Stausee bei Vernagt steigt der Weg 13 südwestw. durch schattigen Wald hinauf zur Grubalm, 2220 m; 1 ½ Std., während ein neuerer Weg 13 A ebenfalls von der Staumauer direkt entlang des Sees in 1 ½ Std. nach Gerstgras, 1773 m (R 53), führt. Von der Grubalm aussichtsreich über Mulden in ½ Std. zur Gerstgraser Berglalm, 2214 m. Von hier hat man eine schöne Aussicht ins obere Schnalstal und zum Stausee. Die Bez. 13 führt von der Alm in 1 Std. durch schönen Wald hinab zum Ghs. Gerstgras, 1773 m (R 53) an der Talstraße (Linienbus-Haltestelle). Man kann jedoch die Wanderung auf Bez. 14 fortsetzen, die unterhalb der Alm vom Weg 13 abzweigt und in ½ Std. ins Lagauntal führt. Von dort geht eine Mark. 5 in ½ Std. hinab zu den Koflhöfen im Talboden. Man kann aber auch dem Weg 4 folgen. Dieser führt nordw. durch Wald in ¾ Std. nach Kurzras.

- **382** **SCHÖNE-AUSSICHT-HÜTTE,** 2860 m

Beliebtes Wanderziel im oberen Schnalstal unweit vom Hochjoch, 2875 m, über das die italienisch-österreichische Staatsgrenze verläuft. Einzelheiten zur Hütte siehe unter R 137.

Anstiegswege:

- **383** **Von Kurzras,** 2011 m (R 54)
  2 ¼ Std.

Auf Weg 3 in nördl. Richtung, anfangs durch lichten Wald, dann über immer spärlicher werdenden Almboden und zuletzt über Geröll und Fels hinauf zur Hütte.

- **384** **Von der Grawand,** 3251 m
  1 ¼ Std.

Dieser Zugang von der Bergstation der Schnalser Gletscherbahn erfreut sich großer Beliebtheit und wird besonders dann benutzt, wenn man auf dem zuvor unter R 383 beschriebenen alten Hüttenweg wieder ins Tal absteigt. Links von der Bergstation zum Gletscher hinab und an seinem Rand entlang zur Talstation des Grawandliftes. Immer den farbigen Ballons folgend, überquert man nun den Gletscher und steigt dann auf einem Weg leicht zur Hütte an.

- **385 Kurzras,** 2011 m (R 54) — **Bildstöckljoch,** 3117 m — **Glieshöfe,** 1807 m
  6 Std.

Der Weg 1 folgt westw. dem Unteren Bergbach und führt dann im oberen Langgrubtal über Geröll hinauf zum Bildstöckljoch, 3117 m, einem alten Übergang ins Matscher Tal; 3 Std. Während der Wanderung kann man mit etwas Glück Murmeltiere hören und sehen. Auf der Matscher Talseite westw. über den Langgrubferner hinab zu einem Felskamm, dessen Fuß man auf einem durch eine Rinne führenden Serpentinensteig erreicht. Weiter auf nicht gut eingehaltenem Steig zur Ruine der Höllerhütte, südw. hinab zum Saldurbach und vorbei an den Matscher Almen talauswärts zu den Glieshöfen mit gleichnamigem Gasthaus (R 135). Der Weg von der Höllerhütte ist in Gegenrichtung auch unter R 251 beschrieben.

- **386 Kurzras,** 2011 m (R 54) — **Lazaunalm,** 2400 m
  1 ¾ Std.

Auf Weg 4 südw. über den Bach. Noch vor dem Wieshof zweigt rechts der Weg zur Alm ab und führt durch den Wald bei zweimaliger Querung des Sesselliftes aufwärts. Oberhalb des Waldes über das weite Almgelände, vorbei an einem Bildstock zur Bergstation des Sesselliftes mit Einkehrmöglichkeit.

- **387 Kurzras,** 2011 m (R 54) — **Tascheljöchl,** 2772 m — **Schlanders,** 721 m (R 34)
  7 Std.

Auf Weg 4 südw. durch lichten Lärchenwald in 1 Std. ins Lagauntal. Dieses wird durchquert, dann geht es den Hang über Geröll hinauf zum Tascheljöchl, das in etwas weniger als 2 Std. ab Lagauntal erreicht wird. Es bietet eine Rundsicht, die der eines Gipfels gleichkommt. Gewaltig im N die Schnalstaler Gletscher und im S die Ortlergruppe! Einen Schandfleck in diesem grandiosen Paradies stellt lediglich die Hotelsiedlung Kurzras dar. Vom Joch südw. hinab zur Schwarzen Lacke, einem dunklen Seeauge, und dann zum tiefblauen prächtigen Kortscher See, dessen Abfluß ein Wasserfall bildet. Auf Weg 4 stufenweise weiter im Schlandrauntal abwärts, dann durch lichteren Lärchenwald zu den Weideböden der Kortscher Alm, 1987 m. Vorbei an der Schlanderser Alm weiter talauswärts. Man folgt immer dem eintönigen Fahrweg bzw. der Mark. 4 und erreicht so Schlanders (R 34) oder auch Kortsch (R 33). Der Weg im Schlandrauntal selbst ist in Gegenrichtung unter R 292 beschrieben.

- **388** **Katharinaberg,** 1245 m (R 48) — **Unterstell,** 1320 m — **Naturns,** 554 m (R 55)
  3 ½ Std.

Man folgt zunächst noch der Straße, die die Höfe oberhalb des Dorfes erschließt, zweigt dann aber südw. auf Mark. 10 ab. Über das Wiesengelände bietet sich dabei ein schöner Rückblick zum Dorf und ins Schnalstal. Bald mündet der Meraner Höhenweg ein, der von Vorderkaser (R 369) kommt. Man erreicht den Unterperflhof mit Kapelle; ½ Std. Nun auf Bez. 29 weiter, die in das Seitental des Perflbachs führt. Im Wald ansteigend erreicht man die Jausenstation Wandhof, 1460 m, und hat von hier eine weite Sicht gegen die Ortlergruppe. Wenig später kommt man zum Kopfronhof, 1440 m, ebenfalls eine Jausenstation; ¾ Std. ab Unterperflhof. Hierher kann man auch mit einer Kabinen-Seilbahn von Altratheis, 850 m (R 46), kommen. Weiter auf Nr. 29 zur Höfegruppe Wald mit Kapelle. Dann erreicht man den Hof Innerunterstell und hat nun einen ersten Tiefblick in den Vinschgau. Als nächstes erreicht man eine Wegteilung, links auf dem Meraner Höhenweg 24 in ¼ Std. zur Jausenstation Lint, rechts auf Nr. 29 zur Jausenstaion Patleidhof hinab. Wenige Min. unterhalb dieses Hofes gabelt sich der nunmehr mit Nr. 10 bez. Weg: links in Kürze zur Jausenstaion Außerunterstell, 1320 m; 1 ¼ Std. ab Kopfronhof, mit der Bergstation der Kleinkabinenbahn, die in der zu Naturns gehörenden Häusergruppe Kompatsch ihren Ausgangspunkt hat — oder rechts ebenfalls auf Nr. 10 in ¼ Std. hinab nach Naturns, s. unter R 389 in Gegenrichtung beschrieben.

- **389** **Naturnser-Sonnenberg-Rundwanderung**
  5 Std.

Bei den Tennisplätzen oberhalb des Ortszentrums von Naturns, 554 m (R 55), beginnt der Weg S/10 und gewinnt unter Kreuzung des Wallburgwegs mit Waal an Höhe. Man quert auf langer Strecke den Hang Richtung Schnalstal und erreicht schließlich einen schönen Aussichtsplatz mit Bank. Anschließend im Wald aufwärts zum ersten Sonnenberghof. Dort zweigt links Mark. 10 zum Patleidhof und nach Katharinaberg ab (s. R 388), während unsere Bez. S in Kürze zur Jausenstation

Außerunterstell, 1320 m, führt; 1 ¾ Std. Hierher kommt man auch mit der Kleinkabinen-Seilbahn von Kompatsch, einem Ortsteil von Naturns.
Von Außerunterstell muß man weiter im Wald ansteigen und trifft weiter oberhalb auf den Meraner Höhenweg 24, der vom Linthof herüberkommt. Weiter nach rechts auf ein aussichtsreiches Wiesengelände und zum wie ein Schwalbennest am Hang klebenden Hof Innerforch, 1460 m. Von dort geht es abwärts zum Gallmeinhof, 1384 m, der als Jausenstation geführt wird; ¾ Std. Weiter in den Graben des Kirchbaches und wieder leicht ansteigend mit schönem Tiefblick gegen Naturns in 15 Min. zur Jausenstation Gruberhof, 1350 m, die auch auf einer schmalen Bergstraße von Naturns zu erreichen ist.
Wer vom Gruberhof nicht gleich ins Tal absteigen will, dem sei der Abstecher zum Schnatzhof empfohlen. Vom Gruberhof links auf der Hofzufahrt zur Fahrstraße. Links in 2 Min. zu einer Kehre, dort auf Mark. 6 links ab, die Fahrstraßenkurve abkürzend zu einem Hof und auf der Fahrstraße hinauf zum Schnatzhof, 1553 m, in aussichtsreicher Lage mit holzgetäfelter Stube und schönem Schindeldach; ½ Std. ab Gruberhof. Der Schnatzhof wird ebenfalls als Jausentation geführt. Auf gleichem Weg gelangt man zurück zum Gruberhof.
Der Abstiegsweg 6/S kreuzt vom Gruberhof im oberen Teil mehrmals die Autostraße, um dann ziemlich steil in gerader Linie im Wald nach Naturns hinabzuführen, 2 Std. ab Schnatzhof.

● **390**   **DICKHOF,** 1709 m
Höchstgelegener Hof am Fuchsberg mit prächtiger Sicht zu den Gletschergipfeln des hinteren Schnalstales wie auch zur Ortlergruppe. Ganzjährig bew.

Anstiegswege:

● **391**   **Von Naturns,** 554 m (R 55)
3 Std.
Wie unter R 389 auf Weg S/10 bis zur Wegteilung oberhalb des ersten Sonnenberghofes. Hier links auf Mark. 10 weiter aufwärts zur Jausenstation Patleidhof, 1360 m, 2 Std. Dort gabelt sich der Weg erneut. Links auf Nr. 29 nach Katharinaberg (s. R 388) und rechts auf Nr. 10 hinauf bis zum Linthof, 1500 m, der ebenfalls als Jausenstation geführt wird.
Hier kreuzt der Meraner Höhenweg 24, der die gesamte Texelgruppe umrundet. Am sonnigen Hang durch Lärchenwald weiter auf Bez. 10 hinauf zum Dickhof; 1 Std. ab Patleidhof.

- **392　Von Außerunterstell,** 1320 m
  1 ¼ Std.

Von der Jausenstation Unterstell, die bequem mit der Kleinkabinenbahn ab Kompatsch erreicht werden kann, folgt man links einer Variante der Mark. 10, trifft bald auf den von Naturns heraufkommenden Hauptweg und erreicht dann den Patleidhof, 1360 m. Weiter wie unter R 391.

- **393　Von Neuratheis,** 960 m (R 47), **über Katharinaberg,** 1245 m (R 48)
  2 ¾ Std.

Vom Ghs. Neuratheis (Linienbus-Haltestelle) an der Schnalser-Tal-Straße auf Nr. 10 in mehreren Kehren den Hang empor zur kleinen Hochfläche mit dem Dorf Katharinaberg, 1245 m, ¾ Std. Weiter in 1 ¼ Std. zum Kopfronhof, 1440 m, s. R 388. Oberhalb vom Kopfronhof zweigt die Mark. 10 ab und führt in 45 Min. hinauf zum Dickhof.

- **394　OBERE MAIRALM,** 2095 m

Malerisch gelegene Alm mit schindelgedeckten Hütten und weiter Aussicht im äußeren Schnalstal. Im Sommer einfach bew.

Anstiegswege:

- **395　Von Naturns,** 554 m (R 55)
  4 Std.

Wie unter R 391 in 3 Std. zum Dickhof, 1709 m (R 390). Auf Mark. 10 weiter aufwärts bis unter einen aussichtsreichen Wiesenhügel. Hier sollte man kurz den Weg verlassen, denn das Panorama vom Wiesenhügel ist einmalig: Es reicht vom Langkofel im O bis zur Weißkugel im NW! Im weiteren Anstieg im Lärchenwald geht es durch ein Seitental. Dann erreicht man zunächst die Dickalm, 2050 m, und kommt in weiteren 20 Min. zur Oberen Mairalm.

- **396　Von Außerunterstell,** 1320 m
  2 ¼ Std.

Wie unter R 392 in 1 ¼ Std. zum Dickhof, 1709 m (R 390). Weiter wie unter R 395.

- **397　Von Katharinaberg,** 1245 m (R 48)
  2 Std.

Wie unter R 388 beschrieben in ½ Std. zum Unterperflhof. Hier auf Mark. 10 links hinauf zum Oberperflhof und im Tal des Perflbachs weiter aufwärts. Weiter oben wird der Bach überschritten, und man kommt zu den Resten eines Staubeckens. Über die Untere Mairalm erreicht man schließlich die Obere Mairalm.

- **398** **Naturns,** 554 m (R 55) — **Partscheilberg** — **Platzgumm,** 1256 m, **und zurück**
  3 ¾ Std.

Vom Ortszentrum südw. über die Etsch, vorbei an den Sportanlagen zum Fuß des Nörderberges. Hier links über den Bach und auf Mark. 30 im Wald aufwärts. Bei einem Bildstock kreuzt man die Autostraße, steigt weiter an und erreicht bald das aussichtsreiche Wiesengelände mit dem Hörplatzhof, 815 m, 50 Min. (Jausenstation). Geradeaus führt der mark. „Mühlweg" zum Lindhof, während Mark. 30 rechts zum Waldrand hinaufgeht. In Serpentinen gewinnt man an Höhe und erreicht das untere Ende eines großen Wiesengeländes. Bergan zu den sichtbaren Häusern mit der Jausenstation „Öberst". Bei der Wegteilung hält man sich rechts (Mark. 12) und erreicht einen Fahrweg. Auf diesem durchquert man den Graben des Kellerbachs, kommt dann über den Frantschbach und erreicht den Platzgummhof, 1256 m, eine Jausenstation mit schöner getäfelter Stube; 1 Std. ab Platterhof.

Für den Rückweg nach Naturns folgt man der Bez. 5, die über das Wiesengelände hinab in den Wald leitet und in etlichen Kehren zum Platzhof, 774 m, hinabführt. Von dort auf der Hofzufahrt nach rechts zur Autostraße und auf dieser zurück nach Naturns; 1 ¼ Std. Erwähnt sei noch der hübsche Talrandweg 11, der vom Platzhof zum Weg 5 oberhalb von Tabland hinüberzieht. Er ermöglicht auch einen Rückweg über die beliebte Ausflugstätte Waldschenke nach Tschirland und Kompatsch.

- **399** **Naturns,** 554 m (R 55) — **Frantschalm,** 1835 m
  3 ¼ Std.

Vom Ortszentrum südw. über die Etsch bis zum Fuß des Nörderberges. Hier gemäß Ausschilderung auf der Hofzufahrt nach rechts auf Mark. 5 zum Platzhof, 774 m, dann im Wald in vielen Serpentinen hinauf zum Platzgummhof, 1256 m, der als Jausenstation geführt wird und sehr aussichtsreich liegt; 1 ¾ Std. An der Kapelle vorbei weiter im Wald, teilweise steil aufwärts. Unter Kreuzung der Forststraße erreicht man schließlich die Frantschalm (ehemals Mauslochalm), die am Rande eines großen Wiesengeländes (wie ein Mauseloch) versteckt liegt, 1 ½ Std. ab Platzgumm.

- **400** **Naturns,** 554 m (R 55) — **Zetn- oder Altalm,** 1747 m
  3 Std.

Wie unter R 398 in 1 ½ Std. zum Platterhof, 1100 m. Bei der Wegteilung am oberen Ende des Wiesengeländes unweit vom Öbersthof hält man sich links und trifft gleich danach auf einen Fahrweg, der sich hier gabelt: rechts zum Platzgummhof, links aufwärts zu den Almen. Der mark. Weg steigt weiter im Wald auf alten Wegen an, und man kommt nach 1 Std. ab Platterhof zur Teilung der Wege 30 und 5 A (Kreuzbrunn, 1567 m). Hier hält man sich rechts und erreicht auf Mark. 5 A, die noch einmal die Forststraße abkürzt, in ½ Std. die bew. Zetn- oder Altalm.

- **401** **ASCHBACH,** 1340 m

Bergweiler mit mehreren Gasthäusern westl. unterhalb des Vigiljochs mit prächtiger Sicht gegen die Texelgruppe. Mit der Seilbahn von Rabland-Saring bequem zu erreichen, aber auch auf schmaler Bergstraße von Töll, 508 m (R 58) aus.

Anstiegswege:

- **402** **Von Naturns,** 554 m (R 55)
  3 ½ Std.

Vom Ortszentrum südw. über die Etsch und vorbei an den Sportanlagen bis zum Fuß des Nörderberges. Hier links über den Bach und auf Fahrweg 16 bis zu einem Hof, dann rechts hinauf zur Autostraße, der man auf längerer Strecke folgen muß. Schließlich zweigt links Nr. 16 wieder ab und führt durch das Plonerbachtal zum Steilhof, 986 m. Im weiteren Verlauf des Weges 16 passiert man eine aussichtsreiche Wiese mit Marterl, durchquert das Tal des Hillerbaches und erreicht dann den Brandhof, 1044 m (Jausenstation); 2 Std. Von dort kommt man in ¼ Std. zum Brunnerhof; hier ebenfalls Jausenstation. Vom Brunnerhof auf Mark. 16/30 A oder auf der Fahrstraße hinauf zum Feichter, den obersten Hof in Pirchberg. Von dort führt ein sehr schöner Waldweg Nr. 16, zuletzt als Fahrstraße, fast eben in 1 Std. hinüber nach Aschbach.

- **403** **Von Plaus,** 519 m (R 56)
  2 ½ Std.

Achtung, Mark. dürftig! Vom Dorf auf einem Fahrweg bis zum Melsbach. Hier beginnt der Aufstieg zum Eggerhof, 725 m. Von dort geht

Aussicht von Tabland oberhalb von Partschins gegen den Sonnenberg, in den Vinschgau und hinüber zur Ortlergruppe.

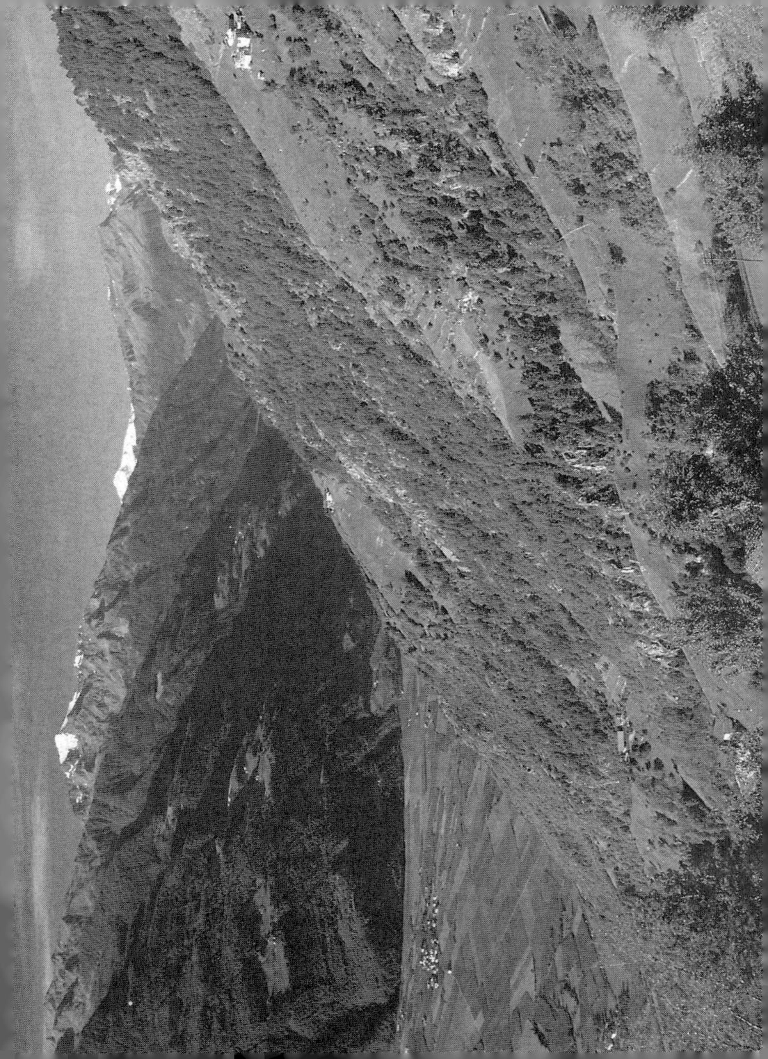

es steil weiter zum Pfarcherhof. Man quert anschließend die Autostraße und trifft dann auf den Weg 28, dem man rechts aufwärts zum Bergweiler folgt.

- **404**   **Von Rabland,** 525 m (R 57)
  2 ½ Std.

Vom Dorfzentrum südw. zur Etsch und zur Häusergruppe Saring mit der Talstation der Seilbahn. Links hinter ihr beginnt Mark. 28 und führt im Wald in die Nähe des Niederebenhofes. Hier links weiter, bis man auf den ebenfalls mit Nr. 28 bez. Weg von Töll trifft. Im weiteren Verlauf wird die neuere Autostraße mehrmals gekreuzt und abgekürzt. Unterhalb des Weilers kommt man an der Kirche Maria Schnee vorbei, die auf einer aussichtsreichen Wiesenkuppe liegt. Von dort in Kürze über die Wiesen zum Weiler hinauf.

- **405**   **Von Töll,** 508 m (R 58)
  2 ¾ Std.

Vom alten Bahnhof am ehemaligen Bad Egart vorbei, bis nach wenigen Min. links von der Fahrstraße der Waldweg 28 abzweigt. Nach 1 Std. kommt man zu einer Wegteilung. Folgt man weiterhin der Bez. 28, trifft man bald auf den von Rabland heraufkommenden Weg, der zuvor unter R 404 beschrieben wurde. Hält man sich jedoch links, erreicht man in 15 Min. die Jausenstation Unterobereben, 880 m, hat jetzt aber den Nachteil, daß man für etwa ½ Std. die Autostraße benutzen muß, bis man wieder die Mark. 28 erreicht und ihr nach links aufwärts Richtung Aschbach folgt.

- **406**   **NATURNSER ALM,** 1910 m

Beliebtes Ausflugsziel in aussichtsreicher Lage südöstl. von Naturns, s. auch unter R 154.

Anstiegswege:

- **407**   **Von Aschbach,** 1340 m (R 401)
  1 ½ Std.

Zunächst auf Mark. 27/28 in Richtung Vigiljoch empor, bis in 1500 m Höhe die Bez. 27 rechts abzweigt und südwestl. zur Naturnser Alm führt. Der Weg, mal breit, mal schmal, bietet wenig Aussicht, da er fast immer im dichten Wald verläuft. Zuletzt mündet er in den von Naturns heraufkommenden Fahrweg ein, den man für die letzten 10 Min. begehen muß.

- **408** **Von Plaus,** 519 m (R 56)
    3 ½ Std.

Vom Dorf südw. zum Waldrand. Auf Nr. 30 A hinauf zum Platzhof, 40 Min. Im weiteren Wegverlauf wird die neuere Zufahrtsstraße für die Pirchhöfe mehrmals überquert, und manchmal sind kurze Strecken auf ihr zurückzulegen. Schließlich erreicht man den Pirchhof, 1110 m, der als Jausenstation geführt wird, 50 Min. ab Platzhof. Etwas höher liegt an der Fahrstraße der Brunnerhof, wo man auch einkehren kann. Auf dem alten Weg erreicht man jedoch bald den Feichterhof, den höchsten Pirchberghof. Hier kreuzt man den Weg 16 (s. R 402) und steigt auf Nr. 30 A, teilweise sehr steil, in ziemlich gerader Linie zur Naturnser Alm auf.

- **409** **Von Naturns,** 554 m (R 55)
    3 ½ Std.

Wie unter R 398 in 1 ½ Std. zum Platterhof, 1100 m. Weiter zur Wegteilung Kreuzbrunn, 1567 m, 1 Std. (s. R 400). Hier linker Hand auf Nr. 30 weiter, bis man die Almzufahrtsstraße erreicht und ihr für 20 Min. folgt. Schließlich zweigt Mark. 30 wieder rechts von ihr ab und führt direkt hinauf zum Wiesengelände mit der Naturnser Alm.

- **410** **Höhenweg Naturnser Alm,** 1910 m (R 154) — **Marzonalm,**
    1600 m (R 153)
    4 ½ Std.

Dieser prächtige Almen-Höhenweg hat den Vorteil, daß er viele bewirtschaftete Zwischenstützpunkte hat und man ihn in Teilstrecken begehen kann, da man von jeder Alm eine Abstiegsmöglichkeit hat.
Der durchgehend mit A bez. Weg verläuft anfangs durch lichten Wald und Sträucher, taucht dann aber tiefer in den Wald ein und erreicht die im Sommer bew. Alt- oder Zetnalm, 1747 m; ¾ Std. Im weiteren Wegverlauf kommt man durch einen „Märchenwald", hat teilweise Aussicht ins Schnalstal und passiert einen markanten Felssporn mit Bank, bevor man ein großes Wiesengelände erreicht, an dessen Ende die Frantschalm (ehemals Mauslochalm), 1835 m, liegt, die ebenfalls im Sommer bew. ist; ¾ Std. ab Altalm.
Durch dichten Wald führt der Weg weiter und biegt schließlich in das Schleidertal ab, in der die Tablander Alm, 1758 m, liegt. Auch sie ist im Sommer bew. und man erreicht sie in 1 Std. ab Frantschalm. Der lange Almweg berührt als nächstes die Tomberger Alm, 1841 m, ½ Std. Im weiteren Verlauf passiert man verschiedentlich Forststraßen und erreicht die Jägerhütte, wo Weg 9 kreuzt. Bald danach trifft man auf Mark. 9 A

und folgt dieser linker Hand. Es müssen mehrere Bachläufe überquert werden, die Aufmerksamkeit erfordern. Dann geht es auf breitem Weg zur Marzonalm, 1600 m; 1 ½ Std. ab Tomberger Alm. Der letzte Abschnitt des Almenweges zur Freiberger Alm ist in Gegenrichtung bereits unter R 339 beschrieben.

- **411 GRUBERHOF AM GIGGLBERG,** 1121 m

Bauerngasthof in adlerhorstähnlicher Aussichtslage am Gigglberg oberhalb von Partschins mit weitem Blick in den Meraner Talkessel. Bequemster Zugang mit der Kleinkabinen-Seilbahn ab Rabland (R 57); Tel. 0473/97345.

Anstiegswege:

- **412 Von Naturns,** 554 m (R 55)
  Mark. 39, 2 ¼ Std.

Oberhalb der St.-Prokulus-Kirche auf mark. Fahrwegen in östl. Richtung bis zum Lahnbach. Nach seiner Überquerung links aufwärts zu einer Wegteilung, ½ Std. Hier auf Nr. 39 anfangs neben dem Lahnbach aufwärts, dann über einen Waal und im lichten Buschwald zu einem Hof. Weiter ansteigend durch ein Seitental bis vor den Platschhof, wo man den Fahrweg zum Gruberhof kreuzt; weitere 45 Min. Mark. 39 steigt jedoch weiter im Wald an, und man kommt in 15 Min. beim zweiten Bildstock ab Fahrwegkreuzung zu einer Abzweigung. Links könnte man hier zum Karnailhof aufsteigen, geradeaus jedoch weiter auf Nr. 39, die bald in den Fahrweg einmündet. Auf diesem kommt man zum Aufrainhof, der etwas unterhalb der Straße liegt, 25 Min. Auch von hier führt ein rot bez. Weg die Wiesen hinauf zum Karnailhof. Oberhalb vom Aufrainhof gabelt sich der Fahrweg, und man nimmt den rechten Ast, der direkt zum Gruberhof führt; 20 Min.

- **413 Von Naturns,** 554 m (R 55)
  Mark. 39 A, 2 ¼ Std.

Wie zuvor unter R 412 in 30 Min. zur Wegteilung beim Lahnbach. Hier auf dem Fahrweg 39 A weiter, nach links an einer Jausenstation vorbei und im Buschwald weiter aufwärts. Teilweise hat man schöne Blicke nach Plaus hinüber. Beim Unterrainhof verläuft unser Weg 39 A nur knapp unter dem Fahrweg, der auch zum Gruberhof führt. Eben weiter in weniger als 15 Min. zum Unterwandhof, 1023 m; 1 ½ Std. ab Wegteilung. Im Unterwandhof kann man einkehren; er ist durch eine Kleinkabinen-Seilbahn mit Rabland verbunden. Vom Hof links auf einem mark. Serpentinenweg hinauf zum Gruberhof.

- **414 Von Rabland,** 525 m (R 57)
    1 ½ Std.

Vom Ortszentrum zum Fuß des Gigglberges, wo sich die Talstationen von mehreren Kleinkabinen-Seilbahnen befinden, die das Wandergebiet Gigglberg erschließen. Hier befindet sich beim Buschenschank Happichl der Ausgangspunkt eines steilen, rot bez. Weges, auf dem man in 1 ¼ Std. den Unterwandhof, 1023 m, erreicht, sofern man nicht den bequemeren Weg mit der Seilbahn wählt. Weiter in Serpentinen hinauf zum Gruberhof.

- **415 Von Partschins,** 626 m (R 59)
    Mark. 39, 1 ¼ Std.

Westw. auf dem Sonnenbergweg zum Zielbach, der auf einer Hängebrücke überquert wird, dann zum Buschenschank Winklerhof am Fuß des Gigglberges. Hier auf schmalem Pfad 39 durch Buschwald den Berg hinauf. Etwa 20 Min. nach dem Winklerhof zweigt rechts ein kurzer Verbindungsweg zur Jausenstation Schönleitenhof ab, die man von hier in 15 Min. erreicht. Von der Abzw. weitere 25 Min. aufwärts, bis man zu einer weiteren Wegteilung kommt. Rechts (zurück) auf dem Sonnenberg-Höhenweg 26 zum Dursterhof, links auf Nr. 39 A zum Unterwandhof, 1023 m (insgesamt 1 ¼ Std. ab Partschins), geradeaus auf Nr. 39 in den Graben des Schindelbachs, der auf einer einfachen Holzbrücke überquert wird, und dann hinauf zum Gruberhof.

- **416 Von Partschins,** 626 m (R 59), **über den Schönleitenhof**
    1 ½ Std.

Vom Ortszentrum auf der Autostraße (Mark. 8) bis zum Ghs. Salten am Eingang zum Zieltal. Hier links über den Zielbach, vorbei am Ghs. Amesauer und auf einem Fahrweg in Kürze hinauf zum Buschenschank Schönleitenhof, 841 m. Von hier auf mark. Weg weiter bergan. Man beachte die erste Abzw. nicht, die rechts aufwärts zum Dursterhof führt, und erreicht so geradeaus den Sonnenberg-Höhenweg 26. Hier links auf dem Höhenweg weiter, bis man eine Wegteilung erreicht, wo Nr. 39 von Partschins heraufkommt. Hier geradeaus auf Nr. 39 A zum Unterwandhof, 1023 m (insgesamt 1 ½ Std. ab Partschins) oder rechts auf Nr. 39 hinauf über den Schindelbachgraben zum Gruberhof.

- **417   DURSTERHOF,** 1057 m

Aussichtsreiche Jausenstation (hauseigene Säfte!) oberhalb von Partschins am Gigglberg. Auch mit einer Seilbahn aus dem Zieltal zu erreichen.

Anstiegswege:

- **418 Von Naturns,** 554 m (R 55)
  3 Std.

Wie unter R 413 auf Mark. 39 A zum Unterwandhof, 1023 m. In gleicher Richtung auf Nr. 39 A weiter durch das Schindelbachtal zu einer Wegkreuzung. Hier kommt Nr. 39 von Partschins herauf und führt weiter bergan zum Gruberhof. Geradeaus verläuft jedoch der Sonnenberg-Höhenweg 26 in wenigem Auf und Ab in 1 Std. ab Unterwandhof zum Dursterhof.

- **419 Von Rabland,** 525 m (R 57), **über den Schönleitenhof**
  1 ¼ Std.

Von der Zielstraße im nördl. Ortsteil zweigt ein ausgeschilderter Weg zum Buschenschank Winklerhof ab. Man kommt dabei ab der Talstation der Seilbahn zum Gigglberghof vorbei. Vom Winklerhof auf rot bez., oberhalb des Zielbachs verlaufendem Weg zum Ghs. Amesauer. Hier links hinauf zum Schönleitenhof, 841 m; ¾ Std. Dem dort beginnenden Bergweg, rot bez. ohne Nr., folgt man bis zur ersten Abzw., hier rechts hinauf zum Dursterhof.

- **420 Von Rabland,** 525 m (R 57), **über den Unterwandhof**
  2 ¼ Std.

Wie unter R 414 in 1 ¼ Std. zum Unterwandhof, 1023 m (auch mit Seilbahn zu erreichen), und weiter auf dem Sonnenberg-Höhenweg 26 (s. R 418) in 1 Std. zum Dursterhof.

- **421 Von Partschins,** 626 m (R 59), **über den Schönleitenhof**
  1 ¼ Std.

Wie unter R 416 bis zum Schönleitenhof, 841 m, ¾ Std., dann weiter wie unter R 419.

- **422 Von Partschins,** 626 m (R 59), **über Birkenwald**
  1 ¼ Std.

Auf der mit Nr. 8 bez. Autostraße bis zum Ghs. Birkenwald im Zieltal; ¾ Std. Hier nach links über den Zielbach, dann südw. auf Nr. 26 im Wald hinauf zum Dursterhof.

- **423 HOCHFORCH,** 1555 m

Ältester und höchstgelegener Bergbauernhof am Naturnser Sonnenberg in einzigartiger Aussichtslage am Meraner Höhenweg. An klaren Tagen geht der Blick weit in die Dolomiten hinüber, und die Ortlerberge erscheinen zum Greifen nahe. Der Hof, heute als Gastwirtschaft geführt, ist mit einer Kleinkabinen-Seilbahn zu erreichen, deren Talstation bei Plaus am Fuß des Berges liegt.

Anstiegswege:

- **424** **Von Naturns,** 554 m (R 55)
  Mark. 39/24, 3 ¼ Std.

Wie unter R 412 auf Mark. 39 in 1 ½ Std. zu einer Wegteilung mit Bildstock. Hier links auf rot bez. Weg aufwärts, in den bald eine andere Wegvariante vom Gruberhof und Aufrainhof einmündet. In einer O-W-Kurve gewinnt man weiter an Höhe. Von einem Bildstock ebener hinüber zum Karnailhof, 1302 m; 1 Std. Hier trifft man auf den Meraner Höhenweg 24. Er führt gut angelegt aufwärts in 45 Min. nach Hochforch.

- **425** **Von Naturns,** 554 m (R 55)
  Mark. 6/24, 3 ½ Std.

Man beginnt den Aufstieg auf dem steilen Weg 6/S, der im Abstieg bereits unter R 389 beschrieben ist. Im oberen Wegteil wird der bis zum Schnatzhof führende Fahrweg mehrmals gekreuzt. Die Mark. 6 trifft schließlich in einer Fahrwegkurve auf den Meraner Höhenweg 24, der vom (Naturnser) Gruberhof herüberkommt. Bis hierher benötigt man 2 Std. Nach rechts auf Nr. 24 zum Staudhof, dann in die Lahnbachschlucht. Hier ist der teils ausgesetzte Weg durch Seile gesichert. Jenseits der Schlucht erreicht man den Karnailhof, 1302 m, und steigt weiter auf dem gut angelegten Höhenweg hinauf nach Hochforch; 1 ½ Std. von der Abzw. an der Fahrstraße.

- **426** **Von Rabland,** 525 m (R 57), **über den Gruberhof**
  2 ½ Std.

Wie unter R 414 in 1½ Std. oder mit der Seilbahn zum Gruberhof, 1121 m (R 411). Von dort auf einem alten mark. Plattenweg hinauf zum Unterplatterhof. Der rot bez. Weg gewinnt dann im Lärchenwald weiter an Höhe und vereinigt sich schließlich mit dem vom Hof Rabenstein heraufkommenden Weg, um in 1 Std. ab Gruberhof Hochforch zu erreichen.

- **427** **Von Partschins,** 626 m (R 59), **über den Gruberhof**
  2 ¼ Std.

Wie unter R 415 in 1 ¼ Std. zum Gruberhof (oder mit der Seilbahn). Weiter wie unter R 426; 1 Std.

- **428 Von Partschins,** 626 m (R 59), **über den Schönleitenhof**
  2 ¾ Std.

Wie unter R 416 in 45 Min. zum Schönleitenhof, 841 m, der als Jausenstation geführt wird. Hier beginnt der rot bez. Bergweg, auf dem man rasch an Höhe gewinnt. Bei der ersten Wegteilung geradeaus weiter. Dann kreuzt man den Sonnenberg-Höhenweg 26 und steigt in gleicher Richtung weiter auf. Bei der nächsten Wegteilung nicht rechts hinauf, sondern geradeaus zum Rabensteiner Hof, 1314 m; 1 ¼ Std. ab Schönleitenhof.

Von dort setzt sich der mark. Weg ohne Nummer fast eben durch Lärchenwald in den Graben des Schindelbachs fort. Leicht ansteigend kommt man dann zu einem Waal. Schließlich im Wald, eine Felswand umgehend, in einigen Kehren bergan. Dann trifft man auf den Meraner Höhenweg 24 und folgt ihm westw. durch Wald und zuletzt über Wiesen nach Hochforch.

- **429 GIGGLBERGHOF,** 1535 m

Einzigartig gelegener alter Bauernhof, der heute als Jausenstation geführt wird und bequem mit einer Seilbahn erreicht werden kann, deren Talstation am Verbindungsweg Rabland — Winklerhof liegt. Umfassende Aussicht!

Anstiegswege:

- **430 Von Naturns,** 554 m (R 55)
  3 ½ Std.

Gemäß R 412 oder R 413 in 2 ¼ Std. zum Gruberhof, 1121 m (R 411). Von hier auf mark. Weg in 30 Min. hinauf zum Rabensteiner Hof, 1314 m. Weiter zum Breitebenhof, 1413 m, und immer noch ansteigend, zuletzt noch einmal steil die Wiesen zum Gigglberghof hinauf; 1 ¼ Std. ab Gruberhof.

- **431 Von Rabland,** 525 m (R 57)
  2 ¾ Std.

Wie unter R 414 in 1 ½ Std. zum Gruberhof, 1121 m. Weiter wie unter R 430.

- **432 Von Partschins,** 626 m (R 59), **über den Gruberhof**
  2 ½ Std.

Wie unter R 415 in 2¼ Std. zum Gruberhof. Weiter wie unter R 430.

- **433 Von Partschins,** 626 m (R 59), **über den Schönleitenhof**
  2 ½ Std.

Wie unter R 416 in 45 Min. zum Schönleitenhof. Auf dem dort beginnenden, rot bez. Bergweg rasch aufwärts. Die Abzw. zum Dursterhof nicht beachtend, erreicht man den Sonnenberg-Höhenweg 26, der auch nur gekreuzt wird. Bei der folgenden Abzw. rechts zum Breitebenhof, 1413 m, wo man auf den Weg vom Gruberhof trifft. Weiter wie unter R 430.

- **434 Von Partschins,** 626 m (R 59), **über Birkenwald**
  2 ½ Std.

Zunächst ins Zieltal auf der mit Nr. 8 mark. Autostraße bis zum Ghs. Birkenwald, ¾ Std. Hier links über den Zielbach. In etlichen Serpentinen gewinnt man im Rammwald an Höhe. In etwa 1200 m Höhe mündet von links ein Weg vom Dursterhof ein. Weiterhin nach rechts der Mark. 8 folgend, geht man jetzt etwa ¼ Std. taleinwärts. Dann zweigt links ein rot bez. Steig ab, der südw. zum Gigglberghof hinaufführt; 1 ¾ Std. ab Ghs. Birkenwald.

- **435 OHRNALM,** 1947 m

Schindelgedeckte Almhütte mit prachtvoller Aussicht: im NO der markante Tschigat, 2998 m, dahinter die Sarntaler Alpen mit Hirzer und Ifinger, im SO die Dolomiten und Teile der Fleimstaler Alpen, über dem Vigiljoch die beiden Laugenspitzen, im S das breite Panorama der vergletscherten Ortlergipfel und schließlich tief unten der Meraner Talkessel — ein wirklich traumhafter Aussichtsplatz!

Anstiegswege:

- **436 Von Hochforch,** 1555 m (R 423)
  1 Std.

Vom Hof auf einem Viehsteig mit schwacher roter Mark. aufwärts. Im felsdurchsetzten Lärchenwald geht es ziemlich steil bergan zur unteren Stierhütte und dann weiter hinauf zur Ohrnalm.

- **437 Vom Gigglberghof,** 1535 m (R 429)
  1 ½ Std.

Vom Hof westw. den Hang aufwärts zu den Wiesen oberhalb des Hofes. Der rot bez. Steig folgt einer Wasserleitung. Ein altes Wegkreuz mit Bank lädt zu einer ersten Rast ein. Dann geht es im Wald weiter aufwärts, schließlich steil den Wiesenhang hinunter in den Graben des Schindelbachs. Der recht schmale Weg erfordert hier etwas Vorsicht!

Wieder aus dem Graben heraus, dann südw. etwas absteigend zur Ohrnalm.

- **438**   **TABLAND,** 1196 m

Verstreuter Bergweiler im Zieltal, der auch auf einer Straße mit dem Pkw erreicht werden kann. Einkehrmöglichkeit im Ghs. Prünster. Hierher gelangt man auch mit einer Kleinkabinen-Seilbahn, die ihre Talstation im Zieltal hat (Beförderung nicht sichergestellt!)

Anstiegswege:

- **439**   **Von Partschins,** 626 m (R 59), **über den Ebnerhof**
  1 ¾ Std.

Zunächst auf der ins Zieltal führenden Autostraße mit der Mark. 8 zum Ghs. Birkenwald, ¾ Std. Hier beginnt ein rot bez. Weg, der ostw. nur wenig ansteigend bis vor den Ebnerhof, 1018 m, führt. Dort biegt er nach NW um und steigt nun stärker im Wald an. Kurz vor dem Weiler trifft man auf den Fahrweg, der von der Tablander Autostraße abzweigt. Nach links zu seinem Ende und zum Ghs. Prünster.

- **440**   **Von Partschins,** 626 m (R 59), **über Gasthaus Wasserfall**
  1 ¾ Std.

Wie zuvor zum Ghs. Birkenwald und weiter auf dem Fahrweg zum Ghs. Wasserfall, 1075 m. Von hier führt eine Steiganlage durch die steile Bergflanke etwa auf die halbe Höhe des Wasserfalls, der von der dortigen Kanzel aus nächster Nähe zu beobachten ist. Der Zielbach, der diesen Fall bildet, stürzt sich über 97 m in die Tiefe und zählt zu den eindruckvollsten Fällen im gesamten Alpenraum. Der rot. bez. Weg nach Tabland zweigt jedoch schon wenig vor dem Ghs. Wasserfall rechts ab und gewinnt in etlichen Kehren an Höhe, wobei man ebenfalls eine schöne Sicht auf den Wasserfall hat. Zuletzt eben zum Weiler mit dem Ghs. Prünster.

- **441**   **Von Partschins,** 626 m (R 59), **über Niederhaus**
  2 Std.

Vom Ortszentrum nordostw. zur Talstation der Seilbahn, die zum Greiterhof führt. Weiter am Bergfuß entlang, dann nach links auf Nr. 7 A zum Beginn des Waalweges. Der Weg 7 A führt von hier aus geradeaus weiter am Waldrand aufwärts, mündet später in einen Karrenweg ein und folgt diesem, kreuzt einen breiten Fahrweg und trifft dann auf Mark. 7, die von Algund-Plars heraufkommt. Nach links zum schon erwähnten Fahrweg hinauf, rechts weiter und auf einem Abkürzungsweg zum Hof Niederhaus, 930 m, mit einfacher Einkehrmöglichkeit; ¾ Std. Der Hof ist Ausgangspunkt des „Partschinser Höhenweges" mit der Mark. P. Anfangs steiler im Wald aufwärts zu einer Aussichtskuppe. Im leichten Auf und Ab führt der schmale Bergweg weiter und bietet teilweise schöne Tiefblicke ins Tal. Dann biegt er ins Zieltal ab, quert unter dem Egghof und trifft dann auf die Tablander Autostraße. Auf ihr ein Stück westw. bis von ihr der alte Fahrweg nach Tabland abzweigt. Dieser endet jedoch vor den ersten Häusern, und auf einem Fußweg erreicht man das Ghs. Prünster; 1 ¼ Std. ab Niederhaus.

- **442 Von Rabland,** 525 m (R 57), **über den Ebnerhof**
  2 Std.

Von der Zielstraße im nördl. Ortsteil auf ausgeschildertem Weg zur Talstation der Gigglberg-Seilbahn und zum Buschenschank Winklerhof. Weiter auf rot bez. Weg oberhalb des Zielbachs zum Ghs. Amesauer. Dort rechts über den Zielbach zum Ghs. Salten, wo man die Zieltalstraße erreicht. Auf ihr links aufwärts zum Ghs. Birkenwald; 1 Std. Weiter wie unter R 439.

- **443 Von Rabland,** 525 m (R 57), **über Gasthaus Wasserfall**
  2 Std.

Wie zuvor unter R 442 zum Ghs. Birkenwald, dann weiter wie unter R 440.

- **444 Von Rabland,** 525 m (R 57), **über Niederhaus**
  2 ¾ Std.

Wie unter R 442 zur Zieltalstraße beim Ghs. Salten. Hier findet man den Beginn eines Waalweges, der über Partschins quert und schöne Nahblicke auf den Ort bietet. Der äußerst bequeme Weg endet dort, wo Nr. 7 A von Partschins heraufkommt. Links auf Nr. 7 A gemäß R 441 bis Niederhaus, 1 ½ Std. Weiter wie unter R 441.

- **445**   NASSEREITHHÜTTE, 1523 m

Zentraler Knotenpunkt zahlreicher Wanderwege im unteren Zieltal und Zwischenstützpunkt auf dem Weg zur Lodner Hütte. Weitere Einzelheiten unter R 145.

Anstiegswege:

- **446 Vom Steinerhof,** 1442 m
  20 Min.

Der Steinerhof ist mit einer Seilbahn zu erreichen, die beim Ghs. Birkenwald ihre Talstation hat. Hierher mit dem Pkw oder zu Fuß von Partschins (¾ Std.) bzw. Rabland (1 Std.). Vom Steinerhof führt der rot bez. Steig westw. ins Zieltal und zur Hütte.

- **447** **Von Partschins,** 626 m (R 59)
  Mark. 8, 2 ¼ Std.

Auf der Zielstraße in ¾ Std. zum Ghs. Birkenwald. Hier links auf Bez. 8 über den Zielbach und in vielen Serpentinen im Rammwald aufwärts. In etwa 1200 m Höhe trifft man auf einen vom Dursterhof heraufkommenden Weg. Nun nordw. talein. Nach etwa ¼ Std. von der zuvor erwähnten Wegeinmündung zweigt links ein Steig zum Gigglberghof ab. Geradeaus jedoch auf schmalem Weg am Berghang weiter talein. In 1350 m Höhe mündet von rechts ein Weg ein, der von Tabland bzw. vom Ghs. Wasserfall heraufkommt. Weiter durch das Felslabyrinth entlang des Baches hinauf zur Nassereithhütte.

- **448** **Von Partschins,** 626 m (R 59), **über Gasthaus Wasserfall**
  2 ¼ Std.

Wie zuvor in ¾ Std. zum Ghs. Birkenwald, und weiter auf dem Talfahrweg zum Ghs. Wasserfall. Von dort auf dem rot bez. „Fletschersteig" in Serpentinen bis unter den gleichnamigen Hof. Hier nach links zum Zielbach hinüber, der auf einer Brücke überquert wird. Auf der anderen Bachseite trifft man auf Weg 8 und folgt ihm rechter Hand aufwärts.

- **449** **Von Partschins,** 626 m (R 59), **über den Dursterhof**
  2 ½ Std.

Wie unter R 421 in 1 ¼ Std. zum Dursterhof, 1057 m (R 417). Von hier auf rot bez. Weg zum Waldrand hinauf und in nördl. Richtung talein, bis man auf Weg 8 trifft. Weiter wie unter R 447. Dieser Weg hat den Vorteil, daß man kaum die Autostraße benutzen muß, die ins Zieltal führt!

- **450** **Von Rabland,** 525 m (R 57), **über Gasthaus Birkenwald und Markierung 8**
  2 ½ Std.

Wie unter R 442 zum Ghs. Birkenwald, 1 Std. Weiter gemäß R 447.

Bergbauernhof im Matscher Tal gegen die Ortlergruppe.

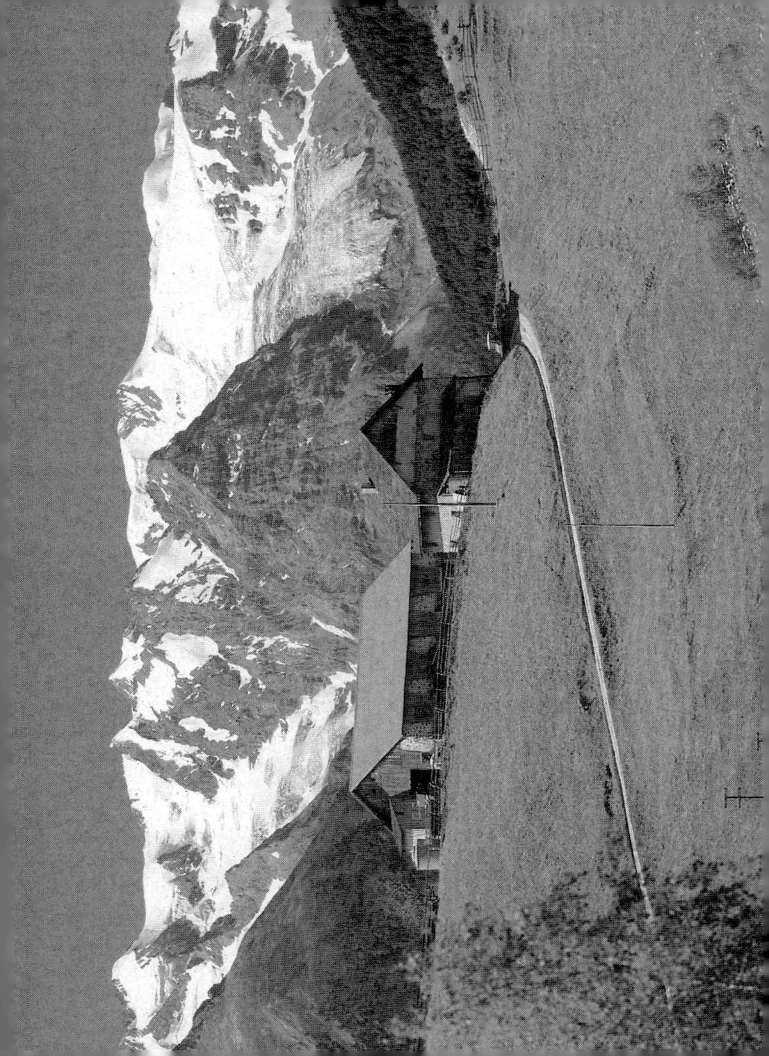

- **451 Von Rabland,** 525 m (R 57), **über Gasthaus Wasserfall**
  2 ½ Std.

Wie R 442 zum Ghs. Birkenwald und weiter auf dem Talfahrweg zum Ghs. Wasserfall. Von dort gemäß R 448 hinauf zur Nassereithhütte.

- **452 Von Rabland,** 525 m (R 57), **über den Dursterhof**
  2 ½ Std.

Wie unter R 419 in 1 ¼ Std. zum Dursterhof, 1057 m (R 417). Weiter wie unter R 449.

- **453 Von Tabland,** 1196 m (R 438)
  1 Std.

Vom Ghs. Prünster nordw. eben weiter, bis links der Fußsteig zum Ghs. Wasserfall hinabführt. Hier rechts auf einem Steig die Wiese hinauf und durch den Wald zu einem Fahrweg. Auf diesem links weiter bis oberhalb vom Fletscherhof, wo er endet. Dort kommt ein ebenfalls rot bez. Weg vom Ghs. Wasserfall herauf, dem man zum Zielbach folgt, wo man auf Mark. 8 trifft, s. auch unter R 448.

- **454 Hochforch,** 1555 m (R 423) — **Gigglberghof,** 1535 m (R 429) — **Nassereithhütte,** 1523 m (R 145)
  2 Std.

Diese Verbindung ist ein Teil des Meraner Höhenweges 24, der die Texelgruppe umrundet. Den Hof Hochforch kann man mit einer Kleinkabinen-Seilbahn erreichen, die ihre Talstation unweit von Plaus hat, ebenso den Gigglberghof von Rabland. Der Weg 24 führt vom Hof Hochforch ostw. durch Wiesengelände in den Lärchenwald hinein. Er verläuft an der Grenze des Naturparks Texelgruppe, der in 1500 m Höhe beginnt. In 1 Std. erreicht man den Gigglberghof und hat von hier eine weite Aussicht. Der Höhenweg führt von dort hoch im Zieltal einwärts. Bevor man die Nassereithhütte erreicht, muß man meist lange bis in den Sommer hinein ein großes Schneefeld queren und erreicht danach die Hütte; 1 Std. ab Gigglberghof.

- **455 Nassereithhütte,** 1523 m (R 145) — **Lodner Hütte,** 2259 m
  2 Std.

Die Lodner Hütte (R 146) inmitten der Texelgruppe ist ein beliebtes Wanderziel und günstiger Ausgangspunkt für zahlreiche leichtere und schwierige Bergtouren. Sofern man nicht die Seilbahn bis zum Steinerhof benutzt, benötigt man von Rabland bzw. Partschins bis zur Nassereithhütte 2 ¼—2 ½ Std., s. R 447 — 452. Von dort steigt der Weg 8 in

Serpentinen weiter hinauf, wobei man in die enge Klamm des Zielbaches Einblick hat. Man erreicht das Gingleck, von wo man in den gewaltigen Ginglkessel schaut, ein altes Gletscherbecken. Der Weg führt in den Kessel hinein, an Almhütten vorbei und gewinnt dann in einigen Kehren wieder an Höhe. Vorbei an einem Bildstock zur Kuhalm. Kurz danach erblickt man die auf einem Felshügel gelegene Lodner Hütte. Man erreicht sie nach Überquerung des Lafaisbaches und steigt dann in einigen Serpentinen zu ihr auf.

- **456** **Lodner Hütte,** 2259 m (R 146) — **Gingljoch,** 2928 m — **Obere Mairalm,** 2095 m (R 394)
  3 ½ Std.

Hochalpine, anspruchsvolle Bergwanderung, die etwas Orientierungssinn voraussetzt! Anfangs auf dem Weg zum Roteck, dann — hinter der zerstörten Gemsenhütte — nach links auf Nr. 9 zum Grubplattental mit dem Lafaisbach. Hinauf zur Kälberalm, 2486 m, und über eine mäßig steile Geröllhalde in Kehren zu den Resten des Gfalleitferners. An seinem Rand entlang, dann über Felsstufen steil hinauf zu einer meist mit Schnee gefüllten Mulde. Nach deren Druchquerung empor zum Gingljoch mit großem Steinmann; 2 Std. Von hier hat man eine großartige Aussicht auf Teile der Texelgruppe, die übrigen Ötztaler Alpen und die Ortlergruppe. Auf der Schnalstaler Seite fehlt die Mark. zunächst. So steigt man weglos über Blöcke, Steine und Geröll in das Ginglkar hinab. Schließlich entdeckt man eine Pfadspur und erreicht über Weideböden die Obere Mairalm, 2095 m; 1 ½ Std. Von hier kann man nach Katharinaberg, zur Seilbahn Unterstell oder nach Naturns absteigen, s. R 395 — 397.

- **457** **Lodner Hütte,** 2259 m (R 146) — **Johannesscharte,** 2876 m — **Stettiner Hütte am Eisjöchl,** 2872 m (R 144)
  3 ¼—3 ¾ Std.

Hochalpiner Übergang, eventuell Eispickel erforderlich! Von der Hütte weiter entlang des Zielbaches talein, vorbei an der Zielalm, 2361 m, immer in Kehren ansteigend in nordöstl. Richtung gegen die SW-Abstürze der Kleinen Weiße. Man achte stets auf die Markierung! Zum Schluß in kleinen Serpentinen steil, z.T. seilgesichert hinauf in die Johannesscharte, 2876 m, mit unvergeßlicher Aussicht; 1 ¾ Std. Jenseits steil durch eine meist schneegefüllte, manchmal auch vereiste Rinne zum Grubferner, der in den letzten Jahren stark zurückgegangen ist. Je nach Verhältnissen entweder direkt über den Gletscher und auf Weg 8 weiter oder an seinem Rand links hinab, meist über ein paar Schneefelder, bis man auf den Hüttenweg 39 trifft und ihm aufwärts zur Stettiner Hütte folgt. Je nach Wegwahl ab Scharte 1 ½—2 Std.

- **458**   **GREITERHOF**, 1357 m

Aussichtsreich gelegener Hof oberhalb von Partschins, heute als Gasthaus geführt und mit einer Seilbahn zu erreichen.

Anstiegswege:

- **459**   **Von Partschins,** 626 m (R 59), **über Niederhaus**
  2 Std.

Wie unter R 441 in ¾ Std. auf Weg 7 A zur einfachen Jausenstation Niederhaus, 930 m. Von hier führt ein rot bez. Steig steil im Wald hinauf zum alten Hof Gand, 1203 m, inmitten schöner Wiesen. ¾ Std. Oberhalb des Hofes durch eine steile Wiese zu einer Felswand, die senkrecht abfällt und einen eindrucksvollen Tiefblick auf Partschins gewährt. Weiter oben durch ein Gatter und über Wiesen zum Greiterhof; ½ Std.

- **460**   **Von Tabland,** 1196 m (R 438)
  1 Std.

Vom Ghs. Prünster ostw. auf Fuß- bzw. Fahrweg zur Tablander Autostraße, der man ostw. bis zu ihrem Ende folgt. Dann auf Nr. 26 in den Wald. Bei einem Bildstock verläßt der Weg das Zieltal und biegt nach links ab. Immer noch leicht ansteigend weiter. Schließlich über eine große Geröllhalde und über eine Wiese zum Greiterhof.

- **461**   **HOCHGANGHAUS**, 1834 m

Das Hochganghaus an der Waldgrenze direkt unter dem markanten Tschigat ist ein äußerst beliebtes Ausflugsziel und günstiger Stützpunkt für Gipfeltouren im S-Teil der Texelgruppe. Einzelheiten s. unter R 147.

Anstiegswege:

- **462**   **Von Partschins,** 626 m (R 59)
  3 Std.

Wie unter R 441 auf Mark. 7 A in ¾ Std. zur Jausenstation Niederhaus, 930 m. Von dort auf Mark. 7 im Wald steil hinauf zu einer Lichtung mit dem Oberhaushof; ½ Std. Durch einen „Märchenwald" weiter bergan zu den Gamplwiesen. Man kommt an einem auffallenden riesigen Felsblock vorbei. Hier kreuzt Weg 26. Dann wieder im Wald in etlichen Kehren hinauf, bis man das Schutzhaus in 1 ¾ Std. ab Oberhaus erreicht.

- **463**   **Vom Greiterhof,** 1357 m (R 458)
  1 ¾ Std.

Den Greiterhof erreicht man auf den unter R 459 und R 460 beschriebenen Wegen oder bequem mit der Seilbahn ab Partschins. Oberhalb vom Hof steigt man auf Nr. 26 die Wiesen empor und erreicht in nordöstl. Richtung durch den schönen Vertigenwald die Gamplwiesen. Bei einem markanten Felsblock trifft man auf Mark. 7, der man nordw. in etlichen Kehren hinauf zum Schutzhaus folgt.

- **464 Von der Leiter Alm,** 1528 m
  1 ½ Std.

Diese bequeme Aufstiegsmöglichkeit liegt eigentlich schon außerhalb des in diesem Führer behandelten Gebietes, sei aber trotzdem kurz erwähnt. Mit dem Linienbus ab Partschins direkt zur Talstation des Sessellifts nach Vellau, dessen Fortsetzung als Gondellift zur Leiter Alm führt. Von dort erreicht man zu Fuß auf Weg 24 in 1 ½ Std. das nordwestl. gelegene Hochganghaus.

- **465 Hochganghaus,** 1834 m (R 147) — **Nassereithhütte,** 1523 m (R 145)
  2 ½ Std.

Diese als AVS-Jugendweg bekannte Verbindung ist ein Teil des Meraner Höhenweges 24, der die Texelgruppe umrundet. Der Steig quert teilweise steile Wald- und Wiesenhänge und erfordert deshalb Trittsicherheit. Von Hochganghaus westw. über eine Wiese in den Wald, dann über einen Felssturz zur Gojener Alm, 1824 m. Von dort südwestw. zu einem markanten Eck im Grat, der vom Tschigat südw. zieht. Von hier blickt man erstmals ins Zieltal. Der hier sehr schmale Pfad biegt scharf rechts ab und führt durch eine steile Wiese. Dann wieder in den Wald, über Felsblöcke zu einer Märchenwiese direkt unter den Wänden des Tschigats, dann durch einen Graben und zur Tablander Alm, 1788 m, ebenfalls ein schöner Rastplatz; 1 ½ Std. Von hier besteht eine mark. Abstiegsmöglichkeit nach Tabland, 1196 m, mit dem Ghs. Prünster (1 Std.). Der Höhenweg geht jedoch durch Wald weiter, führt dann durch die Schlucht des Höllengrabens, quert wieder steile Wiesenhänge, wird im Wald dann breiter und führt zur Nassereithhütte; 1 Std. ab Tablander Alm.

- **466 Hochganghaus,** 1834 m (R 147) — **Franz-Huber-Weg** — **Lodner Hütte,** 2262 m (R 146)
  3 ½—4 Std.

Dieser hochalpine Bergweg, mit Nr. 7 B mark., verlangt absolute Trittsicherheit und Schwindelfreiheit, da er oft ausgesetzt, teils gesichert, durch steile Hänge führt. Vom Hochganghaus westw. über Wiesen in den Wald, dann wieder über Wiesen zur Oberen Gojener Alm. Westw. durch drei Kare, die jeweils durch vom Tschigat herabziehende Felsrippen getrennt sind. Nach dem letzten Kar durch ausgesetzte Grashänge. Vom vierten Kar führt ein Steig mark. hinab zur Tablander Alm, 1788 m, auf den AVS-Jugendweg (R 465) und nach Tabland, 1196 m (1 ½ Std.). Am Ende dieses Kares zu einem luftigem Eck mit einer drahtseilgesicherten Stelle. Durch steile Grashänge mit kurzen luftigen oder ausgesetzten Stellen weiter aufwärts. Schließlich ist ein fußbreites, seilgesichertes Felsband zu queren, dann folgen noch zwei weitere seilgesicherte Stellen, und man erreicht eine Graskuppe, den mit 2400 m höchsten Punkt des Weges; 1 ¾—2 Std. Von hier durch zwei weitere Kare auf und ab, dann durch eine Schrofenrinne. Man befindet sich nun hoch über der Ginglalm. Stark ansteigend um Felsplatten herum, dann über zwei mit Eisentritten versehene und mit Drahtseil abgesicherte Platten hinab. Fast eben durch das achte Kar, dann über mehrere kleine Bäche. Von einem Wiesenkopf erblickt man die Lodner Hütte, trifft auf den Weg, der vom Halsljoch herabkommt und erreicht westw. haltend die Hütte; 1 ¾—2 Std.

- **467 Hochganghaus,** 1834 m (R 147) — **Spronser Seenplatte — Lodner Hütte,** 2262 m (R 146)
  4 ¾ Std.

Die Spronser Seenplatte, die größte Südtirols, liegt hoch über Meran im Herzen der Texelgruppe. Der hier beschriebene Weg verläuft nordw. um den Tschigat herum und kann mit dem zuvor unter R 466 beschriebenen Franz-Huber-Weg zu einer Rundwanderung um den Tschigat zusammengefaßt werden.

Vom Hochganghaus nordw. auf steilem Steig 7 hinauf zur Hochgangscharte, 2455 m; 1 ½ Std. Im oberen Wegteil sind einige Stellen drahtseilgesichert und verlangen Trittsicherheit und Schwindelfreiheit. Jenseits über mit Felsbrocken übersäte Almböden zur Wegteilung westl. des Langsees. Hier zweigt rechts Nr. 22 ab und führt zu weiteren Spronser Seen. Links jedoch weiter auf Bez. 7 zu den Milchseen und auf steilem, gesichertem Steig hinauf zur Milchseescharte, 2689 m, mit einer Biwakschachtel als Notunterkunft (R 148); 1 Std. Jenseits zum kleinen Halsferner, unter dem man durchquert und dann zum Halsljoch, 2808 m, wieder ansteigt; 1 Std. Von dort geht es steil über Geröll oder Schnee

Blick zum Naturnser Hochwart vom Höhenweg Vigiljoch – Falkomaisee, der unterhalb des Gipfelaufbaus von rechts nach links durch das Almgelände verläuft.

hinab zu den Tablander Lacken inmitten einer großartigen Felswildnis. Über nunmehr begraste Hänge weiter steil abwärts, bis man auf Weg 7 B trifft. Westw. zum Zielbach und auf der anderen Seite hinauf zur Lodner Hütte; 1 ¼ Std.

- **468** **VIGILJOCH,** 1795 m

Einsenkung des Kammes, der Vinschgau und Ulten voneinander trennt, s. auch R 482.

Anstiegswege:

- **469 Von Aschbach,** 1340 m (R 401)
    1 Std.

Von der Seilbahn-Bergstation durch den kleinen Bergweiler und immer auf Mark. 28 im Wald aufwärts, von der nach 20 Min. der Weg zur Naturnser Alm abzweigt. Eine Variante zu diesem direkten Aufstiegsweg stellt die Bez. 28 A dar, die oberhalb von Aschbach vom Weg 28 abzweigt und ebenfalls in 1 Std. zum Ghs. Seehof nördl. des Joches führt.

- **470 Von Töll,** 508 m (R 58)
    3 ½ Std.

Zunächst auf der unweit vom ehemaligen Bahnhof beginnenden Autostraße hinauf zu den auf einer Wiesenterrasse gelegenen Quadrathöfen mit der Jausenstation Niederhof, 800 m, dann von der Fahrstraße auf Nr. 29 ab und im Wald bergan unter nochmaliger Kreuzung der späteren Forststraße zur Jausenstation Mahlbach, 1225 m, 2 Std. Ein kurzes Stück die Forststraße aufwärts — man kreuzt den Eggerhofsteig —, dann südw. auf Bez. 29 in Richtung Vigiljoch. Noch vor dem Ghs. Seespitz trifft man auf den Jochweg 9 und folgt diesem vorbei am Ghs. Seehof bis zum Vigiljoch, 1 ½ Std.

4. Großraum Meran, Tisenser Mittelgebirge und Ultental

- **480 Marlinger Höhenweg**

Bedingt durch die Lage am Rande des Meraner Talkessels, in dem sich monatelang die Hitze staut, ist Marling, 363 m (R 62), als Ausgangspunkt für Bergtouren nur bedingt interessant. Während der Sommerzeit werden vielmehr oft die nahen Bergbahnen benutzt, um so schnell der Hitze zu entfliehen; dies tut man allerdings auch bei der Begehung des

Marlinger Höhenweges, der im Gegensatz zum Marlinger Waalweg (Töll — Marling — Lana, 3 ½ Std.) schon viel Ruhe bietet. Der Höhenweg führt hoch über den Obstgärten Marlings durch Busch- und Mischwald. Zum Aufstieg benutzt man zunächst den Weg 33, der den Waalweg kreuzt, und zweigt später rechter Hand ab zum Ghs. Robelehof, 690 m; 1 ¼ Std. Der Höhenweg führt von dort durch ein steiles Tal zum einsamen Innerholz-Mairhof, geht dann weiter zum Außerholz-Mairhof und endet beim hübsch gelegen Ghs. Senn am Egg, 698 m. Dort findet man ein Sträßchen, das südostw. zur St.-Felix-Kirche hinabführt. Von dort weiter auf der Straße oder über den Waalweg zurück nach Marling. Gesamtgehzeit 2 ¾ Std.

● **481 Eggerhofsteig**

Dieser beliebte Höhenweg zwischen Aschbach, 1340 m (R 401), und dem Hotel Vigiljoch, 1485 m (R 155), führt durch einsame Wälder oberhalb des Meraner Talkessels, in den man verschiedene wunderschöne Tiefblicke hat. Er bietet den Vorteil, daß er zwei Seilbahnen miteinander verbindet, und man benötigt für die Gesamtbegehung 3 ¼ Std.
Von der Bergstation der Aschbach-Seilbahn anfangs auf breitem Waldweg 27 westw. Durch dichten Wald quert man den Berghang oberhalb von Töll. Nach etwas weniger als 1 Std. zweigt links ein mark. Weg ab. Dieser führt in mehreren Kehren zu den Quadrathöfen mit der Jausenstation Niederhof. Von dort auf dem Fahrweg nach Töll; 2 ½ Std. ab Aschbach. Unser Höhenweg 27 verläuft jedoch geradeaus weiter. Schließlich zweigt die Mark. links vom Fahrweg ab. Man kann nun weiterhin dem Fahrweg folgen oder auf dem mark. Abkürzungsweg seinen Verlauf abkürzen. In diesem Fall erreicht man ihn bei einem Aussichtspunkt wieder. Steigt man von dort weiter auf der Mark. ab, erreicht man in Kürze das Ghs. Mahlbach, 1225 m; 1 ½ Std. ab Aschbach. Um unseren Weiterweg wieder zu erreichen, muß man dagegen wieder ein kurzes Stück auf dem Fahrweg ansteigen, bis in einer Kurve ein schmaler Fußweg in Richtung Mühltal abzweigt. Der Fußsteig führt in ein Nebental. Dort, wo der Anfang eines breiteren Weges erreicht wird, führt die Mark. steil hinab zum Ghs. Mühltal. Folgt man jedoch geradeaus dem breiten Weg, kommt man bald zum Eggerhof, 1267 m, mit Kapelle, der dem Weg seinen Namen gab; 1 ¾ Std. ab Aschbach. Weiter auf dem Fahrweg 9 in 10 Min. zum herrlichen Almboden, wo sich mehrere Wege treffen. Von dort leicht ansteigend gemäß Bez. 31 weiter. Unterwegs hat man teils schöne Tiefblicke auf Meran. Nach rund 1 Std. Gehzeit ab Almboden kreuzt der von Marling heraufkommende Weg 33. Geradeaus erreicht man auf Mark. 31 in weniger als ¼ Std. das Hotel Vigiljoch.

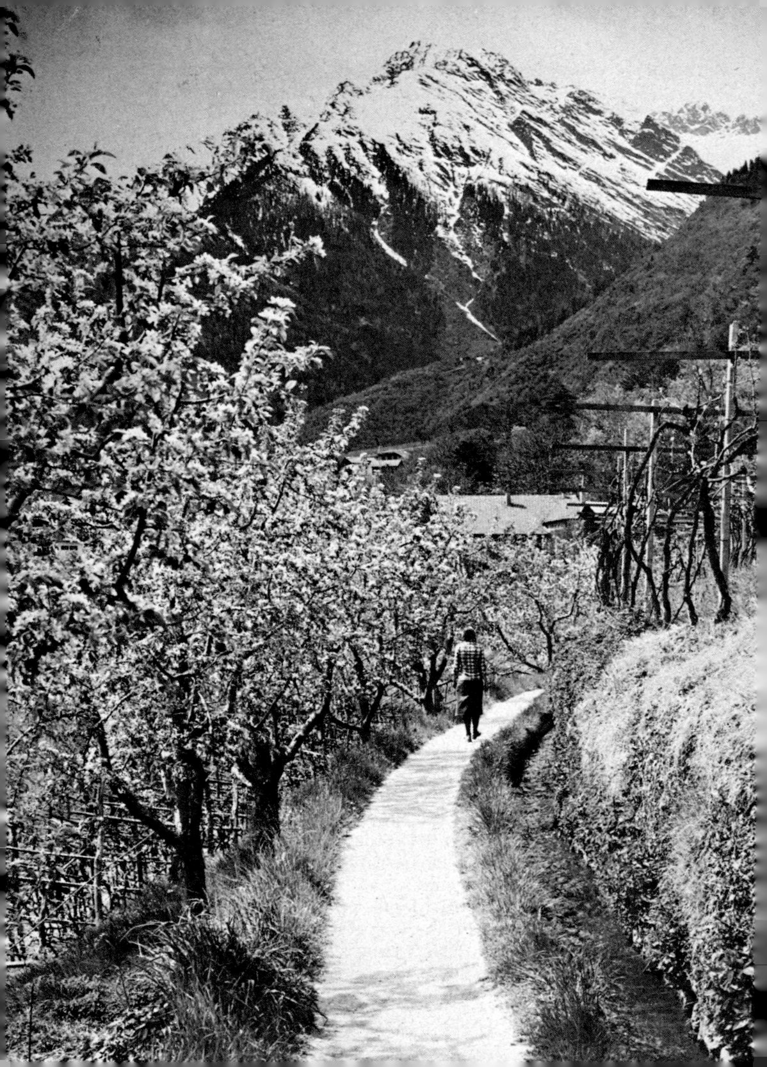

- **482**   **VIGILJOCH,** 1795 m

Einsenkung im Marlinger Berg, mit dem der Kamm zwischen Vinschgau und Ultental bei Meran verläuft. Besonders aussichtsreich ist der Wiesenhügel mit dem St.-Vigils-Kirchlein. Im Bereich des Joches gibt es mehrere Gasthäuser.

Anstiegswege:

- **483**   **Von Marling,** 363 m (R 62), **über den Eggerhof**
  4 ½—5 Std.

Nordwestl. zum Waalweg hinauf bis zum Ghs. Waldschenke. Hier beginnt der Weg 32, der steil im Wald zum Außerholz-Mairhof hinaufführt (schöne Sicht in den Meraner Talkessel und Kreuzung mit dem Marlinger Höhenweg). Weiter durch Wald und Wiesen aufwärts, bis man nach etwa 2 ½ Std. einen breiten Fahrweg erreicht. Rechter Hand in Kürze zum Ghs. Mühltal, 1125 m, linker Hand auf dem Fahrweg 9 hinauf zum Eggerhof, 1267 m, und zum sogenannten Almboden, einer wunderschönen von Lärchen eingerahmten Almwiese mit Ruhebänken. Vom Almboden weiter auf Mark. 9, die größtenteils einem Fahrweg folgt. So erreicht man durch Wald schließlich das Ghs. Seespitz, 1681 m, die Schwarze Lacke, passiert das Ghs. Seehof, 1750 m, und kommt dann zum Vigiljoch mit gleichnamigem Kirchlein.

- **484**   **Von Marling,** 363 m(R 62), **über das Gasthaus Tschigg und den Almboden**
  4 ½—5 Std.

Auf der Forststraße 33 erreicht man in etlichen Serpentinen das Ghs. Tschigg, 900 m, mit prachtvoller Rundsicht auf Meran und Umgebung; 2 Std. Von dort weiter auf der Forststraße oder der abkürzenden Mark. 31 hinauf zum Almboden, 1336 m. Weiter wie unter R 483.

- **485**   **Von Marling,** 363 m (R 62), **über die Lebensberger Alm**
  4 ½—5 Std.

Wie unter R 484 in 2 Std. bis vor das Ghs. Tschigg, 900 m. Hier gemäß Mark. 33 linker Hand von der Forststraße ab und südwestw. zum Fahr-

Baumblüte über Meran. Spaziergang entlang des Algunder Waalweges, im Hintergrund die Texelgruppe.

weg, der zur Lebensberger Alm führt. Bald danach trifft man auf den Eggerhofsteig und kann nun weiter auf Mark. 33 direkt zur Bez. 34 aufsteigen oder folgt nach links dem Eggerhofsteig zum Hotel Vigiljoch, 1485 m. Weiter in Serpentinen auf dem mark. Fahrweg 34 zum Vigiljoch selbst.

- **486 Von Lana,** 300 m (R 64), **über Pawigl**
  4 ½ Std.

Vom Ghs. Theis in Oberlana auf Mark. 34 durch enge Gassen empor, dann über die Ultener Talstraße, die in der Folge mehrmals gekreuzt wird. Nach der letzten Straßenüberquerung kommt man an einigen Höfen vorbei, hat von hier aus einen schönen Blick in das vordere Ultental und hinüber zu den Laugenspitzen. Durch Obstanlagen und Wiesen in den Wald, hinauf zum einsamen Hof Greitwies und steiler bergan zu den verstreut liegenden Höfen von Pawigl, 1164 m, mit dem St.-Oswalds-Kirchlein; 2 ½ Std. Bleibt man auf Mark. 34, kommt man ansteigend in 1 Std. zum Hotel Vigiljoch, 1485 m, wo die Seilbahn von Lana heraufkommt. Von dort führt die Mark. 34 als breiter Weg angenehm ansteigend durch lichten Lärchenwald in 1 Std. hinauf zum Vigiljoch. Der Aufstieg läßt sich jedoch etwas abkürzen, wenn man von Pawigl auf Mark. 34 A direkt zum Joch ansteigt.

- **486a Lana,** 300 m (R 64) — **Brandis** — **Tisens,** 631 m (R 67)
  2 Std.

Ausgangspunkt dieser Wanderung ist die Pfarrkirche in Niederlana. Hier beginnt der Brandisweg mit der Bez. 5. Auf dem südw. führenden Fahrweg passiert man nach etwa 10 Min. die Weinkellerei Brandis, über die sich die gleichnamige, vom Wald umschlossene Burgruine erhebt. Das alte Verbindungssträßchen Lana — Tisens steigt nun an und bietet Tiefblicke ins Etschtal. Bei den Höfen von Ackpfeif, ¾ Std. von Niederlana, kommt man zu einer Wegteilung. Von dort weiter geradeaus auf dem nun unbez. Weg, der ansteigend durch Buschwald und Kastanienhaine die Höhe des Tisenser Mittelgebirges erreicht. Bei den ersten Häusern von Tisens mündet der Fahrweg in die Straße NarAun — Tisens ein, der man in ihr Ortszentrum folgt.

- **487 Lana,** 300 m (R 64) — **Runggöglhof** — **Völlan,** 718 m (R 65)
  1 ½ Std.

Von Oberlana zunächst auf der Gampenpaßstraße bis zum Ortsende. Hier zweigt rechts ein Fahrweg mit der Bez. 8/10 ab. Vorbei am Buschenschank Runggöglhof steigt man in Richtung S durch Obstgärten an und erreicht später in einer Kurve eine Wegteilung. Von hier kommt man nach rechts (N) zur Höfegruppe Rateis, links jedoch nach Völlan. Der letztere Weg führt hinauf zur Fahrstaße Rateis — Völlan, die man kurz vor deren Einmündung in die Völlaner Straße erreicht. Auf dieser südw. ins Ortszentrum des hübschen Bergdorfs.

● **488**   **Lana,** 300 m (R 64) — **St. Georg** — **Völlan,** 718 m (R 65)
1 ¼ Std.

Vom Kloster Lanegg, westl. von Mitterlana gelegen, gemäß Ausschilderung auf einer Fahrstraße ein Stück südw., bis man den Brandis-Waalweg erreicht, der Ober- und Niederlana miteinander verbindet. Er wurde 1835 angelegt und bringt Falschauer Wasser aus der Gaulschlucht nach Niederlana. Man folgt dem Brandis-Waalweg jedoch nur kurz und steigt auf Bez. 1 A hinauf zur Gampenpaßstraße, folgt ihr etwa 50 m bergwärts und zweigt dann rechts auf einem Fußsteig ab, der zum St.-Georgs-Kirchlein hinaufführt. Es liegt in aussichtsreicher Lage auf 472 m Höhe, wurde bereits 1265 urkundlich genannt und gehörte einst dem württembergischen Kloster Weingarten.

Von der Kirche erreicht man in Kürze die Völlaner Straße. Hierher gelangt man auch auf einem anderen Weg mit der Mark. 1 von Niederlana. Dieser beginnt bei der Pfarrkirche und führt rechts hinauf zum Brandis-Waalweg, dem man aber nicht folgt. Die mark. Fußsteig 1 führt direkt hinauf zur Gampenpaßstraße, die man am Beginn der Völlaner Straße erreicht. Auf dieser ein kleines Stück aufwärts zu einer Häusergruppe. Hier kommt von rechts der Weg vom Kloster Lanegg hinauf, auf dem man in wenigen Minuten das St.-Georgs-Kirchlein erreicht.

Der Weg 1/1 A führt von der Völlaner Straße zunächst südwestl. im Wald weiter aufwärts und bietet später eine sehr schöne Aussicht ins Etschtal. Noch vor Erreichen von Völlan gabelt sich der Weg. Man kann nun rechts auf Bez. 1 oder links auf Bez. 1 A weiterwandern; beide Wege führen nach Völlan.

● **489**   **Lana,** 300 m (R 64) — **St. Hippolyt** — **Völlan,** 718 m (R 65)
2 ½ Std.

Wie unter R 486 in einer ¾ Std. von Niederlana zum Weiler Ackpfeif. Hier nun rechts hinauf vorbei an der Jausenstation Oberhofer zur Gampenpaßstraße, die man bei einem Tunnel kreuzt. Weiter aufwärts, anfangs durch Obstgärten (man achte auf die Mark.!), später südw. durch Wald zum Fuß des Kirchenhügels, wo man auf einem kleinen Wiesengelände auf eine Wegkreuzung trifft. Hier nun links in 10 Min., anfangs durch Wald, zum Schluß über Felsen hinauf zur Kuppe des Hügels mit dem St.-Hippolyts-Kirchlein und einfacher Jausenstation (nur Getränke). Weitreichende Rundsicht! Insgesamt 1 ¾ Std. von Niederlana. Vom Kirchenhügel wieder hinab zur Waldwiese mit Wegkreuzung. Weiter auf Weg 8, der bald einen Fahrweg kreuzt und wenige Min. danach bei einem Bildstock aus dem Jahre 1902 auf eine andere Wegteilung trifft. Hier nun auf dem Fahrweg nach rechts in 10 Min. zur Jausenstation Obertalmühle (Montag Ruhetag; dort zwei alte interessante Steinbogenbrücken aus der Römerzeit) und weiter nach Völlan, wo man beim sehenswerten Bauernmuseum auf die Hauptstraße trifft; ¾ Std. ab St. Hippolyt.

- **490 Lana,** 300 m (R 64) — **Rateis — St. Pankraz,** 736 m (R 74)
    4—4 ½ Std.

Von Oberlana auf der Gampenpaßstraße bis zum Ortsende. Hier gemäß Beschilderung auf Fahrweg 8/10 zur Jausenstation Runggöglhof. Schon bald danach zweigt beim Buschenschank Rafflerhof rechts Bez. 6 ab und führt mäßig ansteigend hinauf zu den Rateishöfen, wo man auf ein von Völlan kommendes Fahrsträßchen trifft. Man kann vom Rafflerhof auch zunächst dem Fahrweg weiter geradeaus folgen und kommt dann weiter oberhalb zu einer anderen Wegteilung. Hält man sich hier rechts, kommt man ebenfalls nach Rateis. Von dort weiter auf Mark. 6 hoch über dem tiefen Grund des Falschauer Baches in das Ultental hinein. Vor dem malerischen Höllentalhof, 838 m, der einen schönen Blick ins äußere Ultental bietet, mündet von links der von Völlan kommende Weg 6 A ein. Durch Wald, unterbrochen von Lichtungen, führt der Weg weiter zur Höfegruppe Ohrwald. Dort rechts steil hinab, immer noch Bez. 6, zum Falschauer Bach. Nach dessen Überquerung hinauf zur Straße und auf dieser taleinwärts nach St. Pankraz.

- **491 Lana,** 300 m (R 64) — **Pawigl — St. Pankraz,** 736 m (R 74)
    5 ¼ Std.

Wie unter R 486 von Oberlana gemäß Mark. 34 zur Höfegruppe von Pawigl, 1164 m; 2 ½ Std. Will man sich den Aufstieg von Lana ersparen, kann man auch mit der Vigiljoch-Seilbahn bis zum Hotel Vigiljoch bergauf fahren und erreicht von dort bequem absteigend in ¾ Std. ebenfalls Pawigl. Beim Buchrasthof wechselt man von Mark. 34 auf Weg 10, der in einigem Auf und Ab an Höfen vorbei, teils durch steile Wiesen, weiterführt. Nach dem Scheibhof erreicht man ein kleines Nebental mit einer alten Mühle; 1 Std. Den Talgrund erreicht man durch etwas ausgesetzte Felsen und kommt dann über eine Rinne auf die gegenüberliegende Seite mit einer langen Holzleiter, die wieder hinaufführt. Dieses Stück Weg erfordert Trittsicherheit. Durch Wiesen weiter zum Bergmannhof. Von dort hat man einen schönen Dolomitenblick, u.a. Sella,

Langkofel und Schlern. Weiter zum Dorthof. Danach senkt sich der Weg und führt hinab nach St. Pankraz; 1¾ Std. ab alter Mühle.

- **492 Völlan,** 718 m (R 65) — **Ohrwald** — **St. Pankraz,** 736 m (R 74)
  4 Std.

Von der Kirche auf schmaler Nebenstraße zum Durchgang des malerischen Nagelehofes. Bei der folgenden Weggabelung nach rechts (Mark. 6 A). Unter mächtigen Edelkastanien und mit schönem Blick in den Meraner Talkessel geht es zum Steinweihergut mit interessanter Fassadenbemalung. Bald danach teilt sich der Weg. Dort links in den Wald hinein und angenehm zum Oberlechenhof mit alter Hauskapelle von 1705. Weiter geradeaus am Berghang entlang, bis etwa 20 Min. nach dem Oberlechenhof der Weg 6 A in Nr. 6 einmündet, der vom Weiler Rateis heraufkommt. Nach links hat man schon bald den malerischen Höllentalhof erreicht, der einen schönen Blick ins äußere Ultental bietet. Durch Wald, unterbrochen von einigen Lichtungen, kommt man schließlich zur Höfegruppe Ohrwald. Hier nun rechts steil hinab, immer noch Bez. 6, zum Falschauer Bach. Nach dessen Überquerung hinauf zur Talstraße und auf dieser links nach St. Pankraz.

- **493 Völlan,** 718 m (R 65) — **Völlaner Joch,** 1636 m — **Platzers,**
  1280 m (R 70)
  3 ½ Std.

Wie zuvor vom Kirchplatz zum Nagelehof. Bei der Wegkreuzung nach dem Hofdurchgang nun aber links auf der schmalen Asphaltstraße (Mark. 2/3/4) durch Obstgärten, später Wald in mehreren Serpentinen bergan. Nach ¾ Std. Aufstieg zweigt oberhalb des Gruberhofes links Weg 2 ab. Bleibt man jedoch auf dem Fahrweg, hat man bald danach einen schönen Tiefblick auf Völlan, St. Hippolyt und den Tschöggiberg. Wenig später zweigt in einer Kurve links die Bez. 3 ab. Diese kürzt eine lange Kurve des Fahrweges 4 ab, ist dafür aber anstrengender. Noch vor Erreichen des Gallnerhofes mündet der Weg 3 wieder in die Fahrstraße ein. Der Fahrweg steigt weiterhin an, und man kommt schließlich zum Gallnerhof (Buschenschank, Einkehrmöglichkeit), 1231 m; insgesamt 1 ¾ Std. ab Völlan. Dort zweigt ein weiterer Weg (Nr. 3 A) nach Platzers ab. Bleibt man jedoch rechts auf dem Fahrweg, steigt man größtenteils angenehm, nur auf einem Zwischenstück etwas steiler, zur Völlaner Jagdhütte an,1575 m; ein sehr hübscher Rastplatz, 1 Std. ab Gallnerhof. Will man nicht noch höher, kann man nun gleich Weg 3 benutzen, der später wieder in die nachfolgende Route einmündet. Der Fahrweg 4 steigt noch etwas weiter an bis zum Völlaner Joch, 1636 m. Von dort führt geradeaus der Karrenweg 4 A zum Platzerer Jöchl, während man links in Richtung Platzers absteigt. In etwa 1500 m Höhe mündet Weg 3 ein und führt mit dem Fahrweg 4 weiter abwärts, zuletzt sehr steil. Man trifft zum Schluß bei den ersten Häusern von Platzers auf die kleine Fahrstraße, auf der man rechts in Kürze das Ortszentrum erreicht; ¾ Std. ab Jagdhütte.

Die nächste Linienbus-Haltestelle befindet sich an der Gampenpaßstraße, 20 Min. auf der Ortszufahrt ab Platzers.

- **494** **Völlan,** 718 m (R 65) — **Gallnerhof** — **Platzers,** 1280 m (R 70)
  3 Std.

Wie unter R 493 in 1 ¾ Std. zum Buschenschank Gallnerhof, 1231 m. Hier nun in der Kurve links auf Weg 3 A südw. durch den Wald Richtung Platzers. Noch vor Erreichen des Lahbaches trifft man auf Weg 2 (vom Gruberhof), durchquert dann in einem Bogen das Tal des kleinen Baches und erreicht 5 Min. oberhalb des Hauserhofes die kleine Autostraße (Bez. 10) nach Platzers, der man geradeaus folgt.

- **495** **Völlan,** 718 m (R 65) — **Gruberhof** — **Platzers,** 1280 m (R 70)
  2 ½ Std.

Wie unter R 493 in ¾ Std. auf der schmalen Autostraße zur Wegteilung etwas oberhalb vom Gruberhof. Hier links auf breitem Weg ab. Nach Überschreiten eines Baches zweigt links der kurze Verbindungsweg 2 A zum Völlaner Bad ab (¾ Std. vom Gruberhof zum Bad). Bleibt man jedoch auf Weg 2, steigt man im weiteren Verlauf durch schönen Wald mäßig steil an und trifft vor dem Lahbach auf Weg 3 A. Dann im Bogen durch das Bachtal und hinab zur nach Platzers führenden Autostraße mit der Mark. 10.

- **496** **Völlan,** 718 m (R 65) — **Völlaner Bad** — **Platzers,** 1280 m (R 70)
  2 ½ Std.

Von Völlan in südwestl. Richtung auf Fahrweg 10 über mehrere kleine Bäche in ein Waldtal mit dem Völlaner Bad, 950 m, dort Gasthaus und ein Heilbad, das seit Anfang des 19. Jh. von der Bevölkerung der Umgebung genutzt wird; 40 Min. Weiter auf dem teilweise sehr steilen Weg 10, der jedoch durch schönen Wald zum Hauserhof in Unterplatzers führt. Hier beginnt die Autostraße, auf der man in 25 Min. Platzers erreicht.

- **497** **Völlan,** 718 m (R 65) — **Platzerer Jöchl,** 1550 m — **Platzers,** 1280 m (R 70)
  6 Std.

Eine lange Wanderung durch einsame Wälder! Wie unter R 492 zur Häusergruppe Ohrwald im äußeren Ultental hoch über dem Falschauer Bach. Von dort nun aber nicht abwärts auf Bez. 6, sondern geradeaus auf Nr. 6 A zum Keilgut, weiter auf einem sehr zugewachsenen und teilweise unübersichtlichen, aber mark. Steig in einem Bogen durch das Tal eines kleinen Baches, der in den Falschauer Bach mündet. Etwas oberhalb vom Beimannhof, 1267 m (bis hierher etwa 4 ½ Std.), trifft man dann auf Weg 25. Dieser führt durch ein Wiesengelände (schöne Aussicht ins Ultental) hinauf zum ebenfalls verlassenen Gfrollhof, 1400 m. Vom Gehöft am oberen Wiesenrand entlang, dann in den Wald, wo man auf einen breiten Karrenweg trifft. Dieser steigt anfangs noch mäßig an und führt später angenehm durch schönen Wald hinauf zum sumpfigen Wiesengelände des Platzerer Jöchls, 1550 m; ¾ Std. ab Beimannhof.

Von dort hat man einen schönen Ausblick auf die Laugenspitzen. Folgt man nun dem Fahrweg 10, gelangt man mit zunächst geringfügigem Gefälle südw., später in östl. Richtung steiler abwärts nach Platzers; ¾ Std. ab Joch.

● **498** Tisens, 631 m (R 67) — **Naraun** — **Völlan,** 718 m (R 65)
1 Std.

Vom Ortszentrum nordw. in 20 Min. auf der Autostraße zur Häusergruppe Naraun (R 66). Dort beginnt zwischen Straßenwärterhaus und Gasthaus ein Fahrweg mit der Bez. 8, der durch Wiesen und Kastanienhaine zu einer Wegkreuzung mit Bildstock führt. Dort weiter geradeaus zum nahen Obermayerhof und hinab in das Tal des Brandisbaches mit der Jausenstation Obertalmühle, s. auch R 489. Jenseits des Baches leicht ansteigend nach Völlan, das man beim interessanten Bauernmuseum erreicht.

● **499** Tisens, 631 m (R 67) — **St. Hippolyt** — **Völlan,** 718 m (R 65)
1 ½ Std.

Wie zuvor auf der Hauptstraße in 20 Min. zum Weiler Naraun (R 66). Dort nach rechts etwa 100 m auf der Gampenpaßstraße bis vor den Tunnel, hier links ab. Von der Lichtung, auf der man sich danach befindet, rechts auf Nr. 5 direkt auf die aussichtsreiche Kuppe mit dem St.-Hippolyts-Kirchlein und einfacher Jausenstation hinauf; rund ¾ Std. von Tisens.

Von dort zunächst über Fels, dann durch Wald nordw. hinab zu einer kleinen Bergwiese nahe beim inzwischen verlandeten Narauner Weiher. Hier geradeaus auf Nr. 8 zu der Wegkreuzung beim Obermayerhof, dort rechts weiter wie unter R 498.

- **500** **Tisens,** 631 m (R 67) — **Völlaner Bad** — **Völlan,** 718 m (R 65)
  1 ½ Std.

Bei der Raiffeisenkasse beginnt ein schmaler Fahrweg, der parallel zur Hauptstraße in Richtung Naraun führt. Nach 20 Min. überquert man die Gampenpaßstraße etwas oberhalb des Weilers und kommt dann unter mächtigen Edelkastanien durch zum Ulpmerhof. Weiter auf einem Karrenweg bis zu einer Weggabelung vor dem Witmerhof. Hier kommt von rechts die Bez. 8 A von der Wegkreuzung beim Obermayerhof herauf. Geradeaus weiter zum schon sichtbaren Witmerhof, dann durch Wald, jetzt Bez. 8 A, in das Tal des Brandisbaches hinab. Nach Überqueren des Baches steiler hinauf zum Völlaner Bad; bis hierher 1 Std. Weiter auf Weg 10 nach Völlan (s. R 496).

- **501** **Tisens,** 631 m (R 67) — **Ulpmerhof** — **Platzers,** 1280 m (R 70)
  2 ½ Std.

Wie zuvor zum Ulpmerhof und zur Wegkreuzung vor dem Witmerhof. Hier folgt man nun links der blau-weißen Mark. 4, die durch dichten Wald bergan führt. Im Talgrund des Brandisbaches passiert man schließlich eine romantische, verlassene Mühle, steigt dann steil aufwärts und trifft unweit vom Hauserhof auf Weg 10. Diesem folgt man nach links aus dem Wald heraus über das große Wiesengelände zum Hauserhof, wo man auf den Beginn der Autostraße nach Platzers trifft und auf der man in 25 Min. das kleine Bergdorf erreicht.

- **502** **Tisens,** 631 m (R 67), **bzw. Prissian,** 612 m (R 68) — **Gfrill** — **Bad Gfrill,** 1154 m (R 69), **bzw. Platzers,** 1280 m (R 70)
  1 ¾ bzw. 2 ¼ Std.

Beginnt man die Wanderung in Tisens, benutzt man am südl. Ortsende die rechts abzweigende, schmale, asphaltierte Nebenstraße. Wo diese schließlich links nach Prissian abwärts führt, hält man sich geradeaus auf dem hier beginnenden Fahrweg, der einen schönen Tiefblick auf Prissian bietet. In diesen bergwärts führenden Fahrweg mündet bald der Weg 13 ein, der in Prissian seinen Ausgangspunkt entweder am Dorfplatz oder auch an der Hauptstraße im nördl. Ortsteil hat. An Weingärten vorbei erreicht man bald Schloß Zwingenberg, von schönem Wald umgeben. Hier teilt sich der Weg. Nach links zweigt ein Weg H (Holz) ab, auf dem man zum Prissianer Bach kommt und nach dessen Überquerung auf der anderen Talseite nach Prissian zurückgelangt (Dauer der Rundwanderung 1 ¼ Std.). Folgt man jedoch weiter der Bez. 13, steigt man nun teilweise steiler im Wald nach Gfrill hinauf. Kurz vor Erreichen des Weilers teilt sich der Weg erneut. Hält man sich geradeaus, kommt man gleich danach zu den unterhalb der Gampenpaßstraße liegenden Höfen; 1 ¼ Std. Immer in gleicher Richtung weiter, vorbei an Einzelhöfen und mit nun nur noch geringem Anstieg erreicht man dann in einer weiteren ½ Std. Bad Gfrill, 1154 m, mit Gasthaus und Linienbus-Haltestelle. Der dort in der Kurve von der Gampenpaßstraße abzweigende Fahrweg trägt noch Reste der alte Mark. 13, ist aber unterhalb des Gampenpasses unterbrochen und deshalb nicht mehr benutzbar.

Hat man von Gfrill die Rechtsabzw. genommen, erreicht man in Kürze die kleine Kirche und den Gfriller Hof an der Gampenpaßstraße; 1 ¼ Std. vom Ausgangspunkt. Auf der gegenüberliegenden Straßenseite führt ein anderer Weg weiter aufwärts, den man durchaus benutzen kann, auch wenn die Mark. heute nicht mehr eingehalten ist. Man trifft dann oberhalb von Bad Gfrill wieder auf die Gampenpaßstraße und folgt ihr bis zur Abzw. der Platzerer Nebenstraße, dort auch Linienbus-Haltestelle. Auf dieser wenig befahrenen Nebenstraße gelangt man durch schönen Wald bis zum Bergdorf Platzers.

● **503** **Prissian,** 612 m (R 68) — **Grissian** — **Bad Gfrill,** 1154 m (R 69)
3 ¼ Std.

Vom Dorfplatz über die Brücke des Prissianer Baches, dann rechts auf Bez. 8 hinauf zur schmalen Fahrstraße, der man anfangs durch Obstgärten, später durch Wald bis zum Weiler Grissian folgt, dort Einkehrmöglichkeiten im Ghs. Schmiedl und Hotel-Restaurant Grissianer Hof. Am Ende der asphaltierten Fahrstraße beim Gasserhof zweigt rechts ein Fahrweg ab, dem man steil aufwärts folgt. In ihn mündet schließlich von links der von der St.-Jakobs-Kirche kommende Weg 7 ein. Gleich danach kreuzt man Weg T, hält sich bei der nächsten Abzw. rechts und kommt über schöne Wiesen mit Aussicht. Nach einem Gehöft durchquert der jetzt schmale Weg einen Bachtobel (Vorsicht bei Nässe!). Dann geht es wieder auf einem schönen Karrenweg bequem am Berghang entlang, wobei man zwischendurch einen schönen Blick nach rechts auf Gfrill hat. Schließlich erreicht man den Prissianer Bach. Hier teilt sich die Markierung. Bleibt man auf dem Fahrweg, trifft man nach der Bachüberquerung weiter oben auf Weg 13, auf dem man links in Kürze Bad Gfrill erreicht. Nimmt man dagegen den links vor dem Prissianer Bach abzweigenden Steig, kommt man im Wald etwas oberhalb des Fahrweges über den Bach und gelangt ebenfalls nach Bad Gfrill.

● **504** **Prissian,** 612 m (R 68) — **Untersirmian** — **Gaid,** 904 m
2 ¾ Std.

Wie zuvor auf Bez. 8 zur schmalen Fahrstraße, der man in Richtung Grissian folgt. Noch vor Erreichen des Weilers am Ende des Waldes zweigt links ein mit F bez. Karrenweg zum Karneiler Hof ab. Durch Obstgärten und Wiesen geht es dann steil hinab in den Wald und auf einem schmalen Steig zum Grissianer Bach. Nach dessen Überquerung steigt der Weg wieder an, wird später breiter und führt aus dem Wald heraus über ein Wiesengelände und durch Obstgärten nach Untersirmian, 687 m; 1 ¼ Std. Auf der erreichten Nebenstraße an der kleinen Kirche vorbei zur Straße Nals — Obersirmian, der man ein kurzes Stück abwärts folgt. In einer Kurve zweigt ein Fahrweg ab, der wieder die Bez. F trägt. Dieser führt durch ein Bachtal bis kurz vor den Bittnerhof (einfache Einkehrmöglichkeit). Dort zweigt rechts die Bez. F ab und führt im Wald aufwärts. Nach etwa halbstündigem Aufstieg von der Abzw. beim Bittnerhof überquert man den Bach, dem man das letzte Stück aufwärts gefolgt ist, und kommt unterhalb des Burgstallerecks durch ein großes altes Waldbrandgebiet, von dem man einen wunderschönen Ausblick auf das Tisenser Mittelgebirge und das Etschtal gegen Meran hat. Nach Durchquerung dieses Buschgeländes geht es wieder in den Wald, und man erreicht schließlich den Tratterhof. Noch ein Stück geradeaus, dann rechts das Wiesengelände hinauf zur kleinen Kirche von Gaid, bei dem auch der einfache Landgasthof steht.

- **505 Prissian,** 612 m (R 68) — **Obersirmian — Gaid,** 904 m
  2 ½–3 Std.

Wie unter R 503 nach Grissian. Bis dorthin gibt es aber noch eine schöne Alternative. Gleich nach Prissian am Beginn der Grissianer Straße zweigt rechts ein mit W und T mark. Weg ab. Nach etwa 10 Min. kommt man zu einem kleinen Bildstock. Hier zweigt der Weg W vom Fahrweg nach links ab und führt durch schönen Wald direkt zum Ghs. Schmiedl in Grissian, 50 Min. Auf dem Fahrweg erreicht man schließlich von Grissian durch Wiesengelände in ¼ Std. das vom Wald umschlossene, auf einem Hügel stehende St.-Jakobs-Kirchlein mit reichem Freskenschmuck. Unterhalb der Kirche führt ein breiter, mit 7/8 mark. Weg durch den Tobel des Grissianer Baches. Man überquert auf diesem Weg mehrere Bachläufe und erreicht Obersirmian in ¾ Std. Gleich am Beginn des Weges 7/8 zweigt links ein kleiner unbez. Weg ab, der tiefer durch das Bachtal in ½ Std. nach Obersirmian führt; insgesamt je nach

Obersirmian (oberhalb von Nals) gegen den Gantkofel, 1866 m, dessen markante Nase das Etschtal zwischen Meran und Bozen beherrscht.

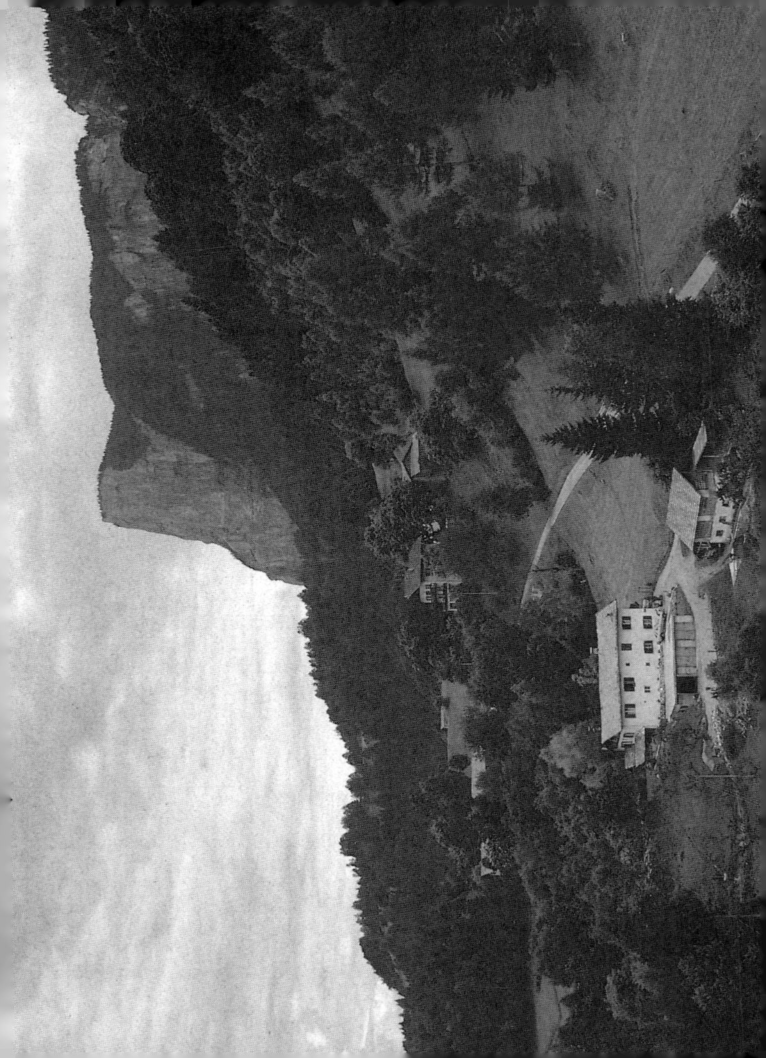

gewähltem Weg von Prissian 1 ½—2 Std. In Obersirmian steht das Hügelkirchlein St. Apollonia mit weitreichender Rundsicht. Einkehrmöglichkeit in den ganzj. bew. Ghs. St. Apollonia und Jäger. Von der Wegkreuzung beim Hügelkirchlein folgt man noch ein Stück der asphaltierten Straße aufwärts, bis links Weg 8 an einigen Höfen vorbei in den Wald abzweigt. Beim Ebnerhof passiert man einen Holzverladeplatz mit Seilbahn und kommt nach Querung eines Tales zum Verladeplatz am anderen Ende der Seilbahn. Hier nicht halb rechts auf gleicher Höhe weiter, sondern geradeaus auf einem neueren, teilweise sehr schmalen Weg ins Höllental ab- und wiederaufsteigen. Trittsicherheit erforderlich! Beim Tinnerhof trifft man schließlich auf Weg R. Unweit davon befindet sich auch die Abzw. eines kurzen Wegs zum Burgstalleck, 1025 m, von dort prächtige Aussicht. Vom Tinnerhof in südl. Richtung auf Fahrweg 8 nach Gaid; 1 Std. von Obersirmian.

- **506** **Prissian**, 612 m (R 68) — **Tränkweg — Obersirmian**, 900 m
  3—3 ½ Std.

Wie unter R 503 oder R 505 zur St.-Jakobs-Kirche, je nach Weg etwa 1—1 ¼ Std. Bei der Weggabelung unterhalb der Kirche nach rechts ein kurzes Stück auf Weg 7 hinauf, dann bei der nächsten Wegteilung links. Der anfangs mit T bez. Weg führt bergauf zu einer Lärchenwiese mit Plätscherbrunnen, bald danach zu einer schönen Waldlichtung mit einem weiteren Brunnen, dann südw. hinauf zur sogenannten Tränke, einem Brünnlein, das als Viehtränke benutzt wird und dem Weg seinen Namen gab. Auf dem markt. Weg nun noch ein Stück hinauf, dann passiert man eine große Wildmure, folgt ein Stück einem Holzweg und trifft dann durch Wald am oberen Rand einer großen Wiese auf die Bez. 7/8/8 A/9 und M. Nun links am Rand der Wiese abwärts, im Rückblick schöne Sicht auf den Mendelkamm, dann durch Wald zu einer anderen Forststraße. Nach rechts auf diesem Forstweg erreicht man bald einen Rastplatz, dort links unweit des Rainerhofes hinab zum St.-Apollonia-Kirchenhügel in Obersirmian.

- **507** **Prissian**, 612 m (R 68) — **Schöneck**, 1775 m
  3 ½ Std.

Vom Dorfplatz nach Überquerung der Brücke über den Prissianer Bach auf Bez. 8 zur Grissianer Straße, von der rechts bald der Weg W/T und H abzweigt. Am Waldrand rechts den breiten Fahrweg H ein kurzes Stück hinauf, bis nach links unvermittelt (kein Schild!) der schmale Steig T abzweigt. Er führt im Wald stetig an, berührt später eine hübsche Wiese und kreuzt schließlich Weg 7; 1¼ Std. Weiter im Wald aufwärts zu einer Wegteilung, wo links ein anderer Weg von der St.-Jakobs-

Kirche heraufkommmt, der im unteren Teil identisch mit dem zuvor beschriebenen Tränkweg (R 506) ist. Durch den Prissianer Wald geht es immer steiler hinauf zu den Felsabstürzen des Mendelkammes und auf dem Steiglein schließlich auf den Kamm, wo man nach links zum Kreuz auf dem Schöneck (auch Schönegg) kommt. Es ist ein schöner Aussichtsplatz (kein Gipfel!) mit Blick auf das gesamte Etschtal zwischen Meran und Bozen. Das zinkblechverkleidete Wetterkreuz wurde 1950 von der Katholischen Jugend von St. Felix aufgestellt.

- **508 Prissian,** 612 m (R 68) — **Obersirmian** — **Schöneck,** 1775 m
  4—4 ½ Std.

Wie unter R 505 nach Obersirmian; 1 ½—2 Std. Hält man sich kurz vor Erreichen von Obersirmian bei einer Wiese geradeaus, trifft man vor dem Rainerhof auf den von Obersirmian heraufkommenden Weg und spart so Ab- und Wiederaufstieg. Dort nach rechts herauf zu einer Forststraße, der man bis zur nächsten Weggabelung folgt. Nun links im Wald steil aufwärts zu einer schönen Bergwiese mit Blick auf den Mendelkamm. Am Rand der langgestreckten Wiese aufwärts. Kurz nach deren oberem Ende rechts auf Bez. M ab. Zunächst steigt der Weg ziemlich steil an, verläuft dann aber als schöner Fußsteig quer den Hang entlang. Man erreicht schließlich felsiges Gelände, muß ein steiles, Trittsicherheit verlangendes Tälchen passieren und kommt schließlich hinauf zur Höhe des Mendelkammes, wo man auf einer großen Bergwiese, Moschen, 1760 m, auf die gelbe Mark. T trifft. Nach rechts in ½ Std. immer dem Verlauf des Kammes folgend durch lichten Wald, hügelauf, hügelab zum Kreuz auf dem Schöneck.

- **509   NATURNSER ALM,** 1910 m

Die bereits unter R 406 erwähnte Naturnser Alm auf der N-Seite des Zufrittkammes, der Vinschgau und Ultental trennt, ist ein beliebtes Ausflugsziel, das man sehr bequem vom Vigiljoch, aber auch aus dem Ultental erreichen kann.

Anstiegswege:

- **510 Vom Vigiljoch,** 1795 m (R 482)
  Mark. 9/30, 1 Std.

Vom Ghs. Jocher (hierher in 10 Min. von der Sessellift-Bergstation) zum Waldrand hinab. Dort beginnt der breite, langsam ansteigende Waldweg 9. Nach etwa 25 Min. zweigt rechts die Mark. 30 ab und führt auf der N-Seite des Kammes zur Naturnser Alm.

- **511 Vom Vigiljoch,** 1795 m
  Mark. 9/9 A, 1 ¼ Std.

Wie zuvor zunächst auf Weg 9 entlang des Kammes im Wald aufwärts. Man passiert die Abzw. des Weges 30 und folgt weiterhin der Bez. 9, die nun immer mehr auf der Ultener Talseite verläuft. Schließlich zweigt rechts der Karrenweg 9 A ab und führt über den Kamm zur auf der N-Seite gelegenen Alm.

- **512 Vom Gasthaus Altbraid,** 725 m (R 73)
  Mark. 2/9/9 A, 4 Std.

Beim Ghs. Altbraid an der Ultener Talstraße (Linienbus-Haltestelle) beginnt der selten begangene Weg 2. Er kürzt zunächst einen Fahrweg ab, der die Berghöfe erschließt, folgt diesem auch zeitweise und kreuzt später den Höhenweg Pawigl — St. Pankraz. Dann führt er im Wald hinauf zur Guggenberger Alm und erreicht unterhalb des Rauhen Bühels den Höhenweg 9. Von der Wegeinmündung etwa 10 Min. westw. auf Nr. 9, bis rechts der Verbindungsweg 9 A über den Kamm zur Alm abzweigt.

- **513 Höhenweg Vigiljoch,** 1795 m (R 482) — **Falkomaisee,** 2164 m
  4 ¾ Std.

Dieser Höhensteig verläuft aussichtsreich über eine Länge von rund 10 km auf der Ultener Seite des Zufrittkammes, der das Ultental vom Vinschgau trennt. Als Aufstiegshilfen dienen die Vigiljoch-Seilbahn und der anschließende Sessellift auf den Larchbühel, 1814 m, von wo aus man in Kürze westw. das Vigiljoch mit dem Ghs. Jocher erreicht.
Vom Vigiljoch zum Waldrand hinab, wo ein breiter, langsam ansteigender Weg 9 beginnt. Nach etwa 25 Min. Gehzeit ab Ghs. Jocher zweigt rechts Nr. 30 zur Naturnser Alm ab und wenig später nochmals ein Weg 9 A. Oberhalb der Waldgrenze südl. des Rauhen Bühels kommt Weg 2 vom Ghs. Altbraid herauf. Hier hat man eine schöne Aussicht auf die gegenüberliegende Laugenspitze und Teile des Zufrittkammes. Wenig später findet man nochmals einen Verbindungsweg 9 A zur Naturnser Alm. Schließlich zweigt rechts Nr. 9 zur Hochwart ab, während sich der Höhenweg als Nr. 1 fortsetzt und durch Alpenrosenfelder, kurze Waldstücke und Zwergwacholder in insgesamt 2 Std. zu einer verfallenen Almhütte führt. Von hier kann man auf Weg 6 direkt in 2 Std. nach St. Pankraz absteigen. Der Höhenweg führt jedoch in ein Seitental, aus dem ein weiterer Weg zur Hochwart abzweigt, erreicht dann einen Bergrücken mit prächtigem Dolomitenblick und führt über mehrere Bachläufe weiter zu einer einfachen Hütte, dem Mittleren Leger, 2020 m. Hier kommt Weg 3 herauf (s. R 515) auf dem man nach St. Pankraz absteigen kann (2 Std.). Geradeaus, jedoch leicht anstei-

gend, zur Äußeren Falkomaialm, 2163 m, und weiter zum Falkomaisee, 2164 m; ¾ Std.
Folgt man vom Falkomaisee weiterhin dem Steig 1, erreicht man — den Falkomaikessel ausgehend — die Innere Falkomaialm, 2051 m. Dort auf Nr. 3 A hinab zum Kirchbach und auf ihm entlang, bis zur Einmündung mit dem schon erwähnten Weg 3. Gesamtabstiegsdauer 2 ½ Std.

● **514**   **FALKOMAISEE**, 2164 m, „DREI SEEN"
Der ovale Falkomaisee liegt oberhalb der Waldgrenze, eingebettet in magerer Wiesen-Geröll-Landschaft, im von Peilstein, Rontscher Berg und Moarkuck gebildeten Talschluß unweit der Inneren Falkomaialm. Auch die Drei Seen liegen im obersten Kirchbachtal. Die wunderbare Unberührtheit wird jeden Naturfreund entzücken. Der größte unter den Drei Seen, der Plombodensee, 2488 m, ist fast 300 m lang und 120 m breit, während der kleinste oftmals im Sommer ganz austrocknet.

Anstiegswege:

● **515**   **Von St. Pankraz,** 736 m (R 74) durch das Kirchbachtal
4 ½ bzw. 5 ½ Std.
Gemäß Bez. 3 auf dem alten Fußweg im Kirchbachtal aufwärts, wobei das Begehen der Autostraße größtenteils vermieden wird. In etwas über 1100 m Höhe zweigt von dieser die Zufahrt zum Bachmannhof ab, der die alte Mark. folgt. Bei diesem Hof kreuzt man die Bez. 6, die eine Verbindung mit dem Höhenweg 1 (R 513) und St. Helena herstellt. Der Weg führt nun im immer enger werdendem Kirchbachtal entlang des Baches aufwärts, unter der Mariolbergalm, 1660 m, vorbei. Kurz danach mündet von links Weg 9 ein, und einige Min. danach erreicht man eine andere Wegteilung. Hier trennen sich die Aufstiegswege:
a) Rechts auf einem steilen, teilweise steinigen Almsteig mit der Bez. 3 hinauf zum Höhenweg 1, den man bei einer einfachen Hütte auf großem Wiesengelände erreicht. Hier nach links weiter zur Äußeren Falkomaialm, 2163 m, aufwärts, Bez. 1, und zum gleichnamigen See, 2164 m; 20 Min. von der Alm. Folgt man weiterhin dem Steig 1, kommt man, leicht absteigend und den Talschluß ausgehend, zur Inneren Falkomaialm, 2051 m.
b) Von der erwähnten Abzw. im oberen Kirchbachtal weiter entlang des Baches aufwärts, jetzt Bez. 3 A, die direkt zur Inneren Falkomaialm führt; 4 Std. ab St. Pankraz. Ab Innerer Falkomaialm geht es westl., dann mehr nördl. über Almböden eine weitere Talstufe, teilweise steil, empor, bis man zu denn Drei Seen unterhalb des Rontscher Berges (2711 m) kommt; 1 Std. ab Alm.

- **516　Von St. Pankraz,** 736 m (R 74) — **über St. Helena**
  4 ¾—5 ¾ Std.

Auf Bez. 5, den Verlauf der Straße abkürzend, nordwestw. hinauf zu den Mairhöfen; 1 ¼ Std. Hier kreuzt man einen Fahrweg, der von der Kirchbachtalstraße abzweigt, bis nach St. Walburg hinüberzieht und zahlreiche Bergbauernhöfe auf der Tal-N-Seite miteinander verbindet. Weiter immer durch Wald den Bergrücken hinauf zum idyllisch auf einer Waldwiese gelegenen Kirchlein, 1550 m; 2 ¼ Std. ab St. Pankraz. Unweit der Kirche liegt die Jausenstation Helener Pichl, in der man einkehren kann. Vorbei ab der Jausenstation und aus dem Wald heraus auf ein aussichtsreiches Wiesengelände. Hier findet man zunächst die Abzw. des Weges 6 und gleich danach oberhalb eines Hofes der Bez. 8 und 9. Folgt man diesem Weg, gelangt man im Wald, immer dem Bergrücken folgend, rasch höher. In rund 1700 m Höhe zweigt rechts der Weg 9 ab, folgt lange größtenteils dem Lauf eines Waals, erreicht dann die Mariolbergalm, 1660 m, und mündet bald danach in Weg 3 ein. Weiter zu den Seen wie unter R 515.

- **517　Von St. Walburg,** 1120 m (R 76)
  3 ¾ bzw. 4 ¼ Std.

Vom Café Wildbach auf einem Abkürzungsweg den Kirchenhügel hinauf. Wenig nach dem Ghs. Kirchsteiger zweigt links die Mark. 1 P ab. Der Weg führt zunächst zu einer Stichstraße hinauf, die mehrere Höfe erschließt, und leitet dann steil im Wald hinauf. Nach rund 2 Std. Aufstieg erreicht man eine Lichtung im Wald mit einer kleinen Almhütte und hat von hier eine schöne Aussicht ins Tal und auf die (Ultener) Hochwart. Nochmals geht es steil zur Waldgrenze hinauf. Damit wird auch die Aussicht immer umfassender. Ein längere, nicht mehr anstrengende Querung führt schließlich zu einem Sattel, ca. 2200 m, östl. des Hochjochs; ¾ Std. ab Waldlichtung. Hier trifft man auf Weg 7, der über den Kamm von St. Helena kommt. Wir folgen jedoch der Mark. 1, die nun ins Kirchbachtal zur Inneren Falkomaialm, 2051 m, hinabführt; insgesamt 3 ¼ Std. ab St. Walburg. Die Wege zu den Seen sind unter R 515 beschrieben.

Falls man nicht auf dem gleichen Weg nach St. Walburg zurückgehen möchte, kann man entweder nach St. Pankraz absteigen oder auf nach-

Ultental: Blick von der Staumauer des Zoggler Sees gegen St. Walburg (rechts) und den Peilstein, 2542 m, im Hintergrund mit seinem das Kirchbachtal begrenzenden Kamm.

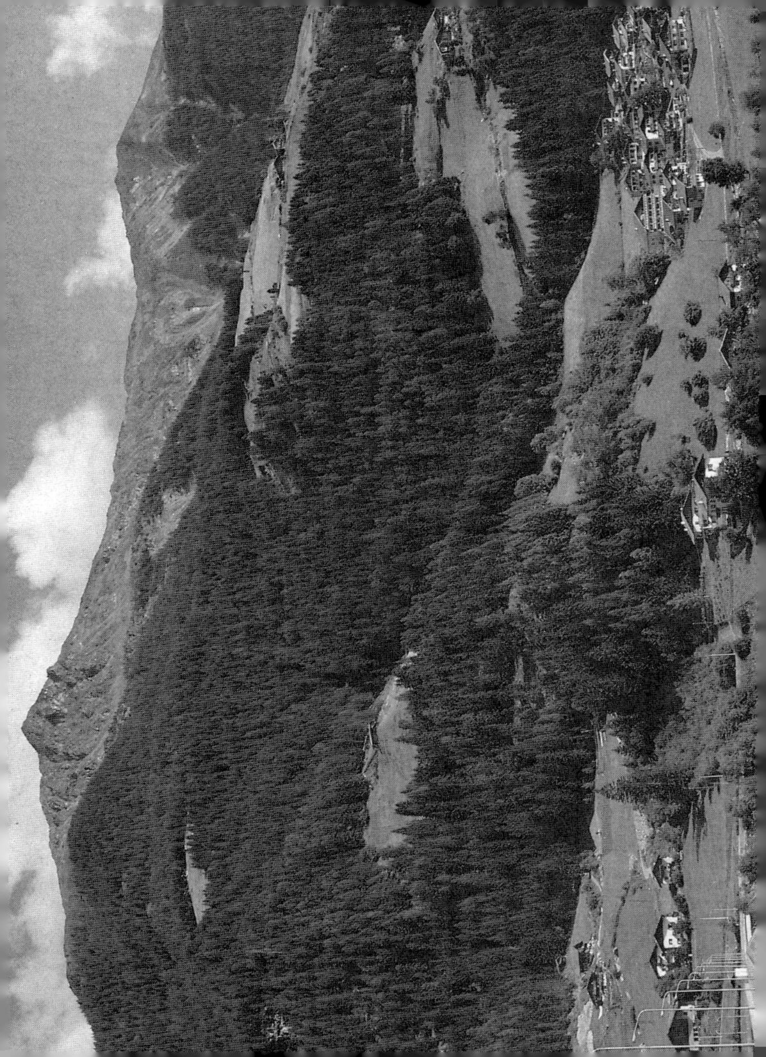

folgendem Weg nach St. Walburg zurückkehren: Von der Inneren Falkomaialm zunächst auf Mark. F in östl. Richtung wieder auf den Bergkamm zwischen Kirchbach- und Ultental hinauf. Dort trifft man in einer Senke auf eine Wegteilung und nimmt nun den Traktorweg 7, der teilweise steil und steinig ins Ultental hinabführt. Er mündet später in den von St. Helena kommenden Weg 5 ein, und man muß das letzte Stück auf der Bergstraße zurücklegen. Für diesen Rückweg benötigt man ab Innerer Falkomaialm 2 ¾ Std.

- **518   St. Pankraz,** 736 m (R 74) — **Platzerer Jöchl,** 1550 m — **Platzers,** 1280 m (R 70)
  3 ¼ Std.

Vom Ortszentrum hinab zur Umgehungsstraße, die beim Tunnel überquert wird, und zum Falschauer Bach. Nach dessen Überschreitung auf sehr steilem Serpentinenweg 27 zum Pfaffenegg, dort Einzelgehöft in schöner Aussichtslage und unbedeutender Bildstock. Oberhalb vom Pfaffenegg steigt der Weg im Wald noch ein kurzes Stück steil an, biegt dann aber nach rechts ab und führt nahezu eben auf längerer Strecke am Waldrand entlang bzw. über ein Wiesengelände mit schöner Aussicht zum Schweigerhof. Hierher gelangt man auch auf dem nachfolgend beschriebenen Weg: Von St. Pankraz ein Stück auf der Straße taleinwärts. Auf halbem Weg nach Bad Lad links auf Fahrweg hinab zum Falschauer Bach. Nach dessen Überquerung auf der anderen Seite steil auf Weg 25 hinauf zum Schweigerhof.
Oberhalb vom Schweigerhof nach rechts in den Wald, der schon bald durchquert ist. Man trifft auf das Ende eines Fahrweges und steigt hier links in einem Halbbogen über das Wiesengelände hinauf zum verlassenen Beimannhof, 1267 m. Oberhalb des Hofes trifft man auf Weg 6 A und gewinnt auf Mark. 25 weiter an Höhe. Gemäß R 497 erreicht man so in ¾ Std. das Platzerer Jöchl, 1550 m, und steigt in der gleichen Zeit auf der anderen Seite hinab nach Platzers.

- **519   St. Pankraz,** 736 m (R 74) — **Bad Lad,** 740 m (R 75) — **Buochenhöfe und zurück**
  4 ½ Std.

Zunächst auf der Ultener Talstraße bis Bad Lad. Alternativ auf einem mark., am S-Ufer des Falschauer Baches verlaufenden Weg. Dieser nimmt jedoch geringfügig mehr Zeit in Anspruch, da er im Bachtal Abstieg und Wiederaufstieg erfordert. Bei der Tankstelle Trafoier links auf einem Fahrweg, unterhalb der mächtigen Staumauer des 1951 erbauten Stallbach-Stausees und an Einzelgehöften vorbei hinein ins Marauner Tal. Bei der Straßengabelung rechts weiter in Kürze nach Mitterbad, 961 m; 1 Std. Hier entspringt eine arsen- und kupferhaltige Eisenvitriolquelle; der Ort war einmal ein weithin bekanntes Heilbad, das u.a. auch Otto von Bismarck besuchte.

Vom Mitterbad auf Weg 28 fast eben wieder talaus, an einer Kapelle vorbei, anschließend schöne Aussicht, bis man nach kurzer Waldwanderung auf die Fahrstraße trifft, die die auf der Tal-S-Seite bei St. Pankraz gelegenen Bauernhöfe miteinander verbindet. Dieser folgt man, nun unbez., bergwärts (geradeaus), bis man die Bez. 28 kreuzt, die von Bad Lad heraufkommt. Würde man ihr nach links abwärts folgen, käme man am Silberhof vorbei wieder rasch ins Tal hinab. Folgt man dagegen der Mark. 28 nach rechts aufwärts, geht es steil im Wald und zuletzt über Wiesengelände hinauf zu den Buochenhöfen, 1224 m. Die fünf dicht zusammenstehenden Höfe (im Volksmund auch Buchenstadt genannt), liegen inmitten von Wiesen und bieten eine schöne Aussicht auf die gegenüberliegende Talseite. Ab Mitterbad ¾ Std.

Von der Höfegruppe nun nicht mehr auf Bez. 28 weiter, sondern nach links dem unmark. Fahrweg folgen, der nach 5 Min. in den Hauptfahrweg einmündet, welcher vom Talgrund heraufkommt. Auf diesem nun nach rechts weiter. Nach kurzem Anstieg hat man die Höhe erreicht, die der Fahrweg fast immer beibehält. Er führt in zahlreichen Kurven durch Waldstücke und Wiesengelände, vorbei an Einzelhöfen, und umrundet das gesamte Nebental des Wieserbachs. Vom letzten Teil des Fahrweges bieten sich schöne Aussichten auf das äußere Ultental. Nach 1 ¼ Std. fast ebener Wanderung trifft der Fahrweg auf die Bez. 25. Dieser folgt man nach links in den Wald abwärts und erreicht bald den Schweigerhof. Von hier kann man entweder auf Bez. 25 nach Bad Lad und St. Pankraz absteigen oder nach rechts zum Pfaffenegghof queren und dann auf Weg 27 absteigen (s. R 518).

● **520** St. Pankraz, 736 m (R 74) — **Hofmahd,** 1813 m — **Proveis,** 1420 m (R 111)
5 ½ Std.

Wie zuvor unter R 519 in 1 Std. nach Mitterbad, 961 m. Von dort auf Weg 8 steil im Wald hinauf zum Laugenhof, 1327 m. Das Wiesengelände oberhalb des Hofes bietet eine schöne Aussicht ins Ultental. Links oberhalb des Hofes am Waldrand teilt sich der Weg. Folgt man nach rechts der Bez. 8, gelangt man auf dem anfangs noch breiteren, später schmalen Weg hoch über der Talsohle weiter hinauf, wobei verschiedene kleine Bachtäler ausgegangen werden müssen. Die Castrinalm auf dem Hofmahdsattel, 1813 m, sieht man erst im letzten Moment. Bis dorthin 2 ½ Std. ab Mitterbad. Von der Almhütte in einem Rechtsbogen hinab, dann südw. knapp ¼ Std. über das offene Wiesengelände. Auf einem

Stein findet man schließlich Hinweise auf die verschiedenen Wege. Die Mark. 133 führt zur aufgelassenen Proveiser Alm unter dem Großen Kornigl. Von dort geht es unmarkiert in südl. Richtung über das Almgelände mit einzelnen Bäumen hinab zur großen Clozalm, 1732 m. Weiter auf dem Almweg das Tal hinab. Man trifft dann später auf die lückenhafte Mark. 2, die ohne Berührung der Proveiser- und Clozalm vom Hofmahdsattel hierherführt. Kurz nach Einmündung des Weges 3 trifft man auf eine Fahrweggabelung, hier nach rechts zu den Wetzlaunhöfen (im Volksmund Metzlarhöfe), dann hinab zum Mairbach, bald danach durch eine andere Häusergruppe mit dem Ghs. Edelweiß und zur Talstraße, die beim Gamperbach erreicht wird. Auf dieser leicht ansteigend in einem Bogen hinauf nach Proveis; 2 Std. ab Hofmahd. Einfache Übernachtungsmöglichkeit, jedoch keine Linienbusverbindung!

- **521 St. Pankraz,** 736 m (R 74) — **Gampenalm** — **Hofmahd,** 1813 m
  4 ½ Std.

Zunächst auf der Talstraße nach Bad Lad, 740 m (R 75), dort bei der Tankstelle Trafoier links auf der zum Mitterbad führenden Nebenstraße ab, unter der mächtigen Staumauer hindurch und vorbei an Einzelhöfen weiter hinein ins Marauntal, bis man im Wald rechts die Abzw. des Weges 24 findet, 40 Min. von St. Pankraz. Nun in Serpentinen durch dichten Wald den Berghang zu einem Bildstock hinauf, dann weniger steil südw. zum Untereggenhof, hier einfache Jausenstation. In bisheriger Aufstiegsrichtung durch das Wiesengelände (Aussicht!) weiter hinauf zum Obereggenhof, von hier steiler im Wald bergan. Bei einem einfachen Holzkreuz in 1500 m Höhe trifft man auf den Güterfahrweg zur Gampenalm, folgt ihm aber nur ganz kurz, um erneut eine lange Kehre abzukürzen. In rund 1750 m Höhe erreicht man wieder den Güterweg (Achtung: Im Abstieg ist diese Abzw. leicht zu übersehen!) und folgt ihm südw. zur Gampenalm, 1876 m, die auf weitem Wiesengelände liegt und einen schönen Blick auf das Massiv der Großen Laugenspitze bietet; etwa 2 ¾ Std. von der Abzw. im Marauntal. Die Bez. 24 führt von der Gampenalm weiter, immer noch südw. fast eben entlang des Berghanges, der zum Marauntal steil abfällt, dann bis zu einem Bachgraben und von dort hinüber zum breiten Hofmahdsattel, 1813 m, mit der Castrinalm, wo man eventuell einfach bewirtet wird.

- **522 St. Walburg,** 1120 m (R 76) — **St. Helena,** 1550 m
  2 ½ Std.

Die Mark. 5 beginnnt beim Café Wildbach am östl. Ortsausgang und führt den Kirchenhügel zu der Straße empor, die die Höfe auf der Tal-

N-Seite zwischen St. Walburg und St. Pankraz miteinander verbindet. Auf dieser Straße kommt man an der Kirche vorbei, passiert mehrere Berghöfe, die einen Einblick in das bäuerliche Leben gewähren, und gewinnt immer leicht ansteigend an Höhe. Nach etwa 1 ¼ Std. Gehzeit findet man nach einer Straßenkurve links einen Bildstock und die Abzw. des Weges 5/7. Die Mark. führen zu zwei Höfen und einer Weggabelung. Von dort steigt die Mark. 7 steil den Mariolberg hinauf (s. R 517) während die Bez. 5 geradeaus verläuft und immer etwas oberhalb der Autostraße in Richtung St. Helena führt. Der Weg leitet schließlich vom Waldrand zur Straße hinab, berührt sie aber nur kurz, um erneut links auf einen breiten Forstweg abzuzweigen; ½ Std. Zunächst folgt man nun der für den Autoverkehr gesperrten Forststraße, bis die Bez. 5 von dieser abzweigt und als schöner Waldweg ostw. zieht. Beim Halsmannhof münden die Wege 8 und 9 ein, und man hat über das Wiesengelände einen schönen Blick hinüber zur Großen Laugenspitze. In bisheriger Richtung weiter, links mündet Nr. 6 ein, rechts führt Nr. 5 A hinab zur Straße, man kommt wieder in den Wald, passiert die Jausenstation Helener Pichl und erreicht dann die vom Wald umschlossene Hügelkirche St. Helena.

- **523   KOFELRASTER SEEN**, 2405 — 2407 m

Zu diesen beiden großartigen in einsamer Gebirgswelt gelegenen Bergseen auf dem Zufrittkamm, der das Ultental vom Vinschgau (Etschtal) trennt, hat man von Ulten aus verschiedene Anstiegsmöglichkeiten. Der Abstieg kann auch in den Vinschgau erfolgen, s. R 343 — R 347.

Anstiegswege:

- **524   Von St. Walburg,** 1120 m (R 76)
    Mark. 10, 4 ½ Std.

Direkt im Ortszentrum beginnt der Weg 10, der abwechslungsreich, aber steil an der Tal-N-Seite an Höhe gewinnt. Im unteren Wegteil berührt man mehrfach die Autostraße, die die teilweise recht alten Berghöfe oberhalb von St. Walburg miteinander verbindet. Besonders erwähnenswert ist der in 1677 m Höhe gelegene Hof Gigglhirn; bis dorthin 1 ½ Std. Von ihm führt der Weg in das Tal des Marschnellbaches und durch dieses steil im Wald, später über offenes Gelände erst zur Breitenbergalm, 2109 m, dann in einem Bogen durch das Tal zur Marschnellalm, 2213 m; 1 ¼ Std. ab Gigglhirn. Weiter auf Bez. 10 ansteigend über das aussichtsreiche Almgelände, bis man auf Weg 4 trifft. Nun ist es nicht mehr weit bis zum unteren Kofelraster See, 2405 m, der einsam im felsdurchsetzten Almgelände liegt, das von den umliegenden Gipfeln eingerahmt wird. Über einen Sattel, 2431 m, erreicht man in 10 Min. auch den zweiten, weiter nördl. gelegenen See.

- **525 Von St. Walburg,** 1120 m
  Mark. 4/4 A, 4 ¼—4 ½ Std.

Entweder beim Haus Untermarson oder auf der Nebenstraße beim Ghs. Kreuzwirt im westl. Ortsteil von St. Walburg den Berghang nordwestw. hinauf. Die Mark. 4 kürzt anfangs den Verlauf einer Autostraße ab. Von der Bauernschenke Dorfhof, 1360 m, ¾ Std. ab Ortszentrum, muß man der Straße jedoch im Wald für 15 Min. bis zum Haus Waldheim folgen. Hier hat man einen schönen Blick in das innere Ultental und steigt rechts auf Bez. 4 weiter auf. Später kreuzt man bei einem Bildstock, 1550 m, die Straße, die zu den Windegghöfen führt, und kürzt deren Verlauf ab. Der schöne Wald-Wiesen-Weg mündet schließlich in diese Straße ein. Man folgt ihr nach links und erreicht ein Gelände mit schöner Aussicht. Der Blick geht hinüber zum St.-Moritz-Kirchlein und ins Kuppelwieser Tal. Nach etwa 10 Min. Gehzeit auf der Autostraße findet man in einer Rechtskurve bei mehreren Höfen die Abzw. des Weges 4 A; insgesamt 1 ¾ Std. ab St. Walburg. Von hier hat man nun zwei Alternativen:

a) Die Bez. 4 A folgt immer dem Forstweg, der größtenteils durch Wald bequem in 50 Min. zur Larchenberger Säge, 1807 m, ansteigt. Anfangs bieten sich dabei schöne Blicke ins Kofelraster Tal. Von der Larchenberger Säge neben dem Kofelraster Bach — nun steiler — aufwärts. Weit oberhalb wird der Bach überquert, und die Mark. 4 A mündet in Nr. 13 ein. Diese führt zur Kofelrastalm, 2187 m, und trifft schließlich auf Weg 4. Über das aussichtsreiche Almgelände kommt man auf dieser Mark. dann zu den Seen.

b) Die Mark. 4 folgt zunächst noch der Autostraße in östl. Richtung, zweigt dann aber beim Simianhof, 1712 m, links ab und steigt steiler im Wald an. Über wunderschöne Almenwiesen erreicht man schließlich die Riemerbergalm, 2150 m, eine besonders malerisch aussehende Almhütte; 1 Std. ab Wegteilung. Obwohl die größte Steigung nun geschafft ist, benötigt man für die restliche Strecke über hügeliges Almgelände noch 1 ½ Std.

Blick über den Weißbrunn-Stausee im hinteren Ultental talauswärts. Dieser ist Ausgangspunkt zahlreicher Hochtouren.

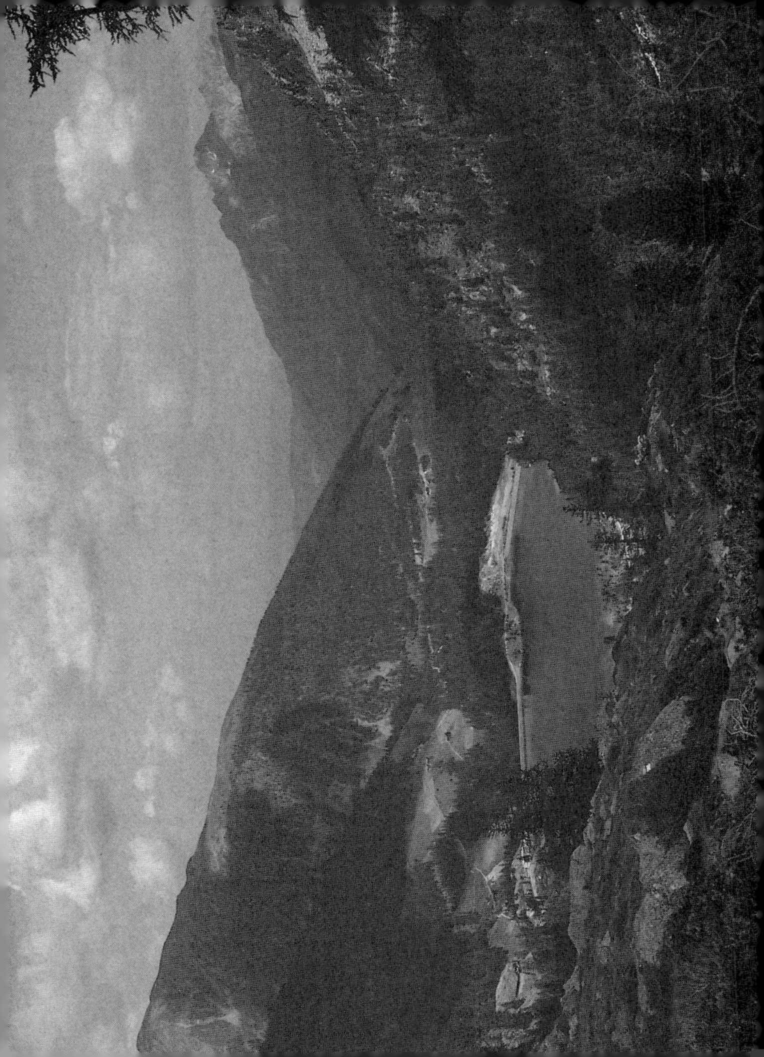

- **526 Von Kuppelwies,** 1135 m (R 77)
  4 ½ Std.

Gleich östl. vom Ghs. Kuppelwies zweigt von der Talstraße ein in Richtung N ziehender Fahrweg ab, der den Berghang leicht ansteigt. An seinem Ende trifft man auf einen Querweg und folgt diesem bis zur Einmündung in die Autostraße. Hier links ab vor dem Bach, der gleich rechts überquert wird. Nun neben dem Bach im Wald taleinwärts, bis die alte Mark. K nach rechts hinaufführt und bei den Maronhöfen auf die Autostraße trifft. Nun auf dieser weiter, stetig ansteigend. Bald nach Überquerung des Schmiedhoferbaches erreicht man die Talstation des Breiteben-Sesselliftes mit der Jausenstation Waldschenke, 1500 m; 1 ¼ Std. Etwa 10 Min. oberhalb der Talstation zweigt vor einer Straßenbrücke links der mark. Weg 11 ab und führt entlang des Baches hinauf zur Steinrastalm, 1723 m, einem von Wald durchsetzten Wiesenboden unterhalb des Arzker Stausees; ¾ Std. Von der Wegeinmündung unweit der Werksseilbahn zum Arzker Stausee ein Stück auf der Straße zurück. Bei einem kleinen Parkplatz zweigt der Weg 13 ab und steigt gleich steil im Wald an. Er führt in das Tal des Kofelraster Baches, trifft nacheinander auf die Wege 4 A und 4 und führt über die Matten der Kofelraster Alm weiter aufwärts. Nach Einmündung des Weges 10 erreicht man in Kürze die beiden Seen; 2 ½ Std. ab Steinrastalm.

- **527 St. Walburg,** 1120 m — **Steinrastalm,** 1723 m
  3 ¼ Std.

Wie unter R 525 in etwas mehr als 2 ½ Std. auf den Bez. 4/4 A zur Larchenberger Säge, 1807 m, die versteckt im Tal des Kofelraster Baches liegt. Auf der nun unmark. Forststraße über den Bach und auf ihr — alle Abzw. nicht beachtend — bis zum Ende bei einer kleinen Almhütte am Anfang eines Wiesengeländes. Nun geradeaus über dieses Wiesengelände auf schwach erkennbarem Weg (zwei Zaunüberquerungen). Am gegenüberliegenden Waldrand trifft man auf Bez. 13, die nach links, teilweise steil, im Wald zur Kuppelwieser Straße hinabführt. Von der Einmündung des Weges 13 in die Straße, auf dieser ein kurzes Stück taleinwärts zum Wiesenboden der Steinrastalm, 1713 m, mit der Talstation der Werksseilbahn zum Arzker Stausee, dessen Sperrmauer von hier gut zu sehen ist.

- **528 St. Walburg,** 1120 m (R 76) — **St. Moritz,** 1635 m, **bzw. Kuppelwies,** 1135 m (R 77)
  2 ½ bzw. 2 Std.

Vom Haus Untermarson oder auf der Nebenstraße beim Ghs. Kreuzwirt im westl. Ortsteil von St. Walburg den Berghang nordw. hinauf. Die

Mark. 4/M kürzt anfangs den Verlauf einer Bergstraße ab. Von der Bauernschenke Dorfhof, 1360 m, muß man ihr jedoch folgen. Durch Wald kommt man zum Haus Waldheim, 1 Std. ab Ortszentrum. Hier zweigt die Bez. 4 rechts aufwärts ab. Nach St. Moritz und Kuppelwies aber weiter auf der Straße durch das aussichtsreiche Wiesengelände (Martbühel), vorbei an der Abzw. einer zu noch höher gelegenen Höfen führenden Autostraße. Schließlich verläßt die Mark. M die Straße nach rechts und führt durch Wald in das Tal des Schmiedhofer Baches. Nach Einmündung in die Autostraße, die zur Steinrastalm hinaufführt, muß man dieser etwa 10 Min. taleinwärts folgen. Hat man auf der Straße den Schmiedhofer Bach überquert, zweigt links die Bez. M erneut ab und steigt im Wald südwestl. zum Kirchlein St. Moritz, 1635 m, an.

Ist dagegen Kuppelwies das Wanderziel, folgt man von der Abzw. der Mark. M nach dem Martbühel weiterhin der Autostraße, die bei den Maronhöfen in die Straße einmündet, die der Weg M weiter oben berührt. Wenig unterhalb der Einmündung zweigt rechts eine alte Mark. K ab und führt hinunter zum Schmiedhofer Bach. An ihm im Wald talauswärts, später das Ufer wechselnd, bis man wieder auf die Autostraße trifft. Nicht auf ihr weiter, sondern rechts auf einem Fahrweg bis zum ersten Hof, hier links herunter nach Kuppelwies.

- **529   St. Walburg,** 1120 m (R 76) — **Seegrubenalm,** 1916 m — **Hochwartsee,** 2193 m, bzw. **Pfandlalm,** 1838 m
    Jeweils 3 ½ Std.

Die kleine Seegrubenalm ist die westlichste der bei St. Walburg auf der Tal-S-Seite gelegenen Almen, die alle durch mark. Wege miteinander verbunden sind. Man hat von ihr eine schöne Aussicht auf Teile der Ultener Berge, z.B. ins Kuppelwieser Tal, auf das Hasenöhrl usw., und kann mehr oder weniger eben bis zur Gampenalm hinüberwandern.

Vom Ortszentrum etwa 1 ½ km auf der Straße taleinwärts bis zum Zoggler-Stausee, 1093 m, über dessen Wasserspiegel man einen reizvollen Blick in den Talhintergrund hat. Nach Überquerung der Staumauer rechts am südl. Seeufer entlang. Bei einer Bank zweigt schließlich die Mark. 20 ab, ¾ Std. ab Ortszentrum, und führt gleich steil im Wald aufwärts. Der immer gut bez. Weg kreuzt später eine Forststraße, wo ein Wasserfall eine Steilstufe hinabstürzt. Links vom Wasserfall weiter steil aufwärts. Oben kommt man durch große Alpenrosenfelder und erreicht schließlich die Wiesensenke mit der Seegrubenalm, 1916 m; insgesamt 2 ½ Std. ab St. Walburg.

Wem der Aufstieg zur Ultener Hochwart zu lang ist, sollte es zumindest nicht versäumen, der Mark. 20 bis zum Hochwartsee zu folgen. Diese führt von der Alm ziemlich gerade in 1 Std. zum seichten, klaren See

hinauf, der in einem Geröll-Karbecken unterhalb der Hochwart liegt, deren Gipfelkreuz von hier aus zum Greifen nahe erscheint.
Eine andere lohnende Fortsetzung des Weges stellt der Höhensteig 23 dar, auf dem man zur Pfandlalm kommt. Der Weg steigt im Wald zunächst bis zu einem Holzkreuz, ca. 2050 m, an, gleich danach Tiefblick auf St. Walburg, den Zoggler-Stausee usw. Nach dem aussichtsreichen Wegstück geht es wieder in den Wald, teilweise durch steile Bergflanken, schließlich durch ein Gatter nach rechts abwärts zur Pfandlalm, 1838 m; etwas weniger als 1 Std. ab Seegrubenalm. Wegmöglichkeiten ab Pfandlalm s. R 530.

- **530   St. Walburg,** 1120 m (R 76) — **Pfandlalm,** 1838 m — **Spitzner Alm,** 1839 m
   Rund 3 Std.

Von der Pfandlalm hat man keine Talsicht, blickt aber hinauf zum Massiv der Hochwart und gelangt auf dem Höhenweg 23 einerseits zur Seegrubenalm, andererseits zur Spitzner Alm. Von St. Walburg gibt es zwei Anstiegswege:
a) Wie zuvor unter R 529 über die Staumauer des Zoggler-Stausees, dann nach links auf dem zur Spitzner Alm führenden Forstweg entlang, bis rechts die Mark. 27 abzweigt. Diese führt stets im Wald aufwärts, kreuzt zwischendurch eine Forststraße und trifft auf die Bez. 21 auf dem unteren Ende des langezogenen Almgeländes, dem man aufwärts zur Pfandlalm folgt; 2 ¼ Std.
b) Bei der Apotheke eine Nebenstraße entlang des Wildbachs hinab zum Falschauer Bach, der auf einer Brücke überquert wird. Nun nach rechts zum Gonnerbach, nach dessen Überschreitung links zum Waldrand hinauf, an einem Einzelhof vorbei. Nun führt der Fußsteig 21 immer steil im Wald hinauf, kreuzt zwei Forststraßen und führt schließlich zur Holzschlagalm, 1571 m; 1 ½ Std. Nun nach rechts, weiter im Wald gemäß Bez. 21 aufwärts, bis man auf Mark. 27 trifft und über das Almgelände zur Pfandlalm aufsteigt; insgesamt 2 Std. ab St. Walburg.
Der Weg zur Spitzner Alm steigt im lichten Wald zunächst noch etwas an. Ein Felsabsturz wird mittels einer steilen Holzleiter überbrückt, noch ein Stück abwärts, dann geht es fast eben, größtenteils auf breiterem Weg, hinüber zur aussichtsreichen Spitzner Alm, 1839 m; 50 Min. ab Pfandlalm.

- **531   St. Walburg,** 1120 m (R 76) — **Spitzner Alm,** 1839 m — **Gampenalm,** 1876 m
   3—3 ¼ Std.

Die aussichtsreich gelegene Spitzner Alm bietet einen weiten Blick in

das äußere und mittlere Ultental. Sie kann auf einer langen Forststraße erreicht werden. Schöner sind jedoch die beiden mark. Wanderwege:
a) Wie unter R 530 in 1 ½ Std. zur Holzschlagalm, 1571 m. Von hier nach links auf schmalem, teilweise zugewachsenem Pfad, Mark. 22 A, durch Gebüsch und Wald in etlichen Serpentinen hinauf zum Wiesengelände und nach rechts in Kürze zur Spitzner Alm selbst; 2 Std. ab St. Walburg.
b) Gemäß R 530 b hinab zum Falschauer Bach und nach dessen Überquerung links auf einem Fahrweg weiter, an Einzelhöfen vorbei hinauf zu einem großen Wiesengelände. Dies wird von links unten nach rechts oben durchquert, dann geht es im Wald weiter aufwärts, bis man auf die Forststraße trifft, die vom Zoggler-Stausee heraufkommt. Auf ihr nach links weiter. Im weiteren Wegverlauf kürzt die Bez. 22 häufig die Kurven der Forststraße ab. Die Abkürzungen sind nicht immer leicht zu finden! Deshalb achte man sehr genau auf die Mark.! Schließlich erreicht man das offene Almgelände und wandert über dieses neben der Forststraße zur Spitzner Alm; 2 ¼ Std.
Von der Spitzner Alm, 1839 m, führt die Mark. 23 oberhalb eines kleinen Sees vorbei und kommt dann zum versteckt und romantisch im Wald gelegenen eigentlichen Spitzner See. Der schmale Steig führt dann durch lichten Wald und steigt wieder etwas an. Noch lange hat man einen Rückblick zur Spitzner Alm. Schließlich geht es wieder etwas abwärts, und der Pfad biegt ins Marauntal ein. Über Almgelände mit schönem Blick zur Großen Laugenspitze erreicht man dann die Gampenalm, 1876 m; 1 Std. Von hier kann man auf Bez. 24 den Hofmahdsattel erreichen oder auch nach St. Pankraz absteigen.

● **532 Kuppelwies**, 1135 m (R 77) — **Grubhöfe** — **St. Moritz**, 1675 m
2 Std.

Vom Ghs. Kuppelwies nordw. in Richtung Berghang bis zum quer verlaufenden Fahrweg, dem man nach links folgt. Er steigt schräg den Hang an mehreren Höfen vorbei bis zu den Grubhöfen, 1585 m, mit Bildstock, an, wo ein Weg von St. Nikolaus heraufkommt; 1 ¼ Std. Teilweise findet man noch die alte Mark. 12.
Folgt man dem Fahrweg in gleicher Richtung weiter aufwärts, kommt man nach einigen Minuten zur Autostraße St. Nikolaus — St. Moritz. Auf dieser nach rechts, wobei sich teilweise eine schöne Aussicht zum Zoggler-Stausee bietet. Vorbei an der Jausenstation Moritzhöhe, 1600 m, geht es weiter im Wald bis zum St.-Moritz-Kirchlein, 1675 m, mit benachbartem Gasthaus. Von der Kirche bietet sich ein schöner Blick auf den Zoggler-Stausee und die Bergwelt auf der S-Seite des Ultentales.

- **533 Kuppelwies,** 1135 m (R 77) — **Brizner Alm,** 1932 m
  2 ¼ Std.

Vom Ghs. Kuppelwies knapp 2 km auf der Talstraße bis zum Waldrand einwärts. Dort findet man den Beginn der Mark. 19. Man überquert den Falschauer Bach, hält sich danach rechts und zweigt bei der nächsten Weggabelung links aufwärts ab. Der Forstweg führt immer ansteigend ins Einertal, wobei er zunächst hoch über dem Bach talein führt, dann aber neben ihm durch offneres Gelände zur Eineralm, 1720 m; 1 ¾ Std. Von dort auf einem Karrenweg, zweimal den Bach kreuzend, in einem Links-Rechts-Bogen hinauf zur schön gelegenen Brizner Alm, 1932 m, unterhalb der letzten Talstufe; ½ Std. ab Eineralm. Der auf den meisten Karten eingezeichnete Rückweg HW und S nach St. Nikolaus existiert nicht mehr!

- **534 St. Nikolaus,** 1264 m (R 78) — **St. Moritz** — **Steinrastalm,** 1723 m
  2 Std.

In 1 Std. zu Fuß oder auch mit dem Pkw erreicht man das am Eingang zum Kuppelwieser Tal hoch über dem Zoggler-Stausee gelegene St.-Moritz-Kirchlein und kann von hier aus bequem im Kuppelwieser Tal einwärts zur Steinrastalm, 1723 m, wandern. Am Ultener-Tal-Museum vorbei benutzt man für 25 Min. die Autostraße nach St. Moritz, findet in einer Kurve die Abzw. einer mark. Abkürzung, die durch steiles Wiesengelände zu einem Hof führt, dann in einer Links-Rechts-Kurve weiter aufwärts zum Außergruberhof mit Bildstock, 1585 m. Hier kommt ein Fahrweg von Kuppelwies herauf, dem man links aufwärts für einige Min. folgt. Nach Einmündung des Fahrweges in die Autostraße auf dieser nach rechts weiter, teilweise aussichtsreich, vorbei an der Jausenstation Moritzhöhe, 1600 m, in den Wald und zur St.-Moritz-Kirche mit Gasthaus, 1675 m. Von dort führt eine mark. Forststraße (Nr. 13) bequem im Wald auf der W-Seite des Kuppelwieser Tales einwärts zur Steinrastalm, 1723 m; etwas weniger als 1 Std. ab St. Moritz.

- **535 St. Nikolaus,** 1264 m (R 78) — **Kaserfeldalm,** 1944 m — **Schwienhöfe und zurück**
  3 ¾ Std.

Unweit der Kirche findet man den Beginn des Weges 14, der gleich steil neben dem Meßnerbach ansteigt, ihn aber nach wenigen Min. nach links überquert. Nun auf einem breiten Waldweg bergan zu einer Weggabelung; 25 Min. Hier nicht rechts auf Nr. 14 weiter, sondern geradeaus weniger ansteigend durch Wald zum Zörnbriglhof. Immer südw. weiter zu den schindelgedeckten Holzhöfen, 1660 m, dann im Wald aufwärts zur hübsch gelegenen Kaserfeldalm, 1944 m; 1 ¾ Std. ab St. Nikolaus. Hinter der Almhütte steigt ein mark. Weg in ¼ Std. gerade den Hang hinauf zum Höhenweg 12. Auf diesem nach rechts im lichten Wald durch ein Felslabyrinth, dann an einem Zaun entlang zu einer Almwiese. Hier zweigt Nr. 14 zum Hasenöhrl ab. Nun ein Stück eben weiter, dann im Wald abwärts zu einer anderen Wiese; ½ Std. Hier kommt einerseits Nr. 14 von St. Nikolaus herauf, andererseits mündet hier ein ebenfalls mark. kürzerer Weg von der Kaserfeldalm ein. Geradeaus führt der Weg 12 jedoch in das Tal des Meßnerbaches, wo Nr. 13 A zu den Schwemmalmen abzweigt. Vom Meßnerbach abwärts zu einer feuchten Wiese mit Holzhütte, ostw. zu den prächtigen Schwienhöfen und zur St. Moritzer Autostraße; ¾ Std. Auf dieser in ½ Std. abwärts nach St. Nikolaus.

- **536** **St. Nikolaus,** 1264 m (R 78) — **St. Moritz,** 1675 m — **Breiteben,** 1950 m, **und zurück**
  3 ½ Std.

Wie unter R 534 in 1 Std. zur St.-Moritz-Kirche mit Gasthaus. Dort beginnt der Steig 13 A, der nordwestw. ins Kuppelwieser Tal führt und immer angenehm ansteigt. Nach 25 Min. trifft man auf eine Skipiste, folgt ihr aber nur einige Min. bergauf, bis sie links aufwärts abbiegt. Geradeaus wieder auf mark. Weg weiter, unter dem Sessellift durch zu einer Wegteilung, hier nun südw. immer noch etwas ansteigend zur Bergstation Breiteben, 1950 m, mit Einkehrmöglichkeit; 1 Std. Für den Rückweg nimmt man den südwestw. im Wald zum Schweigerhof, 1747 m, verlaufenden Weg. Später südöstl. in Richtung St. Moritz zurück zur Autostraße, die man etwas oberhalb der Jausenstation Moritzhöhe erreicht. Zurück nach St. Nikolaus auf dem Hinweg; 1 ½ Std. ab Breiteben. Falls man die gleiche Wanderung ab und bis St. Moritz unternimmt, benötigt man nur 2 Std.

- **537** **St. Nikolaus,** 1264 m — **St. Moritz,** 1675 m — **Äußere Schwemmalm,** 2175 m, **und zurück**
  4 ¾ Std.

Gemäß R 534 in 1 Std. zur St.-Moritz-Kirche mit Ghs. Von dort wie unter R 536 auf Steig 13 A ins Kuppelwieser Tal bis zur erwähnten Wegteilung. Dort geradeaus weiter zur Asmolhütte, 1900 m; 1 Std. ab St. Moritz. Die Mark. führt nun steiler im lichten Wald aufwärts und holt weit gegen N aus, bevor sie in einem Bogen nach S schwenkt. In 2200 m Höhe trifft man auf die Abzw. eines mark. Weges zum Muteck. Unser Steig 13 A führt nun aber südw. hoch über der Baumgrenze den Berghang entlang mit weiter Aussicht zu einem Wegkreuz bei einer Skilift-Bergstation, 2220 m; 1 Std. ab Asmolhütte. Hier kommt ein bez. Weg direkt von Breiteben herauf. Auf Nr. 13 A südwestw. über das Almgelände leicht bergab zur Äußeren Schwemmalm, 2175 m, und weiter zur Inneren Schwemmalm, 2093 m; ½ Std. ab Wegkreuz. Von der Almhütte links zum Waldrand hinab. Erst dort wird der Weg wieder deutlich und führt weiter abwärts. Man kommt zu einer Wegteilung, ¼ Std. unterhalb der Alm. Folgt man rechts der Bez. 13 A, gelangt man in das Tal des Meßnerbaches und trifft dort auf Mark. 12, der man wie unter R 535 über die Schwienhöfe abwärts nach St. Nikolaus folgt. Folgt man dagegen von der Wegteilung nach links dem Fahrweg abwärts, kommt man im Wald südostw. hinab, trifft später auf einen noch breiteren Weg und folgt diesem bis zu seiner Einmündung in die Autostraße etwas oberhalb der Jausenstation Moritzhöhe. Nach links in wenigen Min. zur St.-Moritz-Kirche. Falls man die Rundwanderung nur ab und bis St.-Moritz unternimmt, benötigt man 3 ½ Std.

- **538 St. Nikolaus,** 1264 m (R 78) — **Hintere Flatschbergalm,** 2110 m — **St. Gertraud,** 1501 m (R 79), bzw. **Weißbrunn-Stausee,** 1872 m (R 80)
  4 ½ bzw. 5 ¼ Std.

Etwas oberhalb der Kirche beginnt die Mark. 14, führt einige Min. am Meßnerbach empor, überquert ihn dann nach links, um nun im Wald schräg den Hang anzusteigen. Nach etwa 25 Min. gabelt sich der Weg. Nun scharf rechts aufwärts. Man kommt auf ein Wiesengelände, passiert einen alten Hof, kreuzt danach einen Fahrweg und steigt wieder steiler im Wald bergan. Beim nächsten Wiesengelände nach links zum aussichtsreich gelegenen Hof, und oberhalb von ihm erneut in den Wald, der teilweise von Wiesen durchsetzt ist. Nach 1 ¼ Std. ab St. Nikolaus trifft man auf einer kleinen Waldwiese auf den Höhenweg 12. Nach links führt hier ein rotweiß bez. Weg zur Kaserfeldalm, während nach links oben Nr. 12 und 14 weiter ansteigen. Nach weiteren 20 Min. kommt man wieder zu einer Wegteilung. Hier zweigt Nr. 14 ab und führt den Bergrücken hinauf zum Hasenöhrl, während der Weg 12 in bisheriger Gangrichtung dem Verlauf eines Zaunes folgt, in ein kleines Seitental einbiegt und durch ein Felslabyrinth zu einer Almwiese führt; insgesamt 1 ¾ Std. ab St. Nikolaus.

Hier kommt ein bez. Weg von der Kaserfeldalm herauf, die rund 10 Min. unterhalb des Höhenweges liegt. Nun nach rechts das Almgelände hinauf, später in einem Linksbogen nochmals durch lichten Wald, dann — immer noch etwas ansteigend — auf das weite, offene Almgelände. Immer mehr weitet sich der Blick auf den Talhintergrund! An einer kleinen Hirtenhütte vorbei Richtung Burgstalleck, eine kleine

Bergkuppe mit Steinmann am Eingang des Flatschbergtales; ¾ Std. von der Abzw. oberhalb der Kaserfeldalm. Nun auf gut begehbarem, schmalem Steig hinab ins Flatschbergtal, dessen steile Berghänge auf langer Strecke durchquert werden, bevor es in den Talgrund hinabgeht, der knapp unterhalb der Hinteren Flatschbergalm, 2110 m, erreicht wird; ¾ Std. Hier muß man sich nun entscheiden, ob man nach St. Gertraud absteigen oder die Wanderung zum Weißbrunn-Stausee fortsetzen will.

Nach St. Gertraud leitet die Mark. 143 neben dem Flatschbach hinab, berührt die Vordere Flatschbergalm, 1905 m, um dann nach rechts aus dem Seitental herauszuführen. Man kommt hinab zum Jochmeierhof, 1770 m, und von dort direkt hinab zur Weißbrunn-Autostraße, der man nach St. Gertraud folgen muß; 1 ¼ Std. ab Wegteilung im Flatschbergtal.

Folgt man von der Wegteilung im Flatschbergtal weiter der Mark. 12, steigt man im Wald wieder den Bergrücken an, landschaftlich der schönste Abschnitt des Höhenweges! Allmählich biegt der Weg dann ins Tufertal ein und quert den Hang zur Tuferalm, 2100 m, oberhalb der Baumgrenze. Noch einen Hang hinauf zur hübschen, schindelgedeckten, aussichtsreich gelegenen Vorderen Pilsbergalm, 2128 m; 1 Std. 20 Min. ab Flatschbergtal. Von hier kann man in ½ Std. zur Weißbrunn-Autostraße absteigen die in den Karten angegebenen Mark. 142 fehlt jedoch. Der Weg 12 führt weiter zur Hinteren Pilsbergalm, 2085 m, westw. durch die steilen, felsdurchsetzten Waldhänge des Pilsberges, die teilweise Trittsicherheit erfordern. Oberhalb des Weißbrunn-Stausees kommt man wieder zu einer Gabelung. Geradeaus durch steile Hänge weiter zum Weg, der zur Höchster Hütte führt, links hinab jedoch zum Weißbrunn-Stausee; 1 Std. ab Vorderer Pilsbergalm.

● **539 St. Nikolaus,** 1264 m (R 78) — **Seefeldalm,** 2110 m
2 ¼ Std.

Nahe bei St. Nikolaus mündet von S her das Auerbergtal in das Ultental ein, das Ziel einer lohnenden Wanderung ist. Von der Ortsmitte hinab zur Talstraße und nach deren Überquerung auf das andere Ufer des Falschauer Baches. Hier zieht ein Fahrweg den Berghang empor, den die ebenfalls hier beginnende Mark. 18 aber abkürzt. Der mark. Weg kreuzt nach einigen Min. nochmals den Fahrweg und führt dann immer ansteigend ins Auerbergtal hinein, nach 50 Min. Gehzeit trifft man bei einer Bachbrücke erneut auf den Fahrweg, bleibt aber auf der bisherigen Talseite und erreicht neben dem Bach ansteigend in weiteren 25 Min. die Auerbergalm, 1644 m. Bald nach der Alm kommt man zu einer felsigen Steilstufe mit dem Auerbach-Wasserfall. Der gute, aber stellenweise steile mark. Weg umgeht diese nach links und führt aus dem Wald heraus auf den flachen, weiten Talboden mit der Seefeldalm, 2110 m. In einem zehnminütigen Abstecher erreicht man von dort den hübschen Seefeldsee, 2118 m.

● **540** St. Nikolaus, 1264 m (R 78) — **Büchlalm,** 2077 m, **und zurück**
4 ½ Std.

Wie unter R 539 in 1 ¼ Std. zur Auerbergalm, 1644 m. Dort über den Bach und steil gemäß Mark. 17 den Berghang hinauf. Man gewinnt schnell an Höhe und trifft weiter oben auf einen Weg der zur Lägerlerhütte, 1975 m führt. Noch immer heißt es ansteigen! Die Mark. umrundet den auslaufenden Bergkamm auf der Ultener-Tal-Seite und führt dann in das Klapfbergtal. Nach 1 Std. ab Auerbergalm erreicht man einen Wiesensattel, 2138 m, Spiel genannt, der das Auerberg- und Klapfbergtal voneinander trennt. Eine Mark. führt vom Ende des Wiesensattels hinauf zu einem Aussichtspunkt. Nach rechts nun jedoch auf Bez. 12 durch lichten Wald mit schöner Flora in Richtung Büchlalm, die in zuletzt steilerem Abstieg in ½ Std. vom Spielsattel erreicht wird. Um wieder talauswärts zu gelangen, muß man nicht dem Almfahrweg folgen, der nämlich zunächst noch weiter talein führt, sondern kann von der Büchlalm, 2077 m, auch einen Fußweg einschlagen. Dieses mark. Steiglein führt von der Alm direkt in den Talboden hinab. Man erreicht es bei der unteren Fahrweggabelung in rund 1600 m Höhe; ½ Std. Da dieser Weg nicht ausgeschildert ist, kann man ihn in umgekehrter Richtung leicht verfehlen, zumal die Mark. nicht gleich einsetzt. Man beachte deshalb, daß dieser Abkürzungsweg genau gegenüber eines Bachsteges in einem Links-Rechts-Bogen beginnt. Nach St. Nikolaus zurück zunächst auf der östl. Talseite ein Stück auf dem Fahrweg talaus, dann mark. zum Klapfwieshof, 1482 m, und zum Kinderheim Hartungen hinab. Hier findet man eine blauweiße Mark., der man rechter Hand bis zur Falschauer-Bach-Brücke südl. von St. Nikolaus folgt. Über die Talstraße dann zum Ortszentrum; 1 ¼ Std.

● **541** St. Nikolaus, 1264 m (R 78) — **Klapfbergjoch,** 2296 m
3 ¾ Std.

Das Klapfbergjoch bietet einen Übergang ins Bresimotal und ist gleichzeitig Ausgangspunkt für eine Besteigung des Welschen Berges (Cima Trenta). Um ins Klapfbergtal zu gelangen, kann man zwischen verschiedenen Wegen wählen:
a) Vom Ort südw. über die Talstraße und den Falschauer Bach, dann rechts auf einer blauweißen Mark. bis zum Kinderheim Hartungen unweit eines hübschen Wasserfalls am Eingang zum Klapfbergtal; ¾ Std.

b) Hierher kommt man auch, wenn man von St. Nikolaus der Talstraße für 2 km westw. bis zum Sporthotel folgt (auch Busverkehr). Gegenüber vom Sporthotel beginnt ein Fahrweg, der ebenfalls zum Kinderheim Hartungen emporführt; ¾ Std. Vom Haus Hartungen auf Weg 16 A vorbei am alten Klapfwieshof, 1482 m, zu einem Forstweg, dem man nach rechts talaufwärts folgt. Dieser mündet bald in den Fahrweg ein, der zwischen St. Nikolaus (3 km) und St. Gertraud (2 km) von der Talstraße abzweigt. Weiter auf diesem breiten Almfahrweg einwärts zur Klapfbergalm, 1944 m; 2 Std. Auf dem nun schmaleren Weg 16 steigt man weiter in 1 Std. südwestw. hinauf zum Klapfbergjoch, 2296 m, und hat von hier einen Blick ins Bresimotal, das bereits zur Provinz Trient gehört.

● **542** **St. Gertraud,** 1501 m (R 79) — **Tuferalm,** 2100 m — **Weißbrunn-Stausee,** 1872 m (R 80), bzw. **Höchster Hütte am Grünsee,** 2561 m (R 157)
3 ½ bzw. 5 Std.

Zunächst auf der Weißbrunn-Autostraße bis unter die Jochmairhöfe. Dort findet man die Abzw. der Bez. 143, der man zu den Höfen hinauf folgt. Oberhalb der Höfe gemäß Ausschilderung Richtung Soyjoch. Der gute Almweg steigt durch lichten Lärchenwald zur oberhalb der Baumgrenze gelegenen Tuferalm, 2100 m; 2 ¼ Std. Nun folgt man nach links dem Höhenweg 12, der bald die hübsche, aussichtsreiche Vordere Pilsbergalm, 2128 m, erreicht und dann als schmaler, manchmal Trittsicherheit verlangender Steig durch die steilen Hänge des Pilsberges rund. Über die Innere Pilsbergalm kommt man zu einer Abzw. oberhalb des Sees, zu dem man schöne Tiefblicke hat und kann linker Hand auf einem mark. Steig direkt zum See-N-Ufer absteigen. Der Höhensteig 12 verläuft in bisheriger Richtung weiter und trifft in 2225 m Höhe auf den normalen Hütten-Anstiegsweg vom Weißbrunn-Stausee. Ihm folgt man nach rechts aufwärts und gelangt über kahles Gelände in etlichen Serpentinen auf die Höhe des Grünsees mit der Höchster Hütte, 2561 m; 2 ¾ Std. ab Tuferalm.

● **543** **St. Gertraud,** 1501 m (R 79) — **Weißbrunn-Stausee,** 1872 m (R 80) — **Höchster Hütte am Grünsee,** 2561 m (R 157)
3 ½—4 ¼ Std.

Ein großartiges Wander- und Tourengebiet erschließt die Autostraße, die von St. Gertraud in 6 km zum Weißbrunn-Stausee, 1872 m führt, der ebenso wie der höher gelegene Grünsee als Staubecken dient. Zu den lohnendsten Wanderungen im Gebiet des Weißbrunn-Stausees gehört der Aufstieg zur Höchster Hütte. Wer die Wanderung in St. Gertraud beginnt, hat bis zum Weißbrunn-Stausee verschiedene Wege zur Auswahl:

a) Unterhalb der Kirche von St. Gertraud verläuft eine Straße, die bald in die Weißbrunn-Autostraße einmündet. Auf ihr ein ganzes Stück taleinwärts, bis man die Abzw. des Weges 140 findet. Dieser verläuft unterhalb der Autostraße, berührt die Pilshöfe, 1675 m, und steigt dann durch Wald stetig an. Etwas vor dem Weißbrunn-Stausee trifft man wieder auf die Autostraße, der man bis zu ihrem Ende an der NW-Ecke des Sees mit dem Ghs. Alpe folgt; 1 ¾ Std.

b) Von der Kirche zieht eine lokale, blauweiße Mark. ins Weißbrunntal hinein. Folgt man diesem Weg am Waldrand entlang, findet man nach 10 Min. Gehzeit links die Abzw. des Weges 107 zur Fiechtalm, 2034 m, die etwas oberhalb des Weißbrunn-Stausees liegt. Der schöne Waldweg steigt anfangs stärker an und gewinnt in mehreren Serpentinen an Höhe. Zwischendurch hat man einen schönen Blick auf den auf der anderen Talseite herabstürzenden Flatschbach-Wasserfall. Schließlich trifft man auf eine Forststraße und folgt ihr eben bis zur einer Weggabelung. Hier links hinauf zu einem großen Wiesengelände mit kleinem See, von dem man einen schönen Blick auf den vergletscherten Talschluß hat. Am oberen Rand des Wiesengeländes teilen sich die Wege; bis hierher 1 ¼ Std.

Nach rechts führt ein mark. Steiglein in wenigen Min. zu einem tiefer verlaufenden Fahrweg. Folgt man diesem nach links, kommt man eben zum SO-Ende des Sees, den man auf seiner S-Seite umrundet und so ebenfalls zum Ghs. Alpe kommt; ½ Std. ab Abzweigung.

Wenn man von der Wegteilung am Ende des großen Wiesengeländes dagegen weiterhin dem Fahrweg folgt, steigt man im lichten Wald zum nächsten Wiesengelände auf, umrundet einen Bergrücken und erreicht dann die Fiechtalm, 2034 m; 20 Min. von der Abzw. Nach der Alm auf schmalem Weg abwärts bis zu einem Bach. Bei der dortigen Wegteilung rechts hinab zum Weißbrunn-Stausee und an seinem S-Ufer entlang zum Ghs. Alpe; ½ Std. ab Fiechtalm. Beim Ghs. Alpe etwas oberhalb vom NW-Ufer des Weißbrunn-Stausees beginnt der Hüttenanstiegsweg 140, anfangs noch mit Nr. 107 vereint. Nach 10 Min. zweigt letzterer jedoch links ab, während die Mark. 140 im lichten Wald weiter an Höhe gewinnt. Während des Aufstieges bieten sich teilweise schöne Ausblicke auf den immer tiefer zurückbleibenden Weißbrunn-Stausee. In 2225 m Höhe mündet von rechts der Höhenweg 12 ein (R 542). Die Mark. 140 biegt nun nordw. um und gewinnt im baumlosen, kargen Gelände mittels mehrerer Serpentinen an Höhe. Schließlich erblickt man die Bergstation der Kraftwerk-Seilbahn und erreicht in Kürze die etwas tiefer liegende Höchster Hütte am Grünsee, 2561 m, die in einer landschaftlich

Blick von der Zufrittspitze, 3438 m, auf den Ilmenkamm, der das Ultental vom Nonsberg trennt.

einmaligen Hochgebirgswelt liegt und unbedingt einen Besuch wert ist; 1 ¾ Std. ab Weißbrunn-See.

- **544 Höchster Hütte,** 2561 m (R 157) — **Langsee** — **Kirchbergscharte,** 2775 m — **Haselgruber Hütte,** 2425 m (R 158)
  3 Std.

Von der Höchster Hütte am Grünsee südw. über die Staumauer, weiter ein kurzes Stück auf breitem Weg. Dann führt die Mark. 12 als schmaler Steig durch den steil abfallenden Berghang, verläuft aber bald wieder über weniger abschüssiges Gelände. Noch lange hat man einen schönen Rückblick zur Höchster Hütte und erreicht, immer leicht ansteigend, wieder grünes Almgelände. Eine besonders schöne Aussicht hat man von einem Steinmann, der wenig neben dem Weg liegt. Bald danach teilt sich die Bez.: Den linken Ast wählt man, wenn man vom Langsee wieder nach Weißbrunn absteigen will, den rechten für die Fortsetzung zum Schwarzjoch bzw. auch zur Haselgruber Hütte. Der Weg verläuft nun am Rand der Mulde, in der der große Langsee, 2340 m, liegt. Oberhalb des Sees kreuzt man den vom Weißbrunn-Stausee heraufkommenden Weg 107; 1 Std. In gleicher Richtung auf Weg 12 weiter über mehrere Bachläufe an den Fuß des Kirchbergkammes. Während des weglosen, mark. Aufstieges hat man einen schönen Tiefblick auf den Langsee mit dem Hasenöhrl, 3257 m, im Hintergrund. Die Mark. leitet, immer steiler werdend, auch im Sommer meist noch über Schneereste, zum Kamm hinauf. Nach Überschreitung der Kirchbergscharte, 2775 m, geht es jenseits steil hinab zur Hangstufe mit den Haselgruber Seen. Die letzten 100 Höhenmeter gemächlicher abwärts zum Rabbijoch, 2467 m, und zur wenig südl. bereits auf Trienter Gebiet gelegenen Haselgruber Hütte (Rifugio Lago Corvo), 2425 m; 2 Std. ab Langsee.

- **545 St. Gertraud,** 1501 m (R 79) — **Langsee** — **Schwarzjoch,** 2833 m — **Dorigonihütte,** 2437 m (R 159)
  6 ½—6 ¾ Std.

Bis zum kleinen, aufgestauten Fischersee, der in 2068 m Höhe oberhalb vom Weißbrunn-Stausee am Weg zum Schwarzjoch liegt, hat man mehrere Wege zur Auswahl:
a) Wie unter R 543 b in rund 1 ½ Std. zur Fiechtalm, 2034 m. Nach der Alm auf schmalem mark. Weg hinab zu einem Bach. Bei der dortigen Wegteilung links, und nun in leichtem Auf und Ab oberhalb des Weißbrunn-Stausees, zu dem sich schöne Tiefblicke bieten, weit taleinwärts durch lichten Wald, bis man bei der Staumauer den Fischersee, 2068 m, erreicht. Folgt man dem Seeufer, kommt man bald auf dem bez. Weg zum Steg über den Falschauer Bach und trifft bei der Mittleren Weißbrunner Alm auf den Hauptweg 107; insgesamt 2 ¼ Std. ab St. Gertraud.
b) Wie unter R 543 in 1 ¾ Std. zum Weißbrunn-Stausee. Vom Ghs. Alpe etwas oberhalb vom NW-Ufer des Sees auf Bez. 107/140 weiter taleinwärts. Nach 10 Min. zweigt die Mark. 107 nach links ab, überbrückt den Grünbach und steigt über schönes Wiesengelände an. Weiter oben neben dem Falschauer Bach hinauf auf die Wiesenterrasse der Mittleren Weißbrunner Alm, insgesamt etwas weniger als 2 ½ Std.
Von der Wiesenterrasse der Mittleren Weißbrunner Alm eine Steilstufe hinauf, die der junge Falschauer Bach mittels Wasserfall überwindet. Auf der nächsten Terrasse kommt man an zwei kleinen, hübschen Seen und der Oberen Weißbrunner Alm vorbei. Dann geht es stetig über die weiten Wiesenböden hinauf zum Langsee, 2340 m, der mit 220 m Länge und 170 m Breite eine bedeutende Wasseransammlung darstellt. Oberhalb des Sees kreuzt man die Bez. 12; 1 ¼ Std. ab Mittlerer Weißbrunner Alm. Vom Langsee durch den weiten, von verschiedenen Wasserläufen durchzogenen Talschluß wenig steil hinauf zum Schwarzsee, 2538 m, dann nach rechts in nördl. Richtung in einer Doppelkehre auf einen

Karrücken hinauf und zum Schluß nochmals steiler zum Schwarzjoch, 2833 m, auch Schwärzer Joch genannt; (ital. Giogo Nero), über das die Provinzgrenze verläuft; 1 ½ Std. ab Langsee. Jenseits auf gutem Steig 107 hinab ins Saenttal und immer rechts haltend zur Saentalm und zur Dorigonihütte, 2437 m (R 159); nochmals 1 ½ Std. ab Schwarzjoch.

- **546** **St. Gertraud,** 1501 m (R 79) — **Haselgruber Hütte,** 2425 m (R 158)
  3 Std.

Entweder direkt von der Talstraße (Bus-Endstation) auf breitem Forstweg oder vom obersten Gasthaus unterhalb der Kirche auf einem mark. Weg, der wenig später in den Fahrweg einmündet, ins Kirchbergtal hinein. Der Weg ist anfangs nie steil und führt zur Kirchbergalm, 1891 m. Nun müssen mehrere Steilstufen genommen werden, der Wald bleibt zurück, das Landschaftsbild wird karger, und man steigt hinauf zum Rabbijoch, 2467 m, einem uralten Übergang vom Ultental nach Rabbi. Unweit vom Rabbijoch befinden sich die Haselgruber Seen, die in unterschiedlicher Höhe auf Stufen nördl. des Joches liegen. Zur Haselgruber Hütte (Rifugio Lago Corvo), die bereits auf Trentiner Gebiet liegt, in wenigen Min. vom Joch hinab. Von der Hütte könnte man südw. durch das Val Lago Corvo steil in 2 Std. nach Piazzola, einem Ortsteil von Rabbi, absteigen.

5. Ostseite des Mendelkammes

- **560** **Nals,** 331 m (R 81) — **Kasatsch** — **Prissian,** 612 m (R 68), bzw. **Tisens,** 631 m (R 67)
  1 bzw. 1 ¾ Std.

Weil der alte Wanderweg 13 heute eine geteerte, viel befahrene Autostraße ist, sollte man auf den Kasatscher Burgweg ausweichen. Dieser beginnt am N-Ende des Dorfes bei einer Brücke, die über den Nalser Bach führt. Von dort folgt man der Bez. 2, die anfangs etwas steil emporführt. Der Weg ist teilweise grob gepflastert oder aus dem Felsen herausgeschlagen und führt meistenteils angenehm durch Buschwald. Man berührt die Höfe Unter- und Oberkasatsch; vom unteren Hof kann man einen Abstecher zur hochmittelalterlichen Burgruine Kasatsch machen. Folgt man jedoch dem bez. Weg, der zunächst immer noch auf der Etschtalseite im Wald verläuft, kommt man in einen Sattel zwischen dem Vorbühel (im N) und dem Kasatscher Bühel (im S). Hier teilt sich der Weg. Geradeaus führt die Mark. 2 aus dem Wald heraus und in einem Bogen mit schönem Blick auf die Burg Katzenzungen nach Prissian. Folgt man jedoch rechts (nordw.) der Mark. 3, durchwandert man die gesamte Waldkuppe des Vorbühels und erreicht schließlich die malerische Kapelle St. Christoph, 598 m, aus dem 13. Jh. mit schöner Aussicht. Von dort weiter in westl. Richtung durch Obstgärten auf mark. Weg nach Tisens.

- **561** **Nals,** 331 m (R 81) — **Obersirmian**
  1 ¾ Std.

Von der weithin sichtbaren Pfarrkirche folgt man der Sirmianer Straße zur Schwanburg, deren malerischer Innenhof besichtigt werden kann. Dort zweigt in einer Kurve die Mark. 9 nach links auf dem Schloßweg ab. Man kommt so durch Buschwald bis kurz vor die Halbruine Payersberg mit Jausenstation, wo man die Autostraße wieder erreicht. In Kehren weiter auf der Autostraße bis zur Abzw. einer kleinen Nebenstraße, auf der man die Häuser des Weilers Untersirmian, 687 m, erreicht. Vorbei an der Kirche durch den Weiler, dann auf einem Fahrweg zum Waldrand, wo man wieder die Bez. 9 findet. Der Weg kürzt den Verlauf der Autostraße größtenteils ab und führt bis unter den Kirchenhügel von St. Apollonia. Das letzte Stück um den Kirchenhügel herum muß man die Autostraße benutzen, da der alte mark. Weg nicht mehr passierbar ist. Einkehrmöglichkeiten in den Ghs. St. Apollonia und Jäger.

- **562** **Nals,** 331 m (R 81) — **Obersirmian — Schöneck,** 1775 m
  4 ¼ Std.

Wie unter R 561 in 1 ¾ Std. nach St. Apollonia (Obersirmian), weiter wie unter R 508.

- **563** **Nals,** 331 m (R 81) — **Obersirmian — Hochkührast — Felixer Weiher,** 1604 m
  4 ½ Std.

Gemäß R 561 in 1 ¾ Std. nach Obersirmian. Bei der Wegkreuzung am Parkplatz unterhalb des Kirchenhügels geht man gerade hinauf (Bez. 7/8/8 A/9/M), am Rainerhof vorbei zu einer Forststraße. Auf dieser bis zur nächsten Abzw., dort links steil im Wald hinauf zu einer schönen, langgestreckten Wiese (Stockerboden), an deren unterem Ende man weiter aufsteigt. Kurz nach Verlassen des oberen Wiesenrandes kommt man hintereinander zur Abzw. des Tränkweges (s. R 506) sowie der Wege M und 9. Auf Bez. 9 gelangt man durch lichten Mischwald, teilweise ziemlich steil, hinauf zu einem Alpenrosengebiet und zum Fuß der Kalkfelsen. Dort gabelt sich der Weg. Links die schwierigere, rechts die leichtere Variante, die aber auch auf einem kurzen Stück ein paar ausgesetzte, stahlseilgesicherte Stellen hat. Am Ende des Steilabfalles im dichten Wald (Hochkührast) treffen beide Wege wieder zusammen. Es geht jetzt noch ein kurzes Stück geringfügig aufwärts, bevor der Karrenweg, den man nun benutzt, sich allmählich zum Felixer Weiher hinabsenkt. Man kommt zum Schluß am Ghs. Waldruhe vorbei und erreicht von da in wenigen Min. den bereits sichtbaren See.

● **564**   Nals, 331 m (R 81) — **Bittnerhof** — **Gaid,** 904 m
2 Std.

Von der Pfarrkirche wie unter R 561 bis zur Schwanburg, dort links auf Fahrweg R hinauf zur Mittelgebirgsterrasse von Pizon mit der Jausenstation Regelehof; 40 Min. Bei der Fahrweggabelung nun rechts in 10 Min. zum Bittnerhof, ebenfalls Jausenstation. Etwa 50 Meter nach dem Hof zweigt links die Bez. F (Larchsteig) ab, weiter wie unter R 504. Alternativ kann man sich gleich von der Abzw. nach dem Bittnerhof geradeaus halten und steigt dann teilweise recht steil im Wald auf dem Weg R (Sotlsteig) an. Man passiert auf einer Lichtung den verlassenen Sattlerhof und trifft beim Tinnerhof auf den Weg 8. Folgt man diesem Weg, kann man kurz danach links einen Abstecher zum aussichtsreichen Burgstalleck mit frühgeschichtlichen Funden machen (knapp 10 Min.). Geradeaus erreicht man jedoch in wenigen Min. die verstreuten Häuser von Gaid mit kleiner Kirche und einfachem Landgasthof.

● **565**   Andrian, 283 m (R 82) — **Regelehof** — **Nals,** 331 m (R 81)
1 ¼ Std.

Vom Ortszentrum in ¼ Std. zum Waldrand am Fuß des Mendelkammes. Dort hält man sich rechts, gelangt über den Gaider Bach, passiert unterhalb die kleine Burg Wolfsthurn und wandert angenehm in Richtung NW zur Terrasse von Pizon. Gut ½ Std. vom Waldrand oberhalb Andrians erreicht man den Koflerhof, durchquert ein Waldtal und kommt etwas oberhalb des Regelehofes zu einer Wegteilung. Hält man sich dort rechts, gelangt man zur Schwanburg hinab und auf der Sirmianer Straße ins Ortszentrum von Nals.

● **566**   Andrian, 283 m (R 82) — **Gaid,** 904 m — **Obersirmian,** 900 m
2 ¾ Std.

Vom Dorfplatz ¼ Std. gerade gegen das Höllensteintal zum Waldrand empor. Beim Bildstock beginnt Weg 15, führt an einem Haus vorbei und erreicht danach einen Sperrdamm. Nach diesem Damm überquert man den Gaider Bach, steigt im Tal weiter an und kommt zu einer Wegteilung; ½ Std. ab Waldrand. Nun rechts weiterhin auf Bez. 15 steil hinauf. Dieser Wegabschnitt, mehrmals mit Stahlseilen gesichert, ist zwar unschwierig, verlangt aber Trittsicherheit. Man erreicht die von unten herauf nicht sichtbare, auf einem Felszahn klebende Burgruine Felsenstein aus dem 13. Jh., 811 m. Der Weiterweg führt nun angenehmer zu einem Hof, der auf einer schönen Wiesenterrasse liegt. Von dort erreicht man das kleine Bergdorf Gaid in 10 Min. Weiter auf Weg 8 in 1 Std. nach Obersirmian (s. R 505).

- **567 Andrian**, 283 m (R 82) — **Hocheppan oder Gasthaus Lipp — Perdonig**, 800 m
  1 ¾ Std.

Vom Hauptplatz benutzt man zunächst etwa 10 Min. die Eppaner Straße, zweigt dann bei einem Wegkreuz ab; kurz danach erneut nach links auf Weg 2. Dieser beginnt zunächst als breiter Pflasterweg. Bald ist die erste Höhe erreicht, und der Weg führt angenehm in schönem Laubwald weiter. Etwa ¼ Std. nach dem letzten Hof führt die Bez. 2 scharf rechts empor und steigt als teilweise sehr schmaler Fußsteig weiter in Richtung Eppan. Nach weiteren 20 Min. zweigt rechts ein Weg L ab, der steil über das Ghs. Lipp, 821 m, und zur Autostraße in rund 1 Std. von dieser Abzw. nach Perdonig führt. Bleibt man jedoch auf Weg 2, kommt man nach 5 Min. zu einem Felsabsturz und hat von hier einen schönen Blick ins Etschtal gegen Bozen und die Dolomiten. 10 Min. nach dem Felssturz trifft man unweit vom Kreidenturm auf Fahrweg 9 und folgt ihm in weiteren 10 Min. aufwärts zur Burg Hocheppan, 636 m, mit kleiner Jausenstation; 1 ¼ Std. ab Andrian. Die Burg Hocheppan aus dem 12. Jh. zählt zu den ältesten Burgen Südtirols, ist unter den vielen Burgen des Überetschs die historisch bedeutendste als Sitz der Grafen von Eppan, die in der Geschichte Südtirols eine wichtige Rolle spielten, und hat einen mächtigen fünfeckigen Bergfried. Erwähnenswert ist insbesondere die Burgkapelle mit bedeutendem Freskenschmuck. Von der Burg hat man einen weiten Blick in den Bozener Talkessel.

Der Weiterweg beginnt außerhalb der Burg, trägt die Bez. 9 und führt durch schönen Mischwald zunächst als Fußsteig, später als Forstweg zur nach Perdonig führenden Autostraße, die man in einer Kurve 200 m unterhalb des Kirchleins von Perdonig erreicht.

Auf der Etschtalseite des Mendelkamms verlaufen zahlreiche, angenehme Höhenwege, die schöne Aussichten wie hier in den Bozener Talkessel und gegen die Eggentaler Berge ermöglichen.

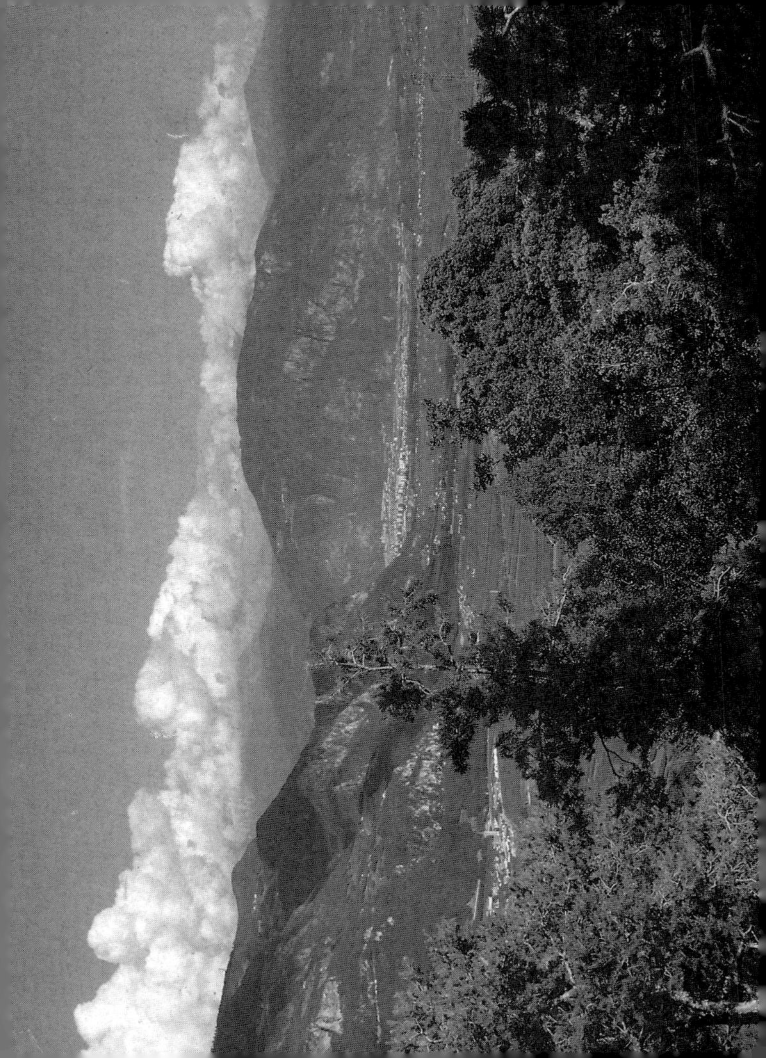

- **568 Andrian,** 283 m (R 82) — **Reaterhof** — **Perdonig,** 800 m
  1 ¾ Std.

Wie unter R 566 zur Wegteilung im oberen Höllensteintal. Dort verläßt man Weg 15 nach links und steigt steil im Wald hinauf zu einer Wiese und zur Fahrstraße Perdonig — Gaid. Man erreicht sie bei einem einfachen Bildstock und folgt ihr nach links zum Reaterhof, den man in etwa ½ Std. von der Wegabzweigung im Höllensteintal erreicht. Weiter auf der Autostraße mit teilweise schönen Ausblicken.

- **569 Andrian,** 283 m (R 82) — **Gaid,** 904 m — **Gaider Scharte,** 1664 m — **Felixer Weiher,** 1604 m
  5 Std.

Wie unter R 566 zum Bergweiler Gaid, 904 m; 1 ¾ Std. Folgt man nun noch ein kurzes Stück dem Fahrweg Richtung N, kommt man zur Abzw. des Weges 8 A/15. Am Saltnerhof vorbei geht es zum Waldrand, wo sich die Wege teilen. Links auf Bez. 15 hinab in das Tal des Gaider Grabens und aus diesem sehr steil empor zum Weg 7, rechts dagegen erheblich bequemer (aber etwas länger) auf Mark. 8 A durch Wald zu den Gaider Wiesen. Über mehrere Zäune, später links einen Hohlweg hinauf zu einer höheren Lärchenwiese, wo man ebenfalls auf Weg 7 trifft. Diesem folgt man nach links (S) und durchquert bald einen Tobel. Nach Einmündung des steilen Weges 15 kommt man bald zu einer weiteren Wegteilung (7 und 10). Rechts auf Weg 7 in vielen Kehren empor an den Fuß der Felswände. Über ein kurzes, etwas ausgesetztes Stück geht es weiter hinauf in dichtem Fichtenwald, Eisenstatt genannt, zur Gaider Scharte, 1664 m. Man trifft auf Mark. 512 und folgt ihr nach links abwärts zu einem Fahrweg, den man kurz benutzt, dann auf einen Waldweg wechselt und ein Brünnlein passiert. Von dort auf schmalem Steig aufwärts am oberen Rand eines Tales, bis der Weg wieder breiter wird und mal auf, mal ab weiterführt. Man erreicht schließlich die Abzw. der Wege 511 und 517 bei einem Zaun, der gleichzeitig die Provinzgrenze bildet. Durch den Zaun hindurch, bald über ein großes Wiesengelände zum Ghs. Waldruhe und von dort nach links in wenigen Min. zum See.

- **570 St. Pauls in Eppan,** 389 m (R 88) — **Schloß Korb** — **Hocheppan** 636 m
  1 ¾ Std.

Bei der großen Pfarrkirche beginnt die Justinastraße, der man ca. 300 m in Richtung Aich bis zu einer Weggabelung folgt, dort rechts weiter bis zur Hanni-Bar. Nun nordwestw. angenehm auf der Missianer Straße entlang, welche schließlich in die von St. Pauls nach Missian führende Autostraße einmündet. Auf dieser nach links hinab ins Firmaleintälchen und auf dem Hocheppaner Weg, Bez. 9, über die Bachbrücke. Die schmale Straße führt unterhalb von Schloß Korb (mit Restaurant) vorbei und ist bis zur Häusergruppe Unterhausen mit Pkw befahrbar. Hinter Schloß Korb kann man alternativ auch nach links auf Weg 9 B zur Ruine Boymont aufsteigen, wo man auf die ebenfalls nach Hocheppan führende Bez, 9 A trifft (s. R 571). Auf Weg 9 jedoch von Unterhausen hinauf zu einem Sattel zwischen dem Burgfelsen auf der einen und dem Hügel mit dem weißen sogenannten Kreidenturm auf der anderen Seite, der früher zum Abbrennen von Signalfeuern diente. In einem kurzen, nochmals steileren Anstieg erreicht man von hier die Ruine Hocheppan (nähere Beschreibung unter R 567) mit Jausenstation.

- **571　St. Pauls in Eppan,** 389 m (R 88) — **Kreuzstein** — **Hocheppan,** 636 m
  1 ¾ Std.

Wie zuvor zur Missianer Straße, nun aber geradeaus weiter bis zur St.-Justina-Kirche, 483 m, dann südwestw. zur Häusergruppe Berg, 600 m, von der Bez. 8 A über einen Hof zu einer Trockenweide hinaufführt. Von der erreichten Anhöhe (Kreuzsteiner Hügel) hat man eine schöne Aussicht und erreicht auf dem Waldsteig 8 A die Perdoniger Straße oberhalb des Ghs. Kreuzstein an der Einmündung der Straße zum Ghs. Buchenwald; rechts bald ein Staubecken an der Perdoniger Straße. 250 m weiter auf der Straße beginnt Weg 9 A, der nach rechts über den Firmaleinbach setzt und dann zur Burgruine Boymont (mit einfacher Jausenstation im Sommer) führt. Weiter auf Steig 9 A durch einen mit Drahtseilen und Holzstufen gangbar gemachten steilen Bachtobel direkt zur Ruine Hocheppan oder Abstieg auf Nr. 9 B zum Weg 9, der bequemer ebenfalls nach Hocheppan führt (s. R 570).

- **572　St. Michael-Eppan,** 471 m (R 89) — **Hocheppan,** 636 m
  2 Std.

Ein Rundweg von etwas weniger als 4 Std. entsteht, wenn man einen der nachfolgenden beiden Wege als Rückweg benutzt.
a) Über Aich: Auf dem Krafußweg nach N zur Häusergruppe Aich, wo man auf die Missianer Straße und den von St. Pauls kommenden Weg 9 trifft, weiter wie unter R 570.
b) Über Kreuzstein: Auf der Perdoniger Autostraße am Ghs. Kreuzstein und Staubecken vorbei und rechts auf Bez. 9 A wie unter R 571 weiter.

- **573　St. Michael-Eppan,** 471 m (R 89) — **Gasthof Buchwald,** 955 m
  1 ¾ Std.

Von St. Michael auf der nach Perdonig führenden Autostraße bis zum Ghs. Kreuzstein, 628 m; ¾ Std. Wenig oberhalb von diesem zweigt im Wald links der Fahrweg zum Ghs. Buchwald ab, aber ebenso der bez. Weg 536. Dieser führt teilweise steil im Wald direkt zum Gasthof (ganzj. bew., Montag Ruhetag) hinauf, der in sehr aussichtsreicher Lage steht; insgesamt 1 ¾ Std. Variante: Wer nicht die Autostraße bis zum Ghs. Kreuzstein benutzen möchte, kann von St. Michael westw. auf ruhigen Nebenstraßen das Ghs. Steinegger erreichen. Von dort auf Bez. 8 B in nördl. Richtung direkt zur Abzw. unweit vom Ghs. Kreuzstein; 1 Std. Weiter wie zuvor beschrieben.

- **574 St. Pauls in Eppan,** 389 m (R 88) — **Gasthof Buchwald,** 955 m
  1 ¾ Std.

Vom Dorfplatz in St. Pauls westw. auf Bez. 8 A mit teilweise schönen Rückblicken, zuletzt durch Wald in ¾ Std. zur Abzw. des Fahrweges an der Perdoniger Straße unweit vom Ghs. Kreuzstein. Weiter wie unter R 573.

- **575 Perdonig,** 800 m — **Gasthof Buchwald,** 955 m
  1 ½ Std.

Etwas oberhalb der mit dem Auto erreichbaren Bergsiedlung Perdonig zweigt die Bez. 10 ab und führt fast immer durch Wald ohne große Steigung südw. hinauf zum Ghs. Buchwald. Nach ½ Std. von Perdonig trifft man auf einen Fahrweg und hat ¼ Std. später beim Ghs. Pichler eine erste Einkehrmöglichkeit. Dem Fahrweg immer folgend, kommt man schließlich zum Ghs. Buchwald.

- **575 Eppaner Höhenweg**

Dieser Höhenweg darf als eine der schönsten Weganlagen in Südtirol gelten. Er führt von der Mendelstraße bis zum Weiler Perdonig, wobei die größtenteils bewaldeten Osthänge des Mendelkammes durchquert werden und sich teilweise herrliche Ausblicke gegen Bozen, die Dolomiten, später auf die Sarntaler Alpen und die Texelgruppe bieten. Als Zwischenstation dient der Ghf. Buchwald.
Von St. Michael-Eppan, 471 m (R 89), westw. auf Fahrweg bis zum Ghs. Steinegger am Waldrand, ½ Std., mit schönem Rückblick. Im Wald folgt man von dort links der Forststraße 7 und gelangt so hinauf zum Ghs. Matschatsch, 880 m; ab St. Michael 1 ¼ Std. Vom Gasthaus ein Stück die Mendelstraße hinauf bis kurz vor der nächsten Kehre. Dort beginnt unterhalb eines Forstweges der schmale Fußsteig 9, auf dem man in ½ Std. die Furglauer Schlucht mit dem Weg 540 kreuzt. Wer von St. Michael den Höhenweg nicht über das Ghs. Matschatsch erreichen

will, kann über die Jausenstation Steinegger direkt auf Weg 540 hierher aufsteigen; insgesamt 1 ¼ Std. Mit Unterbrechungen bei Aussichtspunkten gelangt man durch schönen Laubwald kurz vor den Buchhöfen zu einer Forststraße, weiter auf dieser zu einer Wegkreuzung oberhalb vom Ghs. Buchwald; etwas weniger als 1 Std. von der Furglauer Schlucht. Wer will, kann von dort in 10 Min. zm Ghs. Buchwald absteigen. Die Bez. 9 folgt jedoch der weiter aufwärts führenden Forststraße, von der bald die Wege 545 und 546 abzweigen. Im weiteren Verlauf erreicht man den höchsten Punkt des Weges und die Abzw. der Bez. 536. (Von dieser Wegteilung kann man auf einem mark. Weg ohne Nr. in ½ Std. zum Ghs. Pichler und weiter zur Perdoniger Straße abzweigen.) Der Höhenweg folgt jedoch als Waldsteig Nr. 9 weiter dem Verlauf des Bergkammes, durchquert einen Graben und führt dann hinab zur Forststraße. (folgt man dieser nach links, kommt man auf den bez. Höhenweg nach Gaid bzw. Perdonig.) Im weiteren Abstieg trifft man, immer der Bez. 9 folgend, auf einen Karrenweg, dem man nach links zum Untersteinerhof und von dort hinab nach Perdonig folgt; insgesamt 3 ½ Std. vom Ghs. Matschatsch. Für den Rückweg nach St. Michael kann man entweder die Autostraße benutzen oder folgt der Bez. 9 zur Ruine Hocheppan und kommt von dort zurück nach St. Michael; etwa 1 ½ Std.

- **576** **Kaltern,** 426 m (R 96) — **Sportanlagen** — **Altenburg,** 615 m (R 97)
  1 ½ Std.

Von Kaltern-Dorf in südwestl. Richtung auf der nach Altenburg führenden Autostraße bis zum Parkplatz bei den Sportanlagen; ¾ Std. Kurz vorher findet man den Beginn des Fußweges 11, der anfangs angenehm durch Buchen- und Mischwald entlang der Autostraße südw. führt. Später verläuft er oberhalb der Straße und quert das Tal des Altenburger Baches. Dann noch etwa ½ Min. südw., bis man auf den von oben kommenden Weg 9 F trifft. Hier nach links in wenigen Min. zu den Häusern von Altenburg.

- **577** **Kaltern,** 426 m (R 96) — **Kalterer See,** 214 m (R 98) — **Altenburg,** 615 m (R 97)
  2 ¼ Std.

Vom Dorfzentrum zur Europastraße, von der der Barleiter Weg abzweigt. Es handelt sich um einen asphaltierten Feldweg mit der Bez. 12, der durch schöne Weingüter südw. führt. (Alternativ zum Barleiter Weg kann man auch den ebenfalls von der Europastraße abzweigenden, etwas höher verlaufenden Kardatscher Weg Nr. 10 benutzen.) Nach zwei

Dritteln des Weges zum Kalterer See Abzw. eines Weges links zum Weinmuseum Ringberg, jedoch geradeaus und dann links zum Hotel Seeleiten, 1 Std., wo man die zum Kalterer See führende Nebenstraße erreicht. Um nach Altenburg zu gelangen, folgt man vom Hotel Seeleiten zunächst der Weinstraße, dann der Straße nach rechts (Mark. 10) zur Abzw. des Weges 13 am Knick der Straße. Durch schönen Buschwald steigt man hinauf zu einem Felseneck, wo sich die Mark. teilen. Links kommt man zum Wasserfall und in die Schlucht des Rastenbaches. Nach einiger Zeit überquert man den Bach und erreicht links den Peterkofelsattel. Ein kurzer Abstecher führt zur Ruine der Petruskirche mit schöner Aussicht zum Kalterer See. Vom Sattel weiter auf Weg 2 empor nach Altenburg.

- **578 Kalterer Höhenweg**
  4 ½—5 Std.

Zwischen Kaltern und der Mendelpaßstraße im N und dem Forsthaus Ziegelstadel im S erstreckt sich ein bequemer Höhenweg, der größtenteils dem Verlauf von Forststraßen folgt und teilweise malerische Ausblicke auf das Überetsch, insbesondere auf Kaltern bietet.

Von Kaltern-St. Anton südw. zur Altenburger Straße und auf dieser ein kurzes Stück entlang bis vor die Sportanlagen. Hier zweigt rechts der Forstweg Ziegelstadel mit der Mark. 523 ab. Gleich nach Beginn der Forststraße kreuzt der vom Parkplatz bei den Sportanlagen heraufkommende Prazöller Steig 538, der stellenweise steil und mühsam ebenfalls zum Höhenweg hinaufführt und eine kürzere Runde erlaubt. Folgt man jedoch südw. durch schönen Wald in angenehmer Steigung dem Forstweg Ziegelstadel, gelangt man später zu einer Forststraßengabelung. Hält man sich rechts, befindet man sich auf der Forststraße Rotwand und damit auf dem Kalterer Höhenweg. Es ist jedoch durchaus lohnend, zunächst links in 5 Min. bis zum Forsthaus Ziegelstadel anzusteigen, einer Fundstelle frühgeschichtlicher Ziegelgräber; 1 ½ Std.

Hier findet man einen schönen Weg 9 F, der dem Tal des Altenburger Baches folgt, in ½ Std. von Altenburg (R 97) erreichbar. Vom Forsthaus Ziegelstadel folgt man jedoch nordw. der Bez. 9 und gelangt so auf dem Göllersteig in leichtem Anstieg nach weniger als ½ Std. zur Forststraße Rotwand. Ihr folgt man nun weiter nordw. und erreicht in wenigen Min. nach Einmündung des Göllersteiges die Kreuzung mit Weg 538. Im weiteren Verlauf des Forstweges bieten sich verschiedene schöne Aussichten. Etwa 1 ¼ Std. Gehzeit vom Forsthaus Ziegelstadel entfernt, kommt man zu einer neuerlichen Wegteilung. (Folgt man rechts der Forststraße abwärts, gelangt man auf Mark. 9 C hinab nach St. Anton). Hält man sich auf dem Fußsteig links und folgt weiterhin der Bez. 9, kommt man in 10 Min. zum Tunnel der Mendelbahn. Bald danach überquert man den Pfossenbach, und muß nun noch einmal in vielen Kehren durch Buchenwald ansteigen. Nach Passieren einer Quelle geht es noch kurz hinauf zu einer Forststraße, der man in Richtung N folgt. Bald kreuzt man den Weg 521, etwa 2 Std. vom Forsthaus Ziegelstadel, und kann auf diesem in ¾ Std. über St. Nikolaus nach Kaltern absteigen. Der Höhenweg führt jedoch noch ein Stück weiter nach N zur Mendelstraße . Kurz vor dieser zweigt rechts der Steig 9 A ab und führt hinab zur von der Kalterer Höhe (Gasthaus) kommenden Autostraße, der man nach St. Nikolaus folgt. Von dort erreicht man südw. auf einer Nebenstraße wieder den Ausgangspunkt Kaltern-St. Anton.

● **579** **Kaltern,** 426 m (R 96) — **Mendelpaß,** 1363 m (R 94)
  2 ¼ Std.

Bedingt durch Mendelbahn und Autostraße, wird der Fußweg von Kaltern zum Mendelpaß selten benutzt. Er wurde aber 1983 erneuert und mit Bänken versehen. Von Kaltern zunächst auf Nebenstraßen zur Fraktion St. Nikolaus, 569 m, wo man den Beginn der Mark. 521 findet. Diese führt hinauf zum Kalterer Höhenweg, kreuzt diesen und steigt wieder an. Im oberen Wegabschnitt berührt man mehrmals die Mendelpaßstraße, bevor man die Paßhöhe selbst erreicht.

● **580** **Kaltern,** 426 m (R 96) — **Altenburg,** 615 m (R 97) — **Gummerer Hof**
  2 ½ Std.

Von Kaltern wie unter R 567 in 1 ½ Std. nach Altenburg. Weiter auf der Fahrstraße in Richtung Söll, von der nach 20 Min. rechts der Forstweg Zogglerhof abzweigt. Dieser mündet kurz vor dem Psennerhof in den von Söll heraufkommenden Fahrweg ein, den man nach Passieren des Hofes rechts auf Weg 10 verläßt und so in ¼ Std. den Gummerer Hof erreicht.

● **581** **Tramin,** 276 m (R 100) — **Forsthaus Zogglerhof,** 700 m
  1 ½ Std.

Unweit der Ruine Zogglerhof steht auf einem wunderschönen Wiesengelände, ein idealer Rast- und Aussichtsplatz, der hübsche Holzbau des Forsthauses Zogglerhof mit einem benachbarten kleinen Feuerlöschplatz. Die nachfolgend genannten beiden Aufstiegswege ergeben eine schöne Rundwanderung.
a) Vom Rathausplatz die Schneckentaler Straße hinauf, von der die Bez. 6 abzweigt und in wenigen Min. zum Wanderweg Kastelaz hinauf-

führt. Von dort führt Weg 6 als steiler Steig, anfangs mit schönen Rückblicken, durch Mischwald hinauf zur Ruine Zogglerhof. Dort hält man sich rechts (Bez. 4) und trifft bald auf einen Fahrweg und das Forsthaus Zogglerhof.
b) Vom Ortszentrum die Mühlgasse entlang, dann gemäß Bez. 4 rechts über den Höllentalbach, ein Stück an ihm aufwärts, dann rechts im Wald vorbei an zwei Höfen hinauf zu einem Fahrweg (Achtung! Im Abstieg ist der hier einmündende Pfad 4 leicht zu übersehen!), wo sich ein Hinweisschild auf den Gummerer Hof befindet. Man folgt dem Fahrweg nun noch ein Stück aufwärts und zweigt dann links gemäß Bez. 4 ab. Der Weg führt bald über den Höllentalbach und dann hinauf zum Forstweg Zoggler, auf dem man nach links in 2 Min. das Forsthaus erreicht.

- **582 Tramin,** 276 m (R 100) — **Graun,** 820 m
  1 ½ bzw. 2 ½ Std.

Das kleine Bergdorf Graun liegt auf einer Terrasse oberhalb von Kurtatsch, ist von dort auch mit Pkw erreichbar und bietet Einkehrmöglichkeiten. Unweit des Dörfchens steht am Rand der Hochfläche das hübsche St.-Georgs-Kirchlein mit Netzrippengewölbe, Freskenresten und romanischem Turm. Es gibt zwei Anstiegswege, die zusammen eine Rundwanderung ergeben.
a) Vom Ortszentrum auf der alten Straße in Richtung Rungg, bis am Ortsende von einer Straßenkurve rechts der Lochweg 5 abzweigt und durch Weinberge, später Mischwald zum Wanderweg Kastelaz hinaufführt. Nach der Wegkreuzung führt der teilweise steinige und steile Fußweg hinauf zu den Grauner Felswänden. Durch ein sich unerwartet auftuendes Loch steigt man aufwärts zum Rand der Terrasse von Graun und erreicht durch Wald, zuletzt Wein- und Obstgärten das Bergdorf, 1 ½ Std.
b) Wie unter R 581 a auf Weg zur Zogglerhofruine. Von dort gerade hinauf zur Forststraße und auf dieser linker Hand am Klaberer Hof vorbei nach Graun; 2 ½ Std.

- **583 Tramin,** 276 m (R 100) — **Graun,** 820 m — **Unterfennberg,** 1047 m
  3 ¾ Std.

Wie unter R 582 a in 1 ½ Std. nach Graun, 820 m. Von der Einmündung des Weges 5 folgt man links der Autostraße und kommt so zur Straßengabel oberhalb vom Weiler Hofstatt. Weiter in südl. Richtung leicht ansteigend auf der Autostraße unter den Felswänden der Schneid durch Wald, der keine Aussicht zuläßt, zum stattlichen Ansitz Fennhals mit

Renaissancemalereien aus dem 16. Jh. und kleinem Fischteich. Nach Durchquerung des kleinen Wiesengeländes, wo Weg 7 kreuzt, passiert man 40 m hohe Mammutbäume und gelangt zur Jausenstation Boarnwald; 1 ¼ Std. ab Graun. Weiter auf der Autostraße, oberhalb der tief eingeschnittenen Fenner Schlucht nach Oberfennberg, 1160 m, mit der Ulmburg, einem Sommerschloß im Renaissancestil. Unweit davon steht das Mariahilfkirchlein aus dem 17. Jh. Nach der Ulmburg rechts auf dem Kirchsteig 3 hinab nach Unterfennberg. Dort befinden sich das romanische St.-Leonhards-Kirchlein aus dem 13. Jh., der kleine, unter Naturschutz stehende Fennberger Moorsee und mehrere Gasthäuser.

● **584** **Höhenwanderweg Söll,** 430 m — **Graun,** 820 m
4 ½ Std. ab/bis Tramin

Zunächst von Tramin auf der Autostraße durch Weinberge in 1 Std. oder weniger (je nach Ausgangspunkt in Tramin) zum Weiler Söll, 430 m, mit Jausenstation. Hier befindet sich auch das hübsche Kirchlein zum hl. Mauritius mit schönem Turm und interessanten Fresken. Von der Kirche folgt man noch etwa 10 Min. der Straße in Richtung Altenburg, bis von dieser in einer Kurve ein ebenfalls asphaltierter Fahrweg abzweigt. Dieser Fahrweg führt durch Wald hinauf zum Psennerhof, 676 m, von dem man einen schönen Tiefblick hat. Will man dem Autoverkehr ausweichen und nicht unbedingt nach Söll, kann man am Ortsende von Tramin links die Söller Straße verlassen und folgt dort einem Fahrweg bis zum Ansitz Rechtental. Dort hält man sich rechts und folgt einem unbez. Weg, der oberhalb von Söll in den Fahrweg zum Psennerhof einmündet. Vom Psennerhof kann man einen kurzen Abstecher zur Jausenstation Gummerer Hof machen, gelangt jedoch auf dem Fahrweg südw. ins Höllental, überquert den Bach und steigt dann leicht zum Forsthaus Zogglerhof an, das man in 1 ½ Std. von Söll erreicht. Kurz nach der Zogglerwiese mit dem Forsthaus kann man den Fahrweg abkürzen und gelangt so zur Zogglerhof-Ruine, von wo man nach rechts oben wieder zum Fahrweg aufsteigt und auf diesem in einer weiteren Std. durch Wald und Wiesen zum Bergdorf Graun kommt. Abstieg nach Tramin auf dem Lochweg 5 (s. R 582 a).

● **585** **Traminer Höhenweg**
4 ½ Std.

Rund 600 Höhenmeter oberhalb von Tramin führt dieser leicht begehbare Höhenweg durch schöne Wälder, bietet aber teilweise auch prächtige Tiefblicke ins Etschtal.
Zunächst wie unter R 581 zur Zogglerhof-Ruine, 1 ½ Std, und zum Forstweg Zoggler, der aber nur gekreuzt wird. Die Bez. 6 geht in glei-

cher Richtung, aber jetzt nicht mehr ganz so steil, aufwärts, führt über den Forstweg Untere Schmiedebene und erreicht bald danach den Forstweg Obere Schmiedebene bei einer Wasserstelle; bis hierher 2 Std. ab Tramin. Rechts von der Wegeinmündung findet man ein Hinweisschild auf den Traminer Höhenweg. Dieser Weg 9 führt zunächst wieder etwas hinab zum Forstweg Untere Schmiedebene, folgt ihm bis zu seinem Ende und führt dann als Steig unterhalb der Roèn-Felsabstürze durch das Höllental. Unweit einer Wasserstelle kreuzt man den Taurisweg und hat auf dem nachfolgenden Wegabschnitt schöne Tiefblicke. Nach rund 1 Std. trifft man auf Weg 10. Will man die Höhenwanderung von hier weiter fortsetzen, geht man geradeaus weiter auf einem undeutlichen und unbez. Weg, der in weniger als 5 Min. zum Karrenweg 9 führt, der vom Gummerer Hof heraufkommt. Der Weiterweg ist unter R 586 b beschrieben. Steigt man von der Wegkreuzung gemäß Bez. 10 ab, gelangt man in Kürze zur Jausenstation Gummerer Hof und von dort nach Tramin (s. R 582 b).

- **586 Tramin,** 276 m (R 100) — **Forsthaus Ziegelstadel**
  2 ¼ bzw. 2 ½ Std.

Die beiden nachfolgend beschriebenen Aufstiegsvarianten ergeben eine hübsche Rundwanderung.

a) Über Altenburg, 615 m (R 97), 2 ¼ Std.: In rund 1 Std. durch Weinberge auf der Autostraße zum Bergdorf Söll. Man bleibt weiterhin auf der nun nicht mehr so breiten Straße und gelangt durch Wald hinauf zur Altenburger Terrasse, die man beim Gelfhof erreicht hat. Nun in 20 Min. fast eben nach Altenburg (R 97), das man nach insgesamt 1 ¾ Std. erreicht hat, dort Einkehrmöglichkeit.

Man muß den Ortskern nicht berühren, sondern gelangt links auf der Umgehungsstraße zur nördl. Dorfzufahrt. Hier zweigen links die Wege 9 F und 11 ab. Der Weg 9 F führt durch schönen Buchenwald vorbei an der Jausenstation Altenburger Keller zur Forststraße Plimplani und hinauf zum Höhenweg. Dort rechts über den Rastenbach zum Forsthaus Ziegelstadel.

b) Über den Gummerer Hof, 2 ½ Std.: Von Tramin auf den von der Mühlgasse abzweigenden Weg T/10 über den Höllentalbach, an ihm entlang aufwärts, dann hinauf zu einem Fahrweg, dem man nur wenige Min. links bergauf folgt, weiter rechts ab und auf dem mit 10 bez. Fußsteig aufwärts zum von Söll kommenden Fahrweg, den man unweit vom Psennerhof, 676 m, erreicht. Von dort weiterhin auf Weg 10 in knapp ¼ Std. zum Gummerer Hof, 720 m; insgesamt 1 ½ Std. Auf einem Karrenweg 9 steigt man hinauf zu einem breiten Forstweg, dem man ein kurzes Stück folgt, aber rechts (kein Hinweisschild) wieder verläßt und so mehrere Kehren abkürzt. Man trifft später wieder auf den Forstweg und folgt ihm geradeaus bis zum Forsthaus Ziegelstadel, wo sich ein hübscher Rastplatz befindet.

- **587** **Kurtatsch,** 333 m (R 101) — **Wanderweg Kastelaz — Tramin,** 276 m (R 100)
  1 Std. 10 Min. — 1 ½ Std.

Vom Ortszentrum durch die Obergasse zur zum Weiler Rungg führenden Nebenstraße, von der man gemäß Beschilderung nach links abzweigt. Der Weg führt durch Weinberge und Wald anfangs etwas aufwärts, insgesamt aber ohne größere Steigungen, immer in Richtung Tramin. Nach etwa 40 Min. kreuzt man den Lochweg 5 und hat hier eine erste Abstiegsmöglichkeit nach Tramin. Es lohnt sich jedoch, weiterhin dem Weg WK zu folgen, der bald einen schönen Tiefblick auf Tramin bietet. Nach einer weiteren ½ Std. kreuzt man Weg 6, der die zweite Abstiegsmöglichkeit nach Tramin darstellt. Der Forstweg Bannwald geht jedoch geradeaus weiter und endet in der Mühlgasse. Die Gesamtgehzeit richtet sich nach gewähltem Abstiegsweg und liegt zwischen 1 Std. 10 Min. und 1 ½ Std.

- **588** **Kurtatsch,** 333 m (R 101) — **Graun,** 820 m — **Gummerer Hof,** 720 m
  3 Std.

Auf der am Schweigglplatz beginnenden, mit Nr. 1 bez. Nebenstraße hinauf zur Häusergruppe Nußdorf. Dort rechts in Kürze zur auf den Fennberg bzw. nach Graun führenden Bergstraße, der man einige Kehren aufwärts folgt, bis rechts der Weg 1 abzweigt und durch Weinberge, später Wald hinauf zum Wiesenplateau von Graun führt. Man erreicht das Bergdorf in 1 Std., durchquert es und folgt der Fahr- bzw. Forststraße vorbei am Klaberer Hof bis zur Kreuzung mit Weg 6 oberhalb des zerstörten Zogglerhofes. gemäß Bez. zu ihm hinab, dann links (nordw.) in wenigen Min. wieder auf dem Forstweg, der am schönen Forsthaus Zogglerhof (Aussicht!) vorbei ins Höllental führt. Nach Überquerung des Baches kreuzt man Weg T und folgt dem Fahrweg noch bis zum Psennerhof. Hier zweigt man links ab und kommt in ¼ Std. auf Bez. 10 hinauf zum Gummerer Hof.

- **589** **Kurtatsch,** 333 m (R 101) — **Boarnwald — Unterfennberg,** 1047 m
  2 ¾—3 Std.

Bis zur Waldschänke Boarnwald an der nach Fennberg führenden Autostraße gibt es zwei Aufstiegsvarianten:

a) Gemäß Bez. 2 vom Schweigglplatz auf einer Nebenstraße mit schönen Rückblicken hinauf zur Häusergruppe Nußdorf. Nun rechter Hand auf die nach Graun bzw. Fennberg führende Bergstraße, der man nur wenige Min. aufwärts folgt, um sie dann links auf einem weiterhin mit 2 bez. Nebenweg zu verlassen. Dieser führt zum Weiler Hofstatt, wo man wieder auf die Hauptstraße trifft, ihr kurz aufwärts folgt und oberhalb vom Ghs. Halbweg nach links an dem nach Penon führenden Verbindungssträßchen wieder verläßt. Dort, wo die Bez. 2 rechts zum Kauderlehof abzweigt, schöner Blick ins Etschtal!
Vom Kauderlehof führt der Weg 2 in angenehmer Steigung südw. zum Sommeransitz Fennhals. Dort erreicht man die Fahrstraße und kommt auf ihr in Richtung Fennberg in Kürze zur Waldschenke Boarnwald, 1050 m; 2 Std.

b) Wie zuvor auf Bez. 1/2 vom Schweigglplatz auf einer Nebenstraße zum Weiler Nußdorf, weiter in südwestl. Richtung auf der Autostraße, deren Kehren ein Mal gemäß Beschilderung abgekürzt werden, bis nach Penon, 605 m; ¾ Std. Für den Weiterweg hat man zwei Alternativen: Vom Dorfplatz zunächst auf einer Nebenstraße weiter in südl. Richtung. Von dieser zweigt bald links Weg 7 ab und steigt geradeaus durch Mischwald in Richtung Fenner Schlucht an. Schließlich wendet sich der Weg westw. und führt als Steiglein sehr steil auf den Hurst, einen Felsabsturz oberhalb Penons. Zum Schluß wieder weniger anstrengend mit herrlichem Ausblick zur Fennberger Autostraße und auf dieser nach links zur Waldschänke Boarnwald. Alternativ von Penon ebenfalls auf der Nebenstraße südw. und dann gemäß Bez. 2 A zunächst über Wiesen, dann durch Wald hinauf zum Weg 2, dem man nach links folgt; s. unter a. 2 Std., bequemer als a.

Von der Waldschänke Boarnwald auf der Autostraße zum Fennberg (s. R 583).

- **590 Margreid,** 226 m (R 102) — **Penon** — **Waldschänke Boarnwald,** 1050 m
2 ½ Std.

Von Margreid auf dem nach Fennberg führenden Weg 3 durch Weinberge hinauf. Nach ¼ Std. zweigt rechts die nach Entiklar führende Bez. 3 A ab. Von diesem Weiler folgt man links dem Fahrweg, an einem rauschenden Wasserfall und einem burgartigen Gehöft vorbei, hinauf nach Penon; 1 ½ Std. von Margreid. Weiter wie unter R 589 b.

- **591 Margreid,** 226 m (R 102) — **Fennberg,** 1047 m — **Malga Kraun,** 1222 m
5 Std.

Auf Bez. 3 durch Weinberge aufwärts. Dort, wo der Weg 3 A einmündet, wendet sich der Weg südw. und führt in das Tal des Fenner Bachs, das auf einer Schutthalde durchquert wird. Der Weg steigt nun stärker, bietet manchmal schöne Etschtalblicke, umrundet ein weiteres Tal und führt dann durch Buchenwald zur Häusergruppe Putzwald hinauf. Von dort kurz auf einem Fahrweg entlang, dann links gem. Bez. 3 durch Wald zu einem anderen Fahrweg, dem man geradeaus folgt. So gelangt man beim Ghs. Plattenhof auf die Autostraße und folgt dieser linker Hand nach Unterfennberg, 1047 m, 2 ½ Std.

Weiter auf dem Fahrweg in gleicher Richtung; bei der bald folgenden Gabelung nach rechts zu den letzten Höfen. Beim letzten Hof setzt die Mark. 502 ein, und man gelangt immer leicht abwärts zu einem Bach, vor dem sich der Weg gabelt. Links über den Bach nach Roverè della Luna (Aichholz), rechts aufwärts Richtung Malga Kraun. Der nun schmale Pfad führt entlang des Baches aufwärts, überquert ihn schließlich und trifft bald danach auf Weg 519. Dieser führt weiter bergan bis in die Nähe einer Almhütte und steigt dann steil zu einem Bergrücken an, der vom Monte Cuc herabzieht. Der nun sehr schmale Steig bietet schöne Blicke hinüber zum Fennberg, setzt aber Trittsicherheit voraus und führt über den Bergrücken zum Weg 507.

Nun auf besserem Weg wieder etwas aufwärts, dann nach rechts vom Fenner Höllental weg fast eben durch Wald zur Malga Kraun; 2 ½ Std. ab Fennberg.

- **592 Margreider Klettersteig**
  2 ¾ Std.

Ausgangspunkt ist die Landesstraße Margreid — Roverè della Luna (Aichholz). Der Einstieg befindet sich 3,5 km südl. von Margreid unweit der Landesgrenze in 220 m Höhe.

Durch ein kurzes, steiles Waldstück erreicht man mark. den gut gesicherten Einstiegskamin, der etwas Klettergewandtheit erfordert. Nachfolgend gelangt man mittels Klammern, Leitern und Seilen — teils recht luftig — in den reizvollen, begrünten Mittelteil der Steilflanke. Auf fast zugewachsenem Steiglein aus dem flacheren Mittelteil wieder zu einer steilen Felszone. Man quert unter dieser Steilstufe auf längerer Strecke nach links (südw.) und steigt dann zunächst gerade empor und dann unter einem mächtigen Überhang hindurch nach rechts heraus. Nun hat man wieder begrüntes Gelände unter den Füßen und folgt dem bez. Steig durch den Putzwald nach Unterfennberg, 1047 m, wo man auch einkehren kann. Während des Hochsommers ist die Begehung dieses Eisenweges aufgrund der dann meist vorherrschenden Schwüle nicht zu empfehlen.

Ausstieg aus einer Leiter im Margreider Klettersteig.

- **593 Roverè della Luna (Aicholz),** 251 m (R 103) — **Fennberg,** 1047 m — **Fenner Joch,** 1563 m — **Rifugio Sóres,** 1210 m 6 Std.

Das Fenner Joch ist ein uralter Übergang aus dem Etschtal zum Nonsberg und der niedrigste im südl. Mendelkamm überhaupt. Von Roverè della Luna (Aichholz) steigt man gemäß Bez. 507 anfangs auf breiter Straße, später auf einem Forstweg immer in Richtung des Baches im Höllental (Val dei Molini) auf und kommt nach rund einstündiger Wanderung zu einer Wegteilung in rund 600 m Höhe. Hier rechts auf Bez. 502 steiler hinauf. Nach ¾ Std. mündet von links die von der Malga Kraun kommende Verbindungsweg 519 ein. Weiter auf Bez. 502 das Höllental querend hinüber in Richtung Fennberg. Nach Überschreitung des Wildbaches trifft man auf eine weitere Abzw. des Weges 519 zur Malga Kraun, gelangt aber auf Bez. 502 hinauf zur Höfegruppe Hofstatt auf der Fennberger Hochfläche und von dort auf Fahrweg nach Unterfennberg, 1047 m; 2 ½ Std. Hinweis: Die Mark. sind im Fenner Höllental nicht sehr gut eingehalten; guter Orientierungssinn wichtig! Von Unterfennberg auf dem Kirchsteig 3, der die Autostraße abkürzt, hinauf nach Oberfennberg. Wenig nördl. Oberfennberg zweigt von der Autostraße links der Rätersteig 3 ab. Dieser führt zunächst angenehm ansteigend zur Ruine des Rotwandhofes, 1352 m, und steigt dann steil in Kehren, teilweise felsig hinauf zum Fenner Joch, 1563 m; 1 ¾ Std. ab Unterfennberg. Auf der Nonsberger Seite geht es nun zu einer Abzw. unterhalb vom Treser Kopf (Corno di Tres, s. R 954); ½ Std. Weiter in gleicher Richtung dem Verlauf des Kammes folgend, wobei man links teilweise schöne Blicke auf die Predaia-Hochebene hat, bis zur Malga Rodeza, 1570 m, eine weitere ½ Std. Von dort nun westw. auf immer mit 503 bez. Fahrweg größtenteils durch Wald, zwischendurch auch einmal über offenes Gelände bis zur Predaiahütte, 1396 m, und von dort in weniger als ½ Std. zum Refugio Sóres, 1210 m; 1 ¾ Std. ab Fenner Joch.

- **594** **Roverè della Luna** (Aichholz) — **Malga Kraun,** 1222 m
  3 Std.

Von Roverè della Luna (Aichholz) auf einer Fahrstraße ins Ferner Höllental, auch Mühlental (Val dei Molini) genannt. Von dieser zweigt wenig oberhalb des Ortes links ein Fahrweg ab, dem man ständig aufwärts folgt. Die Mark. fehlt hier vollständig und setzt erst später oben im Tal ein. Schließlich steigt man steil über Pianizzia auf und trifft auf den Weg 519, der von Fennberg herüberkommt. Weiter auf Weg 507 noch ein Stück ansteigend. Bei einem Materiallift verläßt man den Rand des Tales und gelangt fast eben durch Wald zur Malga Kraun.

- **595** **Mezzocorona,** 219 m (R 104) — **Monte di Mezzocorona,** 885 m — **Malga Kraun,** 1222 m
  3 ¼ Std.

Von Mezzocorona gemäß Ausschilderung zur Talstation der 1965 eröffneten Seilbahn. Hier beginnt auch der Weg 504, dessen Mark. teilweise fehlt und auf dem man, die Felsabstürze umgehend, in 1 ¾ Std. auf den Monte di Mezzocorona, 885 m, mit mehreren Gasthäusern kommt. Der Fußsteig ist landschaftlich schön, manchmal aber luftig, bietet zwischendurch schöne Tiefblicke und erreicht den Monte di Mezzocorona unweit der Seilbahn-Bergstation. Von dort in nördl. Richtung auf einem breiten Fahrweg, Bez. 504. Nach 20 Min. verläßt die Bez. 504 links den Fahrweg, und der weitere Abschnitt trägt die Mark. 507. Man folgt immer den Markierungszeichen auf meist breiten, bequemen Wegen und kommt dann in das tief eingeschnittene Val Fredda, wo ein kurzes Stück Weg nur ein schmaler Fußsteig ist. Nach der Bachüberquerung auf einem breiten Fahrweg mehrere Kehren hinauf, dann auf einem Wiesengelände links vom Fahrweg ab. Geradeaus zu einer kleinen Baumgruppe, nach deren Durchquerung man das untere Ende des großen Wiesengeländes erreicht hat, auf der sich auch die bereits sichtbare Malga Kraun befindet; 1 ½ Std. vom Monte di Mezzocorona.

- **596 Mezzocorona,** 219 m (R 104) — **Burronesteig** — **Monte di Mezzocorona,** 885 m
  2 ½ Std.

Auf der Hauptstraße bis zur nördl. Brücke zwischen Mezzocorona und Mezzolombardo. Von einem kleinen Parkplatz auf dem Fußweg 505 zu den Wasserfällen und dann nach rechts als Steiglein in vielen Kehren im Wald empor. Nach 30 Min. ab Parkplatz erreicht man die erste Leiter. Oberhalb des großen Wasserfalls geht es in die eigentliche Schlucht (= Burrone). Der teilweise ausgesetzte Eisenweg führt teils mit kurzen Leitern und Eisenklammern, oft sehr nahe am tosenden Bach, weiter durch die Klamm aufwärts. Der obere Schluchtgrund ist von gigantischen Felswänden eingeschlossen. In rund 700 m Höhe verläßt man die Schlucht über mehrere Leitern und mit Hilfe von künstlichen Griffen und erreicht bald wieder den Wald. Bei der Baita dei Manzi, 858 m, einer verfallenen Almhütte, trifft man wieder auf die Mark. 505 und auf einen Fahrweg, dem man nach rechts durch eine tiefe Schlucht zur Bergsiedlung Monte folgt. Wenn man sich bei der Almhütte dagegen links hält, kann man durch das Val de Maèrla in rund 1 Std. wieder auf dem Fußweg 505 ins Tal absteigen, das man unterhalb der Schlucht erreicht.

6. Nonsberg

- **610** **Unsere liebe Frau im Walde,** 1351 m (R 105) — **Laureinalm,** 1728 m — **Proveis,** 1420 m (R 111)
  4 Std.

Von Unsere Liebe Frau im Walde auf der neuen, breiten Autostraße etwas länger als 5 Min. südw. Bei einem Gehöft rechts auf Bez. 3 in den Wald hinauf. Wenige Min. später kreuzt man nach links einen Fahrweg und steigt dann im Wald zu einem hübschen Wiesengelände auf, das einen schönen Blick auf St. Felix bietet. Weiter im Wald aufwärts zu einer anderen Bergwiese, an deren Beginn rechts zu einem Zaundurchlaß (Provinzgrenze). Bei der weiteren Wiesendurchquerung fällt links der Blick auf den tief unten im Tal verlaufenden Fahrweg zur Castrinalm. Weiter im Wald aufwärts zum Urbaner Bach, nach dessen Überschreitung man bald wieder einen Fahrweg kreuzt. Auf schmalem Steig durch Wald, später mit kleinen Lichtungen und über Bachläufe in das Tal des schon erwähnten Bachs. Nach 1 ½ Std. trifft man knapp südl. von der Wegteilung beim Enzenstein (Pedra del Gal), einem großen Felsblock, auf den Fahrweg, der zur Castrinalm führt. Man folgt ihm nur kurz bis zum Enzenstein, dort links durch das Wiesengelände und über den Bach wieder in den Wald. Auf steinigem Weg hinauf zum Bergrücken, auf dessen höchstem Punkt, ca. 1810 m, sich ein langes Hochmoor erstreckt. An diesem entlang und nach dessen Ende im Wald hinab zur Laureinalm, 1728 m; 1 Std. von der Wegteilung beim Enzenstein. Weiter abwärts durch ein kleines Waldstück zu einem großen Wiesengelände unterhalb der Alm, von dem man eine schöne Aussicht hat. Das Wiesengelände wird nach rechts abwärts durchquert. Am Waldrand über einen Bach, dann durch lichten Wald weiter abwärts; man trifft schließlich auf einen Karrenweg, der bald in einen breiteren, von links kommenden Weg mündet. Kurz danach über den Lederbach, und weiter im Wald und heraus auf das Wiesengelände oberhalb des Weilers Wetzlaun, wo unser Weg 3 auf die Bez. 2 trifft. Gleich unterhalb der Wegeinmündung gabelt sich der Fahrweg. Nach rechts kommt man durch die Häusergruppe Wetzlaun, hat danach eine schöne Aussicht gegen Proveis, folgt dann dem Fahrweg abwärts vorbei an Einzelgehöften zum Mairbach, passiert bald nach dessen Überqueren eine kleine Häusergruppe mit dem Ghs. Edelweiß und trifft dann beim Gamperbach auf die Talstraße. Dieser folgt man nach rechts aufwärts und kommt so in einem Bogen ins kleine Bergdorf Proveis; 1 ½ Std. von der Laureinalm.

- **611 Unsere liebe Frau im Walde,** 1351 m (R 105) — **Hofmahd,** 1813 m
  2 ½ Std.

Wie unter R 610 auf Weg 3 in 1 ½ Std. zur Wegteilung beim Enzenstein, ca. 1700 m. Nun entweder geradeaus weiter auf dem Fahrweg oder halblinks durch feuchte Wiesen, später durch Wald, gemäß Bez. 137 langsam ansteigend. Die Mark. trifft nach etwa ¼ Std. wieder auf den Fahrweg, dem man nun weiter folgt. Nach einem Engpaß erreicht man das weite Wiesengelände unterhalb des Hofmahdsattels. Hier teilen sich die Wege 2, 133 und 137 (Hinweis auf einem Stein). Nach rechts in ¼ Std. über das offene Almgelände zum Hofmahdsattel mit der Castrinalm.

- **612 St. Felix,** 1225 m (R 106) — **Felixer Weiher — Schöneck,** 1775 m
  2 ½ Std.

Von der Kirche auf einem Fahrweg hinauf zur Gampenpaßstraße, diese kurz nordw. entlang bis vor das Ghs. Rose. Hier zweigt rechts eine Fahrstraße ab, die in Kehren an Einzelhöfen vorbei ansteigt. Während des Aufstieges schöner Blick über den Nonsberg. Nach etwa ½ Std. erreicht man am Ende der Asphaltstraße eine Weggabelung. Vom rechten Fahrweg zweigt gleich links der bez. Weg 9 ab, kreuzt nach etwa 3 Min. nochmals die Forststraße und führt im Wald angenehmer weiter aufwärts. Später trifft man wieder auf den Forstweg und folgt ihm nach rechts. Nach etwa 5 Min. kommt man dann wieder zu einer Wegteilung. Bleibt man weiterhin links auf dem breiten Forstweg, kommt man direkt zur Felixer Alm, dem Ausgangspunkt des Weges T. Zweigt man nach rechts ab, erreicht man durch lichten Wald in ¼ Std. den Felixer Weiher, 1604 m, insgesamt 1 Std. von St. Felix; er wird auf den Karten und in der Literatur fälschlicherweise aufgrund früherer Besitzverhältnisse Tretsee genannt.

Der hübsche, 220 x 170 m große See mit kleiner Insel liegt in einer Wald-Wiesen-Mulde und ist ein beliebtes Ausflugsziel, besonders an Wochenenden. Dort, wo man den See erreicht hat, links am Ufer entlang zum etwas oberhalb des Sees gelegenen Ghs. Waldruhe. Von hier links in den Wald zur Felixer Alm, dann gemäß Ausschilderung zunächst auf breitem Fahrweg, später auf Karrenweg durch Wald gegen den Mendelkamm hinauf. Nach 50 Min. trifft man auf ein großes Wiesengelände, Moschen, 1760 m. Hier nun links auf gelber Mark. durch lichten Wald in leichtem Auf und Ab entlang des Mendelkammes zum Wetterkreuz auf dem Schöneck, 1775 m; s. auch R 507.

- **613 Fondo,** 988 m (R 108) — **Malga di Fondo** — **Felixer Weiher,** 1604 m
  3 Std.

Vom Ortszentrum nordw. zum Beginn der Gampenpaßstraße. Hier rechts auf einer anfangs asphaltierten Nebenstraße am hübschen Smeraldosee vorbei in einem kleinen Tal aufwärts. Nach etwa ¾ Std. bei der beschilderten Wegteilung auf dem linken Fahrweg weiter. Bald überquert man auf einer Brücke den Bach und steigt dann stärker an. An einem hübschen Plätscherbrunnen vorbei erreicht man am Rand einer Wiese eine Wegteilung. Die Bez. 511 verläßt hier links den Fahrweg und führt durch schönen Wald am Talhang zur Malga di Fondo, 1488 m, die auch auf dem Fahrweg zu erreichen ist; weitere 1 ½ Std. Nach der Alm etwa 20 Min. stärker aufwärts, bis links die Mark. 517 einmündet. Nun gemeinsam mit Bez. 517 bis vor einen Zaun, der hier die Provinzgrenze bildet. Dort trifft man auch auf den Weg 512. Durch den Zaun, weiter geradeaus, bald über ein großes Wiesengelände zur Jausenstation Waldruhe und von dort nach links zum bereits sichtbaren See.

- **614 Fondo,** 988 m (R 108) — **Regole** — **Felixer Weiher,** 1604 m
  3 Std.

Vom Ortszentrum nordw. zur Gampenpaßstraße und auf dieser weiter bis zur Abzw. der Bez. 517. Diese führt zunächst als Fahrweg durch lichten Wald aufwärts. Man passiert immer wieder hübsche Bergwiesen (Regole). Weiter oberhalb hört der Fahrweg auf, und es geht durch lichten Wald und über Wiesen um den Cozze, 1551 m, herum hoch am Talhang des Rio della Malga (Almbach) entlang. Kurz wird einmal rechts unten die Malga di Fondo sichtbar, dann geht es im Wald weiter aufwärts, bis man auf den Weg 511 trifft; weiter wie unter R 613.

- **615 Fondo,** 988 m (R 108) — **Novellaschlucht** — **Castelfondo,** 948 m (R 109)
  2 Std.

Obwohl es sich um keine eigentliche Gebirgswanderung handelt, erfordert dieser Weg absolute Trittsicherheit und Schwindelfreiheit, bietet aber sonst keine technischen Schwierigkeiten. Vom Ortszentrum nordw. zur Gampenpaßstraße und auf dieser bis vor eine Brücke. Hier links auf Bez. 522 ab, nach wenigen Min. wieder rechts und in den Wald hinab. Man gelangt so in das Val Combra und steigt durch dieses; zuletzt in Serpentinen hinab in das Tal des Novellabaches. Der Blick fällt dabei auf die gegenüberliegende Felswand, an deren Wänden man später wieder aufsteigt. Im Talgrund zunächst etwa ¼ Std. einwärts an einem alten Elektrizitätswerk vorbei, dann auf einer Brücke über den wilden Bach, ca. 825 m, und auf der anderen Uferseite wieder zurück. Schließlich nach rechts auf einem Steig zur Felswand hinauf und an ihr entlang auf einem Band zu einer Holztreppe, die ein fehlendes Stück des Felsbandes überbrückt. Auf der Leiter luftig, oben stahlseilgesichert, weiter aufwärts, wieder an senkrechten Felswänden entlang und schließlich in den Bereich des Buschwaldes. Der fast zugewachsene, aber gut markierte Steig führt in mehreren Serpentinen dann hinauf zum Weiler Dovene, 1012 m, und man kommt von dort auf der Autostraße nach Castelfondo.

- **616** **Castelfondo,** 948 m (R 109) — **Unsere Liebe Frau im Walde,** 1351 m (R 105)
  2 ¾ Std.

Vom Dorfzentrum zur Häusergruppe Raina, dort links in nordwestl. Richtung hinauf. Der breite Fahrweg steigt an, und man hat vor der Cappella del Longo einen schönen Rundblick auf Castelfondo. Im Wald erreicht man schließlich eine Wegteilung. Dort steht die Bar Arnika, ca. 1300 m; 1 Std. Halb links auf der Forststraße weiter langsam aufwärts bis zur Wegkreuzung beim Croce della Barba, 1415 m. Hier rechts in den Wald auf Bez. 1 hinab. Man folgt einem Bachlauf und erreicht bei einer Brücke wieder einen Fahrweg. Auf diesem nach links (N) im Wald weiter, schließlich über den Urbaner Bach und dann bald ansteigend aus dem Wald heraus, vorbei an Einzelhöfen, anfangs auf Fahrweg, später auf breiter Autostraße nach Unsere Liebe Frau im Walde.

- **617** **Castelfondo,** 948 m (R 109) — **Hofmahd,** 1813 m
  3 ¾ Std.

Wie zuvor zum Croce della Barba, 1405 m. Weiter auf dem Fahrweg nun stärker bergan. In rund 1700 m Höhe trifft man beim Felsblock Enzenstein auf den Weg 3. Weiter auf Bez. 137 gemäß R 611.

- **618** **Laurein,** 1148 m (R 110) — **Unsere Liebe Frau im Walde,** 1351 m (R 105) **bzw. St. Felix,** 1225 m (R 106)
  2 ¾ bzw. 3 Std.

Im Ortszentrum von Laurein gemäß Ausschilderung auf einem mit 1 bez. Nebenweg von der Hauptstraße ab und an einigen Gehöften vorbei in den Wald. Man kreuzt nacheinander einen Karrenweg sowie einen Fahrweg und gelangt größtenteils durch Wald, ein Stück weglos, aber mark., zum Fahrweg Brezer Joch — Brezer Alm, 1499 m; 1 Std. Nach der Fahrwegkreuzung geht es noch ein kleines Stück bergan, und man hat bald rechts, ein paar Schritte vom Weg ab, einen schönen Blick über den Nonsberg. Wenige Min. später hat man bei einem Felsblock den höchsten Punkt der Wanderung erreicht. Dort rechts vom Karrenweg ab und über sumpfige Wiesen mit lichtem Baumbestand westl. vom Mesnaberg (Monte Dian), 1587 m, weiter. Nach Durchquerung der feuchten Waldwiesen sind hintereinander zwei Bäche zu überqueren, bei denen man auf den Fahrweg Castelfondo — Castrinalm trifft; 1 Std. von der zuvor erwähnten Wegkreuzung. Den Fahrweg wenige Schritte nach links, dann rechts in den Wald hinab. Man folgt einem Bachlauf und trifft bei einer Brücke auf einen anderen Fahrweg. Diesem folgt man nach links über die Brücke. Will man nach St. Felix, zweigt man wenige Min. später gemäß Mark. ab, kommt dann im Wald über Urbaner und Laugenbach auf die andere Talseite, wo man unweit der St.-Christophs-Kirche auf die Nebenstraße Unsere Liebe Frau im Walde — St. Felix trifft. Dieser folgt man nach rechts, an Einzelhöfen vorbei, bis ins kleine Ortszentrum von St. Felix; insgesamt 3 Std. Bleibt man dagegen bei der Abzw. nach der Brücke auf dem Fahrweg, gelangt man ebenfalls bald über den Urbaner Bach und steigt dann auf einem Karrenweg aus dem Wald heraus etwas an. Vorbei an Einzelhöfen, zunächst auf Fahrweg, dann auf breiter Autostraße, erreicht man schließlich Unsere Liebe Frau im Walde; 2 ¾ Std. von Laurein.

- **619 Laurein,** 1148 m (R 110) — **Brezer Alm,** 1845 m — **Laureinalm,** 1728 m
  3 Std.

Wie zuvor von Laurein zum Fahrweg Brezer Joch — Brezer Alm, 1499 m; 1 Std. Von der Wegkreuzung links auf dem breiten, nicht mark. Fahrweg weiter. Nach etwa 20 Min. kommt man durch ein großes Wiesengelände mit Wegverzweigungen. Hier folgt man weiterhin dem Fahrweg aufwärts, der einen großen Bogen macht, um an Höhe zu gewinnen. Im oberen Teil des Rabbiolabachtales geht es schließlich weiter hinauf zur großen Brezer Alm (Malga di Brez), 1845 m, die man selbst auf einem kurzen Nebenweg erreicht. Bleibt man jedoch auf dem Fahrweg, erreicht man wenige Min. oberhalb der Alm ein großes Wiesengelände mit Bildstock, 1894 m; weitere 1 ½ Std. Nun halb links auf unbez., breitem Weg in den Wald. Dieser führt allmählich in Richtung N abwärts, und man trifft, bei einer späteren Weggabelung sich links haltend, bei der Laureinalm, 1728 m, auf Weg 3. Nimmt man für den Rückweg die Bez. 3 und 2 über Proveis (s. R 610 und R 620), ergibt sich eine schöne Rundwanderung.

- **620 Laurein,** 1148 m (R 110) — **Proveis,** 1420 m (R 111)
  1 ½ Std.

Vom Ortszentrum in Laurein zunächst auf der Autostraße abwärts, die in das Tal des Fischbaches (Pescarabach) führt. Nach einer Bachüberquerung kommt man an Einzelgehöften vorbei und zweigt beim letzten Haus am Waldrand rechts auf einen breiten Forstweg ab. Dieser breite, mit 2 bez. Weg führt durch das Tal des Walletschbaches zu einigen etwas tiefer liegenden Berghöfen. Weiter auf gutem, manchmal schmalem Fußweg immer durch Wald hoch über dem Talgrund des Fischbaches, der auf den Karten meist als Pescarabach bezeichnet wird, einwärts. Man erreicht schließlich bei zwei Höfen ein Wiesengelände und steigt durch dieses unterhalb der nach Tonna führenden Straße wieder durch Wald hinab zur nach Proveis führenden Talstraße. Diese überquert man unweit der Abzw. nach Tonna, gelangt gleich danach über den Fischbach und steigt auf der anderen Talseite steil hinauf nach Proveis, das man von der Talstraße schon hat liegen sehen.

- **621 Proveiser Höhenweg**
  5 ½—6 Std.

Dieser wenig bekannte Höhenweg quert hoch über Proveis die steil abfallenden Ausläufer des Hochwartmassivs und ist Teil des Weges 133, der den gesamten Ilmenkamm auf der Nonsberger Seite durchzieht. Der Weg setzt teilweise Trittsicherheit und Schwindelfreiheit voraus.
Von Proveis, 1420 m (R 111), steigt man an den Hängen des engen, steilen Gamperbachtales hinauf zur oberhalb der Baumgrenze liegenden Stierbergalm, 1811 m. In gleicher Richtung erreicht man über Almböden die höher liegenden Heuhütten der Samerbergalm, 2180 m; 2 Std. Hier trifft man auf Weg H/133 und folgt diesem ostw. So gelangt man, immer etwas auf- und absteigend, ohne große Höhenunterschiede durch steile, von Rinnen durchsetzte Berghänge mit einigen ausgesetzten Stellen in den unteren Teil des großen Kars der Schöngrube. Hier liegt die Kesselalm, 1951 m, von der eine erste Abstiegsmöglichkeit auf Bez. 11 durch das Tal des Mairbachs nach Proveis besteht. Auf dem Höhenweg jedoch ostw. auf nun gutem Weg in Kehren hinab zur Revoalm, 1734 m, und durch lichten Wald zur Clozalm, 1732 m, die man in 2 ½ Std. von der Samerbergalm erreicht. Die Bez. H führt nun ostw. zum Weg 2, auf den man oberhalb der Baumgrenze trifft. Auf ihm gelangt man abwärts über die Höfe Wetzlaun und Neuhaus (s. auch R 610) nach Proveis. Man kann von der Clozalm aber auch auf einem unbez. Steig direkt südw. zum Weg 2 absteigen und so etwas abkürzen.

- **622 Cavareno,** 937 (R 116) — **Ruffrè,** 1175 m (R 115) — **Mendelpaß,** 1363 m (R 94)
  1 ¾ Std.

Man folgt vom Ortszentrum der Ausschilderung zum Hotel Paolino am

Waldrand. Dort beginnt der Weg 527. Im leichten Anstieg kommt man durch Wald in das Tal des Linarbaches. Der Weg verengt sich zusehends und verläuft hoch über dem Talgrund, teilweise an Felswänden entlang. Im Jahre 1850 war die Bevölkerung von Cavareno gezwungen, in dieses Seitental zu flüchten, um der Choleraepedemie zu entgehen. Nach ¾ Std. von Cavareno kommt man auf ein großes Wiesengelände und biegt dort nach links ab. Man erreicht dann den Fuß des Hügels, auf dem sich Ruffrè, 1175 m, ausbreitet. Ins Ortszentrum gelangt man auf einem unbez. Fußweg; insgesamt 1 Std. von Cavareno. Will man zum Mendelpaß, muß man nicht in den Ort hinein, sondern hält sich am Fuß des Hügels rechts. So kommt man zur Häusergruppe Molini und steigt schießlich im Wald zum Mendelpaß hinauf.

- **623** **Romeno,** 961 m (R 117) — **San Romedio,** 718 m (R 119) 1 Std.

Die Bez. 535 folgt anfangs der Autostraße zum kleinen Bergdorf Salter, 947 m, von dort dann im Wald hinab in die Schlucht des San-Romedio-Baches mit der ehemaligen Einsiedelei.

V. Gipfeltouren

1. Sesvennagruppe

- **630** **PIZ LAT,** 2808 m

Nördlichster Gipfel der Sesvennagruppe aus grauem Kalkfels mit großartiger Aussicht, an dessen N-Seite die sogenannte Dreiländerecke, 2179 m (Schweiz, Österreich und Italien), liegt. Vom Gipfel blickt man ins Inntal (Engadin), zum Reschen- und Haider See und hat eine umfassende Gipfelschau auf die übrige Sesvennagruppe, auf Silvretta, Samnaungruppe, Ötztaler Alpen und Ortlergruppe.

Geübte Bergwanderer gelangen auf einer abwechslungsreichen Grattour vom Gipfel des Piz Lat über das Grubenjoch, 2647 m, auf Steigspuren hinüber zum südl. gelegenen Piz Rusenna, 2802 m (s. R 632).

Anstieg:

- **631** **Vom Almgasthof Reschener Alm,** 1980 m (R 126)
  2 ½—3 Std.

Noch ein Stück nordw. auf dem Fahrweg weiter, bis man links auf die Abzw. eines Almweges trifft. Die Mark. 5 führt von hier mäßig steil hinauf zu einem Kreuz, 2252 m, einem hübschen, aussichtsreichen Rastplatz. Von dort nordw. auf einem alten Militärweg zum SO-Grat des Gipfels. Über diesen auf Steigspuren hinauf zum höchsten Punkt.

- **632 PIZ RUSENNA ODER JOCHBODENKOPF,** 2802 m

Durch das Grubenjoch getrennt, erhebt sich südl. vom Piz Lat der Piz Rusenna. Es ist ein Felsgipfel mit weiten Schuttflanken in dessen N-Grat sich der unbedeutende Piz Nair, 2743 m, im S-Grat der Äußere Nockenkopf, 2767 m, erhebt. Übergangsmöglichkeit entlang des Grates zum Piz Lat (R 630).

Blick von der Spitzigen Lun, 2320 m, auf das Vinschgauer Oberland mit Haider- und Reschensee.

Elferspitze

Piz Lat

Samnaungruppe

Reschen

Reschensee

St. Valentin

Halser See

Anstiegswege:

- **633   Von Rojen,** 1968 m (R 177)
    3 Std.

Nordwestw. auf Steigspuren über das weite Almgelände in 2 ¼ Std. zur Äußeren Scharte, 2636 m, hinauf. Anschließend weiter in nördl. Richtung über den Grat mit dem Äußeren Nockenkopf bis zum Piz Rusenna.

- **634   Von Reschen,** 1525 m (R 3)
    4 ½ Std.

Wie unter R 182 über das Fallierteck, 1750 m, hinauf zum Fahrweg, der nordw. zur Reschener Alm führt. Die Mark. 7 verläuft von der Kreuzung mit dem Fahrweg südwestw. aus dem Wald heraus und zieht über das Almgelände bis auf die Höhe von Rojen, wo der Weg in R 633 einmündet.

- **635   FALLUNGSPITZE,** 2643 m

Gipfel, mit dem der kleine Nebenarm ausläuft, der das Grian- vom Fallungtal trennt. Während der Berg gegen das Fallungtal steil abfällt, ist er über den Grat unschwierig zu erreichen.

Anstieg:

- **636   Von Rojen,** 1968 m (R 177)
    2 Std.

Wie unter R 180 in ½ Std. bis unter die Obere Alm, 2100 m. Hier zweigt rechts die Mark. 6 ab und folgt dem Lauf des Grianbaches hinauf bis in die Fallungscharte, 2610 m. Von dort links über dem Kamm zur Fallungspitze, 2643 m.

- **637   GRIANKOPF,** 2896 m

Über dem Talschluß des Fallungtales erhebt sich westl. als schöner, ausgeprägter Gipfel der Griankopf, von dem ein kurzer Seitenkamm mit der Fallungspitze (R 635) abzweigt.

Anstieg:

- **638   Von Rojen,** 1968 m (R 177)
    3 ½ Std.

Wie unter R 180 zur Rasasser Scharte, 2713 m. Von dort nordw. über den Grat unschwierig auf den Gipfel.

- **639**   **RASASS-SPITZE,** 2941 m

Vom Hohen Grat (Craist Alta) zweigt vom Grenzkamm ein langer, das Fallung- bzw. Rojental östl. begrenzender Seitenkamm ab, der in weiten Hängen zum Reschen- und Haider See abfällt. Dieser Nebenkamm trägt als ersten Gipfel die markante, schöne Rasaßspitze.

Anstiegswege:

- **640**   **Von Rojen,** 1968 m (R 177)
  3 ½ Std.

Wie unter R 180 in die oberste Mulde des Fallungtales, dort links (südw.) gerade empor zum NO-Grat der Rasaßspitze und über diesen unschwierig zum höchsten Punkt.

- **641**   **Vom Sesvenna-Schutzhaus,** 2256 m (R 130)
  2 ½ Std.

Man benutzt den Weg 8, der bei der Alten Pforzheiner Hütte beginnt und den Hang hinaufzieht. Etwa 100 Höhenmeter oberhalb der Hütte gabelt sich der Weg. Nun nach links, immer Mark. 8, zunächst über die offenen Hänge taleinwärts wenig ansteigend, dann nach rechts steiler hinauf zum Grat und über diesen zum Gipfel.

- **642**   **SEEBÖDENSPITZE,** 2859 m

Im von der Rasaßspitze (R 639) nordostw. ziehenden Kamm erhebt sich als breite, schwach ausgeprägte Erhebung die Seebödenspitze. Ihre S-Seite fällt steil ins Zerzer Tal ab, während die O-Hänge sanfter gegen die Haider Alm und den Haider See auslaufen. Die Anstiegswege sind nicht gut eingehalten und verlangen Orientierungssinn.

Anstiegswege:

- **643**   **Von Rojen,** 1968 m (R 177)
  3 ½ Std.

Wie unter R 180 zur Oberen Alm, 2100 m, und weiter im Fallungtal auf Nr. 6 A aufwärts, bis nach knapp ½ Std. oberhalb der Alm eine alte Mark. 10 abzweigt. So gelangt man fast weglos und steil zu den Inneren Seeböden und weiter hinauf zum Kamm mit dem Gipfel.

- **644**   **Von der Haider Alm,** 2120 m (R 128)
  2 ¼ Std.

Auf einem mit 10 mark. Weg, später pfadlos, über die begrünten NO-Hänge der Seebödenspitze zum O-Grat und hinauf zum Gipfel.

● **645**   **ZEHNERKOPF,** 2674 m

Nördlichster Gipfel des Dreigestirns Zehner, Elfer und Zwölfer, die den Rojenern einst als Sonenuhr dienten. Vom Gipfel mit kleinem Holzkreuz sehr lohnende Aussicht gegen Teile der Sesvennagruppe, über den Reschenpaß und auf die Ötztaler Alpen mit dem Langtauferer Tal.

Anstieg:

● **646**   **Vom Schöneben-Skihaus,** 2100 m (R 127)
          1 ½ Std.

Zunächst auf sanft geneigten Almböden entlang der Skilifttrasse hinauf zur Bergstaion Fraiten, 2323 m. Weiter gemäß Mark. 11 zur O-Seite des Berges, und nun teilweise steil und mühsam hinauf zum Gipfel.
Geübte Bergwanderer erreichen in einer unschwierigen, aber auch unmarkierten Kammwanderung über die Scharte „Zwischen d'Köpfl", 2612 m, in 1 ¾ Std. die Elferspitze (R 647).

● **647**   **ELFERSPITZE,** 2925 m

Relativ häufig besuchter Aussichtspunkt nördl. der Seebödenspitze mit auffallendem Gipfelkreuz. Geübte Bergwanderer können von hier aus den Zehnerkopf (R 645) erreichen (s. unter R 646).

Anstieg:

● **648**   **Von der Haider Alm,** 2120 m (R 128)
          2 ¼ Std.

Zunächst wie unter R 218 auf Weg 9/14 nordw. über das Almgelände hinauf zu einer Abzw. in rund 2300 m Höhe; ½ Std. Hier links auf Steigspuren Nr. 9 westw. hinauf in die Haider Scharte, 2746 m. Über den schrofigen Grat nach rechts (nordw.) zum Gipfel.

● **649**   **WATLES,** 2557 m

Leicht ersteigbarer, lohnender, oft besuchter Aussichtsberg westl. über Burgeis. Er bietet ein unvergleichliches Panorama auf den Vinschgau und die Berge ringsum. Der Gipfel erhebt sich als breiter Berg in dem von der Rasaßspitze abzweigenden Nebenkamm, der vom Watles nordostw. gegen den Haider See ausläuft.

Höhenweg Watles – Sesvennahütte. Im Hintergrund links der Muntpitschen, 3162 m, Hausberg des Schliniger Tales.

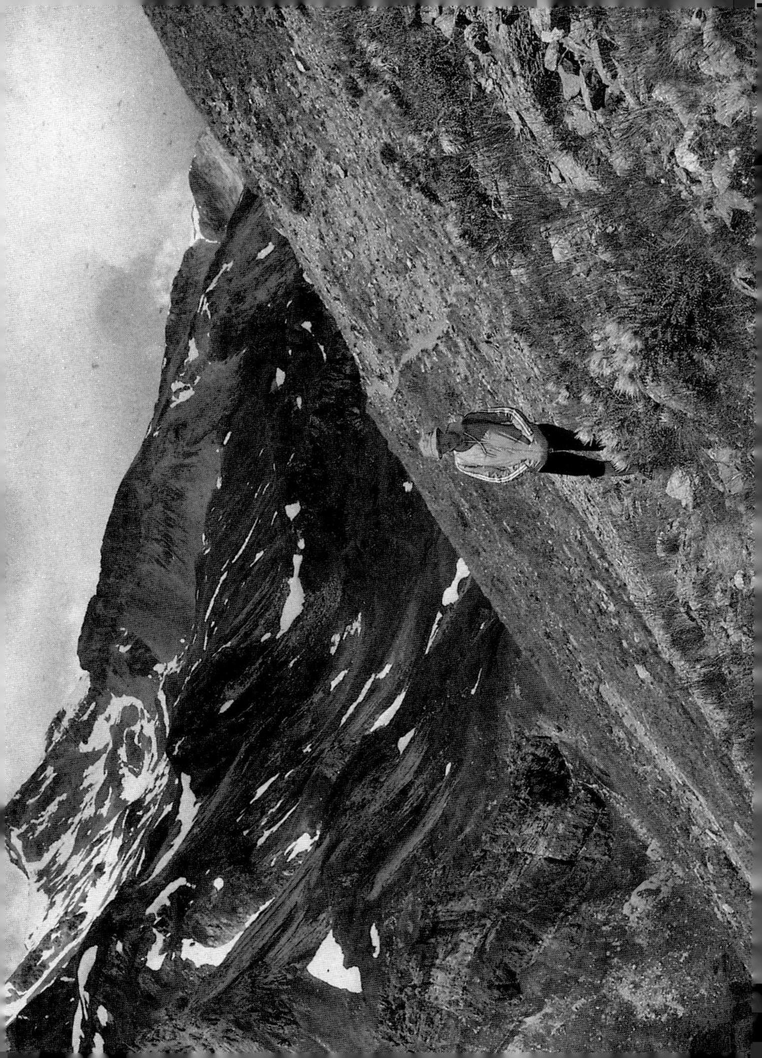

Anstieg:

- **650 Von der Plantapatschhütte,** 2150 m (R 129)
  1 ¼ Std.

Zunächst ein Stück nordostw. Richtung Pfaffenseen. Noch bevor man diese liegen sieht, zweigt links die Bez. 9 ab und führt über einen Seitenkamm aufwärts. Während des Aufstieges hat man einen schönen Tiefblick in die Mulde der Pfaffenseen und hinüber zu den Ötztaler Alpen. Die Trasse eines Ski- und eines Sessellifts (ohne Sommerbetrieb) bestimmen den weiteren Wegverlauf. Von der Weggabelung bei der Lift-Bergstation nach rechts in Kürze zum großen Gipfelkreuz hinauf.
Vom Watlesgipfel kann man wieder zur Lift-Bergstaion absteigen und von dort auf Nr. 9 in das stille Oberdörfer Tal abzweigen. Dieser Weg führt nordw. über die begrasten Hänge hinab zu dem Sattel, der das Oberdörfer Tal vom Schlinigtal trennt (s. R 219). Es ist auch möglich, dem mit zahlreichen Steinmännern bezeichneten Kammweg weiter gegen NO zu folgen. Man kommt dann vom Schafberg, 2415 m, wobei sich immer wieder interessante Ausblicke nach allen Seiten hin auftun. Vom Schafberg auf Nr. 4 westw. hinab zur Oberdörfer Alm, 2057 m (s. auch R 219) oder südw., ebenfalls Nr. 4, zu den Pfaffenseen und zurück zur Plantapatschhütte.

- **651   PIZ SESVENNA,** 3204 m

Höchster Berg der Sesvennagruppe mit Gletscher auf seiner NO-Seite, jedoch nicht der markanteste Gipfel der Gruppe. Da es im weiteren Umkreis keinen höheren Gipfel gibt, sehr umfassende Rundsicht über ein unendliches Gipfelmeer. Vom Sesvenna-Schutzhaus als Tagestour möglich. Gletscher- und Felserfahrung notwendig, keine Wandertour!

Anstieg:

- **652 Vom Sesvenna-Schutzhaus,** 2256 m (R 130)
  3 ½ Std.

Von der Hütte westw. auf mark. Steig 5, teilweise steil, durch begrünte Karbecken und Wasserläufe in 1 ½ Std. hinauf zum breiten Sattel der Fuorcla Sesvenna, 2819 m, über die die Staatsgrenze verläuft. Nun in südl. Richtung gemäß Mark. etwa 80 Höhenmeter hinab zum Sesvennagletscher und über ihn (meist Wegspuren) zur Scharte am Beginn des Sesvenna-O-Grates, 3090 m. Während des Aufstieges hat man immer die „Schokoladenseite" des Berges vor sich und links das markante dunkle Felshorn des Muntpitschen, 3162 m. Von der Scharte nach rechts über den Blockgrat, nur wenig ausgesetzt und bez. hinauf zum Gipfel.

- **653**   **TELLAKOPF,** 2525 m

Seltener auch Rinderkopf genannt. Aussichtsreicher Gipfel nördl. von Taufers zwischen dem Münster- und Arundatal.

Anstiegswege:

- **654**   **Von Taufers,** 1260 m (R 19)
          3 ½ Std.

Wie unter R 247 in 1 ¼ Std. zum Eckhof, 1723 m. Von dort erreicht man auf Nr. 6 in wenigen Min. die rechts am Weg liegende Marienkapelle mit einem später restaurierten Bild aus dem Jahr 1685. Man überquert mehrmals den Tellabach, folgt an einer Gabelung besser dem links ansteigenden Weg und gelangt durch schütteren Wald zur Tellaalm, 2098 m; 2 Std. ab Taufers. Hinter der gegenüberliegenden Chavalatschkette ragt mächtig der Ortler auf, während rechts unten das schweizerische Münstertal und die Straße zum Umbrailpaß sichtbar sind.
Von der Tellaalm, 2098 m, kommt man auf Bez. 6 in einer weiteren Std. zum Tellajoch, 2358 m. Dieses bildet einen Übergang zwischen Münster- und Arundatal. Nach rechts (ostw.) in ½ Std. auf den Tellakopf.

- **655**   **Von der Schleiser Alm,** 2076 m (R 238)
          1 ½ Std.

Südw. zur Laatscher Alm und auf einem unbez. Almweg hinauf zum Tellajoch, 2358 m, dann nach links über den Kamm auf den Gipfel.

- **656**   **GUARDESKOPF,** 2720 m

Seltener auch Krippenland genannt. Westl. des Tellajochs im Kamm, der das Arundatal südw. begrenzt. Vom Guardeskopf zieht ein Nebenkamm südwestl. zum Eingang des Avignatales hinab.

Anstiegswege:

- **657**   **Von Taufers,** 1260 m (R 19), **über das Tellajoch**
          4 Std.

Wie unter R 247 und R 654 auf Weg 6 zum Tellajoch, 2358 m, von dort westw. unschwierig immer entlang des Kammes zum Gipfel.

- **658**   **Von Taufers,** 1260 m (R 19), **über die Mitteralm**
          5 Std.

Gemäß R 243 auf dem Talweg 1 in 2 ½ Std. zur Mitteralm, 2024 m. Von dort nach rechts über den Bach und weiter taleinwärts. Auf dem Wiesengelände zweigt dann 5 Min. oberhalb der Alm rechts der Weg 6 ab. Dieser führt zum Berghang hinüber und steigt talauswärts schräg an zur Krippenlandhütte, 2389 m, einer Hirtenunterkunft; 1 Std. ab Mitteralm. Weiter nordw. hinauf zum Kamm, der Avigna- und Arundatal trennt. Nach rechts unschwierig über den Kamm zum Guardeskof.

- **659**   **ARUNDAKOPF,** 2878 m

Gipfel im Kamm zwischen Avigna- und Arundatal mit weiter Rundsicht. Schöner Tiefblick in beide Täler!

Anstieg:

- **660**   **Von Taufers,** 1260 m (R 19)
         5 Std.

Wie unter R 243 und R 658 über die Mitteralm, 2024 m, und die Krippenlandhütte, 2389 m, hinauf zum Kamm. Hier links steiler aufwärts zum Gipfel.

- **661**   **URTIOLASPITZE,** 2910 m

Südlichster Berg der Sesvennagruppe, der gegen das Münstertal in großen Flanken abfällt.

Anstiegswege:

- **662**   **Von Taufers,** 1260 m (R 19)
         5 Std.

Wie unter R 245 in 3 Std. zur Stierberghütte, 2176 m, einer Hirtenunterkunft. Von dort südw., teilweise Steigspuren, über steiniges Almgelände hinauf zur O-Flanke und über diese, im oberen Teil mühsam, hinauf zum Gipfel.

- **663**   **PIZ STARLEX,** 3075 m

Auch Starlexkopf genannt. Felsgipfel westl. über dem Avignatal im Kamm zwischen der Urtiolaspitze und dem Scharljoch, in dessen N-Grat sich der unbedeutende Lorenziberg, 3061 m, erhebt.

Anstiegswege:

- **664**   **Von Taufers,** 1260 m (R 19), **über die Stierberghütte**
         5 ½ Std. Trittsicherheit erforderlich.

Zunächst gemäß R 245 in 3 Std. zur Stierberghütte, 2176 m. Weiter in westl. Richtung auf Nr. 4 B hinauf zur Starlexscharte (Bei den Mauren), 2631 m. Nun in nördl. Richtung über den felsigen, teilweise schmalen S-Grat ohne besondere Schwierigkeiten über den südl. Vorgipfel zum höchsten Punkt. Abstiegsmöglichkeit über den Lorenziberg ins obere Avignatal.

- **665** **Von Taufers,** 1260 m (R 19), **über die Manglitzer Alm**
  6 Std.

Wie unter R 243 auf dem Talweg 1 in 2 Std. zur Manglitzer Alm, 1836 m. Etwas oberhalb der Alm zweigt vom Weg 1 links die Bez. 4 ab und führt südw. hinauf zur Starlexhütte, 2169 m; 1 Std. ab Manglitzer Alm. Weiter in westl. bzw. südwestl. Richtung nach Mark. 4 A bergan zu einem Seitenkamm, über diesen nach rechts zum Gipfelaufbau des Piz Starlex und zu ihm selbst.

2. Ötztaler Alpen mit Texelgruppe

- **670** **KLOPAIERSPITZE,** 2918 m

Schroffer Eckpfeiler des Ötztaler Hauptkammes östl. von Reschen. Das rund 1500 m über Reschen stehende Gipfelkreuz garantiert eine weitreichende Rundsicht.

Anstiegswege:

- **671** **Von Reschen,** 1525 m (R 3)
  4 ½ Std. In Gipfelnähe **I.**

Wie unter R 174 zu den Klopaierhöfen und weiter zur alten Plamord-Militärstraße. Auf ihr nach links weiter, bis rechts der neuere Almfahrweg zur Grauner Alm abzweigt. Er gewinnt in etlichen Serpentinen an Höhe, und man erreicht nach 2 Std. ab Reschen die Grauner Alm, 2200 m. Von dort weglos über steile Grashänge zum Grauner Berg, 2526 m, und zu einer weiteren Kammhöhe mit Steinmann, etwa 2650 m. Nun nordw. hinab in den Blockkessel unterhalb der Klopaier- und Plamorder Spitze. Auf Steigspuren erreicht man eine auffallende, graue Geröllrinne, die den weiteren, steilen Anstiegsweg darstellt. Zum Schluß nach links in leichter Blockkletterei (I) zum Gipfel.

- **672   Von Graun,** 1520 m (R 4)
      4 ½ Std.

Wie unter R 186 zur Roßbödenalm, 2493 m; 2 ½ Std. Von dort nordw. hinauf zu einer begrünten Kammhöhe, rund 2700 m. Hier verläßt man den schwach mark. Weg zum Pedroßsee und steigt nach links hinab in den Blockkessel unterhalb der Klopaier- und Plamorder Spitze. Weiter wie unter R 671.

- **673   MATAUNKOPF,** 2892 m

Wenig ausgeprägter Gipfel östl. der Klopaierspitze.

Anstieg:

- **674   Von Pleif,** 1789 m (R 8), **oder Patzin,** 1790 m (R 8), **beides Weiler im Langtauferer Tal**
      3 ½—4 Std.

Wie unter R 190 hinauf zum Langtauferer Höhenweg; 2 ½—3 Std. Nun nach links auf Steig 9 weiter das Pleiftal hinauf zum Saletzjoch, 2799 m, über das die Staatsgrenze verläuft. Westw. über den unschwierigen O-Grat in 20 Min. zum Gipfel.

- **675   WÖLFELESKOPF,** 2896 m

Erhebt sich östl. vom Saletzjoch und verläuft mit einem langen Bergrücken nach S.

Anstieg:

- **676   Von Pleif,** 1789 m (R 8), **oder Patzin,** 1790 m (R 8), **beides Weiler im Langtauferer Tal**
      3 ½—4 Std.

Wie unter R 674 hinauf zum Saletzjoch, 2799 m. Von dort in 20 Min. unschwierig über den W-Grat zum wenig ausgeprägten Gipfel.

- **677   GROSSER SCHAFKOPF,** 3000 m

Wesentlich lohnender als Mataunkopf (R 673) oder Wölfeleskopf (R 675). Der breite Gipfel nordöstl. des Wölfeleskopfes wird wegen seiner prachtvollen Aussicht gern besucht.

Anstieg:

- **678   Von Gschwell im Langtauferer Tal,** 1820 m (R 8)
      4 Std. Stellenweise I.

Wie unter R 191 auf Weg 8 hinauf zum Langtauferer Höhenweg. Für den weiteren Aufstieg hat man zwei Möglichkeiten:
a) Über die Almböden schräg nach links zur S-Flanke des Gipfels und von dort weglos, aber unschwierig hinauf zum höchsten Punkt.
b) Auf dem mark. Steig weiter hinauf zur Tscheyscharte, 2804 m, weiter westw. in leichter Kletterei (I) über den Grat auf den Gipfel.

- **679   NAUDERER HENNESIEGLSPITZE,** 3042 m

Gewaltiger Felsgipfel östl. vom Großen Schafkopf (R 677).

Anstieg:

- **680   Von Kappl im Langtauferer Tal,** 1873 m (R 9)
    3 ½ Std.

Wie unter R 192 auf Weg 7 hinauf zum Langtauferer Höhenweg, 2 Std. Man folgt weiter dem Steig 7 nordw. hinauf zur Radurschelscharte, 2872 m. Von dort westw. in ½ Std. über den Grat unschwierig auf den Gipfel.

- **681   WIESJAGGLKOPF,** 3130 m

Aus Wettersteindolomit aufgebauter Gipfel südöstl. vom Weißseejoch.

Anstieg:

- **682   Von Melag,** 1915 m (R 10)
    4 ½ Std. Stellenweise **I.**

Wie unter R 193 auf Weg 1 im Melagbachtal aufwärts. In 2540 m Höhe zweigt der Langtauferer Höhenweg ab. Man folgt jedoch weiter der Bez. 1 hinauf zum unvergletscherten Weißseejoch, 2970 m, einem uralten Zentralalpenübergang. Von dort auf der N-Seite um einen Felszacken herum, dann in leichter Blockkletterei (I) in 40 Min. ab Joch zum Gipfel.

- **683   WEISSEESPITZE,** 3526 m

Vielbesuchter, an seiner N- und O-Seite stark vergletscherter Gipfel, der hoch über dem Langtauferer Talschluß aufragt.

Anstieg:

- **684   Von der Weißkugelhütte,** 2544 m (R 133)
    3 ½ Std. Trittsicherheit und Schwindelfreiheit erforderlich.

Von der Hütte auf dem mark. oberen guten Steig („Richterweg") zunächst fast eben talein, dann etwas ansteigend zu den Felsen der Verngalwände. Diese Abbruchkante aus Urgestein wird von einem Trittsicherheit und Schwindelfreiheit verlangenden, aber doch nicht schwierigen, manchmal ausgesetzten Felssteig überwunden. In etwa 3100 m Höhe, nach 1 ¾ Std. erreicht man bei Steinmännern den Gepatschferner. In nordwestl. Richtung, zuerst kurz steil, dann nur mäßig ansteigend, über den fast spaltenfreien Gletscher — meist Trasse — hinauf zum Gipfel.

- **685** **JAGGL (ENDKOPF),** 2652 m

Aus hellem Kalk aufgebaute Bergkuppe mit Gipfelkreuz südl. von Graun, die im Volksmund als Jaggl bezeichnet wird, in der Literatur dagegen überwiegend als Endkopf. Der Gipfel fällt in steilen Geröll- und Felshängen zum Reschensee hin ab und ist wegen seiner Edelweißbestände berühmt. Äußerst lohnende Rundsicht!

Anstiegswege:

- **686** **Von Graun,** 1520 m (R 4)
  3 ½ Std.

Wie unter R 204 in 2 Std. zur Grauner Alm oder Vivanaalm, 2173 m. Oberhalb der Alm ist der Weg 10 zunächst nicht deutlich erkennbar, da die Mark. fehlt. Ziel ist der Sattel, der zwischen dem Jaggl (links) und Hengst (rechts) eingelagert ist. Wenn man bald hinter der Alm links abbiegt, findet man einen Pfad, dem man aufwärts folgen kann. Erst wenn man die Höhe des Sattels wirklich erreicht hat, kann man ohne Schwierigkeiten nach links auf das schräg geneigte Gipfelplateau gelangen. Das Gipfelkreuz steht auf einem Vorgipfel.

- **687** **Von St. Valentin,** 1470 m (R 11)
  4 Std.

Gemäß R 205 in 2 ½ Std. zur Grauner Alm oder Vivanaalm, 2173 m, weiter wie unter R 686.

- **688** **Von Pedroß,** 1630 m (R 6), **oder Kapron,** 1702 m (R 7), **beides Weiler im Langtauferer Tal**
  3—3 ½ Std.

Aussicht von der St. Martinskapelle auf St. Valentin und gegen den Jaggl (Endkopf), 2652 m.

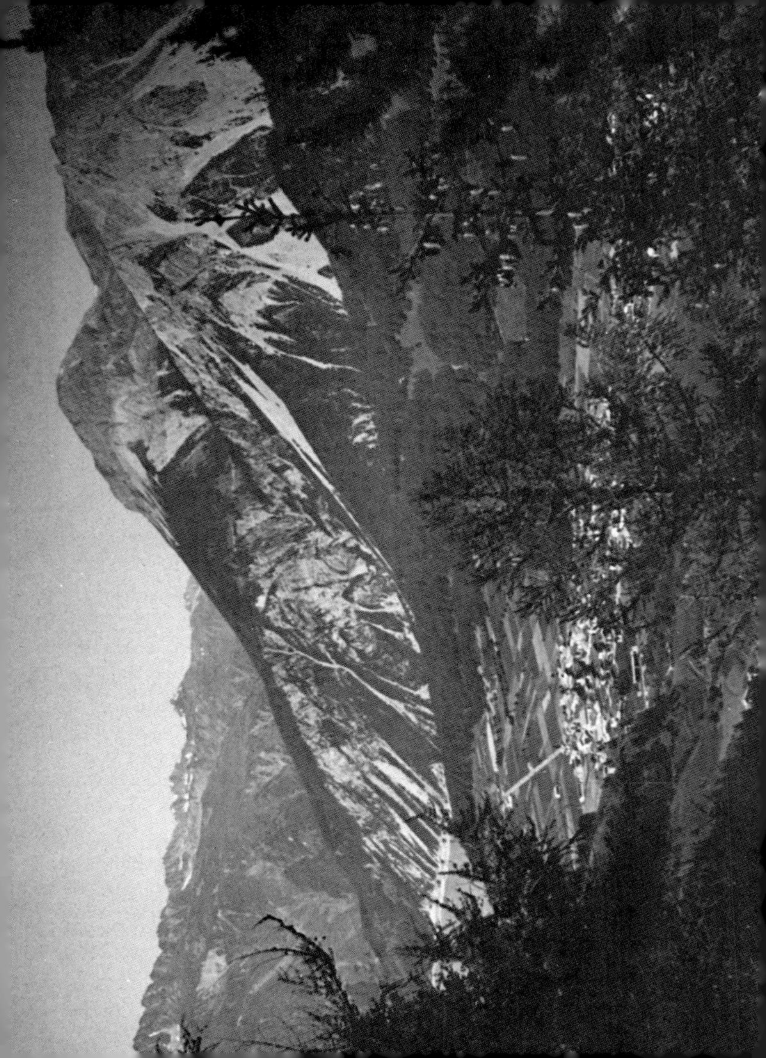

Blick über den Pfaffensee unterhalb des Watles gegen die Ortlergruppe.

Aus dem Langtauferer Tal hat man zwei Aufstiegsmöglichkeiten, die allerdings nicht ganz leicht zu finden sind, da es nur noch Markierungsreste gibt. Von Pedroß auf der Talstraße ein Stück auswärts, bis man links an einer Brücke den Beginn einer Forststraße findet. Auf dieser in einer Kurve aufwärts, bald rechts von ihr ab und schräg im Wald aufwärts, über den Rosebenbach, später wieder über eine Forststraße, immer in gleicher Richtung bis zu einer sumpfigen Waldlichtung. Hier biegt der Weg scharf nach S ab und steigt wieder gegen den Bach an, der überquert wird. In einem Bogen gewinnt man weiter an Höhe, kommt aus dem Wald heraus und gelangt geradeaus in den Sattel zwischen Jaggl (rechts) und Hengst (links), weiter wie unter R 686. Hat man Kapron als Ausgangspunkt, folgt man bis unter die Kaproner Alm einer Forststraße (s. R 202). Hier rechts gemäß Ausschilderung über den Rieglbach auf einem Forstweg bis zu seinem Ende. In gleicher Richtung im Wald weiter auf das sumpfige Gelände, wo man auf den Weg von Pedroß trifft, der zuvor beschrieben wurde.

- **689**   **ANGERLIKOPF,** 2821 m

Flache Kuppe nördl. des Habicherkopfes (R 693).

Anstiegswege:

- **690**   **Von Kapron im Langtauferer Tal,** 1702 m (R 7)
    5 Std.

Wie unter R 202 in 2 Std. zur Ochsenbergalm, 2152 m. Im Tal weiter einwärts bis zu einem Bildstock, 2461 m, im Talschluß. Nun rechts gegen das Talende hinauf und in einem Bogen, an Seeaugen vorbei, zurück, dann links hinauf zur Ochsenbergscharte, 2701 m. Von dort über den Kamm zu einer namenlosen Kuppe, 2815 m, und weiter zum Angerlikopf.

- **691**   **Von Graun,** 1520 m (R 4)
    4 ½ Std.

Wie unter R 204 in 2 Std. zur Grauner Alm oder Vivanaalm, 2173 m. Kurz auf dem mark. Talsteig weiter, dann beim ersten von der Ochsenbergscharte herabkommenden Bach auf Steigspuren hinauf in die Scharte, 2701 m, und nordw. gemäß R 690 zum Gipfel.

- **692**   **Von St. Valentin,** 1470 m (R 11)
    5 Std.

Gemäß R 205 in 2 ½ Std. zur Grauner Alm oder Vivanaalm, 2173 m. Weiter wie unter R 691 bzw. R 690.

- **693**   **HABICHERKOPF,** 2901 m

Gipfel in einem Seitengrat, der vom Mittereck, 2908 m (R 702), abzweigt.

Anstiegswege:

- **694**   **Von Kapron im Langtauferer Tal,** 1702 m (R 7)
    4 ¾ Std.

Wie unter R 202 bzw. R 690 über die Ochsenbergalm; 2152 m, zur Ochsenbergscharte, 2701 m. Von dort südw. über den Gratrücken in 45 Min. zum Gipfel.

- **695**   **Von Graun,** 1520 m (R 4)
    4 ¼ Std.

Wie unter R 204 bzw. R 691 über die Grauner Alm oder Vivanaalm, 2173 m, zur Ochsenbergscharte, 2701 m. Weiter wie unter R 694.

- **696 Von St. Valentin,** 1470 m (R 11)
  4 ¾ Std.

Wie unter R 205 bzw. R 691 über die Grauner Alm oder Vivanaalm, 2173 m, zur Ochsenbergscharte, 2701 m. Weiter wie unter R 694.

- **697   GROSSHORN,** 2628 m

Grasberg östl. von St. Valentin zwischen dem Vivanatal im N und dem Plawenntal im S. Schöner Tiefblick!

Anstiegswege:

- **698 Von Graun,** 1520 m (R 4)
  3 Std.

Wie unter R 204 in 2 Std. zur Grauner Alm oder Vivanaalm, 2173 m. Auf Mark. 6 in südl. Richtung weiter taleinwärts, später über den Bach und in ziemlich gerader Linie zum Gipfel hinauf.

- **699 Von St. Valentin,** 1470 m (R 11), **über die Grauner Alm oder Vivanaalm**
  3 ½ Std.

Wie unter R 205 in 2 ½ Std. zur Grauner Alm oder Vivanaalm, 2173 m. Weiter wie unter R 698.

- **700 Von St. Valentin,** 1470 m (R 11), **über das Bergl**
  3 ½ Std.

Wie unter R 207 auf dem bez. Weg Nr. 6 in etwa 2 Std. auf das Bergl, 2176 m, einen Höhenpunkt im Seitenkamm, der gegen den Haider See ausläuft.
Folgt man von dort weiter dem Kamm, kommt man bald in einen kleinen Sattel, wo sich der Weg gabelt. Links weiter auf dem W-Kamm hinauf, später durch die steile S-Flanke zum Gipfel.

- **701 Von St. Valentin,** 1470 m (R 11), **über Plawenn**
  5 Std.

Gemäß R 208 über Dörfl nach Plawenn, 1599 m, dann weiter bis zur Einsattelung zwischen Bergl und Großhorn. Hier nach rechts aufwärts (s. R 700).

- **702   MITTERECK,** 2908 m

Mit diesem Gipfel läuft der Planeiler W-Kamm aus. Seine steile, felsige SW-Flanke bildet den Talschluß von Plawenn. Es ist ein selten besuchter Gipfel mit weiter Rundsicht.

Anstiegswege:

- **703 Von Kapron im Langtauferer Tal,** 1702 m (R 7)
  4 ½ Std.

Wie unter R 202 in 2 Std. zur Ochsenbergalm, 2152 m. Weiter taleinwärts bis zu einem Bildstock, 2461 m, im Talschluß. Links auf unmark. Steig gerade empor zur Flachscharte, 2837 m. Von dort nach links über den Grat unschwierig zum Gipfel.

- **704 Von Planeil,** 1599 m (R 15)
  4 ½ Std.

Wie unter R 232 bzw. R 233 bis zur verfallenen Knottberghütte, 2037 m, im Planeiltal; 1 ¾ Std. Bald danach links hinauf zur Hinterbergerhütte, 2317 m, und von dort ziemlich gerade, zuletzt über steiles Geröll, zur Flachscharte, 2837 m. Weiter wie unter R 703.

- **705   DANZEBELL,** 3145 m

Ausgeprägter Doppelgipfel südwestl. der Mitterlochspitze mit großartiger Aussicht, insbesondere nach S. Ein am Gipfel beginnender mächtiger Seitenkamm trennt das Kühtal vom Ochsenbergtal.

Anstiegswege:

- **706 Von Kapron im Langtauferer Tal,** 1702 m (R 7)
  5 Std. Stellenweise **I.**

Wie unter R 202 bis zur Kaproner Alm, 1960 m. Hier links in das Kühtal, in 2136 m Höhe auf die andere Bachseite und am Bach weiter aufwärts. Auf der westl. Talseite weiter in den Talhintergrund und weglos nach rechts hinauf in die Scharte zwischen Speikwand und dem N-Gipfel des Danzebell. Über den felsigen Seitenkamm in leichter Kletterei (I) zum N-Gipfel und weiter zum gleich hohen S-Gipfel.

- **707 Von Planeil,** 1599 m (R 15)
  5 ½ Std. Am Gipfelaufbau **I.**

Wie unter R 232, R 233 bzw. R 704 zur Flachscharte, 2837 m; 4 Std. Von dort nordw. zum bedeutungslosen Zerzer Köpfl, 2955 m, und über den nachfolgenden Sattel zum Gipfelaufbau des Danzebells. In leichter Kletterei (I) von SW hinauf zum Gipfel.

- **708   ROTEBENKOPF,** 3158 m,
  UND FALBANAIRSPITZE, 3199 m

Der Rotebenkopf ist der erste Gipfel westl. der Planeilscharte und weist auf seiner N-Seite noch Gletscherreste auf, während die Falbanairspitze der nördlichste Gipfel der Planeiler Berge ist.

Anstiegswege:

- **709   Von Melag,** 1915 m (R 10)
    4 bzw. 5 Std. Stellenweise **I**.

Wie unter R 233 in Gegenrichtung in 3 ½ Std. hinauf zur Planeilscharte, 3070 m. Von dort über den Grat in ½ Std. unschwierig zum Rotebenkopf, 3158 m, und jenseits hinab zu einer flachen Einsattelung, 2068 m, die man auch erreicht, wenn man den Rotebenkopf südw. mühsam durch Schutthalden umgeht. Weiter über den O-Grat in leichter Kletterei (I) auf die Falbanairspitze. Man kann den Anstieg etwas abkürzen, wenn man knapp vor der Planeilscharte nach rechts den deutlichen Steigspuren folgt, die über plattiges Geröll aufwärts zum Grat und zum Rotebenkopf führen.

- **710   Von Planeil,** 1599 m (R 15)
    4 ½ bzw. 5 ½ Std. Stellenweise **I**.

Wie unter R 232 in 4 Std. zur Planeilscharte, 3070 m. Weiter wie unter R 709. Man kann den Weg etwas abkürzen, wenn man unterhalb der Planeilscharte etwa in Fallinie der Falbanairspitze die Schutthalden emporsteigt. Der Felssporn im Kar bleibt dann rechts, und man erreicht den Gipfel über den felsigen S-Abfall (I).

- **711   SPITZIGE LUN,** 2320 m

Äußerst lohnender Gipfel, dessen Besteigung kein Besucher des Oberen Vinschgaus versäumen sollte. Die Aussicht vom etwas tiefer stehenden Gipfelkreuz umfaßt das gesamte Vinschgauer Oberland mit seinen Seen, die Malser Haide, den Tiefblick auf Mals, sowie die Berge der Sesvenna- und Ortlergruppe und der Ötztaler Alpen.

Anstiegswege:

- **712   Von Planeil,** 1599 m (R 15)
    2 ¼ Std.

Vom Dorf südw. über den Punibach, dann auf Weg 12 immer steil im Wald aufwärts zum Almgelände und nach rechts zum Gipfel. Da der Weg nicht gut mark. ist, empfiehlt es sich, ihn besser im Abstieg zu benutzen, da man dann das Ziel Planeil immer vor sich hat.

- **713   Von Mals,** 1050 m (R 16)
    3 ½ Std.

Durch den Naturpark am oberen Ortsrand im Wald hinauf bis zum Beginn der Bez. 12, die bald den Waalweg kreuzt und dann den zahlreichen Kehren eines Forstweges folgt. Diesen breiten Fahrweg verläßt man bei einer kleinen Kapelle nach rechts und kommt dann über Wiesen und durch Wald in einigen Serpentinen zum Plan Malettes, 1608 m, mit Holzkreuz und Brunnen; 1 ½ Std. Von hier erneut ein Stück Forstweg aufwärts, dann wieder rechts (ostw.) ab zu einer großen Almhütte hinauf, weiter in gleicher Richtung durch ein großes Almgelände bis zu einem breiteren Weg. Diesen nur kreuzen und in entgegengesetzter Richtung über die Almböden hinauf, bis von rechts der Weg 18 einmündet (s. R 234). Nun wieder in den Wald, und von einer Lichtung nach rechts steiler aufwärts zu einem anderen großen Wiesengelände. Dies wird nach rechts durchquert, und man kommt dann durch Wald und Wiesen, zuletzt in zahlreichen Serpentinen hinauf zur Spitzigen Lun, deren Gipfelkreuz man schon lange vorher aus dem Tal hat sehen können.

- **714**   **Von Matsch,** 1564 m (R 25)
  2 ½ Std.

Von Matsch in südwestl. Richtung auf Bez. 13 talauswärts. Diese kürzt den Verlauf einer Forststraße anfangs mehrmals ab, verläßt diese dann aber nach rechts und führt durch Wald als schmaler Steig (auf die Mark. achten!) hinauf zum Wiesengelände von Plantavillas, 2057 m, einem reizvollen Aussichtspunkt; 1 ½ Std. Nun immer aussichtsreich in Richtung Niederes Joch aufwärts, unter diesem unbedeutenden Gipfel vorbei — immer dem Kammverlauf folgend — hinüber zum schon sichtbaren Kreuz der Spitzigen Lun.

- **715**   **NIEDERES JOCH,** 2474 m,
  UND HOHES JOCH, 2593 m

Zwei weitere, unbedeutende Erhebungen im Kamm zwischen Planeil- und Matscher Tal, deren Besuch nur im Zusammenhang mit der Spitzigen Lun lohnend ist.

Anstieg:

- **716**   **Von der Spitzigen Lun,** 2320 m (R 711)
  1 Std.

Man hält sich an Bez. 15, die dem Kammverlauf folgt, und kommt über das Niedere Joch mit Gipfelkreuz in 1 Std. zum Hohen Joch. Von dort kann man auf einem teilweise mark., sonnigen Almsteig nach Matsch, 1564 m (R 25) absteigen.

● 717   **PORTLESSPITZE**, 3071 m

Letzter bedeutender Gipfel im O-Kamm der Planeiler Berge. Von hier an verliert der Kamm seinen felsigen Charakter und fällt rasch ab. Wegen ihrer weiten Rundsicht ist die Portlesspitze ein Geheimtip unter Einheimischen.

Anstiegswege:

● 718   **Vom Gasthaus Glieshof,** 1807 m (R 135)
3 ¾ Std.

Ein Stück auf dem Talfahrweg in Richtung Matsch, bis rechts ein Nebenfahrweg zur Höfegruppe Thanai, 1824 m, abzweigt. Auf gesperrter Forststraße weiter zu den „Kalten Wiesen", einer Hochalm, 2079 m; 1 ¼ Std. Schräg links (unbez.) über die Almwiesen hinauf zu den oberen Heuhütten, über den Zaun, dann durch Zirben zu einem Geröllcdamm. Im weiteren Aufstieg bleibt der das Gratköpfl Mundola, 2551 m, tragende Seitenkamm immer rechts. In rund 2800 m Höhe erreicht man ein Hochkar und steigt aus diesem linkshaltend hinauf zum Felskamm südl. der Portlesspitze. Nach rechts unschwierig, aber Trittsicherheit voraussetzend, über eine kleine Senke zum Gipfel.

● 719   **Von Planeil,** 1599 m (R 15)
5 Std.

Wie unter R 232 bzw. R 233 zur verfallenen Knottberghütte, 2037 m, im Planeiltal; 1 ¾ Std. Von hier nach rechts weglos und mühsam die W-Flanke des Gipfels hinauf, zuletzt über steile Schutthänge und Schrofen.

● 720   **RABENKOPF**, 3393 m

Lohnender und relativ leicht ersteigbarer Gipfel im Planeiler O-Kamm, der aber ausgesprochen selten besucht wird.

Anstieg:

● 721   **Vom Gasthaus Glieshof,** 1807 m (R 135)
4 ½ Std. Stellenweise **I.**

Zunächst auf Almfahrweg zur Äußeren Matscher Alm, 2045 m. Von hier führt auf der westl. Talseite ein Almsteig zur Sembleralm, 2500 m.

Auf dem Weg von Plantavillas zur Spitzigen Lun.

Piz Sesvenna
Muntpitschen
Plantapatsch-o Hütte
Spitzige Lun
714
715

Weiter nordwestw., bald im inneren Gabelzkar über Schutt empor. Zuletzt links durch eine schmale und steile Geröllgasse hinauf zur Gabelzoder Schnalser Scharte, 3124 m. Von dort nordw. über den breiten Schuttrücken und in leichter Kletterei (I) zum Gipfel.

● 722 KÖPFELPLATTE, 2420 m

Mit der Köpfelplatte läuft der das Matscher Tal ostw. begrenzende Bergkamm gegen den Vinschgau aus und bietet weite Blicke gegen die Ortlergruppe und in das Tal der Etsch.

Anstiegswege:

● 723 **Von Schluderns,** 921 m (R 26), **über Gschneir**
       5 Std.

Zunächst wie unter R 255 bzw. R 258 über die Churburg in 1 ½ Std. zum Weiler Gschneir, 1306 m (R 257). Weiter auf Mark. 21 wie unter R 261 bis zum Platzossboden, 1640 m. Nun in östl. Richtung im Wald zur Äußeren Berghütte, 1935 m, dann nordw. steil hinauf zum Almgelände mit der Köpfelplatte.
Alternativ könnte man vom Platzossboden auch ein Stück der Forststraße folgen und findet dann bald eine andere Variante der Mark. 21, die über die Innere Berghütte, 1884 m, eine Jägerunterkunft, zur Köpfelplatte hinaufführt.

● 724 **Von Schluderns,** 921 m (R 26), **über den Marseilhof,** 1525 m
       5 Std.

Wie unter R 261 über die verschiedenen aussichtsreich gelegenen Bergbauernhöfe hinauf zur oberen Forststraße. Von der Einmündung folgt man dieser nach links, bei ihrer Gabelung rechts (südw.) aufwärts bis zu ihrem Ende. In gleicher Richtung im Wald auf Bez. 21 weiter zur Inneren Berghütte, 1884 m; 3 ½ Std. Weiter in östl. Richtung durch Wald und zuletzt über Almwiesen hinauf zum Gipfel.

● 725 **Von Tannas,** 1454 m (R 32)
       3 ¼ Std.

Wie unter R 271 c zum Unterfriniger Hof, 1715 m; 1 Std. Hier rechts ab auf Nr. 26, anfangs ein Güterweg, später ein Waldsteig. So kommt man über den Keilbach, hält sich immer westw. und trifft auf der Almweide Stufalin auf den Weg 21, der von der Äußeren Berghütte heraufkommt. In weiteren 45 Min. auf dem Serpentinensteig 21 hinauf zur Köpfelplatte.

● **726** **HOHES KREUZJOCH,** 2986 m

Aussichtsreicher Gipfel im Bergkamm östl. von Matsch. Das Panorama umfaßt vor allen Dingen die Ortlergruppe; erwähnenswert ist aber auch der Tiefblick in den Vinschgau. Geübte Wanderer können über den breiten Kammrücken auch die Köpfelplatte, 2420 m (R 722), erreichen.

Anstieg:

● **727** **Von Matsch,** 1564 m (R 25)
4 ½ Std.

Ostw. auf einer Forststraße in den Talgrund, wieder hinauf und auf der Forststraße durch Wald in Serpentinen empor. Bei der Fahrweggabelung im Wald rechts (geradeaus) zum Runnhof, 1683 m. Kurz nach dem Hof scharf links auf Steig 22 hinauf zur verfallenen Runner Alm, 2058 m; 1 ½ Std., die einen schönen Blick auf Matsch bietet. Die Mark. verläuft von dort durch Wald hinauf zu den Almweiden unter dem Kamm zwischen Runner Köpfl, 2593 m, und dem Hohen Kreuzjoch, 2986 m. Der oftmals schmale Steig führt durch den steilen Gras- und Schrofenhang hinauf zu einer Scharte, ca. 2550 m, und dann weglos mäßig steil in südl. Richtung entlang des Kammes über das wenig ausgeprägte Untere Kreuzjoch, 2763 m, zu einem Plateau mit Kreuz, wo sich die Bergkämme gabeln. Der östl. Arm trägt den nur noch von einem Steinmann gekennzeichneten höchsten Punkt des Hohen Kreuzjoches.

● **728** **LITZNERSPITZE,** 3205 m

Höchster unvergletscherter Gipfel der gesamten Ostalpen südwestl. vom Hochalt. Umfassende Rundsicht.

Anstieg:

● **729** **Vom Gasthaus Glieshof,** 1807 m (R 135)
4 ½ Std.

Wie unter R 250 in 2 ½ Std. zum Hochgebirgssee Auf den Lacken, 2552 m. Von dort weglos südwestw. über steinige Grashänge zum N-Grat und über ihn unschwierig hinauf zum höchsten Punkt.

● **730** **HOCHALT,** 3284 m

Freistehender, prächtiger und gewaltiger Gipfel im südl. Salurnkamm. Gegen O fällt er in steilen Felsfluchten ab, während im N ein kleiner Steilgletscher eingelagert ist.

Anstieg:

- **731** **Vom Gasthaus Glieshof,** 1807 m (R 135)
  5 Std. Stellenweise **I**.

Wie unter R 250 in 2 ½ Std. zum Bergsee Auf den Lacken, 2552 m. Weiter durch das Hochkar in östl. Richtung zu einem kleinen Seeauge, 2812 m, in einer Mulde westl. des Gipfels. Von dort über den felsigen W-Grat in schöner Blockkletterei (I) zur S-Ecke des kleinen Gletscherbeckens und über dieses zum Gipfel.

- **732** **ZERMIGER,** 3107 m

Felsiger Aussichtspunkt nordöstl. über Schlanders. Das Gipfelkreuz steht am südwestl. Ende des langen Gipfelkammes bereits in 3059 m Höhe. Weite Fernsicht!

Anstiegswege:

- **733** **Von Schlanders,** 721 m (R 34)
  6 ½ Std.

Wie unter R 292 in Gegenrichtung in 3 ½ Std. zur Tappeiner Alm, 2036 m. Von dort auf unbez. Almsteig zur Kuppe Schönputz, 2293 m, dann nordw. über den langen S-Grat unschwierig zum Gipfel.

- **734** **Von Karthaus,** 1327 m (R 50)
  5 Std.

Wie unter R 368 in 2 ½ Std. zur Penaudalm, 2316 m. Bald nach der Alm rechts vom mark. Weg ab, an mehreren kleinen Seeaugen vorbei weglos zur O-Flanke des Berges und zum Schluß über steiles Geröll hinauf zum Gipfel.

- **735** **VERMOISPITZE,** 2929 m

Seltener auch Marzillspitze genannt. Viel besuchter Gipfel über dem Vinschgau mit umfassender Rundsicht. Insbesondere erwähnenswert die nahe Ortlergruppe mit dem Martelltal.

Das gewaltige Masiv des Hochalt, 3284 m, in den Schlandrauner Bergen, von der Litzner Spitze, 3205 m, aus gesehen.

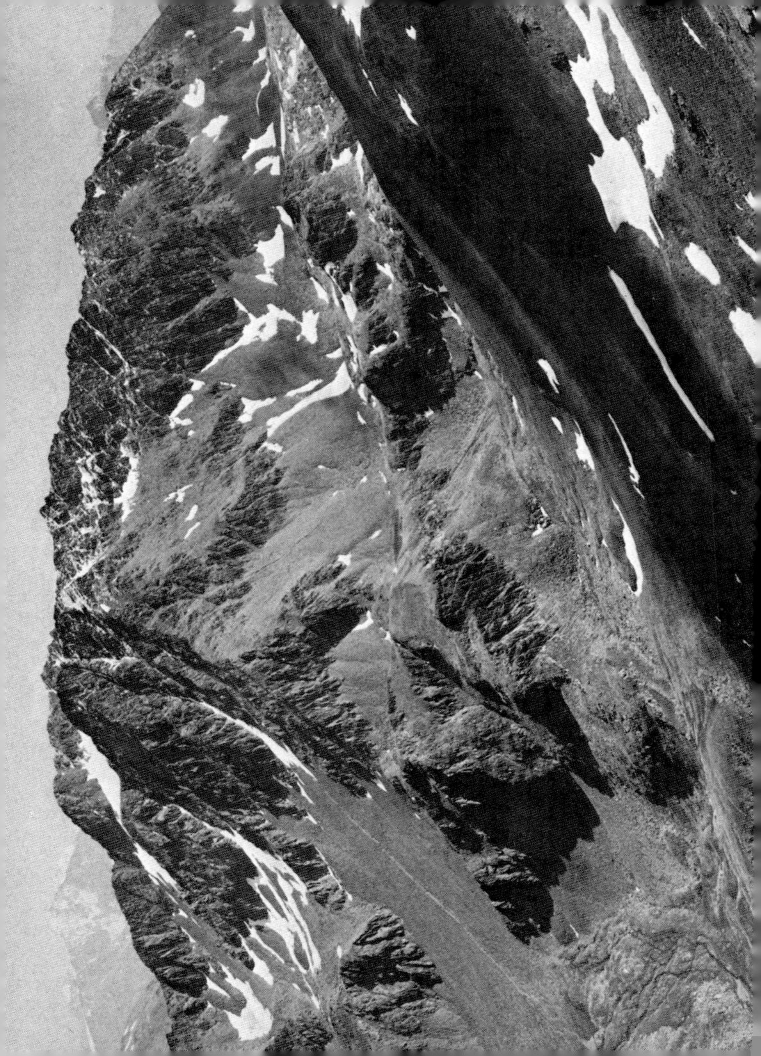

Anstiegswege:

- **736 Von St. Martin im Kofl,** 1736 m (R 304)
3 ½ Std. Trittsicherheit und Schwindelfreiheit erforderlich.

Auf Weg 8 nordostw. durch lichten Lärchenwald hinauf zur Roßalm, 1950 m. Nun nordw. über steiles, teils steiniges Almgelände den Bergrücken empor. In rund 2700 m Höhe nach rechts zu einer Schrofenmulde, über eine Felsrippe, dann mühsam und steil hinauf zum Gipfelkreuz. Der letzte Wegabschnitt verlangt absolute Trittsicherheit und Schwindelfreiheit!

- **737 Von Trumsberg,** 1433 m (R 331)
4 Std.

Westw. in Richtung St. Martin bis zu einer Säge, hier rechts auf Bez. 8 ab und hinab zur Trumser Alm, 1952 m. 10 Min. nach der Alm teilt sich der Weg, und man hält sich hier links. Auf schmalem Steig hinauf zu einer halbverfallenen Schäferhütte, 2385 m; 2 ½ Std. Vor der Hütte links ab durch die Große Grube. Weglos, aber mark. zu einer kleinen Scharte unterhalb des Gipfels, wo der Weg von der Penaudalm heraufkommt. Von hier in Kürze zum Gipfel.

- **738 Von Karthaus,** 1327 m (R 50)
4 Std.

Wie unter R 368 in 2 ½ Std. zur Penaudalm, 2316 m. Zunächst noch ein Stück auf Mark. 20 weiter, bis südw. die Bez. 8 abzweigt. An einem Bach entlang durch das Hochtal südw. in Richtung Gipfel. Zum Schluß mäßig steil durch den Hang hinauf zu einer kleinen Scharte, wo der Weg von Trumsberg heraufkommt. Nach rechts in Kürze zum Gipfel.

- **739   TRUMSER SPITZE,** 2910 m,
UND GRUBENSPITZE, 2898 m

Zwei Aussichtsberge hoch über dem Vinschgau und Schnalstal, die aufgrund der großen Höhenunterschiede beim Anstieg Ausdauer erfordern, aber keine technischen Schwierigkeiten bieten.

Bergtour zur Vermoispitze, 2929 m, oberhalb von Latsch. Blick von der Goldrainer Alpe über das Etschtal zur Ortlergruppe mit Cevedale, 3784 m und Laaser Spitze, 3304 m.

Cevedale

Laaser Spitze

Anstiegswege:

- **740**   **Von Trumsberg,** 1433 m (R 331)
    3 ½—4 Std.

Wie unter R 363 in 2 ¼ Std. über die Untere Stierbergalm zum Tscharser Wetterkreuz, 2552 m.
Von dort westw. leicht ansteigend aufwärts, später etwas steiler am Rande eines steil in die Tiefe ziehenden Grabens entlang auf Mark. 14 bis unter die Gipfel. Dort — in der Senke zwischen beiden Bergen — muß man vom mark. Weg 14 abzweigen, um sie zu ersteigen.

- **741**   **Von Tschars,** 627 m (R 43)
    5 ¾—6 ¼ Std.

Wie unter R 364 über Oberjuval zum Tscharser Wetterkreuz, 2552 m. Weiter wie unter R 740.

- **742**   **Von Staben,** 552 m (R 44)
    6—6 ½ Std.

Wie unter R 365 zum Tscharser Wetterkreuz, 2552 m. Weiter gemäß R 740.

- **743**   **Von Karthaus,** 1327 m (R 50)
    4 ¼—4 ¾ Std.

Wie unter R 368 in 2 ½ Std. zur Penaudalm, 2316 m. Dort zweigt Nr. 14 ab und führt durch ein Seitentälchen des Penaudtales südostw. zur Senke zwischen beiden Gipfeln, die man weglos vom mark. Weg ersteigt.

- **744**   **KREUZSPITZE,** 2576 m

Hausberg von Karthaus, der eine Aussicht auf das obere und untere Schnalstal mit umliegenden Gipfeln erlaubt.

Anstieg:

- **745**   **Von Karthaus,** 1327 m (R 50)
    3 ½—4 Std.

Wie unter R 367 in 2—2 ½ Std. zur Klosteralm, 2152 m. Noch ein Stück auf Weg 23 bergan, dann rechts gemäß Nr. 23 A ab und in südwestl. Richtung hinauf zu den Ochsenböden. Nach deren Durchquerung nach rechts zum Gipfelaufbau und über diesen leicht hinauf zum höchsten Punkt.

- **746**   **NOCKSPITZE,** 2719 m

Häufig besuchter Gipfel im oberen Schnalstal, der dank seiner freien Lage eine umfassende Aussicht auf die zentralen und südl. Ötztaler Alpen zuläßt. Der Tiefblick geht ins innere Schnalstal mit dem Vernagt-Stausee. Mit etwas Glück kann man in diesem Gebiet auch Murmeltiere, Gemsen und Steinadler beobachten.

Anstiegswege:

- **747**   **Von Unser Frau,** 1508 m R 51)
  3 ½ Std.

Wie unter R 377 auf Weg 17 in 1 Std. zur Mastaunalm, 1810 m. Auf der linken Seite des Baches (im Aufstiegssinn) weiter talein, bis nach rechts Steig 17 steil durch die S-Flanke der Nockspitze emporführt. Der manchmal schmale Steig erfordert Trittsicherheit, ist aber nicht schwierig und führt in 2 ½ Std. ab Alm auf den Gipfel.

- **748**   **Von Vernagt,** 1658 m (R 52)
  3 Std. Trittsicherheit notwendig.

Vom kleinen Ort südw. über die Staumauer und im Wald bergan zur Waldringer Alm, einer einfachen Hirtenunterkunft. Unterhalb des Gipfels trifft man auf Weg 16 und steigt steiler, Trittsicherheit verlangend, zum Gipfelkreuz empor.

- **749**   **Vom Gasthaus Gerstgras,** 1773 m (R 53)
  3 ½ Std.

Südw. durch immer lichten Wald auf Weg 13 bergan. So erreicht man in 1 ½ Std. die Gerstgraser Berglalm, 2214 m, in sehr aussichtsreicher Lage. Von dort ostw. in ½ Std. bis oberhalb der Grubalm, 2200 m. Nicht zu dieser hinab (Abstiegsmöglichkeit nach Vernagt) sondern in bisheriger Anstiegsrichtung oftmals weglos (man achte auf Mark. 16) durch die sogenannten Kammern (= Mulden) auf der N-Seite der Nockspitze, bis man auf Weg 17 trifft und südw. wie unter R 748 den Gipfel erreicht.

- **750**   **Von Kurzras,** 2011 m (R 54)
  3 ¾ Std.

Wie unter R 387 in 1 Std. ins Lagauntal. Nach Überschreitung der Bachläufe zweigt nach links eine Mark. 14 ab und führt in ½ Std. hinüber zur Hochfläche der Gerstgraser Berglalm. Hier trifft man auf Weg 13 und erreicht in insgesamt 1 ¾ Std. ab Kurzras die Gerstgraser Berglalm, 2214 m. Weiter wie unter R 749.

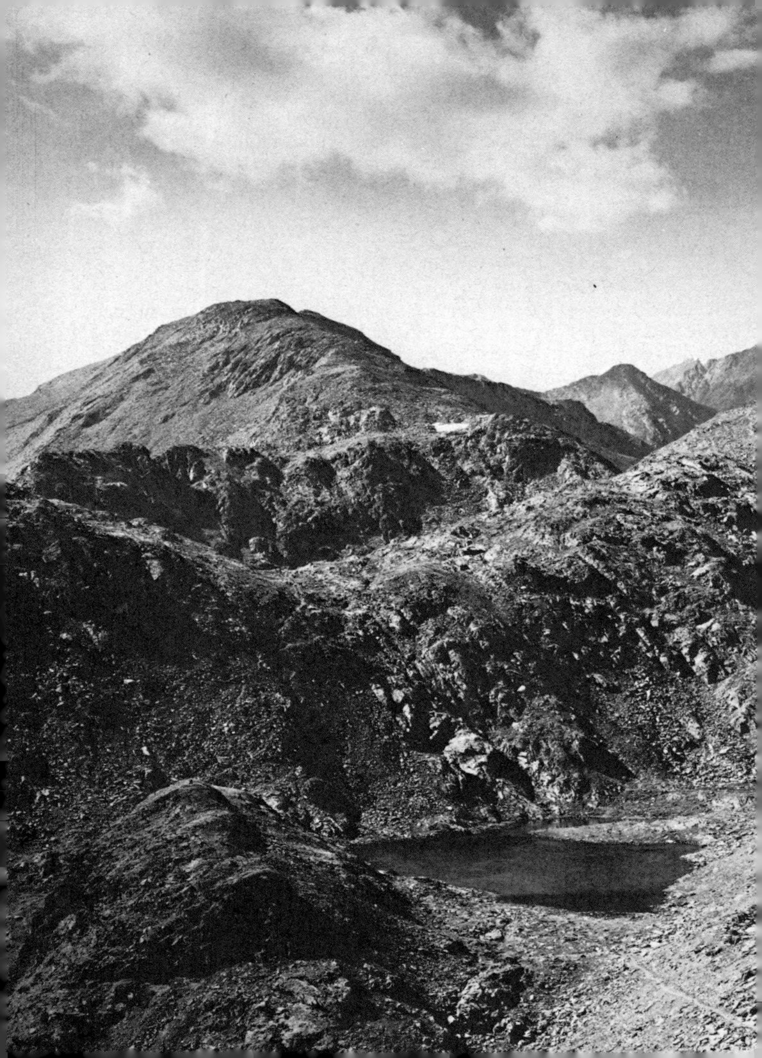

- **751**   **MASTAUNSPITZE,** 3200 m

Höchster Gipfel der sogenannten „Schlandrauner Berge", der als schroffer Felsberg südl. der Gerstgraser Spitze aufragt.

Anstiegswege:

- **752**   **Von Unser Frau,** 1508 m (R 51)
        5 Std. Stellenweise **I.**

Wie unter R 377 auf Weg 17 in 1 Std. zur Mastaunalm, 1810 m. Immer weiter entlang des Talbaches aufwärts, über das sogenannte Sauermoos, dann auf Steigspuren über Geröll hinauf zum Mastaunjoch, 2931 m; 3 Std. ab Alm. Weiter über den N-Grat in unschwieriger Blockkletterei (I) in 1 Std. zum Gipfel.

- **753**   **Von Schlanders,** 721 m (R 34), **bzw. Kortsch,** 801 m (R 33)
        6 ½ Std.

Wie unter R 292 bzw. den Talfahrweg 4 in 2 ½ Std. zur Unteren Schlanderser Alm, 1806 m. Weiter talein zur Kortscher Alm, 1987 m, dann noch etwa ½ Std. auf Weg 4 aufwärts. Nach rechts auf Steigspuren über Geröll hinauf zum Mastaunjoch, 2931 m; insgesamt 5 ½ Std. Weiter wie unter R 752.

- **754**   **GERSTGRASER SPITZE,** 3140 m

Einsamer Doppelgipfel in der Saldurgruppe, dessen Besteigung Ausdauer erfordert. Geübte Bergsteiger können westw. den Kamm in 1 Std. zur Berglerspitze (R 757) überschreiten.

Anstiegswege:

- **755**   **Von Unser Frau,** 1508 m (R 51)
        4 ¾ Std.

Wie unter R 377 bzw. R 752 in 4 Std. hinauf zum Mastaunjoch, 2931 m. Von dort nordw. über gut gestuften Fels in ¾ Std. auf den Gipfel.

- **756**   **Von Schlanders,** 721 m (R 34) **bzw. Kortsch,** 801 m (R 33)
        6 ¼ Std.

Wie unter R 292 bzw. R 753 zum Mastaunjoch, 2931 m. Weiter gemäß R 754.

In einer schönen, weltabgewandten Berggegend: Der Kortscher Schafberg, 3103 m, erster Gipfel in der zwischen Schnals- und Schlandrauntal aufgebauten Mastaungruppe.

Tschengelser Hochwand

Königsspitze Zebru Ortler

- 757 **BERGLERSPITZE,** 3019 m

Südöstl. des Tascheljöchls aufragender Felsberg, der unschwierig erstiegen werden kann. Übergangsmöglichkeit zur Gerstgraser Spitze (R 754).

Anstiegswege:

- 758 **Von Kurzras,** 2011 m (R 54)
  4 Std.

Wie unter R 387 in 3 Std. auf das aussichtsreiche Tascheljöchl, 2772 m. Von dort weglos über den zunächst noch flachen Kamm, zuletzt über den unschwierigen Felsgrat zum Gipfel.

- 759 **Vom Gasthaus Gerstgras,** 1733 m (R 53)
  4 Std.

Zunächst auf Weg 13 durch lichter werdenden Wald hinauf zur Hochfläche mit der Gerstgraser Alm, 2214 m; 1 ½ Std. Von dort führt ein Weg 6 westw. den Grashang empor und hinüber zum Weg 4 bzw. zum Tascheljöchl, 2772 m, das man in insgesamt 3 Std. erreicht. Weiter wie unter R 758.

- 760 **Von Schlanders,** 721 m (R 34), **bzw. Kortsch,** 801 m (R 33)
  6 Std.

Wie unter R 292 bzw. den Talfahrweg 4 in 2 ½ Std. zur Unteren Schaldnerser Alm, 1806 m. Weiter auf Weg 4 gemäß R 387 in Gegenrichtung in weiteren 2 ½ Std. auf das Tascheljöchl, 2772 m. Von dort gemäß R 758 in 1 Std. auf den Gipfel.

- 761 **KORTSCHER SCHAFBERG,** 3103 m

Unvergletscherter Gipfel zwischen dem Tascheljöchl, 2772 m, und der Saldurgruppe. Einst der Hüttenberg der heute zerstörten Heilbronner Hütte.

Anstiegswege:

- 762 **Von Kurzras,** 2011 m (R 54)
  4 ½ Std. Stellenweise **I.**

◄

Aussicht von der Spitzigen Lun, Hausberg von Mals, gegen die Ortlergruppe.

Wie unter R 387 in 3 Std. zum Tascheljöchl, 2772 m. Von dort über den heute immer mehr verfallenden Steig zum Hungerschartensee, 2778 m, und von dort neben dem O-Grat in leichter Kletterei (I) auf den Gipfel.

- **763** **Vom Gasthaus Gerstgras,** 1733 m (R 53)
    4 ½ Std.

Wie unter R 759 in 3 Std. auf das Tascheljöchl, 2772 m. Weiter gemäß R 762.

- **764** **Von Schlanders,** 721 m (R 34), **bzw. Kortsch,** 801 m (R 33)
    6 ½ Std.

Wie unter R 292 bzw. R 760 in 5 Std. auf das Tascheljöchl. Weiter gemäß R 762.

- **765** **IM HINTEREN EIS,** 3270 m

Wenig ausgeprägter, aber unschwieriger Gipfel im Ötztaler Hauptkamm, der eine einmalige Rundsicht bietet, u.a. auf Wildspitze, Weißkugel und das Ortlermassiv im S.

Anstieg:

- **766** **Von der Schöne-Aussicht-Hütte,** 2842 m (R 137)
    1 ½ Std.

Vom Schutzhaus führt ein guter, mit Steinmännern gekennzeichneter Steig über den eisfreien Gratrücken unschwierig hinauf zum Gipfel.

- **767** **SIMILAUN,** 3606 m

Eindrucksvoller, stark vergletscherter Hochgebirgsgipfel mit einem für geübte Bergsteiger unschwierigen Normalanstieg, wodurch er einer der meistbesuchten Gipfel des Ötztaler Hauptkammes wurde.

Anstieg:

- **768** **Von der Similaunhütte,** 3018 m (R 139)
    2 Std.

Vom Schutzhaus in südöstl. Richtung in der Nähe des südl. Gletscherrandes über den anfangs nur mäßig ansteigenden Firnhang (meist Trasse) hinauf. Dann über den scharf ausgeprägten W-Grat steiler über Schnee, Blöcke und Schrofen unschwierig hinauf zum Gipfel.

- **769** **SCHRÖFWAND,** 2890 m

Die aussichtsreiche Schröfwand ist ein stark ausgeprägter Gipfel in einem Kamm, der vom Similaun gegen die Mündung des Pfossentales zieht. Ihre Besteigung ist unschwierig, setzt jedoch Trittsicherheit voraus.

Anstiegswege:

- **770** **Von Unser Frau,** 1508 m (R 51)
  4 Std.

Vom Ghs. Oberhof an der Talstraße westw. leicht ansteigend in 1 Std. zum Gfallhof, 1840 m. Von hier links, weiterhin nach Mark. 18, zunächst durch einen kleinen Lärchenwald, dann den teils grasigen oder steinigen Hang steil in zahllosen Serpentinen anstrengend hinauf zu einer Mulde westl. vom Gipfel. Von dort nach rechts in Kürze zum Gipfelkreuz.

- **771** **Von Vernagt,** 1658 m (R 52)
  3 Std.

Vom Ghs. Edelweiß ostw. über den Vernagtbach (Bez. 18) und durch Lärchenwald zum sogenannten Samwald; ½ Std. Hier beginnt der steilere Anstieg, und man erreicht aus dem Wald heraus über die Grashänge in Kehren an Höhe. Zuletzt in eine Mulde mit kleinem See — hier kommt der Weg von Unser Frau herauf — und von dort in Kürze auf den Gipfel.

- **772**   **HOCHWILDE,** 3482 m

Aussichtsreicher, mächtiger Felsberg, der auf der N-Seite noch stark vergletschert ist, aber von der S-Seite her einen relativ unschwierigen Zugang bietet. Besonders eindrucksvoller Blick in die Texelgruppe.

Anstieg:

- **773** **Von der Stettiner Hütte (Eisjöchlhütte),** 2875 m (R 144)
  2 Std. Teilweise ausgesetzt.

Auf dem zunächst breiten, mark. Grützmacherweg gerade in Richtung N hinauf. Später ist der Weg stellenweise nicht mehr gut, teilweise ausgesetzt und führt steil durch die SO-Flanke des Gipfels zu einer Schulter im O-Grat. Von hier über den steilen, meist überwächteten Firngrat, hinauf zu den Gipfelfelsen und zum großen Gipfelkreuz.

- **774**   **KREUZSPITZE,** 2838 m,
                         UND KIRCHBACHSPITZE, 3079 m

Die Kirchbachspitze ist die höchste Erhebung im südl. Teil der Texelgruppe und bietet eine umfassende Rundsicht auf die Ortlergruppe und über das Burggrafenamt hinweg bis zu den Dolomiten. Während die Kirchbachspitze nur weglos erreicht werden kann, führen auf die Kreuzspitze, einem Vorgipfel mit großem Kreuz und Gipfelbuch, auch mark. Wege.

Anstiegswege:

- **775   Von Naturns,** 554 m (R 55), **über den Schnatzhof**
  6 Std.

Wie unter R 389 in Gegenrichtung auf Weg 6 bis zur Jausenstation Schnatzhof, 1553 m; 2 ½ Std. Von dort geht es auf kaum benutztem Steig 6 durch steile Wiesenhänge und lichten Lärchenwald weiter hinauf. Der mark. Weg führt nach links zum Grat mit dem Vorgipfel, den man zum Teil in leichter Blockkletterei erreicht. Da der Grat zur Kirchbachspitze sehr ausgesetzt ist, müßte man, wenn man den Hauptgipfel erreichen will, etwa 1 Std. unterhalb des Vorgipfels vom mark. Weg abzweigen und weglos an geeigneter Stelle über den S-Grat direkt aufsteigen.

- **776   Von Naturns,** 554 m (R 55), **über die Obere Mairalm**
  6 Std.

Wie unter R 395 in 4 Std. zur Oberen Mairalm, 2095 m (nur 2 ¼ Std. bei Benutzung der Seilbahn bis Außerunterstell). Von dort zieht ein Steig 10 anfangs über Weideböden, später weglos durch ein geröllreiches Kar, oftmals mit Schneefeldern, hinauf zum Vorgipfel.

- **777   Von Katharinaberg,** 1245 m (R 48)
  4 Std.

Wie unter R 397 in 2 Std. zur Oberen Mairalm. Weiter gemäß R 776.

- **778   BLASIUSZEIGER,** 2887 m

Hausberg der Lodner Hütte mit Holzkreuz und Rundblick auf die umliegenden Gipfel der Texelgruppe.

Anstieg:

- **779   Von der Lodner Hütte,** 2259 m (R 146)
  2 Std.

Von der Hütte südw. zum Fuß des Hühnerjochkammes und auf mark. Weg den Kamm hinauf zur O-Flanke des Gipfels und von dort zum höchsten Punkt.

- **780**   **ROTECK,** 3336 m

Höchster, schroffer Felsgipfel der Texelgruppe mit überwältigendem Rundblick! Der Normalweg ist an Tagen mit guten Wegverhältnissen auch von geübten Bergwanderern zu bewältigen.

Anstieg:

- **781**   **Von der Lodner Hütte,** 2259 m (R 146)
  3 ½ Std. Trittsicherheit und Schwindelfreiheit erforderlich.

Westw. ins Grubplattental mit dem Lafaisbach und in zahlreichen Kehren zu einem fast ebenen Almboden empor, der sogenannten Schafbank; ein vorzüglicher Rastplatz! Über Terrassen und Kuppen weiter in Richtung O-Grat. Bis in rund 3100 m Höhe ist diese Tour eine reine Wanderung. Der letzte, steile Anstieg erfordert jedoch im Fels und manchmal Schnee Trittsicherheit, Schwindelfreiheit und eine gewisse Gewandtheit! Der Weg ist größtenteils mit Drahtseilen gut gesichert und deshalb als insgesamt unschwierig zu bezeichnen.

- **782**   **PARTSCHINSER (LAZINSER) RÖTELSPITZE,** 3038 m

Felsgipfel nördl. des Halsljochs mit auffallend rotem Gestein.

Anstieg:

- **783**   **Von der Lodner Hütte,** 2259 m (R 146)
  2 ¼ Std.

Wie unter R 467 in Gegenrichtung an den Tablander Lacken vorbei auf Weg 7 in 1 ¾ Std. hinauf zum Halsljoch, 2808 m. Hier beginnt der mark. Gipfelanstieg, der teils gesichert, dem Grat folgend oder rechts bzw. links von ihm, hinauf zum Gipfel führt.

3. Ortlergruppe

- **790**   **GLURNSER KÖPFL,** 2402 m

Der nordöstl. Endgipfel des Chavalatschkammes erhebt sich als einzigartiger Aussichtsberg über Glurns. Durch seine isolierte Lage bietet er eine umfassende Vinschgau-Rundsicht, die besonders eindrucksvoll gegen die übrige Ortlergruppe ist.

Anstiegswege:

- **791** **Von Glurns,** 907 m (R 21)
    4 Std.

An der außerhalb der Stadtmauer gelegenen Pfarrkirche vorbei über die Lichtenberger Straße und auf einem schmalen Fahrweg bis unter die weithin sichtbare St.-Martins-Kirche, 1075 m. Hier rechts vom Fahrweg ab, am Kirchlein vorbei — etwa ½ Std. ab Glurns — und wie Mark. 24 eine kurze Forststraße abkürzend, dann immer auf gutem Waldweg, teilweise steil, hinauf zur Glurnser Alm, 1978 m; 3 Std. ab Glurns. Sie bietet einen eindrucksvollen Blick auf den südl. Teil der Ötztaler Alpen, den gesamten Vinschgau zwischen Reschenpaß und Meran sowie die anderen Gipfel der Ortlergruppe. Im Bereich der Alm sind zahlreiche Murmeltiere beheimatet. Von der Alm folgt man der Bez. 24, nunmehr weniger steil, über die Almböden hinauf zum Glurnser Köpfl, einem unschwierig zu erreichenden großartigen Aussichtspunkt!

- **792** **Von Prad,** 915 m (R 28), **über Lichtenberg,** 920 m (R 22)
    5 ½ Std.

Wie unter R 261 von Prad in 1 Std. nach Lichtenberg und hinauf zum Größhof. Bei der dortigen Weggabelung nach links. So kommt man an verschiedenen Lichtenberger Höfen vorbei, u.a. am Wallnöfhof, wo die nicht für den öffentlichen Personenverkehr freigegebene Kabinen-Seilbahn ihre Bergstation hat. Die Mark. 14 führt schließlich in den Wald zur Tschagainhütte, 2105 m; 3 ½ Std. ab Lichtenberg. Weiter auf mark. Weg zur Einsattelung zwischen Plaschweller (links) und Glurnser Köpfl (rechts), dann über den Kammrücken zum Gipfel.

- **793** **Von Prad,** 915 m (R 28), **über die Schartalpe**
    5 ½—6 Std.

Wie unter R 263 in 2 ½—3 Std. zur Schartalpe, 1829 m. Von dort westw. auf Steig 13 über den Alpbach, dann länger ansteigend weiter über den Gutfallbach zur Lichtenberger Alm, 2066 m. Folgt man dem mark. Weg weiter, trifft man schließlich auf Bez. 14 und folgt dieser nach links hinauf in die Einsattelung, 2330 m, zwischen Plaschweller und Glurnser Köpfl. Nach rechts auf Bez. 24 hinauf zum Gipfel.

- **794**   **PLASCHWELLER,** 2533 m

Kaum ausgeprägter Gipfel im Kamm zwischen Glurnser Köpfl, 2402 m, im O und Piz Chavalatsch, 2763 m, im W. Lohnend nur im Zusammenhang mit einem der beiden anderen Gipfel.

Anstiegswege:

- **795**　**Von Glurns,** 907 m (R 21)
  5 Std.

Gemäß R 791 auf das Glurnser Köpfl, 2402 m. Von dort in 1 Std., immer dem mark. Kammweg nach, durch eine Einsattelung zwischen beiden Gipfeln zum Plaschweller hinauf.

- **796**　**Von Prad,** 915 m (R 28), **über Lichtenberg,** 920 m (R 22)
  5 ½ Std.

Wie unter R 792 in die Einsattelung östl. vom Gipfel, den man von dort über den begrasten und mark. Kamm erreicht.

- **797**　**Von Prad,** 915 m (R 28), **über die Schartalpe**
  5 ½—6 Std.

Wie unter R 793 in den Sattel zwischen Plaschweller und Glurnser Köpfl, dann nach links auf Bez. 14 A auf den Gipfel.

- **798**　**Von Taufers,** 1260 m (R 19)
  4 ½ Std.

Gemäß R 239 oder R 240 in 3 Std. zur Rifairalm, 2146 m. Von dort weiter auf bez. Weg über das offene Almgelände hinauf zum Chavalatschkamm, dem man nach links zum Plaschweller folgt.

- **799**　　　　　　**PIZ CHAVALATSCH,** 2763 m

Einer der Hauptgipfel im nach ihm benannten Bergkamm. Vom Gipfel, über den die schweizerisch-italienische Grenze verläuft, genießt man eine unvergeßliche Aussicht auf die übrige Ortlergruppe im S, während der Blick nach W weit in die Schweiz hineingeht, bis zur Berninagruppe. Da dieses Gebiet im Stilfser-Joch-Nationalpark liegt, hat es auch einen reichen Wildbestand.

Anstiegswege:

- **800**　**Von Taufers,** 1260 m (R 19)
  5 Std.

Blick von Nordosten auf die imposante Gipfelkette westlich des Ortlers. Von der Payerspitze bis zum Piz Umbrail.

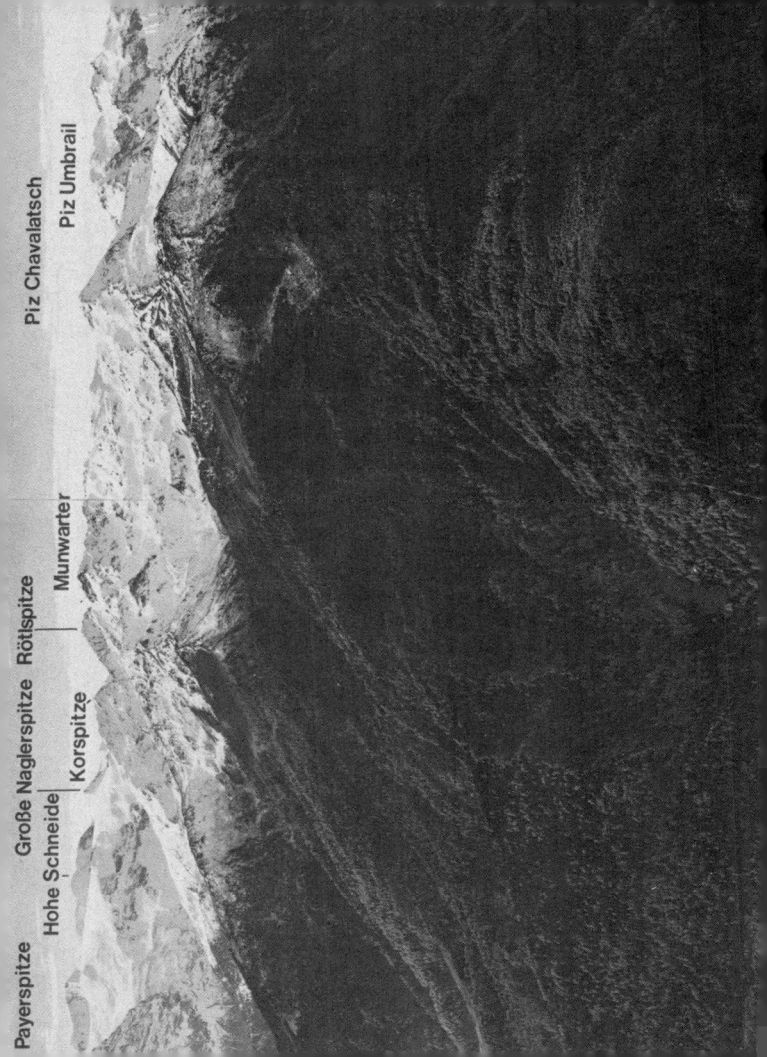

Payerspitze Große Naglerspitze Rötlspitze   Piz Chavalatsch
  Hohe Schneide Korspitze   Munwarter   Piz Umbrail

Wie unter R 239 oder R 240 in 3 Std. zur Rifairalm, 2146 m. Von dort folgt man dem bez. Steig über das offene Gelände hinauf bis zur Kammhöhe. Nun nach rechts an der S-Seite des Kammes, anfangs wenig, stärker ansteigend zum Gipfel hinauf.

- **801   Von Glurns,** 907 m (R 21)
  6 Std.

Gemäß R 791 in 4 Std. auf das Glurnser Köpfl, 2402 m. Von dort auf dem mark. Kammweg zunächst in eine Einsenkung, dann hinauf zum Plaschweller, 2533 m (R 794), wieder geringfügig abwärts, bis von rechts der Weg von Taufers einmündet. Weiter wie unter R 800.

- **802   Von Prad,** 915 m (R 28), **über Lichtenberg,** 920 m (R 22)
  6½ Std.

Wie unter R 792 in 1 Std. nach Lichtenberg und in weiteren 3 ½ Std. zur Tschagainhütte, 2105 m. Weiter auf Weg 14, der südwestl. unter dem Plaschweller durch und dann zum Kamm hinaufführt, weiter wie unter R 800.

- **803   Von Prad,** 915 m (R 28), **über die Schartalpe**
  7—7 ½ Std.

Wie unter R 263 in 2 ½—3 Std. zur Schartalpe, 1829 m, dann auf R 793 zur Tschagainhütte, 2105 m, weiter wie unter R 802 und R 800 zum Piz Chavalatsch.

- **804   MUNWARTER,** 1620 m

Gipfel in einem vom Piz Chavalatsch ostw. ziehenden Nebenkamm, der einen schönen Rundblick erlaubt.

Anstiegswege:

- **805   Von Lichtenberg,** 920 m (R 22)
  5 Std.

Über die Pinethöfe (s. R 261) immer auf der unbez. Forststraße hinauf zur Schartalpe, 1829 m; 3 Std. Von dort auf Weg 12 A, der immer dem Bergrücken folgend über den Neurastboden an Höhe gewinnt. Auf dem

Die Kirche von Schluderns gegen das Tschenglser Köpfl, über dem sich das gewaltige Massiv der Tschenglser Hochwand erhebt.

Laaser Wand · Schafberg · Tschengls Köpfl · Tschengls Hochwand

teilweise steilen und anstrengenden Aufstiegsweg erreicht man schließlich in 2 Std. von der Schartalpe den Munwarter.

- **806**   **Von Prad,** 915 m (R 28)
  4 ½—5 Std.

Wie unter R 263 in 2 ½—3 Std. zur Schartalpe, 1829 m, weiter gemäß R 805.

- **807**   **TSCHENGLSER HOCHWAND,** 3373 m

Gewaltiger Gipfel, der im Hintergrund des Zaytales aufragt und sehr schöne Tiefblicke in den Vinschgau und zum Reschensee erlaubt, ebenso einen weiteren Einblick in die Ötztaler Alpen. Seine N-Seite fällt mit mächtigen Felsfluchten und steilen Waldhängen 2400 m (!) tief in die Talsohle des Vinschgaus ab. Der Gipfel wird normalerweise von der Düsseldorfer Hütte im S (Suldental) bestiegen. Der nachfolgend beschriebene Weg von Prad ist selten begangen und gering markiert.

Anstieg:

- **808**   **Von Prad,** 915 m (R 28)
  7 Std. Trittsicherheit notwendig.

Wie unter R 268 zur Gampenhütte, 2004 m; 3 ½ Std. Der Weiterweg trägt die Bez. 3 A, führt über das Almgelände weiter aufwärts, dann südöstl. auf und ab in die Mitte eines breiten Kars, zu den Wasserfallböden. Weiter im teilweise unübersichtlichen Gelände in der Mitte des Kars hinauf zum Stiereckkamm, danach links in östl. Richtung zum Pöderfick, 3140 m. Von dort immer in gleicher Richtung bis unter die Tschenglser Hochwand, zu der man zum Schluß noch einmal steiler ansteigen muß.

- **809**   **SCHAFBERG,** 3302 m

Nördl. des Zayjochs erhebt sich der Schafberg als spitzer, schroffer Felsgipfel. Weite Aussicht ähnlich der Tschenglser Hochwand. Wird in der Regel ebenfalls von dort bestiegen. Der nachfolgend beschriebene Weg ist selten begangen, lang und mühsam!

Anstieg:

- **810**   **Von Laas,** 870 m (R 31)
  7 ½ Std.

Wie unter R 273 a in 3 ½ Std. zur Oberen Laaser Alm, 2047 m. Von dort weiter taleinwärts zur privaten Laaser-Ferner-Hütte, bald danach westw. hinauf gegen das Zayjoch, 3224 m, und über den S-Grat zum Gipfel.

- **811**   **SAURÜSSEL,** 2727 m

Bergkuppe nordwestl. von der Oberen Laaser Alm mit weiter Sicht in den Vinschgau und hinüber zu den Ötztaler Alpen.

Anstieg:

- **812**   **Von Laas,** 870 m (R 31)
  5 ½ Std.

Wie unter R 273 a in 3 ½ Std. zur Oberen Laaser Alm, 2047 m. Von dort westw. auf Steig 14 zum Waldrand und in ¾ Std. hinauf zum Trillboden mit einem Kälberstall, 2338 m. Weiter in nördl. Richtung, gut 200 Höhenmeter hinauf, dann links auf manchmal kaum sichtbarem Steig ins sogenannte Himmeltal und zu einer Scharte mit kleinem See. Ostw. erreicht man zwei weitere Lacken (Seen) und dahinter den Saurüssel.

- **813 LAASER SPITZE ODER ORGELSPITZE,** 3304 m

Gewaltiger Gipfel zwischen Laaser Tal und Martelltal mit schmiedeeisernem Gipfelkreuz der AVS-Sektion Vinschgau, an dessen N-Seite noch ein kleiner Gletscher eingelagert ist. Die prächtige Rundsicht umfaßt Ötztaler Alpen, Dolomiten und die nahen Gletscherberge der Ortlergruppe.

Anstieg:

- **814**   **Von Laas,** 870 m (R 31)
  6 ¾ Std.

Wie unter R 273 in 3 Std. zur Unteren Laaser Alm, 1825 m. Weiter im Tal einwärts, immer linkshaltend, bis man auf den rot bez. Weg trifft, der von der privaten Laaser-Ferner-Hütte herüberkommt. Auf ihm ostw. mühsam in zahlreichen Serpentinen über Gras, Schutt und Schnee hinauf zur Schluderscharte, 2987 m; 2 ½ Std. ab Untere Laaser Alm. Von dort nordw. auf der Marteller Seite des SO-Grates über Schutt und Schrofen weglos in 1 ¼ Std. zum Gipfel.

- **815**   **JENNWAND,** 2958 m

Aus weißem Marmorgestein aufgebaute Felspyramide über dem Göflaner See mit weiter Rundsicht.

Anstiegswege:

- **816**   **Von Laas,** 870 m (R 31)
  7 Std.

Wie unter R 275 in 5 ¾ Std. zum Göflaner See, 2519 m. Von dort weglos steil über Geröll und Schrofen empor zum O-Grat der Jennwand und über diesen unschwierig zum Gipfel.

- **817   Von Schlanders,** 721 m (R 34)
  6 ½ Std.

Wie unter R 295 in 5 ¼ Std. zum Göflaner See, 2519 m. Weiter wie unter R 816.

- **818   ZWÖLFERKREUZ,** 2782 m

Gipfel nördl. des Hasenöhrls mit schöner Aussicht in den Vinschgau, auf die Ötztaler Alpen und prächtigen Nahblicken hinüber zum Hasenöhrl.

Anstiegswege:

- **819   Von Latsch,** 639 m (R 39), **Direktanstieg**
  5 ¼ Std.

Wie unter R 311 auf Bez. 4 bis zur ersten Fußweggabelung. Hier links aufwärts, dann bei der nächsten Abzweigung nach links (Nr. 4 B) hinauf zur Forststraße Tarsch — Töbrunn. Ihr folgt man für 5 Min. nach rechts und nimmt dann nach links aufwärts den zur Latscher Alm führenden Weg. Nach etwa 300 m zweigt rechts die Mark. 10 ab; bis hierher 2 ¾ Std. Nun westw. zu einer Hütte, 1787 m, dann südw. allmählich aus dem Wald heraus. Dann kommt man in ein steiles Geröllkar, unter dem Gipfel vorbei und hinter ihm auf den Grat hinauf. Dort nach rechts zum höchsten Punkt; 2 ½ Std. ab Forststraße Latscher Alm.

- **820   Von Latsch,** 639 m (R 39), **über die Morteralm**
  6 ½ Std.

Wie unter R 311 in 2 ¾ Std. nach Töbrunn, 1718 m (R 310). Weiter auf R 315 in 1 ¼ Std. zur Morteralm, 1908 m. Von hier auf Mark. 14 zu den hinteren Almböden, dann nach links hinauf zu einer Hochweide, dem „Albl", das auf langer Strecke durchquert wird. Am hinteren Ende des „Albls" links von der Mark. ab und auf den Seitengrat hinauf. Man trifft dann auf Mark. 10 und kommt nordw. zum Gipfel.

- **821   Von Tarsch,** 854 m (R 40)
  5 Std.

Wie unter R 314 bis kurz vor Töbrunn, hier bei der Gabelung des Fahrwegs links (Mark. 2) Richtung Latscher Alm hinauf bis zur Abzw. des Weges 10; 2 ½ Std. Weiter wie unter R 819.

Tartsch mit dem Tartscher Bühel. Im Hintergrund die Ortlergruppe.

- **822 Von Morter,** 729 m (R 38)
    5 ¾ Std.

Wie unter R 313 nach Töbrunn. Weiter auf dem Forstweg in östl. Richtung, bis rechts der Weg zur Latscher Alm abzweigt, dem man für 300 m bis zur Abzw. des Weges folgt; 3 ¼ Std. Weiter wie unter R 819.

- **823   HASENÖHRL,** 3256 m

Östlichster Dreitausender der Ortlergruppe in der Mitte des Zufrittkammes. An der N- und O-Seite der Gipfelpyramide sind zwei kleine Gletscher eingelagert. Die zahlreichen Anstiegswege verlangen alle Ausdauer und weisen unterschiedliche Schwierigkeiten auf.

Anstiegswege:

- **824 Von Latsch,** 639 m (R 39), **über die Morteralm,** 1908 m
    8 Std.

Wie unter R 311 in 2 ¾ Std. nach Töbrunn, weiter wie R 315 in 1 ¼ Std. zur Morteralm, 1908 m. Von dort auf Mark. 14 zu den hinteren Almböden, dann links hinauf zu einer Hochweide, die auf langer Strecke durchquert wird. Von hier durch das Kar zum Hasenöhrlgletscher und über ihn — entsprechende Bergerfahrung vorausgesetzt — hinauf zum Gipfel.

- **825 Von Latsch,** 639 m (R 39), **über die Latscher Alm,** 1715 m
  7 Std. Trittsicherheit und Schwindelfreiheit erforderlich.

Wie unter R 317 in 3 Std. zur Latscher Alm, 1715 m (R 316). Von hier auf Bez. 2 weiter im Tal hinauf zur Skihütte, dann steil bergan durch den Talschluß zum Latscher Joch, 2507 m, im Grat zwischen Hoher Marchegg und Blauer Schneid. Der Weiterweg verlangt Trittsicherheit und Schwindelfreiheit! Nach rechts über den buckligen, schrofigen Grat mark. zur Blauen Schneid, 2915 m, mit großem Steinmann. Von dort auf dem schmalen, blockigen Grat zwischen Hasenöhrlferner und Kuppelwieser Ferner südw. über grobe Blöcke und Schnee hinauf zum großen Gipfelkreuz.

- **826 Von Tarsch,** 854 m (R 40), **über die Latscher Alm**
  6 ¼ Std.

Wie unter R 314 bzw. R 318 in 2 ¼ Std. zur Latscher Alm, 1715 m. Weiter wie unter R 825.

- **827 Von Tarsch,** 854 m (R 40), **über die Tarscher Alm** (R 319)
  7 Std.

Wie unter R 320 in 2 ¾ Std. zur Tarscher Alm, 1940 m (R 319, auch mit Sessellift). Von dort auf Mark. 1 hinauf zum Jochpfarrer mit der bew. Zirmraunhütte, 2251 m, am Ende des zweiten Liftes. Nach rechts, weiterhin Bez. 1, an mehreren Quellen vorbei hinauf zum Tarscher Paß, 2517 m; 1 ¾ Std. ab Tarscher Alm. Kurz davor steht ein Wetterkreuz. Hier zweigt rechts Mark. 2 A ab und führt über die Hohe Marchegg, 2519 m, hinab in das Latscher Joch, 2507 m. Weiter gemäß R 825.

- **828 Von Kuppelwies,** 1135 m (R 77)
  7 Std.

Wie unter R 526 in 2 Std. zur Steinrastalm, 1723 m, im Kuppelwieser Tal. Weiter auf dem schmalen Fahrweg oder der teilweise abkürzenden

Der Langsee im Ultental gegen das Hasenöhrl.

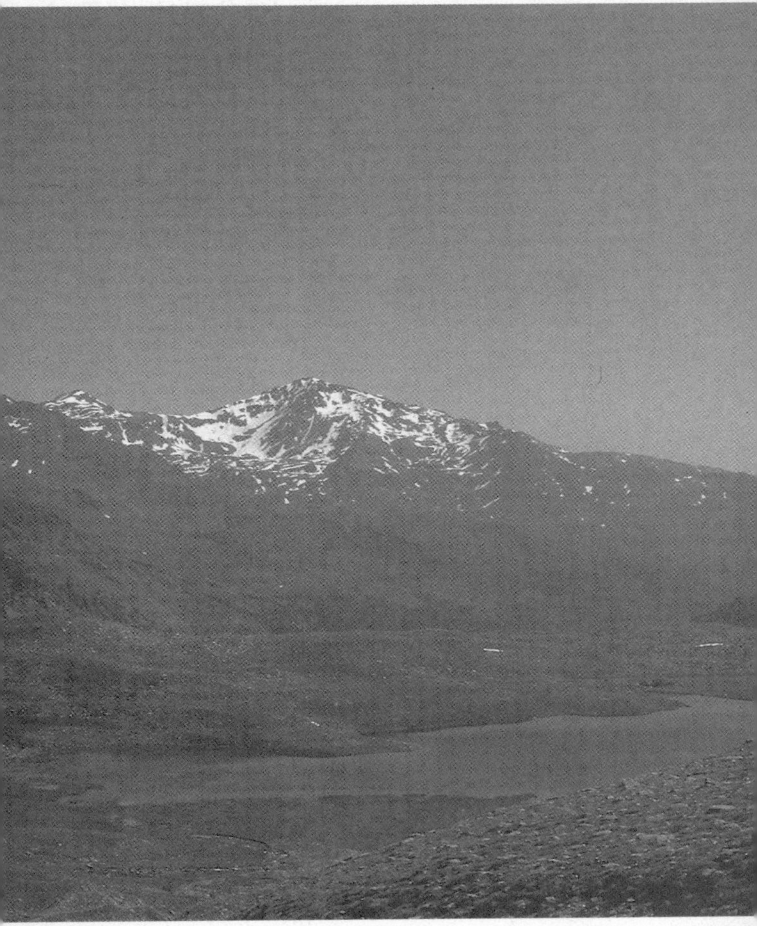

Laaser Spitze

Bei St. Martin im Kofel oberhalb von Latsch. Blick auf die Nörderberg-Höfe, über denen sich Laaser Spitze, 3304 m, und Jennwand, 2958 m, erheben.

nd Laaser Tal

Mark. 11 bis zur letzten Kehre vor dem Arzker Stausee, ca. 2200 m; 1 ½ Std. ab Steinrastalm. Man kann den Abstieg abkürzen, wenn man mit dem Pkw bis kurz oberhalb der Neuen Kuppelwieser Alm fährt. Dort ist die Straße durch eine Schranke gesperrt. Man steigt dann in Serpentinen zur schon erwähnten letzten Kurve auf und findet hier die Abzw. eines mark. Steigleins, das zum Tarscher Paß, 2517 m, hinaufführt. Insgesamt 4 ½ Std. ab Kuppelwieser Alm, ca. 2000 m. Vom Tarscher Paß westw. mark. über die Hohe Marchegg, 2519 m, hinab ins Latscher Joch, 2507 m. Zum Gipfel gemäß R 825; 2 ½ Std. ab Tarscher Paß.

- **829** **Von St. Nikolaus,** 1264 m (R 78)
  5 ½ Std.

Wie unter R 538 auf Weg 14 in 1 ¼ Std. hinauf zum Höhenweg 12, dem man für 20 Min. westw. folgt. Dann zweigt Bez. 14 wieder rechts ab und führt auf den Steinberg, 2335 m. Nun verläuft die Mark. immer am langen, aber nie steilen SO-Grat zum Getristeten Stein, 2960 m. Immer dem Grat folgend, im Frühsommer über ausgedehnte Schneefelder, unschwierig ohne Gletscherberührung auf den Gipfel.

- **830** **Von St. Gertraud,** 1501 m (R 79)
  5 ½ Std.

Zunächst auf der Weißbrunn-Autostraße bis unter die Jochmairhöfe. Dort findet man die Abzw. der Mark. 143, die von den Höfen im Flatschbachtal über die Vordere zur Hinteren Flatschbergalm, 2110 m, am Höhenweg 12 hinaufführt; 2 ½ Std. Bald oberhalb der Alm verliert sich der Weg, ist aber weiterhin mark. Es geht mehrmals über den Bach, man gewinnt eine Talstufe und zweigt unter dem Flimjoch nach rechts auf weiterhin mark. Steigspuren ab. So kommt man aus Richtung SW ziemlich gerade, aber mühsam hinauf zum Gipfel.

- **831** **HOHER DIEB,** 2730 m

Wenig besuchter, aussichtsreicher Gipfel im Zufrittkamm zwischen Vinschgau und Ultental. Die Aussicht umfaßt die nahen Ortlergipfel, die Ötztaler Alpen mit Texelgruppe und in der Ferne die Dolomiten.

Anstiegswege:

- **832** **Von Tarsch,** 854 m (R 40)
  5 ¾—6 ¼ Std.

Wie unter R 343 in 4 ¾—5 ¼ Std. zu den Kofelraster Seen, 2405 m bzw.

2407 m. Vom unteren See, zu dem man in 10 Min. vom zuerst erreichten oberen See aus gelangt, steigt man südwestw. weglos und unbez. über Schrofen und Geröll, im Frühsommer oft auch über Schnee, unschwierig in 1 Std. hinauf zum Gipfel.

- **833   Von Kastelbell,** 600 m (R 41)
    6 ¼—6 ½ Std.

Wie unter R 344 in 5 ¼—5 ½ Std. zum unteren Kofelraster See, 2405 m. Weiter wie unter R 832.

- **834   Von der Tarscher Alm,** 1940 m (R 319)
    3 ½ Std.

Wie unter R 345 zum unteren Kofelraster See, 2405 m; 2 ½ Std. Weiter gemäß R 832.

- **835   Von Tschars,** 627 m (R 43)
    6 ¾ Std.

Wie unter R 346 in 5 ¾ Std. zum unteren Kofelraster See, 2405 m. Weiter wie unter R 832.

- **836   Von Staben,** 552 m (R 44)
    6 ¾ Std.

Wie unter R 347 in 5 ¾ Std. zum unteren Kofelraster See, 2405 m. Weiter gemäß R 832.

- **837   Von St. Walburg,** 1120 m (R 76)
    5 ¼—5 ½ Std.

Wie unter R 524 über Breitenbergalm und Marschnellalm oder R 525 in 4 ¼—4 ½ Std. zum unteren Kofelraster See, 2405 m. Weiter wie unter R 832.

- **838   Von Kuppelwies,** 1135 m (R 77)
    5 ½ Std.

Wie unter R 526 in 4 ½ Std. zum unteren Kofelraster See, 2405 m. Weiter gemäß R 832.

- **839   MUTEGRUB,** 2738 m, **UND RONTSCHER BERG,** 2711 m

Beide Gipfel sind nicht sonderlich ausgeprägt, haben lange Anstiegswege, bieten aber eine hübsche Rundsicht, die der vom Hohen Dieb (R 831) ähnlich ist.

Anstiegswege:

- **840** **Von Tarsch,** 854 m (R 40)
  6 ¼—6 ¾ Std.

Wie unter R 343 in 4 ¾—5 ¼ Std. zu den Kofelraster Seen, 2405 m bzw. 2407 m. Beim oberen See, den man zuerst erreicht, zweigt Mark. 7 ab, führt hinauf zu einem kleinen Sattel, dann in eine kleine Talmulde, und nun immer am Kamm entlang zum breiten Mutegrub, 2738 m. Jenseits in eine Senke hinab und weiter auf dem breiten Kamm zum Rontscher Berg, 2711 m; 1 ½ Std. ab oberem Kofelraster See.

- **841** **Von Kastelbell,** 600 m (R 41)
  6 ¾—7 Std.

Wie unter R 344 in 5 ¼—5 ½ Std. zum oberen Kofelraster See, 2407 m. Weiter wie unter R 840.

- **842** **Von Tschars,** 627 m (R 43)
  7 ¼ Std.

Wie unter R 346 in 5 ¾ Std. zum oberen Kofelraster See, 2407 m. Weiter wie unter R 840.

- **843** **Von Staben,** 552 m (R 44)
  7 ¼ Std.

Wie unter R 347 in 5 ¾ Std. zum oberen Kofelraster See, 2407 m. Weiter gemäß R 840.

- **844** **Von St. Walburg,** 1120 m (R 76)
  5 ¾—6 Std.

Wie unter R 524 oder R 525 in 4 ¼—4 ½ Std. zum oberen Kofelraster See, 2407 m. Weiter wie unter R 840.

- **845** **Von Kuppelwies,** 1135 m (R 77)
  6 Std.

Wie unter R 526 in 4 ½ Std. zum oberen Kofelraster See, 2407 m. Weiter gemäß R 840.

- **846** **NATURNSER HOCHWART,** 2608 m

Östlichster Gipfel des Zufrittkammes, der sich südl. von Naturns erhebt und eine großartige Aussicht insbesondere auf die nahe Texelgruppe bietet. Die Anstiegswege sind mit Ausnahme vom Bergweiler Aschbach und vom Vigiljoch her sehr lang und verlangen Ausdauer.

Anstiegswege:

- **847 Von Staben,** 552 m (R 44)
  6 ½ Std.

Wie unter R 352 durch das Schleider Tal in 3 ¾ Std. zur im Sommer bew. Tablander Alm, 1758 m. Von dort weiter gemäß Bez. 5 auf immer karger werdenden Weideböden hinauf zum Jöchl, 2428 m, dann westw. teils auf dem Kamm, teils auf der Ultener Seite mark. zum Gipfel.

- **848 Von Naturns,** 554 m (R 55), **über die Frantschalm**
  5 ½ Std.

Wie unter R 399 in 3 ¼ Std. zur bew. Frantschalm, 1835 m. Von dort weiter auf Mark. 5 das begrünte Kar mäßig steil empor, dann in Kehren hinauf zum Bergrücken, der die Kare der Frantschalm und der Zetnalm trennt. Hier trifft man auf Bez. 5 A und steigt über den Rücken in die Senke zwischen Nörderberg und Hochwart. Nach rechts auf Mark. 9 über Schrofen, manchmal Schnee hinauf zum Gipfelkreuz.

- **849 Von Naturns,** 554 (R 55), **über die Zetnalm**
  5 ½ Std.

Wie unter R 400 in 3 Std. zur Zetn- oder Altalm, 1747 m. Von der Alm (im Sommer bew.) steigt man auf Bez. 5 A über steile, begrünte Hänge hinauf zu dem Rücken, der das Kar der Zetnalm von jenem der Frantschalm trennt. Hier trifft man auf Weg 5. Weiter wie unter R 848.

- **850 Von Aschbach,** 1340 m (R 401)
  3 ¾ Std.

Wie unter R 407 in 1 ½ Std. zur Naturnser Alm, 1910 m (R 406). Von dort auf Bez. 9 A über den Kamm westl. vom Rauhen Bühel, wo man auf der Ultener Seite auf Weg 9 trifft. Diesem folgt man nach rechts, die Abzw. des Höhenweges 1 nicht beachtend, und erreicht so die Staffelhütte. In bisheriger Richtung weiter bergan zur Senke zwischen Nörderberg und Hochwart. Weiter wie unter R 848.

- **851 Vom Vigiljoch,** 1795 m (R 482)
  3 ½ Std.

Wie unter R 513 auf Bez. 9 vom Vigiljoch westw. auf Nr. 9 den Kamm hinauf, südl. des Rauhen Bühels vorbei, wonach bald der Weg 9 A von der Naturnser Alm einmündet. Wenig später gabelt sich der Weg, und Nr. 9 führt rechts zur Staffelhütte; 2 ¼ Std. In bisheriger Gangrichtung weiter hinauf in die Senke zwischen Nörderberg und Hochwart. Zum Gipfel gemäß R 848.

- **852 Von St. Pankraz,** 736 m (R 74), **über die Äußere Falkomaialm**
  5 ½ Std.

Wie unter R 515 auf Bez. 3 durch das Kirchbachtal in rund 4 Std. zur Äußeren Falkomaialm, 2136 m. Nun nordostw. immer nach Mark. 3, über die freien Hänge, zuletzt über Schrofen hinauf zum Gipfel.

- **853 Von St. Pankraz,** 736 m (R 74), **über die Staffelsalm**
  5 ½ Std.

Auf Bez. 3 im Kirchbachtal aufwärts, wobei die Begehung der Autostraße weitgehend vermieden wird. In rund 1100 m Höhe zweigt nach rechts Nr. 6 A ab, der man im Wald aufwärts folgt. Mark. 6 A mündet später in Weg 6 ein, der von St. Helena kommt. Man steigt auf zur Staffelsalm und zum Höhenweg 1, den man bei einer verfallenen Almhütte erreicht; 3 ½ Std. Von dort auf dem Höhenweg nach links in ein Seitental, aus dem ein mark. Weg hinauf zur Senke zwischen Nörderberg und Hochwart führt. Zum Gipfel gemäß R 848.

- **854 Von St. Walburg,** 1120 m (R 76)
  5 ½ Std.

Wie unter R 517 in 3 ¼ Std. zur Inneren Falkomaialm, 2105 m. Auf Bez. 1 geht man nun den Falkomaikessel aus bis zum Falkomaisee, 2164 m. Von hier nach Bez. 3 A zum Jöchl, 2428 m, empor, wo man auf den Weg von der Tablander Alm trifft. Wie unter R 847 zum Gipfel.

- **855   PEILSTEIN,** 2542 m

Gipfel im einzig nennenswerten Seitenast des Zufrittkammes, der das kleine Kirchbachtal begrenzt. Durch seine gegen das Tal vorspringende Lage prachtvolle Aussicht bis zu den Gletscherbergen im Talschluß und über die Ultener Berge bis zu den Dolomiten. Das Gipfelkreuz steht etwas unterhalb des höchsten Punktes und ist von St. Walburg aus zu sehen.

Anstiegswege:

- **856 Von St. Walburg,** 1120 m (R 76)
  3 ¾ Std. Mark. 1 P.

Bergbauernlandschaft hoch über dem Etschtal bei St. Martin im Kofel. Am Gegenhang das Hasenöhrl, 3256 m, links und die Tuferspitze, 3092 m, beides Ausläufer der Ortlergruppe.

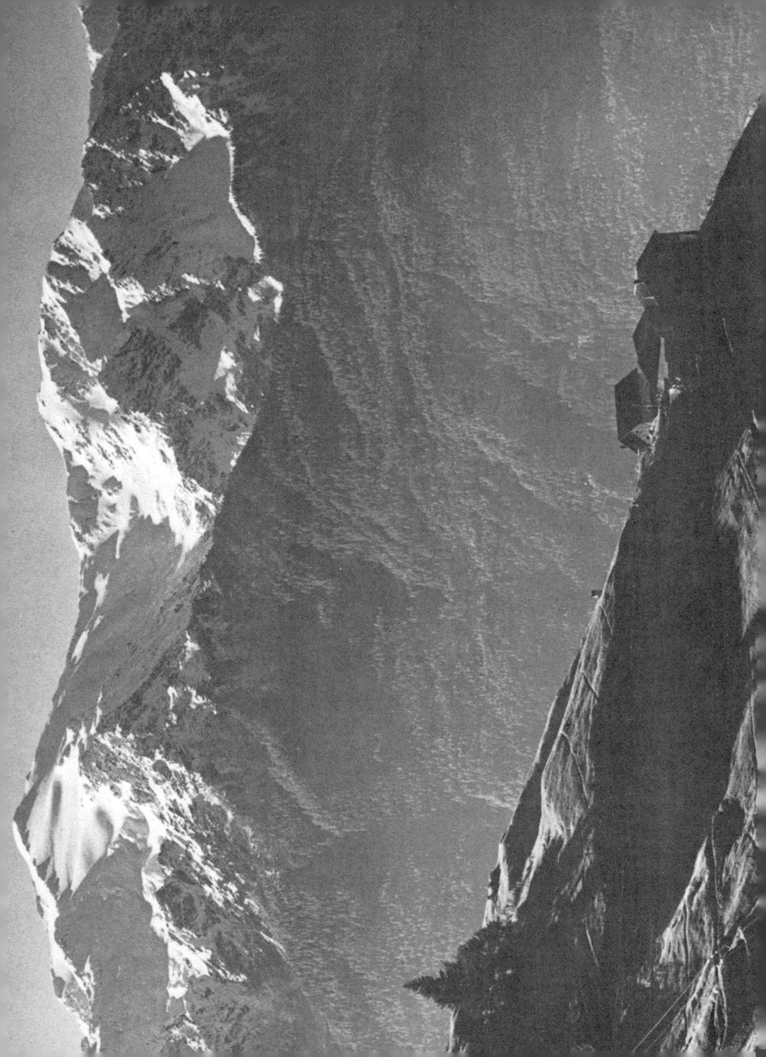

Wie unter R 517 in 2 ¾ Std. zu einem Sattel, ca. 2200 m, östl. des Hochjochs. Von dort nach links zum Hochjoch, einer Kammerhebung mit Kreuz. Weiter entlang des Grates aufwärts, zuletzt ziemlich steil, zum Gipfel.

- **857   Von St. Walburg,** 1120 m (R 76)
    3 ¾ Std. Mark. 10/P.

Wie unter R 524 in 2 ¾ Std. zur Marschnellalm, 2213 m. Von dort auf Bez. P über eine steile Höhenschulter zu einem Sattel und über den breiten Rücken hinauf zum Gipfel.

- **858   Von St. Pankraz,** 736 m (R 74)
    5 Std.

Wie unter R 516 in über St. Helena zur Abzw. des Weges 9 in rund 1700 m Höhe; 2 ¾ Std. Von dort weiter auf Bez. 8 im Wald den Kamm hinauf, bis man einen Traktorweg kreuzt, der von der Inneren Falkomaialm ins Tal führt. Geradeaus weiter über den Kamm zum Sattel östl. des Hochjochs, ca. 2200 m; 1 ¼ Std. Weiter gemäß R 856.

- **859   MUTECK,** 2658 m

Einziger nennenswerter Gipfel im kurzen Seitenast des Zufrittkammes, der das Kuppelwieser Tal begrenzt.

Anstieg:

- **860   Von Breiteben,** 1950 m
    2 Std.

In ziemlicher gerader Linie auf mark. Steig entlang des Skiliftes zu einem Wegkreuz bei der Bergstation des Liftes, 2220 m; ¾ Std. Von dort auf Steig 13 A ein Stück nordw., bis nach links der mark. Anstiegsweg zum Muteck abzweigt und unschwierig von O auf den Gipfel führt.

- **861   TUFERSPITZE,** 3092 m

Leichtester, unvergletscherter Dreitausender des Ultentales im von der Zufrittspitze zum Hasenöhrl ziehenden Kamm.

Anstieg:

- **862   Von St. Gertraud,** 1501 m (R 79)
    5 Std.

Wie unter R 830 zur Hinteren Flatschbergalm und weiter im Tal aufwärts. Zum Flimjoch, 2892 m, nach links auf Steigspuren vom mark.

Weg ab. Man erreicht es in 4 ½ Std. Von dort über den NO-Grat unschwierig in ½ Std. auf den Gipfel.

- **863**   **GLECKSPITZE,** 2957 m

Berühmter und unschwierig zu ersteigender Aussichtsberg mit weiter Sicht über das obere Weißbrunntal und zu den Haselgruber Seen.

Anstiegswege:

- **864**   **Vom Weißbrunn-Stausee,** 1872 m (R 80)
      3 ½ Std.

Wie unter R 545 in über den Langsee hinauf zum Schwärzer Joch, 2833 m. Von dort südw. auf Mark. 145 entlang des breiten Kammrückens zu einem Sattel und dann auf Steigspuren hinauf zum Gipfel mit Steinmann.

- **865**   **Von der Höchster Hütte am Grünsee,** 2561 m
      2 ¾ Std.

Wie unter R 544 in 1 Std. zum Weg 107, den man oberhalb des Langsees erreicht. Von dort nach rechts gemäß R 545 hinauf zum Schwärzer Joch, 2833 m. Zum Gipfel gemäß R 864.

- **866**   **Von der Haselgruber Hütte,** 2425 m (R 158)
      1 ½ Std.

Auf Mark. 145 steigt man vorbei an den kleineren und größeren Haselgruber Seen auf der Trentiner Seite des Joches zu einem Sattel zwischen Sass Fora und Gleckspitze. Von dort unschwierig auf den Gipfel, den die Mark. selbst nicht berührt.

- **867**   **NAGELSTEIN,** 2469 m

Endpunkt de Kammes, der Kirchbergtal und Weißbrunntal trennt. Umfassender Rundblick auf die Gipfel des hinteren Ultentales.

Anstieg:

- **868**   **Von St. Gertraud,** 1501 m (R 79)
      3 Std.

Gemäß rot-weißer Mark. teilweise steil und schmal zum NO-Hang des Berges, anfangs durch Wald, später über blumenreiche Wiesen. Nach dem steilen Hang am Gratrücken entlang, einige Felsen umgehend, zu einem Felszacken mit Kreuz; 2 ½ Std. Nun unbez. weiter entlang des Grates hinauf zum eigentlichen Gipfel.

- **869**   **KARSPITZE,** 2752 m

Leichter Aussichtsberg im Ilmenkamm östl. des Rabbijochs.

Anstieg:

- **870**   **Von der Haselgruber Hütte,** 2425 m (R 158)
  1 Std.

Auf Mark. 12 in östl. Richtung entlang des Kammes hinauf, zuletzt unschwierig vom mark. Weg ab und hinauf zum Gipfel.

- **871**   **NEBELSPITZE (CIMA TUATTI),** 2701 m

Gegen das Nonstal vorgeschobener Gipfel östl. der Karspitze mit weiter Sicht in dieses.

Anstiegswege:

- **872**   **Von der Haselgruber Hütte,,** 2425 m (R 158)
  1 Std. 20 Min.

Wie unter R 870 in 1 Std. auf die Karspitze, 2752 m (R 869). Jenseits in 20 Min. über den breiten Grat in eine Senke und dann wieder hinauf zur Nebelspitze.

- **873**   **Von St. Nikolaus,** 1264 m (R 78)
  6 ¼ Std.

Wie unter R 541 in 2 ¾ Std. zur Klapfbergalm, 1944 m. Von dort folgt man zunächst noch dem Talweg 16 in Richtung Klapfbergjoch, bis nach rechts ein Steig 12 abzweigt und westw. auf einen Sattel, ca. 2500 m, nördl. des Welschen Berges hinaufführt. Von dort südw. unter dem Welschen Berg vorbei und hinab zum Alplahner See, 2387 m, mit hübschem Rastplatz; 2 Std. Nun gemäß Mark. 12 wieder bergan und über Schrofen zu einer Erhebung ohne Namen, 2600 m. Von hier hat man einen schönen Rundblick zum Alplahner See. Jenseits hinab in eine Senke, dort von der Mark. ab und über den Kamm unschwierig hinauf zur Nebenspitze; 1 ½ Std.

- **874**   **WELSCHER BERG (CIMA TRENTA),** 2626 m

Schöner Aussichtsberg im Ilmenkamm, von dem ein Seitengrat nordw. Richtung St. Gertraud zieht. Die Rundsicht umfaßt u.a. nahe und ferne Ortlerberge, Dolomiten und Brentagruppe.

Blick über den Zoggler-Stausee bei St. Walburg in den Talschluß des Ultentales, über dem sich der Kirchbergkamm erhebt.

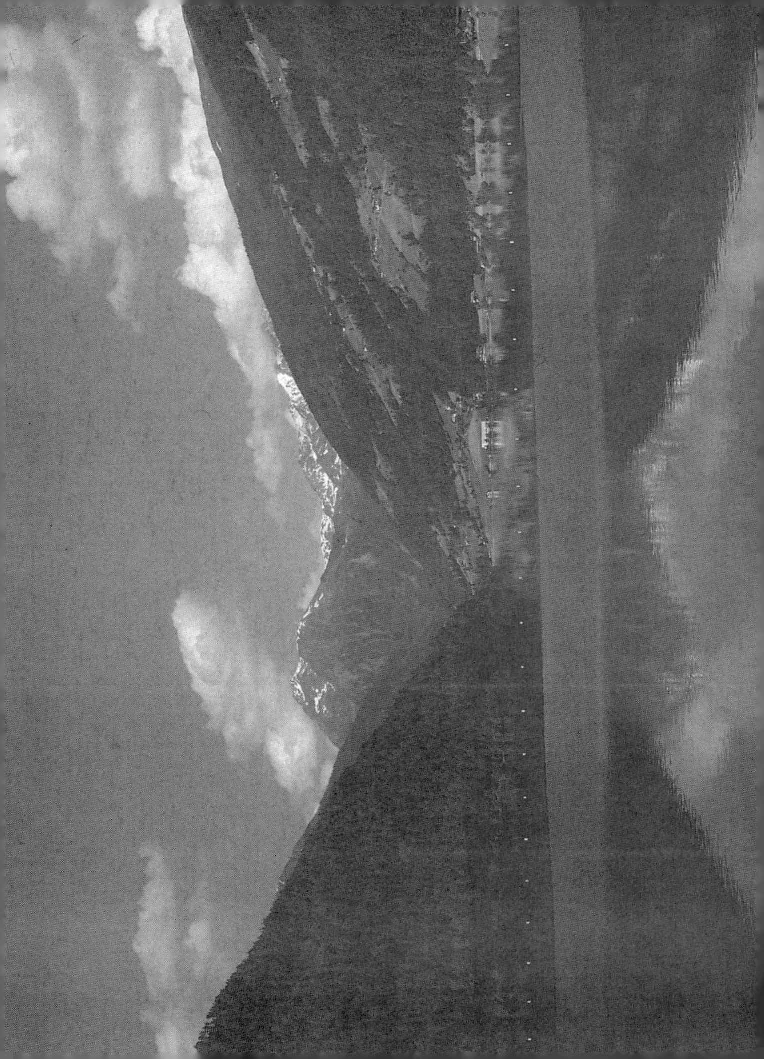

Anstiegswege:

- **875   Von der Haselgruber Hütte,** 2425 m (R 158)
    3 Std.

Wie unter R 870 bis vor die Karspitze, nun aber weiter auf Steig 12, der Kar- und Nebelspitze nicht berührt, sondern diese Gipfel durch ihre Flanken umgeht. Von einem Sattel östl. der Nebelspitze steil hinauf zu einer namenlosen Erhebung, 2600 m, mit schönem Tiefblick auf den Alplahner See. Jenseits über Schrofen hinab zum grünen Seeufer; 2 ¼ Std. Vom See auf Mark. 12 in der W-Flanke des Welschen Berges hinauf und dort an geeigneter Stelle rechts vom Weg ab und unschwierig weglos hinauf zum Gipfel.

- **876   Von St. Nikolaus,** 1265 m (R 78)
    4 ½—4 ¾ Std.

Wie unter R 541 in 2 ¾ Std. zur Klapfbergalm, 1944 m. Weiter auf dem Talweg 16 bis zur Abzw. der Mark. 12. Nun hat man zwei Möglichkeiten:
a) Auf Mark. 12 westw. bergan zu einem Sattel im Seitengrat nördl. des Welschen Berges und von dort südw. weglos über den Kamm zum Gipfel.
b) Weiter auf dem Talweg 16 in 1 Std. von der Klapfbergalm zum Klapfbergjoch, 2296 m. Vom Joch nun weglos, teils steil über Almgelände, Schrofen und zum Schluß über den breiten O-Grat auf den Gipfel.

- **877   ILMENSPITZE,** 2656 m

Einer der schönsten Aussichtspunkte im Ultental. Der Gipfel gab dem Kamm seinen Namen und beherrscht auf der N-Seite mit wuchtigem Felsbau die Almen um Auerberg- und Einertal. Auf dem Gipfel stehen ein weithin sichtbares Holzkreuz und als Besonderheit ein kleiner alter Bildstock.

Anstiegswege:

- **878   Von Kuppelwies,** 1135 m (R 77)
    4 Std.

Wie unter R 533 in 2 ¼ Std. zur Brizner Alm, 1932, im Einertal. Von dort führt der Steig 19 über einen alten Moränenrücken hinauf zum Faher- oder Maritscher Joch, 2240 m. Hier erinnern zwei Steine mit den Buchstaben B (= Bayern) und I (= Italien) an die Grenze zur napoleonischen Zeit. Vom Joch in die S-Flanke und über Grashänge sowie Schrofen steil hinauf zum Gipfelkreuz.

- **879** **Von St. Nikolaus,** 1264 m (R 78)
  3 ½ Std.

Wie unter R 539 in 2 ¼ Std. zur Seefeldalm, 2110 m, im Auerbergtal. Von dort auf mark. Weg in 10 Min. zum hübschen Seefeldsee, der auf seiner O-Seite von einem Schilfgürtel gesäumt wird. Weiter zum W-Grat und über diesen unschwierig hinauf zum Gipfel.

- **880** **Von Proveis,** 1420 m (R 111)
  3 ¾ Std.

Von der Kirche auf Fahrweg 2 A in südl. Richtung zu einem bewaldeten Rücken. Hier zweigt nach rechts eine Mark. 147 ab und quert westw. hinüber zum Rio della Valle. Dort trifft man auf Bez. 113, folgt ihr am Bach aufwärts und erreicht über Almgelände die Malga Valle, 1925 m; 2 Std. Hier kreuzt der Höhenweg 133, der die gesamte Nonsberger Seite des Ilmenkammes erschließt. Von der Alm auf Bez. 113 hinauf zum Faher- oder Maritscher Joch, 2240 m. Weiter wie unter R 878.

- **881** **SEESPITZE,** 2417 m

Doppelgipfel östl. der Ilmenspitze mit ähnlicher Aussicht.

Anstiegswege:

- **882** **Von Kuppelwies,** 1135 m (R 77)
  3 ¾ Std.

Wie unter R 533 in 2 ¼ Std. zur Brizner Alm, 1932 m, im Einertal. Von dort steigt man auf Weg 19 weiter über einen alten Moränenrücken hinauf zum Faher- oder Maritscher Joch, 2240 m. Hier verläßt man den mark. Weg und steigt ostw. weglos und mühsam über steile Hänge hinauf zum Gipfel.

- **883** **Von Proveis,** 1420 m (R 111)
  3 ½ Std.

Wie unter R 880 über die Malga Valle hinauf zum Faher- oder Maritscher Joch, 2240 m; 2 ¾ Std. Weiter wie unter R 882.

- **884 ULTENER- ODER ST. WALBURGER HOCHWART,**
  2626 m

Höchster Punkt des Bergstockes zwischen Samerjoch, 2195 m, und Hofmahdsattel, der das Ultental im N von Proveis im S trennt. Einzigartige Aussichtswarte für die Gletscherberge der Ortlergruppe, Ulten- und Etschtal sowie den Nonsberg. In der Ferne sieht man auch Dolomiten, Zillertaler Alpen, Brenta, Adamello- und Presanellagruppe.

Anstiegswege:

- **885** **Von St. Walburg,** 1120 m (R 76), **über die Seegrubenalm**
  4 ½ Std.

Wie unter R 529 in 2 ½ Std. zur Seegrubenalm, 1916 m, und weiter in 1 Std. zum Hochwartsee, 2193 m. Weiter auf Mark. 20 in Serpentinen steil in der W-Flanke hinauf zu einer Schulter im SW-Grat. Von dort über den breiten Gratrücken unschwierig auf den Gipfel.

- **886** **Von St. Walburg,** 1120 m (R 76), **über die Spitzner Alm**
  4 ½ Std. Trittsicherheit und Schwindelfreiheit erforderlich.

Wie unter R 530 in 1 ½ Std. zur Holzschlagalm, 1571 m, weiter gemäß R 531 in ½ Std. zur Spitzner Alm, 1839 m. Von dort auf Mark. 22 ziemlich steil durch lichten Wald und über Almgelände hinauf. Dann folgt eine längere Querung mit schöner Aussicht an der Waldgrenze. Durch zwei Kare, die ausgegangen werden, hinauf zu einem Sattel zwischen Hochwart und Schöngrubenspitze, 2400 m. Der Weiterweg erfordert absolute Trittsicherheit und Schwindelfreiheit! Entlang des schmalen Grates teilweise ausgesetzt weiter hinauf. Um einen größeren Felszacken herum, danach weiter hinauf zum Grat und über diesen zum Gipfel.

- **887** **Von Proveis,** 1420 m (R 111)
  4 Std.

Wie unter R 621 in 2 Std. zur Samerbergalm, 2180 m. In Kürze hinauf zum Samerbergjoch, 2195 m. Von dort auf dem Weg HW südöstl. des Samerberges hinauf zum Kamm, der die Mandelspitze trägt. Weiter zum S-Grat und über diesen hinauf zum Gipfel.

- **888** **KLEINE UND GROSSE LAUGENSPITZE,**
  2297 m bzw. 2434 m

Freistehender Doppelgipfel, der sich südl. über dem äußeren Ultental erhebt. Hauptgipfel ist die Große Laugenspitze, 2434 m, ostw. davon erhebt sich die Kleine Laugenspitze, 2297 m. Der einzigartige Rundblick umfaßt Ötztaler, Sarntaler und Zillertaler Alpen, Dolomiten, Brenta, Adamello, Presanella und die Ortlergruppe. Äußerst lohnend! Die Anstiegswege sind bis auf das letzte Wegstück auf die Große Laugenspitze unschwierige Wanderungen; nur die Anstiegswege auf den Hauptgipfel selbst verlangen Trittsicherheit. Etwas unterhalb der Großen Laugenspitze stand einst die 1874 erbaute Laugenhütte, 2385 m, der AV-Sektion Meran, zweite alpine Unterkunft Südtirols, von der aber heute nichts mehr zu sehen ist. An der Scharte zwischen beiden Gipfeln liegt malerisch der 80×75 m große Laugensee, 2182 m, der allerdings im Hochsommer manchmal fast ganz ausgetrocknet ist.

Anstiegswege:

- **889** **Von St. Pankraz,** 736 m (R 74), **über den Laugenhof**
  4 ½—5 ½ Std.

Wie unter R 519 in 1 Std. nach Mitterbad, 961 m (bis hierher auch Pkw-Zufahrt möglich). Weiter auf Bez. 8 steil durch den Wald des Marauntales hinauf zum Laugenhof, 1327 m; eine weitere Std. Das Wiesengelände beim Hof bietet eine schöne Aussicht ins Ultental. Links oberhalb des Hofes am Waldrand findet man eine Wegteilung. Von dort auf Bez. 8 A im Wald hinauf zur Ultener Laugenalm, 1748 m; 1 Std. In südl. Richtung hinauf zum Bergrücken, der von der Großen Laugenspitze in Richtung Hofmahd zieht; insgesamt 3 Std. Dort trifft man auf Bez. 133 und folgt ihr in einem Linksbogen bis unter den Gipfelkörper. In rund 2100 m Höhe gabeln sich die Wege. Nun hat man zwei Anstiegsmöglichkeiten:
a) Auf einem Steig mark. über den begrasten, teilweise steilen W-Kamm zunächst zu einem fast gleich hohen Vorgipfel, dann bequem hinüber zur Großen Laugenspitze selbst.
b) Von der Abzw. weiter auf Bez. 133 unterhalb des Kammes entlang, wobei man einen schönen Tiefblick auf den Deutsch-Nonsberg hat. Zum Schluß steil hinauf zum SO-Grat und über diesen hinauf zur Großen Laugenspitze oder vom Laugensee unschwierig auf die Kleine Laugenspitze.

- **890** **Von St. Pankraz,** 736 m (R 74), **über die Kitzerbichleralm**
  4 ½ Std. Trittsicherheit notwendig.

Auf der Talstraße oder neben dem Bach zunächst nach Bad Lad, 740 m (R 75). Hier beginnt Bez. 28, führt hinauf zum Silberhof, kreuzt einen Fahrweg und geht dann wieder steil im Wald und zuletzt über Wiesen hinauf zu den Buochenhöfen, 1224 m. Weiterhin im Wald steil bergan zur Kitzerbichleralm, 1831 m; 2 ¾ Std. Durch leichten Wald und über Almgelände zum Moarnegg. Dort beginnt der letzte, sehr steile, Trittsicherheit verlangende Anstieg über Schrofen durch die N-Flanke zur Großen Laugenspitze.

- **891** **Von St. Pankraz,** 736 m (R 74), **über das Platzerer Joch**
  5 Std.

Wie unter R 518 in 2 ½ Std. zum Platzerer Joch, 1550 m. Von dort südw. auf Bez. 10 entlang des bewaldeteten Bergrückens, den die Große Lau-

genspitze in Richtung N entsendet. Man umgeht den Innerberg auf seiner S-Seite, erreicht schließlich die Baumgrenze und steigt über steilen Schutt hinauf zur Laugenscharte und zum Laugensee, 2182 m; weitere 2 Std.
Von dort erreicht man nach links unschwierig in ¼ Std. die Kleine Laugenspitze, während man zur Großen Laugenspitze zwei Aufstiegsmöglichkeiten hat:
a) Vom See auf undeutlichen Kehren hinauf zum N-Grat und über diesen zum höchsten Punkt.
a) Vom See westw. in wenigen Min. zum O-Grat und über diesen hinauf zum Gipfel.

- **892** **Von Platzers,** 1280 m (R 70), **über das Platzerer Joch**
  3 ½ Std.

Am südl. Ortsende von Platzers zweigt nach rechts ein Fahrweg ab, der die Bez. 10 hat. Er führt anfangs recht steil südwestw. hinauf, wird dann aber unangenehmer und zieht nordwestl. zum Platzerer Joch, 1550 m, hinauf; 1 Std. Weiter wie unter R 891.

- **893** **Von Platzers,** 1280 m (R 70), **über den Gampenpaß**
  3 ½ Std.

Am südl. Ortsende zunächst auf Fahrweg 10 ab, von dem jedoch gleich im Wald die Bez. 11 abzweigt. Dieser Weg führt an einem Gehöft vorbei, dann im Wald aufwärts zu einer großen sumpfigen Wiese, weiter in südl. Richtung, zuletzt auf einem Fahrweg hinab zur Gampenpaßstraße und auf dieser zur Paßhöhe, 1518 m, hinauf; 1 Std.
Vom Gampenpaß (R 71) hat man zwei Anstiegsmöglichkeiten:
a) Auf Bez. 133 gleich steil im lichten Wald aufwärts, wobei man einen schönen Blick insbesondere auf den langen, bewaldeten Mendelkamm hat. Schließlich erreicht man die Baumgrenze und kommt um den S-Fuß der Kleinen Laugenspitze herum in das Tal des Laugenbaches. Dort erblickt man erstmals die Große Laugenspitze und steigt über Almböden hinauf zum Laugensee; 2 Std. vom Paß.
b) Vom Gampenpaß ein Stück südw. bis vor das Straßenwärterhäuschen. Hier zweigt rechts die Bez. 10 ab und führt im Wald zunächst südw. bis man auf den Weg von Unsere Liebe Frau im Walde trifft. Nun steiler hinauf zur Laugenalm, 1853 m, mit Sicht auf das Gipfelmassiv. Von dort bald aus dem Wald heraus und auf einem steinigen Weg durch Alpenrosenfelder und über Almgelände hinauf zum SO-Grat der Großen Laugenspitze; 2 ½ Std.
Die beiden Gipfel erreicht man von den verschiedenen Ausgangspunkten wie unter R 891 beschrieben.

- **894 Von Unsere Liebe Frau im Walde,** 1351 m (R 105)
  3 Std.

Vom Ortszentrum zur Umgehungsstraße, von der in nördl. Richtung ein Fahrweg in den Wald abzweigt. Auf diesem etwa 10 Min. entlang, bis bei einer Brücke über den Laugenbach die Bez. 10 unvermittelt nach links abzweigt. Im Wald teilweise recht steil aufwärts zur Abzw. der vom Gampenpaß kommenden Anstiegsvariante und zur Laugenalm. Weiter wie unter R 893 b.

- **895 Von Unsere Liebe Frau im Walde,** 1351 m (R 105), **über den Gampenpaß**
  3—3 ½ Std.

Vom Bergdorf nordw. auf einem unbez. Fahrweg empor. Dort, wo dieser bei einem verfallenen Haus endet, geradeaus auf schmalem Wiesenweg weiter. Man erreicht schließlich die Autostraße etwas unterhalb des Gampenpasses und kommt auf ihr zur Paßhöhe; ½ Std. von Unsere Liebe Frau im Walde. Von dort hat man die unter R 893 a und b beschriebenen Anstiegsmöglichkeiten.

- **896 Von Proveis,** 1420 m (R 111)
  4 ½—5 Std.

Wie unter R 520 in Gegenrichtung in 2 ½ Std. auf den Hofmahdsattel, 1813 m, mit der Castrinalm. Von dort auf Weg 133 ostw. steil durch Alpenrosenfelder und lichten Wald hinauf auf das weite Almgelände oberhalb der Malga Lucar, auch Piano di Bella Selva genannt. Man trifft schließlich auf Weg 8 A von der Ultener Laugenalm. Weiter wie unter R 889.

4. Mendelkamm

- **910 GANTKOFEL (MACAION),** 1868 m

Höchste Erhebung im nördl. Teil des Mendelkammes, jedoch wenig ausgeprägter Gipfel mit vom Etschtal aus sichtbarer, markanter, vorspringender Felsnase. Auffallend sind die gewaltigen, senkrechten Felsabstürze an seiner O-Seite. Das Gipfelkreuz steht etwas nördl. des höchsten Punktes. Trotz seiner geringen Höhe bietet der Gipfel eine Aussicht, die sogar die des viel berühmteren Penegals übertrifft. Einzigartig sind die Tiefblicke etschtalauf- und -abwärts gegen Meran und Bozen. Herrlich sind auch die Dolomitensicht und der Fernblick über die Sarntaler Alpen hin zur Alpenhauptkette. Der Gantkofel, über den die Provinzgrenze verläuft, bietet zahlreiche Anstiegswege aus allen Himmelsrichtungen, die nachfolgend beschrieben sind. Während die Aufstiege aus dem Etschtal Ausdauer, teilweise auch Trittsicherheit verlangen, sind die Zugänge vom Nonsberg her gemütliche Bergwanderungen.

Anstiegswege:

- **911   Von Prissian,** 612 m (R 68)
  4 ½—5 Std.

Wie unter R 503 bzw. R 505 in 1 ½—2 Std. nach Obersirmian (St. Apollonia), wobei man aus Richtung Prissian nicht unbedingt zum Fuß des Kirchenhügels absteigen muß, sondern vorher geradeaus einen Abkürzungsweg benutzen kann. Vom Parkplatz unterhalb des Kirchenhügels gerade hinauf (Bez. 7/8 A/9/M), am Rainerhof vorbei zu einer Forststraße, auf dieser bis zur nächsten Abzw., dort links steil bergan zu einer schönen, langgestreckten Bergwiese (Stockerboden), an deren unterem Ende man aufsteigt; ½ Std. Oberhalb des Stockerbodens zweigen nacheinander der Tränkweg sowie die Bez. M und 9 ab. Folgt man weiterhin der Bez. 7/8 A, kommt man südwestw. fast eben durch schönen Wald zu einer Lärchenwiese oberhalb von Gaid; weitere 40 Min. Von hier kann man auf Weg 8 A in ½ Std. nach Gaid absteigen. Die Bez. 7 führt jedoch nach rechts unter den Mendelabstürzen durch einen weiten Graben. Nach Einmündung der Bez. 15 und 10 führt der Weg 7 teilweise sehr steil im Wald empor. Man kommt schließlich durch felsiges Gelände und passiert ein kurzes, etwas ausgesetztes Wegstück. Nach ¾ Std. Aufstieg von der letzten Abzw. trifft man im dichten Fichtenwald (Eisenstatt genannt) am Rand des Mendelkammes auf Weg 512. Von dort linker Hand auf Bez. 7/512 etwa 20 Min. steil im Wald aufwärts. Bei einem kurzen ebenen Stück verläßt die Mark. links den Karrenweg, und man gelangt in weiteren 10 Min. zum Gantkofel.

- **912   Von Nals,** 331 m (R 81), **über Obersirmian**
  Etwa 5 Std.

Gemäß R 561 in 1 ¾ Std. nach Obersirmian (St. Apollonia), weiter wie unter R 911.

- **913   Von Nals,** 311 m (R 81), **über Gaid**
  Etwa 4 ½ Std.

Schloß Tirol gegen die Verdinser Plattenspitze, 2675 m (Bildmitte), und Großen Ifinger, 2581 m (rechts), beide in den Sarntaler Alpen bei Meran gelegen.

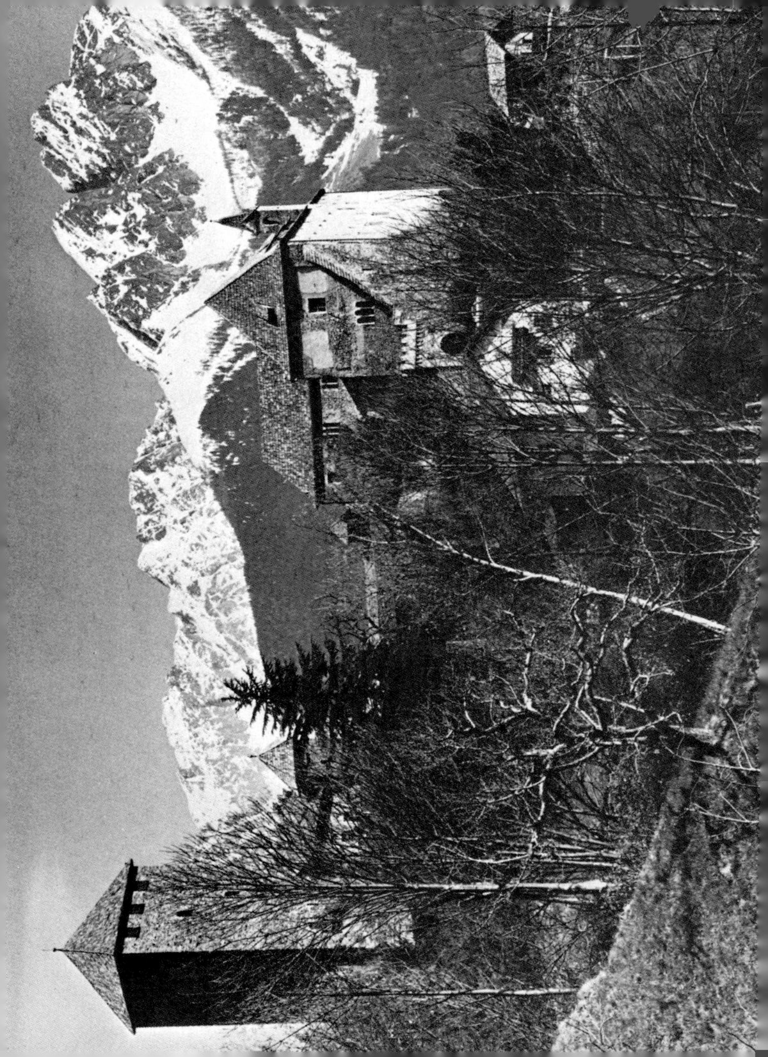

Zunächst wie unter R 564 in 2 Std. nach Gaid, weiter wie unter R 569 nach Eisenstatt, dann gemäß R 911 zum Gipfel.

- **914**   **Von Andrian,** 283 m (R 82), **über Gaid**
         Etwa 4 ½ Std.

Wie unter R 566 in 1 ¾ Std. nach Gaid, weiter wie unter R 569 nach Eisenstatt, dann wie unter R 911 auf den Gantkofel.

- **915**   **Von Perdonig,** 800 m, **über Eisenstatt**
         Etwa 3 Std.

Oberhalb vom Ghs. Wieser beginnt an der Straße nach Gaid auch der Höhenweg 10. Die Bez. folgt zunächst einem Forstweg, führt dann als Steig durch einen Graben und trifft im Wald schließlich auf Bez. 7, der man nach links aufwärts folgt (s. R 911).

- **916**   **Von Perdonig,** 800 m, **über die Große Scharte**
         3 Std.

Von der Straße nach Gaid zweigt oberhalb vom Ghs. Wieser links der Eppaner Höhenweg 9 ab. Auf ihm im Wald aufwärts. Man kreuzt später die Forststraße, steigt in Kehren weiter an und hat bald einen schönen Blick auf Bozen. Etwa nach 1 Std. zweigt unterhalb der Felswände nach rechts der Weg 536 ab. Dieser führt steil hinauf zum Schuttgelände unterhalb der Scharte, über das man aufsteigt und nach Passieren des Felseinschnittes die Kammhöhe mit einer schönen Wiesenmulde erreicht; weitere 1 ½ Std. Hier trifft man auf die Mark. 512 und folgt ihr nach rechts aufwärts. Noch vor dem Gipfel erreicht man den Fahrweg 513 und folgt nach rechts aufwärts den Bez. 512/513 zum Gantkofel.

- **917**   **Von St. Pauls-Eppan,** 389 m (R 88), **und St. Michael-Eppan,**
         471 m (R 89), **über die Große Scharte**
         Etwa 5 Std.

Gemäß R 573 bzw. R 574 in 1 ¾ Std. zum Ghs. Buchwald. Steigt man von dort auf Bez. 536/546 im Wald zu einer Forststraße auf, die Teil des Eppaner Höhenweges ist, und folgt dieser nach rechts, erreicht man unterhalb vom Steilabfall des Mendelkammes in etwa 1 Std. vom Ghs. Buchwald die Abzw. der Mark. 536. Weiter wie unter R 916.

- **918**   **Von St. Pauls-Eppan,** 389 m (R 88), **und St. Michael-Eppan,**
         471 m (R 89), **über die Kematscharte**
         Etwa 5 Std.

Wie unter R 573 bzw. R 574 in 1 ¾ Std. zum Ghs. Buchwald. Weiter auf Bez. 536/546 hinauf zum Eppaner Höhenweg. Dieser wird jedoch nur gekreuzt, und man gelangt steil in mühsamem Aufstieg auf Mark. 546 durch eine steile Fels- und Geröllschlucht mit Eisenleiter in die Kematscharte, auch Kleine Scharte genannt, 1718 m; etwa 2 Std. vom Ghs. Buchwald. Auf der Kammhöhe trifft man auf Weg 512 und folgt diesem durch lichten Wald nach rechts, trifft oberhalb der Großen Scharte auf die Einmündung der Bez. 536 und erreicht schließlich den von Fondo heraufkommenden Fahrweg 513; von dort nach rechts in wenigen Min. auf den Gipfel.

- **919** **Von St. Pauls-Eppan,** 389 m (R 88), **und St. Michael-Eppan,** 471 m (R 89), **auf dem „Neuen Weg"**
  Etwa 5 Std.

In 1 ¾ Std. wie unter R 573 bzw. R 574 beschrieben zum Ghs. Buchwald. Dort weiter auf Bez. 545, die den Eppaner Höhenweg 9 kreuzt und anfangs als breiterer Karrenweg südwestw. ansteigt. Dieser wird schließlich nach rechts verlassen, und die Mark. steigt nun steiler, aber immer als guter Weg, zur Höhe des Mendelkammes auf. Von allen bisher genannten Aufstiegswegen ist dies der ungefährlichste und vielleicht auch angenehmste. Auf der Höhe des Mendelkammes geht es durch lichten Wald westw. zu den Niederfriniger Wiesen, auch Prinzwiesen genannt. Hier trifft man bei der Prinzhütte (Baita Prinz, 1530 m) auf den Weg 512; 2 Std. vom Ghs. Buchwald. Diesem folgt man nordw. (nach rechts) und kommt immer im leichten Anstieg durch lichten Wald und über schöne Bergwiesen hinauf zum Gantkofel (s. auch unter R 920).

- **920** **Von St. Michael-Eppan,** 471 m (R 89), **über die Furglauer Scharte**
  Etwa 5 Std. Stellenweise Trittsicherheit notwendig.

Vom Ortszentrum westw. auf mit Nr. 540 bez. Nebenwegen in ½ Std. zur Jausenstation Steinegger (schöner Rundblick), weiter in gerader Linie im Tal des Furglauer Baches aufwärts. Man kreuzt den Eppaner Höhenweg 9 und kommt immer steiler in Kehren durch das Schluchttal hinauf, wobei an zwei Stellen Trittsicherheit erforderlich ist. Bei der Furglauer Scharte, 1496 m, 3—3 ½ Std. von St. Michael-Eppan, hat man die Höhe des Mendelkammes erreicht. Hier breiten sich freundliche Lärchenwiesen aus, und man folgt nach rechts der Bez. 512, auf der man in etwas weniger als ½ Std. zu einem sumpfigen Wiesengelände, den Niederfriniger Wiesen oder Prinzwiesen mit der Prinzhütte (Baita Prinz, 1530 m) kommt. Hier zweigen auch die Wege 545 und 514 ab. Von der Prinzhütte steigt man immer durch schönen, lichten Wald auf, passiert die Abzw. des Weges 546 und erreicht nach einer weiteren ¾

Std. eine schöne Wiesenmulde mit etwas tiefer liegender Quelle. Hier zweigt der Steig 536 durch die Große Scharte ab. Folgt man weiterhin der Mark. 512, trifft man schließlich auf den von Fondo kommenden Fahrweg und erreicht in einer weiteren ½ Std. von der Abzw. des Weges 536 zuletzt rechts haltend den Gantkofel.

- **921　Vom Mendelpaß,** 1363 m (R 94), **über den Penegal**
  3 ½ Std.

Wie unter R 928 in 1 ¼ Std. zum Penegal, 1750 m (R 926). Von dort nun in nördl. Richtung auf einen Fernsehsender zu, vorher jedoch links vom Fahrweg ab und durch lichten Wald mit Wiesen in einer guten ½ Std. hinab in die Furglauer Scharte, 1496 m; weiter wie unter R 920.

- **922　Von Ruffrè,** 1175 m (R 115), **über die Regole**
  3 ¾ Std.

Vom Ortszentrum in nördl. Richtung auf der Autostraße zur Häusergruppe Giordani, dort auf einem Fahrweg (unbez.) ab und in leichtem Anstieg hinauf zur Mendelpaßstraße, die man in 20 Min. unweit vom Hotel Paradiso erreicht. Hier findet man den Beginn des Weges 514, der größtenteils als Fahrweg durch Wald oder über schöne, große Wiesen, vorbei an etlichen Sommerhäuschen zu den Schutzhütten Regole und Il Falchetto (R 161) führt; 1 Std. von Ruffrè. Beim Regole-Schutzhaus trifft man auf die von Fondo kommende Autostraße, folgt ihr wenige Meter nach rechts bis zu ihrem Ende vor dem Rifugio Il Falchetto und zweigt dort links auf einer weiterhin mit 514 bez. Forststraße in den Wald ab. Dieser Forstweg führt an den oberen Rand eines Tales, das gegen den Mendelkamm hochzieht, und folgt diesem etwa ½ Std. Bei einer Wegteilung links gemäß Bez. weiter und nun nordostw. durch lichten Wald aufwärts, bis man nach etwa 1 ½ Std. von den Schutzhütten die Wegkreuzung bei der Prinzhütte, 1530 m, erreicht; weiter wie unter R 920.

- **923　Von Fondo,** 988 m (R 108)
  3 Std.

Vom Ortszentrum in nördl. Richtung zur Gampenpaßstraße. Hier zweigt man rechts eine anfangs asphaltierte Nebenstraße ab, auf der man vorbei am Smeraldosee in einem kleinen Waldtal ansteigt. Nach etwa ¾ Std. nimmt man bei einer ausgeschilderten Wegteilung den rechten Fahrweg und gelangt auf diesem, immer in angenehmer Steigung, durch Wald und über schöne Wiesen in nordöstl. Richtung auf den Gantkofel.

- **924 Von Tret,** 1162 m (R 107), **über den Felixer Weiher**
  3 Std.

Vom Ortszentrum hinauf zur Gampenpaßstraße, wo man bei der Einmündung der Ortszufahrt das Albergo Alpino und den Beginn des Weges 512 findet. Die Bez. führt rechts vom Ghs. aufwärts, kreuzt mehrmals einen dort ebenfalls beginnenden Fahrweg oder folgt diesem auch kurz, bis man durch lichten Wald mit kleinen Wiesen in 1 ¼ Std. das Ufer des hübschen Felixer Weihers erreicht hat. An seinem linken Ufer entlang bis vor die etwas oberhalb des Sees gelegene Jausenstation Waldruhe, hier rechts (südw.) durch ein großes Wiesengelände, nach dessen Duchquerung man im Wald einen Zaundurchlaß erreicht, der gleichzeitig die Provinzgrenze darstellt. Hier zweigen rechts die Wege 511 und 517 ab, während man links auf Bez. 512 immer leicht auf und ab den oberen Rand des Tales erreicht, in der die Malga di Fondo liegt. Hier nun auf schmalem Steig zu einer Tränke hinab. Bald danach trifft man auf einen von der Malga di Fondo heraufkommenden Fahrweg, folgt ihm kurz bergan, um dann auf einem Karrenweg weiter aufzusteigen. Im dichten Fichtenwald trifft der Weg 512 nach 1 ¼ Std. vom See auf die Abzw. der Bez. 7. Von dort nun auf Mark. 7/512 etwa noch 20 Min. steil im Wald aufwärts. Bei einem kurzen ebenen Stück verläßt die Mark. links den Karrenweg, und man kommt in weiteren 10 Min. auf den Gipfel.

- **925 Von St. Felix,** 1225 m (R 106), **über den Felixer Weiher**
  2 ¾ Std.

Wie unter R 612 in 1 Std. zum Felixer Weiher, weiter gemäß R 924.

- **926** **PENEGAL,** 1737 m

Leicht erreichbare Erhebung nördl. des Mendelpasses, 1363 m, von der man eine großartige Aussicht genießt. Obwohl der Berg durch eine gut ausgebaute, private Mautstraße, Hotel, Restaurant und Aussichtsturm voll erschlossen ist, gibt es auch noch Zugangswege, die erwandert sein wollen. Der Rundblick vom Penegal ist einer der schönsten und weitesten der Alpen überhaupt, weil er durch keine unmittelbar vorgelagerte Bergkette eingeengt wird. Imposant ist der Nahblick über die ostw. fast senkrecht abfallenden Felswände hinab auf das Überetsch und Etschtal, dessen Verlauf man weit verfolgen kann. Den im Mendelkamm nördl. vorgelagerten Gantkofel kann man allerdings nicht sehen. Im W geht der Blick über das weniger steil abfallende, wellige Gelände des Nonsberges mit den zahlreichen Haufendörfern und den tief in diese Hochfläche eingeschnittenen Schluchten. In der Ferne steigt die Felsenwand der Brentagruppe auf; man erblickt die Gardaseeberge, die Gletscherwelt des Ortlermassivs, der Adamello- und Presanellagruppe. Im N geht die Sicht über die Sarntaler Alpen bis zum Alpenhauptkamm, und im O ragt über den vielgegliederten Dolomiten bei gutem Wetter am Horizont noch das Großvenedigermassiv auf.

- **927** **Von St. Michael-Eppan,** 471 m (R 89)
  Etwa 4 Std.

Wie unter R 920 in 3—3½ Std. Std. hinauf zur Furglauer Scharte, 1496 m. Von dort südw. nun nicht mehr ganz so steil über freundliche Lärchenwiesen und durch lichten Wald, zuletzt bei einem Fernsehsender vorbei und dann auf breiterem Weg zum Penegal.

- **928** **Vom Mendelpaß,** 1363 m (R 94)
  1 ¼ Std.

Kurz vor der Paßhöhe beim ALBERGO DOLOMITI beginnt der Weg 512 und führt durch Wald in nördl. Richtung entlang des Steilabfalles hinauf. Etwa nach halber Wegzeit trifft man auf die Autostraße und folgt ihr zunächst ein Stück nach rechts. Die Bez. 512 verläßt dann wieder die Straße, folgt ihr später nochmals kurz und führt dann mehr oder weniger parallel zu ihr bis zum Hotel Facchin, von wo man in Kürze den Penegal erreicht.

- **929** **Von Fondo,** 988 m (R 108)
  2 ½ Std.

Vom Hotel Posta im südl. Ortsteil auf einer Nebenstraße, die sofort die Umfahrungsstraße überbrückt, hinauf in den Nachbarort Malosco. Im Ortszentrum findet man den Beginn der Mark. und zweigt am oberen Ortsende links auf einer Nebenstraße (Viale Alpino) zum Waldrand ab. Dort, wo die Straße am Waldrand nach rechts abzweigt, hält man sich links und trifft so auf den Beginn des Waldweges 508, der eine größere Kurve der Autostraße abkürzt und diese unterhalb eines Bildstockes erreicht. Von dort das letzte Stück auf der Autostraße, an deren Ende man die Schutzhäuser Regole und Il Falchetto passiert; bis hierher 1 ¼ Std. Von den Schutzhütten weiter im Wald aufwärts zunächst zur Malga di Malosco, 1546 m, und von dort weiter in der bisherigen Richtung durch Wald oder über Almwiesen hinauf zum Penegal.

- **930** **ROÈN (MONTE ROÈN),** 2116 m

Höchste Erhebung des langgestreckten Mendelkammes westl. über Tramin. Gewaltig und steil sind die O-Abstürze vom Gipfel in das Höllental, während seine W-Flanke sanft und größtenteils bewaldet gegen den

Nonsberg abfällt. Vom Gipfel genießt man dank der freistehenden Lage eines der schönsten Alpenpanoramen. Neben den Tiefblicken ins Etschtal und auf den Nonsberg sind besonders die Fernblicke zum Alpenhauptkamm, den vielgegliederten Dolomiten, auf Brenta, Adamello, Presanella und das Ortler-Hauptmassiv erwähnenswert. Der Name ist rätoromanischen Ursprungs, und nur wenige Einheimische kennen den eigentlichen deutschen Namen „Rovenberg", der sich nicht durchsetzen konnte.

Anstiegswege:

- **931 Vom Mendelpaß,** 1363 m (R 94)
  3 Std.

Unweit der Bergstation der Mendel-Standseilbahn beginnt das Fahrsträßchen 521, auf dem man in südl. Richtung vorbei an Sommerhäuschen in 20 Min. die Enzianhütte erreicht. Von dort halblinks weiter (rechts kommt man auf Weg 555 in wenigen Min. zur Golfhütte). Durch Wiesengelände, nachher im Wald empor, den Fahrweg abkürzend; erreicht man nach insgesamt 1 Std. die Halbweghütte, 1594 m (R 163) in deren Nähe sich auch noch die Mexicohütte befindet. Hier liegt die Bergstation des Sessellifts, dessen Talstation die Golfwiesen sind (dorthin Autostraße vom Mendelpaß). Bei der Halbweghütte endet das Fahrsträßchen, und man kommt wenige Min. nach der Hütte zur Abzw. des Weges 538. Dann geht es durch schönen Nadelwald immer in südl. Richtung weiter angenehm aufwärts. Nach einer weiteren Std. erreicht man die Roènalm, 1773 m (R 164). Von dort steigt der Weg 521 zunächst schräg im Wald auf der Nonsberger Seite des Gipfels an. Etwa auf halbem Weg von der Roènalm erreicht man die Baumgrenze. Nun südostw. durch Legföhren, Grünerlen, Zwergwacholdersträucher und Alpenrosen hinauf zum Almgelände mit dem Gipfel; 1 Std. von der Roènalm.

- **932 Von Kaltern,** 426 m (R 96), **über den Prazöller Steig**
  6 Std.

Zunächst auf der nach Altenburg führenden Autostraße bis kurz vor die Sportanlagen. Hier rechts auf dem Forstweg Ziegelstadel ab, von dem gleich nach Beginn der Weg 538, auch Prazöller Steig genannt, abzweigt. Dieser Weg führt im Altenburger Wald zunächst hinauf zum Kalterer Höhenweg und steigt dann steil und anstrengend über den Vorgipfel Prazöll, 1421 m, zum Mendelkamm empor. Dieser wird oberhalb der Halbweghütte, 1594 m (R 163), erreicht, wo der Steig in den Weg 521 einmündet, auf dem man nach rechts in wenigen Min. zur Hütte gelangt, links aber wie unter R 931 zum Roèn kommt.

● **933 Von Kaltern,** 426 m, **über den Langen Steig**
5 ½—6 Std.

Wie unter R 578 in 1 ½ Std. zum Forsthaus Ziegelstadel. Folgt man nun weiter der Forststraße über den Altenburger Bach, kommt man bald zur Abzw. des Weges 523, der auch Langer Steig oder Göllersteig genannt wird. Man kommt steil hinauf zum NO-Fuß des Kleinen Göllers, trifft dort auf Weg 10 und gelangt dann auf der N-Seite der Bergkuppe in den Taurissattel, 1506 m, wo der Weg T einmündet. Bald danach erreicht man eine Wasserstelle, passiert einen kleinen Wasserfall und steigt nochmals steil zur erst ganz zuletzt sichtbaren Überetscher Hütte, 1773 m, (R 165) auf, die man in rund 3 Std. vom Forsthaus Ziegelstadel erreicht. Von der Überetscher Hütte kann man den Roèngipfel auf verschiedenen Wegen erreichen:
a) Der bequemste Anstieg führt zunächst auf einem Karrenweg nordwestw. in 20 Min. zur Roènalm (R 164); weiter wie unter R 931.
b) Der kürzeste Zugangsweg ist ein für Wanderer nicht geeigneter, mit Seilen gesicherter einfacher Klettersteig, der durch die steilen O-Wände in 45 Min. auf den Gipfel führt.
c) Südw. gelangt man auf dem Trittsicherheit verlangenden Gemsensteig 557 unter den gewaltigen O-Abstürzen des Gipfels im oberen Höllental durch den S-Kamm, 1 Std., wo man auf Weg 501 trifft, dem man ½ Std. nordw. über die Almmatten zum Gipfel folgt.

● **934 Von Altenburg,** 615 m (R 97)
4 ½—5 Std.

Wie unter R 586 a auf Weg 9 F in ½ Std. zur Forststraße beim Forsthaus Ziegelstadel; weiter wie unter R 933.

● **935 Von Tramin,** 276 m (R 100), **über „Lungenfrisch"**
5 ½—6 Std.

Wie unter R 586 b in 1 ½ Std. zum Gummerer Hof. Weiter steil hinauf gemäß Mark. 10 zur Höhe Lungenfrisch und zum O-Fuß des Kleinen Göllers, wo man auf den Weg 523 trifft, weiter wie unter R 933.

● **936 Von Tramin,** 276 m (R 100), **durch das Höllental**
5—5 ½ Std.

R 581 b hinauf zu dem dort erwähnten Fahrweg. Diesem folgt man bis zu einer Einmündung in die Forststraße Zoggler und findet dort etwas rechts die Fortsetzung des Bez. T. Durch einen steilen Hohlweg dann hinauf zur Kreuzung mit dem Traminer Höhenweg 9, 925 m, dort auch Wasserstelle; 1 ¾ Std. von Tramin. Von hier führt der schmale Taurispfad steil hinauf zum Taurissattel, 1506 m; weiter wie unter R 933.

- **937 Von Tramin,** 276 m, **über das Wetterkreuz**
  6 Std.

Zunächst wie unter R 581 a zur Zogglerhofruine, weiter gemäß R 585 zum Forstweg Obere Schmiedebene, wo der Traminer Höhenweg beginnt; 2 Std. In gleicher Richtung weiter aufwärts. Man trifft dann in weiteren 10 Min. nochmals auf die Forstraße unweit von ihrem Ende und erreicht weiter oben im Wald die Einmündung des unmark., auf den Karten mit 6 A bez. Weges. Nun zunächst nordostw. dann südwestl. über die Kanzel hinauf zum Mendelkamm, wo man auf Weg B trifft; 4 ½ Std. von Tramin. Weiter nach rechts auf einem Karrenweg mit den Bez. 6 und B in 10 Min. zur Abzw. des Weges 501 beim alten Wegkreuz. Von hier kann man auf Bez. 6 in ¼ Std. entlang des Steilabfalles zum etwa in 1950 m Höhe stehenden neuen Wetterkreuz aufsteigen. Weite Fernsicht ins Etschtal und hinüber zu den Dolomiten! Auf den Roèn gelangt man von hier auf Weg 501, der auf der Nonsberger Seite um den Schwarzen Kopf, 2030 m, herumführt (Besteigung unschwierig möglich); dann an den Rand des Steilabfalles führt, wo der Gemsensteig 557 abzweigt und in 1 Std. die Überetscher Hütte erreicht. Von dieser Abzw. geht es über Almmatten immer am Steilabfall entlang in ½ Std. auf den Gipfel.

- **938 Von Kurtatsch,** 333 m (R 101)
  6 Std.

Wie unter R 588 in 1 Std. zum Bergdorf Graun. Weiter nordw. auf der Autostraße, von der bald links der Forstweg 1 abzweigt. Die Mark. kürzt den Verlauf der Forststraße verschiedentlich ab und kommt schließlich zu der Stelle, wo Bez. 1 links den Forstweg verläßt. Bleibt man jedoch auf dem jetzt mit 1 A bez. Weg, kommt man in mehreren Serpentinen hinauf zum Coreder Joch, 1780 m, und hat dort die Höhe des Mendelkammes erreicht; 3 Std. von Graun. Nach rechts auf Bez. B in etwas weniger als ½ Std. zur Einmündung des Weges 6; weiter wie unter R 937.

- **939 Von Vervo,** 886 m (R 121)
  4 ¾ Std.

Auf der Autostraße bzw. dem abkürzenden Wanderweg in 1 ¼ Std. zum Rifugio Sóres, 1210 m, auf der Predaia-Hochebene. Weiter in östl. Richtung auf einem mit 503 bez. Fahrweg durch lichten Wald in ½ Std. zum Rifugio Predaia, 1396 m, in aussichtsreicher Lage. Vom Schutzhaus zunächst ostw. auf dem gesperrten Fahrweg in Richtung Malga Rodezza, bis links Bez. 530 abzweigt. Diese Mark. führt durch den sanften W-

Abfall des Mendelkammes durch Wald und über Wiesen in nordöstl. Richtung zur Malga di Coredo, 1624 m, wo man auf Weg 501 trifft. Von der verlassenen Alm auf recht steinigem Karrenweg hinauf zur Kammhöhe, die man beim Wetterkreuz erreicht; 2 ½ Std. ab Predaiahütte. Weiter gemäß R 937.

- **940   Von Tres,** 815 m (R 121)
    5 Std.

Vom Ortszentrum ein Stück die Autostraße in Richtung Vervo aufwärts, bis man den Beginn der Mark. 530 findet. Diese zweigt nach links ab und führt im Wald angenehm auf breiteren Wegen hinauf zum Rifugio Sóres, 1210 m, an der die Predaia-Hochebene führenden Autostraße, 1 ½ Std. Weiter gemäß R 939.

- **941   Von Coredo,** 831 m (R 120), **über die Malga Coredo**
    4 ½ Std.

Der Weg führt zunächst auf einer schmalen Autostraße zum Ort Smarano, weiter in östl. Richtung auf einer kleinen asphaltierten Nebenstraße, die später in die auf die Predaia-Hochebene führende Autostraße einmündet. Auf dieser ein Stück entlang bis zum Ghs. Sette Larici, 1152 m; 1 ¼ Std. von Coredo. Bis hierher kann man auch mit dem Auto fahren. Der Gasthof liegt am Beginn eines breiten Fahrweges, der in das Val di Verdes führt. Das Waldtal bietet keine Aussichten, und man steigt immer auf einem Fahrweg, der weiter oben allerdings in schlechtem Zustand ist, auf zur verlassenen Malga di Coredo, 1624 m. Nun auf recht steinigem Karrenweg hinauf zur Kammhöhe beim Wetterkreuz. Weiter gemäß R 937.

- **942   Von Coredo,** 831 m (R 120), **über die Malga di Sanzeno**
    5 ½ Std.

Auf dem Viale dei Sogni, einem bequemen Waldweg, erreicht man in nordöstl. Richtung im Wald den Lago di Coredo und dann den Lago di Tavon. Von dort nordw. in das Val di Verdes, wo man auf den von Sanzeno kommenden Weg trifft (in diese Richtung in insgesamt 45 Min. nach San Romedio). Nach rechts (Bez. 537) jedoch kurz im Val di Verdes entlang, dann in einem Nebental, dem Val di Dermulo, aufwärts zur Baita del Vescovo (Bischofshütte, 1438 m), und zur Malga di Sanzeno, 1614 m. Weiter auf einem von Don kommenden Fahrweg zur zerstörten Malga Don, 1660 m, und dann in ein kleines Tal, das auf einem Fußsteig durchquert wird, bis man die zerstörte Malga d'Amblar, 1729 m, erreicht. Von dort rechts aufwärts, immer Bez. 537, zur Roènalm, 1773 m; 4 ½ Std. von Coredo. Weiter wie unter R 931.

- **943 Von Sanzeno,** 640 m (R 118)
  6 Std.

In 45 Min. auf der Autostraße nach San Romedio, 718 m (R 119). Dort befindet sich der Anfang des Weges 537, in den bald ein anderer von Coredo einmündet. Weiter wie unter R 942 und R 931.

- **944 Von Cavarneo,** 973 m (R 116)
  3 ½ Std.

Von der nach Amblar führenden Autostraße zweigt bald die Mark. 531 ab und führt zu den Mühlen von Amblar bei der Brücke über den Linorbach. Hier zweigt auch ein kurzer Verbindungsweg 556 ab, der durch das Tal des Linorbaches in ¾ Std. nach Ruffrè (R 115) führt. Von der Brücke weiter auf dem zur Roènalm führenden Fahrweg bzw. der diesen Fahrweg teilweise abkürzenden Bez. 531 zunächst zur Baito Romeno-Bert, 1220 m; bis hierher 1 Std. Nun immer durch Wald angenehm ansteigend bis zur Roènalm, 1773 m; 2 ½ Std. von Cavareno. Weiter wie unter R 931.

- **945 Von Ruffrè,** 1175 m (R 115)
  3 ¼ Std.

Vom Ortszentrum südöstl. zum Hof Coflari und durch Wald auf Weg 555 zu den Golfplätzen mit der Sessellift-Talstation. Hier nun rechts auf einem unmark., längs des Liftes aufwärts führenden Weg zur Halbweghütte, 1594 m; 1 ¼ Std. Weiter wie unter R 931.

- **946 SCHWARZER KOPF (TESTA NERA),** 2030 m

Höhenpunkt im Mendelkamm südl. des Roèn. Etwas unterhalb des Schwarzen Kopfes steht das neue Wetterkreuz. Eine Besteigung ist nur lohnend im Zusammenhang mit dem Roèn und unschwierig auf dem Steig 6 möglich, der entlang des Steilabfalles parallel zur Bez. 501 verläuft.

- **947 SCHÖNLEITEN (COSTABELLA),** 1811 m

Eine der höheren Erhebungen im Mendelkamm südl. des Roèn ohne ausgeprägte Gipfelbildung. Es ist eine vom Wald umschlossene Wiesenkuppe, von der man einen schönen Tiefblick ins Etschtal und gegen die gegenüberliegenden Berge hat.

Anstiegswege:

- **948 Von Tramin,** 276 m (R 100), **über den Zogglerhof**
  Rund 5 Std.

Wie unter R 581 a zur Zogglerhofruine, weiter gemäß R 585 zum Forstweg Obere Schmiedebene, dann gemäß R 937 zum Mendelkamm hinauf, wo man auf Weg B trifft; insgesamt 4 ½ Std. Nun südw. in ¼ Std. zum Coreder Joch, 1780 m, wo der Forstweg von Graun heraufkommt. Von dort erreicht man in zehnminütigem Aufstieg den Gipfel.

- **949 Von Tramin, 276 m (R 100) über Graun**
  Etwa 4 ¾ Std.

Gemäß R 582 a in 1 ½ Std. auf Weg 5 nach Graun. Bei der Einmündung des Weges in die Autostraße nach rechts, weiter wie unter R 938 zum Coreder Joch, 1780 m, und dann südw. in 10 Min. auf den Gipfel.

- **950 Von Kurtatsch, 333 m (R 101), über das Coreder Joch**
  Etwa 4 ¼ Std.

Wie unter R 588 in 1 Std. nach Graun, dann gemäß R 938 zum Coreder Joch, 1780 m, weiter in südl. Richtung in 10 Min. zum Gipfel.

- **951 Von Kurtatsch, 333 m (R 101), über St. Barbara**
  4 Std.

Zunächst gemäß R 588 in 1 Std. nach Graun, dann weiter wie unter R 938 zur Abzw. der Bez. 1 von der Forststraße. Diese führt als schmaler Steig südwestw. zum unbedeutenden Bildstock St. Barbara, 1699 m, auf der Mendelkammhöhe hinauf, die man in 2 ¾ Std. von Graun erreicht. Nun nordw. auf Bez. B über den Kamm in ¼ Std. zum Gipfel hinauf.

- **952 Von Tres, 815 m (R 121)**
  4 Std.

Wie unter R 940 in 1 ½ Std. zum Rifugio Sóres, 1210 m, auf der Predaia-Hochebene. Weiter in östl. Richtung auf einem mit 503/530 bez. Fahrweg durch lichten Wald in ½ Std. zum Rifugio Predaia, 1396 m, in aussichtsreicher Lage. In gleicher Richtung über die Predaia-Hochebene weiter, bis man am Waldrand eine Wegteilung erreicht. Hier nach rechts, immer noch auf einem Fahrweg, nun durch Wald, bis zur Malga Rodezza, 1570 m; ¾ Std. vom Rifugio Predaia. Von dort links auf Bez. B durch Wald und über Wiesen auf die Höhe des Mendelkammes, wo man auf Weg 7 a trifft, der vom Fenner Sattel kommt. Weiter in Richtung N auf der Nonsberger Seite des Kammes zum Grauner Joch, 1675 m, wenig später zum St.-Barbara-Bildstock und von dort in ¼ Std. auf den Gipfel.

- **953   Von Vervo,** 886 m (R 121)
    3 ¾ Std.

Wie unter R 939 zum Rifugio Sóres, 1210 m; 1 ¼ Std. Weiter gemäß R 952.

- **954   TRESER KOPF (CORNO DI TRES),** 1812 m

Wenig besuchter, aber einzigartiger Aussichtsberg im südl. Teil des Mendelkammes. Überwältigend schöne Tiefblicke auf die Fennberger Hochfläche, das 1600 m (!) tiefere Etschtal und die unzähligen Dörfer des Nonsberges.
Das Panorama umfaßt die Dolomiten, die Lagoraigruppe und das Ortler Hauptmassiv. Besonders imposant ist auch der Blick in Richtung S auf die wilden Wiggerspitzen (Cime di Vigo) und die Brentagruppe. Wegen des Blumenreichtums ist ein Aufstieg besonders im Frühsommer lohnend.

Anstiegswege:

- **955   Von Kurtatsch,** 333 m (R 101)
    5 Std.

Wie unter R 589 in 2 Std. nach Fennhals unweit der Jausenstation Boarnwald. Dort kreuzt die Mark. 7 die Autostraße und führt durch eine Wiese zum Wald. Anfangs im Mischwald, später auf schmalerem Weg durch lichten Föhrenwald steil hinauf zum Carliegg, 1370 m, einem vorgeschobenen Hangrücken. Dann geht es bergan zum Gemeindeegg, 1510 m, einst ein beliebtes Sommerfrischplätzchen; 1 ½ Std. von Fennhals. Der Sattelsteig führt nun über einen steilen Wiesenhang (mit Ausblicken zur Salurner Klause und hinüber zu den Dolomiten) weiter aufwärts. Nach weiteren ¾ Std. ist der Fennhalser Sattel, 1720 m, erreicht. Wir sind nun auf der Kammhöhe. Nach rechts zweigt der Verbindungsweg 7 A ab, den man benutzt, wenn man eine Kammwanderung in Richtung Roën plant. Südw. kommt man dagegen auf Steig 7 über den Kamm in ¾ Std. zum Treser Kopf.

- **956   Von Magreid,** 226 m (R 102), **über Fennhals**
    5 ½ Std.

Wie unter R 590 und R 591 b über Penon in 2 ½ Std. nach Fennhals, weiter wie unter R 955.

- **957   Von Margreid,** 226 m (R 102), **über den Fennberg**
    5 Std.

Gemäß R 591 in 2 ¾ Std. auf die Fennberger Hochebene, weiter wie unter R 593 in 1 ¾ Std. zum Fenner Joch, 1563 m, und zur Abzw. unterhalb des Gipfels auf der Nonsberger Seite. Von dieser Abzw. südostw. hinauf zum Gipfel.

- **958** **Von Roverè della Luna,** 251 m (R 103)
   5 Std.

Wie unter R 593 über die Fennberger Hochfläche und das Fenner Joch bis zur Abzw. unterhalb des Gipfels, von dort südostw. in ¼ Std. hinauf zum höchsten Punkt.

- **959** **Von Tres,** 815 m (R 121)
   3 ½ Std.

Wie unter R 952 in 2 ½ Std. zur Malga Rodezza, 1570 m. Von dort nach rechts, Bez. 503 und B auf der Nonsberger Seite des Mendelkammes angenehm aufwärts im Wald, der an lichten Stellen einen schönen Rückblick auf die Predaia-Hochebene zuläßt. Bei der Wegteilung unterhalb des Gipfels gemäß Ausschilderung links im Wald hinauf.

- **960** **Von Vervo,** 886 m (R 121)
   3 ¼ Std.

Wie unter R 939 zum Rifugio Sóres, 1210 m, weiter gemäß R 952 zur Malga Rodezza; 2 ¼ Std. Dann gemäß R 959 zum Gipfel.

- **961 ROCCAPIANA (GROSSE WETTERSPITZE),** 1874 m

Höchste Erhebung im südl. Teil des Mendelkammes, der hier eine Bergkette mit nochmals schroffen Gipfeln bildet, die Cime di Vigo (Wiggerspitzen) genannt werden. Vom Gipfel hat man einen weiten, unbehinderten Ausblick. Äußerst lohnend!

Anstiegswege:

- **962** **Von Roverè della Luna,** 251 m (R 103)
   5 Std.

Wie unter R 594 in 3 Std. zur Malga Kraun, 1222 m. Direkt bei der Alm beginnt der steile Weg 518, der zunächst im Wald, später durch lichtes Latschenkieferngebiet auf der SO-Seite des Gipfels in 2 Std. emporführt.

- **963** **Von Mezzocorona,** 219 m
   5 ¼—5 ¾ Std.

Gemäß R 595 in 1 ¾ Std. zum Monte di Mezzocorona (hierher auch in wenigen Min. mit der Seilbahn), weiter auf dem Fahrweg in Richtung zur Malga Kraun, von dem nach 20 Min. links die Bez. 504 abzweigt. Sie führt unterhalb der Felsen zu einem Talkessel, der als Aiseli bezeichnet wird; 1 ½ Std. vom Monte. Hierhin kann man auch auf einem anderen Weg gelangen: Von der Bergsiedlung Monte folgt man einem mit 505 bez. Fahrweg, der bald durch eine tiefe Schlucht führt und durch schönen Wald die Baita dei Manzi, 858 m, erreicht, eine verwahrloste Almhütte, Endpunkt des leichten Burrone-Klettersteiges (s. R 596). Wenig später erreicht man auf dem Fahrweg bei einem Bach die Abzw. des Weges 506, der durch das Val de Maèrla nach Aiseli, 1412 m, hinaufführt; 2 Std. vom Monte.

Von Aiseli weiterer Anstieg in nordwestl. Richtung zu einem kleinen Sattel nordöstl. vom Pontàl, 1688 m, der unschwierig in wenigen Min. bestiegen werden kann. Dieser Sattel liegt auch unweit der Malga di Vigo, 1560 m, die man nicht zu berühren braucht; 1 Std. ab Aiseli. Man hat von hier einen schönen Ausblick ins Nonstal Richtung W. Nun nach rechts auf der Nonsberger Seite unterhalb des Monticello, 1857 m, hinauf zum Kamm und über einen Latschenrücken zum Gipfel; 1 Std. von der Abzw. unweit der Malga di Vigo.

- **964 Von Vigo d'Anaunia,** 452 m (R 122)
  3 ½ Std.

In 2 ½ Std. durch Wald auf einem mit 509 bez. Fahrweg in südöstl. Richtung zur Malga di Vigo, 1560 m. 5 Min. entfernt von dieser trifft man auf den zuvor beschriebenen Weg (s. R 963).

Stichwortregister

Die Zahlen weisen nicht auf die Seiten, sondern auf die im Text mit
●bezeichneten Randzahlen (R) hin. Unter jedem Stichwort ist/sind nur
die wichtigste(n) Randzahl(en) angegeben.

Agums 23
Algund 60
Allitz 32
Allitzer Seen 279
Altalm 400
Altbreid 73
Altenburg 97
Altratheis 46
Alsack 209
Andrian 82
Angerlikopf 689
Arundakopf 659
Aschbach 401
Atzboden 372
AVS-Jugendweg 465

Bad Lad 1
Berghotel Viliglioch 155
Bergl 206
Berglerspitze 757
Bildstöckljoch 385
Blasiuszeiger 778
Boarnwald 583
Bozen 83
Breiteben 156
Brezer Alm 619
Brizner Alm 533
Bruggeralm 213
Büchlalm 540
Buochenhöfe 519
Burgeis 12
Burronesteig 596

Castelfondo 109
Castrinalm 520

Cavareno 116
Coredo 120
Crusch 230

Danzebell 705
Dickhof 390
Dorigonihütte 159
Dreiländerecke 185
Drei Seen 514
Dursterhof 417

Eggerhofsteig 481
Eishof 143
Eisjöchl 373
Elferspitze 647
Endkopf 685
Eppaner Höhenweg 575
Eyrs 29

Falkomaisee 514
Fallierteck 178, 182
Fallungspitze 635
Felixer Weiher 563, 612
Fenner Höllental 591
Fenner Joch 593
Finailhof 379
Finailjoch 380
Finailsee 380
Fondo 108
Forsthaus Zogglerhof 581
Frangart 86
Frantschalm 399
Franz-Huber-Weg 466
Freiberg 337
Freiberger Alm 339

Gaid 504, 564
Gaider Scharte 569
Galsaun 42
Gampenalm 521
Gampenhütte 269
Gampenpaß 71
Gamshöfe 296
Gantkofel 910
Gasthof
  Buchwald 573
  Glieshof 135
  Haselhof 151
  Jägerrast 142
  Matschatsch 93
Gemassen 234
Gerstgras 53
Gerstgraser Alm 381
Gerstgraser Spitze 754
Gfrill 69
Gigglberghof 429
Gingljoch 456
Girlan 87
Gleckspitze 863
Glieshöfe 249
Glurns 21
Glurnser Köpfl 790
Göflan 35
Göflaner Alm 276, 295
Göflaner See 276, 295
Goldrain 37
Graun (Langtaufers) 4
Graun (Südtiroler Unterland) 582
Grauner Alm 203
Grawand 380
Greiterhof 458
Griankopf 637
Grissian 503
Große Wetterspitze 961
Großer Schafkopf 677
Großhorn 697
Grubenspitze 739
Gschneir 257

Guardeskopf 656
Gummerer Hof 580

Habicherkopf 693
Haideralm 128
Halbweghütte 163
Halsljoch 467
Haselgruber Hütte 158
Hasenöhrl 823
Hintere Flatschbergalm 538
Hinterkirch 9
Hochalt 730
Hocheppan 567
Hochforch 423
Hochganghaus 147, 461
Hochgangscharte 467
Hochwartsee 529
Hochwilde 772
Höllerhütte 136, 252
Höchster Hütte am Grünsee 157
Hofmahd 520
Hoher Dieb 831
Hohes Joch 715
Hohes Kreuzjoch 726
Hotel Facchin 162
Hotel Grawand 138

Ilmenspitze 877
Im Hinteren Eis 765

Jaggl 685
Jennwand 815
Jochbodenkopf 632
Johannesscharte 457

Kalterer Höhe 92
Kalterer Höhenweg 578
Kalterer See 98
Kaltern 96
Kalthaus 340, 341
Kapron 7
Karspitze 869

375

Karthaus 50
Kaserfeldalm 535
Kastelbell 41
Katharinaberg 48
Kirchbachspitze 774
Kirchbergscharte 544
Klapbergjoch 541
Kleinalm 295
Klopaierspitze 670
Klosteralm 367
Köpfelplatte 722
Kofelraster Seen 342, 523
Kortsch 33
Kortscher Schafberg 761
Kreuzjoch 302
Kreuzspitze (Karthaus) 744
Kreuzspitze (Texelgruppe) 774
Kuppelwies 77
Kurtatsch 101
Kurzras 54

Laas 31
Laaser Spitze 813
Laatsch 18
Lacken-Bergsee 250
Lafetzalm 375
Lana 64
Langsee 544, 545
Langtauferer Höhenweg 188
Langtauferer Tal 5
Latsch 39
Latscher Alm 316
Laugenspitzen 888
Laurein 110
Laureinalm 610
Lazinser Rötelspitze 782
Lazaunalm 386
Lichtenberg 22
Litzner Spitze 728
Lodner Hütte 146

Malga di Fondo 613

Malga Kraun 168
Malosco 112
Mals 16
Margreid 102
Margreider Klettersteig 592
Marling 62
Marlinger Höhenweg 480
Martell Dorf 302
Marzonalm 153, 335
Maßeben (-Skihütte) 134, 198
Mastaunalm 377
Mastaunspitze 751
Mataunkopf 673
Matsch 25
Matscher Almen 251
Melag 10
Mendelpaß 94
Meran 61
Mezzocorona 104
Milchseescharte 467
Mitteralm 242
Mittereck 702
Monte di Mezzocorona 595
Montiggl 90
Morter 38
Morteralm 315
Münster 20
Muntatschinig 234
Munwarter 804
Muteck 859
Mutegrub 839

Nagelstein 867
Nals 81
Naraun 66
Nassereithhütte 145, 445
Naturns 55
Naturnser Alm 154, 406, 509
Naturnser Hochwart 846
Nauderer Hennesieglspitze 679
Nauders 1
Nebelspitze 871

Ein Kapitel Alpingeschichte

Klaus Hoi / Elmar Jenny
Behelfsmäßige Bergrettungstechnik

Best.-Nr. 6070, DM 16,80

In diesem Buch wird die derzeitige aktuelle Seiltechnik und die mit normaler Bergsteigerausrüstung mögliche Rettungstechnik dargestellt. Bewußt liegt der Schwerpunkt auf der zeichnerischen Darstellung.

Ludwig Gramminger
Das gerettete Leben

272 Seiten, 248 Schwarzweißabbildungen.

Best.-Nr. 7005-6, DM 46,80

Aus der Geschichte
der Bergrettung – Einsätze,
Entwicklungen, Ausbildung,
Episoden . . .
Herausgegeben von
Hans Steinbichler.

Bergverlag Rudolf Rother GmbH

Neuratheis 47
Niederes Joch 715
Niederhaus 441
Niederjöchl 368
Nockspitze 746
Novellaschlucht 615

Obere Laaser Alm 150
Obere Mairalm 394
Oberjuval 359
Oberplanitzing 91
Obersirmian 505
Ochsenbergalm 202
Ohrnalm 435
Ohrwald 492
Orgelspitze 813

Partscheilberg 398
Partschins 59
Partschinser Rötelspitze 782
Patscheid 8
Patschhof 293, 308
Patzin 8
Pawigl 486
Pedroß 6
Pedroßsee 186
Peilstein 855
Penegal 926
Penon 589
Pfandlalm 529
Pfossental 49
Piz Chavalatsch 799
Piz Lat 630
Piz Rusenna 632
Piz Sesvenna 651
Piz Starlex 663
Plamord 171
Planeil 15
Planeiler Alm 232
Planeilscharte 233
Plantapatschhütte 129, 222
Plaschweller 794

Platz 307
Platzerer Jöchl 497
Platzers 70
Platzgumm 398, 399
Plaus 56
Plawenn 208, 209
Pleif 8
Portlesspitze 717
Prad 28
Prämajur 13
Proveis 111
Proveiser Höhenweg 621

Rabenkopf 720
Rabland 57
Rasasser Scharte 180
Rasaßspitze 639
Rateis 490
Ratschill 306
Reschen 3
Reschener Alm 126, 181
Reschenpass 2
Riemerbergalm 525
Rifairalm 240, 241
Rifugio
  Il Falchetto 161
  Penegal 162
  Predaia 167
  Regole 161
  Sóres 166
Roccapiana 961
Roèn 930
Roènalm 164
Rojen 177
Romeno 117
Rontscher Berg 839
Ronzone 114
Roteck 780
Roverè della Luna 103
Ruffrè 115
Runggöglhof 487

Saldurseen 253
San Romedio 119
St.-Apollonia-Kirche 505
St. Felix 106
St.-Georgs-Kirche 488
St. Gertraud 79
St. Helena 516, 522
St. Hippolyt 489
St. Josef am See 99
St. Martin im Kofl 304
St. Michael-Eppan 89
St. Moritz 528, 532
St. Nikolaus 78
St. Pankraz 74
St. Pauls in Eppan 88
St. Valentin auf der Haide 11
St. Walburg 76
St. Walburger Hochwart 884
Sanzeno 118
Sarnonico 113
Saurüssel 811
Saxalbersee 362
Schafberg 809
Scharl-Jöchl 246
Schartalpe 264
Schlanders 34
Schlandrauntal 292
Schleis 17
Schleiser Alm 231, 238
Schlinig 14
Schloß Annaberg 305
Schloß Juval 354
Schloß Korb 570
Schluderns 26
Schludernser Berg 261
Schnalstal 45
Schöne-Aussicht-Hütte 137
Schöneben-Skihaus 127
Schöneck 507
Schönleiten 947
Schröfwand 769
Schwarzer Kopf 946

Schwarzjoch 545
Schwemmalmen 537
Schwienhöfe 535
Seebödenspitze 642
Seefeldalm 539
Seegrubenalm 529
Seespitze 881
Sesvanna-Schutzhaus 130
Sigmundskron 84
Similaun 767
Similaunhütte 139
Sonnenberghöfe 290, 291
Spitzige Lun 711
Spitzner Alm 530
Spondinig 27
Spronser Seenplatte 467
Staben 44
Steinerhof 446
Steinrastalm 526, 527
Stettiner Hütte 144
Stierberghütte 245
Stilfs 263

Tabland 438
Tablander Alm 352, 353
Tabladé 244
Tannas 32
Tappeiner Alm 292
Tarnell 275, 294
Tarsch 40
Tarscher Alm 152, 319
Tarscher See 322
Tartsch 24
Tascheljöchl 387
Taufers im Münstertal 19
Tellahöfe 247, 248
Tellakopf 653
Tisens 67
Töbrunn 310
Töll 58
Tomberghöfe 340
Tränkweg 506

Bildbände bei Rother

Franz Hauleitner

**Das große Buch
der Dolomiten-Höhenwege**

Auf den zehn Fernwanderwegen zwischen Pustertal und Gardasee

1. Auflage 1988, 272 Seiten
mit 235 Farbabbildungen,
11 farbigen Übersichtskarten,
bedrucktem Vorsatz,
Efalin mit Schutzumschlag.
Format 22×26 cm.
Best.-Nr. 7239-3   DM 78,–

Die Dolomiten und deren Randgebiete können heute auf insgesamt zehn verschiedenen Höhenwegen durchquert werden. Den großen Kammlinien folgend sind diese Wege so konzipiert, daß gerade die interessantesten Dolomitengebiete berührt werden. Dabei werden die Routen 7 bis 10 hier erstmals dem deutschsprachigen Publikum vorgestellt. Für alle diese Begehungen sind Ausdauer, Trittsicherheit, Schwindelfreiheit und Klettererfahrung, kurz, bergsteigerische Übung notwendig. Zum erstenmal sind nun alle zehn Dolomiten-Höhenwege in einem Band zusammengefaßt.
Die gelungene Mischung jedmöglicher Information – allgemeine Würdigung, Entstehungsgeschichte, Begebenheiten am Rande, tabellarische Übersichten, Charakteristika von Wegabschnitten, Stützpunkten und Berggruppen – macht dieses Buch, ausgestattet mit einer Vielzahl guter Fotos, zu einem Novum in der Bergliteratur. Es soll als Anregung für Wegbegehungen dienen, zugleich aber die Erinnerung an das Bergerlebnis Dolomiten wachhalten.

Erhältlich in Ihrer Buchhandlung

Tramin 100
Traminer Höhenweg 585
Tres 121
Treser Kopf 954
Tret 107
Trumsberg 331
Trumser Spitze 739
Tschars 43
Tschengls 30
Tschenglser Almen 272, 273
Tschenglser Hochwand 807
Tscherms 63
Tuferspitze 861

Überetsch 85
Überetscher Hütte 165
Uinaschlucht 230
Ultener Hochwart 884
Ultental 72
Unsere Liebe Frau im Walde 105
Unser Frau 51
Unterfennberg 583
Unterplanitzing 95
Untersirmian 504
Unterstell 388, 389
Upiaalm 250
Urtiolaspitze 661

Valnairalm 268, 269
Vermoispitze 735
Vernagt 52
Vervo 121
Vezzan 36
Vigiljoch 468, 482
Vigo d'Anaunia (Vigo di Ton) 122
Vivanaalm 203
Völlan 65
Völlaner Bad 496
Völlaner Joch 493
Vorderkaser 369

Watles 649
Weißbrunn-Stausee 80
Weißkugelhütte 133, 194
Weißseespitze 683
Welscher Berg 874
Wiesjagglkopf 681
Wölfeleskopf 675

Zehnerkopf 645
Zermiger 732
Zetnalm 400
Zielbach-Wasserfall 440
Zirmtalsee 348
Zwölferkreuz 818

Sicher in die Berge – glücklich nach Hause

mit den
Alpenvereinsführern

aus dem
Bergverlag Rudolf Rother

Erhältlich zu den Gebieten:

Allgäuer Alpen – Ammergauer Alpen – Ankogel-/Goldberggruppe – Bayerische Voralpen Ost mit Tegernseer/Schlierseer Bergen und Wendelstein – Benediktenwandgruppe, Estergebirge und Walchenseeberge – Berchtesgadener Alpen – Bregenzerwaldgebirge – Brentagruppe – Chiemgauer Alpen – Civettagruppe – Cristallogruppe und Pomagagnonzug – Dachsteingebirge Ost – Dachsteingebirge West – Eisenerzer Alpen – Geisler-Steviagruppe – Gesäuseberge – Glockner- und Granatspitzgruppe – Hochschwab – Kaisergebirge – Karnischer Hauptkamm – Karwendelgebirge – Kitzbüheler Alpen – Lechtaler Alpen – Lechquellengebirge – Lienzer Dolomiten – Loferer und Leoganger Steinberge – Marmolada-Hauptkamm – Mieminger Kette – Niedere Tauern – Ortleralpen – Ötztaler Alpen – Pelmo/Bosconero – Puez/Peitlerkofel – Rätikon – Rieserfernergruppe – Rofangebirge – Rosengartengruppe – Samnaungruppe – Schiara – Schobergruppe – Sellagruppe – Sextener Dolomiten – Silvretta – Stubaier Alpen – Tannheimer Berge – Tennengebirge – Totes Gebirge – Venedigergruppe – Verwallgruppe – Wetterstein und Mieminger Kette – Zillertaler Alpen

Zu beziehen durch alle Buchhandlungen

Kartenteil

Die 15 doppelseitigen Kartenblätter der folgenden Seiten sind dem Wanderkarten-Werk 1:50 000 des Verlages Freytag-Berndt und Artaria entnommen. Es handelt sich um Ausschnitte aus den Blättern WKS 1 (Bozen – Meran und Umgebung), WKS 2 (Vinschgau, Südliche Ötztaler Alpen), WKS 6 (Ortlergruppe, Martell, Val di Sole), WKS 7 (Überetsch – Kalterer See – Südtiroler Unterland), WKS 8 (Passeier, Timmelsjoch, Jaufen), WKS 11 (Brenta, Madonna di Campiglio, Presanella), WKS 13 Val d'Ultimo, WKS 253 Landeck, Reschenpaß, Kaunertal. Ein entsprechender Blattschnitt auf den Seiten 384 und 385 zeigt im Überblick, welche Gebiete von diesen Kartenausschnitten erfaßt sind. Der Abdruck der Kärtchen erfolgt mit freundlicher Genehmigung des Verlages Freytag-Berndt und Artaria, Wien.

Südtirol 1

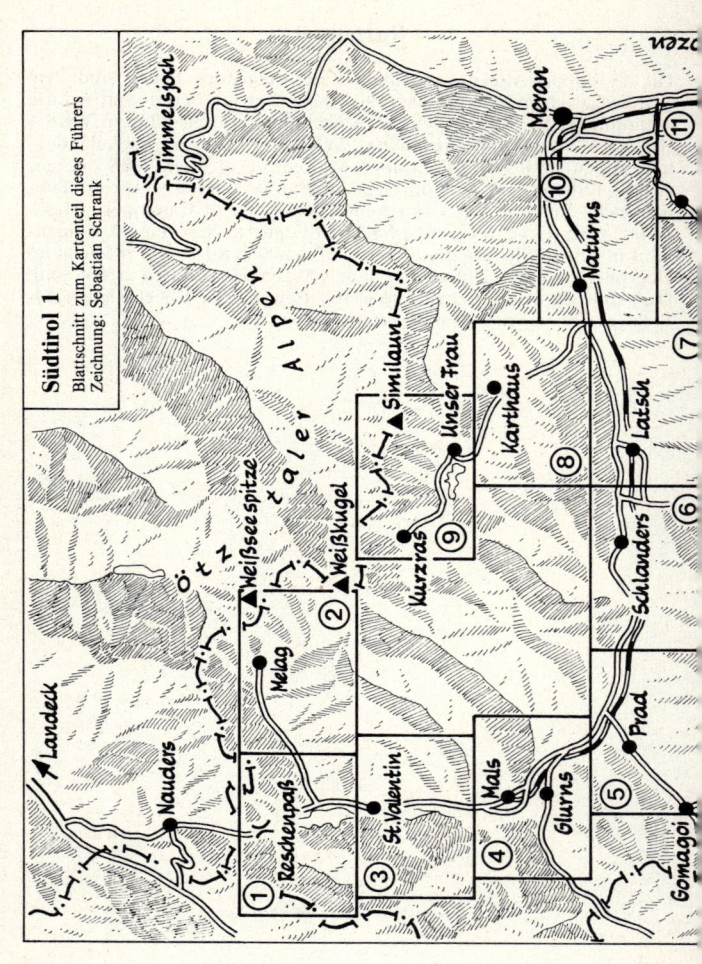

Blattschnitt zum Kartenteil dieses Führers
Zeichnung: Sebastian Schrank

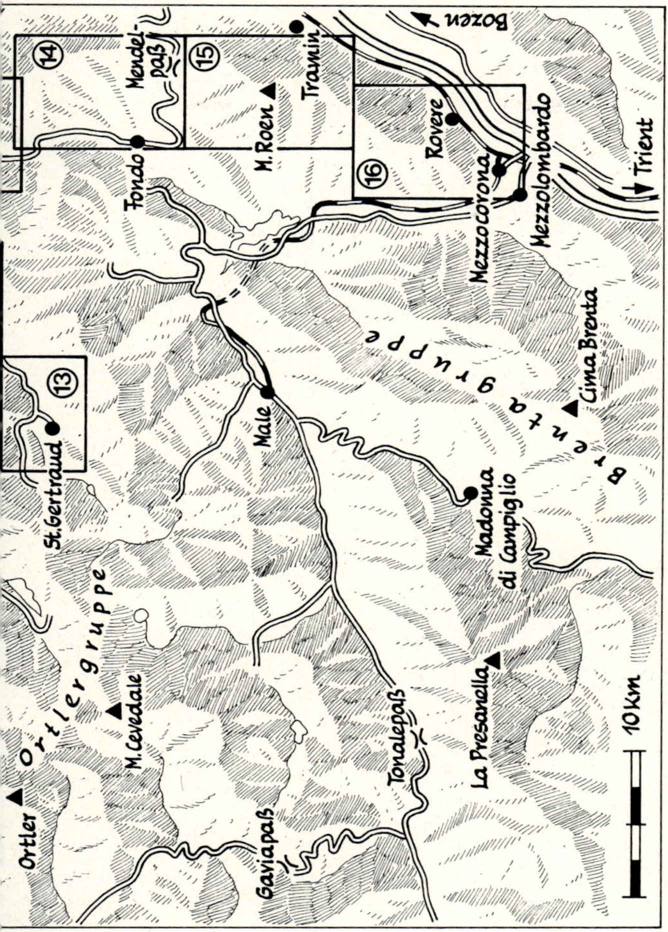

Ortler
Ortlergruppe
M.Cevedale
St.Gertraud
13
Gaviapaß
Tonalepaß
Male
La Presanella
Madonna di Campiglio
Brentagruppe
Cima Brenta
Fondo
Mendelpaß
14
15
M.Roen
Tramin
16
Rovere
Mezzocorona
Mezzolombardo
Bozen
Trient
10 Km

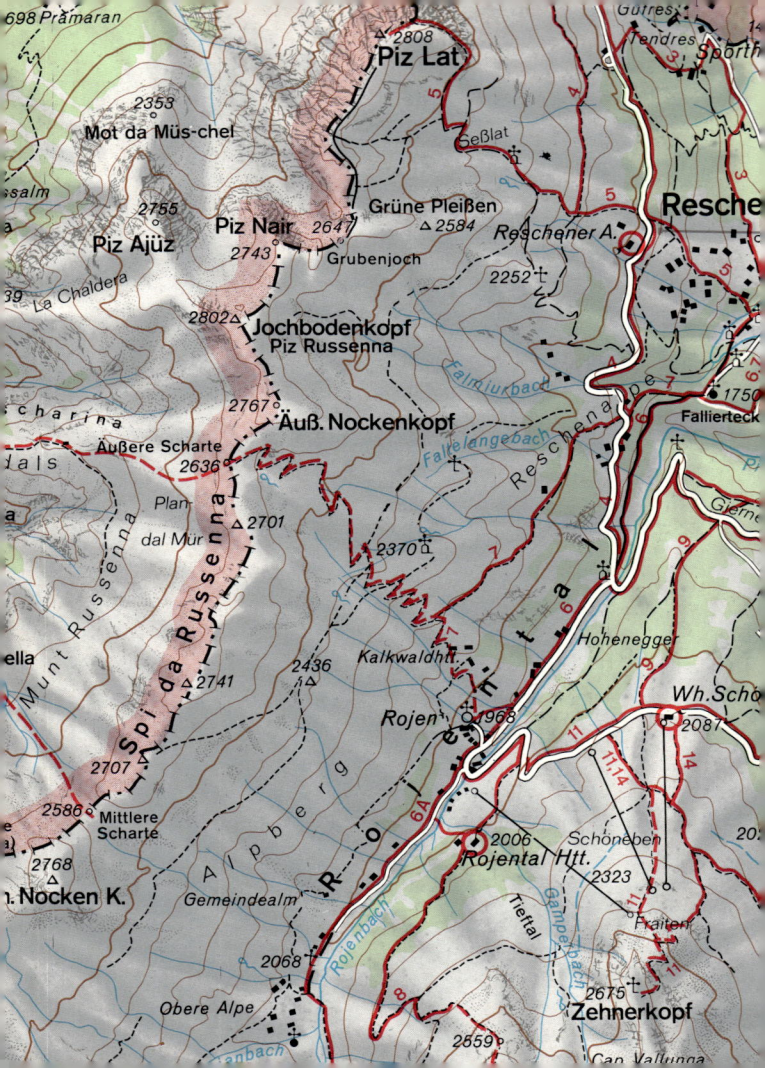

- 698 Prämaran
- 2808 Piz Lat
- 2353 Mot da Müs-chel
- Seßlat
- Grüne Pleißen △2584
- Reschen
- 2755
- Piz Ajüz
- Piz Nair 2647
- 2743
- Grubenjoch
- Reschener A.
- 2252
- 1750
- 2802△ Jochbodenkopf
- Piz Russenna
- Fallierteck
- La Chaldera
- Falmurbach
- 2767 Äuß. Nockenkopf
- Falelangebach
- charina
- Außere Scharte
- 2636
- Reschenabe
- Plan dal Mür
- △2701
- △2370
- Munt Russenna
- Spi da Russenna
- Kalkwaldh.
- Hohenegger
- Giern
- △2741
- 2436
- Rojen 1968
- Wh. Scho
- 2081
- 2707
- Alpberg
- 2586
- Mittlere Scharte
- 2006 Schöneben
- 2768
- Rojental Htt.
- 2323
- Nocken K.
- Gemeindealm
- Rojenbach
- Praiten
- Ganpeb ach
- Rohental
- 2068
- Obere Alpe
- Tiefta
- 2675
- Zehnerkopf
- 2559
- anbach
- Can Valluna

Bergkastlspitze 2912
Goldseen
2585
2750
2035
Nauderer Gaisloch
2863
2982
Plamord
2071
Plamorderspitze
Klopaier Spitze
2918
Etsch Quelle
Pedroßsee
2722
Reschen
1513
Falatsch
Roßbödenalm
2493
Grauner Berg
2526
2362
Tschampen
Segelboots-hafen
Klopair
Pedroßbach
Arlund
1503
Anger
1790
Rafein
1521
Malsau
1654
Klösterle
Unterrafein
St. Anna
1500
Graun
im Vinschgau
(Curon Ven.)
Mühle
1501
Gorf
2106
Reschensee
Obervinschgau
1801
1516
Unt.-Spinn
1785
Arluiwald
Endkopf
(Jaggl)
2652
2613
Hengst
Ob.-
Greinhof
1510
1

Wölfeleskopf
2894

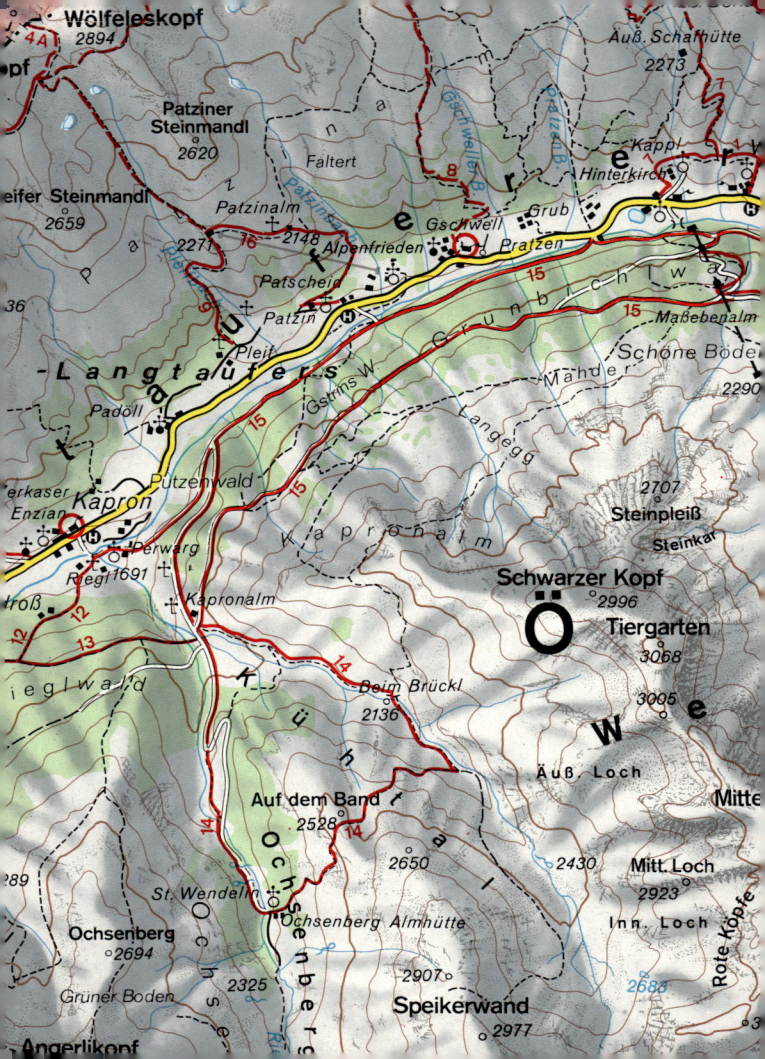

Äuß. Schafhütte
2273

Patziner Steinmandl
2620

Faltert

Hinterkirch

Kappl

eifer Steinmandl
2659

Patzinalm

2148

Gschwell

Grub

2271

Alpenfrieden

Pratzen

Patscheid

15

Patzin

15

Maßebenalm

Pleif

Schöne Böde
2290

-Langtauters

Mahder

Padöll

Langegg

Gstins W

15

erkaser

2707

Putzenwald

Steinpleiß

Kapron

Enzian

Steinkar

Derwarg

Kapronalm

Schwarzer Kopf
2996

Riegl 1691

Tiergarten
3068

troß

12

12

14

3005

13

Kapronalm

ieglwald

Küh

Beim Brückl
2136

Äuß. Loch

Mitte

14

Mitt. Loch
2923

Auf dem Band
2528

14

Ochsental

2650

2430

Inn. Loch

Rote Köpfe

St. Wendelin

Ochsenberg Almhütte

2683

Ochsenberg
2694

2907

2325

Grüner Boden

Speikerwand
2977

Angerlikopf

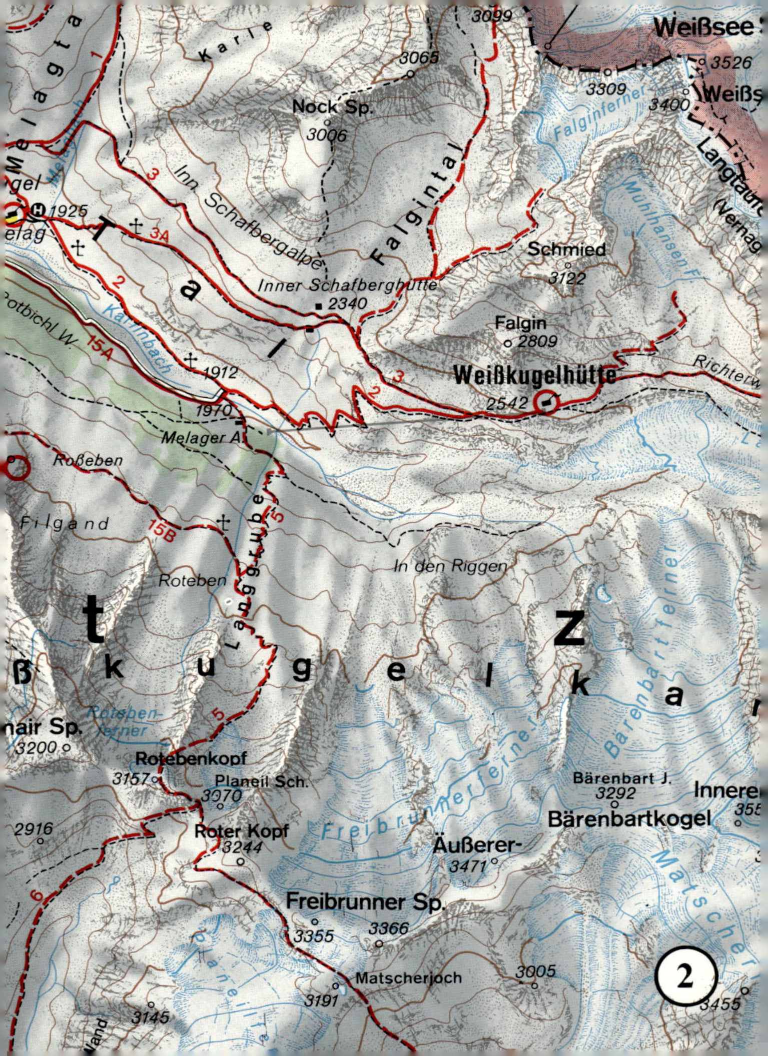

Topographic Map

- 2108
- 2783
- **Elfer Sp.** 2926
- 2493
- Äußere Seeböden
- Haiderscharte 2743
- 2384
- 2414 Fallung Htt.
- 2358
- 2280
- 2833
- 2596
- Nördl. Seeböden Sp.
- **Haideralm**
- Tellatsch B.
- 2465
- 2520
- 2120
- 1812
- Seeböden Sp.
- Innere Seeböden 2859
- 2446
- 2632
- 7
- Fallungbach 6A
- Haideralm
- Seeköpfl
- 1915
- **Schwarzer Kopf** 2722
- 2441 Trunser See
- 2474
- 2392
- Schaftal
- 3682 Rasasser S.
- Kircherbach
- Zerzertal
- Brüggeralm 1921
- 178
- Kircheralm
- 2057 Oberdörferalm
- 2259
- **Vernungspitzen** 2812 2818
- 2337
- Zerzerbach
- Oberdörfertal
- 2411 **Schafberg**
- 2565
- Oberdörfer Quellen
- 2250
- 2537
- 2395
- 1979 Schafhtt. (verf.)
- 2338 Die Scharte
- 2555 **Watles**
- Käl
- **Schl**
- 2512
- 2409
- 2106
- Hofera
- Pfaffensee
- 1817

Map excerpt — labels visible:

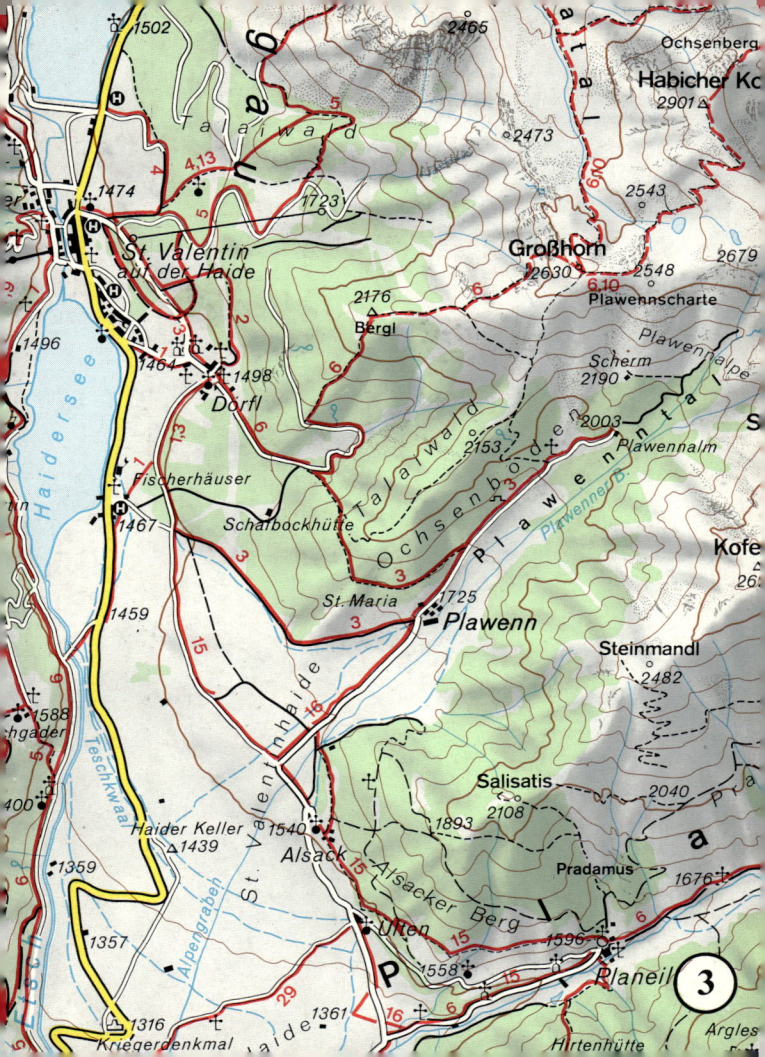

- 1502
- 2465
- Ochsenberg
- Habicher Kc
- 2901
- Talaiwald
- 4.13
- 1474
- 1723
- 2473
- 2543
- St. Valentin auf der Haide
- Großhorn
- 2630
- 2679
- 2548
- Plawennscharte
- 2176 Bergl
- Plawenhalpe
- Scherm 2190
- 1496
- 1464
- 1498
- Dörfl
- Haidersee
- 2003
- Plawennalm
- 2153
- Ochsenboden
- Talaiwald
- Fischerhäuser
- 1467
- Schalbockhütte
- Plawennerb.
- Kofe
- 1459
- St. Maria
- 1725
- Plawenn
- Steinmandl 2482
- 1588
- hgader
- 15
- St. Valentinhaide
- Salisatis 2108
- 1893
- 2040
- Teschkwaa
- 400
- Haider Keller 1540
- 1439
- Alsack
- Alsacker Berg
- Pradamus
- 1676
- 1359
- Alpengraben
- 1596
- 1357
- Ulten
- 1558
- Planeil
- 1316
- 29
- 1361
- 16
- 6
- Kriegerdenkmal
- Hirtenhütte
- Argles
- (3)

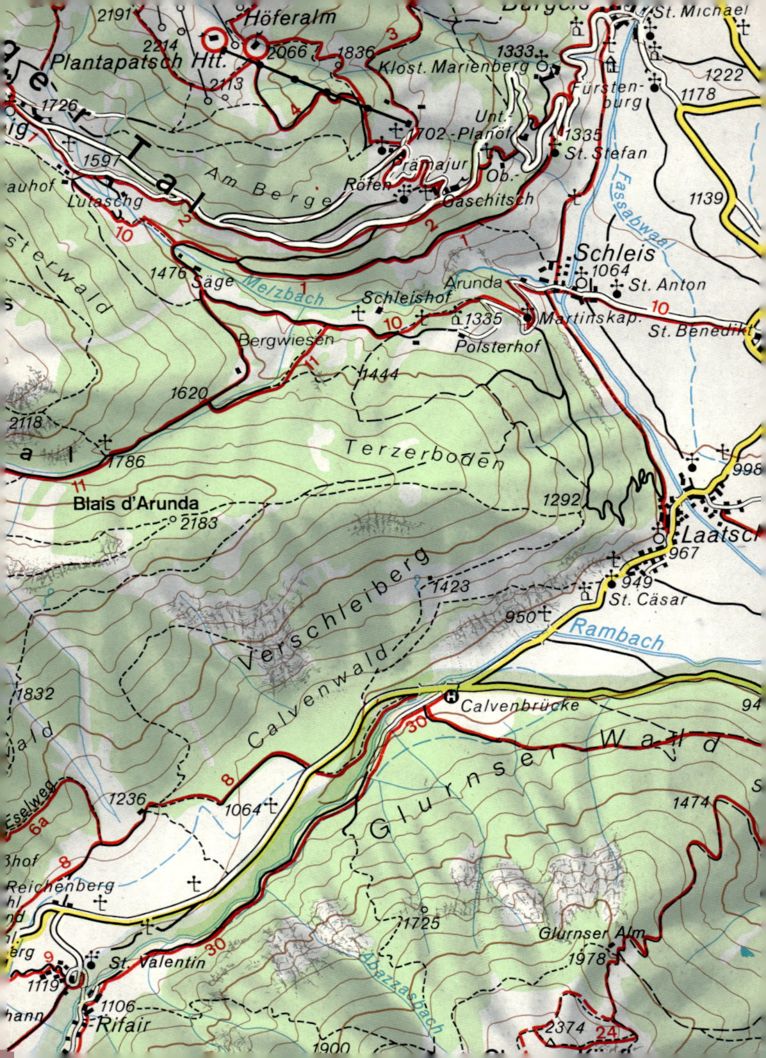

Höferalm
2191
2214
2066
1836
Plantapatsch Htt.
2113
1333
Klost. Marienberg
St. Michael
1222
Fürstenburg
1178
1726
Unt. Planöf
1702
1335
St. Stefan
Prämajur
Ob.
Röfen
Gaschitsch
1597
Lutaschg
Am Berge
Tal
Fassabwaal
1139
Schleis
1064
St. Anton
Arunda
1476
Säge
Melzbach
Schleishof
1335
Martinskap.
St. Benedikt
Polsterhof
Bergwiesen
1444
1620
2118
1786
Terzerboden
998
Blais d'Arunda
2183
1292
Laatsch
967
Verschleiberg
1423
949
St. Cäsar
950
Rambach
Calvenwald
1832
Calvenbrücke
Glurnser Wald
1236
Eselweg
1064
1474
Reichenberg
1725
Glurnser Alm
1978
St. Valentin
1119
1106
Rifair
Abazzasbach
2374
1900

Spitzige Lun
2324
Nied. Joch
2474
1346
1893
1606
1554
Plan Malettes
2039
1783
Gamassen
1604
Plantavillas
2057
Mals
(Malles Venosta)
1051
1123
Matscher Weg
1412
1267
Lechtl
Tartscher Wald
1933
1514
Bhf. Mals
Bad
Tartsch
Muntatschinig
1376
1434
Matsch
1402
Tartscher Bühel
1076
St. Veit
Lochmühle
959
991
Leiten
El. W.
Punibach
Saldurbach
Lochhof
908
Glurns
(Glorenza)
1285
1368
Greinhof
Schlumhof
Pankraz
Etschheim
Rößl
Hirschen
Schluderns
(Sluderno)
999
Schl.
Churburg
Rafillhof
Bhf.
Schluderns-
Glurns
1281
Runghof
Schlurendhof
1077
Krauterwiesen
Koflhof
898
Söles
Schacht
Patztauhof
1198
1543
Pohl
1163
Waalweg
897
4
1083
134
896
Punibach
Vernatsch
Pens. Ortlerblick
Porzleithof
1171

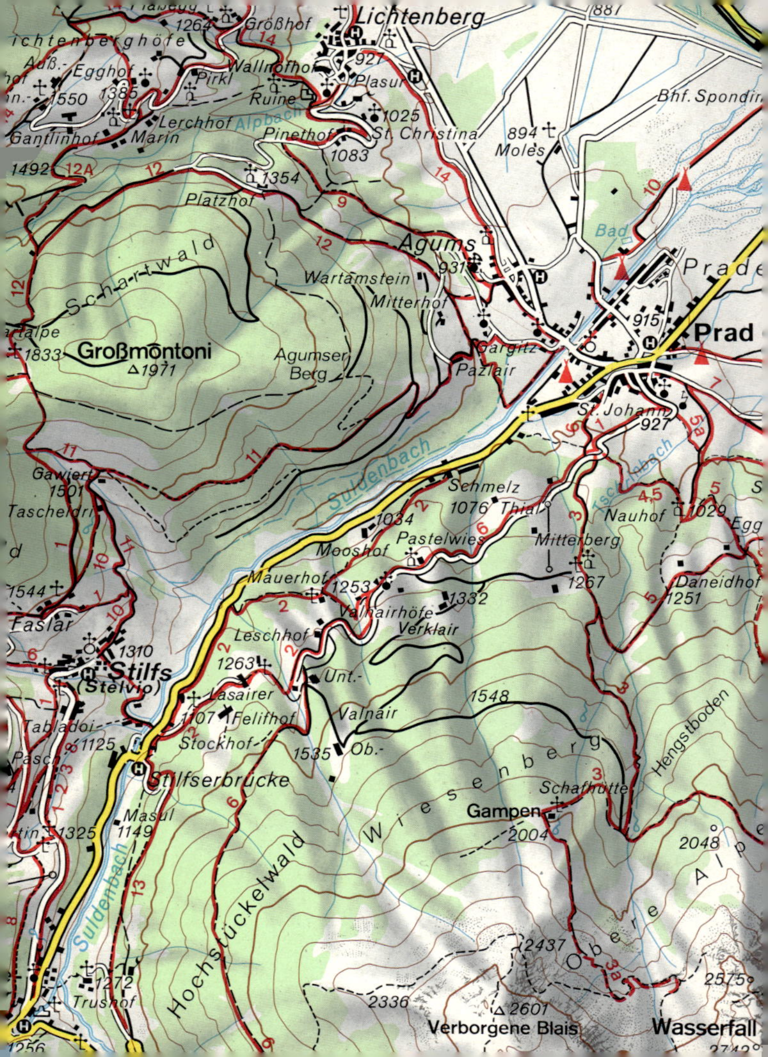

Lichtenberg
Großhof
Egghof
Pirkl
Wallnöfhof
Plasur
Ruine
Lerchhof
Alpbach
Gantlinhof
Marin
Pinethof
St. Christina
Bhf. Spondin
Moles
Platzhof
Agums
Bad
Prad
Schartwald
Wartamstein
Mitterhof
Großmontoni
Agumser Berg
Gargitz
Pazlair
St. Johann
Suldenbach
Gawiert
Tascheldri
Schmelz
Thial
Nauhof
Mitterberg
Pastelwies
Mooshof
Mauerhof
Daneidhof
Valnairhöfe
Verklair
Faslar
Leschhof
Stilfs
(Stelvio)
Unt.-
Lasairer
Felifhof
Valnair
Tabladoi
Stockhof
Ob.-
Hengstboden
Stilfserbrücke
Wiesenberg
Schafhütte
Gampen
Masul
Hochstückelwald
Obere Alpe
Trushof
Verborgene Blais
Wasserfall

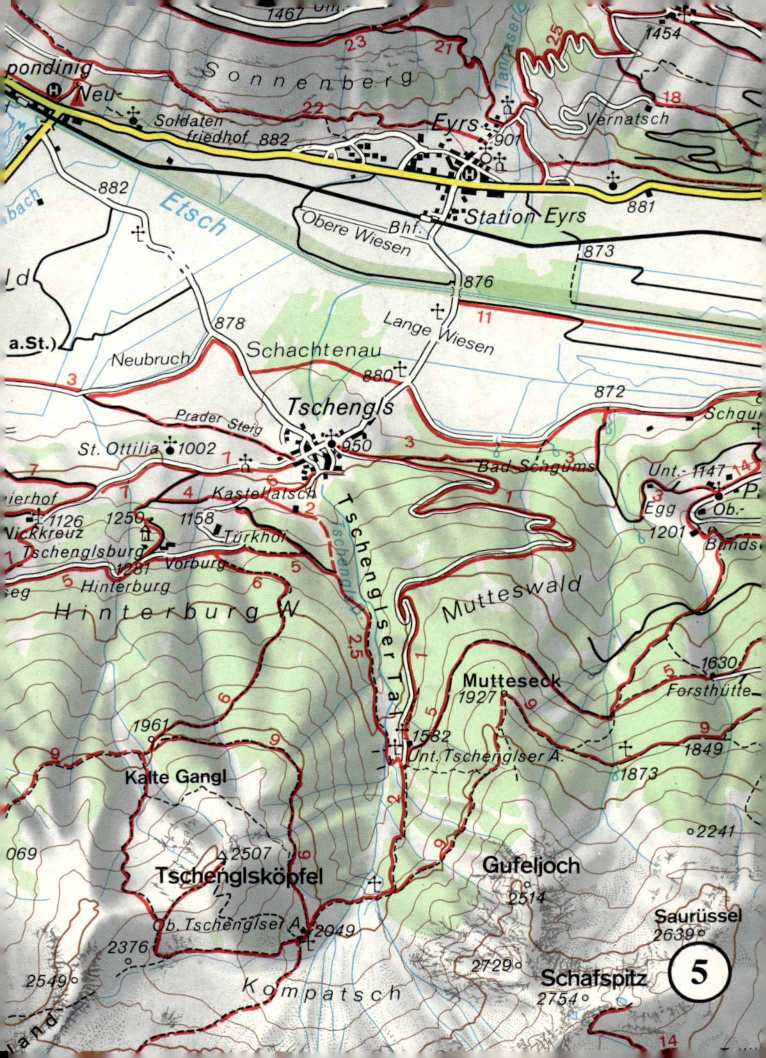

Spondinig
Neu-
Sonnenberg
Soldatenfriedhof 882
Eyrs
901
Tanaser
1454
Vernatsch
1467
882
Etsch
Obere Wiesen
Bhf.
Station Eyrs
881
873
876
Lange Wiesen
878
Schachtenau
Neubruch
a.St.)
880
Tschengls
872
Prader Steig
St. Ottilia 1002
950
Bad Schgums
Unt.- 1147
Egg
Ob.-
1201
Kastellatsch
Türkhof
1158
1126
1250
Nickkreuz
Tschenglsburg
Vorburg
1281
Hinterburg
Hinterburg W.
Tschenglser Tal
Tschenglsb.
Mutteswald
Mutteseck
1927
1630
Forsthütte
1582
Unt. Tschenglser A.
1849
1873
1961
Kalte Gangl
2241
2507
Tschenglsköpfel
Gufeljoch
2514
Saurüssel
2639
Ob. Tschenglser A.
2049
2376
2549
2729
Kompatsch
Schafspitz
2754
5

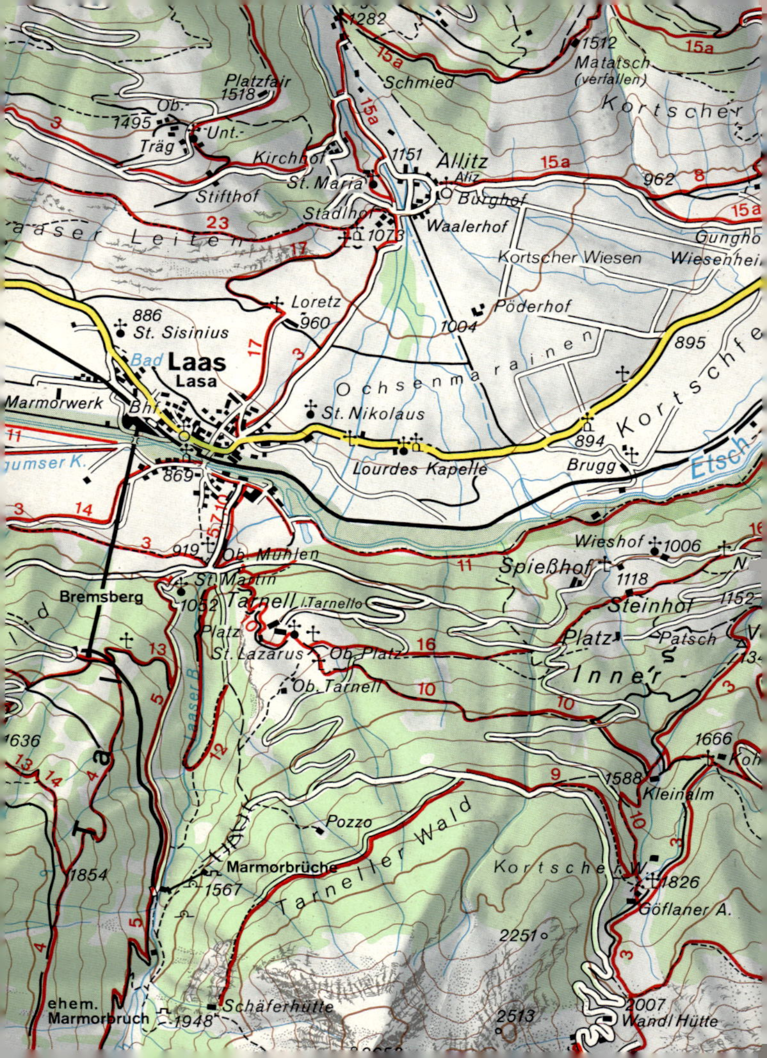

1282
1512
Matatsch (verfallen)
Kortscher
Schmied
Platzfair 1518
Ob.
1495
Unt.
Träg
Kirchhof
Allitz
Aliz
1151
St. Maria
Burghof
962
Stifthof
Stadlhof
Waalerhof
1073
Laaser Leiten
Gunghof
Kortscher Wiesen
Wiesenheim
Loretz
960
Pöderhof
886
St. Sisinius
1004
895
Bad
Laas
Lasa
Ochsenmarainen
Kortschf
Marmorwerk
Bhf.
St. Nikolaus
894
Kortsch
Lourdes Kapelle
Brugg
Etsch
Gumser K.
869
919
Ob. Mühlen
Wieshof
1006
Spießhof
1118
St. Martin
Bremsberg
1052
Tarnell
Tarnello
Steinhof
1152
Platz
St. Lazarus
Ob. Platz
Platz
Patsch
Ob. Tarnell
Inner
Laaser B.
1636
1666
1588
Kleinalm
Pozzo
Tarneller Wald
Kortscher W.
1854
Marmorbrüche
1567
1826
Göflaner A.
2251
2007
Wandl Hütte
ehem. Marmorbruch
1948
Schäferhütte
2513

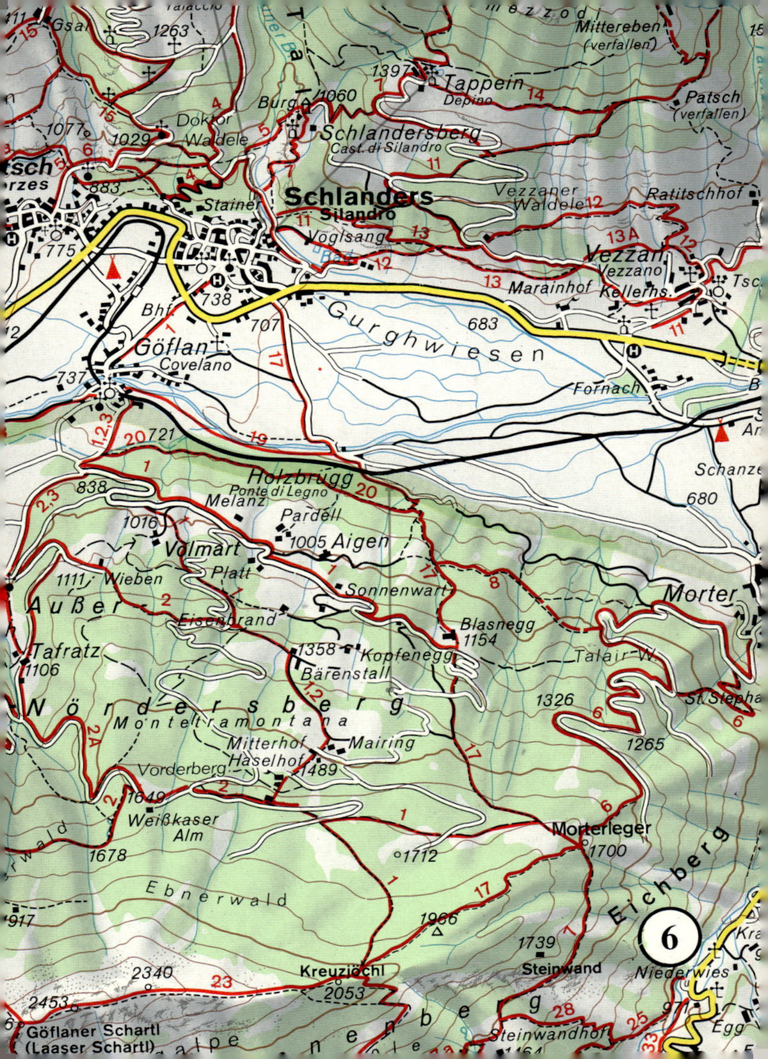

Gsal
1263
Mitterebem
(verfallen)
1397
Tappein
Depino
Patsch
(verfallen)
Burg
1060
Doktor
Waldele
1077
1029
Schlandersberg
Cast. di Silandro
883
Stainer
Schlanders
Silandro
Vezzaner
Waldele
Ratitschhof
775
Voglsang
Vezzan
Vezzano
Marainhof
Kellerhs.
738
Bhf.
707
Gurghwiesen
683
Göflan
Covelano
737
Fornach
721
Holzbrügg
Ponte di Legno
Schanze
838
Melanz
Pardell
680
1016
Völmart
1005
Aigen
1111
Wieben
Platt
Außer
Sonnenwart
Morter
Eisenbrand
Blasnegg
1154
Tafratz
1106
1358
Kopfenegg
Bärenstall
Talair W.
Nördersberg
Monte tramontana
1326
St. Stepha
1265
Mitterhof
Mairing
Haselhof
1489
Vorderberg
1649
Weißkaser
Alm
Morterleger
1700
1678
1712
Ebnerwald
Eichberg
1966
6
1739
Steinwand
Niederwies
2340
Kreuzjöchl
2053
2453
Göflaner Schartl
(Laaser Schartl)
Steinwandhof
Egg

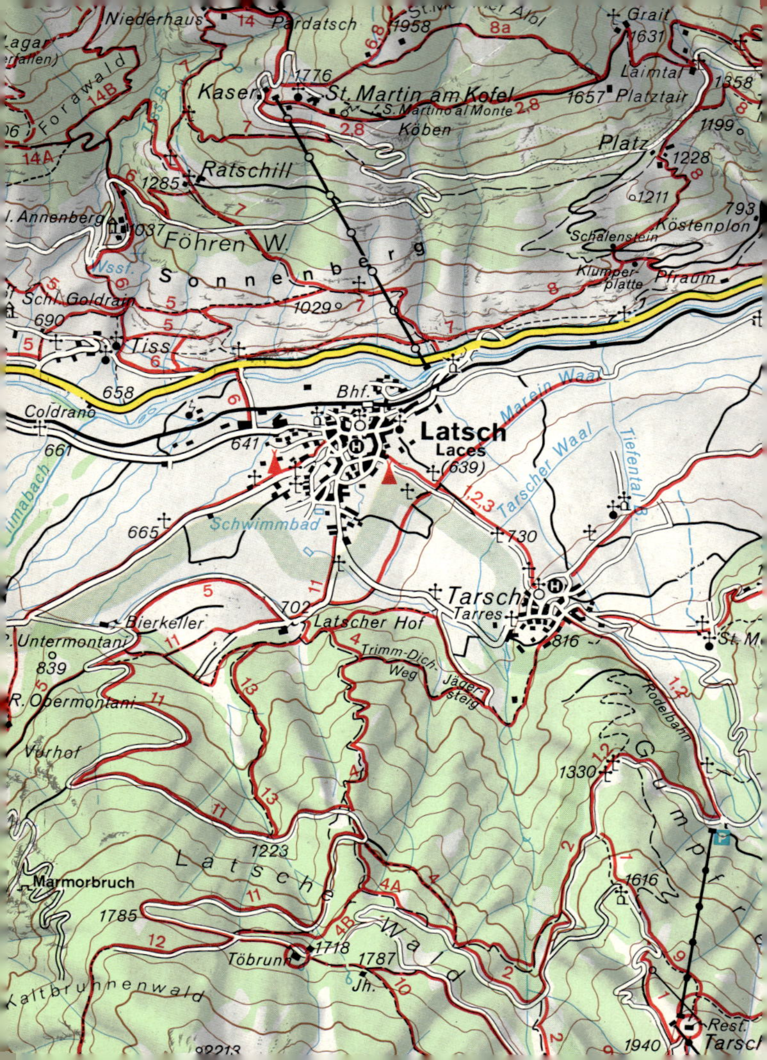
Niederhaus
Pardatsch
1958
Grait
1631
Forawald
Kaser
1776
St. Martin am Kofel
S. Martino al Monte
Laimtal
1358
1657 Platztair
Köben
1199
Platz
1228
Ratschill
1285
1211
793
Köstenplon
Annenberg
1037
Föhren W.
Sonnenberg
Schalenstein
Klumper-platte
Pfraum
Schl. Goldrain
1029
690
Tiss
658
Coldrano
661
Bhf.
Marein Waal
Latsch
Laces
(639)
641
Tarscher Waal
Tiefental B.
665
Schwimmbad
730
Tarsch
Tarres
702
Bierkeller
Latscher Hof
816
Untermontani
839
Trimm-Dich-Weg
Jägersteig
Rodelbahn
R. Obermontani
Vurhof
1330
Gumpfreck
1223
Latscher Wald
Marmorbruch
1616
1785
1718
Töbrunn
1787
Jh.
Kaltbrunnenwald
Rest.
1940
Tarsch

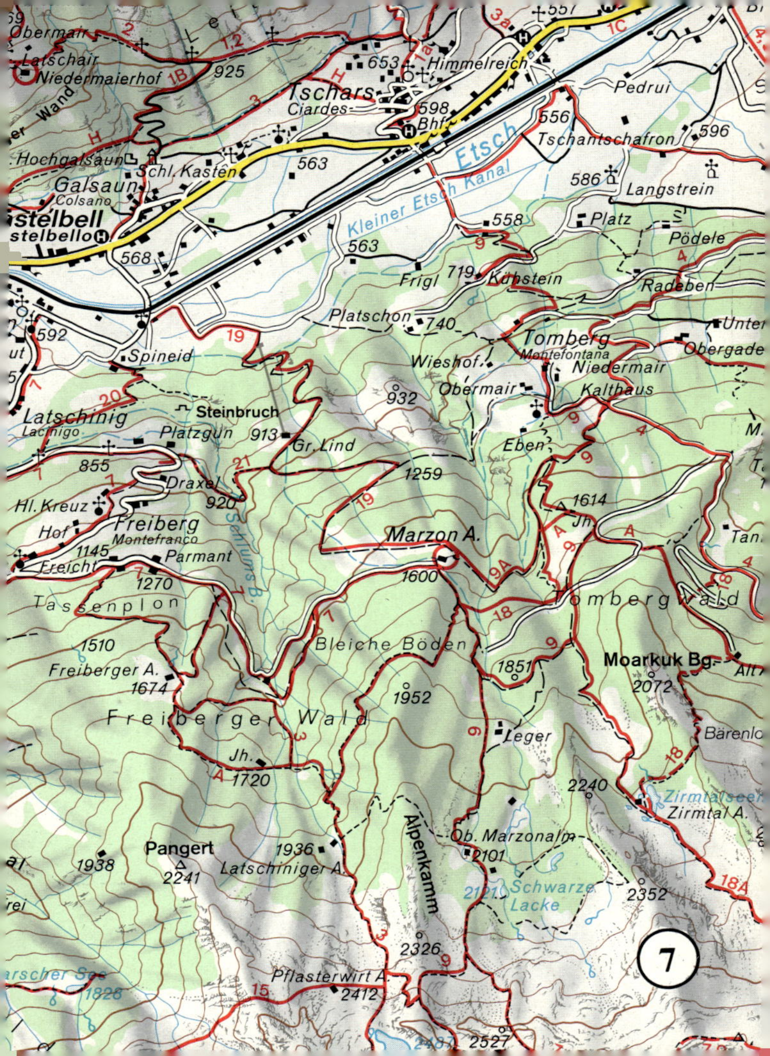

Obermair
Latschair
Niedermaierhof
925
Wand
Hochgalsaun
Schl. Kasten
Galsaun
Colsano
stelbell
stelbello
568
Tschars
Ciardes
653
Himmelreich
598
Bhf.
563
Etsch
Kleiner Etsch Kanal
556
Pedrui
Tschantschafron
596
586
Langstrein
Platz
Pödele
558
563
Frigl
719
Kühstein
Radeben
Platschon
740
Tomberg
Montefontana
Unter
Obergade
Niedermair
Kalthaus
Wieshof
Obermair
932
592
Spineid
Latschinig
Lacinigo
Steinbruch
Platzgun
913
Gr. Lind
Eben
855
Draxel
920
1259
1614
Jh.
Hl. Kreuz
Freiberg
Montefranco
Hof
1145
Parmant
Freicht
1270
Marzon A.
1600
Schlums B.
Tassenplon
Tombergwald
Tan
1510
Freiberger A.
1674
Bleiche Böden
1851
Moarkuk Bg.
2072
1952
Freiberger Wald
Leger
Bärenlo
Jh.
1720
2240
Zirmtalseen
Zirmtal A.
Alpenkamm
Ob. Marzonalm
2101
Pangert
2241
1938
1936
Latschiniger A.
2121
Schwarze Lacke
2352
2326
Pflasterwirt A.
2412
1828
2487
2527
7

2762
Mastaun A.
1810
2254
17
1643
19a
19
Brugghof
1395
Raindlhöf
24
Lefetzbach
Lefetzberg
2285
Außerguflerwal
2015
Lefetzalpe
Mastauntal
Mastaunbach
Gänseck
2416
2020
Geigerköpfl
2408
Kl. Wiegenspitze
2743
1789
Penaudhof
Penaudbach
Penaudtal
brunnen
2572
Hohe Wiegenspitze
2978
2763
2887
Schwarze Wand
2982
2693
2011
Wiegen Sp.
3109
3119
Seekar
2960
20
Nage
2686
2327
2865
2697
Penaudalm
2316
Bei den
2815
Augengläsern
2434
14
Trui
2613
Schwarze Lacke
2803
2639
2446
2772
Schneid
2708
2782
8a
Grube
kopf
2878
2662
Graue Wand
2778
Niederjöchl
Vermoi Sp.
(Marzill Sp.)
8
2929
Goldrainer Alpe
6
2078
Ochsenbühel
1996

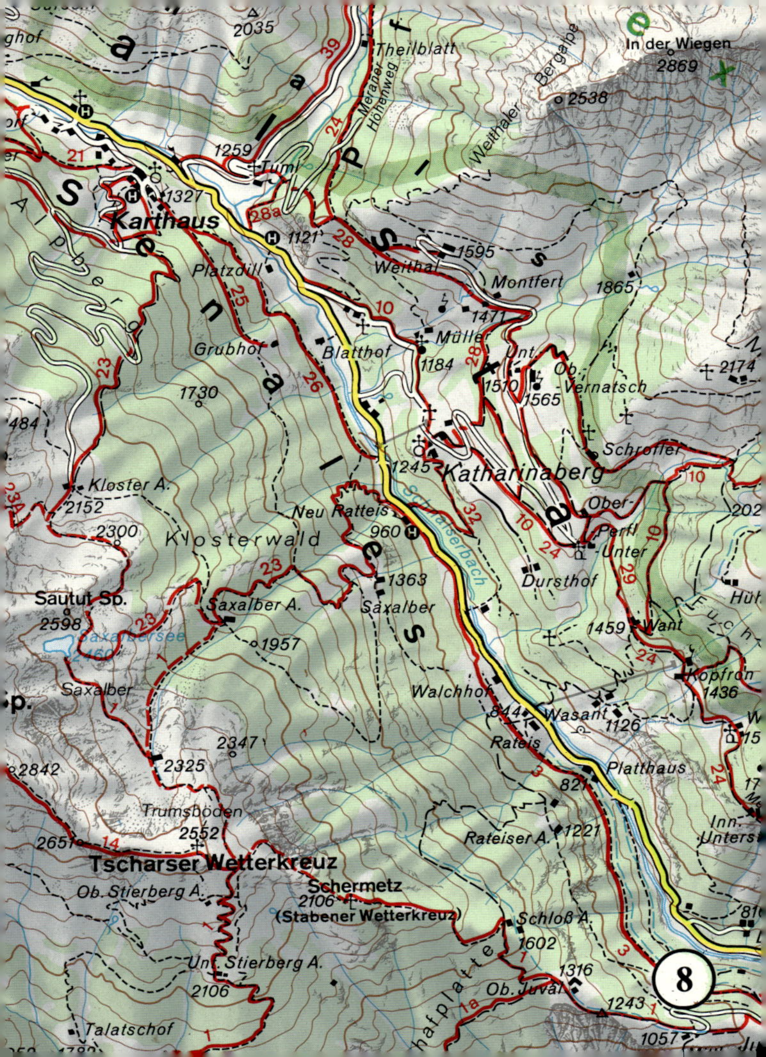
Theilblatt
Meraner Höhenweg
In der Wiegen
2869
Bergalpe
2538
2035
Weithaler
Karthaus
1327
1259
Tumi
1121
Platzdill
Weithal
1595
Montfert
1865
1471
Müller
1184
Blatthof
Grubhof
1730
Unt.
Ob.-Vernatsch
1570
1565
2174
Schroffer
1245
Katharinaberg
Kloster A.
2152
2300
Klosterwald
Neu Ratteis
960
Schnalserbach
Ober-
Perfl
Unter
Dursthof
1363
Saxalber
Saxalber A.
Sautul Sp.
2598
Saxalbersee
2460
1957
1459
Want
Kopfron
1436
Walchhof
844
Wasant
1126
Rateis
Saxalber
2347
2325
2842
Platthaus
821
Trumsboden
2552
2651
Rateiser A.
1221
Tscharser Wetterkreuz
Schermetz
2106
(Stabener Wetterkreuz)
Ob. Stierberg A.
Schloß A.
1602
Unt. Stierberg A.
2106
1316
Ob. Juval
1243
1057
Talatschof
8

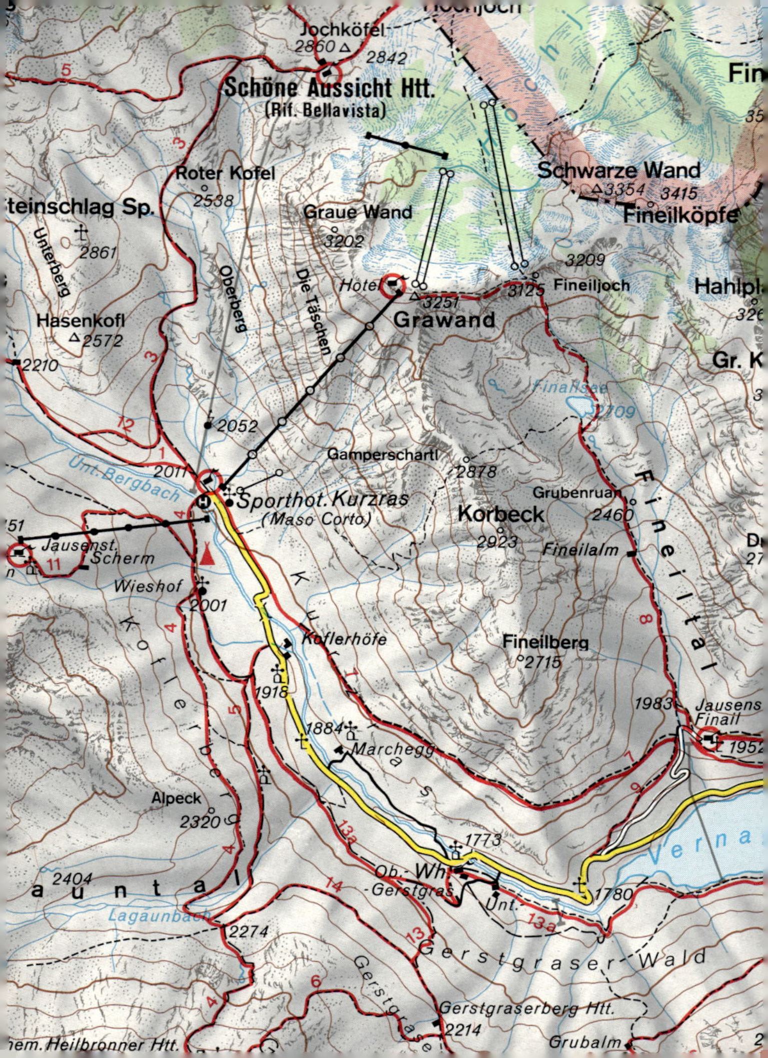

Jochköfel
2860
2842
Schöne Aussicht Htt.
(Rif. Bellavista)
Roter Kofel
2538
Steinschlag Sp.
Unterberg
2861
Hasenkofl
2572
2210
Oberberg
Die Täschen
Graue Wand
3202
Hotel
3251
Grawand
Schwarze Wand
3354
3415
Fineilköpfe
3209
3125
Fineiljoch
Hahlpl
Gr. K
Finailsee
2709
2052
2011
Unt. Bergbach
Gamperschartl
2878
Sporthot. Kurzras
(Maso Corto)
Korbeck
2923
Grubenruan
2460
Fineilalm
Fineiltal
Jausenst.
Scherm
Wieshof
2001
Kofflerberg
Koflerhöfe
Kurzras
Fineilberg
2715
1918
1884
Marchegg
1983
Jausens
Finail
1952
Alpeck
2320
1773
Vernagt
2404
Lagauntal
Ob. Wh
Gerstgras
Unt.
1780
Lagaunbach
2274
Gerstgraser Wald
Gerstgraser
Gerstgraserberg Htt.
2214
Grubalm
ehem. Heilbronner Htt.

Sayplatten
3403
3280
Hauslabjoch
Niederjochferner
3147
Marzellferner
3217
In den Genzen
Zollwache
Similaunhütte
3017
Niederjoch
Westl.
3526
2605
Kl. Similaun
3384
Similaunjoch
3349
3597
Similaun
Schnals
Similaungrube
2833
Hohe Wart
3424
3300
Kasarerwartl
H. Faulwand
3416
Tisental
Leiterbach
Tisenberghtt
2225
2970
Unt.
2948
Tisenberg
2528
Rafein
1886
Tisenhof
Rif. Tisa
1822
Vernagtbach
Samberg
Wilder Hut
2912
Stausee
Obervernagt
Wh.
Kaser
Schröfwand
2890
Schafal
2809
258
Leitwald
Anderleit
Oberhof
Mitterhof
1933
1508
Unser Frau
2064
Gurschl
9

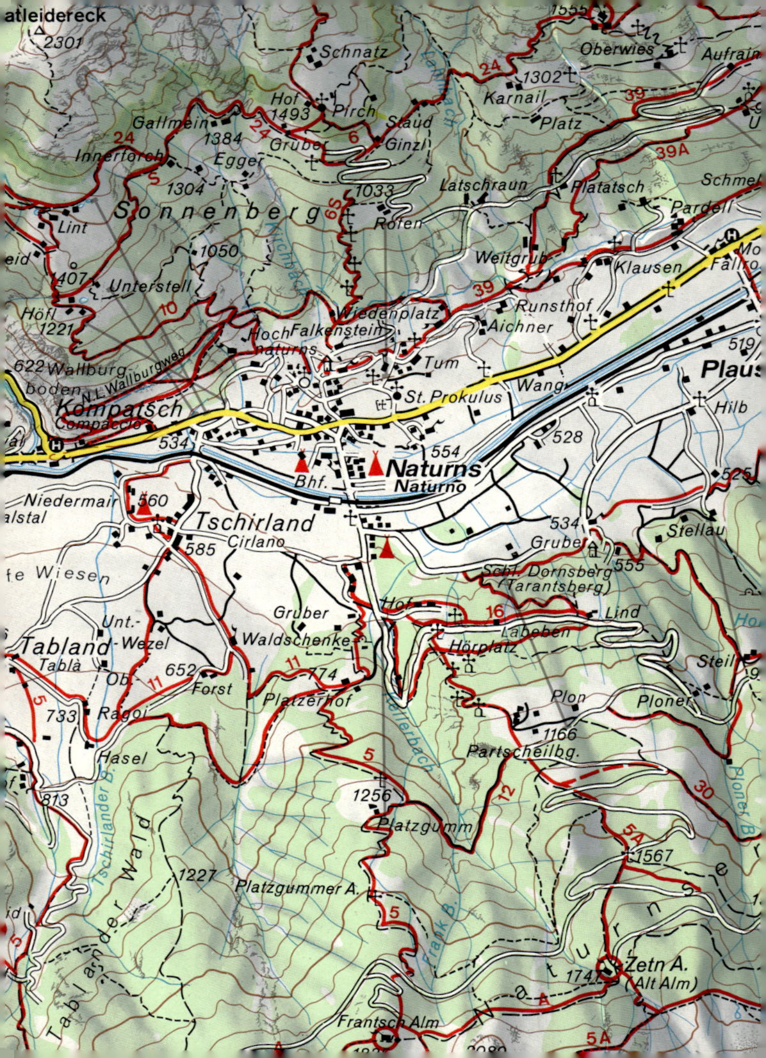

Sonnenberg
Naturns
Naturno
Kompatsch
Compaccio
Tschirland
Cirlano
Plaus
Tabland
Tablà
Hochnaturns
Falkenstein
Wiedenplatz
St. Prokulus
Tum
Wang
Aichner
Runsthof
Klausen
Weitgrub
Latschraun
Platatsch
Pardell
Schnatz
Pirch
Staud
Ginzl
Gruber
Egger
Gallmein
Innerforch
Lint
Unterstell
Höfl
Wallburgboden
N.L. Wallburgweg
Niedermair
Wiesen
Unt.-Wezel
Ob.
Ragoi
Hasel
Forst
Waldschenke
Platzerhof
Gruber
Hof
Hörplatz
Labeben
Lind
Steil
Plon
Ploner
Partscheilbg.
Stellau
Schl. Dornsberg (Tarantsberg)
Grube
Hilb
Karnail
Platz
Oberwies
Aufrain
Schmel
Rofen
Platzgumm
Platzgummer A.
Zetn A. (Alt Alm)
Frantsch Alm
Tschirlander B.
Tablander Wald
Frank B.
Kellerbach
Kirchbach
Ploner B.
Naturnser
Bhf.
534
554
528
525
519
560
585
555
652
733
774
813
1033
1050
1166
1221
1227
1256
1302
1304
1384
1407
1493
1567
1747
2301
622
atleidereck

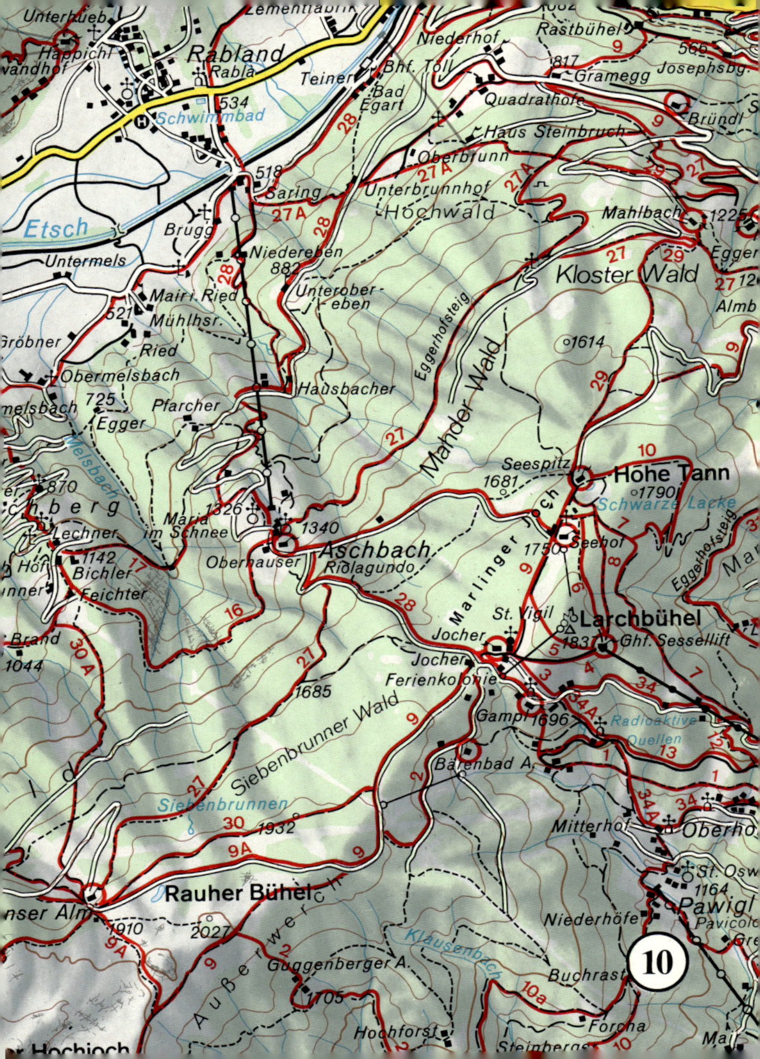

Unterhueb
Happichl
Rabland
Rabla
Zementfabrik
Teiner
Bhf. Töll
Bad Egart
Niederhof
Rastbühel
817
Gramegg
Josephsbg.
Quadrathof
Bründl
Haus Steinbruch
Oberbrunn
534
Schwimmbad
518
Saring
Unterbrunnhof
Hochwald
Mahlbach
1225
Etsch
Brugg
Untermels
Niedereben
882
Unterober-eben
Kloster Wald
Egger
Almb
Mairi. Ried
521
Mühlhsr.
Ried
Gröbner
Eggerhofsteig
Mahder Wald
1614
Obermelsbach
Hausbacher
725
Egger
Pfarcher
Melsbach
870
Seespitz
Höhe Tann
1681
1790
Schwarze Lacke
Maria im Schnee
1326
1340
Lechner
Aschbach
Riolagundo
Oberhauser
1142
Bichler
Feichter
Seehof
1750
Marlinger
Eggerhofsteig
St. Vigil
Larchbühel
Jocher
1837
Ghf. Sessellift
Brand
1044
Jocher
Ferienkolonie
1685
Gampl
1696
Radioaktive Quellen
Siebenbrunner Wald
Bärenbad A.
Siebenbrunnen
1932
Mitterhof
Oberho
St. Osw
1164
Pawigl
Pavicolo
Rauher Bühel
Niederhöfe
1910
2027
Klausenbach
Guggenberger A.
Buchrast
10
Außerwerch
1705
Forcha
Hochforst
Steinberg
Hochjoch

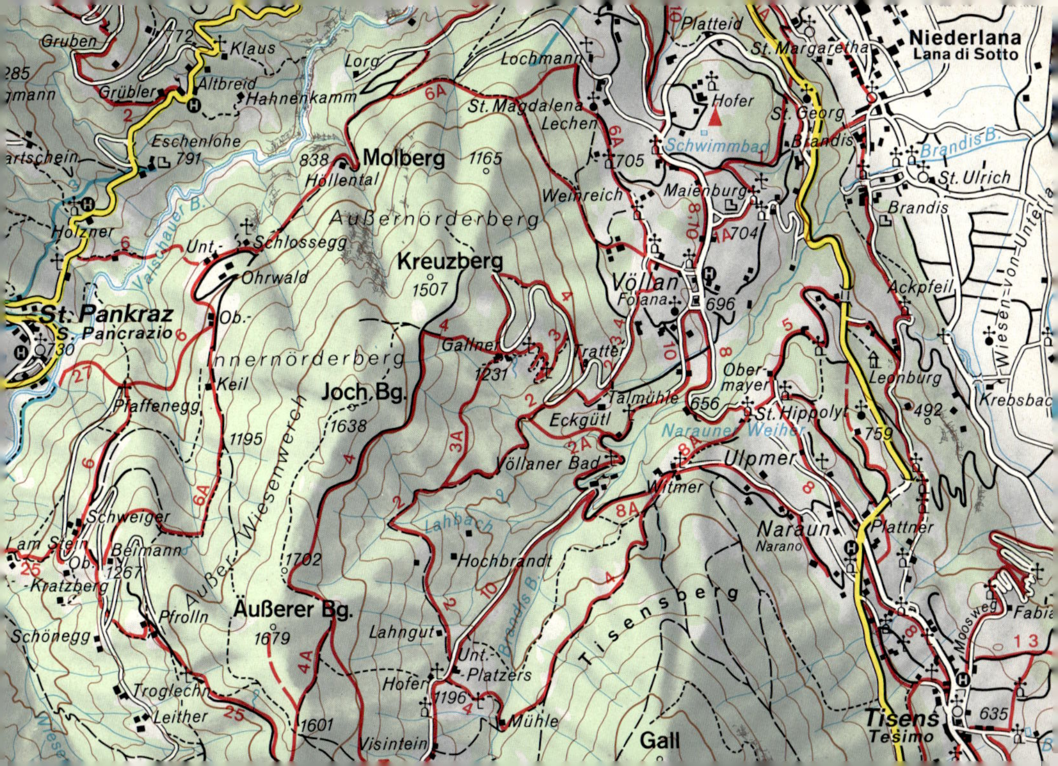

Niederlana
Lana di Sotto
St. Margaretha
Platteid
St. Georg
Brandis
Hofer
Schwimmbad
Brandis B.
St. Ulrich
Brandis
Wiesen-von-Unterla
Lochmann
St. Magdalena
Lechen
705
Maienburg
Weinreich
704
Völlan
Foiana
696
Ackpfeil
Leonburg
Krebsbac
492
759
St. Hippolyt
Ober-
mayer
Talmühle
656
Narauner Weiher
Ulpmer
Witmer
Naraun
Narano
Plattner
Tisens
Tesimo
635
Moosweg
Fabia
Gall
Tisensberg
Mühle
1196
Unt.-
Platzers
Hofer
Lahngut
Visintein
Hochbrandt
Lahnbach
Brandis B.
Völlaner Bad
Eckgütl
Tratter
Gallner
1231
Kreuzberg
1507
Außernörderberg
Molberg
1165
838
Höllental
Lorg
Hahnenkamm
Klaus
772
Gruben
Altbreid
Grübler
Eschenlohe
791
Holzner
Unt.-
Schlossegg
Ohrwald
Valschauer B.
St. Pankraz
S. Pancrazio
730
Ob.-
Innernörderberg
Keil
Joch.Bg.
1638
1195
Pfaffenegg
Wiesenwerch
Außer Wiesenwerch
1702
Äußerer Bg.
1679
1601
Schweiger
Beimann
Am Stein
Ob.
1267
Kratzberg
Pfrolln
Schönegg
Troglechn
Leither
Wiese
285

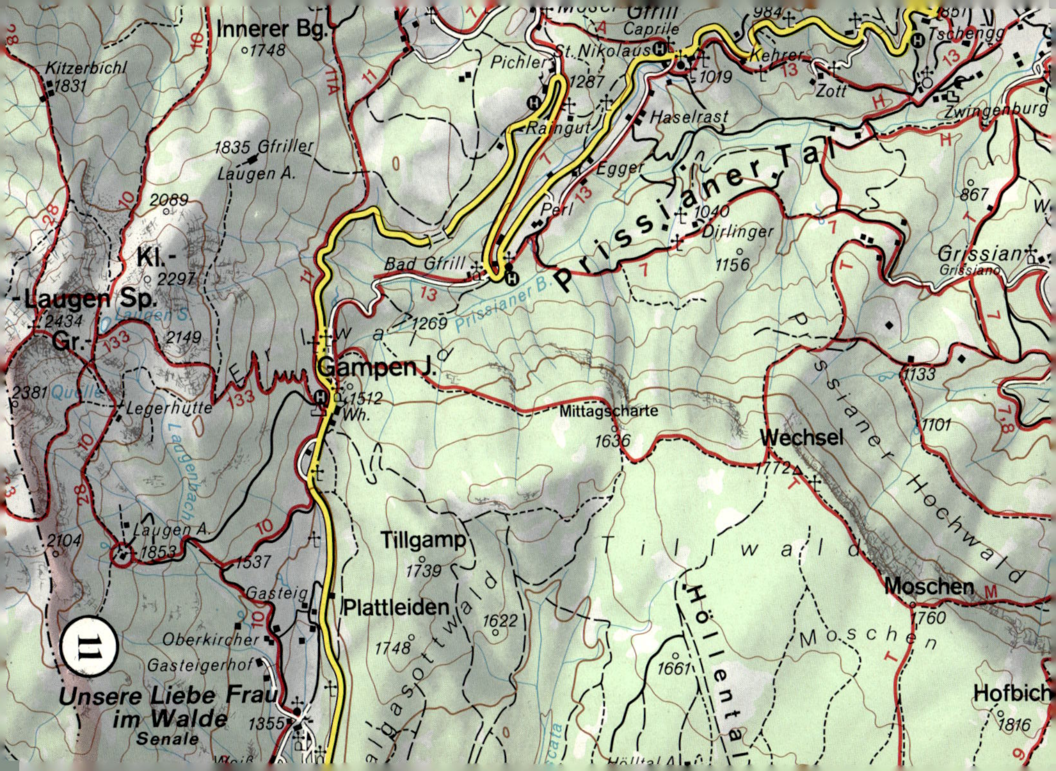

Innerer Bg.
1748
Kitzerbichl
1831
1835 Gfriller
Laugen A.
2089
Kl.-
2297
Laugen Sp.
2434
Gr.-
2149
2381
Quelle
Legerhütte
Laugenbach
Laugen A.
1853
2104
1537
Gasteig
Oberkircher
Gasteigerhof
Unsere Liebe Frau
im Walde
Senale
1355
11
St. Nikolaus
Caprile
Pichler
1287
Raingut
Egger
Perl
Bad Gfrill
1269
Prissianer B.
Gampen J.
1512
Wh.
Mittagscharte
1636
Tillgamp
1739
Plattleiden
1748
1622
Kehrer
1019
Zott
Tschengg
Haselrast
Zwingenburg
Prissianer Tal
1040
Dirlinger
1156
867
Grissian
Grissiano
1133
1101
Prissianer Hochwald
Wechsel
1772
Tillwald
Höllental
1661
Moschen
1760
Hofbich
1816

Peilstein
2542
Hochjoch
Platzfeld
Ortler
Pircherberg
Wildegg
Unt.-Dura
Dura
Larcherrast
2544
2312
2070
Schweinsteig
2109
Marschnell A.
2213
2424
Talhof
Kampel
1502
Auß.-Dura
Reinhof
Oberberg
1870
Oberhaus
1583
Inn. Durach
2215
Larcherberg
Säge
Kofraster B.
Riemerbergl Alm
Marschnellbach
Gigglhirn
1677
Mitterhof
Breitenbg.
Oberparthen
1190
Kerschba
Laas
Laasbach
St. Walburg
S. Valpurga
Leit
Oberegg
Windkofel
1712
Riemhof
1692
Windegghof
Simian
Im Bach
Pflanz
Wegleit
Dorf
Schwimmb.
Gföll
1043
Gonnewald
Überwasser
Inn.
Auß.
Hochrain
Larcha
1535
Martbühel
1294
Marsoner
Steiner
Schmiedhof
Zoggler Stausee
1635
St. Moritz
S. Maurizio
Kuppelwies
Pracupola
1153
Tumpf
Vogelegg
Kohlhütte
Schmiedhof
Holzschlag
1571
Pfandl A.
1838
Spitzner A.
1847
Kerschbaumer B.
12

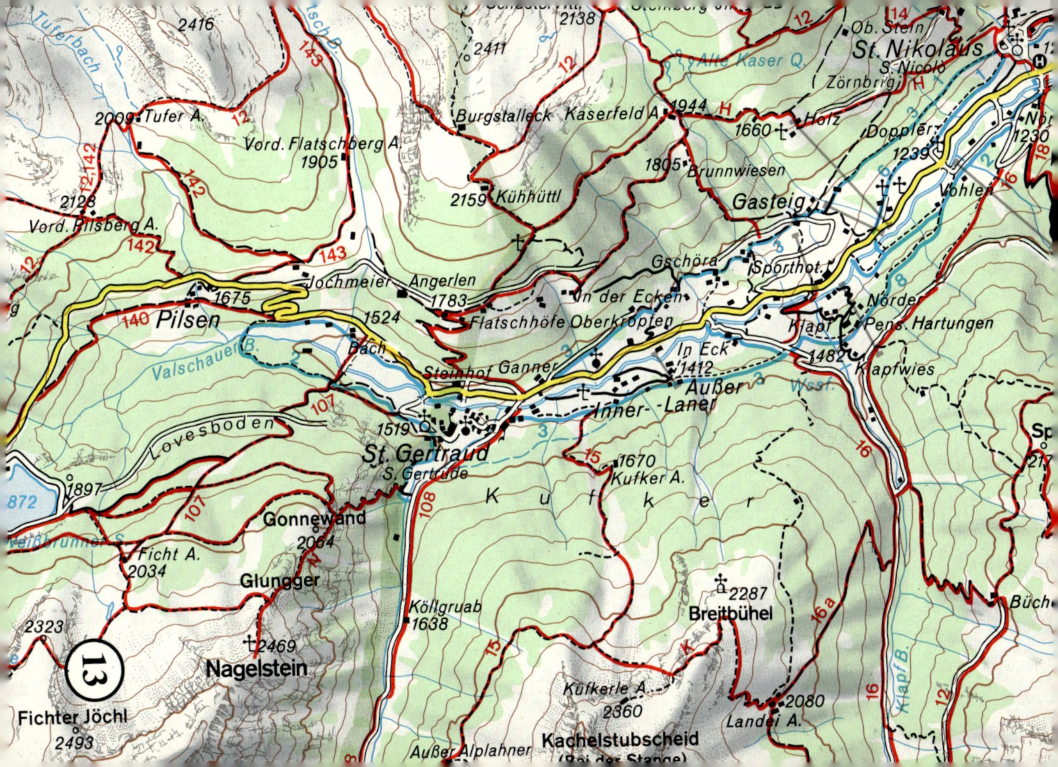
St. Nikolaus
S. Nicolò
Ob. Stein
Zörnbrig
Alte Kaser Q.
Tuferbach
2416
2138
2411
Burgstalleck
Kaserfeld A.
1944
Holz
1660
Doppler
1239
1230
Tufer A.
2009
Vord. Flatschberg A.
1905
2159
Kühhüttl
1805
Brunnwiesen
Gasteig
Vohlen
2128
Vord. Pilsberg A.
Gschöra
Sporthot.
Jochmeier
Angerlen
1783
1675
In der Ecken
Nörder
Pilsen
1524
Flatschhöfe
Oberkröpfen
Klapf
Pens. Hartungen
Valschauer B.
Bach
In Eck
1412
1482
Klapfwies
Steinhof
Ganner
Außer
Inner-
-Laner
Lovesboden
1519
St. Gertraud
S. Gertrude
1670
Kufker A.
1897
872
K u f k e r
Gonnewand
2064
Ficht A.
2034
Glungger
Köllgruab
1638
2287
Breitbühel
2323
2469
Nagelstein
Kufkerle A.
2360
2080
Landei A.
Klapf B.
13
Fichter Jöchl
2493
Außer Alplahner
Kachelstubscheid
Büch
140
142
143
107
108
15
16
16a
12

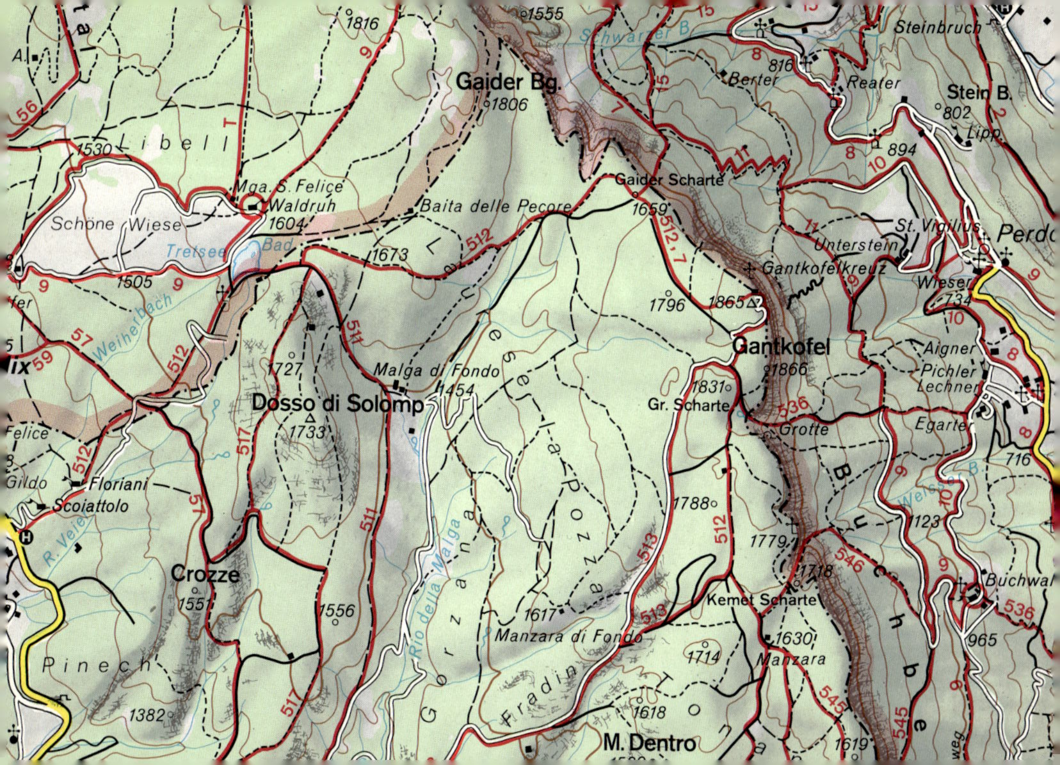

Gaider Bg.
1806
1555
1816
Libell
1530
Mga. S. Felice
Waldruh
1604
Schöne Wiese
Tretsee
Bad
1505
Weiherbach
Baita delle Pecore
1673
Gaider Scharte
1659
512, 7
1796
1865
Gantkofelkreuz
Gantkofel
1866
1831
Gr. Scharte
Grotte
1788
1779
1718
Kemet Scharte
1630
Manzara
1714
Manzara di Fondo
1617
1618
M. Dentro
1619
Malga di Fondo
1454
Dosso di Solomp
1733
1727
1556
Rio della Malga
Crozze
1551
1382
Pinech
Floriani
Scoiattolo
Gildo
Felice
Steinbruch
Stein B.
802
Lipp.
894
Reater
Berter
816
Schwarzer B.
St. Vigilius
Perd
Unterstein
Wieser
734
Aigner
Pichler
Lechner
Egarter
716
1123
Buchwal
965

Fondo
Lago Smeraldo
Malosco
Dasine
il Belvedere
Ronzone
14
Waldruhe
Gàggia e Àrsol
Bus de
Le Ponte
Sedruna
Roggia di Fondo
R. di Sedruna
In Valle
Gaggio
S. Antonio
Rif. Regole
Rif. al Falchetto
Rif. Scoiattolo
M. Arsen
Regole
Mga. di Malosco
Furglauer Sch.
Furglauer T.
Steine
St. Valer.
M. Largadan
Fernsehsender
Penegal
Penegalhütte
Matschatsch
la Cantoniera
Kl. Penegal
Largadana
M. Toval
Paradiso
Maso Giordani
S. Salvatore
Villini dell'Alpe
Mendelhof
Alb. Mendola
Mendelpaß
St. Nikolaus
Mitterdorf
Mendel
Matschatsch
1126
1189
1354
1496
1630
1585
1546
1742
1737
1254
1320
1435
1428
1217
1041
1093
987
88
1426
1645
1054
1433
1652
1554
1170
1084
1220
1254
1237
1007
1363
630
900
746
517
513
511
514
508
512
540
510
521
9
9A

Dosso dei Pini
Golfhütte
Kalterer Bg.
1486
1368
521
Rocce della Selva
1468
Glockenbühl
1554
1617
1594
Halbweg Htt.
(Rif. Mezzavia)
M. Lira
Kalterer Höhenweg
523
538
Prazöll
1421
1477
1429
Rispano
1732
1764
Amblar
986
1078
531
556
Rio di Lino
1225
Baito di Romeno
Pian delle Ortiche
1239
Valle Avena
Vezzetta
1159
Bocca d. Valli
Pzo d'Arse
1501
V. della Forma
V. di S. Giovanni
Val Formaia
Salin
Animanoa
Cusina
1356
Plazza della Casa
1264
Bàito del Vescovo
1438
Mga. di Don
1614
Mga. di Sanzeno
537
Mga. D'Amblar (dir.)
1729
1773
Roenalm
Malga di Romeno
560
Paterkopf
1856
Großer Göller
1773
Tauris J.
1653
1506
Kleiner Göller
Lungenfrisch
Langer Steig
Altenburger B.
Ziegelstadel
9, 523
Mühl
586
Psenner
672
9F
Überetsch
2035
regiolo

Schwarzer Kopf
2030
1830
Wetterkreuz
Kanzel
1856
Malga Cignale
1612
Malga Smarano
806
Soretti
1376
1046
Molini di Verdès
1038
1221
Val Maòr
1769
Mga. di Smarano
1668
Val Ravadizzo
Mga. di Còredo
1624
Val Calana
Sas Goz
1238
Val di Toc
Predal
1604
1399
Zuol
Dossi di Spin
1299
Rif. Sòres
15
Rif. Predàia
1471
1396
524
Bus del Spin
1424
503
St. Barbara
1689
Schönleitensteig
Schönleiten
1811
Coreder J.
Muindleger
1578
Jochebene
1597
Graunerjoch
1699
Bredaia Wiesen
1699
Bataillons K.
1647
Breitkogel
Breitbach
1374
Gemeindewald
1871
Locherer
Ober Gemeine
Traminer Höhenweg
Klabererhof
856
Erivert
970
Kaltbrunn
Wasserstelle
Schmiedbach
Rappental
Maier M
Zogglerhof
Kast
Tram
Terme
Bannwald
Rungg
318
823
Graun
Locherweg
Freising
Hintersegg
Weger
St. Georg
781
Mühle
889
Weger
608
Hofstatt
Kurtatsc
Gum
Psen
676
501
530
B.503
B
1A
6A
4, FZ
5A
WK

Corno di Tres
Cimoni
Cima d'Arza
Monte Malachino
Sasso Bianco
Selva di Vervo
Val Strenta
Val Marzana
Mga. di Vervo
Molini di Vervo
Maso del Monte (ruderi)
Piano pra de Monte
Sorgente Santini
Monte Corno
Pra di Taio
La Sella
Sattelsteig
Fennhals
St. Anna
Brandenhof
Römerweg
Boarenwald
Fenner Joch
Rätherstieg
Fennerbach
Nocken
Im Loch
Rotwand
Schl. Ulmburg
Oberfennberg
Gaisberg
Rappenkoflwand
Fasseneg
Bergermühle (zerstört)
St. Leonhard
Seehof
Unterfennberg
Tratthof
Hofstatt
Bühel
Haslerhof
Hasler Berg
Salcherhof
Il Pizzo
il Monte
Pianizzia
Vilpua
Roccapiana
M. Cuc
V. dei Pilastri
Valle di S. Pietro
Cast. S. Pietro
Valle di Coveri
M. Zama
ai Prati
Fennberg B.
Wildbach
Rio Boscone
Höller
1332
1709
1712
1812
1358
1031
1123
1451
1729
1697
1576
1276
1171
1163
1228
1426
1472
1219
1051
1047
1005
972
1111
1155
614
1585
1665
1571
1320
995
1807
1742
1873
1278
1282
864
872
1053
996
713
529
836
1226
826
1012
510
518
503.524
502
507
519
3
2
7

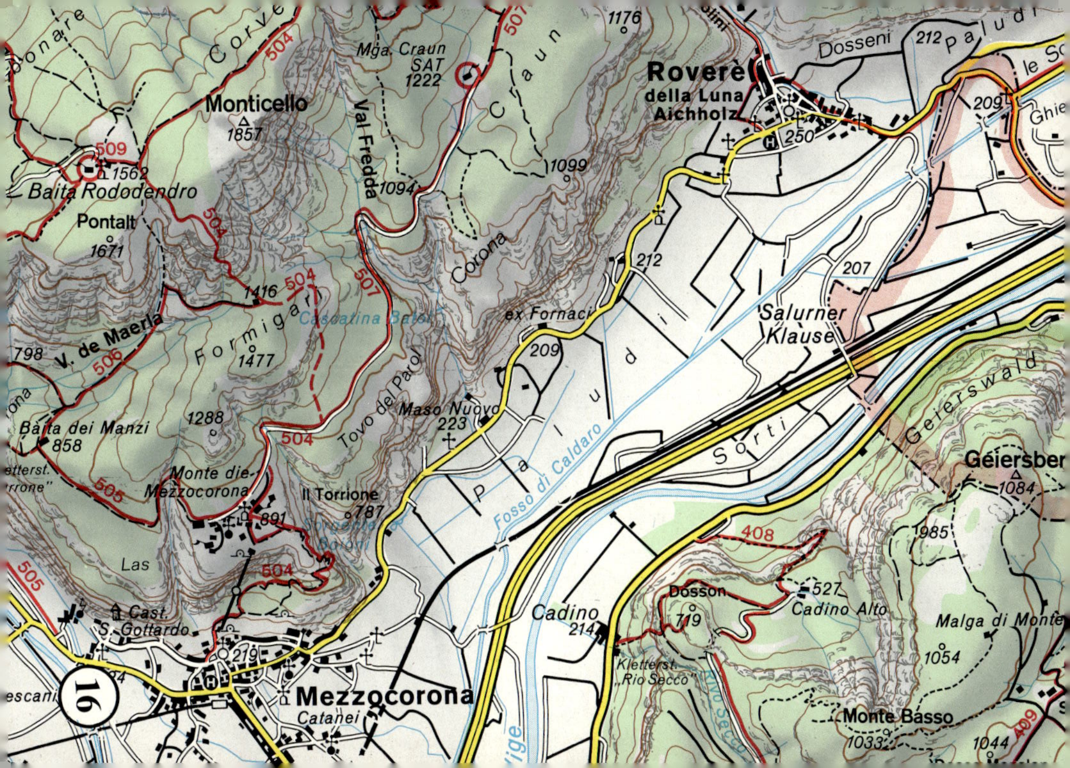

Roverè della Luna
Aichholz
Monticello
1857
Baita Rododendro
1562
Pontalt
1671
Val Fredda
1094
Mga. Craun
SAT
1222
Craun
Corona
1099
1176
Dosseni
Paludi
Salurner Klause
207
212
209
250
ex Fornaci
Maso Nuovo
223
Tovo del Parol
Fosso di Caldaro
Sorti
Formigar
1477
1416
1288
V. de Maerla
798
Baita dei Manzi
858
Monte di Mezzocorona
891
Il Torrione
787
Las
Cast. S. Gottardo
219
Mezzocorona
Catanei
Cadino
214
Dosson
719
Cadino Alto
527
Kletterst. „Rio Secco"
Rivo Secco
Geiersberg
1084
Geierswald
985
Malga di Monte
1054
Monte Basso
1033
1044
504
505
506
507
509
408
409
16

HOTEL
Alpenhof

39025 NATURNS
Gerberweg 10
Tel. (0473) 87194

Alle Zimmer mit Du/WC/Balkon/Tel./Radio/TV-Anschluß. Lift und abgeschlossener Parkplatz. Hallenbad, Sauna, Solarium, Massagen. Liegewiese, Sonnenterrasse, Aufenthaltsraum mit Bar und Taverne. HP. mit Frühstücksbuffet. April-Juli: Ferienwochen zum Freundschaftspreis. Geführte Wanderungen mit dem Hausherr. Rufen Sie uns an oder schreiben Sie uns. Fam. Braun.

PENSION - RESTAURANT - PIZZERIA
LÖWEN

An der Straße
Meran - Algund.
Alle Zimmer mit
Dusche, WC, Balkon,
Telefon u. Radio.

Täglich große
Auswahl an Nudelgerichten und
schmackhaften
Tagestellern

Ab 17 Uhr Pizzas
aus dem Holzofen

Gartenterrasse

Mittwoch Ruhetag

ALGUND - J. WEINGARTNERSTR. 20 - TEL. (0473) 220213

Pension Restaurant
Caroline

Indermauerstraße 19
39040 Kurtatsch-Graun
Tel. 0471/880212

Unser familiär geführtes Haus befindet sich in ruhiger und sonniger Lage mit herrlicher Aussicht auf das Südtiroler Unterland. In unmittelbarer Nähe bieten sich unzählige Wandermöglichkeiten.

Familie Gamper-Bertol

**IHR FACHGESCHÄFT
DAS IHNEN MEHR BIETEN KANN**

FOTOSTUDIO·2000
NATURNS · Bahnhofstr. 47 ☎ 87583

PENSION - GARNI

Bergblick

I-39025 NATURNS — Feldgasse, 7 — Tel. (0473) 87193

Was Sie in Pension-Garni »Bergblick« erwartet, ist schon eine ganze Menge, mit der sich Ferien in den Bergen abwechslungsreich gestalten läßt. Alle Zimmer haben Dusche/WC, Balkon. Sonnenterrasse und unser beheizbares Freibad mit sonniger Liegewiese stehen unseren Hausgästen zur Verfügung. Die ruhige Lage sorgt für ein ungestörtes Ferienleben. Abgeschlossener Privatparkplatz am Hause. Gelegentlich werden Grillabende im Freien veranstaltet, und der Torgglkeller, der sich in unmittelbarer Nähe des Hauses befindet, ist nur für Hausgäste reserviert. Bergwanderungen mit Führung (event. Alm-Übernachtung) werden organisiert. In Pension-Garni »Bergblick« werden Sie sich wohl fühlen, sei es wegen unseres Hauskomforts, aber auch wegen der familiären Führung. Auf Ihren Besuch freut sich Fam. Vent.

PENSION
Etschland

I-39025 PLAUS
bei Meran
Bahnhofstr. 59
Tel. (0473) 87424

Neubau, 16 Zimmer mit Balkon, Dusche - WC, eigenes beheizbares Schwimmbad, große Liegewiese. Familienbetrieb. Einmal die Woche führen wir unsere Gäste auf ausgesuchten Wanderwegen zu den Schönheiten der südtiroler Landschaft, und auf unseren Grillabenden geht es immer recht lustig zu.
Bis bald Fam. Raich.

HOTEL
Wein Garten

39025 NATURNS bei Meran
450 m.

Vorwahl aus D+CH:
0039 473/87299
Vorwahl aus A: 040 473/87299

Für alle, die Erholung, Ruhe und aktiven Urlaub lieben. Unser Haus liegt in ruhiger, sonniger Lage. Es bietet u.a. jedes Zimmer mit Bad/Du./Balkon, Hallenbad, TV-Raum, große Liegewiese.
Gutbürgerliche Küche.
Fordern Sie Prospektmaterial an.

Auf Ihren Besuch freut sich Fam. Tappeiner.

GASTHOF RESTAURANT
Bad Kochenmoos

Ein herzliches Willkommen und einen guten Appetit wünschen die Wirtsleut' Fam. Spornberger und Mitarbeiter

STABEN
HAUPTSTRASSE
TEL. 87106

Großer Parkplatz

Dienstag Ruhetag

Südtiroler Hausmannskost
Italienische und Internationale Küche
Kinderteller
Hausgeräucherte Speckmarenden
Erlesene Weine aus Südtirol
Schattiges Gartenrestaurant
Kaffee und hausgemachte Kuchen
„Naturlehrpfad" direkt am Haus.

Pension Weingarten

39010 GARGAZON
Mühlgraben 3
Vorwahl aus D und CH:
0039 473 292366
Vorwahl aus A:
040 473 292366

Unsere familiär geführte Pension befindet sich inmitten von Weingärten ausserhalb des Dorfzentrums.

Alle Zimmer mit D/WC/Balkon. Reichhaltiges Frühstück. Schwimmbad, Liegewiese, Tischtennis+fussball eigener Parkplatz.

Auf Ihren Besuch freut sich Familie Ilmer.

Garni Christine ⋆⋆

I-39010 GARGAZON bei Meran
Bachstr. 8

Vorwahl aus D und CH: 0039 473 291464
Vorwahl aus A: 040 473 291464

Unser familiär geführtes Haus befindet sich in ruhiger, sonnenreicher Lage inmitten von Obstkulturen.

Alle Zimmer mit Dusche/WC und teilweise Balkon. Schwimmbad mit Liegewiese, Kinderspielplatz, eigener Parkplatz. Diverse Sport und Wandermöglichkeiten in und um die Ortschaft.

Auf Ihren Besuch freut sich Familie Haller.

FOTO DALDOSSI WOLF
OHG – SNC

des Kofler Arthur u. Daldossi H.

39011 Lana A. Hofer-Str. 17 Tel. 53444

**FOTOAUSARBEITUNG IN FARBE
INNERHALB 12 STUNDEN IM
EIGENEN COLOR - LABOR
IHR FOTOFACHGESCHÄFT**

Niedermair

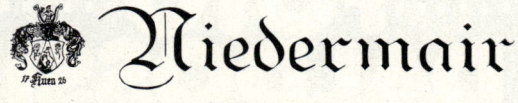

GASTHOF - RESTAURANT - CAFÉ

Beim Gasthof Niedermair an der sonnigen Südseite der Texelgruppe finden Sie Ruhe und Erholung in romantischer Umgebung. Gutbürgerlicher Gasthof, int. + Tiroler Küche, freundliche Bedienung und komfortable Zimmer im Tirolerstil. Herrliche Aussicht auf Partschins und das Burggrafenamt genießen Sie auf unserer Sonnenterrasse, oder auf den Zimmerbalkonen. Eigener Parkplatz, Kinderspielmöglichkeiten und Freibad. Wandermöglichkeiten direkt vor der Haustür. Gemütlicher Urlaub in fröhlicher Gesellschaft bei geselligen Unterhaltungsabenden und bei gediegener Tiroler Gastlichkeit. Auf Ihren Besuch freut sich Familie Kuen.

Vertiegenstr. 8
39020 PARTSCHINS
Tel. 0473 - 97171
Montag
Ruhetag

**Gasthof - Pension
AN DER ETSCH** ✶✶

39021 LATSCH
Reichstr. 4
Tel. 0473/623217

Greifen Sie zu, noch ist Platz in gemütlicher Runde.
Ruhige Zimmer mit allem Komfort. Familiäre Atmosphäre, Kinderfreundlichkeit, Sonnenterrasse, Liegewiese und großer Parkplatz.
Machen Sie was für Ihre Gesundheit!
Frei- und Hallenbad, römisches Dampfbad, Fitnessraum und Tischtennis.
WINTER: Schigebiet "Tarscher Alm„ in 10 Min. erreichbar.
Auf Ihren Besuch freut sich Fam. Rinner.

Camping Latsch

39021 LATSCH
Reichstr. 4
Tel. 0473/623217

Von dieser Art zu Campieren haben Sie bestimmt schon mal geträumt! Terrassenförmig am Sonnenhang gelegen.

Ganzjährig geöffnet. Saubere, moderne Sanitäre Einrichtungen und Self-Service-Laden.

Machen Sie was für Ihre Gesundheit!

Frei- und Hallenbad, römisches Dampfbad, Fitnessraum und Tischtennis.

WINTER: Schigebiet "Tarscher Alm„ in 10 Min. erreichbar.

Auf Ihren Besuch freut sich Fam. Rinner.

RESIDENCE-HOTEL
An der Stachelburg ★★★

Fam. Oberhofer
Wasserfallweg, 7 - I-39020 PARTSCHINS/MERAN - Tel. 0473 - 97310

.... ein Südtiroler Komfort-Hotel für spezielle Urlaubswünsche direkt am Fuße des Naturparks "TEXELGRUPPE" und einem Riesen - Programm, wo jede Jahreszeit zum Erlebnis wird.
— äußerst komfortable Zimmer mit Dusche oder Bad/WC, staatl. Tel.-Anschluß Radio- und TV-Anschluß
— Balkone mit herrlichem Talblick und ruhiger Lage
— bei HP und VP großzügiges Frühstücksbuffet-Menüwahl-Salatbuffet
— Buffetabende, Grillabende auf der Terrasse u.v.m.
— Appartements komplett ausgestattet für (3-5 Personen)
— A la carte Restaurant "Burgstübele"
— Hallenbad - Sauna - Solarium - eigene Kurabteilung mit Fanghi, Massagen, Inhalationen usw. (staatl. geprüftes Personal)
.... und ein besonderes Herz für unsere Wanderfreunde. Der hoteleigene "STACHELBURGER WANDERCLUB" organisiert 2xwöchentlich Wanderführungen für verschiedene Ansprüche. Zudem organisieren wir jedes Frühjahr ab 20. Februar "SKI-SAFARI-WOCHEN" mit Bustransfer und Skilehrer durch die Ortler Skiarena.
Auf bald in der Stachelburg   Ihre Fam. Oberhofer

Die sonnigen Hügel des Gewürztraminers

TRAMIN

Südtiroler Weinstraße - Italien

... von Sonne, Licht, Wasser und südlichem Klima reichlich verwöhnt. Das freundliche Weindorf nahe am Kalterer See und 40 km von Meran. - Ein Tip für jede Jahreszeit.

Informationen: Verkehrsverband Tramin - I-39040 Tramin Südtiroler Weinstraße - Durchwahl aus CH + D: 0039471/860131

Spezialbier-Brauerei FORST

Frisch · Fresca · Fraîche · Fresh

Ferienwohnungen
UNTERWEGERHOF

39011 VÖLLAN
Rateiserweg 10

Vorwahl aus D u. CH:
0039 473/52323

Vorwahl aus A:
040 473/52323

Unser Haus mit geräumig u. komplett eingerichteten Wohnungen (2-6 Personen), befindet sich in sehr ruhiger Lage mit vielseitigen Wandermöglichkeiten, herrlichem Ausblick auf Meran u. seine Bergwelt.

Auf Ihren Besuch freut sich Fam. Hillebrand.

PENSION – TANNHOF

I-39050 KALTERN
OBERPLANITZING

Familienbetrieb in sonniger, ruhiger Lage am Waldrand. Alle Zimmer mit D/WC und teilweise Balkon; gutbürgerliche Küche und Südtiroler Spezialitäten.
Ganzjährig geöffnet.
Telefon 0471/5 23 77

Unter gleicher Führung befindet sich auch Pension „Rechtental" in Tramin, 10 km von Tannhof.
Tel. 0471/86 01 23 (Tramin)

Auf Ihren Besuch freut sich
Fam. Hubert Straudi

Geschenksartikel - Papierhandlung

Soncini

Prad am Stilfserjoch
Hauptstr. 50 - Tel. 0473/76120

SPIELWAREN
ZEITUNGEN - BÜCHER - FILME
WANDERKARTEN - WANDERFÜHRER

Pension Edelweiß

**39052 ST. NIKOLAUS
bei Kaltern 615 mt.
Vorwahl aus D u. CH:
0039471/963367
Vorwahl aus A:
040471/963367**

Unser fam. geführtes Haus befindet sich inmitten von Weinbergen in ruhiger, sonniger Lage am Waldrand.

Zimmer mit D/WC u. teilweise Balkon, grosse Sonnenterrasse u. Liegewiese, eigener Parkplatz.

Auf Ihren Besuch freut sich Fam. Andergassen.

GASTHOF Zum Hirschen

**39010 UNSER FRAU
IM WALDE, 1342 m.
Tel. 0463/86105**

Vollkommen renoviertes Haus in ruhiger idyllischer Lage. Wir bieten unseren Gästen in unserem Familienbetrieb komfortable Zimmer mit D/WC u. teilweise Balkon, gutbürgerliche Küche (eigene Metzgerei), grosse Liegewiese, Sonnenterrasse u. Privatparkplatz. Ganzjährig geöffnet.

Auf Ihren Besuch freut sich Fam. Kofler.

PENSION
ACKPFEIFER-HOF
I-39011 LANA
bei Meran 450 mt.

Vorwahl aus D u. CH:
0039/473/52227

Vorwahl aus A:
040/473/52227

Rustikaler Neubau, ausserhalb des Dorfes in absolut ruhiger Lage. Herrliche Aussicht auf das Etschtal u. die umliegende Bergwelt. Alle Zimmer mit D/WC/Balkon u. TV-Anschluß, eigener Parkplatz. Unser Haus ist idealer Ausgangspunkt für jede Art von Freizeitgestaltung. Auf Ihren Besuch freut sich Fam. Ulpmer.

GASTHAUS
RESTAURANT
ST. APOLLONIA

Fam. Geiser
39010 SIRMIAN/NALS
Tel. 0471/678656

Unser Haus befindet sich auf der idealen Höhe von 950 m. u. bietet Ihnen dank des milden Klimas (Ostern - November) vielseitige Wandermöglichkeiten in idyllischer Umgebung. Geniessen Sie auf unserer Sonnenterrasse bei gutbürgerlicher Küche den herrlichen Panoramablick auf die umliegende Bergwelt.

⁎⁎ Pension
Neuhausmühle

39010 VILPIAN
Nr. 123/A
Vorwahl aus D und CH:
0039 471 678882
Vorwahl aus A:
040 471 678882

Unsere Frühstückspension befindet sich in ausgesprochen ruhiger Lage inmitten von Obst- u. Weingärten ausserhalb des Dorfzentrums. Alle Zimmer verfügen über D/WC sowie Balkon oder Terrasse.

Ausgiebiges Frühstück. Schwimmbad (16x7 m) mit Liegewiese. Tischtennis.

HOTEL RESTAURANT

✯ ✯ ✯

KREUZWIRT

Bes. Fam. Christanell
I-39025 Naturns / Meran
Tel.: 0039/473/87110

Schönes Haus
im Zentrum
Hervorragende
Tiroler Küche
**Pensionsessen und
Frühstück à la carte**
eigene Metzgerei.
Aufenthaltsraum,
Sonnenbank, Lift,
privater Parkplatz.

JUNG, DOCH ALTBEKANNT

RESTAURANT TREINDLERHOF

Bahnhofstr. 7 - LATSCH - Tel. 0473/623285

DER GEMÜTLICHE TREFFPUNKT MIT ATMOSPHÄRE FÜR KENNER

SÄLE FÜR BESONDERE ANLÄSSE

Dienstag Ruhetag

PENSION - RESTAURANT

Sebastianshof

39020 PARTSCHINS
Tel. (0473) 97116

In der Pension »Sebastianshof« fühlt sich jeder wohl, der Ruhe und Erholung sucht. Die äußerst ruhige Aussichtslage am Ortsrand, Behaglichkeit und Komfort sind kennzeichnend für »Sebastianshof«. Gemütliche Aufenthaltsräume, Hausbar und eine große Sonnenterrasse bieten genügend Platz zum Ausruhen, zum Plaudern. Alle Zimmer verfügen über Bad oder Dusche/WC, Balkon. Sauna, Freibad, Fitnessraum, damit auch Gesundheitsbewußte auf ihre Kosten kommen. Bekannt gute Küche. Auf Ihren Besuch freut sich Fam. Müller.

GASTHOF „LE CIASPOLE"

38013 TRET (Fondo)
m 1150
Tel. Vorwahl aus D-CH:
0039 0463-86117
aus A: 040 0463-86117

Unser fam. geführtes Haus befindet sich in ruhiger erholsamer Waldzone. Alle Zimmer m. D/WC u. teilw. Balkon. Gutbürgerliche Küche, hausgem. Eisspezialitäten, Sonnenterrasse mit herrlichem Ausblick auf die umliegende Bergwelt in unmittelbarer Umgebung finden Sie ausgiebige Wandermöglichkeiten. Geöffnet von April - Ende Oktober. Auf Ihren Besuch freut sich Fam. Bertol.

ENZIANHÜTTE

1400 m.
Bes. Fam. Lochmann

20 Min. vom Mendelpass befindet sich unsere Hütte inmitten erholsamer und idyllischer Waldgegend mit ausgiebigen Wandermöglichkeiten. Vor oder nach der Wanderung bieten wir Ihnen gutbürgerliche Küche oder eine gute Jause. Ganzjährig geöffnet. Montag Ruhetag. Auf Ihren Besuch freut sich Fam. Lochmann.

GASTHOF PANORAMA

CAFÉ - RESTAURANT

Hauptstr. 5 - 39024 MALS - Tel. (0473) 81186

Mals, (1000 m) liegt in einer der sonnigsten Gegenden Südtirols, im oberen Vinschgau. Die Umgebung bietet eine Vielzahl an Spazier- und Wanderwegen. Idealer Ausgangspunkt für verschiedenste Berg- bzw. alpine Hochtouren. Das nahegelegene öffentliche Freibad, sowie Tennis, Fischen, Trimmen werden aus Ihrem Urlaub ein wahres Erlebnis machen. Für Sommerskifreunde bietet sich das nahegelegene Stilfserjoch an. Der Gasthof Panorama, ein Haus mit alter Gastwirtetradition, ist ein Familienbetrieb. Wir verfügen über komfortable Zimmer mit Bad/Dusche/WC teilweise Balkon, Frühstücks-Aufenthaltsraum, Speisesaal, Bar, Sonnenterrasse, Liegewiese und großem Parkplatz.
Auf Ihren Besuch freut sich Familie Schenk-Steiner

Pension Steinberger

Familie Kajetan Vill
I-39028 SCHLANDERS
Hauptstr. 27
Tel. (0473) 70314

Familienbetrieb, ruhige Lage, alle Zimmer mit Dusche WC, Lift, Parkplatz und Garage. Große Liegewiese. Wir würden uns freuen, Sie bei Ihrem nächsten Urlaub bei uns zu Gast zu haben.

Fam. Vill.

BERGRESTAURANT TARSCHER ALM

(an der Bergstation des Sesselliftes)
39021 LATSCH
Tel. (0473) 72294
623331

Durchgehend warme und kalte Küche. Zimmer mit Du/WC. Große Sonnenterrasse - Kegelbahn. Günstige Pauschalangebote im Sommer-Herbst und Winter.

Bis bald: die Wirtsleute Herbert und Karl.

ROEN - ALM

1769 mt.
Hüttentelefon:
0463/81642

Vom Mendelpass in 1½ Std., od. vom Sessellift Bergstation des Mendel in 50 Min. bequem zu erreichen.

Geöffnet von Ende Mai - Ende Oktober. Übernachtungsmöglichkeiten. Gutbürgerliche Küche.

Auf Ihren Besuch freut sich Fam. Tröger.

KAFFEE KONDITOREI Rathaus Stüberl

LATSCH - Tel. 623293

Samstag Ruhetag!

Das Kaffee mit eigener Konditorei befindet sich im Dorfzentrum von Latsch angrenzend an die Südtiroler Landessparkasse.
Wir erwarten Sie täglich mit einer großen Auswahl an frischen Kuchen und Eisspezialitäten aus unserer Konditorei.

Rablander Weinstube

GRILLRESTAURANT

SCHÖNER SONNIGER GARTEN
DONNERSTAG RUHETAG

AN DER HAUPTSTR. — RABLAND — TEL. (0473) 97634

Bierkeller
LATSCH

**JAUSENSTATION
TEL. 0473/623208**

Spezialitäten: Schweinshaxen und Huhn vom Grill - Südtiroler Marende - Bier vom Faß im Garten.
Wir laden Sie zu einer gemütlichen Ruhepause mitten im Wald herzlich ein.
Geöffnet täglich von 10-24 Uhr.
Jeden Samstag Abend Tanzunterhaltung, Donnerstag Stimmungsmusik. Montag ist unser Ruhetag.
Bis bald der Wirt Toni.

gästehaus
pöder

39016 St. Walburg/Ulten
Haus-Nr. 152/A
Tel. 0473/79943

Unser Haus befindet sich im Zentrum in ruhiger und sonniger Lage. Alle Zimmer verfügen über D/WC und teilweise Südbalkon. Grosszügiges Frühstück. Garage, Liegewiese, Sonnenterrasse. Wöchentliche Wanderungen mit den Wirtsleuten. Familiäre Atmosphäre und gemütliche Abende. Auf Ihre Anfrage freut sich Fam. Santer.

DER BEQUEME WANDERSCHUH

MEPHISTO Ⓜ

IM SCHUHFACHGESCHÄFT

A. OBERHOFER

SCHLANDERS - Hauptstr. 68 - Tel. 0473/70290

Bei uns finden Sie auch eine reichhaltige Auswahl verschiedener Markenschuhe zu konkurrenzlosen Preisen mit fachmännischer Beratung. Überzeugen Sie sich selbst!

IHR FACHGESCHÄFT!

Hotel - Restaurant - Café "HAGEN"

TSCHERMS
Gampenstr. 3
Tel. 0473/53811

Das Haus liegt im klimatisch mildesten Ort Südtirols: dem Obst-und Wein-Dorf Tscherms. In unmittelbarer Nähe der Kurstadt Meran. Ausgangspunkt unvergesslicher Ausflüge zu Fuß oder mit Auto. Ruhige Zimmer mit Dusche, WC, Balkon und Telefon. Ganzjährige Pauschalangebote. Gruppen bis 50 Personen können angenommen werden. Internationale Küche mit Spezialitätenwochen. Schwimmbad - Liegewiese - TV Raum - Bar - Grosser Parkplatz (bewacht).
Bes. u. Führung Fam. Hanny Tarneller.

Gasthaus - Café LEITENSCHENKE

Waalweg Tscherms
Tel. 0473/52358

Das Haus liegt an der schönsten Promenade Europas dem "Waalweg".
Herrlicher Rundblick - Sonnenterrasse - Gemütliche Tiroler Stuben - Bürgerliche Küche mit Hausspezialitäten - Kaffee und Apfelstrudel frisch vom Ofen - Eisspezialitäten - Bier vom Faß - Erlesene Weine - Frische Getränke - Beliebtes Ausflugsziel!!
Bes. u. Führung Fam. Hanny Tarneller.

URLAUB in SCHLANDERS/SÜDTIROL

PENSION
SCHLOSSGARTEN
***
Haus mit jegl. Komfort, ruhige
Lage, Hallenb., Sauna, Tiefgar.,
Liegewiese. Ausgespr. gute
Küche. Arrangem. auf HP-Basis.
Tel. 0473/70424

GARNI
CLAUDIA **
Ruhige, sonnige Lage. Rustik.
Atmosph. Zimm. Dusche/WC.
Liegew., Terrasse, TV-Raum.
Tel. 0473/70303

PENSION
CHRISTINE **
Zentr. Lage, Zi. m. Bad/Dusche,
WC, Balkon. 55 Betten, ideal
f. Gruppen u. Gesellsch.
Tel. 0473/70328

FERIENWOHNUNG
SCHÖPF

2-5 Pers., sonnige, ruhige Lage.
Tel. 0473/70328

Informationen: I-39028 SCHLANDERS - Holzbruggweg, 17 - Fam. Schöpf

HOTEL
Malserhof

**RESTAURANT -
PIZZERIA - CAFÉ**

39024 MALS
Bahnhofstr. 39
Tel. (0473) 81145

Gemütliche Zimmer, teils Balkon, Garten und Sonnenterrasse, großer Parkplatz. Frei- und Hallenbad, sowie Tennisplätze in 3 Gehminuten erreichbar.
Günstige Pauschalangebote für "Weiße Wochen„.
Ermäßigung für Skigebiet "Watles„.
Auf Ihren Besuch freut sich Fam. Florineth.

GASTHOF - RESTAURANT - CAFÉ

ZUM WEISSEN RÖSSL

39020 SCHLUDERNS
Tel. (0473) 75900

Unserer Familien-Betrieb bietet ganztägig warme Küche. Große Sonnenterrasse - Übernachtungsmöglichkeit. Ausgangspunkt für zahlreiche Wanderungen im oberen Vinschgau.
Montag Ruhetag.
Auf Ihren Besuch freut sich Fam. Pichler.

Café - Konditorei
STAINER

EISSPEZIALITÄTEN
SCHLANDERS
Dr. Vögelestr. 14
Tel. (0473) 70221

Sonnige Terrasse.
Kleine Imbiße.
Großer Parkplatz.
Ganzjährig geöffnet.
Samstag Ruhetag.

Auf Ihren Besuch freut sich Fam. Pöhli.

CAFE' KONDITOREI
Baumgärtner
EISSPEZIALITÄTEN
HAUPTSTR. 43 — NATURNS   SONNTAG RUHETAG

HOTEL GRISSIANER HOF

39010 GRISSIAN/TISENS - Tel. 0471/90823

Unser Haus befindet sich über dem malerischen Talkessel des Etschtales in 880 m. Höhe, mit ausgiebigen Wandermöglichkeiten. Alle behaglich eingerichteten Zimmer (13) mit D/WC/Balkon, Radio u. auf Wunsch mit Fernsehen. Familienbetrieb mit abwechslungsreicher Südtiroler Küche. Tagesausflüge in die nahen Dolomiten u. Gardasee. Geöffnet von April - Ende Oktober. Preisnachlass in der Vor- u. Zwischensaison. Geöffnet von März - Ende November
Auf Ihren Besuch freut sich Fam. Malleier.

GASTSTUBE
PRAX

GÖFLAN 88 — 39028 SCHLANDERS
TEL. (0473) 71325

PIZZA - IMBISSE
SONNENTERRASSE
Geöffnet: 8-24 Uhr — Pizza ab 17 Uhr
DIENSTAG RUHETAG

AUF IHREN BESUCH FREUT SICH EMMERICH ALBER

PENSION
Katzenthaler Hof

39011 LANA bei Meran
Margarethenweg 4
Tel. Vorwahl aus D+CH:
0039 473 52181
Tel. Vorwahl aus A:
040 473 52181
Privat: 51451

Inmitten von Obstwiesen u. Weingärten, ruhig u. sonnig gelegen erwartet Sie unser gut geführter Familienbetrieb. Beeindruckend ist der Ausblick auf das Burggrafenamt mit der Kurstadt Meran, auf das Etschtal und die dahinterliegende Bergwelt. Alle komfortable ausgestatteten Zimmer verfügen über Dusche o. Bad/WC/Telefon, TV-Anschluß, Tresor und grösstenteils auch Balkon. Beheiztes Hallenbad mit Jet-Strom-Anlage. Garage u. Parkplatz.

bozen
SÜDTIROL DOLOMITEN ITALIEN

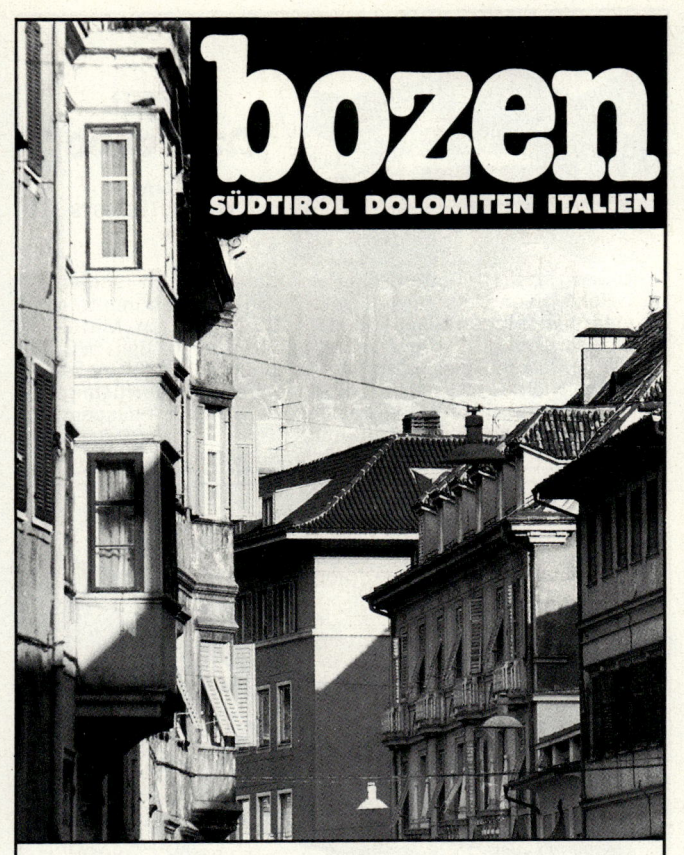

verkehrsamt bozen I·39100 bozen waltherplatz 8
tel. 0471/97 56 56 telex 400444 astour I

HOTEL Nalserhof

39010 NALS
Tel. 0471/678678

Unser Hotel (40 Betten) mit fam. Klima liegt im ruhigen Ortskern von Nals, unweit von Meran u. Bozen inmitten einer vielseitigen Wanderlandschaft (Obstgärten, Mittel- u. Hochgebirge). Alle Zimmer mit Dusche o. Bad, WC, Tel. u. Balkon. Ausserdem stehen Ihnen Sauna, Fittnessraum, Hallen- o. Freibad u. Sonnenbett zur Verfügung. Das Terrassenkaffee bietet Ihnen reichlich hausgem. Kuchen sowie Eisspezialitäten.
Auf Ihren Besuch freut sich Fam. Regele.

Papierhandlung

Fritz

Schlanders, Hauptstraße 105
Tel. 0473/70020

Wir führen für Sie eine große Auswahl an Zeitschriften, Tageszeitungen, Wanderkarten, Ansichtskarten und vieles andere mehr.
Außerdem finden Sie Souvenirs, Papierwaren und Spielesammlungen.

Wir freuen uns auf Ihren Besuch

Pension ⁎⁎ Georgenhöhe

39011 LANA
St. Georgstr. 12
Vorwahl aus D:
0039 473 - 51732

Unser Haus in sonniger, ruhiger und aussichtsreicher Lage (520 m.) bietet Ihnen alle Bequemlichkeiten für einen erholsamen und gesunden Wanderurlaub. Halbpension, Hallenbad, Sonnenterrasse, Liegewiese. Vielseitige Wandermöglichkeiten direkt ab unserem Haus.

Informationsmaterial senden wir (auf Anfrage) Ihnen gerne zu. Fam. Margesin.

Urlaub auf dem BAUERNHOF

Ferienwohnungen AUSSEREGGMANNHOF
840 mt.
I-39011 LANA
Gegend 23 / MERAN
Vorwahl aus D+CH:
0039 473 53402
Vorwahl aus A: 040 473 53402

Unser Haus das gut erreichbar ist, befindet sich in sehr ruhiger Lage ausserhalb des Dorfes mit Ausblick in das malerische Etschtal. Wir bieten Ihnen schöne komplett eingerichtete Ferienwohnungen für 2-5 Personen. Auf Grund unser idealen Mittelgebirgslage Wandermöglichkeiten von Ende März bis November.
Ganzjährig geöffnet.
Auf Ihren Besuch freut sich Fam. Paris.

PENSION BURGGRÄFLER

39010 TISENS

Vorwahl aus D - CH:
0039/473/90981

Vorwahl aus A:
040/473/90981

Unsere mit sämtlichem Komfort ausgestattete Familienpension liegt in schönster Lage in Tisens inmitten von Obstgärten am Waldesrand. Unser Haus lässt es Ihnen wirklich an nichts fehlen: Hallenbad mit Gegenstromanlage, Solarium, grosse Liegewiese, Sonnenterrasse, Garagen, gemütlicher Aufenthaltsraum. Alle Zimmer mit Dusche - WC - Telefon u. Balkon. Erholsame Wanderwege in waldreicher Umgebung. Beste Ausflugsmöglichkeiten in die nahen Dolomiten u. zum Gardasee.

Auf Ihren Besuch freut sich Fam. Matscher.

Pension Bühlerhof

I-39011 LANA bei Meran
Gampenstr. 19/A
Vorwahl aus D+CH:
0039 473 51835
Vorwahl aus A:
040 473 51835

Neuerbautes Haus inmitten von Obstgärten mit schönster Aussicht auf Meran und den Obstgarten Südtirol's. Alle Zimmer mit D/WC/Balkon, sowie TV-Anschluß und Safes. Rustikale Aufenthaltsräume, Fernsehraum, Hallenbad, 2 Sonnenterrassen, Liegewiese, Parkplatz. Ganzjährig geöffnet.

Unter gleicher Führung finden Sie auch unsere Ferienwohnungen **„Residence SALTENBLICK"**.

Auf Ihren Besuch freut sich Fam. Margesin.

**GASTHOF
»LAMM«**

I-39024 LAATSCH
985 m. bei Mals
Tel. (0473) 81336

Das Haus mit seinen behaglich getäfelten Stuben und Zimmern strahlt jene rustikale Atmosphäre aus, die der bezaubernden, ländlichen Umgebung angepaßt ist. Trotzdem finden Sie natürlich den gewohnten Komfort: alle Zimmer verfügen über Dusche, WC und einen eigenen Balkon; auch ein TV-Anschluß ist im Zimmer. Unsere Küche bietet Südtiroler Spezialitäten, mit Zutaten frisch vom eigenen Bauernhof. Eigene Speckerzeugung.
Auf Ihren Besuch freut sich Fam. Wallnöfer.

Völlaner Badl

I-39010 TISENS - PLATZERS 1
Tel. Vorwahl aus D u. CH: 0039-473-58059
Tel. Vorwahl aus A: 040-473-58059

Unser fam. geführter Betrieb befindet sich in absolut ruhiger Lage (1/2 Std. v. Völlan) und ist Ausgangspunkt für vielseitige Wanderungen. Beherbergung mit ärztl. anerkannter Badekur, grosse Sonnenterrasse, gutbürgerliche Küche.

Auf Ihren Besuch freuen sich Geschwister Gruber.

HOTEL - PENSION
KREIDHOF

Besitz und Führung: Familie Rainer
I-39010 NALS bei Meran - Südtirol - Tel. 67 88 24
Vorwahl aus D und CH: 0039471; A: 040471

Der „Kreidhof", im heimischen Tiroler Stil erbaut, liegt abseits vom Straßenverkehr inmitten von Obst- und Weingärten in herrlich freier, ruhiger Lage.
Unser Haus entspricht allen Anforderungen eines modernen, familiärgemütlichen Urlaub-Hotels und ist großzügig ausgestattet: Speisesaal, Aufenthaltsraum mit Hausbar, Fernsehraum, Lift, Sauna, Solarium, Fitness- und Tischtennisraum, geheiztes Freibad mit weitläufiger Gartenanlage und Sonnenterrasse, überdachter Parkplatz.
Die Zimmer verfügen über Bad oder Dusche, WC, Selbstwähltelefon, Safe, Fernsehanschluß und Balkon. Gutbürgerliche Küche.
Unser Haus ist idealer Ausgangspunkt für Wanderungen ins nahe Mittelgebirge (300-950 mt.) und Tagestouren in die Dolomiten, zum Gardasee und nach Venedig. Besonders lohnend in der Blütenzeit April-Mai.

Auf Ihren Besuch freut sich Fam. Rainer.

WEINHOF SCHLANDERS

STAATSSTR. 30 (BEIM GR. FAß.)
TEL. 0473 - 70151

SPECK- UND WURSTWAREN
FACHGESCHÄFT FÜR SÜDTIROLER- UND
ITALIENISCHE SPITZENWEINE IN
REICHER AUSWAHL
GROSSER PARKPLATZ

HOTEL ZENTRAL

Fam. Karner
39036 PRAD - Tel. 0473/76008 Vorwahl aus D 0039
Unser Haus befindet sich im Ortskern u. dennoch in ruhiger Lage. Alle Zimmer mit D/WC/o. Bad teilw. Balkon, grosse Liegewiese, gediegene Aufenthaltsräume. Unser Haus ist Ausgangspunkt für vielseitige Wanderungen. Tagestouren in die nahe Schweiz (16 Km. Nationalpark).
Auf Ihren Besuch freut sich Fam. Karner.

PENSION GANTKOFEL

39010 ANDRIAN
Sonnenstr. 3

Vorw. aus D+CH:
0039 471 57239

Vorw. aus A:
040 471 57239

Unser Haus befindet sich in besonders ruhiger Lage inmitten von Obst- und Weingärten, am Ortsrand. Alle Zimmer mit Du/WC-Balkon. Halbpension, Sonnenterrasse, Liegewiese mit Schwimmbad. Vielseitige Wandermöglichkeiten (vom März - Ende Oktober), besonders in der Blütezeit (Frühling).

PENSION „PFITSCHER"

1.350 m.
39010 UNSERE LIEBE FRAU IM WALDE
Tel. 0463/86147

Unser famil. geführtes Haus befindet sich in ruhiger sonniger Lage am Waldrand mit vielseitigen Wandermöglichkeiten. Alle Zimmer mit D/WC u. teilweise Balkon. Gutbürgerliche Küche. Ganzjährig geöffnet. Eigener Parkplatz u. Garagen. Auf Ihren Besuch freut sich Fam. Weiss.

CAFÉ
PIZZERIA
RESTAURANT

AVINGA

39020 Taufers i. Münstertal - St. Johann-Str. 78
Tel. (0473) 82177

Gasthof "AVINGA" liegt direkt an der Grenze zur Schweiz.

Unser Haus hat 15 Betten mit Komfort, grosser Sonnenterrasse (70 Sitzplätze), Billiardstube und ist ganzjährig geöffnet. Montag Ruhetag.

Auf Ihren Besuch freut sich Claudia und Hugo.

Gasthof Zum Schwarzen Adler

Taufers i. Münster
St. Johann-Str. 30
Tel. (0473) 82178

Unser Gasthof ist ein Haus mit Tradition; bekannt wegen seiner guten Küche und den erlesenen Weinen.
Neben Gaumenfreudigen kalten Platten bieten wir Ihnen täglich ein reichhaltiges Salatbuffet und frisches Gemüse (der Saison entsprechend). Im Herbst verwöhnen wir Sie gerne mit Wildspezialitäten. Lamm und Schaf aus unserem Lande gibt es nach Wunsch.
Ganzjährig geöffnet - Dienstag Ruhetag.
Auf Ihren Besuch freut sich Luis Sprenger und Mitarbeiter.

Gasthaus zum
WEISSEN KREUZ

39024 BURGEIS - Hauptstr. 82 - Tel. (0473) 81307

Tradition verpflichtet! Dies ist ein alter Grundsatz unseres Hauses. Es liegt im alten Ortskern von Burgeis in ruhiger Lage und bietet Ihnen jenen Komfort, den Sie auch im Urlaub nicht missen möchten.

Vorzügliche Küche - aufmerksame Bedienung - ungezwungene familiäre Atmosphäre. Eigenes Selbstbedienungsgeschäft. Menüwahl sowie reichhaltige Frühstückskarte. Gratiseintritt in das Hallen- und Freibad in Mals.

Gästekarte im Winter (Preisnachlaß auf die "Watlesaufstiegsánlage„. Pauschalangebot (Weiße- und Wanderwochen). Filmvorführungen/Diavorträge im Haus.
Wählen Sie unser Haus als Ihr Urlaubsquartier, für einen erholsamen Aufenthalt werden wir Sorge tragen!

Fam. Theiner

SEEHOTEL

RESTAURANT - CAFÉ - BAR

I-39027 RESCHEN
Tel. (0473) 83118

Haus mit zeitgerechter Einrichtung und gemütlicher Atmosphäre, Hallenbad; 2 km südlich vom Reschenpaß gelegen an der Strecke Landeck/Reschen/Meran/Bozen.
Sommer: Wanderungen, Bergtouren, Rundfahrten, Segeln und Surfen.
Winter: Ski Alpin, Skitouren, Langlauf, Rodeln, Schlittschuhlaufen und Eisstockschießen. Ganzjährig für unsere Kunden geöffnet.
Wir freuen uns auf Ihren Besuch. **Fam. Albert Folie**

Südtirol – schön zu jeder Jahreszeit!

Appart-Hotel... eine neue Art den Urlaub zu erleben und die Bequemlichkeiten eines Hotels mit den individuellen Möglichkeiten eines Appartements zu verbinden. Unser Haus ist idealer Ausgangspunkt für Spaziergänge und Wanderungen in die umliegende Bergwelt. Wir bieten Ihnen jeglichen Komfort. Hallenbad, Sauna, Massage, Solarium, Fitnessraum, Sonnenwiese, Tischtennis.
Unser Sonder-Arrangement:
1x wöchentlich Sauna kostenlos pro Gast.

SONDERANGEBOT IM FRÜHJAHR!

APPARTEMENTHOTEL HEIDI

I-39020 Rabland/Partschins bei Meran – Tschigatstr. 2 – Tel. 0473/97400

HOTEL TRAUBE-POST

GÄSTEHAUS THEINER

I-39020 GRAUN/VINSCHGAU
Tel. (0473) 83131

Neben zeitgemäßen Komfort - Zimmer mit Bad/Du./WC, teils Balkon, Sauna, Sonnenterrasse, heimeliges Restaurant und gemütliche Bar und persönlicher Atmosphäre und Service. Einer langjährigen gastronomischen Tradition verpflichtet, wird unsere Küche auch qualitativen Anforderungen gerecht. Eigenes Selbstbedienungsgeschäft. Auch Übernachtungen für Reisegesellschaften. Auf Ihren Besuch freut sich Fam. Theiner.

HOTEL - RESTAURANT - CAFÉ

39020 RABLAND - PARTSCHINS - TEL. (0473) 97143

Urlaub zu jeder Jahreszeit ist die Devise, wenn Sie den Gasthof Rössl (ADAC-Mitglied) und Rabland als Urlaubsziel wählen. Zimmer mit Dusche/WC, TV-Verleih, Hallenbad, Sauna, Fitnessraum, Freibad mit Liegewiese und großer Parkplatz. Das gemütlich eingerichtete Haus wird Sie begeistern. Aus Küche und Keller reichen wir Ihnen das Beste. Dienstag Ruhetag.
Auf Ihren Besuch freut sich Fam. Pircher.

RESTAURANT

GASTHOF HOTEL

Edelweiss

**39020 TÖLL
TEL. (0473) 97128**

Im Gasthof Edelweiß brauchen Sie auf keinen Komfort zu verzichten. Alle unsere Zimmer sind mit Bad bzw. Dusche/WC, mit Balkon, Selbstwähltelefon, Radio und TV-Anschluß ausgestattet. Für Ihren Wagen gibt es eine hoteleigene Garage, sowie Parkplatz, und für unsere Gäste stehen Terrasse, Garten, Bar und Restaurant zur Verfügung. Hotel Edelweiß, damit es ein Urlaub wird, der keinen Wunsch offen läßt! Auf Ihren Besuch freut sich Fam. Schönweger

**GASTHOF
RESTAURANT**

ZUR BRÜCKE

**39022 ALGUND
STEINACHSTR. 2
TEL. (0473) 48610**

PIZZA - KLEINE IMBISSE - HAUSMANNSKOST.

Gut geführtes, bürgerliches Haus, vorzügliche Küche. Zimmer mit fl. Kalt- und Warmwasser.
Liegewiese unter Obstbäumen. Parkplatz.

WARME KÜCHE BIS 23 UHR. - SONNTAG RUHETAG.

Auf Ihren Besuch freut sich Fam. Eppacher

Cafe Rudi

EISDIELE

39020 PARTSCHINS
bei Meran
Kleinkarlbacherstr. 10
Tel. (0473) 97003

Unser hausgemachter Kuchen und unsere Eisspezialitäten sind schon einen Besuch in unserem geräumigen Cafè oder auf der Sonnenterrasse wert.
Für ein paar gemütliche Stunden ist das Cafè Rudi genau richtig.
WIR VERMIETEN AUCH KOMFORTABLE ZIMMER MIT FRÜHSTÜCK.
Eigene Garage — Dienstag Ruhetag.

GARNI „RENATE"

I-39057 EPPAN/
Weinstraße
Paulser Str. 42

Vorwahl aus D und CH:
0039 471 52360

Vorwahl aus A:
040 471 52360

Unser familiär geführtes Haus befindet sich ausserhalb des Ortszentrums (10 Min. zu Fuß) in sonniger aussichtsreicher Lage, umgeben von Weingärten. Eigener Parkplatz, Liegewiese. Für kleine Gruppen stehen 2 Ferienwohnungen, 2-5 Personen komplett eingerichtet zur Verfügung.

Gasthof Steinegger

I-39057 Eppan - Südtirol - Italien - Tel. 5 22 48
Direktwahl aus D u. CH: 0039471/5 22 48
aus A: 040471/5 22 48
Bes. u. Führung: Fam. Eisenstecken

Am Rande des prächtigen Überetscher Weinbaugebietes liegen oberhalb des Weindorfes Eppan direkt am Waldrand in einmalig sonniger und ruhiger Lage der Gasthof Steinegger (600 m) und das neuerbaute Gästehaus, ausgestattet mit jedem Komfort. Auch Ferienwohnungen, Terrasse, eigenes Freibad und Hallenbad mit Sauna und Solarium, Tennisplatz, Kinderspielplatz, Garten und Liegewiese. Vorzügliche Eigenbauweine, gepflegte Küche. Ausgangspunkt zu schönen Wanderungen. Ideale klimatische Verhältnisse von Ostern bis spät in den Herbst hinein.

GASTHOF ERLENHEIM

Fam. Lechthaler
39020 GLURNS
Florastr. 39
Tel. (0473) 81198

Gemütlicher Familienbetrieb mit Tradition. Wir verstehen es unsere Gäste mit dem Besten aus Küche und Keller zu verwöhnen.

Zimmer mit Komfort teilweise mit Balkon. Große Liegewiese, große Sonnenterrasse, und private Parkplätze. Sommer- und Wintersaison, günstige Pauschalangebote für "Weiße Wochen,". Dienstag Ruhetag. Auf Ihren Besuch freut sich Fam. Lechthaler.

Schlossbar

RESTAURANT U. CAFÉ

39024 BURGEIS
Tel. (0473) 81559

Unsere Bar sowie unser rustikal eingerichtetes Restaurant bieten unseren Gästen einige besondere Leckerbissen aus Küche und Keller, und dies alles in einer gemütlichen Atmosphäre. Eigener Parkplatz.
Fam. Kuenrath

Hotel ***
POST·HIRSCH

RESTAURANT - CAFÉ
Hauptstr. 130
I-39026 Spondinig/Prad
Tel. (0473) 76021

Renommiertes, gemütliches Hotel - seit 1826 in Familienbesitz - unmittelbar am Beginn der Stilfserjochstraße. Einer langen Tradition verpflichtet, wird es auch gehobenen Ansprüchen gerecht: Zimmer mit Bad/Dusche, WC, geschmackvolle Aufenthaltsräume, Liegewiese, Sonnenterrasse, Garagen, gepflegte Küche. In unmittelbarer Nähe Tennisplatz und Freibad. Geeignet vor allem auch für Reisegruppen.

Auf Ihren Besuch freut sich Fam. Peer.

Ein packendes Buch – Bildband, Kletterführer und Erlebnisbericht

Klettern in den Sextener Dolomiten
Luft unter den Sohlen
von Richard Goedeke

Richard Goedeke, Autor des Alpenvereinsführers über die Sextener sowie über einige andere Dolomitengruppen, legt mit diesem Buch ein in mancherlei Hinsicht spektakuläres Werk vor: eine Synthese von Bilderbuch – Rezeptbuch – Lesebuch. Nahezu sämtliche „gängigen Pflichttouren" werden auf der Grundlage eigener Erfahrung, persönlichen Erlebens und authentisch bebildert, vorgestellt. Aber auch von nicht wenigen Neutouren ist hier die Rede. Der Leser unternimmt einen Streifzug durch ein Vierteljahrhundert Kletterhistorie, von der Epoche des „heroischen" Alpinismus der späten fünfziger Jahre in das „technische" Zeitalter und aus diesem heraus in die Freikletter-Gegenwart. Er erlebt das Massenziel der Sextener aber auch als einen in weiten Bereichen einsamen Spielraum. Ein packendes Buch – durch und durch aus einem Guß!

1. Auflage 1985
208 Seiten, 155 Abbildungen, zum großen Teil in Farbe, 71 Anstiegsskizzen.
Efalin mit Schutzumschlag, 22 × 26 cm. DM 46,80

Zu beziehen
über jede Buchhandlung
oder direkt beim

BERGVERLAG RUDOLF ROTHER · POSTFACH 1901 62
D-8000 MÜNCHEN 19

Alles, was Rang und Namen hat

Dieter Seibert
**Das Buch
der Klettersteige**

170 gesicherte Anstiege
in den Ostalpen

Auflage 1986
176 Seiten mit 40 Farb- und
33 Schwarzweißabbildungen
sowie 12 Kartenskizzen
Best-Nr. 7004-8
Efalin mit Schutzumschlag
Format 22 x 26,5 cm
DM 46,80

Klettersteige – immer mehr Menschen verfallen der Faszination dieser Spielart des Bergsteigens.
Das Buch beschreibt die Klettersteige und gesicherten Wege der Ostalpen zwischen dem Allgäu und der Hohen Wand bei Wien, von der Brenta über die Dolomiten bis hin zu den Julischen und Steiner Alpen.
Der Autor beschränkt sich jedoch nicht auf die Klettersteige. Kurze Landschaftsschilderungen, Vorschläge für Gipfeltouren und Durchquerungen tragen dazu bei, den jeweiligen Landschaftsraum, wie etwa die Sextener Dolomiten, wirklich kennenzulernen.
Die Vielseitigkeit des Buches zeigt sich auch in der reichen Bebilderung, einer mit Liebe und großer Mühe zusammengestellten Auswahl. Nicht weniger als 29 verschiedene Fotografen haben ihre besten Aufnahmen dazu beigesteuert. Die Palette reicht vom fast gemäldeartigen Landschaftsfoto bis zum aufregend-eindrucksvollen Szenenbild am Klettersteig.

Bergverlag Rudolf Rother GmbH

Heiteres und Besinnliches

Karl Lukan
Quergänge

Die schönsten Bergsteigergeschichten aus drei Jahrzehnten.
Lukan, ein Altmeister der alpinen Unterhaltungsliteratur, erzählt hier die Geschichten, die ihn bekannt gemacht haben. Von Karl Lukan angeregt, sind schon unzählige Menschen zu Bergsteigern geworden.
248 Seiten mit 22 Scherenschnitten.
Best.-Nr. 7029-3, DM 26,80

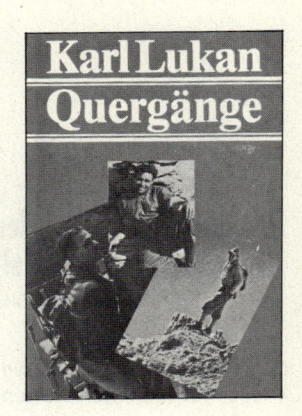

Helmuth Zebhauser
Vom Unsinn des Bergsteigens

Schamlose Betrachtung
des Alpinismus
Das Bergsteigen ist eine Welt für sich – mit ihrem eigenen und eigenwilligen Selbstverständnis, ihren eigenen Gesetzen, ungewohnten Fragen und ungewöhnlichen Antworten.
Best.-Nr. 7014-5, DM 26,80

Bergverlag Rudolf Rother GmbH

Peter Keill
Hans Steinbichler

Die großen Skihütten der Ostalpen und ihre Gipfel

Etwa 224 Seiten mit
etwa 140 Farbabbildungen
sowie 41 Übersichtskärtchen.
Format 22 × 28 cm.
Efalin mit Schutzumschlag.
Best.-Nr. 7006-4, DM 68,–

Das Hauptmerkmal, das die 41 hier vorgestellten Hütten des Ostalpenraumes (ohne Berninagruppe und Albulaalpen) kennzeichnet, ist ihre Notwendigkeit, zumindest jedoch die Berechtigung des Standorts. Ohne sie wäre manche Skitour überhaupt nicht oder nur mit einem Biwak oder unter überaus großem Zeitaufwand möglich. Viele der Hütten sind auf Selbstversorgerbasis eingerichtet und der Charakter der Gebiete, die sie jeweils erschließen, ist sehr unterschiedlich. Bei der Auswahl der Hütten wurde vorrangig auf das Verhältnis von Aufstiegsmühen zu Abfahrtsfreuden geachtet. Jeder der mitwirkenden Autoren darf dabei als Kenner „seiner" Gebiete bezeichnet werden. Neben der Übersicht über die skitouristischen Möglichkeiten einer Hütte sollen eingestreute Erlebniserzählungen Stimmung vermitteln, warnen, belehren oder zum Nachdenken anregen, gelegentlich auch erheitern.

Bergverlag Rudolf Rother GmbH, 8000 München 19

L. PSENNER
BRENNEREI · DISTILLERIA
TRAMIN · TERMENO · BZ
TEL. 0471/86078